Direito Civil BRASILEIRO

TEORIA GERAL DAS OBRIGAÇÕES

Carlos Roberto Gonçalves

Direito Civil BRASILEIRO

TEORIA GERAL DAS OBRIGAÇÕES

2

23ª edição
revista, atualizada
e reformulada

gen | saraiva jur

■ Data do fechamento do livro: 26/10/2025

Publicada pelo selo SaraivaJUR
Uma editora integrante do GEN | Grupo Editorial Nacional
Travessa do Ouvidor, 11
Rio de Janeiro – RJ – 20040-040

■ **Atendimento ao cliente: (11) 5080-0751 | faleconosco@grupogen.com.br**

■ Capa: Tiago Della Rosa

■ **CIP-BRASIL. CATALOGAÇÃO NA PUBLICAÇÃO**
SINDICATO NACIONAL DOS EDITORES DE LIVROS, RJ

G625d
23. ed.

Gonçalves, Carlos Roberto, 1938
Direito civil brasileiro : 2 : teoria geral das obrigações / Carlos Roberto Gonçalves. – 23. ed. – Rio de Janeiro : Saraiva Jur, 2026.

Inclui bibliografia
ISBN 9786584004382

1. Direito civil – Brasil. 3. Obrigações (Direito) – Brasil. I. Título.

25-101030.0 CDU: 347(81)

Carla Rosa Martins Gonçalves – Bibliotecária – CRB-7/4782

SOBRE O AUTOR

Carlos Roberto Gonçalves é Mestre em Direito Civil pela Pontifícia Universidade Católica de São Paulo (PUC-SP). Desembargador aposentado do Tribunal de Justiça de São Paulo. Membro da Academia Brasileira de Direito Civil e do Instituto Brasileiro de Direito Contratual. Compõe o Corpo de Árbitros do Centro de Arbitragem e Mediação da Federação das Indústrias de São Paulo (Fiesp).

ÍNDICE

PARTE ESPECIAL

LIVRO I
DO DIREITO DAS OBRIGAÇÕES

Capítulo I
INTRODUÇÃO AO DIREITO DAS OBRIGAÇÕES

Capítulo II
NOÇÕES GERAIS DE OBRIGAÇÃO

TÍTULO I
DAS MODALIDADES DAS OBRIGAÇÕES

CAPÍTULO I
DAS OBRIGAÇÕES DE DAR

CAPÍTULO II
DAS OBRIGAÇÕES DE FAZER

CAPÍTULO III
DAS OBRIGAÇÕES DE NÃO FAZER

CAPÍTULO IV
DAS OBRIGAÇÕES ALTERNATIVAS

CAPÍTULO V
DAS OBRIGAÇÕES DIVISÍVEIS E INDIVISÍVEIS

CAPÍTULO VI
DAS OBRIGAÇÕES SOLIDÁRIAS

Capítulo VII
OUTRAS MODALIDADES DE OBRIGAÇÕES

Título II
DA TRANSMISSÃO DAS OBRIGAÇÕES

Capítulo I
DA CESSÃO DE CRÉDITO

Capítulo II
DA ASSUNÇÃO DE DÍVIDA

Capítulo III
DA CESSÃO DE CONTRATO

TÍTULO III
DO ADIMPLEMENTO E EXTINÇÃO DAS OBRIGAÇÕES

CAPÍTULO I
DO PAGAMENTO

CAPÍTULO II
DO PAGAMENTO EM CONSIGNAÇÃO

Capítulo III
DO PAGAMENTO COM SUB-ROGAÇÃO

Capítulo IV
DA IMPUTAÇÃO DO PAGAMENTO

Capítulo V
DA DAÇÃO EM PAGAMENTO

Capítulo VI
DA NOVAÇÃO

Capítulo VII
DA COMPENSAÇÃO

Capítulo VIII
DA CONFUSÃO

Capítulo IX
DA REMISSÃO DE DÍVIDAS

Título IV
DO INADIMPLEMENTO DAS OBRIGAÇÕES

Capítulo I
DISPOSIÇÕES GERAIS

Capítulo II
DA MORA

Capítulo III
DAS PERDAS E DANOS

Capítulo IV
DOS JUROS LEGAIS

Capítulo V
DA CLÁUSULA PENAL

Capítulo VI
DAS ARRAS OU SINAL

PARTE ESPECIAL

LIVRO I
DO DIREITO DAS OBRIGAÇÕES

Capítulo I
INTRODUÇÃO AO DIREITO DAS OBRIGAÇÕES

1. CONCEITO E ÂMBITO DO DIREITO DAS OBRIGAÇÕES

O direito das obrigações tem por objeto determinadas relações jurídicas que alguns denominam *direitos de crédito* e outros chamam *direitos pessoais* ou *obrigacionais*.

O vocábulo *obrigação* comporta vários sentidos. Na sua mais larga acepção, exprime qualquer espécie de vínculo ou de sujeição da pessoa, seja no campo religioso, moral ou jurídico. Em todos eles, o conceito de obrigação é, na essência, o mesmo: a submissão a uma regra de conduta, cuja autoridade é reconhecida ou forçosamente se impõe. É nesse sentido que nos referimos a obrigações religiosas, morais, sociais etc.

O *direito das obrigações*, todavia, emprega o referido vocábulo em sentido mais restrito, compreendendo apenas aqueles vínculos de conteúdo patrimonial, que se estabelecem de pessoa a pessoa, colocando-as, uma em face da outra, como *credora* e *devedora*, de tal modo que uma esteja na situação de poder exigir a prestação, e a outra, na contingência de cumpri-la[1].

O direito pode ser dividido em dois grandes ramos: o dos direitos *não patrimoniais*, concernentes à pessoa humana, como os direitos da personalidade (CC, arts. 11 a 21) e os de família, e dos *direitos patrimoniais*, que, por sua vez, se dividem em *reais* e *obrigacionais*. Os

---

[1] João Franzen de Lima, *Curso de direito civil brasileiro*, v. II, t. I, p. 14; Roberto de Ruggiero, *Instituições de direito civil*, v. III, p. 3-4; Clóvis Beviláqua, *Direito das obrigações*, p. 12.

primeiros integram o direito das coisas. Os obrigacionais, pessoais ou de crédito compõem o direito das obrigações, que será objeto de nosso estudo.

O direito disciplina as relações jurídicas que se formam entre as pessoas. Estas, vivendo em sociedade, necessitam umas das outras, para prover às suas necessidades vitais e sociais. Para satisfazer a esses anseios, celebram convenções de diversas naturezas, que estabelecem um vínculo entre elas, mediante o qual limitam sua liberdade, obrigando-se a fornecer uma prestação. Assim, por exemplo, mediante acordo de vontades, o vendedor se obriga a entregar a coisa, e o comprador, a pagar o preço. A relação jurídica estabelece-se justamente em função da escala de valores do ser humano na sociedade[2].

Pode-se dizer que o direito das obrigações consiste num complexo de normas que regem relações jurídicas de ordem patrimonial, que têm por objeto prestações de um sujeito em proveito de outro. Disciplina as relações jurídicas de natureza pessoal, visto que seu conteúdo é a prestação patrimonial, ou seja, a ação ou omissão do devedor tendo em vista o interesse do credor, que, por sua vez, tem o direito de exigir o seu cumprimento, podendo, para tanto, movimentar a máquina judiciária, se necessário[3].

Observa ORLANDO GOMES que a locução *direito das obrigações*, embora difundida, é impugnada sob o argumento de que põe o acento tônico num dos lados da relação jurídica, precisamente o *passivo*. Outros preferem denominá-lo *direitos de crédito*, salientando o aspecto *ativo*, incorrendo no mesmo vício de unilateralidade. A primeira, aduz, é mais expressiva, desde que se tome o vocábulo *obrigação* no sentido romano de vínculo jurídico entre duas pessoas, e não na acepção mais restrita do *dever de prestar* que incumbe ao sujeito passivo da relação jurídica[4].

Na verdade, as obrigações se caracterizam não tanto como um *dever* do obrigado, mas como um *direito do credor*. A principal finalidade do direito das obrigações consiste exatamente em fornecer meios ao credor para exigir do devedor o cumprimento da prestação. Desse modo, quando, por efeito de um contrato, de uma declaração unilateral da vontade ou de um ato ilícito de alguém que cause prejuízo a outrem, nasce uma relação obrigacional, o direito das obrigações procura resguardar o direito do credor contra o devedor, que resultou diretamente desse ato ou fato jurídico.

2. IMPORTÂNCIA DO DIREITO DAS OBRIGAÇÕES

O direito das obrigações exerce grande influência na vida econômica, em razão, principalmente, da notável frequência das relações jurídicas obrigacionais no moderno mundo consumerista. Intervém ele na vida econômica, não só na produção, envolvendo aquisição de matéria-prima e harmonização da relação capital-trabalho, mas também nas relações de consumo, sob diversas modalidades (permuta, compra e venda, locação, arrendamento, alienação fiduciária etc.) e na distribuição e circulação dos bens (contratos de transporte, armazenagem, revenda, consignação etc.)[5].

É por meio das relações obrigacionais que se estrutura o regime econômico. Pode-se afirmar que o direito das obrigações retrata a estrutura econômica da sociedade e compreende as relações jurídicas que constituem projeções da autonomia privada na esfera patrimonial. Manifesta-se sua importância prática ainda pela crescente frequência, no mundo moderno,

---

[2] Silvio Rodrigues, *Direito civil*, v. 2, p. 3; Sílvio de Salvo Venosa, *Direito civil*, v. II, p. 22.

[3] Maria Helena Diniz, *Curso de direito civil brasileiro* – Teoria geral das obrigações. 16. ed. São Paulo: Saraiva, 2002, v. 2, p. 3.

[4] *Orlando Gomes, Obrigações*, p. 2.

[5] Maria Helena Diniz, *Curso de direito civil brasileiro* – Teoria geral das obrigações, 2002, v. 2, p. 5.

da constituição de patrimônios compostos quase exclusivamente de títulos de crédito correspondentes a obrigações[6].

Ao contrário do direito das coisas, que segue o princípio do *numerus clausus* e se esgota em limitada tipificação submetida a disciplina uniforme, o direito das obrigações se estende a todas as atividades de natureza patrimonial, desde as mais simples às mais complexas.

A intensificação da vida econômica, provocada pelo desenvolvimento urbano e tecnológico, especialmente no campo das comunicações, provocou grande impacto nas relações humanas, exigindo regulamentação genérica e também específica, como a do Código de Defesa do Consumidor, alargando o âmbito do direito das obrigações.

É, realmente, impressionante o número de relações obrigacionais que se travam dia a dia e que constituem o substrato desse importante ramo do direito civil. O conteúdo do direito das obrigações é tão vasto, penetra de tal modo em todos os ramos do direito, que G. Tarde, repetido pelos autores, afirma que a teoria das obrigações é para o direito o que a teoria do valor é para a economia política: problema central a que se podem reduzir todas as discussões[7].

Na mesma linha o pensamento de Josserand, quando diz que a teoria das obrigações está na base, não somente do direito civil, mas de todo direito, não sendo de modo algum exagerado afirmar que o conceito obrigacional constitui a armadura e o *substractum* do direito, e mesmo, de um modo mais geral, de todas as ciências sociais[8].

3. CARACTERÍSTICAS PRINCIPAIS DO DIREITO DAS OBRIGAÇÕES

O direito das obrigações tem por objeto direitos de natureza pessoal, que resultam de um vínculo jurídico estabelecido entre o credor, como sujeito ativo, e o devedor, na posição de sujeito passivo, liame este que confere ao primeiro o poder de exigir do último uma prestação.

Também denominados *direitos de crédito*, os direitos pessoais ou obrigacionais regem vínculos patrimoniais entre pessoas, impondo ao devedor o dever de prestar, isto é, de dar, fazer ou não fazer algo no interesse do credor, a quem a lei assegura o poder de exigir tal prestação positiva ou negativa, resultando em uma relação jurídica material. O direito de crédito realiza-se por meio da exigibilidade de uma prestação a que o devedor é obrigado, exigindo, desse modo, sempre, a participação ou colaboração de um sujeito passivo[9].

Maria Helena Diniz, com espeque em Serpa Lopes e Antunes Varela, apresenta os seguintes caracteres dos direitos de crédito: a) são direitos *relativos*, uma vez que se dirigem contra pessoas determinadas, vinculando sujeito ativo e passivo, não sendo oponíveis *erga omnes*, pois a prestação apenas poderá ser exigida do devedor; b) direitos a uma *prestação positiva* ou *negativa*, pois exigem certo comportamento do devedor, ao reconhecerem o direito do credor de reclamá-la[10].

A *patrimonialidade* do objeto é ínsita em toda obrigação, malgrado se costume invocar, como argumento contrário, a questão relativa à reparação do dano moral e raciocinar que, se o direito moderno a admite, é porque reconhece a desnecessidade do caráter pecuniário do objeto. Todavia, como adverte Caio Mário, ao elogiar o art. 1.174 do Código Civil italiano,

---

6 Orlando Gomes, *Obrigações*, p. 4.

7 *Transformations du droit*, cap. V, p. 125, apud Manuel Inácio Carvalho de Mendonça, *Doutrina e prática das obrigações*, t. I, p. 74.

8 Louis Josserand, *Cours de droit civil positif français*, v. 2, p. 2.

9 Silvio Rodrigues, *Direito civil*, v. 2, p. 3-4; Caio Mário da Silva Pereira, *Instituições de direito civil*, v. II, p. 2; Emilio Betti, *Teoria generale delle obbligazioni in diritto romano*, v. 1, p. 17.

10 *Curso de direito civil brasileiro* – Teoria geral das obrigações, 2002, v. 2, p. 23.

que proclama a economicidade da prestação, a razão está em que "o *interesse* do credor pode ser apatrimonial, mas a prestação deve ser suscetível de avaliação em dinheiro"[11].

Roberto de Ruggiero também vislumbra a solução do problema na distinção entre o interesse, que o credor tem na prestação, e a própria prestação, dizendo: "É fora de dúvidas que nada impõe a necessidade de um interesse econômico no devedor, bem podendo ele ser apenas ideal, afetivo ou moral, desde que seja sério e lícito e se mostre, por isso, digno de proteção jurídica. Mas, pelo contrário, o objeto da prestação deve necessariamente ter um conteúdo econômico ou ser suscetível de uma avaliação patrimonial; caso contrário faltaria ao interesse do credor a possibilidade concreta de se exercer, na falta de cumprimento, sobre o patrimônio do devedor e, por outro lado, incluir-se-ia no conceito jurídico da obrigação uma série de obrigações que, posto que contraindo-se todos os dias na vida social, nunca ninguém pensou em fazer valer mercê da coação judicial"[12].

É precisamente a pecuniariedade que distingue a obrigação em sentido técnico de numerosos atos impostos pela vida social, cuja realização é indiferente ao direito ou este os coloca em órbita diferente, como, por exemplo, a fidelidade recíproca dos cônjuges, o dever de obediência do filho ao pai, o dever de respeitar a propriedade alheia etc.

Assinala, a propósito, Orlando Gomes que os *direitos pessoais* constituem a mais importante das subdivisões dos direitos subjetivos, distinguindo-se das outras pela *patrimonialidade*. Da mesma natureza, mas sem conteúdo patrimonial, afirma, são alguns direitos de família, enquanto outros, também decorrentes da institucionalização do grupo familiar, corporificam interesses econômicos, revestindo as mesmas características de *pessoalidade* e *patrimonialidade*, sem que, todavia, se confundam com os *direitos de crédito*, únicos a que correspondem obrigações *stricto sensu*[13].

Saleilles, citado por Caio Mário, exalta o direito das obrigações, dizendo: "De todo o Direito Civil são as obrigações que maior cunho guardam de elaboração científica, e maior expressão ideal da lógica jurídica apresentam no direito moderno, prestando maior fidelidade ao Direito romano, pois foi o direito obrigacional, em decorrência de seu caráter especulativo, a obra-prima da legislação romana"[14].

O direito das obrigações configura exercício da *autonomia privada*, pois os indivíduos têm ampla liberdade em externar a sua vontade, limitada esta apenas pela licitude do objeto, pela inexistência de vícios, pela moral, pelos bons costumes e pela ordem pública. É, dos ramos do direito civil, o que menos se torna sensível às mutações sociais, por ser universal e, portanto, menos sujeito a injunções locais. Assim, por exemplo, a compra e venda apresenta-se com as mesmas características gerais em qualquer país[15].

---

11 *Instituições de direito civil, v. II*, p. 15.

12 *Instituições de direito civil*, v. II, p. 13. *V.* ainda, no mesmo sentido, a lição de Inocêncio Galvão Telles, *Direito das obrigações*, p. 8-9.

13 *Obrigações*, p. 1-2.

14 *Instituições de direito civil*, v. II, p. 2.

15 Álvaro Villaça Azevedo, *Teoria geral das obrigações*, p. 24-25. "A liberdade contratual representa o poder conferido às partes de escolher o negócio a ser celebrado, com quem contratar e o conteúdo das cláusulas contratuais. É a ampla faixa de autonomia conferida pelo ordenamento jurídico à manifestação de vontade dos contratantes. Assim, o controle judicial sobre eventuais cláusulas abusivas em contratos empresariais é mais restrito do que em outros setores do Direito Privado, pois as negociações são entabuladas entre profissionais da área empresarial, observando regras costumeiramente seguidas pelos integrantes de setor da economia" (STJ, REsp 1.409.849-PR, 3ª T., rel. Min. Paulo de Tarso Sanseverino, *DJe* 5-5-2016).

4. RELAÇÕES COM AS OUTRAS RAMIFICAÇÕES DO DIREITO CIVIL

A doutrina das obrigações prende-se ao direito civil em geral: a) pela teoria da capacidade do sujeito ativo e passivo delas; b) pela teoria da propriedade e seus diversos modos de aquisição que elas pressupõem; c) pelos direitos sucessórios que as transmitem[16].

Relaciona-se o direito das obrigações com a parte geral do Código, ainda, por disciplinar esta os direitos da personalidade (CC, arts. 11 a 21) e os da pessoa natural ou jurídica, de que recebe princípios informativos, ao mesmo tempo que também fornece regras e parâmetros para a regência de relações com os citados direitos, quando, por exemplo, ingressam na circulação jurídica (utilização dos direitos da personalidade[17], como a imagem, o nome, o próprio corpo, para fins publicitários, científicos etc.).

No campo do direito de família e do direito das sucessões o relacionamento se opera em relação aos seus aspectos patrimoniais, decorrentes, por exemplo, do casamento, do parentesco, do poder familiar e do dever alimentar, da transmissão de bens por herança legítima ou testamentária, dos legados, malgrado a regulamentação especial a que estão sujeitos estes institutos.

No que concerne ao direito das coisas, a relação se inicia pela inserção de ambos no ramo dos direitos patrimoniais. A influência do direito obrigacional se faz sentir especialmente no regime das garantias (penhor, hipoteca etc.) e na posição de respeito da coletividade aos direitos do titular da posse e da propriedade.

É, no entanto, com o direito dos contratos que o estreitamento das relações alcança o nível mais íntimo, constituindo-se estes fonte de obrigações. O mesmo se dá com a teoria da responsabilidade civil extracontratual, fundada no dever legal de não lesar a outrem (*neminem laedere*), que igualmente constitui fonte de obrigação, a de reparar o prejuízo causado[18].

5. DIREITOS OBRIGACIONAIS OU PESSOAIS E DIREITOS REAIS

O *direito real* pode ser definido como o poder jurídico, direto e imediato, do titular sobre a coisa, com exclusividade e contra todos. Segundo LAFAYETTE, direito real "é aquele que afeta a coisa direta e imediatamente, sob todos ou sob certos respeitos, e a segue em poder de quem quer que a detenha". E direito pessoal "é direito contra determinada pessoa"[19].

O *direito pessoal* consiste num vínculo jurídico pela qual o sujeito ativo pode exigir do sujeito passivo determinada prestação. Constitui uma relação de pessoa a pessoa e tem, como elementos, o sujeito ativo, o sujeito passivo e a prestação. Os direitos reais têm, por outro lado, como elementos essenciais: o sujeito ativo, a coisa e a relação ou poder do sujeito ativo sobre a coisa, chamado *domínio*.

A teoria *unitária realista* procura unificar os direitos reais e obrigacionais a partir do critério do *patrimônio*, considerando que o direito das coisas e o direito das obrigações fazem parte de uma realidade mais ampla, que seria o direito patrimonial. Entretanto, a diversidade de princípios que os orientam dificulta a sua unificação num só sistema. Mostra-se, portanto, a doutrina denominada *dualista* ou clássica mais adequada à realidade.

---

16 Manoel Ignácio Carvalho de Mendonça, *Doutrina e prática das obrigações*, t. I, p. 90.

17 A título de menção, destacam-se, no incipiente Direito Digital (de natureza interdisciplinar) os contratos que, por força de lei e/ou por manifestação volitiva, são vinculados à proteção da privacidade sob os auspícios da eficácia horizontal dos direitos fundamentais, o que pressupõe reflexos contratuais, inclusive aqueles relacionados à responsabilidade civil.

18 Carlos Alberto Bittar, *Direito das obrigações*, p. 6-7.

19 Lafayette Rodrigues Pereira, *Direito das coisas*, v. 1, § 1º.

Partindo da concepção *dualista*, pode-se dizer que o direito real apresenta características próprias, que o distinguem dos direitos pessoais ou obrigacionais. Sua disciplina segue, dentre outros, os princípios da *aderência*, do *absolutismo*, da *publicidade*, da *taxatividade*, da *tipicidade*, da *perpetuidade*, da *exclusividade* e do *desmembramento*[20].

5.1. Principais distinções

Os direitos obrigacionais (*jus ad rem*) *diferem*, em linhas gerais, dos reais (*ius in re*):

a) *quanto ao objeto*, porque exigem o cumprimento de determinada prestação, ao passo que estes incidem sobre uma coisa;

b) *quanto ao sujeito*, porque o sujeito passivo é determinado ou determinável, enquanto nos direitos reais é indeterminado (são todas as pessoas do universo, que devem abster-se de molestar o titular). Segundo a escola clássica, o direito real não apresenta senão dois elementos: de um lado, uma pessoa, sujeito ativo de um direito, e de outro, uma coisa, objeto desse direito. Para a teoria personalista e anticlássica, o direito real não passa de uma obrigação passiva universal. Coube a Planiol opor-se à concepção clássica, sustentando a sua inviabilidade com base na afirmação de que não se poderia conceber uma relação jurídica entre a *pessoa* e a *coisa*. A relação jurídica é sempre entre duas pessoas, entre dois sujeitos, o ativo e o passivo. Nunca poderia ser entre uma pessoa e uma coisa, porque esta não teria capacidade para estabelecê-la com a pessoa. Sustentou Planiol que, no direito real, há uma *obrigação passiva universal*, uma obrigação de *abstenção* de todas as pessoas. Essa teoria sofreu, no entanto, a objeção de que não se concebe uma obrigação que *não tenha conteúdo patrimonial*, pois é próprio das obrigações resolverem-se em dinheiro. Faltaria, na obrigação passiva universal, essa capacidade de adquirir expressão pecuniária, convertendo-se em um valor

---

20 *V.* a respeito dos aludidos princípios: a) Princípio da *aderência, especialização* ou *inerência* – estabelece um vínculo ou relação entre o *sujeito* e a *coisa*, não dependendo da colaboração de nenhum sujeito passivo para existir. Nos direitos pessoais, o vínculo obrigacional existente entre credor e devedor confere ao primeiro o direito de exigir a prestação prometida. b) Princípio do *absolutismo* – os direitos reais exercem-se *erga omnes*, ou seja, contra todos, que devem abster-se de molestar o titular. Surge, daí, o direito de *sequela* ou *jus persequendi*, isto é, de perseguir a coisa e de reivindicá-la em poder de quem quer que esteja (ação real), bem como o *jus praeferendi* ou direito de preferência. Os obrigacionais, por não estabelecerem vínculo dessa natureza, resolvem-se em perdas e danos e não se exercem contra todos mas em face de um ou alguns sujeitos determinados. c) Princípio da *publicidade* ou *visibilidade* – os direitos reais sobre imóveis só se adquirem depois do registro, no registro de imóveis, do respectivo título (CC, art. 1.227); sobre os móveis, só depois da tradição (CC, arts. 1.226 e 1.267). Os pessoais ou obrigacionais seguem o princípio do *consensualismo*: aperfeiçoam-se com o acordo de vontades. d) Princípio da *taxatividade* – o número dos direitos reais é limitado, taxativo (*numerus clausus*). Direitos reais são somente os enumerados na lei (CC, arts. 1.225, 1.219, 505). No direito das obrigações não há essa limitação. Existe certo número de contratos nominados, previstos no texto legal, podendo as partes criar os chamados inominados. Basta que sejam capazes e lícito o objeto. Assim, contrapõe-se à técnica do *numerus clausus* a do *numerus apertus*, para a consecução do princípio da autonomia da vontade. e) Princípio da *tipificação* ou *tipicidade* – os direitos reais existem de acordo com os tipos legais. Nos obrigacionais, ao contrário, admitem-se, ao lado dos contratos típicos, os atípicos, em número ilimitado. f) Princípio da *perpetuidade* – a propriedade é um direito perpétuo, pois não se o perde pelo não uso, mas somente pelos meios e formas legais: desapropriação, usucapião, renúncia, abandono etc. Já os direitos obrigacionais, pela sua natureza, são eminentemente transitórios: cumprida a obrigação, extinguem-se. g) Princípio da *exclusividade* – não pode haver dois direitos reais, de igual conteúdo, sobre a mesma coisa. No condomínio, por exemplo, cada consorte tem direito a porções ideais, distintas e exclusivas. h) Princípio do *desmembramento* – conquanto os direitos reais sobre coisas alheias tenham possivelmente mais estabilidade do que os obrigacionais, são também transitórios. Desmembram-se do direito-matriz, que é a propriedade, constituindo os direitos reais sobre coisas alheias (Carlos Roberto Gonçalves, *Direito das coisas*, p. 2-5 – Col. Sinopses Jurídicas, 3).

patrimonial. A humanidade não poderia, como tal, ser chamada a responder pela pretensa *obrigação passiva universal*. O próprio PLANIOL teve que formular retificações à sua teoria. Na obra posteriormente escrita em colaboração com RIPERT (*Traité élémentaire du droit civil*), substituiu ele a concepção da *obrigação passiva universal* pela do *devedor indeterminado*. Haveria, segundo a modificação introduzida, um dever geral ou universal de respeito pelo direito real, mas a figura do devedor somente surgiria, determinadamente, quando se violasse tal obrigação. O que equivale a dizer que, sob o aspecto interno, da relação jurídica em si, o poder jurídico é exercitável diretamente contra os bens e coisas em geral, independentemente da participação de um sujeito passivo. Na realidade, a abstenção coletiva não representa a verdadeira essência do direito real, senão apenas uma simples consequência do poder direto e imediato do titular do direito sobre a coisa[21];

c) *quanto à duração*, porque são transitórios e se extinguem pelo cumprimento ou por outros meios, enquanto os direitos reais são perpétuos, não se extinguindo pelo não uso, mas somente nos casos expressos em lei (desapropriação, usucapião em favor de terceiro etc.);

d) *quanto à formação*, pois podem resultar da vontade das partes, sendo ilimitado o número de contratos inominados (*numerus apertus*), ao passo que os direitos reais só podem ser criados pela lei, sendo seu número limitado e regulado por esta (*numerus clausus*);

e) *quanto ao exercício*, porque exigem uma figura intermediária, que é o devedor, enquanto os direitos reais são exercidos diretamente sobre a coisa, sem necessidade da existência de um sujeito passivo;

f) *quanto à ação*, que é dirigida somente contra quem figura na relação jurídica como sujeito passivo (ação pessoal), ao passo que a ação real pode ser exercida contra quem quer que detenha a coisa.

Por vezes, direitos de crédito gozam de alguns atributos próprios dos direitos reais, como acontece com certos direitos obrigacionais que facultam o gozo de uma coisa, os chamados direitos pessoais de gozo: os direitos do locatário e os do comodatário, por exemplo. Por outro lado, a lei permite a atribuição de eficácia real a certos contratos, normalmente constitutivos de simples direitos de crédito, como o que estabelece o direito do promitente-comprador ou o direito de preferência, *verbi gratia*[22].

Em verdade, malgrado as diferenças apontadas, são muitos os pontos de contato entre os direitos obrigacionais e os direitos reais, que se entrelaçam. Algumas vezes a obrigação tem por escopo justamente adquirir a propriedade ou outro direito real, como sucede na compra e venda. Em outras, os direitos reais atuam como acessórios dos direitos obrigacionais, visando conferir segurança a estes (caso das garantias reais de penhor e hipoteca, p.ex.). Outras vezes, ainda, o direito obrigacional está vinculado a um direito real, como é o caso das obrigações *propter rem*, das obrigações com eficácia real e dos ônus reais, que constituem as figuras híbridas estudadas no item seguinte[23].

5.2. Figuras híbridas

A doutrina menciona a existência de algumas figuras *híbridas* ou *intermédias*, que se situam entre o direito pessoal e o direito real. Híbrido é o que se origina do cruzamento ou mistura de espécies diferentes.

---

21 Marcel Planiol, apud Darcy Bessone, *Direitos reais*, p. 5-6; Inocêncio Galvão Telles, *Direito das obrigações*, p. 13; Miguel Maria de Serpa Lopes, *Curso de direito civil*, v. II, p. 20-25; Pablo Stolze Gagliano e Rodolfo Pamplona Filho, *Novo curso de direito civil*, v. 2, p. 31.

22 Inocêncio Galvão Telles, *Direito das obrigações*, p. 14.

23 Sílvio de Salvo Venosa, *Direito civil*, v. II, p. 28.

Essas figuras, que constituem, aparentemente, um misto de *obrigação* e de *direito real*, provocam alguma perplexidade nos juristas, que chegam a dar-lhes, impropriamente, o nome de *obrigação real*. Outros preferem a expressão *obrigação mista*. Os jurisconsultos romanos as denominavam, com mais propriedade, *obligationes ob rem* ou *propter rem*. Os *ônus reais*, uma das figuras híbridas, têm mais afinidades com os direitos reais de garantia[24].

5.2.1. *Espécies*

As obrigações híbridas ou ambíguas são as seguintes: obrigações *propter rem* (também denominadas obrigações *in rem* ou *ob rem*), os ônus reais e as obrigações com eficácia real.

5.2.2. *Obrigações propter rem*

5.2.2.1. Conceito

Obrigação *propter rem* é a que recai sobre uma pessoa, por força de determinado direito real. Só existe em razão da situação jurídica do obrigado, de titular do domínio ou de detentor de determinada coisa.

É o que ocorre, por exemplo, com a obrigação imposta aos proprietários e inquilinos de um prédio de não prejudicarem a segurança, o sossego e a saúde dos vizinhos (CC, art. 1.277). Decorre da contiguidade dos dois prédios. Por se transferir a eventuais novos ocupantes do imóvel (*ambulat cum domino*), é também denominada *obrigação ambulatória*.

São obrigações que surgem *ex vi legis*, atreladas a direitos reais, mas com eles não se confundem, em sua estruturação. Enquanto estes representam *ius in re* (direito sobre a coisa, ou na coisa), essas obrigações são concebidas como *ius ad rem* (direitos por causa da coisa, ou advindos da coisa)[25].

Como esclarece Antunes Varela, há uma obrigação dessa espécie sempre que o dever de prestar vincule quem for titular de um direito sobre determinada coisa, sendo a prestação imposta precisamente por causa dessa titularidade da coisa. É obrigado a prestar quem tiver um direito sobre certa coisa; mas esta não garante, em regra, o cumprimento da obrigação[26].

Embora o Código Civil não tenha isolado e disciplinado essa modalidade de obrigação, pode ela ser identificada em vários dispositivos esparsos e em diversas situações, como, por exemplo: na obrigação imposta ao condômino de concorrer para as despesas de conservação da coisa comum (art. 1.315); na do condômino, no condomínio em edificações, de não alterar a fachada do prédio (art. 1.336, III); na obrigação que tem o dono da coisa perdida de recompensar e indenizar o descobridor (art. 1.234); na dos donos de imóveis confinantes, de concorrerem para as despesas de construção e conservação de tapumes divisórios (art. 1.297, § 1º) ou de demarcação entre os prédios (art. 1.297); na obrigação de dar caução pelo dano iminente (dano infecto) quando o prédio vizinho estiver ameaçado de ruína (art. 1.280); na obrigação de indenizar benfeitorias (art. 1.219) etc.[27].

---

24 Antunes Varela, *Direito das obrigações*, v. I, p. 44-45; Silvio Rodrigues, *Direito civil*, v. 2, p. 79; Maria Helena Diniz, *Curso de direito civil brasileiro* – Teoria geral das obrigações, 2002, v. 2, p. 26.

25 Carlos Alberto Bittar, *Direito das obrigações*, p. 40.

26 *Direito das obrigações*, 1977, v. I, p. 45.

27 "*Despesas condominiais*. A inexistência de registro do título aquisitivo da unidade residencial não afasta a responsabilidade dos novos adquirentes pelo pagamento das cotas condominiais relativamente ao período posterior à compra, sendo indevida a cobrança feita ao antigo condômino" (*RSTJ*, 128/323, 129/344)."Despesas *condominiais*. O promissário-comprador, investido na posse do imóvel,

As obrigações *propter rem* distinguem-se também das obrigações comuns, especialmente pelos modos de transmissão. Estas transmitem-se por meio de negócios jurídicos, como cessão de crédito, sub-rogação, assunção de dívida, endosso, sucessão por morte etc., que atingem diretamente a relação creditória.

Na obrigação real, todavia, a substituição do titular passivo opera-se por *via indireta*, com a aquisição do direito sobre a coisa a que o dever de prestar se encontra ligado. Assim, por exemplo, se alguém adquirir por usucapião uma quota do condomínio, é sobre o novo condômino que recai a obrigação de concorrer para as despesas de conservação da coisa.

Esse modo especial de substituição só vigora, no entanto, enquanto a obrigação real, continuando ligada a determinada coisa, não ganhar autonomia, como sucede na hipótese de o proprietário ter feito alguma obra em contravenção do direito de vizinhança e mais tarde transmitir o prédio a terceiro. Sobre este recairá a obrigação de não fazer obra dessa espécie, mas não a de reparar os danos causados pela efetuada por seu antecessor[28].

Caracterizam-se, assim, as obrigações *propter rem* pela *origem* e *transmissibilidade automática*.

Como preleciona Orlando Gomes, consideradas em sua origem, verifica-se que provêm da existência de um direito real, impondo-se a seu titular. Esse cordão umbilical jamais se rompe. Se o direito de que se origina é transmitido, a obrigação o segue, seja qual for o título translativo. A transmissão ocorre automaticamente, isto é, sem ser necessária a intenção específica do transmitente. Por sua vez, o adquirente do direito real não pode recusar-se a assumi-la[29].

Serpa Lopes, por sua vez, destaca, como principal característica da obrigação real, o fato de ser ela *ligada a um direito real, do qual decorre. Propter rem* quer dizer "por causa da coisa", ainda que ela se origine da lei. Apesar dessa vinculação, a obrigação *propter rem* mantém a sua fisionomia autônoma, não se confundindo, de nenhum modo, com os vários direi-

---

responde pelas despesas de condomínio, independentemente de ainda não ter sido feito o registro" (STJ, REsp 136.562-DF, 4ª T., rel. Min. Sálvio de Figueiredo, *DJU*, 1º-3-1999).

"Despesas *condominiais*. Pretendida imposição do encargo ao credor hipotecário. Inadmissibilidade. Obrigação *propter rem* que deve ser suportada pelo proprietário do imóvel" (*RT*, 797/311).

"Despesas *condominiais*. Responsabilidade do proprietário da unidade autônoma pelas cotas em atraso, ainda que o imóvel esteja ocupado por terceiro" (*RT*, 799/321).

28 Antunes Varela, *Direito das obrigações*, 1977, v. I, p. 46.

29 *Obrigações*, p. 26-27. *V.* a jurisprudência: "Caráter *propter rem* da obrigação de pagar cotas condominiais. Distinção entre débito e responsabilidade à luz da teoria da dualidade do vínculo obrigacional. Responsabilidade do atual proprietário pelo pagamento das cotas condominiais, ainda que anteriores à alienação. Precedentes do STJ. Imputação ao anterior proprietário dos débitos surgidos até à alienação" (STJ, AgRg no REsp 1.370.088-DF, 3ª T., rel. Min. Paulo de Tarso Sanseverino, *DJe* 26-6-2015".

"*Cotas condominiais*. O adquirente da unidade responde perante o condomínio pelas cotas condominiais em atraso. O modo de aquisição não assume relevo" (STJ, REsp 6.123-RJ, REsp 7.128-SP, REsp 30.117-RJ).

"Obrigação *propter rem*. O adquirente do imóvel em sistema de condomínio responde pelos débitos da unidade requerida" (STJ, 3ª T., rel. Min. Waldemar Zveiter, *DJU*, 18-2-1991, p. 1.037).

"Despesas condominiais. A alteração do parágrafo único do art. 4º da Lei n. 4.591/64 pela Lei n. 7.182/84 não descaracterizou a natureza *propter rem* dos débitos condominiais, que se transferem ao adquirente com o domínio da respectiva unidade. Essa alteração veio apenas reforçar as garantias desses débitos, impondo seu pagamento como condição para a transferência ou alienação da unidade. Descumprida a norma do parágrafo único do art. 4º da Lei n. 4.591, o adquirente fica responsável pelo pagamento dos débitos pretéritos, solidariamente com o transmitente, não se podendo beneficiar da violação da lei" (TRF da 4ª Reg., *RT*, 784/444).

tos reais de que possa ser acessório. Também em razão desse característico, não se confunde ela com as servidões, que representam um direito real sobre coisa alheia, porém principal e não acessório. Finalmente, ressalta-se o caráter de *tipicidade* da obrigação *propter rem*, decorrente da sua acessoriedade com o direito real, diferentemente das servidões, em que a lei permite a sua criação pela convenção dos respectivos titulares do domínio[30].

A obrigação *propter rem* é figura relevante no direito ambiental: "De fazer ou não fazer, pois diretamente ligada à preservação da natureza: recompor, restaurar, não degradar. Essa é a obrigação *propter rem* em sua essência, pois envolve uma prestação pessoal do titular do direito real em prol da coisa em si e, como dizemos nesta seara, em prol do direito de todos ao ambiente ecologicamente equilibrado. A obrigação adere à propriedade, à sua função social, e transita (*ambulat*) de titular para titular, de modo que cada um a seu tempo deve prestá-la ainda que não tenha sido o autor da degradação; e como é uma obrigação acessória à propriedade que com ela transita, ela se extingue para o transmitente ao mesmo tempo em que passa, com a titularidade da coisa, a obrigar o adquirente, o novo proprietário. Não parece correto dizer que o transmitente continua obrigado como se vê aqui e ali; e a manutenção do transmitente no polo passivo das ações ou o prosseguimento da execução contra ele traz um inconveniente teórico (pois desconsidera ser uma obrigação acessória ao direito real, de que o transmitente não é mais o titular) e um inconveniente prático, pois configura de certo modo uma obrigação impossível, já que não cabe a quem não é dono interferir ou alterar a coisa que está na propriedade e ou posse de terceiro"[31].

5.2.2.2. Natureza jurídica

Divergem os autores com relação à natureza jurídica da obrigação *propter rem*. Enquanto Tito Fulgêncio a reduz a uma obrigação comum, outros, como San Tiago Dantas e Serpa Lopes, destacam, como traço característico, sua vinculação a um direito real.

Na realidade, como entende a moderna doutrina, a obrigação *propter rem* situa-se em terreno fronteiriço entre os direitos reais e os pessoais. Configura um direito misto, constituindo um *tertium genus*, por revelar a existência de direitos que não são puramente reais nem essencialmente obrigacionais[32].

Tem características de direito obrigacional, por recair sobre uma pessoa que fica adstrita a satisfazer uma prestação, e de direito real, pois vincula sempre o titular da coisa. Caio Mário da Silva Pereira a situa no plano de uma *obrigação acessória mista*, não a considerando nem uma *obligatio*, nem um *jus in re*. No seu entender, erram os que lhe pretendem atribuir autonomia, pois essa modalidade de obrigação somente encorpa-se quando é acessória a uma relação jurídico-real ou se objetiva numa prestação devida ao titular do direito real, nesta qualidade (*ambulat cum domino*).

Aduz o consagrado civilista equivocarem-se os que pretendem definir a obrigação *propter rem* como pessoal, bem como os que lhe negam a existência, absorvendo-a na real. Ela é, segundo entende, "uma obrigação de caráter misto, pelo fato de ter como a *obligatio in personam* objeto consistente em uma prestação específica; e como a *obligatio in re* estar sempre incrustada no direito real"[33].

---

30 *Curso de direito civil*, v. II, p. 57-58.

31 A obrigação *propter rem*, uma figura frequente no direito ambiental (Des. Ricardo Cintra Torres de Carvalho, *in* Revista *Consultor Jurídico* de 25-8-2018).

32 Silvio Rodrigues, *Direito civil*, v. 2, p. 82; Maria Helena Diniz, *Curso de direito civil brasileiro* – Teoria geral das obrigações, v. 2, p. 30.

33 *Instituições de direito civil*, v. II, p. 28-29.

5.2.3. *Ônus reais*

Ônus reais são obrigações que limitam o uso e gozo da propriedade, constituindo gravames ou direitos oponíveis *erga omnes*, como, por exemplo, a renda constituída sobre imóvel. Aderem e acompanham a coisa. Por isso se diz que quem deve é esta e não a pessoa.

Para que haja, efetivamente, um ônus real e não um simples direito real de garantia (como a hipoteca ou o privilégio creditório especial), é essencial que o titular da coisa seja realmente devedor, sujeito passivo de uma obrigação, e não apenas proprietário ou possuidor de determinado bem cujo valor assegura o cumprimento de dívida alheia[34].

Embora controvertida a distinção entre ônus reais e obrigações *propter rem*, costumam os autores apontar as seguintes diferenças: a) a responsabilidade pelo ônus real é limitada ao bem onerado, não respondendo o proprietário além dos limites do respectivo valor, pois é a coisa que se encontra gravada; na obrigação *propter rem* responde o devedor com todos os seus bens, ilimitadamente, pois é este que se encontra vinculado; b) os primeiros desaparecem, perecendo o objeto, enquanto os efeitos da obrigação *propter rem* podem permanecer, mesmo havendo perecimento da coisa; c) os ônus reais implicam sempre uma prestação positiva, enquanto a obrigação *propter rem* pode surgir com uma prestação negativa; d) nos ônus reais, a ação cabível é de natureza real (*in rem scriptae*); nas obrigações *propter rem*, é de índole pessoal[35].

Também se tem dito que, nas obrigações *propter rem*, o titular da coisa só responde, em princípio, pelos vínculos constituídos na vigência do seu direito. Nos ônus reais, porém, o titular da coisa responde mesmo pelo cumprimento de obrigações constituídas antes da aquisição do seu direito. Tal critério, no entanto, tem sofrido desvios, como se pode observar pela redação do art. 4º da Lei n. 4.591, de 16 de dezembro de 1964, responsabilizando o adquirente da fração autônoma do condômino pelos débitos do alienante, em relação ao condomínio[36].

5.2.4. *Obrigações com eficácia real*

Obrigações com *eficácia real* são as que, sem perder seu caráter de direito a uma prestação, transmitem-se e são oponíveis a terceiro que adquira direito sobre determinado bem. Certas obrigações resultantes de contratos alcançam, por força de lei, a dimensão de direito real.

Pode ser mencionada, como exemplo, a obrigação estabelecida no art. 576 do Código Civil, pelo qual a locação pode ser oposta ao adquirente da coisa locada, se constar do registro.

Também pode ser apontada, a título de exemplo de obrigação com eficácia real, a que resulta de compromisso de compra e venda, em favor do promitente-comprador, quando não se pactua o arrependimento e o instrumento é registrado no Cartório de Registro de Imóveis, adquirindo este direito real à aquisição do imóvel e à sua adjudicação compulsória (CC, arts. 1.417 e 1.418).

---

[34] Antunes Varela, *Direito das obrigações*, 1977, v. I, p. 50.

[35] Andrea Torrente, *Manuale di diritto privato*, p. 300; Francesco Messineo, *Istituzioni di diritto privato*, p. 311; Washington de Barros Monteiro, *Curso de direito civil*, 29. ed., v. 4, p. 16-17, nota 16; Orlando Gomes, *Obrigações*, p. 28, nota 49; Maria Helena Diniz, *Curso de direito civil brasileiro* – Teoria geral das obrigações, v. 2, p. 31-32; Sílvio de Salvo Venosa, *Direito civil*, v. II, p. 63-64.

[36] Antunes Varela, *Direito das obrigações*, 1977, v. I, p. 47-48.

6. EVOLUÇÃO DA TEORIA DAS OBRIGAÇÕES

Na fase histórica pré-romana não havia um direito obrigacional. A hostilidade existente entre os diversos grupos impedia o estabelecimento de relações recíprocas.

No período do direito romano já encontramos nitidamente estruturado, mesmo nos primeiros tempos, o direito obrigacional, distinguindo-se o direito de crédito dos direitos reais. Os direitos privados eram divididos em direitos pessoais, direitos reais e direitos obrigacionais, estes concernentes às relações de caráter patrimonial entre pessoas.

Na fase inicial, todavia, em razão da vinculação das pessoas, o devedor respondia com o próprio corpo pelo cumprimento da obrigação. O compromisso estabelecia o poder do credor sobre o devedor (*nexum*), que possibilitava, na hipótese de inadimplemento, o exercício da *manus iniectio*, reduzindo o obrigado à condição de escravo. Essas ideias, como assinala FREDERIC GIRARD, eram tão naturalmente recebidas que não repugnava impor sobre o devedor insolvente um macabro concurso creditório, levando-o além do Tibre, onde se lhe tirava a vida e dividia-se o seu corpo pelos credores, o que, aliás, está na Tábula III: "*Tertiis nundinis partis secanto; si plus minusve secuerunt se fraude esto*"[37].

Dava-se, nesses primeiros tempos, excessivo valor ao formalismo. Mais valia a observância do rito prescrito, das cerimônias sacramentais, do que o conteúdo da manifestação da vontade.

O grande passo nesse processo evolutivo foi dado pela *Lex Poetelia Papiria*, de 428 a.C., que aboliu a execução sobre a pessoa do devedor, deslocando-a para os bens do devedor, realçando-se o seu caráter patrimonial. A responsabilidade passou a incidir sobre o patrimônio do devedor e não mais sobre a sua pessoa.

Essa transformação atravessou séculos, sendo observada no *Corpus Iuris Civilis*, do século VI de nossa era, que concebia a obrigação como provinda da vontade, sujeitando o devedor a uma prestação, garantida por seu patrimônio.

O direito moderno conservou essa noção, consagrada no Código Napoleão, do direito francês, cujo art. 2.093 dispõe que "*les biens du débiteur sont le gage commun de ses creanciers*" ("os bens do devedor são a garantia comum de seus credores").

Nessa evolução, o direito obrigacional passou por diversas transformações, acompanhando a própria história da expansão da economia no mundo, desde o período rural, típico da Antiguidade, o do desenvolvimento do comércio, na Idade Média, à Idade Moderna, com a Revolução Industrial e a recente revolução tecnológica.

Do individualismo econômico, característico da época romana, e da autonomia da vontade, evoluiu o direito obrigacional para o campo social, influenciado pelas Encíclicas e pelos movimentos sociais, bem como para o dirigismo contratual, com a predominância do princípio da ordem pública.

Nos tempos modernos, com efeito, cresce a intervenção do Estado em detrimento da liberdade de ação do indivíduo. Dá-se ênfase à função do contrato, ampliando-se também a noção de "socialização dos riscos" no âmbito da responsabilidade civil, dentre outros aspectos dignos de nota[38].

"A liberdade contratual representa o poder conferido às partes de escolher o negócio a ser celebrado, com quem contratar e o conteúdo das cláusulas contratuais. É a ampla faixa de autonomia conferida pelo ordenamento jurídico à manifestação de vontade dos contratantes.

---

37 *Testes de droit romain*, p. 13, apud Caio Mário da Silva Pereira, *Instituições de direito civil*, v. II, p. 7.

38 Caio Mário da Silva Pereira, *Instituições de direito civil*, v. II, p. 5-9; Carlos Alberto Bittar, *Direito das obrigações*, p. 4-6; Manoel Ignácio Carvalho de Mendonça, *Doutrina e prática das obrigações*, t. I, p. 97-142.

Assim, o controle judicial sobre eventuais cláusulas abusivas em contratos empresariais é mais restrito do que em outros setores do direito privado, pois as negociações são entabuladas entre profissionais da área empresarial, observando regras costumeiramente seguidas pelos integrantes desse setor da economia"[39].

7. POSIÇÃO DO DIREITO DAS OBRIGAÇÕES NO CÓDIGO CIVIL

O Código Civil de 1916, embora tenha sofrido influência do direito alemão, distribuía os livros da Parte Especial de forma diferente do BGB, colocando o do Direito de Família logo após a Parte Geral, vindo a seguir o do Direito das Coisas. Só depois surgia o livro do Direito das Obrigações, antecedendo o do Direito das Sucessões.

Essa orientação refletia a situação do país à época de sua elaboração, caracterizada por uma sociedade agrária e conservadora, que conferia importância primordial ao "pai de família" e ao "proprietário", bem como o apego ao individualismo econômico e jurídico.

Essa estrutura era criticada por ORLANDO GOMES, para quem o *direito das obrigações* deveria ser estudado logo após a Parte Geral, precedendo, pois, ao *direito das coisas*, ao *direito de família* e ao *direito das sucessões*. A razão principal dessa prioridade, segundo o saudoso civilista, "é de ordem lógica. O estudo de vários institutos dos outros departamentos do Direito Civil depende do conhecimento de conceitos e construções teóricos do *Direito das Obrigações*, tanto mais quanto ele encerra, em sua parte geral, preceitos que transcendem sua órbita e se aplicam a outras seções do Direito Privado. Natural, pois, que sejam apreendidos primeiro que quaisquer outros. Mais fácil se torna, assim, a exposição metódica".

O Código Civil de 2002, atentando para o fato de que as relações jurídicas de natureza obrigacional podem ser estudadas independentemente do conhecimento das noções especiais pertinentes à família, à propriedade e à herança, e que os princípios e a técnica do direito obrigacional influem em todos os campos do direito, alterou a ordem dos livros, adotando a sistemática alemã. Traz assim, em primeiro lugar, após a Parte Geral, o livro do *Direito das Obrigações*. Seguem-se, pela ordem, os do Direito de Empresa, do Direito das Coisas, do Direito de Família e do Direito das Sucessões.

A propósito, assevera MIGUEL REALE que, após a Parte Geral – na qual se enunciam os direitos e deveres gerais da pessoa humana como tal, e se estabelecem pressupostos gerais da vida civil –, o atual Código "começa, na Parte Especial, a disciplinar as obrigações que emergem dos direitos pessoais. Pode-se dizer que, enunciados os direitos e deveres dos indivíduos, passa-se a tratar de sua projeção natural que são as obrigações e os contratos"[40].

8. A UNIFICAÇÃO DO DIREITO OBRIGACIONAL

Desde o final do século XIX se observa uma tendência para unificar o direito privado e, assim, disciplinar conjunta e uniformemente o direito civil e o direito comercial. Na Itália, defenderam a ideia VIVANTE e CIMBALI, dentre outros.

Entre nós, o movimento encontrou apoio em TEIXEIRA DE FREITAS, que chegou a propor ao Governo, na ocasião em que concluía o seu célebre *Esboço do Código Civil*, que se fizesse um Código de Direito Privado, em vez de um Código de Direito Civil.

Alguns países tiveram experiências satisfatórias com a unificação, como Suíça, Canadá, Itália e Polônia, por exemplo. Em verdade, não se justifica que um mesmo fenômeno jurídi-

---

[39] STJ, REsp 1.409.849-PR, 3ª T., rel. Min. Paulo de Tarso Sanseverino.

[40] *O Projeto do Novo Código Civil*, p. 5-6.

co, como a compra e venda e a prescrição, para citar apenas alguns, submeta-se a regras diferentes, de natureza civil e comercial. Por outro, as referidas experiências demonstraram que a uniformização deve abranger os princípios de aplicação comum a toda a matéria de direito privado, sem eliminar a específica à atividade mercantil, que prosseguiria constituindo objeto de especialização e autonomia.

Desse modo, a melhor solução não parece ser a unificação do direito privado, mas sim a do direito obrigacional. Seriam, assim, mantidos os institutos característicos do direito comercial, os quais, mesmo enquadrados no direito privado unitário, manteriam sua fisionomia própria, como têm características peculiares os princípios inerentes aos diversos ramos do direito civil, no direito de família, das sucessões, das obrigações ou das coisas[41].

No Brasil, Orozimbo Nonato, Philadelpho Azevedo e Hahnemann Guimarães apresentaram o seu Anteprojeto de Código de Obrigações em 1941, no qual fixaram os princípios gerais do direito obrigacional, comuns a todo o direito privado, abrangentes da matéria mercantil. Algum tempo depois, Francisco Campos, encarregado da redação de um projeto de Código Comercial, anuncia sua adesão à tese unificadora. Também Caio Mário da Silva Pereira, incumbido de elaborar um Projeto de Código de Obrigações, em 1961, perfilhou a unificação[42].

Arnoldo Wald assevera que "o novo Código Civil unificou o direito privado, a exemplo do que ocorre no direito civil italiano, ao dispor sobre os títulos de crédito (arts. 887 a 926), do direito de empresa (arts. 966 a 1.195), em que trata, dentre outros temas, das várias espécies de sociedade"[43].

Miguel Reale rebate, contudo, a assertiva, dizendo que é preciso "corrigir, desde logo, um equívoco que consiste em dizer que tentamos estabelecer a unidade do Direito Privado. Esse não foi o objetivo visado. O que na realidade se fez foi consolidar e aperfeiçoar o que já estava sendo seguido no País, que era a *unidade do Direito das Obrigações*. Como o Código Comercial de 1850 se tornara completamente superado, não havia mais questões comerciais resolvidas à luz do Código de Comércio, mas sim em função do Código Civil. Na prática jurisprudencial, essa unidade das obrigações já era um fato consagrado, o que se refletiu na ideia rejeitada de um Código só para reger as obrigações, consoante projeto elaborado por jurisconsultos da estatura de Orozimbo Nonato, Hahnemann Guimarães e Philadelpho Azevedo".

Acrescentou o ilustre coordenador dos trabalhos da comissão que elaborou o projeto do novo diploma que "não vingou também a tentativa de, a um só tempo, elaborar um Código das Obrigações, de que foi relator Caio Mário da Silva Pereira, ao lado de um Código Civil, com a matéria restante, conforme projeto de Orlando Gomes. Depois dessas duas malogradas experiências, só restava manter a unidade da codificação, enriquecendo-a de novos elementos, levando em conta também as contribuições desses dois ilustres jurisconsultos"[44].

Em realidade, o atual Código Civil unificou as obrigações civis e mercantis, trazendo para o seu bojo a matéria constante da primeira parte do Código Comercial (CC, art. 2.045), procedendo, desse modo, a uma unificação parcial do direito privado.

---

41 Arnoldo Wald, *Curso de direito civil brasileiro*: introdução e parte geral, p. 15.
42 Caio Mário da Silva Pereira, *Instituições de direito civil*, v. I, p. 17.
43 *Curso de direito civil brasileiro*: introdução e parte geral, p. 13.
44 *O Projeto do Novo Código Civil*, p. 5.

Capítulo II

NOÇÕES GERAIS DE OBRIGAÇÃO

1. CONCEITO DE OBRIGAÇÃO

Obrigação é o vínculo jurídico que confere ao credor (sujeito ativo) o direito de exigir do devedor (sujeito passivo) o cumprimento de determinada prestação. Corresponde a uma relação de natureza pessoal, de crédito e débito, de caráter transitório (extingue-se pelo cumprimento), cujo objeto consiste numa prestação economicamente aferível.

A definição clássica vem das *Institutas*, no direito romano: "*Obligatio est juris vinculum, quo necessitate adstringimur alicujus solvendae rei, secundum nostrae civitatis jura*" ("Obrigação é o vínculo jurídico que nos adstringe necessariamente a alguém, para solver alguma coisa, em consonância com o direito civil"). Já se apontava o vínculo como o núcleo central da relação entre o credor e o devedor, e a prestação como o seu conteúdo, exigível coercitivamente[1].

O vocábulo "obrigação" nem sempre, no entanto, é empregado no sentido técnico-jurídico. Como decorrência de sua amplitude, podemos encontrá-lo com significações inadequadas e sentidos diferentes, tais como:

a) designando o dever que têm todas as pessoas de respeitar os direitos alheios. É nesse sentido que se compreende o velho brocardo romano *jus et obligatio correlata sunt*, ou seja, direito e obrigação são ideias correlatas;

---

[1] São numerosas as definições de obrigação, tendo cada escritor a sua. Vejam-se algumas:"Obrigação é a relação jurídica, de caráter transitório, estabelecida entre devedor e credor e cujo objeto consiste numa prestação pessoal econômica, positiva ou negativa, devida pelo primeiro ao segundo, garantindo-lhe o adimplemento através de seu patrimônio" (Washington de Barros Monteiro, *Curso de direito civil*, 29. ed., v. 4, p. 8).

"Obrigação é o vínculo jurídico em virtude do qual uma pessoa pode exigir de outra prestação economicamente apreciável" (Caio Mário da Silva Pereira, *Instituições de direito civil*, v. II, p. 5).

"Obrigação consiste na relação jurídica por virtude da qual uma pessoa pode exigir, no seu interesse, determinada prestação de uma outra, ficando esta vinculada ao correspondente dever de prestar" (Antunes Varela, *Direito das obrigações*, v. 1, p. 57).

b) indicando o documento probatório da obrigação; com um sentido material, portanto. É, então, que se diz uma obrigação por escritura pública, ou uma obrigação por escrito particular; uma obrigação do Tesouro;

c) significando o *débito* somente, que é elemento passivo do patrimônio, ou somente o *crédito*, que é o seu elemento ativo, ou, ainda, o fato que serve de fundamento à obrigação[2].

Embora seja frequente, na linguagem jurídica, dar o nome de *crédito* ao lado ativo da relação e reservar o termo *obrigação* para designar apenas o seu lado *passivo*, a obrigação abrange a relação globalmente considerada, incluindo tanto o lado ativo (o *direito à prestação*) como o lado passivo (o *dever de prestar* correlativo)[3].

Igualmente incorreta, do ponto de vista técnico-jurídico, a afirmação de que o réu tem a obrigação de contestar ou de impugnar ou que o adquirente de imóvel tem obrigação de registrar. Há, na realidade, o *ônus de contestar* ou de *impugnar* (CPC/2015, arts. 341 e 344), como existe o *ônus de registrar*. Consiste o ônus jurídico na necessidade de se observar determinada conduta, para satisfação de um interesse.

Em sentido técnico, a obrigação, como a correspondente *obligatio* da terminologia romana, exprime a relação jurídica pela qual uma pessoa (devedor) está adstrita a uma determinada prestação para com outra (credor), que tem direito de exigi-la, obrigando a primeira a satisfazê-la.

A noção dada pelo direito moderno da relação obrigatória não difere, nas suas linhas gerais, daquela que foi, no dizer de Roberto de Ruggiero, "maravilhosamente construída pelos jurisconsultos romanos"[4].

2. ELEMENTOS CONSTITUTIVOS DA OBRIGAÇÃO

A obrigação se compõe dos elementos próprios das relações jurídicas em geral. Modernamente, consideram-se três os seus elementos essenciais: a) o *subjetivo*, concernente aos sujeitos da relação jurídica (sujeito ativo ou credor e sujeito passivo ou devedor); b) o *objetivo* ou material, atinente ao seu objeto, que se chama prestação; e c) o *vínculo jurídico* ou elemento imaterial (abstrato ou espiritual).

No passado, alguns autores distinguiam quatro elementos da obrigação: *sujeitos, objeto, fato jurídico* e *garantia*[5]. Outros enumeravam o *vínculo jurídico, o sujeito ativo, o sujeito passivo* e um *fato* como requisitos essenciais e intrínsecos da obrigação. E a *forma* como requisito essencial extrínseco[6].

O *fato jurídico*, como causa ou fonte da obrigação, é todavia elemento exterior à relação obrigacional. Não se confunde o contrato, o acordo negocial celebrado pelas partes, com a relação contratual dele emergente. A *garantia*, por sua vez, pertence mais ao foro processual da ação creditória. De sorte que os elementos que realmente integram a relação obrigacional são os três já mencionados: a) os *sujeitos*; b) o *objeto*; c) o *vínculo* ou conteúdo da relação[7].

2.1. Sujeitos da relação obrigacional (elemento subjetivo)

O elemento subjetivo da obrigação ostenta a peculiaridade de ser duplo: um sujeito ativo ou credor, e um sujeito passivo ou devedor. O sujeito ativo é o credor da obrigação,

---

2 João Franzen de Lima, *Curso de direito civil brasileiro*, v. II, t. I, p. 15.
3 Antunes Varela, *Direito das obrigações*, 1977, v. 1, p. 58.
4 *Instituições de direito civil*, v. 3, p. 4.
5 Inocêncio Galvão Telles, *Direito das obrigações*, p. 27.
6 João Franzen de Lima, *Curso de direito civil brasileiro*, v. II, t. I, p. 18.
7 Antunes Varela, *Direito das obrigações*, 1977, v. I, p. 66.

aquele em favor de quem o devedor prometeu determinada prestação. Tem ele, como titular daquela, o direito de exigir o cumprimento desta.

Os sujeitos da obrigação, tanto o ativo como o passivo, podem ser pessoa natural ou jurídica, de qualquer natureza, bem como as sociedades de fato. Devem ser, contudo, determinados ou, ao menos, determináveis. Só não podem ser absolutamente indetermináveis.

Algumas vezes o sujeito da obrigação, ativo ou passivo, não é desde logo determinado. No entanto, a fonte da obrigação deve fornecer os elementos ou dados necessários para a sua determinação. Assim, por exemplo, no contrato de doação o donatário pode não ser desde logo determinado, mas deverá ser determinável no momento de seu cumprimento (quando se oferece, p.ex., um troféu ao vencedor de um concurso ou ao melhor aluno de uma classe etc.).

Ocorre a indeterminação inicial e posterior determinação do sujeito, também, quando o ganhador na loteria apresenta o bilhete premiado; quando se promete recompensa a quem encontrar determinado objeto ou animal de estimação; e quando a unidade condominial é alienada, passando o adquirente, como novo proprietário, a responder pelo pagamento das despesas condominiais, que têm natureza *propter rem*, dentre outras inúmeras hipóteses.

Qualquer pessoa, maior ou menor, capaz ou incapaz, casada ou solteira, tem qualidade para figurar no polo ativo da relação obrigacional, inexistindo, de um modo geral, restrição a esse respeito. Se não for capaz, será representada ou assistida por seu representante legal, dependendo ainda, em alguns casos, de autorização judicial.

Também as pessoas jurídicas, de qualquer natureza, como dito inicialmente, de direito público ou privado, de fins econômicos ou não, de existência legal ou de fato (CPC/2015, art. 75, IX), podem legitimamente figurar como sujeito ativo de um direito obrigacional.

O sujeito ativo pode ser individual ou coletivo, conforme a obrigação seja simples ou solidária e conjunta. Pode a obrigação também existir em favor de pessoas ou entidades futuras, ou ainda não existentes, como nascituros e pessoas jurídicas em formação. Pode haver substituição de credor na cessão de crédito, sub-rogação, novação, estipulação em favor de terceiro etc.[8].

O devedor é o sujeito passivo da relação obrigacional, a pessoa sobre a qual recai o dever de cumprir a prestação convencionada. É dele que o credor tem o poder de exigir o adimplemento da prestação, destinada a satisfazer o seu interesse, por estar adstrito ao seu cumprimento.

Pode o devedor ser, também, determinado ou determinável, como acontece frequentemente nas obrigações *propter rem*. É mutável em várias situações e hipóteses, especialmente na novação subjetiva por substituição de devedor (CC, art. 360, II), por exemplo.

Extingue-se a obrigação, desde que na mesma pessoa se confundam as qualidades de credor e devedor (CC, art. 381).

2.2. Objeto da relação obrigacional (elemento objetivo)

Objeto da obrigação é sempre uma conduta ou ato humano: dar, fazer ou não fazer (*dare, facere, praestare*, dos romanos). E se chama *prestação*, que pode ser positiva (dar e fazer) ou negativa (não fazer). Objeto da relação obrigacional é, pois, a prestação debitória. É a ação ou omissão a que o devedor fica adstrito e que o credor tem o direito de exigir[9].

Qualquer que seja a obrigação assumida pelo devedor, ela se subsumirá sempre a uma prestação: a) de *dar*, que pode ser de dar coisa certa (CC, arts. 233 e s.) ou incerta (indeter-

---

8 Washington de Barros Monteiro, *Curso de direito civil*, v. 4, p. 12-15; Maria Helena Diniz, *Curso de direito civil brasileiro* – Teoria geral das obrigações, v. 2, p. 47.

9 Manoel Ignácio Carvalho de Mendonça, *Doutrina e prática das obrigações*, t. I, p. 90; Antunes Varela, *Direito das obrigações*, 1977, v. 1, p. 70.

minada quanto à qualidade: CC, art. 243) e consiste em entregá-la ou restituí-la (na compra e venda o vendedor se obriga a entregar a coisa, e o comprador, o preço; no comodato, o comodatário se obriga a restituir a coisa emprestada gratuitamente, sendo todas modalidades de obrigação de dar); ou b) de *fazer*, que pode ser infungível ou fungível (CC, arts. 247 e 249), e de emitir declaração de vontade (CPC/2015, art. 501); ou, ainda, c) de *não fazer* (CC, arts. 250 e s.).

A prestação (dar, fazer e não fazer) é o *objeto imediato* (próximo, direto) da obrigação. Na compra e venda, como vimos, o vendedor se obriga a entregar, que é modalidade de obrigação de dar, a coisa alienada. A obrigação de entregar (de dar coisa certa) constitui o objeto imediato da aludida obrigação. Para saber qual o objeto *mediato* (distante, indireto) da obrigação, basta indagar: dar, fazer ou não fazer o quê? No citado exemplo da compra e venda, se o vendedor se obrigou a entregar um veículo, este será o objeto mediato da obrigação, podendo ser também chamado de "objeto da prestação"[10].

Objeto mediato ou objeto da prestação é, pois, na obrigação de dar, a própria coisa. Na de fazer, a obra ou serviço encomendado (obrigação do empreiteiro e do transportador, p. ex.). Não se confunde, pois, o ato da prestação, a que o obrigado se encontra vinculado, com a coisa material, sobre o qual aquele ato incide.

A prestação ou objeto imediato deve obedecer a certos requisitos, para que a obrigação se constitua validamente. Assim, deve ser lícito, possível, determinado ou determinável. Deve ser, também, economicamente apreciável. Como se verifica, tais requisitos não diferem dos exigidos para o objeto da relação jurídica em geral (CC, art. 104, II).

Objeto lícito é o que não atenta contra a lei, a moral ou os bons costumes.

Quando o objeto jurídico da obrigação é imoral, os tribunais por vezes aplicam o princípio de direito de que ninguém pode valer-se da própria torpeza (*nemo auditur propriam turpitudinem allegans*). Ou então a parêmia *in pari causa turpitudinis cessat repetitio*, segundo a qual se ambas as partes, no contrato, agiram com torpeza, não pode qualquer delas pedir devolução da importância que pagou[11].

Tais princípios são aplicados pelo legislador, por exemplo, no art. 150 do Código Civil, que reprime o dolo ou torpeza bilateral, e no art. 883, que nega direito à repetição do pagamento feito para obter fim ilícito, imoral, ou proibido por lei. Impedem eles que as pessoas participantes de um contrato imoral sejam ouvidas em juízo.

O objeto deve ser, também, *possível*. Quando impossível, o negócio é nulo. A impossibilidade do objeto pode ser física ou jurídica.

Impossibilidade física é a que emana de leis físicas ou naturais. Configura-se sempre que a prestação avençada ultrapassa as forças humanas. Deve ser *real* (não se tratar de mera faculdade) e *absoluta*, isto é, alcançar a todos, indistintamente, como, por exemplo, a que impede o cumprimento da obrigação de colocar toda a água dos oceanos em um copo-d'água. A relativa, que atinge o devedor mas não outras pessoas, não constitui obstáculo ao negócio jurídico. Dispõe, com efeito, o art. 106 do Código Civil que "*a impossibilidade inicial do objeto não invalida o negócio jurídico se for relativa, ou se cessar antes de realizada a condição a que ele estiver subordinado*".

Impossibilidade jurídica do objeto ocorre quando o ordenamento jurídico proíbe, expressamente, negócios a respeito de determinado bem, como a herança de pessoa viva (CC, art. 426), o bem público (CC, art. 100) e os gravados com a cláusula de inalienabilidade, por

---

10 Antunes Varela, *Direito das obrigações*, 1977, v. I, p. 71; Álvaro Villaça Azevedo, *Teoria geral das obrigações*, p. 35.

11 Silvio Rodrigues, *Direito civil*, v. 1, p. 174.

exemplo. A ilicitude do objeto é mais ampla, pois abrange os contrários à moral e aos bons costumes.

O objeto da obrigação deve ser, igualmente, *determinado* ou *determinável* (indeterminado relativamente ou suscetível de determinação no momento da execução).

Admite-se, assim, a venda de *coisa incerta*, indicada ao menos pelo gênero e pela quantidade (CC, art. 243), que será determinada pela escolha, bem como a *venda alternativa*, cuja indeterminação cessa com a concentração (CC, art. 252).

O objeto da obrigação, como foi dito, deve ser, também, economicamente apreciável. Obrigações jurídicas, mas sem conteúdo patrimonial, como o dever de fidelidade entre os cônjuges e outros do direito de família, são excluídas do direito das obrigações.

Reportamo-nos ao item n. 3 (*Características principais do direito das obrigações*) do Capítulo I (*Introdução ao direito das obrigações*), *retro*, no qual foi abordada a questão da patrimonialidade do objeto da obrigação, transcrevendo-se a lição de Caio Mário, ao elogiar o art. 1.174 do Código Civil italiano, que proclama a economicidade da prestação, dizendo que a razão está em que "o *interesse* do credor pode ser apatrimonial, mas a prestação deve ser suscetível de avaliação em dinheiro".

Também se mencionou a lição de Roberto de Ruggiero, que igualmente vislumbra a solução do problema na distinção entre o interesse, que o credor tem na prestação, e a própria prestação, dizendo: "É fora de dúvidas que nada impõe a necessidade de um interesse econômico no devedor, bem podendo ele ser apenas ideal, afetivo ou moral, desde que seja sério e lícito e se mostre, por isso, digno de proteção jurídica. Mas, pelo contrário, o objeto da prestação deve necessariamente ter um conteúdo econômico ou ser suscetível de uma avaliação patrimonial...".

Acrescente-se que, em princípio, a responsabilidade do devedor estende-se a todo o seu patrimônio. A lei, no entanto, exclui da execução forçada certos bens, tornando-os impenhoráveis. É o que sucede com o imóvel utilizado como residência de família (bem de família), que não pode responder por qualquer dívida contraída pelos pais, filhos ou outras pessoas que nele residam (Lei n. 8.009/90; CC, art. 1.711)[12].

O entendimento de que pode haver interesse somente moral da prestação, mas deve ser suscetível de valorização econômica, adotado no art. 1.174 do Código Civil italiano, é amplamente aceito na doutrina brasileira, malgrado a inexistência de regra expressa nesse sentido entre nós. O art. 398º do Código Civil português, todavia, prescreve que a prestação não necessita de ter valor pecuniário; mas deve corresponder a um interesse do credor, digno de proteção legal.

Comentando o assunto, Inocêncio Galvão Telles concorda em que o *interesse do credor* não tem que revestir caráter econômico, podendo tratar-se de um interesse ideal ou espiritual, como o de assistir a um espetáculo, por exemplo. Quanto à *prestação debitória em si*, aduz o preclaro professor da Faculdade de Direito de Lisboa, "entendia-se tradicionalmente que, pela própria natureza das coisas, assumia sempre carácter econômico, sendo necessariamente avaliável em dinheiro. O novo Código Civil (*português*) afastou este modo de ver (art. 398º, n. 2.). É duvidoso no entanto que em concreto possam existir verdadeiras obrigações cujo objecto não possua valor pecuniário. O problema oferece escasso interesse prático, pois que, mesmo a aceitar-se como certa a posição do novo Código, a obrigação apresentará carácter patrimonial na esmagadora maioria dos casos"[13].

---

[12] Paulo Luiz Netto Lôbo, *Direito das obrigações*, p. 16.

[13] *Direito das obrigações*, p. 8-9.

Registre-se a opinião de Pontes de Miranda, segundo a qual, se a prestação é lícita, não se pode dizer que não há obrigação se não é suscetível da valorização econômica, como na hipótese da prestação de se enterrar o morto segundo o que ele, em vida, estabelecera, ou estipularam os descendentes ou amigos[14].

Na realidade, a patrimonialidade tem sido considerada da essência da prestação, mesmo quando corresponda a interesse moral. Nesse caso, deve a prestação ser suscetível de avaliação econômica, como no caso, por exemplo, da indenização pelo fato da morte, ou do sofrimento, em que avulta o caráter compensatório do ressarcimento. Inexistindo, porém, a referida economicidade, o juiz atribuirá, em caso de reparação de danos, um equivalente (patrimonialidade por via indireta, que justifica, pois, a indenizabilidade do dano moral)[15].

A esse respeito, Léon Mazeaud, citado por Mário Moacyr Porto, em magistério publicado no *Recueil critique Dalloz*, 1943, p. 43, esclarece que, "se o sofrimento é algo entranhadamente pessoal, o direito de ação de indenização do dano moral é de natureza patrimonial e, como tal, transmite-se aos sucessores"[16]. Nessa linha, decidiu o Superior Tribunal de Justiça, percucientemente: "O direito de ação por dano moral é de natureza patrimonial e, como tal, transmite-se aos sucessores da vítima"[17].

Em consequência, apesar de serem imprescritíveis a honra e outros direitos da personalidade, a pretensão à sua reparação, tendo caráter patrimonial, está sujeita aos prazos prescricionais estabelecidos em lei.

Aduza-se, por fim, que a *causa*, embora referida de forma indireta em alguns dispositivos (arts. 140, 373, 876), não foi incluída em nosso ordenamento como elemento constitutivo da relação obrigacional.

2.3. Vínculo jurídico da relação obrigacional (elemento abstrato)

Vínculo jurídico da relação obrigacional é o liame existente entre o sujeito ativo e o sujeito passivo e que confere ao primeiro o direito de exigir do segundo o cumprimento da prestação. Nasce das diversas fontes, que serão estudadas no item seguinte, quais sejam, os contratos, as declarações unilaterais da vontade e os atos ilícitos.

O vínculo jurídico compõe-se de dois elementos: *débito* e *responsabilidade*. O primeiro é também chamado de vínculo *espiritual, abstrato* ou *imaterial* devido ao comportamento que a lei sugere ao devedor, como um dever ínsito em sua consciência, no sentido de satisfazer pontualmente a obrigação, honrando seus compromissos. Une o devedor ao credor, exigindo, pois, que aquele cumpra pontualmente a obrigação. O segundo, também denominado vínculo *material*, confere ao credor não satisfeito o direito de exigir judicialmente o cumprimento da obrigação, submetendo àquele os bens do devedor.

O vínculo jurídico, malgrado as dissensões existentes a esse respeito, pretendendo alguns doutrinadores a prevalência de um componente sobre o outro, abrange tanto o poder conferido ao credor de exigir a prestação como o correlativo dever de prestar imposto ao devedor, estabelecendo o liame entre um e outro[18].

Integram o vínculo obrigacional, em realidade, *o direito à prestação, o dever correlativo de prestar e a garantia*. Com efeito, a lei não se limita a impor um dever de prestar ao obriga-

---

14 *Tratado de direito privado*, t. 22 a 26, apud Paulo Luiz Netto Lôbo, *Direito das obrigações*, p. 16-17.
15 Carlos Alberto Bittar, *Direito das obrigações*, p. 13.
16 Mário Moacyr Porto, Dano por ricochete, *RT*, 661/7.
17 *RSTJ*, 71/183.
18 Washington de Barros Monteiro, *Curso de direito civil*, v. 4, p. 23; Antunes Varela, *Direito das obrigações*, 1977, v. I, p. 94.

do e a conferir ao credor o correspondente direito à prestação. *Procura assegurar, em caso de necessidade, a realização coativa da prestação debitória. A lei fornece, assim, meios para o credor exigir judicialmente o cumprimento da obrigação, quando o devedor não a cumpre voluntariamente, conferindo-lhe o poder de executar o patrimônio do inadimplente* (CPC/2015, arts. 789 e s.)[19].

A importância do vínculo jurídico já fora percebida pelos romanos, na definição clássica da *obligatio* constante das *Institutas*, da época de Justiniano, colocando-o no centro da relação obrigacional, nestes termos: "*juris vinculum quo necessitate adstringimur*". É considerado o elemento nobre, o verdadeiro cerne do direito de crédito.

Nessa linha, dispõe o art. 397º do Código Civil português: "Obrigação é o vínculo jurídico por virtude do qual uma pessoa fica adstrita para com outra à realização de uma prestação".

3. FONTES DAS OBRIGAÇÕES

3.1. Introdução

O vocábulo "*fonte*" é empregado, em sentido comum, *para indicar a nascente de onde brota uma corrente de água.*

No âmbito do direito tem o significado de causa ou origem dos institutos. É todo fato jurídico de onde brota o vínculo obrigacional. Fonte de obrigação constitui, assim, o ato ou fato que lhe dá origem, tendo em vista as regras do direito.

Pode-se dizer, desse modo, que constituem *fontes das obrigações* os fatos jurídicos que dão origem aos vínculos obrigacionais, em conformidade com as normas jurídicas, ou melhor, os fatos jurídicos que condicionam o aparecimento das obrigações[20].

3.2. Fontes no direito romano e em outras legislações contemporâneas

No período clássico do direito romano, Gaio relacionou, em suas *Institutas*, duas fontes das obrigações: o contrato e o delito. Com o passar do tempo, ele próprio reformulou sua lição, em texto que aparece nas *Institutas* do Imperador Justiniano, dividindo as fontes das obrigações em quatro espécies: contrato, quase contrato, delito e quase delito (*Obligatio ex contractu, quase ex contractu, ex delicto, quase ex delicto*).

Essa divisão tornou-se bastante difundida e serviu de base para muitas legislações modernas, especialmente a francesa. O acordo de vontades, o mútuo consenso, caracterizava o contrato. A atividade lícita, sem o consenso, gerava o quase contrato. Nessa espécie eram incluídas todas as figuras que não se enquadravam nem nos delitos nem nos contratos, como a gestão de negócios, por exemplo. O dano voluntariamente causado a outrem era delito e o provocado de modo involuntário era quase delito[21].

O *contrato é o acordo de vontades, a convenção celebrada entre as partes.* A *conventio* do direito romano possuía força obrigatória e era provida de ação judicial, sendo reconhecida pelo direito civil, ao contrário do *pacto*, que tinha apenas valor moral e era destituído da tutela processual.

---

19 Antunes Varela, *Direito das obrigações*, 1977, v. I, p. 102-103.

20 Washington de Barros Monteiro, *Curso de direito civil*, v. 4, p. 33; Maria Helena Diniz, *Curso de direito civil brasileiro* – Teoria geral das obrigações, v. 2, p. 57; Antunes Varela, *Direito das obrigações*, 1977, v. I, p. 113.

21 Arnoldo Wald, *Curso de direito civil brasileiro*: obrigações e contratos, p. 79-80; Washington de Barros Monteiro, *Curso de direito civil*, v. 4, p. 34-35.

O *quase contrato* é também *ato lícito*, mas não tem origem na convenção. Assemelha-se ao contrato, com o qual mantém afinidade, distinguindo-se dele, todavia, porque lhe falta o acordo de vontades. No direito romano verificou-se que os delitos e os contratos não abrangiam todas as fontes das obrigações, podendo estas surgir em virtude da gestão de negócios alheios não previamente convencionada, da tutela e de outras causas. Assim, a gestão de negócios, sem mandato, e a tutela e a curatela, embora pertencentes estas ao direito de família, importavam na administração de bens alheios. Igualmente poderiam as obrigações surgir no caso de enriquecimento sem causa, injusto, dando margem às *condictiones sine causa*, quando alguém se locupleta à custa alheia, sem causa jurídica, bem como no caso de pagamento indevido. Todas essas causas de obrigações, não enquadradas nos delitos e nos contratos, foram reunidas sob o título de *quase contratos*.

O *delito é ato ilícito doloso, praticado com a intenção de causar dano a outrem*. Constituía-se, no direito romano, numa das principais fontes das obrigações, porque sujeitava seus autores à reparação do dano.

O *quase delito é o ato ilícito culposo, involuntário. Baseia-se não no dolo, mas na imprudência, negligência ou imperícia do agente*. No direito romano, certas figuras vinculadas aos delitos não tinham como pressuposto a intenção premeditada de causar o dano, implicando uma espécie de responsabilidade objetiva, como no caso da *actio de effusis et dejectis*, que estabelecia a responsabilidade do habitante do prédio de onde caísse ou fosse atirado algum objeto na via pública[22].

Mais recentemente, a divisão quadripartida dos romanos foi desenvolvida por POTHIER[23], que acrescentou às quatro fontes tradicionais (contrato, quase contrato, delito e quase delito) uma outra fonte: a lei. Posteriormente, esse critério foi acolhido pelo Código Napoleão, bem como pelo Código Civil italiano de 1865 e por outras legislações contemporâneas. Essa orientação resultou da constatação de que certas obrigações emanam diretamente da lei, como, por exemplo, a alimentar, resultante do parentesco e do casamento, e a que concerne à relação de vizinhança (direito de vizinhança), dentre outras.

Não há uniformidade de critério, na legislação contemporânea dos diversos países. O Código Civil alemão (BGB) não distingue as obrigações contratuais das não contratuais, dispensando a todas elas o mesmo tratamento jurídico. Para o Código de Obrigações da Polônia, as obrigações nascem das declarações de vontade, assim como de outros acontecimentos jurídicos, como a gestão de negócios, o enriquecimento injusto, as prestações indevidas e os atos ilícitos.

A comissão designada para reforma do Código Napoleão distingue as fontes obrigacionais em fontes voluntárias (contratos) e fontes não voluntárias (lei, gestão de negócios e o enriquecimento sem causa). E o Código italiano de 1942, inovando, considera o ordenamento jurídico a única fonte de todas as obrigações. Estas derivam de qualquer fato idôneo (contrato, fato ilícito etc.) apto a produzi-las, em conformidade com o ordenamento jurídico (art. 1.173)[24].

Melhor, sem dúvida, o critério do Código suíço, que preferiu omitir qualquer classificação, relegando à doutrina esse encargo.

---

22 Arnoldo Wald, *Curso de direito civil brasileiro*: obrigações e contratos, p. 78-79; Álvaro Villaça Azevedo, *Teoria geral das obrigações*, p. 43; Washington de Barros Monteiro, *Curso de direito civil*, v. 4, p. 37; Caio Mário da Silva Pereira, *Instituições de direito civil*, v. II, p. 23.

23 *Oeuvres complètes*: traité des obligations, n. 1.

24 Washington de Barros Monteiro, *Curso de direito civil*, v. 4, p. 38-40.

3.3. Concepção moderna das fontes das obrigações

Estudos realizados pelos romanistas alemães culminaram por modificar o critério anteriormente aceito pela doutrina, levando ao abandono da distinção entre delitos e quase delitos no direito privado. Todo aquele que, por ação ou omissão culposa ou dolosa, causa dano a outrem e viola a lei, é obrigado a reparar o prejuízo causado. Os delitos e os quase delitos foram substituídos pela noção genérica de *atos ilícitos*.

Essa proclamação influenciou o direito brasileiro, que disciplinou os atos ilícitos no art. 159 do Código Civil de 1916, englobando os atos dolosos e culposos. Este diploma incluiu a gestão de negócios no rol dos contratos nominados e tratou do enriquecimento sem causa e do pagamento indevido como modos indiretos de pagamento.

Embora o aludido diploma não disciplinasse o assunto em dispositivo específico, considerava fontes de obrigações, que eram distribuídas por seus diversos livros, o *contrato*, a *declaração unilateral de vontade* e o *ato ilícito*. Em alguns casos, como, por exemplo, na obrigação alimentar, na obrigação *propter rem*, na do empregador de indenizar os danos causados por seu empregado, a *lei* era a fonte direta.

Tínhamos, assim, as obrigações que decorriam de manifestações bilaterais ou plurilaterais (contratos) e unilaterais (título ao portador, promessa de recompensa) da *vontade*, bem como os atos ilícitos (violação culposa ou dolosa da lei, causando prejuízo a alguém e acarretando a responsabilidade civil do agente), que substituíram os delitos e quase delitos.

A lei, igualmente, gerava obrigações, por exemplo, entre parentes, cônjuges e conviventes (obrigação alimentar) e entre vizinhos (impondo, especialmente, deveres de abstenção, ou seja, de não incomodar o vizinho pelo uso nocivo da propriedade).

O risco profissional, que alguns autores acrescentavam às fontes das obrigações (obrigação do empregador de responder objetivamente pelos acidentes de trabalho sofridos pelo empregado), enquadra-se, na verdade, no rol das obrigações que são impostas pela lei, não constituindo fonte autônoma de obrigação. Trata-se, como assevera ARNOLDO WALD[25], apenas do fundamento sociológico da obrigação, como, na obrigação familiar, a solidariedade familiar é o fundamento metajurídico do dever, sendo, em ambos os casos, a lei a fonte formal.

O atual Código Civil de 2002 manteve o critério do diploma anterior, não disciplinando as fontes das obrigações em dispositivo específico, deixando a cargo da doutrina e da jurisprudência o seu estudo. Todavia, reordenou a matéria, introduzindo vários contratos novos e regulamentando as seguintes declarações unilaterais da vontade, sob o título "Dos atos unilaterais": promessa de recompensa, gestão de negócios, pagamento indevido e enriquecimento sem causa (arts. 854 a 886), seguindo, nesse ponto, o modelo do Código Suíço das Obrigações.

Disciplinou, também, os títulos de crédito em título próprio, abrangendo não apenas os títulos ao portador, mas também os títulos à ordem e os títulos nominativos.

Os atos ilícitos foram definidos nos arts. 186 e 187, e a sua consequência, qual seja, a obrigação de indenizar (responsabilidade civil), nos arts. 927 e s.

Não resta dúvida de que a lei é a fonte *primária* ou *imediata* de todas as obrigações. O Código Civil italiano de 1942 inclusive, como foi dito, a considera a única fonte das obrigações. É preciso, no entanto, observar, como o fez ORLANDO GOMES, que "quando se indaga a fonte de uma obrigação procura-se conhecer o fato jurídico, ao qual a lei atribui o efeito de suscitá-la"[26]. Essa constatação impõe distinguir fonte *imediata* e fonte *mediata* das obrigações.

---

25 *Curso de direito civil brasileiro*: obrigações e contratos, p. 81.

26 *Obrigações*, p. 31.

A lei, como se disse, é a fonte *imediata* de todas as obrigações. Algumas vezes a obrigação dela emana diretamente, como no caso da obrigação alimentar, que o art. 1.696 do Código Civil impõe aos parentes. Outras vezes, a obrigação resulta diretamente de uma declaração da vontade, bilateral (contrato) ou unilateral (promessa de recompensa etc.) ou de um ato ilícito. No entanto, tais fatos só geram obrigações porque a lei assim dispõe (CC, arts. 389, 854 e s., 186, 187 e 927). Nesses casos, a lei dá respaldo a esses atos ou fatos jurídicos, para que possam gerar os efeitos obrigacionais. Atua ela, assim, como fonte *mediata* da obrigação.

Pode-se, assim, resumidamente dizer que a obrigação resulta da vontade do Estado, por intermédio da lei, ou da vontade humana, por meio do contrato, da declaração unilateral da vontade ou do ato ilícito. No primeiro caso, a lei atua como fonte *imediata*, direta, da obrigação; nos demais, como fonte *mediata* ou indireta.

A *boa-fé objetiva* também constitui, atualmente, fonte das obrigações. Preceitua, com efeito, o art. 422 do Código Civil:

"*Os contratantes são obrigados a guardar, assim na conclusão do contrato, como em sua execução, os princípios de probidade e boa-fé*".

O princípio da boa-fé exige que as partes se comportem de forma correta não só durante as tratativas, como também durante a formação e o cumprimento do contrato. Guarda relação com o princípio de direito segundo o qual ninguém pode beneficiar-se da própria torpeza. Recomenda ao juiz que presuma a boa-fé, devendo a má-fé, ao contrário, ser provada por quem a alega. Deve este, ao julgar demanda na qual se discuta a relação contratual, dar por pressuposta a boa-fé objetiva, que impõe ao contratante um padrão de conduta, de agir com retidão, ou seja, com probidade, honestidade e lealdade, nos moldes do homem comum, atendidas as peculiaridades dos usos e costumes do lugar.

A regra da boa-fé é uma cláusula geral para a aplicação do direito obrigacional, que permite a solução do caso levando em consideração fatores metajurídicos e princípios jurídicos gerais. O atual sistema civil implantado no país fornece ao juiz um novo instrumental, diferente do que existia no ordenamento revogado, que privilegiava os princípios da autonomia da vontade e da obrigatoriedade dos contratos, seguindo uma diretriz individualista. A reformulação operada com base nos princípios da socialidade, eticidade e operabilidade deu nova feição aos princípios fundamentais dos contratos, como se extrai dos novos institutos nele incorporados, verbi gratia: *o estado de perigo, a lesão, a onerosidade excessiva, a função social dos contratos como preceito de ordem pública (CC, art. 2.035, parágrafo único) e, especialmente, a boa-fé e a probidade. De tal sorte que se pode hoje dizer, sinteticamente, que as cláusulas gerais que o juiz deve rigorosamente aplicar no julgamento das relações obrigacionais são: a boa-fé objetiva, o fim social do contrato e a ordem pública*[27].

4. DISTINÇÃO ENTRE OBRIGAÇÃO E RESPONSABILIDADE

Contraída a obrigação, duas situações podem ocorrer: ou o devedor cumpre normalmente a prestação assumida – e neste caso ela se extingue, por ter atingido o seu fim por um processo normal –, ou o devedor se torna inadimplente. Neste caso, a satisfação do interesse do credor se alcançará pela movimentação do Poder Judiciário, buscando-se no patrimônio do devedor o *quantum* necessário à composição do dano decorrente.

Segundo KARL LARENZ[28], o fato de todo devedor responder, em princípio, por qualquer dívida, perante o credor, com todo seu patrimônio, não é natural, mas repousa em

27 Ruy Rosado de Aguiar Júnior, *Extinção dos contratos*, 2. ed., Rio de Janeiro: AIDE, 2003, p. 232.

28 *Derecho de obligaciones*, p. 33.

uma longa evolução do direito de obrigações e do direito de execução. Constitui a responsabilidade ilimitada a regra geral, envolvendo todo o patrimônio do devedor, salvo os bens impenhoráveis.

A possibilidade de ocorrerem as duas situações descritas – cumprimento normal da prestação ou inadimplemento – exige que se distingam os vocábulos *obrigação* e *responsabilidade*, que não são sinônimos e exprimem situações diversas.

Como vimos, a relação jurídica obrigacional resulta da vontade humana ou da vontade do Estado, por intermédio da lei, e deve ser cumprida espontânea e voluntariamente. Quando tal fato não acontece, surge a responsabilidade. Esta, portanto, não chega a despontar quando se dá o que normalmente acontece: o cumprimento da prestação. Cumprida, a obrigação se extingue. Não cumprida, nasce a responsabilidade, que tem como garantia o patrimônio geral do devedor.

A responsabilidade é, assim, a consequência jurídica patrimonial do descumprimento da relação obrigacional. Pode-se, pois, afirmar que a relação obrigacional tem por fim precípuo a prestação devida e, secundariamente, a sujeição do patrimônio do devedor que não a satisfaz.

Arnoldo Wald[29], depois de dizer que o dever de prestar surge do débito e que a ação judicial sobre o patrimônio surge da responsabilidade ou garantia, lembra que a distinção entre obrigação e responsabilidade foi feita por Brinz, na Alemanha, que discriminou, na relação obrigacional, dois momentos distintos: o do débito (*Schuld*), consistindo na obrigação de realizar a prestação e dependente de ação ou omissão do devedor, e o da responsabilidade (*Haftung*), na qual se faculta ao credor atacar e executar o patrimônio do devedor a fim de obter o pagamento devido ou indenização pelos prejuízos causados em virtude do inadimplemento da obrigação originária na forma previamente estabelecida.

Caio Mário da Silva Pereira, por sua vez, observa que, embora os dois elementos *Schuld* e *Haftung* coexistam na obrigação normalmente, o segundo (*Haftung*) habitualmente aparece no seu inadimplemento: deixando de cumpri-la o sujeito passivo, pode o credor valer-se do *princípio da responsabilidade*. Mas, se normalmente andam de parelha, "às vezes podem estar separados, como no caso da fiança, em que a *Haftung* é do fiador, enquanto o *debitum* é do afiançado"[30].

Outro caso de separação, aduz Caio Mário, é o de alguém que, sem ser obrigado, oferece bens em caução ou hipoteca a dívida alheia: o *debere* está dissociado do *obligatum esse*, pois na falha da realização da atividade em benefício do credor (*Schuld*) se concretiza a faculdade de perseguir aqueles bens pertencentes a terceiros (*Haftung*).

Também os autores alemães que se dedicaram ao estudo da matéria reconhecem, como assevera Arnoldo Wald[31], que, embora os dois conceitos – obrigação e responsabilidade – estejam normalmente ligados, nada impede que haja *uma obrigação sem responsabilidade* ou *uma responsabilidade sem obrigação.*

Como exemplo do primeiro caso, *costumam-se citar as obrigações naturais, que não são exigíveis judicialmente, mas que, uma vez pagas, não dão margem à repetição do indébito, como ocorre em relação às dívidas de jogo e aos débitos prescritos pagos após o decurso do prazo prescricional. Há, ao contrário, responsabilidade sem obrigação no caso de fiança, em que o fiador é responsável, sem ter dívida, surgindo o seu dever jurídico com o inadimplemento do afiançado em relação à obrigação originária por ele assumida.*

---

29 *Curso de direito civil brasileiro*: obrigações e contratos, p. 29.

30 *Instituições de direito civil*, v. II, p. 17-18.

31 *Curso de direito civil brasileiro*: obrigações e contratos, p. 30.

Título I
DAS MODALIDADES DAS OBRIGAÇÕES

Sumário: 1. Introdução. 2. Noção geral.

1. INTRODUÇÃO

Modalidades é o mesmo que *espécies*. Várias são as modalidades ou espécies de obrigações. Podem elas ser classificadas em categorias, reguladas por normas específicas, segundo diferentes critérios. Essa classificação se mostra necessária, para enquadrá-las na categoria adequada, encontrando aí os preceitos que lhes são aplicáveis.

Não há uniformidade de critério entre os autores, variando a classificação conforme o enfoque e a metodologia empregada.

Tradicionalmente, desde o direito romano, as obrigações são distinguidas, basicamente, quanto ao *objeto, em obrigações de dar, fazer e não fazer*. É, portanto, uma classificação *objetiva*, porque considera a qualidade da *prestação*. Esta, como já foi dito, é o objeto imediato da obrigação.

2. NOÇÃO GERAL

As codificações seguiram rumos diversos quanto à abrangência geral das obrigações. O legislador brasileiro manteve-se fiel à técnica romana, dividindo-as, em função de seu objeto, em três grupos: obrigações de *dar*, que se subdividem em obrigações de *dar coisa certa* e *coisa incerta*, obrigações de *fazer* e obrigações de *não fazer*. Os nossos Códigos, tanto o atual como o anterior, afastaram-se do direito romano apenas no tocante à terceira categoria, substituindo o *praestare*, dada a sua ambiguidade, pelo *non facere*.

As obrigações de dar e de fazer são obrigações *positivas*. A de não fazer é obrigação *negativa*. Esta não se confunde com o dever de abstenção, ínsito nos direitos reais e de caráter geral, imposto pela lei a todas as pessoas do universo, que não devem molestar o titular. As obrigações de não fazer são contraídas voluntariamente pelo próprio devedor, diminuindo sua liberdade e atividade.

Alguns Códigos modernos deixaram de lado a divisão tricotômica pelo fato de, em muitos casos, aparecerem mescladas ou integradas no mesmo negócio jurídico. Muitas vezes elas andam juntas, entrelaçadas. Na compra e venda, por exemplo, o vendedor tem obrigação de entregar, que é espécie de obrigação de *dar*, a coisa vendida e, ao mesmo tempo, a de responder pela evicção e vícios redibitórios, que constitui modalidade de obrigação de fazer, podendo ainda assumir a de transportar (*fazer*). Do mesmo modo, a obrigação de fazer pode abranger a obrigação de dar, como no contrato de empreitada com fornecimento de material etc.[1].

Quanto a seus *elementos*, dividem-se as obrigações em *simples* e *compostas* ou *complexas*. Obrigações *simples* são as que se apresentam com um sujeito ativo, um sujeito passivo e um único objeto, ou seja, com todos os elementos no singular. Basta que um deles esteja no plural para que a obrigação se denomine *composta* ou *complexa*. Por exemplo: "José obrigou-se a entregar a João um veículo e um animal" (dois objetos). A obrigação, neste caso, é *composta com multiplicidade de objetos*. Se a pluralidade for de sujeitos, ativo e passivo, concomitantemente ou não, a obrigação será *composta com multiplicidade de sujeitos*.

As obrigações compostas com multiplicidade de objetos, por sua vez, podem ser *cumulativas*, também chamadas de *conjuntivas*, e *alternativas*, também denominadas *disjuntivas*. Nas primeiras, os objetos apresentam-se ligados pela conjunção "e", como na obrigação de entregar um veículo *e* um animal, ou seja, os dois, cumulativamente. Efetiva-se o seu cumprimento somente pela prestação de todos eles.

Nas *alternativas*, os objetos estão ligados pela disjuntiva "*ou*", podendo haver duas ou mais opções. No exemplo *supra*, substituindo-se a conjunção "*e*" por "*ou*", o devedor libera-se da obrigação entregando o veículo *ou* o animal, ou seja, apenas um deles e não ambos. Tal modalidade de obrigação exaure-se com a simples prestação de um dos objetos que a compõem.

Os doutrinadores costumam mencionar uma espécie *sui generis* de obrigação alternativa, a que denominam *facultativa*. Trata-se de obrigação simples, em que é devida uma única prestação, ficando, porém, facultado ao devedor, e só a ele, exonerar-se mediante o cumprimento de prestação diversa e predeterminada. É obrigação com *faculdade de substituição*. O credor só pode exigir a prestação obrigatória (que se encontra *in obligatione*), mas o devedor se exonera cumprindo a prestação facultativa[2].

Embora a obrigação facultativa apresente semelhança com a obrigação alternativa, pode assim ser considerada somente quando observada pela ótica do devedor. Visualizada pelo prisma do credor, é obrigação simples, de um só objeto. Se este perece, sem culpa do devedor, resolve-se o vínculo obrigacional, não podendo aquele exigir a prestação acessória.

A obrigação alternativa extingue-se somente com o perecimento de todos os objetos, e será válida se apenas uma das prestações estiver eivada de vício, permanecendo eficaz a outra. A obrigação facultativa restará totalmente inválida se houver defeito na obrigação principal, mesmo que não o haja na acessória.

As obrigações compostas com multiplicidade de sujeitos podem ser *divisíveis, indivisíveis* e *solidárias*. *Divisíveis* são aquelas em que o objeto da prestação pode ser dividido entre os sujeitos. Nas *indivisíveis*, tal não ocorre (CC, art. 258). Ambas podem ser ativas (vários credores) ou passivas (vários devedores).

Só há interesse em saber se uma obrigação é divisível ou indivisível quando há multiplicidade de credores ou de devedores. Se o vínculo obrigacional se estabelece entre um só credor e um só devedor, não interessa saber se a prestação é divisível ou indivisível, porque o devedor deverá cumpri-la por inteiro. Por exemplo: "José obrigou-se a entregar a João duas sacas de café". Neste caso, o devedor somente se exonera mediante a entrega de todas as sacas. O mesmo acontece se o objeto for indivisível (um cavalo, p.ex.).

---

1 Washington de Barros Monteiro, *Curso de direito civil*, 29. ed., v. 4, p. 50; Carlos Alberto Bittar, *Direito das obrigações*, p. 28.

2 Arnoldo Wald, *Curso de direito civil brasileiro*: obrigações e contratos, p. 51-52.

Mas se dois forem os credores, ou dois os devedores, as consequências serão diversas. Nas obrigações divisíveis, cada credor só tem direito à sua parte, podendo reclamá-la independentemente do outro. E cada devedor responde exclusivamente pela sua quota. Assim, se o objeto da prestação for, por exemplo, as duas sacas de café supramencionadas, o credor somente pode exigir de um dos devedores a entrega de uma delas. Se quiser as duas, deve exigi-las dos dois devedores (CC, art. 257).

Nas obrigações *indivisíveis*, cada devedor só deve, também, a sua quota-parte. Mas, em razão da indivisibilidade física do objeto (um cavalo, p.ex.), a prestação deve ser cumprida por inteiro. Se dois são os credores, um só pode exigir a entrega do animal, mas somente por ser indivisível, devendo prestar contas ao outro credor (CC, arts. 259 e 261).

A *solidariedade*, contudo, independe da divisibilidade ou da indivisibilidade do objeto da prestação, porque resulta da lei ou da vontade das partes (CC, art. 265). Pode ser, também, ativa ou passiva. Se existirem vários devedores solidários passivos, cada um deles responde pela dívida inteira. Havendo cláusula contratual dispondo que a obrigação assumida por dois devedores, de entregar duas sacas de café, é solidária, o credor pode exigi-las de apenas um deles. O devedor que cumprir sozinho a prestação pode cobrar, regressivamente, a quota-parte de cada um dos codevedores (CC, art. 283).

Todas essas modalidades serão estudadas nos capítulos seguintes, bem como outras espécies a seguir especificadas, não disciplinadas ordenadamente no Código Civil como as anteriores.

Com efeito, as obrigações podem ser classificadas, ainda, quanto à *exigibilidade*, em civis e naturais; quanto ao *fim*, em de meio, de resultado e de garantia; quanto ao *momento de seu cumprimento*, em de execução instantânea, diferida e periódica ou de trato sucessivo; quanto aos *elementos acidentais*, em puras, condicionais, a termo e com encargo ou modais; quanto à *liquidez do objeto*, em líquidas e ilíquidas; *reciprocamente consideradas*, em principais e acessórias.

Capítulo I
DAS OBRIGAÇÕES DE DAR

Sumário: 1. Introdução. 2. Formas.

1. INTRODUÇÃO

A clássica divisão tricotômica das obrigações em obrigações de *dar, fazer e não fazer* é baseada no *objeto* da prestação. Tem-se em vista a qualidade da prestação.

Todas as obrigações, sem exceção, que venham a se constituir na vida jurídica, compreenderão sempre alguma dessas condutas, que resumem o invariável objeto da prestação: dar, fazer ou não fazer. Nenhum vínculo obrigacional poderá subtrair-se a essa classificação, embora a prestação possa apresentar-se sob facetas complexas[1].

2. FORMAS

As *obrigações positivas de dar*, chamadas pelos romanos de *obligationes dandi*, assumem as formas de *entrega* ou *restituição* de determinada coisa pelo devedor ao credor. Assim, na compra e venda, que gera obrigação de dar para ambos os contratantes, a do vendedor é cumprida mediante entrega da coisa vendida, e a do comprador, com a entrega do preço. No comodato, a obrigação de dar assumida pelo comodatário é cumprida mediante restituição da coisa emprestada gratuitamente.

Os atos de entregar ou restituir podem ser resumidos numa única palavra: *tradição*. Segundo Rubens Limongi França, obrigação de dar é "aquela em virtude da qual o devedor fica jungido a promover, em benefício do credor, a tradição da coisa (móvel ou imóvel), já com o fim de outorgar um novo direito, já com o de restituir a mesma ao seu dono"[2].

A obrigação de dar é obrigação de prestação de coisa, que pode ser determinada ou indeterminada. O Código Civil a disciplina sob os títulos de "*obrigações de dar coisa certa*" (arts. 233 a 242) e "*obrigações de dar coisa incerta*" (arts. 243 a 246).

Alguns autores distinguem as obrigações de *dar* das de *entregar*, utilizando a primeira denominação para as relações jurídicas em que se objetive transferência do domínio ou de outros direitos reais, e a segunda para simples concessão de uso temporário, como locação, arrendamento, comodato etc.

---

1 Washington de Barros Monteiro, *Curso de direito civil*, 29. ed., v. 4, p. 50.

2 *Manual de direito civil*: doutrina geral dos direitos obrigacionais, v. 4, t. 1, p. 60.

A palavra "*dar*", no direito de crédito, tem um sentido geral, exprimindo a obrigação de transferir, não somente a propriedade, como também a posse. Tal expressão constitui o perfeito antagonismo das obrigações de *dar* com as de *fazer* e *não fazer*[3].

A obrigação de dar consiste, assim, quer em transmitir a propriedade ou outro direito real, quer na simples entrega de uma coisa em posse, em uso ou à guarda. Implica ela a obrigação de conservar a coisa até a entrega e a responsabilidade do devedor por qualquer risco ou perigo desde que esteja em mora quanto à entrega ou, mesmo antes dela, se a coisa estava a risco ou responsabilidade do credor[4].

Diverso é o processo de execução de sentença, conforme se trate de execução para entrega de coisa (obrigação de dar), regida pelos arts. 806 a 810 do Código de Processo Civil de 2015, ou de execução das obrigações de fazer e de não fazer, reguladas pelos arts. 814 a 823 do mesmo diploma.

DAS OBRIGAÇÕES DE DAR COISA CERTA

Sumário: 3. Noção e conteúdo. 4. Impossibilidade de entrega de coisa diversa, ainda que mais valiosa. 5. Tradição como transferência dominial. 6. Direito aos melhoramentos e acrescidos. 7. Abrangência dos acessórios. 8. Obrigação de entregar. 8.1. Perecimento sem culpa e com culpa do devedor. 8.2. Deterioração sem culpa e com culpa do devedor. 9. Obrigação de restituir. 9.1. Perecimento sem culpa e com culpa do devedor. 9.2. Deterioração sem culpa e com culpa do devedor. 10. Das obrigações pecuniárias.

3. NOÇÃO E CONTEÚDO

Coisa certa é coisa *individualizada*, que se distingue das demais por características próprias, móvel ou imóvel. A venda de determinado automóvel, por exemplo, é negócio que gera obrigação de dar coisa certa, pois um veículo distingue-se de outros pelo número do chassi, do motor, da placa etc.

A *coisa certa* a que se refere o Código Civil é, pois, a determinada, perfeitamente individualizada, a *species* ou corpo certo dos romanos, isto é, tudo aquilo que é determinado de modo a poder ser distinguido de qualquer outra coisa[5].

Nessa modalidade de obrigação, o devedor se compromete a entregar ou a restituir ao credor um objeto perfeitamente determinado, que se considera em sua *individualidade*, como, por exemplo, certo quadro de um pintor célebre, o imóvel localizado em determinada rua e número etc.

Na obrigação de *dar coisa incerta*, ao contrário, o objeto não é considerado em sua individualidade, mas no *gênero* a que pertence. Em vez de se considerar a coisa em si, ela é considerada genericamente[6]. Por exemplo: dez sacas de café, sem especificação da qualidade. Determinou-se, *in casu*, apenas o gênero e a quantidade, faltando determinar a qualidade para que a referida obrigação se convole em obrigação de dar coisa certa e possa ser cumprida (CC, art. 245).

---

[3] Manoel Ignácio Carvalho de Mendonça, *Doutrina e prática das obrigações*, t. I, p. 165.
[4] Roberto de Ruggiero, *Instituições de direito civil*, v. III, p. 24-25.
[5] Tito Fulgêncio, *Do direito das obrigações*, p. 39.
[6] Silvio Rodrigues, *Direito civil*, v. 2, p. 20.

Constituem prestações de coisa as obrigações do vendedor e do comprador, do locador e do locatário, do doador, do comodatário, do depositário, do mutuário etc.[7].

A obrigação de dar coisa certa confere ao credor simples direito pessoal (*jus ad rem*) e não real (*jus in re*). O contrato de compra e venda, por exemplo, tem natureza obrigacional. O vendedor apenas se obriga a transferir o domínio da coisa certa ao adquirente; e este, a pagar o preço. A transferência do domínio depende de outro ato: a *tradição*, para os móveis (CC, arts. 1.226 e 1.267); e o *registro*, que é uma tradição solene, para os imóveis (arts. 1.227 e 1.245).

Filiou-se o nosso Código, nesse particular, aos sistemas alemão e romano. O sistema francês, diferentemente, atribui *caráter real* ao contrato: este, por si, transfere o domínio da coisa ao comprador.

Em tais condições, se o alienante deixar de entregar a coisa, descumprindo a obrigação assumida, não pode o adquirente ajuizar ação reivindicatória, pois falta-lhe o domínio, no qual tal ação é fundada. O seu direito, consubstanciado no contrato, é apenas de natureza pessoal. Restava-lhe, até há pouco tempo, tão somente, o direito de promover a resolução judicial da avença, cumulada com perdas e danos, para se ressarcir dos prejuízos que sofreu com a inexecução da obrigação, nos termos dos arts. 389 e 475 do Código Civil[8].

Silvio Rodrigues bradava contra essa solução, considerando legítima, nesses casos, a propositura de ação pessoal pelo credor, reclamando o cumprimento preciso de uma obrigação de dar coisa certa. Convém insistir, dizia, "em que, na obrigação de dar coisa certa, compete ao credor, sempre que possível, obter o próprio objeto da prestação, só se reservando a condenação em perdas e danos quando a execução direta for impossível ou envolver sério constrangimento físico à pessoa do devedor"[9].

A minirreforma por que passou, em 1994, o Código de Processo Civil de 1973 instituiu novo modo de promover a execução das obrigações de fazer ou de não fazer, autorizando o juiz a impor medidas destinadas a persuadir o devedor renitente a cumpri-las. Posteriormente, sentiu-se a necessidade de estender as novas técnicas às de entregar coisa, que também são obrigações específicas. Daí o advento do art. 461-A do mencionado Código de Processo Civil de 1973, com a redação da Lei n. 10.444, de 7 de maio de 2002, pelo qual a execução das obrigações de entregar coisa certa ou determinada pelo gênero e quantidade se subordina ao regime dos parágrafos do art. 461.

Desse modo, segundo a lição de Cândido Rangel Dinamarco, passou a ser permitido ao credor perseguir a coisa devida, sobre a qual desencadear-se-ão as medidas cabíveis, "para a plena efetividade da força obrigatória dos contratos (*pacta sunt servanda*) ou da própria lei".

Aduz o insigne processualista: "Dada a maior facilidade em produzir precisamente o resultado prático desejado pela lei ou pelo contrato, o sistema de execução para entrega de coisa, regido pelo novo art. 461-A [*do CPC/73*], pode conter o que na execução por obrigações de fazer ou não fazer não seria possível: uma medida que vai diretamente ao bem e, portanto, ao resultado, sem delongas ou atuações indiretas e sem contar com qualquer participação do obrigado. Tal é o disposto no § 2º do art. 461-A [*do CPC/73*], *verbis*: '*Não cumprida a obrigação no prazo estabelecido, expedir-se-á em favor do credor mandado de busca e apreensão ou de imissão na posse, conforme se tratar de coisa móvel ou imóvel*'".

---

[7] J. M. Antunes Varela, *Direito das obrigações*, v. 1, p. 74.

[8] Washington de Barros Monteiro, *Curso de direito civil*, 29. ed., v. 4, p. 57; Álvaro Villaça Azevedo, *Teoria geral das obrigações*, p. 57.

[9] *Direito civil*, v. 2, p. 28.

Cita, ainda, Dinamarco o ensinamento de Liebman: "Indiferente é a natureza do direito do autor e da ação proposta inicialmente para conseguir a sentença: quer se trate de ação real ou pessoal, de ação petitória ou possessória"[10].

Perdeu efetividade, portanto, *a Súmula 500 do Supremo Tribunal Federal*, que tinha a seguinte redação: "*Não cabe a ação cominatória para compelir-se o réu a cumprir obrigação de dar*".

O Código de Defesa do Consumidor (Lei n. 8.078, de 11-9-1990) já havia promovido esse avanço ao dispor, no art. 83: "*Para a defesa dos direitos e interesses protegidos por este Código são admissíveis todas as espécies de ações capazes de propiciar sua adequada e efetiva tutela*".

O referido sistema foi mantido no atual Código de Processo Civil, em que o assunto é tratado, dentre outros, nos seguintes dispositivos:

"Art. 498. Na ação que tenha por objeto a entrega de coisa, o juiz, ao conceder a tutela específica, fixará o prazo para o cumprimento da obrigação".

"Art. 499. A obrigação somente será convertida em perdas e danos se o autor o requerer ou se impossível a tutela específica ou a obtenção de tutela pelo resultado prático equivalente".

"Art. 538. Não cumprida a obrigação de entregar coisa no prazo estabelecido na sentença, será expedido mandado de busca e apreensão ou de imissão na posse em favor do credor, conforme se tratar de coisa móvel ou imóvel. (...)

§ 3º Aplicam-se ao procedimento previsto neste artigo, no que couber, as disposições sobre o cumprimento de obrigação de fazer ou de não fazer".

Todavia não será possível o ajuizamento, pelo credor, de ação fundada em direito pessoal ou obrigacional (*jus ad rem*) se o alienante, que assumira a obrigação de efetuar a entrega, não a cumpre e, antes da propositura da referida ação, aliena o mesmo bem posteriormente a terceiro. Neste caso, não tem o primeiro adquirente o direito de reivindicá-la de terceiro, porque o seu direito pessoal não é oponível *erga omnes*, mas tão somente o de reclamar perdas e danos.

Quando a prestação da coisa não se destina a transferir o seu domínio ou a constituir qualquer outro direito (real) sobre ela, mas apenas a proporcionar o uso, fruição ou posse direta da coisa, a que o credor tem direito, como na obrigação de *restituir* imposta ao comodatário e ao depositário, por exemplo, pode aquele, como proprietário ou possuidor, requerer a realização coativa da prestação mediante reintegração de posse ou busca e apreensão[11].

4. IMPOSSIBILIDADE DE ENTREGA DE COISA DIVERSA, AINDA QUE MAIS VALIOSA

Na *obrigação de dar coisa certa* o devedor é obrigado a entregar ou restituir uma coisa inconfundível com outra. Se o *solvens* está assim adstrito a cumpri-la exatamente do modo estipulado, não outro, como o exigem a lealdade e a confiança recíproca, a consequência fatal é que o devedor da coisa certa não pode dar outra, ainda que mais valiosa, nem o credor é obrigado a recebê-la[12].

Dispõe, com efeito, o art. 313 do Código Civil:

"O credor não é obrigado a receber prestação diversa da que lhe é devida, ainda que mais valiosa".

Tal regra constitui aplicação do princípio romano, encontrado em sentença de Paulo, segundo o qual *aliud pro alio invito creditore solvi non potest* (não se pode pagar uma coisa

---

10 *A reforma da reforma*, p. 246-247.

11 Antunes Varela, *Direito das obrigações*, 1977, v. I, p. 76.

12 Tito Fulgêncio, *Do direito das obrigações*, p. 39.

por outra, contra a vontade do credor). A entrega de coisa diversa da prometida importa modificação da obrigação, denominada *novação objetiva*, que só pode ocorrer havendo consentimento de ambas as partes. Do mesmo modo, a modalidade do pagamento não pode ser alterada sem o consentimento destas[13].

Em contrapartida, o credor de coisa certa não pode pretender receber outra ainda de valor igual ou menor que a devida, e possivelmente preferida por ele, pois a convenção é lei entre as partes. A recíproca, portanto, é verdadeira: o credor também não pode exigir coisa diferente, ainda que *menos* valiosa.

É inaplicável, todavia, a regra em estudo na *obrigação facultativa*, em que o devedor se reserva o direito de pagar coisa diversa da que constitui diretamente o objeto da obrigação. Pode, ainda, haver concordância do credor em receber uma coisa por outra. A *dação em pagamento* (entrega de um objeto em pagamento de dívida em dinheiro), por exemplo, depende do expresso consentimento do credor (CC, art. 356).

O supratranscrito art. 313 do Código Civil afasta a possibilidade de compensação nos casos de comodato e depósito (CC, art. 373, II), porque o credor tem direito à restituição da própria coisa emprestada ou depositada, bem como impede que o devedor se desobrigue por partes, se assim não convencionado.

5. TRADIÇÃO COMO TRANSFERÊNCIA DOMINIAL

No direito brasileiro o contrato, por si só, não basta para a transferência do domínio. Por ele criam-se apenas obrigações e direitos. Dispõe, com efeito, o art. 481 do Código Civil que, "*pelo contrato de compra e venda, um dos contratantes se obriga a transferir o domínio de certa coisa, e, o outro, a pagar-lhe certo preço em dinheiro*".

O domínio só se adquire pela *tradição*, se for coisa móvel, e pelo *registro* do título (tradição solene), se for imóvel. Efetivamente, preceitua o art. 1.226 do Código Civil que "*os direitos reais sobre coisas móveis, quando constituídos, ou transmitidos por atos entre vivos, só se adquirem com a tradição*". Aduz o art. 1.227 do mesmo diploma que "*os direitos reais sobre imóveis constituídos, ou transmitidos por atos entre vivos, só se adquirem com o registro no Cartório de Registro de Imóveis dos referidos títulos (arts. 1.245 a 1.247), salvo os casos expressos neste Código*".

Desse modo, enquanto o contrato que institui uma hipoteca ou uma servidão, ou contém promessa de transferência do domínio de imóvel, não estiver registrado no Cartório de Registro de Imóveis, existirá entre as partes apenas um vínculo obrigacional. O direito real, com todas as suas características, somente surgirá após aquele registro.

Assinala Washington de Barros Monteiro, escudado em Henri de Page, que o direito pátrio, nessa matéria, "manteve-se fiel ao direito romano, em que vigorava o princípio *traditionibus et usucapionibus dominia rerum non nudis pactis transferuntur*. Seguiu ele, de perto, a esteira de várias legislações, das mais adiantadas, que, como a alemã e a inglesa, vinculadas às concepções romanas, fizeram da tradição elemento essencial à transmissão da propriedade. A obrigação de dar gera apenas um crédito e não direito real. Por si só, ela não transfere o domínio, adquirido só e só pela tradição; com a sua execução pelo devedor, exclusivamente, o credor se converte num proprietário"[14].

Observe-se que tanto a tradição como o registro no Cartório de Registro de Imóveis não constituem novos negócios bilaterais, sequer são considerados atos abstratos, como sucede

[13] Arnoldo Wald, *Curso de direito civil brasileiro*: obrigações e contratos, p. 40.
[14] *Curso de direito civil*, v. 4, p. 57.

no direito alemão. Enquanto neste a nulidade ou anulação do negócio fundamental de transmissão não afeta a eficácia translativa da tradição ou do registro, que funcionam como atos jurídicos abstratos, solução contrária se encontra consagrada no § 2º do art. 1.268 do Código Civil brasileiro: "*Não transfere a propriedade a tradição, quando tiver por título um negócio jurídico nulo*"[15].

O sistema jurídico brasileiro repudiou deliberadamente a concepção do Código Napoleão, que atribui eficácia real aos contratos de alienação de coisa determinada, possibilitando a transferência do direito de propriedade pelo mero consentimento entre as partes.

Advirta-se que a tradição, no caso das coisas móveis, depende ainda, como ato jurídico do obrigado, para transferir o domínio, da vontade deste. Só é modo de adquirir domínio quando acompanhada da referida intenção – o que não ocorre no comodato, no depósito, no penhor, na locação etc.

Acrescente-se que a tradição, que pressupõe um acordo de vontades, um negócio jurídico de alienação, quer a título gratuito, como na doação, quer a título oneroso, como na compra e venda, pode ser real, simbólica e ficta. *Real*, quando envolve a entrega efetiva e material da coisa; *simbólica*, quando representada por ato que traduz a alienação, como a entrega das chaves do veículo vendido; e *ficta*, no caso do constituto possessório (cláusula *constituti*). Ocorre, por exemplo, quando o vendedor, transferindo a outrem o domínio da coisa, conserva-a todavia em seu poder, mas agora na qualidade de locatário.

A referida cláusula *constituti* não se presume. Deve constar expressamente do ato ou resultar de estipulação que a pressuponha[16].

6. DIREITO AOS MELHORAMENTOS E ACRESCIDOS

Cumpre-se a obrigação de dar coisa certa mediante *entrega* (como na compra e venda) ou *restituição* (como no comodato, p.ex.). Conforme já dito, esses dois atos podem ser resumidos numa palavra: *tradição*.

Como no direito brasileiro o contrato, por si só, não transfere o domínio, mas apenas gera a obrigação de entregar a coisa alienada, enquanto não ocorrer a tradição, *na obrigação de entregar*, a coisa continuará pertencendo ao devedor, "*com os seus melhoramentos e acrescidos, pelos quais poderá exigir aumento no preço; se o credor não anuir, poderá o devedor resolver a obrigação*" (CC, art. 237).

Assim, por exemplo, se o objeto da obrigação for um animal, e este der cria, o devedor não poderá ser constrangido a entregá-la. Pelo acréscimo, tem o direito de exigir aumento do preço, se o animal não foi adquirido juntamente com a futura cria.

Também "*os frutos percebidos são do devedor, cabendo ao credor os pendentes*" (CC, art. 237, parágrafo único). O devedor faz seus os frutos *percebidos* até a tradição porque ainda é proprietário da coisa. A percepção dos frutos foi exercício de um poder do domínio. Os frutos *pendentes*, ao contrário, passam com a coisa ao credor, porque a integram até serem dela separados.

Melhoramento é tudo quanto opera mudança para melhor, em valor, em utilidade, em comodidade, na condição e no estado físico da coisa. *Acrescido* é tudo que se ajunta, que se acrescenta à coisa, aumentando-a. *Frutos* são as utilidades que uma coisa periodicamente

---

15 Antunes Varela, *Direito das obrigações*, 1977, v. I, p. 78.
16 Washington de Barros Monteiro, *Curso de direito civil*, v. 3, p. 37.

produz. Nascem e renascem da coisa, sem acarretar-lhe a destruição no todo ou em parte, como o café, os cereais, as frutas das árvores, o leite, as crias dos animais etc.[17].

Na obrigação de dar, consistente em *restituir coisa certa*, dono é o credor, com direito à devolução, como sucede no comodato e no depósito, por exemplo. Nessa modalidade, inversamente, se a coisa teve melhoramento ou acréscimo, "*sem despesa ou trabalho do devedor, lucrará o credor, desobrigado de indenização*" (CC, art. 241).

É a hipótese, *verbi gratia*, do art. 1.435, IV, do estatuto civil, pelo qual o credor pignoratício é obrigado restituir a coisa, "*com os respectivos frutos e acessões, uma vez paga a dívida*", bem como do art. 629, segundo o qual o depositário é obrigado a restituir a coisa "*com todos os frutos e acrescidos, quando o exija o depositante*".

Todavia, se para o melhoramento ou aumento "*empregou o devedor trabalho ou dispêndio, o caso se regulará pelas normas deste Código atinentes às benfeitorias realizadas pelo possuidor de boa-fé ou de má-fé*" (CC, art. 242). Determina assim o Código, neste caso, que se apliquem as regras concernentes aos efeitos da posse quanto às benfeitorias realizadas, equiparando a estas o melhoramento ou acréscimo oriundo de trabalho ou dispêndio do devedor.

No capítulo correspondente aos efeitos da posse, o legislador distingue as hipóteses de boa e de má-fé do devedor. Desse modo, levando-se em conta os dizeres do art. 1.219 do Código Civil, estando o devedor de boa-fé, tem direito à indenização dos melhoramentos ou aumentos *necessários* e *úteis*; quanto aos voluptuários, se não for pago do respectivo valor, pode levantá-los (*jus tollendi*), quando o puder sem detrimento da coisa e se o credor não preferir ficar com eles, indenizando o seu valor. O objetivo é evitar o locupletamento sem causa do proprietário pelos melhoramentos então realizados.

Se necessário, poderá o devedor exercer o *direito de retenção* da coisa pelo valor dos melhoramentos e aumentos necessários e úteis, como meio coercitivo de pagamento. O conceito de benfeitorias necessárias, úteis e voluptuárias encontra-se no art. 96 do Código Civil. E os embargos de retenção por benfeitorias são disciplinados no art. 917, IV, §§ 5º e 6º, do Código de Processo Civil de 2015.

Se o devedor estava de má-fé, ser-lhe-ão ressarcidos somente os melhoramentos necessários, não lhe assistindo o direito de retenção pela importância destes, nem o de levantar os voluptuários, porque obrou com a consciência de que praticava um ato ilícito. Faz jus à indenização dos melhoramentos necessários porque, caso contrário, o credor experimentaria um enriquecimento indevido.

Atualmente não se pode opor embargos de retenção por benfeitorias em ação possessória. Nessa modalidade, o direito é exercido na contestação ou em reconvenção. Conforme dispõe o § 2º do art. 538 do atual Código de Processo Civil, "*O direito de retenção por benfeitorias deve ser exercido na contestação, na fase de conhecimento*".

Reconhecido tal direito na sentença, caberá ao autor, como condição para a expedição do mandado (art. 538, c/c o art. 514 do CPC/2015), indenizar o réu pelas benfeitorias, as quais deverão ser objeto de prévia liquidação, como determina o art. 810, na execução por título extrajudicial (texto aplicável por analogia).

Segundo dispõe o art. 1.221 do Código Civil, "*as benfeitorias compensam-se com os danos, e só obrigam ao ressarcimento se ao tempo da evicção ainda existirem*". A compensação pressupõe a existência de duas obrigações recíprocas a serem sopesadas.

---

[17] Tito Fulgêncio, *Do direito das obrigações*, p. 87; Carlos Roberto Gonçalves, *Direito civil*: parte geral, p. 92 (Col. Sinopses Jurídicas, 1).

O Código impõe uma limitação ao direito do credor de benfeitorias que tenha agido de má-fé ao dispor, no art. 1.222, que o obrigado a indenizar os melhoramentos ao devedor de má-fé "*tem o direito de optar entre o seu valor atual e o seu custo; ao devedor de boa-fé indenizará pelo valor atual*".

A justificativa assenta-se na máxima da equidade que não permite que se enriqueça alguém à custa alheia. Só faria sentido, porém, se os níveis de custo fossem estáveis, dado que o valor atual e o do custo geralmente se equivaleriam, mas não em períodos de inflação elevada e crônica pelos quais passou o País. Daí ter o *Supremo Tribunal Federal*, na vigência do Código Civil de 1916, mandado aplicar a correção monetária ao preço de custo das benfeitorias, reconhecendo, no caso, a existência de uma dívida de valor.

Quanto aos frutos percebidos, preceitua o parágrafo único do art. 242 do Código Civil, observar-se-á, do mesmo modo, o disposto "*acerca do possuidor de boa-fé ou de má-fé*". Destarte, o devedor de boa-fé tem direito, enquanto ela durar, aos frutos percebidos (art. 1.214). A lei protege aquele que deu destinação econômica à terra, na persuasão de que lhe pertencia.

O devedor de boa-fé, embora tenha direito aos frutos *percebidos*, não faz jus aos frutos *pendentes*, nem aos *colhidos antecipadamente*, que devem ser restituídos, deduzidas as despesas da produção e custeio. É o que expressamente dispõe o parágrafo único do art. 1.214 do mesmo diploma. Caso não houvesse a dedução dessas despesas, o credor experimentaria um enriquecimento sem causa, algo inadmissível. Esse direito, porém, só é garantido ao devedor de boa-fé até o momento em que estiver nessa condição.

"*Os frutos naturais e industriais reputam-se colhidos e percebidos, logo que são separados; os civis reputam-se percebidos dia por dia*" (CC, art. 1.215). Assim, o devedor de boa-fé faz seus os *frutos naturais* desde o instante da *separação*, tenha-os consumido ou estejam ainda em celeiros ou armazéns.

A disciplina dos frutos *industriais*, que resultam do trabalho do homem, é a mesma dos frutos naturais. A percepção dos frutos *civis* ou rendimentos, como os juros e aluguéis, não se efetiva por ato material, mas por presunção da lei, que os considera percebidos dia a dia (*de die in diem*). Também devem ser restituídos se recebidos com antecipação.

O legislador procura desencorajar o surgimento de posses ilegítimas. Desse modo, em virtude do disposto no art. 1.216 do Código Civil, o devedor de má-fé "*responde por todos os frutos colhidos e percebidos, bem como pelos que, por culpa sua, deixou de perceber, desde o momento em que se constituiu de má-fé; tem direito às despesas da produção e custeio*".

A posse de má-fé não é totalmente desprovida de eficácia jurídica, porque o devedor nessa condição faz jus às despesas de produção e custeio, em atenção ao princípio geral de repúdio ao enriquecimento sem causa.

7. ABRANGÊNCIA DOS ACESSÓRIOS

Quanto à extensão, prescreve o art. 233 do Código Civil:

"*A obrigação de dar coisa certa abrange os acessórios dela embora não mencionados, salvo se o contrário resultar do título ou das circunstâncias do caso*".

É uma decorrência do princípio geral de direito, universalmente aplicado, segundo o qual o acessório segue o destino do principal (*accessorium sequitur suum principale*). *Principal* é o bem que tem existência própria, que existe por si só. *Acessório* é aquele cuja existência depende do principal.

Nada obsta a que se convencione o contrário. No silêncio do contrato quanto a esse aspecto, a venda de um terreno com árvores frutíferas inclui os frutos pendentes; a alienação de um imóvel inclui, como acessórios, os melhoramentos ou benfeitorias realizados, bem como o ônus dos impostos; a de um veículo abrange os acessórios colocados pelo vendedor etc.

Pode o contrário resultar não só de *convenção*, como de *circunstâncias* do caso. Por exemplo: embora o alienante responda pelos vícios redibitórios, certas circunstâncias podem excluir tal responsabilidade, como o conhecimento do vício por parte do adquirente.

O princípio de que "o acessório segue o principal" aplica-se somente às partes integrantes (frutos, produtos e benfeitorias), mas não às *pertenças*, que não constituem partes integrantes e se destinam, de modo duradouro, ao uso, ao serviço ou ao aformoseamento de outro (CC, art. 93). Prescreve, com efeito, o art. 94 do Código Civil que "*os negócios jurídicos que dizem respeito ao bem principal não abrangem as pertenças, salvo se o contrário resultar da lei, da manifestação de vontade, ou das circunstâncias do caso*".

Desse modo, mesmo inexistindo disposição em contrário, as pertenças, como o mobiliário, por exemplo, não acompanham o imóvel alienado ou desapropriado.

Na grande classe dos bens acessórios compreendem-se os *produtos* e os *frutos* (CC, art. 95). *Produtos* são as utilidades que se retiram da coisa, diminuindo-lhe a quantidade, porque não se reproduzem periodicamente, como as pedras e os metais, que se extraem das pedreiras e das minas. Distinguem-se dos frutos porque a colheita destes não diminui o valor nem a substância da fonte, e a daqueles sim.

Frutos são as utilidades que uma coisa periodicamente produz. Nascem e renascem da coisa, sem acarretar-lhe a destruição no todo ou em parte, como os cereais, as frutas das árvores etc. Dividem-se, quanto à *origem*, em naturais, industriais e civis. *Naturais* são os que se desenvolvem e se renovam periodicamente, em virtude da força orgânica da própria natureza, como as frutas das árvores, as crias dos animais etc. *Industriais* são os que aparecem pela mão do homem, isto é, os que surgem em razão da atuação do homem sobre a natureza, como a produção de uma fábrica. *Civis* são os rendimentos produzidos pela coisa, em virtude de sua utilização por outrem que não o proprietário, como os juros e os aluguéis.

Quanto ao *estado*, os frutos classificam-se em *pendentes*, enquanto unidos à coisa que os produziu; *percebidos* ou *colhidos*, depois de separados; *estantes*, os separados e armazenados ou acondicionados para venda; *percipiendos*, os que deviam ser, mas não foram colhidos ou percebidos; e *consumidos*, os que não existem mais porque foram utilizados.

Também se consideram acessórias todas as *benfeitorias*, qualquer que seja o seu valor. O Código Civil, no art. 96, considera *necessárias* as benfeitorias que têm por fim conservar o bem ou evitar que se deteriore; *úteis* as que aumentam ou facilitam o uso do bem (acréscimo de um banheiro ou de uma garagem à casa, p.ex.); e *voluptuárias* as de mero deleite ou recreio (jardins, mirantes, fontes, cascatas artificiais), que não aumentem o uso habitual do bem, ainda que o tornem mais agradável ou sejam de elevado valor.

8. OBRIGAÇÃO DE ENTREGAR

Já foi enfatizado que se cumpre a obrigação de dar coisa certa mediante *entrega* (como na compra e venda) ou *restituição* (como no comodato, p.ex.) da coisa.

Às vezes, no entanto, a obrigação de dar não é cumprida porque, antes da entrega ou da restituição, a coisa pereceu ou se deteriorou, com culpa ou sem culpa do devedor. *Perecimento* significa perda total; e *deterioração*, perda parcial da coisa. São expressões consagradas na doutrina. O Código Civil usa os vocábulos "perda" e "deterioração" no sentido de perda total e perda parcial. Se o veículo, que deveria ser entregue, incendeia-se, ficando totalmente destruído, ou é furtado ou roubado, por exemplo, diz-se que houve perda total. Se o incêndio, no entanto, provocou apenas uma pequena avaria, a hipótese é de deterioração.

Quem deve, nesses casos, suportar o prejuízo? Tal questão diz respeito à atribuição dos riscos na obrigação de dar frustrada e é a de maior importância tratada no presente capítulo. O Código Civil apresenta solução para as diversas hipóteses que podem ocorrer, como, por exemplo, para a do vendedor que, já tendo recebido o preço, se vê impossibilitado, sem culpa e em razão do fortuito ou da força maior, de entregar a coisa alienada.

O princípio básico, que norteia as soluções apresentadas, vem do direito romano: *res perit domino*, ou seja, a coisa perece para o dono. Efetivamente, o outro contratante, que não é dono, nada perde com o seu desaparecimento.

8.1. Perecimento sem culpa e com culpa do devedor

Em caso de *perecimento* (perda total) de coisa certa antes da tradição, é preciso verificar, primeiramente, se o fato decorreu de culpa ou não do devedor. Comecemos pelo caso de perda *sem culpa do devedor*.

Prescreve o art. 234, primeira parte, do Código Civil que, se "*a coisa se perder, sem culpa do devedor, antes da tradição, ou pendente a condição suspensiva, fica resolvida a obrigação para ambas as partes*".

O devedor, obrigado a entregar coisa certa, deve conservá-la com todo zelo e diligência. Se, no entanto, apesar de sua diligência, ela se perde, sem culpa sua (destruída por um raio, p.ex.), antes da tradição, ou pendente a condição suspensiva, a solução da lei é esta: resolve-se, isto é, extingue-se a obrigação para ambas as partes, que voltam à primitiva situação (*statu quo ante*). Se o vendedor já recebeu o preço da coisa, deve devolvê-lo ao adquirente, em virtude da resolução do contrato, sofrendo, por conseguinte, o prejuízo decorrente do perecimento. Não está obrigado, porém, a pagar perdas e danos.

Se o perecimento ocorreu pendente *condição suspensiva* (aprovação em concurso, vencimento de uma disputa, casamento, p.ex.), não se terá adquirido o direito que o ato visa (CC, art. 125), e o devedor suportará o risco da coisa.

Quem sofre o prejuízo, pois, na obrigação de entregar, que emerge de uma compra e venda, por exemplo, havendo perecimento da coisa, sem culpa, é o próprio alienante, pois continua sendo o proprietário, até a tradição (*res perit domino*). O princípio é reiterado no art. 492 do Código Civil: "*Até o momento da tradição, os riscos da coisa correm por conta do vendedor, e os do preço por conta do comprador*".

Havendo perecimento da coisa *com culpa do devedor*, outra é a solução. A *culpa* acarreta a responsabilidade pelo pagamento de perdas e danos. Neste caso, tem o credor direito a receber o seu equivalente em dinheiro, mais as perdas e danos comprovados.

Dispõe, com efeito, o art. 234, segunda parte, do Código Civil: "*se a perda resultar de culpa do devedor, responderá este pelo equivalente e mais perdas e danos*". Quando a lei se refere ao termo "equivalente", quer mencionar o equivalente *em dinheiro*. Deve o devedor entregar ao credor não outro objeto semelhante, mas o equivalente em dinheiro, que corresponde ao valor do objeto perecido, mais as perdas e danos, que denotarão o prejuízo invocado[18].

As perdas e danos compreendem o *dano emergente* e o *lucro cessante*, ou seja, além do que o credor efetivamente perdeu, o que razoavelmente deixou de lucrar (CC, art. 402). Devem cobrir, pois, todo o prejuízo experimentado e comprovado pela vítima.

---

[18] Álvaro Villaça Azevedo, *Teoria geral das obrigações*, p. 58.

8.2. Deterioração sem culpa e com culpa do devedor

Em caso de deterioração ou perda parcial da coisa também importa saber, preliminarmente, se houve culpa ou não do devedor. *Não havendo culpa*, poderá o credor optar por *resolver* a obrigação, por não lhe interessar receber o bem danificado, voltando as partes, neste caso, ao estado anterior; ou *aceitá-lo no estado em que se acha*, com abatimento do preço, proporcional à perda.

Dispõe, efetivamente, o art. 235 do Código Civil:

"Deteriorada a coisa, não sendo o devedor culpado, poderá o credor resolver a obrigação, ou aceitar a coisa, abatido de seu preço o valor que perdeu".

Reduzindo-se, com a danificação, o valor econômico do bem e, com isso, desfeito o equilíbrio na relação jurídica, ao credor compete verificar se, no estado correspondente, ainda lhe interessa, ou não, a coisa, para dela desvincular-se, ou então para aceitar a entrega, com a redução do valor[19].

Havendo culpa pela deterioração, as alternativas deixadas ao credor são as mesmas do supratranscrito art. 235 do Código Civil (resolver a obrigação, exigindo o equivalente em dinheiro, ou aceitar a coisa, com abatimento), mas com direito, em qualquer caso, à indenização das perdas e danos comprovados.

Prescreve, nesse sentido, o art. 236 do Código Civil:

"Sendo culpado o devedor, poderá o credor exigir o equivalente, ou aceitar a coisa no estado em que se acha, com direito a reclamar, em um ou em outro caso, indenização das perdas e danos".

Observa-se assim que, no geral, sem culpa, resolve-se a obrigação, sendo as partes repostas ao estado anterior, sem perdas e danos. Havendo culpa, estes são devidos, respondendo o culpado, ainda, pelo equivalente em dinheiro da coisa.

Como comenta José Fernando Simão[20], "Os exemplos com carros se repetem na doutrina e na jurisprudência. Se o carro foi entregue com avarias, estamos diante de clara aplicação do art. 236. Assim, temos que 'a empresa promovida não entregou o bem móvel adquirido nos termos ofertados. A promovente pensava adquirir veículo zero quilômetro, novo, porém, no momento da tradição do bem, verificou que o mesmo encontrava-se defeituoso com avarias notoriamente detectadas a olho nu. As fotos anexadas nos autos são categóricas neste sentido. Tendo em vista que a parte promovente recebeu o bem no estado em que se encontrava, há que se ressarcir as perdas e danos suportadas com a deterioração do bem'" (TJCE, APL 0001279.53.2006.8.06.0071, 2ª Câm. Dir. Priv., rel. Des. Teodoro Silva Santos, *DJCE* 27-6-2017).

9. OBRIGAÇÃO DE RESTITUIR

A obrigação de *restituir* é subespécie da obrigação de dar. Caracteriza-se pela existência de coisa alheia em poder do devedor, a quem cumpre devolvê-la ao dono. Tal modalidade impõe àquele a necessidade de devolver coisa que, em razão de estipulação contratual, encontra-se legitimamente em seu poder.

É o que sucede, por exemplo, com o comodatário, o depositário, o locatário, o credor pignoratício e outros, que devem restituir ao proprietário, nos prazos ajustados, ou no da notificação quando a avença for celebrada por prazo indeterminado, a coisa que se encontra em seu poder por força do vínculo obrigacional.

---

19 Carlos Alberto Bittar, *Direito das obrigações*, p. 48.

20 *Código Civil comentado*: doutrina e jurisprudência. Obra coletiva. 3. ed. São Paulo: GEN/Forense, 2021, p. 168.

Em inúmeras figuras contratuais e na própria lei civil são identificadas obrigações de restituir, como, por exemplo, as de devolução ou restituição de sinal dado (CC, arts. 417 e 420), coisa achada (art. 1.233), recebimento de dívida ainda não vencida em detrimento de outros credores quirografários (art. 162), bens que se encontram na posse de herdeiros da pessoa declarada ausente e que aparece (art. 36), frutos pendentes ao tempo em que cessar a boa-fé do possuidor (art. 1.214, parágrafo único), bens dados em penhor (art. 1.435, IV), frutos e rendimentos percebidos pelo indigno (art. 1.817, parágrafo único), bens sonegados (art. 1.992) etc.

A obrigação de *restituir* distingue-se da de *dar* propriamente dita. Esta destina-se a transferir o domínio, que se encontra com o devedor na qualidade de proprietário (o vendedor, no contrato de compra e venda). Naquela a coisa se acha com o devedor para seu uso, mas pertence ao credor, titular do direito real.

Essa diferença vai repercutir na questão dos riscos a que a coisa está sujeita, pois se se perder, sem culpa do devedor, prejudicado será o credor, na condição de dono, segundo a regra *res perit domino*.

9.1. Perecimento sem culpa e com culpa do devedor

Dispõe o art. 238 do Código Civil:

"Se a obrigação for de restituir coisa certa, e esta, sem culpa do devedor, se perder antes da tradição, sofrerá o credor a perda, e a obrigação se resolverá, ressalvados os seus direitos até o dia da perda".

Na obrigação de restituir coisa certa ao credor, como já dito, prejudicado será este, na condição de dono. Assim, se o animal objeto de comodato, por exemplo, não puder ser restituído, por ter perecido devido a um raio, *resolve-se* a obrigação do comodatário, que não terá de pagar perdas e danos, exceto se estiver em mora, quando então responderá pela impossibilidade da prestação mesmo que esta decorra de caso fortuito ou de força maior, se estes ocorrerem durante o atraso (CC, art. 399).

Suportará a perda, assim, no exemplo dado, o comodante, na qualidade de proprietário da coisa, "*ressalvados os seus direitos até o dia da perda*" (CC, art. 238, parte final). Por conseguinte, se a coisa emprestada, *verbi gratia*, gerou frutos, naturais ou civis (como os aluguéis), sem despesa ou trabalho do comodatário, terá aquele direito sobre eles (CC, art. 241).

Por sua vez, dispõe o art. 239 do estatuto civil:

"Se a coisa se perder por culpa do devedor, responderá este pelo equivalente, mais perdas e danos".

A obrigação de restituir importa a de conservar a coisa e zelar por ela. Deixando de fazê-lo, o devedor sofre as consequências da sua culpa: deve ressarcir o mais completamente possível a diminuição causada ao patrimônio do credor, mediante o pagamento do equivalente em dinheiro do bem perecido, mais as perdas e danos[21].

A regra tem o escopo ético, sempre presente no atual Código, de reprimir a culpa e a má-fé, como se pode verificar, por exemplo, na repressão à sonegação de bens no inventário, prevista no art. 1.995, *verbis*: "*Se não se restituírem os bens sonegados, por já não os ter o sonegador em seu poder, pagará ele a importância dos valores que ocultou, mais as perdas e danos*".

---

[21] Tito Fulgêncio, *Do direito das obrigações*, p. 93-94.

9.2. Deterioração sem culpa e com culpa do devedor

Estatui o art. 240, primeira parte, do Código Civil que, "*se a coisa restituível se deteriorar sem culpa do devedor, recebê-la-á o credor, tal qual se ache, sem direito a indenização*".

Mais uma vez, a solução é dada pela regra *res perit domino*. Se a coisa se danificar (perda parcial) sem culpa do devedor (em razão do fortuito e da força maior, p.ex.), suportará o prejuízo o credor, na qualidade de proprietário. No entanto, havendo culpa do devedor na deterioração, "*observar-se-á o disposto no art. 239*" (CC, art. 240, segunda parte), ou seja, responderá o devedor pelo equivalente em dinheiro, mais perdas e danos.

O Código de 1916 mandava aplicar, nesse caso, a mesma regra prevista para a hipótese de deterioração da coisa por culpa do devedor na obrigação de *entregar coisa certa*, ou seja, facultava ao credor aceitá-la no estado em que se achava, mais perdas e danos, em lugar de exigir o equivalente e as perdas e danos.

O atual Código omitiu-se a esse respeito, entendendo o legislador ser dispensável a menção expressa a essa possibilidade, porque o proprietário sempre tem o direito de exigir a restituição, em face do que a recebeu por força de um contrato, da coisa que lhe pertence, esteja em perfeito estado ou danificada (CC, art. 1.228). E, neste último caso, também lhe assiste o direito de pleitear perdas e danos (art. 389).

Observa-se, em resumo, que o devedor está obrigado a restituir a coisa tal qual a recebeu. Se esta se deteriora sem culpa sua, não pode ele ser responsabilizado pelo prejuízo, sofrido exclusivamente pelo dono, isto é, pelo credor. Nenhum motivo, jurídico ou moral, poderia ditar solução diferente.

Todavia, se causada a deterioração por culpa do devedor, que omitiu, por exemplo, o dever de custodiar, cabe-lhe suportar as consequências de sua desídia. Assiste, neste caso, ao credor direito de exigir o equivalente em dinheiro, podendo optar, todavia, pelo recebimento da coisa, no estado em que se achar, acrescido das perdas e danos, num e noutro caso[22].

10. DAS OBRIGAÇÕES PECUNIÁRIAS

Obrigação pecuniária é obrigação de entregar dinheiro, ou seja, de solver dívida em dinheiro. É, portanto, espécie particular de obrigação de dar. Tem por objeto uma prestação em dinheiro e não uma coisa.

Preceitua o art. 315 do Código Civil que "*as dívidas em dinheiro deverão ser pagas no vencimento, em moeda corrente e pelo valor nominal, salvo o disposto nos artigos subsequentes*", que preveem a possibilidade de corrigi-lo monetariamente.

O Código Civil adotou, assim, o princípio do *nominalismo*, pelo qual se considera como valor da moeda o valor nominal que lhe atribui o Estado, no ato da emissão ou cunhagem. De acordo com o referido princípio, o devedor de uma quantia em dinheiro libera-se entregando a quantidade de moeda mencionada no contrato ou título da dívida, e em curso no lugar do pagamento, ainda que desvalorizada pela inflação, ou seja, mesmo que a referida quantidade não seja suficiente para a compra dos mesmos bens que podiam ser adquiridos, quando contraída a obrigação.

Uma das formas de combater os efeitos maléficos decorrentes da desvalorização monetária é a adoção da *cláusula de escala móvel*, pela qual o valor da prestação deve variar segundo os índices de custo de vida. Foi por essa razão que surgiram, no Brasil, os diversos índices de correção monetária, que podiam ser aplicados sem limite temporal, até a edição da Medi-

---

22 Washington de Barros Monteiro, *Curso de direito civil*, v. 4, p. 67-68.

da Provisória n. 1.106, de 29 de agosto de 1995 (posteriormente convertida na Lei n. 10.192, de 14-2-2001), que, pretendendo *desindexar* a economia, declarou "nula de pleno direito qualquer estipulação de reajuste ou correção monetária de periodicidade inferior a um ano" (art. 2º, § 1º).

A *escala móvel* ou critério de atualização monetária, que decorre de prévia estipulação contratual, ou da lei, não se confunde com a *teoria da imprevisão*, que poderá ser aplicada pelo juiz quando fatos extraordinários e imprevisíveis tornarem excessivamente oneroso para um dos contratantes o cumprimento do contrato, e recomendarem sua revisão.

A esse propósito, preceitua o art. 317 do Código Civil: "*Quando, por motivos imprevisíveis, sobrevier desproporção manifesta entre o valor da prestação devida e o do momento de sua execução, poderá o juiz corrigi-lo, a pedido da parte, de modo que assegure, quanto possível, o valor real da prestação*".

Prescreve também o novel diploma que "*é lícito convencionar o aumento progressivo de prestações sucessivas*" (art. 316), e que "*são nulas as convenções de pagamento em ouro ou em moeda estrangeira, bem como para compensar a diferença entre o valor desta e o da moeda nacional, excetuados os casos previstos na legislação especial*" (art. 318).

A Lei n. 9.069, de 29 de junho de 1995, que dispõe sobre o Plano Real, recepcionou o Decreto-Lei n. 857/69, que veda o pagamento em moeda estrangeira, mas estabelece algumas exceções, das quais se destacam a permissão de tal estipulação nos contratos referentes a importação e exportação de mercadorias e naqueles em que o credor ou devedor seja pessoa residente e domiciliada no exterior.

Mesmo antes da referida lei formara-se uma jurisprudência no sentido de permitir estipulações contratuais em moeda estrangeira, devendo, entretanto, ser efetuada a conversão de seu valor para a moeda nacional por ocasião do *pagamento* ou de sua cobrança.

Distingue-se a *dívida em dinheiro* da *dívida de valor*. Na primeira, o objeto da prestação é o próprio dinheiro, como ocorre no contrato de mútuo, em que o tomador do empréstimo obriga-se a devolver, dentro de determinado prazo, a importância levantada. Quando, no entanto, o dinheiro não constitui objeto da prestação, mas apenas representa seu valor, diz-se que a dívida é de *valor*.

A obrigação de indenizar, decorrente da prática de um ato ilícito, por exemplo, constitui dívida de valor, porque seu montante deve corresponder ao do bem lesado. Outros exemplos dessa espécie de dívida podem ser mencionados, como a decorrente da desapropriação (o montante da indenização corresponde ao valor da coisa desapropriada) e a resultante da obrigação alimentar (cujo valor representa a medida da necessidade do alimentando).

Toda moeda, admitida pela lei como meio de pagamento, tem *curso legal* no País, não podendo ser recusada. Quando o Código Civil de 1916 entrou em vigor, o dinheiro brasileiro tinha curso legal, mas não forçado, porque o devedor podia liberar-se pagando em qualquer moeda estrangeira. A partir do Decreto n. 23.501, de 27 de novembro de 1933, instaurou-se o curso forçado, não podendo o pagamento ser efetuado em outro padrão monetário, salvo algumas poucas exceções, como consignado no Decreto-Lei n. 857/69 retromencionado.

Moeda de *curso forçado*, portanto, é a única admitida pela lei como meio de pagamento no País.

Se o pagamento se houver de fazer por medida, ou peso, entender-se-á, no silêncio das partes, que "*aceitaram os do lugar da execução*" (CC, art. 326). Presumem-se a cargo do devedor as despesas com o pagamento e a quitação, mas, se ocorrer aumento por fato do credor, suportará este a despesa acrescida (art. 325).

A obrigação de solver dívida em dinheiro abrange também, além das dívidas pecuniárias (que têm por objeto uma prestação em dinheiro) e das dívidas de valor, as dívidas *remuneratórias*, representadas pelas *prestações de juros*.

Os juros constituem, com efeito, remuneração pelo uso de capital alheio, que se expressa pelo pagamento, ao dono do capital, de quantia proporcional ao seu valor e ao tempo de sua utilização. Pressupõe, portanto, a existência de uma dívida de capital, consistente em dinheiro ou outra coisa fungível. Daí a sua natureza acessória[23].

A matéria versada neste item será abordada com mais profundidade nos capítulos concernentes ao *objeto do pagamento* (CC, arts. 313 e s.), *juros* (arts. 404 e 407) e *responsabilidade civil* (arts. 927, 944 e s.).

DAS OBRIGAÇÕES DE DAR COISA INCERTA

Sumário: 11. Conceito. 12. Diferenças e afinidades com outras modalidades. 13. Disciplina legal. 13.1. Indicação do gênero e quantidade. 13.2. Escolha e concentração. 13.3. Gênero limitado e ilimitado.

11. CONCEITO

Preceitua o art. 243 do Código Civil:

"A coisa incerta será indicada, ao menos, pelo gênero e pela quantidade".

Já vimos que a coisa certa é a individualizada, determinada. A expressão "coisa incerta" indica que a obrigação tem objeto indeterminado, mas não totalmente, porque deve ser indicada, ao menos, pelo gênero e pela quantidade. É, portanto, indeterminada, mas determinável. Falta apenas determinar sua *qualidade*.

É indispensável, portanto, nas obrigações de dar coisa incerta, a *indicação*, de que fala o texto. Se faltar também o gênero, ou a quantidade (qualquer desses elementos), a indeterminação será absoluta, e a avença, com tal objeto, não gerará obrigação. Não pode ser objeto de prestação, por exemplo, a de "entregar sacas de café", por faltar a quantidade, bem como a de entregar "dez sacas", por faltar o gênero.

Mas constitui obrigação de dar coisa incerta a de "entregar dez sacas de café", porque o objeto é determinado pelo gênero e pela quantidade. Falta determinar somente a qualidade do café. Enquanto tal não ocorre, a coisa permanece incerta.

Álvaro Villaça Azevedo já criticava a utilização da palavra "gênero" no Código Civil de 1916, observando, corretamente, que melhor seria se "tivesse dito o legislador: espécie e quantidade. Não: gênero e quantidade, pois a palavra gênero tem um sentido muito amplo".

Considerando a terminologia do Código, por exemplo, dizia o mestre paulista, "cereal é gênero e feijão é espécie. Se, entretanto, alguém se obrigasse a entregar uma saca de cereal (quantidade: uma saca; gênero: cereal), essa obrigação seria impossível de cumprir-se, pois não se poderia saber qual dos cereais deveria ser o objeto da prestação jurídica. Nestes termos, é melhor dizer-se: espécie e quantidade. No exemplo *supra*, teríamos: quantidade (uma saca); espécie (de feijão). De maneira que, aí, o objeto se torna determinável, desde que a qualidade seja posteriormente mostrada. Nesse exemplo, até que se demonstre a qualidade da saca de feijão, fica coisa incerta"[24].

---

[23] Maria Helena Diniz, *Curso de direito civil brasileiro*, v. 2, p. 116.

[24] *Teoria geral das obrigações*, p. 66.

A designação do gênero, por si só, não contém base suficiente para a *indicação* exigida pela lei, sendo mister mencionar também a quantidade, para que o devedor não se libere com prestação insignificante.

A principal característica dessa modalidade de obrigação reside no fato de o objeto ou conteúdo da prestação, indicado genericamente no começo da relação, vir a ser determinado por um ato de escolha, no instante do pagamento[25]. Esse objeto são, normalmente, coisas que se determinam por peso, número ou medida.

12. DIFERENÇAS E AFINIDADES COM OUTRAS MODALIDADES

As obrigações de dar *coisa incerta*, também chamadas de *genéricas*, distinguem-se das de dar *coisa certa*, também conhecidas como *específicas*, sob vários aspectos. Nas primeiras, a prestação não é determinada, mas determinável, dentre uma pluralidade indefinida de objetos; nas segundas, a prestação tem, desde logo, conteúdo determinado, pois concerne a um objeto singular, perfeitamente individualizado.

Observe-se que *coisa incerta* não é coisa totalmente indeterminada, ou seja, não é qualquer coisa, mas uma parcialmente determinada, suscetível de completa determinação oportunamente, mediante a escolha da qualidade ainda não indicada.

Anote-se também que nas obrigações de dar coisa incerta o devedor se encontra em situação mais cômoda, porque se libera com uma das coisas compreendidas no gênero indicado, à sua escolha.

As obrigações de dar coisa incerta têm acentuada afinidade com as *obrigações alternativas*, que serão estudadas logo adiante. Em ambas a definição a respeito do objeto da prestação se faz pelo ato de escolha e esta passa a se chamar concentração depois da referida definição. Em ambas também compete ao devedor a escolha, se outra coisa não se estipulou.

Todavia diferem pelo fato de as alternativas conterem dois ou mais objetos individuados, devendo a escolha recair em apenas um deles; nas de dar coisa incerta, o objeto é um só, apenas indeterminado quanto à qualidade.

Nas *obrigações alternativas*, a escolha recai sobre um dos objetos *in obligatione*, enquanto nas últimas, sobre a qualidade do único objeto existente. Nas primeiras, ainda, tem consequência relevante o perecimento de um dos objetos a ser escolhido, ocorrendo a concentração, neste caso, por força da lei e, portanto, independentemente de escolha, no remanescente. *Nas de dar coisa incerta não ocorre a concentração compulsória nem se altera a obrigação com a perda da coisa, em razão do princípio genus nunquam perit* (o gênero nunca perece) que será estudado a seguir e pelo qual, antes da determinação do objeto pela escolha, não poderá o devedor alegar perda da coisa por força maior ou caso fortuito (CC, art. 246)[26].

Pode ocorrer, no entanto, confusão entre as duas modalidades, quando o gênero se reduz a número muito limitado de objetos (alguém se obriga, por exemplo, a entregar garrafas de vinho de determinada marca e, na data do cumprimento, só existem duas ou três). Somente a interpretação do contrato poderá esclarecer se se trata de obrigação genérica ou alternativa. Veja-se o exemplo de Von Tuhr: o testador deixa ao legatário um de seus cavalos e só possui, ao morrer, dois ou três[27].

---

25 Hector Lafaille, *Derecho civil:* tratado de las obligaciones, apud Washington de Barros Monteiro, *Curso de direito civil*, v. 4, p. 78.

26 Ruggiero e Maroi, *Istituzioni di diritto privato*, 8. ed., v. 2, p. 23, apud Washington de Barros Monteiro, *Curso de direito civil*, v. 4, p. 79.

27 *Tratado de las obligaciones*, t. I, p. 45, nota 1.

Costuma-se apontar, também, a diferença existente entre obrigação de dar coisa incerta e obrigação *fungível*. A primeira tem por objeto coisa indeterminada, que ao devedor cabe entregar, com base na qualidade média, para efeito de liberação do vínculo. A segunda é composta de coisa fungível, que pode ser substituída por outra da mesma espécie, qualidade e quantidade (p.ex., o dinheiro), para efeito de desvinculação do devedor.

13. DISCIPLINA LEGAL

13.1. Indicação do gênero e quantidade

A indicação ao menos do gênero e quantidade é o mínimo necessário para que exista obrigação, como já dito. É o que se infere da leitura do art. 243 do Código Civil, retrotranscrito.

Se as coisas são indicadas pelo gênero e pela quantidade, a obrigação é útil e eficaz, embora falte a individuação da *res debita*. É que a sua determinação, como preleciona Caio Mário[28], far-se-á por circunstâncias ou elementos de fato, como ainda por outras eventuais, intrínsecas ou extrínsecas. O estado de indeterminação, prossegue o respeitado jurista, é transitório, sob pena de faltar objeto à obrigação. Cessará, pois, com a escolha.

13.2. Escolha e concentração

A determinação da qualidade da coisa incerta perfaz-se pela *escolha*. Feita esta, e cientificado o credor, acaba a incerteza, e a coisa torna-se certa, vigorando, então, as normas da seção anterior do Código Civil, que tratam das obrigações de dar coisa certa.

Preceitua, com efeito, o art. 245 do Código Civil:

"Cientificado da escolha o credor, vigorará o disposto na Seção antecedente".

O ato unilateral de escolha denomina-se *concentração*. Para que a obrigação se concentre em determinada coisa não basta a escolha. É necessário que ela se exteriorize pela entrega, pelo depósito em pagamento, pela constituição em mora ou por outro ato jurídico que importe a cientificação do credor.

Com a concentração passa-se de um momento de instabilidade e indefinição para outro, mais determinado, consubstanciado, por exemplo, em pesagem, medição, contagem e expedição, conforme o caso.

Rege-se a obrigação de dar coisa incerta pelo disposto nos arts. 811 *usque* 813 do Código de Processo Civil.

A quem compete o direito de escolha? A resposta é fornecida pelo art. 244 do Código Civil, *verbis*:

"Nas coisas determinadas pelo gênero e pela quantidade, a escolha pertence ao devedor, se o contrário não resultar do título da obrigação; mas não poderá dar a coisa pior, nem será obrigado a prestar a melhor"[29].

---

[28] Caio Mário da Silva Pereira, *Instituições de direito civil*, v. II, p. 38.

[29] "Recurso especial em que se discute se é juridicamente possível impor à parte o dever de não comercializar unidades indeterminadas de um empreendimento. Nada impede que o proprietário se comprometa a dar em pagamento de dívida unidades indeterminadas de empreendimento imobiliário, desde que haja condições de identificar os bens a serem entregues. Nos termos do art. 244 do CC/2002, nas obrigações de dar coisa incerta, salvo disposição em contrário, cabe ao devedor a escolha das coisas determinadas pelo gênero e pela quantidade. Na hipótese dos autos, tendo sido reconhecida a existência de dívida a ser paga pela cessão de 12 vagas de garagem e 271 m² de salas de um determinado empreendimento imobiliário, nada impede a concessão de

Portanto, a escolha só competirá ao credor se o contrato assim dispuser. Sendo omisso nesse aspecto, ela pertencerá ao devedor.

O citado dispositivo estabelece, no entanto, limites à atuação do devedor, dispondo que "*não poderá dar a coisa pior, nem será obrigado a prestar a melhor*". Deve, portanto, guardar o *meio-termo* entre os congêneres da melhor e da pior qualidade. Pior é a coisa que está abaixo da média. Esse é o parâmetro que deve guiar o julgador, quando o credor rejeitar escolha, valendo-se ainda dos usos e costumes do lugar da execução ou da conclusão do negócio jurídico[30].

Adotou-se, desse modo, *o critério da qualidade média ou intermediária*. Se alguém, por exemplo, se obrigar a entregar uma saca de café a outrem, não se tendo convencionado a qualidade, deverá o devedor entregar uma saca de qualidade média. Se existirem três qualidades, A, B e C, entregará uma saca de café tipo B. Nada impede, porém, que opte por entregar, em vez de saca de qualidade intermediária, a de melhor qualidade. Apenas não pode ser obrigado a fazê-lo.

Se, no entanto, da coisa a ser entregue só existirem duas qualidades, poderá o devedor entregar qualquer delas, *até mesmo a pior*. Caso contrário, escolha não haverá. Nessa hipótese torna-se inaplicável, pois, o critério da qualidade intermediária.

No direito romano, inicialmente as obrigações genéricas extinguiam-se com uma prestação de qualquer espécie, ainda que a pior. Se o devedor, por exemplo, estava obrigado a entregar um escravo, se liberava ainda que desse o pior. Foi o direito de JUSTINIANO que, mais equitativamente, facultou a liberação do devedor mediante prestação de qualidade média, nem péssima, nem ótima. Tal princípio sobreviveu até nossos dias, em razão de sua lógica e equanimidade[31].

Podem as partes convencionar que a escolha competirá a terceiro, estranho à relação obrigacional, aplicando-se, por analogia, o disposto no art. 1.930 do mesmo diploma.

Se a escolha couber ao credor, será ele citado para esse fim, sob pena de perder o direito, que passará ao devedor (CC, art. 342). Dispõe o estatuto processual civil (art. 811, *caput*, e parágrafo único) que, se a escolha do objeto da prestação couber ao devedor, este será citado para entregá-lo individualizado; mas, se couber ao credor, este o indicará na petição inicial. Qualquer das partes, complementa o art. 812, poderá, no prazo de quinze dias, impugnar a escolha feita pela outra. Neste caso, o juiz decidirá de plano, ou, se necessário, ouvindo perito de sua nomeação.

13.3. Gênero limitado e ilimitado

Dispõe o art. 246 do Código Civil:

"*Antes da escolha, não poderá o devedor alegar perda ou deterioração da coisa, ainda que por força maior ou caso fortuito*".

Os efeitos da obrigação de dar coisa incerta devem ser apreciados em dois momentos distintos: a situação jurídica anterior e a posterior à escolha. Determinada a qualidade, torna-se a coisa individualizada, certa. Antes da escolha, porém (a definição somente se completa com a cientificação do credor), quer pelo devedor, quer pelo credor, permanece ela indeter-

---

liminar impondo ao credor que se abstenha de alienar as unidades indeterminadamente, ficando a cargo do devedor a individualização dos bens a serem gravados" (STJ, REsp 1.313.270-MG, 3ª T., rel. Min. Nancy Andrighi, *DJe* 26-5-2014).

30 Paulo Luiz Netto Lôbo, *Direito das obrigações*, p. 24.

31 Washington de Barros Monteiro, *Curso de direito civil*, v. 4, p. 83.

minada, clamando pela individuação, pois a só referência ao gênero e quantidade não a habilita a ficar sob um regime igual à obrigação de dar coisa certa[32].

Nesta última fase, se a coisa se perder, não se poderá alegar culpa ou força maior. Só a partir do momento da escolha é que ocorrerá a individualização e a coisa passará a aparecer como objeto determinado da obrigação. Antes, não poderá o devedor alegar perda ou deterioração, ainda que por força maior ou caso fortuito, *pois o gênero nunca perece* (*genus nunquam perit*).

Se alguém, por exemplo, obriga-se a entregar dez sacas de café, não se eximirá da obrigação, ainda que se percam todas as sacas que possui, porque pode obter, no mercado ou em outra propriedade agrícola, o café prometido. Entram nessa categoria também as obrigações em dinheiro, pois o devedor não se exonera se vem a perder as cédulas que havia separado para solver a dívida[33].

Diferente será a solução se se obrigar a dar coisa certa, que venha a perecer, sem culpa sua (em incêndio acidental, p.ex.), ou se se tratar de *gênero limitado*, ou seja, circunscrito a coisas que se acham em determinado lugar (animais de determinada fazenda, cereais de determinado depósito etc.). Sendo delimitado dessa forma o *genus*, o perecimento de todas as espécies que o componham acarretará a extinção da obrigação. Não há, nesse caso, qualquer restrição à regra *genus nunquam perit* ou *genus perire non censetur*.

Cunha Gonçalves, a propósito, formula o seguinte exemplo: "Se um livreiro emprestar a um colega cinquenta exemplares de uma obra, para lhe serem restituídos daí a seis meses, e se no fim desse prazo a obra estiver esgotada, é claro que haverá impossibilidade absoluta de restituir exemplares novos"[34].

A expressão *antes da escolha*, que constava do art. 877 do Código de 1916 e foi reproduzida no art. 246 do atual diploma, tem sido criticada pela doutrina, pois não basta que o devedor separe o produto para entregá-lo ao credor, sendo mister realize ainda o ato positivo de colocá-lo à disposição deste. Só nesse caso ele se exonerará da obrigação, caso se verifique a perda da coisa. Enquanto esta não é efetivamente entregue, ou, pelo menos, posta à disposição do credor, impossível a desoneração do devedor, que terá sempre diante de si a parêmia *genus nunquam perit*[35].

A sentença, qualquer que seja sua natureza, de procedência ou improcedência do pedido, constitui título executivo judicial, desde que estabeleça obrigação de pagar quantia, de fazer, não fazer ou entregar coisa, admitida sua prévia liquidação e execução nos próprios autos[36].

---

32 Von Tuhr, *Tratado de las obligaciones*, v. I, p. 43; Maria Helena Diniz, *Curso de direito civil brasileiro* – Teoria geral das obrigações, v. 2, p. 98.

33 Washington de Barros Monteiro, *Curso de direito civil*, v. 4, p. 85.

34 *Tratado de direito civil*, v. 8, p. 283.

35 Washington de Barros Monteiro, *Curso de direito civil*, v. 4, p. 86.

36 Recurso Repetitivo, REsp 1.324.152-SP, Corte Especial, rel. Min. Luis Felipe Salomão, *DJe* 15-6-2016.

Capítulo II

DAS OBRIGAÇÕES DE FAZER

Sumário: 1. Conceito. 2. Espécies. 3. Inadimplemento. 3.1. Obrigações infungíveis ou personalíssimas. 3.2. Obrigações fungíveis ou impessoais. 3.3. Obrigações consistentes em emitir declaração de vontade.

1. CONCEITO

A obrigação de fazer (*obligatio faciendi*) abrange o serviço humano em geral, seja material ou imaterial, a realização de obras e artefatos, ou a prestação de fatos que tenham utilidade para o credor. A prestação consiste, assim, em atos ou serviços a serem executados pelo devedor. Pode-se afirmar, em síntese, que qualquer forma de atividade humana, lícita, possível e vantajosa ao credor, pode constituir objeto da obrigação[1].

A técnica moderna costuma distinguir: *prestações de coisas* para as obrigações de dar e *prestação de fato* para as de fazer e não fazer. As prestações de fato podem consistir: a) no trabalho físico ou intelectual (serviços), determinado pelo tempo, gênero ou qualidade; b) no trabalho determinado pelo produto, ou seja, pelo resultado; c) num fato determinado simplesmente pela vantagem que traz ao credor[2].

Quando a *obligatio faciendi* é de prestar serviços, físicos ou intelectuais, aquela em que o trabalho é aferido pelo tempo, gênero ou qualidade, o interesse do credor concentra-se nas energias do obrigado. Quando é de realizar obra, intelectual ou material, como escrever um romance ou construir uma casa, interessa àquele o produto ou resultado final do trabalho do devedor.

As obrigações de *fazer* diferem das obrigações de *dar* principalmente porque o credor pode, conforme as circunstâncias, não aceitar a prestação por terceiro, enquanto nestas se admite o cumprimento por outrem, estranho aos interessados (CC, art. 305). No entanto, a distinção entre essas duas modalidades sofre restrições na doutrina contemporânea, a ponto de ser abandonada por alguns códigos, tendo em vista que *dar* não deixa de ser *fazer* alguma coisa.

Aponta a doutrina a seguinte diferença: nas obrigações de dar a prestação consiste na entrega de uma coisa, certa ou incerta; nas de fazer o objeto consiste em ato ou serviço do devedor. O problema é que, em última análise, *dar* ou *entregar* alguma coisa é também *fazer* alguma coisa.

---

1 Manoel Ignácio Carvalho de Mendonça, *Doutrina e prática das obrigações*, t. I, p. 183; Washington de Barros Monteiro, *Curso de direito civil*, 29. ed., v. 4, p. 80; Álvaro Villaça Azevedo, *Teoria geral das obrigações*, p. 69; Carlos Alberto Bittar, *Direito das obrigações*, p. 55.

2 Serpa Lopes, *Curso de direito civil*, v. II, p. 65.

Efetivamente, na compra e venda, a obrigação de outorgar escritura definitiva é obrigação de fazer, embora por seu intermédio pretenda o adquirente obter o recebimento do bem comprado. Na empreitada de mão de obra e de materiais há duas obrigações distintas: a de dar o material e a de fazer o serviço[3].

Bem assevera Washington de Barros Monteiro que o "*substractum* da diferenciação está em verificar se o *dar* ou o *entregar* é ou não consequência do *fazer*. Assim, se o devedor tem de dar ou de entregar alguma coisa, não tendo, porém, de fazê-la previamente, a obrigação é de dar; todavia, se, primeiramente, tem ele de confeccionar a coisa para depois entregá-la, se tem ele de realizar algum ato, do qual será mero corolário o de dar, *tecnicamente a obrigação é de fazer*"[4].

Em regra, *nas obrigações de entregar, concentra-se o interesse do credor no objeto da prestação, sendo irrelevantes as características pessoais ou qualidades do devedor. Nas de fazer, ao contrário, principalmente naquelas em que o serviço é medido pelo tempo, gênero ou qualidade, esses predicados são relevantes e decisivos.*

Costumavam os autores mencionar, como principal diferença entre as duas modalidades, a forma de execução, afirmando que as obrigações de *dar* caracterizam-se pela execução específica, ou seja: aquele que se compromete a dar alguma coisa pode ser constrangido a entregá-la, por autoridade da justiça, quando ela se encontrar em seu poder, quer queira, quer não queira o devedor. As obrigações de *fazer*, ao contrário, não comportariam execução *in natura*. Assim, *quem se obriga a fazer alguma coisa não poderia ser constrangido a fazê-la, resolvendo-se a obrigação em perdas e danos, quando não foi cumprida devidamente*[5].

Essa concepção vem, gradativamente, sofrendo alterações, no direito brasileiro, a começar pelo Decreto-Lei n. 58, de 1937, que disciplina o compromisso irretratável de compra e venda, e pelo Código de Defesa do Consumidor (Lei n. 8.078, de 11-9-1990), que asseguram o direito do credor à execução específica da obrigação, bem como pelo Código de Processo Civil, cujo art. 536 prevê medidas para efetivação da tutela específica das obrigações de fazer e obtenção do resultado prático equivalente, como se verá adiante, no item 3.1.

2. ESPÉCIES

Quando for convencionado que o devedor cumpra pessoalmente a prestação, estaremos diante de obrigação de fazer *infungível*, *imaterial* ou *personalíssima* (*intuitu personae*, no dizer dos romanos). Neste caso, *havendo cláusula expressa, o devedor só se exonerará se ele próprio cumprir a prestação, executando o ato ou serviço prometido, pois foi contratado em razão de seus atributos pessoais. Incogitável a sua substituição por outra pessoa, preposto ou representante.*

A *infungibilidade pode decorrer, também, da própria natureza da prestação, ou seja, das qualidades profissionais, artísticas ou intelectuais do contratado*. Se determinado pintor, de talento e renome, comprometer-se a pintar um quadro, ou famoso cirurgião plástico assumir obrigação de natureza estética, por exemplo, *não poderão se fazer substituir por outrem, mesmo inexistindo cláusula expressa nesse sentido.*

Ainda: se o intérprete de músicas populares que está em evidência se comprometer a atuar em determinado espetáculo, a obrigação, por sua natureza e circunstâncias, será infun-

---

3 Arnoldo Wald, *Curso de direito civil brasileiro*: obrigações e contratos, p. 45-46.

4 *Curso de direito civil*, v. 4, p. 89.

5 Robert Joseph Pothier, *Oeuvres complètes de Pothier:* traité des obligations, Eugène Crochard, Paris, 1830, n. 178, p. 435; Washington de Barros Monteiro, *Curso de direito civil*, v. 4, p. 90; Álvaro Villaça Azevedo, *Teoria geral das obrigações*, p. 70.

gível, subentendendo-se ter sido convencionado que o devedor cumpra pessoalmente a obrigação. Resulta daí que a convenção pode ser explícita ou tácita[6].

O erro sobre a qualidade essencial da pessoa, nessas obrigações, constitui vício do consentimento, previsto no art. 139, II, do Código Civil.

Quando não há tal exigência expressa, nem se trata de ato ou serviço cuja execução dependa de qualidades pessoais do devedor, ou dos usos e costumes locais, podendo ser realizado por terceiro, diz-se que a obrigação de fazer é *fungível*, *material* ou *impessoal* (CC, art. 249). Se, por exemplo, um pedreiro é contratado para construir um muro ou consertar uma calçada, a obrigação assumida é de caráter material, podendo o credor providenciar a sua execução por terceiro, caso o devedor não a cumpra.

Para que o fato seja prestado por terceiro é necessário que o credor o deseje, pois ele não é obrigado a aceitar de outrem a prestação, nessas hipóteses.

A obrigação de fazer pode derivar, ainda, de um contrato preliminar (pacto de *contrahendo*), e consistir em *emitir declaração de vontade*, como, por exemplo, outorgar escritura definitiva em cumprimento a compromisso de compra e venda, endossar o certificado de propriedade de veículo etc. Essa modalidade é disciplinada no art. 501 do Código de Processo Civil.

Do ponto de vista fático as obrigações de emitir declaração de vontade são infungíveis. No entanto, do ponto de vista jurídico, tais obrigações são fungíveis, pois é possível substituir a declaração negada por algo que produza os mesmos efeitos jurídicos. O interesse do credor não está voltado para a declaração em si, mas para o efeito jurídico dessa declaração. O que o credor deseja é que se forme situação jurídica igual à que resultaria da emissão espontânea, pelo devedor, da declaração de vontade sonegada.

Em casos assim, estabelece o legislador que a sentença que condene o devedor a emitir declaração de vontade, uma vez transitada em julgado, produzirá todos os efeitos da declaração não emitida (CPC/2015, art. 501). A execução far-se-á, pois, pelo juiz, pois a sentença fará as vezes da declaração não emitida[7].

3. INADIMPLEMENTO

Trata o presente tópico das consequências do descumprimento da obrigação de fazer. É sabido que a obrigação deve ser cumprida, estribando-se o princípio da obrigatoriedade dos contratos na regra *pacta sunt servanda* dos romanos. Cumprida normalmente, a obrigação extingue-se. Não cumprida espontaneamente, acarreta a responsabilidade do devedor.

As obrigações de fazer podem ser inadimplidas porque a prestação tornou-se impossível sem culpa do devedor, ou por culpa deste, ou ainda porque, podendo cumpri-la, recusa-se porém a fazê-lo.

Pelo sistema do Código Civil, não havendo culpa do devedor, tanto na hipótese de a prestação ter-se tornado impossível como na de recusa de cumprimento, fica afastada a responsabilidade do obrigado.

Seja a obrigação fungível, seja infungível, será sempre possível ao credor optar pela conversão da obrigação em perdas e danos, caso a inadimplência do devedor decorra de culpa de sua parte.

---

[6] Arnoldo Wald, *Curso de direito civil brasileiro:* obrigações e contratos, p. 46-7; Washington de Barros Monteiro, *Curso de direito civil*, v. 4, p. 93; Álvaro Villaça Azevedo, *Teoria geral das obrigações*, p. 70.

[7] Marcus Vinicius Rios Gonçalves, *Processo de execução e cautelar*, p. 94 (Col. Sinopses Jurídicas, 12).

Quando a prestação é fungível, o credor pode optar pela execução específica, requerendo que ela seja executada por terceiro, à custa do devedor (CC, art. 249). Os arts. 817 a 820 do Código de Processo Civil de 2015 descrevem todo o procedimento a ser seguido, para que o fato seja prestado por terceiro. O custo da prestação de fato será avaliado por um perito e o juiz mandará expedir edital de concorrência pública, para que os interessados em prestar o fato formulem suas propostas.

Quando a obrigação é *infungível*, não há como compelir o devedor, de forma direta, a satisfazê-la. Há, no entanto, meios indiretos, que podem ser acionados, cumulativamente com o pedido de perdas e danos, como, por exemplo, a fixação de uma multa diária semelhante às *astreintes* do direito francês.

No que se refere o cômputo do prazo para cumprimento da obrigação, a *Terceira Turma do Superior Tribunal de Justiça* concluiu que "o prazo para adimplemento voluntário de cumprimento de sentença de obrigação de fazer, de não fazer ou de entregar coisa, a ser fixado de forma razoável em cada caso pelo juiz, possui natureza processual – sobretudo diante das consequências jurídicas de natureza processual que poderão advir do seu descumprimento –, computando-se em dias úteis, nos termos do art. 219 do CPC/2015"[8].

A respeito da possibilidade, *verbi gratia*, de ser imposta multa diária cominatória (*astreintes*) a ente estatal, nos casos de descumprimento da obrigação de fornecer medicamentos, pronunciou-se desta forma o *Superior Tribunal de Justiça*:

"A jurisprudência desta Corte, em reiterados precedentes, admite a imposição de multa cominatória (*astreintes*), *ex officio* ou a requerimento da parte, a fim de compelir o devedor a adimplir a obrigação de fazer, não importando que esse devedor seja a Fazenda Pública"[9].

3.1. Obrigações infungíveis ou personalíssimas

Dispõe o art. 247 do Código Civil:

"Incorre na obrigação de indenizar perdas e danos o devedor que recusar a prestação a ele só imposta, ou só por ele exequível".

Cuida o dispositivo das obrigações infungíveis ou personalíssimas por convenção expressa ou tácita, sendo esta a que resulta de sua natureza, pactuada em razão das qualidades pessoais do devedor. A recusa voluntária induz culpa. O cantor, por exemplo, que se recusa a se apresentar no espetáculo contratado, e o escultor de renome, que se recusa a fazer a estátua prometida, respondem pelos prejuízos acarretados aos promotores do evento e ao que encomendou a obra, respectivamente.

A *recusa* ao cumprimento de obrigação de fazer *infungível* resolve-se, tradicionalmente, em perdas e danos, pois não se pode constranger fisicamente o devedor a executá-la. Atualmente, todavia, como já foi dito, admite-se a execução específica das obrigações de fazer, como se pode verificar pelos arts. 139, IV, 497 a 501, 536, §§ 1º e 4º, e 537, § 1º, do Código de Processo Civil de 2015, que contemplam meios de, indiretamente, obrigar o devedor a cumpri-las, mediante a cominação de multa diária (*astreinte*)[10].

---

8 STJ, REsp 2.066.240/SP, rel. Min. Marco Aurélio Bellizze, j. 15-8-2023.

9 STJ, REsp 1.474.665-RS, 1ª Seção, rel. Min. Benedito Gonçalves, *DJe* 22-6-2017.

10 Cândido Dinamarco preleciona que o dogma da *intangibilidade da vontade humana*, que impedia a execução específica das obrigações de fazer (*nemo praecise potest cogi ad factum*), devendo resolver-se em perdas e danos, zelosamente guardado nas tradições pandectistas francesas, somente foi relativizado graças à tenacidade de pensadores como Chiovenda e Calamandrei, cujos estudos permitiram a distinção entre *infungibilidade natural* e *infungibilidade jurídica*. Hoje, aduz o renomado processualista, "considera-se integrada em nossa cultura a ideia de que em nada interfere na dignidade

Dispõe o art. 499 do citado diploma que a "obrigação somente será convertida em perdas e danos se o autor o requerer ou se impossível a tutela específica ou a obtenção de tutela pelo resultado prático correspondente". Regra semelhante encontra-se no art. 35 do Código de Defesa do Consumidor. Aduz o art. 500 do Código de Processo Civil que "*a indenização por perdas e danos dar-se-á sem prejuízo da multa fixada periodicamente para compelir o réu ao cumprimento específico da obrigação*".

As perdas e danos constituem, pois, o mínimo a que tem direito o credor. Este pode com elas se contentar, se preferir. Nesse sentido deve ser interpretado o art. 247 do Código Civil, que se reporta somente a essa consequência do inadimplemento contratual e não tem natureza processual. No entanto, pode o credor, com base nos dispositivos do diploma processual civil transcritos, pleiteá-la cumulativamente e sem prejuízo da tutela específica da obrigação.

Prescreve o *caput* do art. 537 do Código de Processo Civil em vigor que "*a multa independe de requerimento da parte e poderá ser aplicada na fase de conhecimento, em tutela provisória ou na sentença, ou na fase de execução, desde que seja suficiente e compatível com a obrigação e que se determine prazo razoável para cumprimento do preceito*". Percebe-se, segundo aresto do *Superior Tribunal de Justiça*, "que a multa poderá, mesmo depois de transitada em julgado a sentença, ser modificada para mais ou para menos, conforme seja insuficiente ou excessiva. O § 1º do art. 537 do Código de Processo Civil indica que o valor da *astreinte* não faz coisa julgada material, pois pode ser revista mediante a verificação de insuficiência ou excessividade"[11]. A mesma Corte decidiu que, na execução de obrigação de fazer, é viável arguir o valor excessivo da *astreinte* e pleitear a redução do seu valor no âmbito da exceção de pré-executividade[12].

Também decidiu a referida Corte (*Superior Tribunal de Justiça*) que "há diferença nítida entre a cláusula penal, pouco importando seja a multa nela prevista moratória ou compensatória, e a multa cominatória, própria para garantir o processo por meio do qual pretende a parte a execução de uma obrigação de fazer ou não fazer. E a diferença é, exatamente, a incidência das regras jurídicas específicas para cada qual. Se o juiz condena a parte ré ao pagamento da multa prevista na cláusula penal avençada pelas partes, está presente a limitação contida no art. 920 do Código Civil. Se, ao contrário, cuida-se de multa cominatória em obrigação de fazer ou não fazer, decorrente de título judicial, para garantir a efetividade do processo, ou seja, o cumprimento da obrigação, está presente o art. 644 do Código de Processo Civil (de 1973; art. 536, § 4º do CPC/2015), com o que não há teto para o valor da cominação"[13].

O referido art. 461 do diploma processual regula a ação de conhecimento, de caráter condenatório, e não a execução específica da obrigação de fazer ou não fazer, constante de sentença transitada em julgado, ou de título executivo extrajudicial (CPC/2015, art. 814), que deve seguir o rito estabelecido nos arts. 815 e s. do estatuto processual de 2015.

Atualmente, portanto, a regra quanto ao descumprimento da obrigação de fazer ou não fazer é a da execução específica, sendo exceção a resolução em perdas e danos. Vem decidindo o *Superior Tribunal de Justiça* que é facultado ao autor pleitear cominação de pena pecu-

---

da pessoa, ou em sua liberdade de querer, qualquer mecanismo consistente na produção, mediante atividades estatais imperativas, da *situação jurídica final* a que o cumprimento da obrigação de fazer ou de não fazer deveria ter conduzido. Aceita-se também a imposição de medidas de *pressão psicológica* (Calamandrei), como as multas periódicas e outras, destinadas a induzir o obrigado renitente a querer adimplir para evitar o agravamento da situação" (*A reforma da reforma*, p. 220).

11 REsp 705.914-RN, 3ª T., rel. Min. Humberto Gomes de Barros, *DJU*, 6-3-2006, p. 378.

12 REsp 1.081.772-SE, 3ª T., rel. Min. Massami Uyeda, *DJU*, 28-10-2009.

13 REsp 196.262-RJ, 3ª T., rel. Min. Menezes Direito, *DJU*, 11-9-2000.

niária tanto nas obrigações de fazer infungíveis quanto nas fungíveis, malgrado o campo específico de aplicação da multa diária seja o das obrigações infungíveis[14].

Preceitua o art. 248 do Código Civil:

"Se a prestação do fato tornar-se impossível sem culpa do devedor, resolver-se-á a obrigação; se por culpa dele, responderá por perdas e danos".

Não só a recusa do devedor em executar a obrigação de fazer mas também a *impossibilidade* de cumpri-la acarretam o inadimplemento contratual. Neste caso, é preciso verificar se o fato tornou-se impossível sem culpa ou por culpa do obrigado. Como ninguém pode fazer o impossível (*impossibilia nemo tenetur*), resolve-se a obrigação, sem consequências para o devedor sem culpa. Havendo culpa de sua parte, responderá pela satisfação das perdas e danos.

Assim, por exemplo, o ator que fica impedido de se apresentar em um determinado espetáculo por ter perdido a voz ou em razão de acidente a que não deu causa, ocorrido no trajeto para o teatro, sendo hospitalizado, não responde por perdas e danos. *Mas a resolução do contrato o obriga a restituir eventual adiantamento da remuneração.*

Responde, no entanto, o devedor pelos prejuízos acarretados ao outro contratante se a impossibilidade foi por ele criada, ao viajar para local distante, por exemplo, às vésperas da apresentação contratada.

Para que a impossibilidade de cumprimento da prestação exonere o devedor sem culpa de qualquer responsabilidade, tendo efeito liberatório, é necessário que este se desincumba satisfatoriamente do ônus, que lhe cabe, de cumpridamente prová-la. Deve a impossibilidade ser absoluta, isto é, atingir a todos, indistintamente. A relativa, que atinge o devedor mas não outras pessoas, não constitui obstáculo ao cumprimento da avença (CC, art. 106).

A impossibilidade deve ser, também, permanente e irremovível, pois se se trata de simples dificuldade, embora intensa, que pode ser superada à custa de grande esforço e sacrifício, não se justifica a liberação[15].

Preleciona José Fernando Simão, em comentário ao citado art. 248 do Código Civil, que o disposto "segue a lógica do sistema obrigacional. Em não havendo culpa do devedor, a obrigação de fazer, assim como a de dar, se extingue e as partes voltam ao estado anterior (*statu quo ante*). É o caso de pedreiro que se acidenta e não consegue fazer a obra. Do arquiteto que sofre um derrame e não mais pode desenhar. Se o contratante tiver pago ao prestador de serviços, o valor deve ser a ele restituído com correção monetária. Não se fala em juros, pois não há mora. Não haverá pagamento de perdas e danos. Se houver culpa do devedor, haverá pagamento de indenização (danos emergentes e lucros cessantes). A prova do prejuízo cabe ao credor. O pagamento da indenização não se altera por existir *astreinte* fixada pelo juiz (art. 500 do CPC/2015: 'A indenização por perdas e danos dar-se-á sem prejuízo da multa fixada periodicamente para compelir o réu ao cumprimento específico da obrigação (...)'). Isso decorre da natureza coercitiva e não indenizatória da multa cominatória"[16].

O *Tribunal de Justiça de São Paulo*, por sua vez, em processo no qual a certo município foi determinada a realização de uma cirurgia sob pena de pagamento de multa diária de R$ 1.000,00, decidiu que, "por causa da demora na realização do procedimento houve mudança na orientação clínica, já não sendo recomendada a cirurgia (agora com atendimento na rede estadual), ao menos até o momento. Se já não pode ser feita a cirurgia, inegável que não se trata, nesta fase, de descumprimento da obrigação de fazer, a qual tornou-se inviável; tanto é que o autor ingressou com ação de indenização por conta exatamente desta impossibilidade

---

14 *RSTJ*, 25/389; REsp 6.314-RJ, *DJU*, 25-3-1991, p. 3.222, 2ª col., em.

15 Washington de Barros Monteiro, *Curso de direito civil*, v. 4, p. 95.

16 *Código Civil comentado*: doutrina e jurisprudência, obra coletiva, p. 176.

(situação incontroversa), aplicando-se, então, o disposto no art. 248 do Código Civil (TJSP, AI 2112031-65.2019.8.26.0000, 1ª Câm. de Direito Público, São Vicente, rel. Des. Luís Francisco Aguilar Cortez, j. 29-10-2019). Quanto à noção de culpa do devedor, se a prestação não é realizada por fato atribuível ao credor, culpa não há e não há dever de indenizar: 'não havendo culpa imputável ao exequente, não há como converter a obrigação em perdas e danos'"[17].

3.2. Obrigações fungíveis ou impessoais

Estatui o Código Civil:

"Art. 249. Se o fato puder ser executado por terceiro, será livre ao credor mandá-lo executar à custa do devedor, havendo recusa ou mora deste, sem prejuízo da indenização cabível.

Parágrafo único. Em caso de urgência, pode o credor, independentemente de autorização judicial, executar ou mandar executar o fato, sendo depois ressarcido".

Assim, por exemplo, se uma pessoa aluga um imóvel residencial e, no contrato, o locador se obriga a consertar as portas de um armário que estão soltas, mas não cumpre a promessa, pode o inquilino mandar fazer o serviço à custa do aluguel que terá de pagar.

Quando se trata de obrigação *fungível* (a assumida por um marceneiro, de consertar o pé de uma mesa, p.ex.), não importa, para o credor, que a prestação venha a ser cumprida por terceiro, a expensas do substituído. Interessa-lhe o cumprimento, a utilidade prometida (CPC/2015, art. 817).

O parágrafo único supratranscrito possibilita ao credor, em caso de urgência e sem necessidade de autorização judicial, executar ou mandar executar a prestação por terceiro, pleiteando posteriormente o ressarcimento. Como assinala Álvaro Villaça Azevedo, a inovação constitui "um princípio salutar de realização de justiça pelas próprias mãos do lesado, pois a intervenção do Poder Judiciário retardaria, muito, a realização do seu direito"[18].

Há situações em que, efetivamente, caracterizada a recusa ou mora do devedor, a espera de uma decisão judicial poderá causar prejuízo de difícil reparação ao credor, como no caso, por exemplo, de necessidade urgente de se erguer um muro de arrimo ou realizar outra obra de proteção contra enchentes, em época de chuvas.

Não havendo urgência, pode o credor simplesmente optar pela resolução da avença e contratar outra pessoa para executar o serviço ou mandá-lo executar por terceiro, sem prejuízo de posterior ressarcimento.

Os arts. 817 a 820 do Código de Processo Civil em vigor descrevem todo o procedimento a ser seguido, para que o fato seja prestado por terceiro. Todavia, pouquíssimas vezes esse procedimento tem sido usado. A razão é evidente: além da demora, decorrente da avaliação e publicação de editais, o procedimento acaba sendo oneroso em demasia. E, se é certo que todas as despesas serão carreadas ao devedor, também é certo que ao credor caberá antecipá-las, assumindo o risco de, mais tarde, não encontrar no patrimônio do devedor bens que permitam a recuperação de tudo que foi despendido[19].

Na hipótese de o devedor ter iniciado o cumprimento da obrigação, porém retardando-o, pode o credor, por precaução, promover a medida cautelar de produção antecipada de provas (CPC/73, art. 846; CPC/2015, art. 381), para retratar a situação existente e comprová-la na ação principal.

Decidiu o *Tribunal de Justiça de São Paulo*:

---

17 TJSP, Apel. 0004156-61.2018.8.260079, 27ª Câm. Dir. Priv., rel. Des. Ana Catarina Strauch, j. 30-10-2019.

18 *Teoria geral das obrigações*, p. 74.

19 Marcus Vinicius Rios Gonçalves, *Processo de execução e cautelar*, p. 43.

"Cobrança. Prestação de serviços de medicina diagnóstica. Obrigação de manutenção do equipamento que incumbia à contratada. Reparos realizados pela contratante. Contratada que pretende cobrar valor integral da prestação de serviços sem desconto dos valores gastos com os reparos. Inteligência do art. 249, parágrafo único, do Código Civil. Credor que, mediante urgência no cumprimento da obrigação de fazer, pode mandar executá-la, sendo depois ressarcido pelos gastos incorridos. Hipótese à qual se aplicam os arts. 368 e s. do Código Civil. Compensação de valores devidos que é direito do devedor. Valores a serem compensados que, contudo, limitam-se às despesas efetivamente comprovadas nos autos. Apelação parcialmente provida"[20].

Segundo a referida Corte Paulista, julgando causa atinente ao Meio Ambiente, prestigiar a execução por um terceiro em vez de converter a obrigação em perdas e danos é a melhor solução: atende ao princípio da conservação do negócio jurídico. Assim muito bem decidiu o aludido Tribunal: "O pedido principal do condomínio é a execução das obras necessárias para os reparos no empreendimento a expensas da ré, e, em caráter subsidiário, se por qualquer modo a ré não tivesse condições de cumprir referida obrigação, que seja o autor autorizado a executá-la à custa da ré, incidindo também a multa cominatória. Artigos 248 e 249 do Código Civil"[21].

Dispõe o *Enunciado n. 103 da I Jornada de Direito Processual Civil*:

"Pode o exequente – em execução de obrigação de fazer fungível, decorrente do inadimplemento relativo, voluntário e inescusável do executado – requerer a satisfação da obrigação por terceiro, cumuladamente ou não com perdas e danos, considerando que o *caput* do art. 816 do CPC não derrogou o *caput* do art. 249 do Código Civil".

3.3. Obrigações consistentes em emitir declaração de vontade

A execução da obrigação de prestar declaração de vontade não causa constrangimento à liberdade do devedor, pois é efetuada pelo juiz (CPC/2015, art. 501). Tal modalidade se configura quando o devedor, em contrato preliminar ou pré-contrato, promete emitir declaração de vontade para a celebração de contrato definitivo.

É o que sucede quando, em compromisso de compra e venda, o promitente vendedor se obriga a celebrar o contrato definitivo, outorgando a escritura pública ao compromissário comprador, depois de pagas todas as prestações. Ou quando o vendedor de um veículo promete endossar o certificado de propriedade, para que o adquirente, depois de pagar todas as prestações, possa transferi-lo para o seu nome na repartição de trânsito.

O art. 501 do Código de Processo Civil cuida da obrigação de emitir declaração de vontade. Tal dispositivo trata, em verdade, da *ação de obrigação de fazer*.

Embora tais dispositivos estejam inseridos no livro dedicado ao processo de execução, não tratam de execução propriamente dita, mas da *ação de obrigação de fazer*. A pretensão do credor, deduzida nesta ação, é que se forme situação jurídica igual à que resultaria da emissão espontânea, pelo devedor, da declaração de vontade sonegada.

Nesses casos, estabelece o legislador que a sentença que condene o devedor a emitir declaração de vontade, "uma vez transitada em julgado, produzirá todos os efeitos da declaração não emitida" (CPC/2015, art. 501). A sentença fará as vezes da declaração não emitida.

---

20 TJSP, Apel. 0009001-77.2012.8.26.0296, 33ª Câm. Dir. Priv., rel. Des. Sá Moreira de Oliveira, j. 18-5-2015.

21 TJSP, AI 2000830-68.2019.8.26.000, 2ª Câmara Reservada ao Meio Ambiente, rel. Des. Luis Fernando Nishi, j. 16-5-2019.

Os efeitos jurídicos que se pretende obter resultam do trânsito em julgado da sentença, independente da vontade do devedor, ou da instauração de processo de execução. Todavia, para que o juiz profira sentença dessa natureza, é necessário que o credor faça jus a obter a declaração de vontade que está sendo recusada. Do contrário, a recusa será justa. Assim, o compromissário comprador deverá demonstrar que pagou integralmente as parcelas que devia[22].

O atual Código Civil não tratou dessa questão no capítulo concernente às obrigações de fazer, mas no atinente aos contratos preliminares. Preceitua, com efeito:

"Art. 463. Concluído o contrato preliminar, com observância do disposto no artigo antecedente, e desde que dele não conste cláusula de arrependimento, qualquer das partes terá o direito de exigir a celebração do definitivo, assinando prazo à outra para que o efetive.

Parágrafo único. O contrato preliminar deverá ser levado ao registro competente".

Aduz o art. 464 do referido diploma:

"Esgotado o prazo, poderá o juiz, a pedido do interessado, suprir a vontade da parte inadimplente, conferindo caráter definitivo ao contrato preliminar, salvo se a isto se opuser a natureza da obrigação".

Quando o contratante presta o fato de modo incompleto ou defeituoso, pode o credor, nos termos do art. 819 do Código de Processo Civil, *"requerer ao juiz, no prazo de 15 (quinze) dias, que o autorize a concluí-la, ou a repará-la, à custa do contratante".*

Se se tratar de bem imóvel, compromissado à venda em instrumento que não contenha cláusula de arrependimento e registrado no Cartório de Registro de Imóveis, poderá o credor, considerado nesse caso titular de direito real, requerer ao juiz a sua adjudicação compulsória, se houver recusa do alienante em outorgar a escritura definitiva, como dispõem os arts. 1.417 e 1.418 do Código Civil.

---

[22] Marcus Vinicius Rios Gonçalves, *Processo de execução e cautelar*, p. 47.

Capítulo III

DAS OBRIGAÇÕES DE NÃO FAZER

Sumário: 1. Noção e alcance. 2. Inadimplemento da obrigação negativa. 3. Regras processuais.

1. NOÇÃO E ALCANCE

A obrigação de *não fazer*, ou *negativa*, impõe ao devedor um dever de abstenção: o de não praticar o ato que poderia livremente fazer, se não se houvesse obrigado[1].

O adquirente que se obriga a não construir, no terreno adquirido, prédio além de certa altura, ou a cabeleireira alienante que se obriga a não abrir outro salão de beleza no mesmo bairro, por exemplo, devem cumprir o prometido. Se praticarem o ato que se obrigaram a não praticar, tornar-se-ão inadimplentes, podendo o credor exigir, com base no art. 251 do Código Civil, o desfazimento do que foi realizado, "*sob pena de se desfazer à sua custa, ressarcindo o culpado perdas e danos*".

Assim como a obrigação de fazer, a negativa ou de não fazer constitui obrigação de prestação de fato, distinguindo-se da de dar. Enquanto na primeira há uma ação positiva, na de não fazer ocorre uma omissão, uma postura negativa. Nesta, a abstenção da parte emerge como elemento fundamental para o interesse do credor.

Observe-se que, embora seja extenso o campo de aplicação ou incidência dessa modalidade de obrigação, devem ser respeitados certos limites, não sendo lícitas convenções em que se exija sacrifício excessivo da liberdade do devedor ou que atentem contra os direitos fundamentais da pessoa humana (como, p.ex., a de suportar indefinidamente determinado ônus, de não sair à rua, de não casar, de não trabalhar etc.).

Além dos casos em que o devedor está apenas obrigado a não praticar determinados atos (não divulgar um segredo industrial, não abrir estabelecimento comercial de determinado ramo comercial), há outros em que, além dessa abstenção, o devedor está obrigado a *tolerar* ou *permitir* que outrem pratique determinados atos. O autor poderá requerer cominação de pena pecuniária para o caso de descumprimento da sentença ou da decisão antecipatória de tutela (arts. 461, § 4º, e 461-A, CPC/73; arts. 497, 500 e 537, CPC/2015)"[2].

É o caso, por exemplo, do proprietário de imóvel rural que se obrigou a permitir que terceiro o utilize para caçar, e do dono do prédio, a tolerar que nele entre o vizinho para reparar ou limpar o que lhe pertence.

---

1 Washington de Barros Monteiro, *Curso de direito civil*, 29. ed., v. 4, p. 102; Silvio Rodrigues, *Direito civil*, v. 2, p. 41.

2 Antunes Varela, *Direito das obrigações*, v. 1, p. 82.

Também nas servidões o proprietário do prédio serviente fica obrigado a tolerar que dele se utilize, para certo fim, o dono do prédio dominante (CC, art. 1.378). O art. 1.383, por sua vez, proclama que o dono do prédio serviente não poderá embaraçar de modo algum o exercício legítimo da servidão.

Malgrado essa semelhança, distinguem-se nitidamente as obrigações negativas das servidões. Nestas, o ônus real recai sobre o próprio imóvel, continuando a gravá-lo mesmo que seja alienado a terceiro. Naquelas, ao contrário, o devedor é quem se acha pessoalmente vinculado e adstrito à abstenção. Transferido o imóvel a outrem, extingue-se a obrigação. Nas servidões, o *non facere* é mera consequência, enquanto nas obrigações negativas é o próprio conteúdo da relação jurídica[3].

2. INADIMPLEMENTO DA OBRIGAÇÃO NEGATIVA

Dispõe o Código Civil:

"*Art. 251. Praticado pelo devedor o ato, a cuja abstenção se obrigara, o credor pode exigir dele que o desfaça, sob pena de se desfazer à sua custa, ressarcindo o culpado perdas e danos.*

Parágrafo único. Em caso de urgência, poderá o credor desfazer ou mandar desfazer, independentemente de autorização judicial, sem prejuízo do ressarcimento devido".

Se o devedor realiza o ato, não cumprindo o dever de abstenção, pode o credor exigir que ele o desfaça, sob pena de ser desfeito à sua custa, além da indenização de perdas e danos. Incorre ele em mora desde o dia em que executa o ato de que deveria abster-se. Assim, se alguém se obriga a não construir um muro, a outra parte pode, desde que a obra é realizada, exigir, com o auxílio da Justiça, que seja desfeita e, no caso de recusa, mandar desfazê-la à custa do inadimplente, reclamando as perdas e danos que possam ter resultado do mencionado ato.

A mora, nas obrigações de não fazer, é presumida pelo só descumprimento do dever de abstenção, independente de qualquer intimação[4].

De acordo com a disciplina legal, ou o devedor desfaz pessoalmente o ato, respondendo também por perdas e danos, ou poderá vê-lo desfeito por terceiro, por determinação judicial, pagando ainda perdas e danos. Em ambas as hipóteses sujeita-se ao pagamento de perdas e danos, como consequência do inadimplemento. Nada impede que o credor peça somente o pagamento destas.

Há casos em que só resta ao credor esse caminho, como na hipótese de alguém divulgar um segredo industrial que prometera não revelar. Feita a divulgação, não há como pretender a restituição das partes ao *statu quo ante*.

O parágrafo único do art. 251 do Código Civil, retrotranscrito, reproduz a regra já consubstanciada no parágrafo único do art. 249 do mesmo diploma, facilitando com isso a realização do direito do interessado, possibilitando a reposição, *manu propria*, por este, da situação ao estado primitivo, em caso de urgência.

Pode, ainda, o descumprimento da obrigação de não fazer resultar de fato alheio à vontade do devedor, impossibilitando a abstenção prometida. Tal como ocorre nas obrigações de fazer, "*extingue-se a obrigação de não fazer, desde que, sem culpa do devedor, se lhe torne impossível abster-se do ato, que se obrigou a não praticar*" (CC, art. 250).

Assim, por exemplo, não pode deixar de atender à determinação da autoridade competente, para construir muro ao redor de sua residência, o devedor que prometera manter

3 Washington de Barros Monteiro, *Curso de direito civil*, 29. ed., v. 4, p. 102.

4 Manoel Ignácio Carvalho de Mendonça, *Doutrina e prática das obrigações*, t. I, p. 190.

cercas vivas, assim como será obrigado a fechar a passagem existente em sua propriedade, por ordem de autoridade, aquele que prometera não obstar seu uso por terceiros.

Acerca da possibilidade de imposição de multa pelo descumprimento das obrigações de não fazer, tal como é possível nas obrigações de fazer, a *Súmula 410 do STJ* dispõe que: "a prévia intimação pessoal do devedor constitui condição necessária para a cobrança de multa pelo descumprimento da obrigação de fazer ou não fazer". O Colendo Superior Tribunal de Justiça decidiu pela manutenção da incidência da súmula mesmo após a edição do CPC/2015. No entanto, no final de 2024, a questão foi afetada, sob o Tema 1.296, ainda pendente de julgamento.

3. REGRAS PROCESSUAIS

Os arts. 822 e 823 do atual Código de Processo Civil cuidam da execução das obrigações de não fazer.

Prescreve o art. 822 do mencionado diploma que, "*se o executado praticou ato, a cuja abstenção estava obrigado por lei ou por contrato, o exequente requererá ao juiz que assine prazo ao executado para desfazê-lo*".

Desse modo, o juiz mandará citar o devedor para desfazer o ato, no prazo que fixar. Se este não cumprir a obrigação, o juiz mandará desfazê-lo à sua custa, responsabilizando-o por perdas e danos (CPC/2015, art. 823).

Se não for possível desfazer o ato, ou quando o credor assim preferir, a obrigação de não fazer será convertida em perdas e danos (CPC/2015, art. 823, parágrafo único).

Proclamou o *Superior Tribunal de Justiça que*, "em tese, não é abusiva a previsão em normas gerais de empreendimento de *shopping center* ("estatuto"), da denominada "cláusula de raio", segundo a qual o locatário de um espaço comercial se obriga – perante o locador – a não exercer atividade similar à praticada no imóvel objeto da locação em outro estabelecimento situado a um determinado raio de distância contado a partir de certo ponto do terreno do *shopping center*. Em que pese a existência de um *shopping center* não seja considerada elemento essencial para a aplicação dessa cláusula, é inquestionável que ela se mostra especialmente apropriada no contexto de tais centros comerciais, notadamente em razão da preservação dos interesses comuns à generalidade dos locatários e empreendedores dos *shoppings*. Além disso, a "cláusula de raio" não prejudica os consumidores. Ao contrário, os beneficia, ainda que indiretamente. O simples fato de o consumidor não encontrar, em todos os *shopping centers* que frequenta, determinadas lojas não implica efetivo prejuízo a ele, pois a instalação dos lojistas em tais ou quais empreendimentos depende, categoricamente, de inúmeros fatores. De fato, a lógica por detrás do empreendimento se sobrepõe à pretensão comum do cidadão de objetivar encontrar, no mesmo espaço, todas as facilidades e variedades pelo menor preço e distância"[5].

---

[5] REsp 1.535.727-RS, rel. Min. Marco Buzzi, *DJe* 20-6-2016.

Capítulo IV

DAS OBRIGAÇÕES ALTERNATIVAS

Sumário: 1. Obrigações cumulativas e alternativas. 2. Conceito de obrigação alternativa. 3. Direito de escolha. 4. A concentração. 5. Impossibilidade das prestações. 6. Obrigações facultativas. 6.1. Conceito. 6.2. Características e efeitos.

1. OBRIGAÇÕES CUMULATIVAS E ALTERNATIVAS

Quando a obrigação tem por objeto uma só prestação (p.ex.: entregar um veículo) diz-se que ela é *simples*. Do mesmo modo sucede quando tem um só sujeito ativo e um único sujeito passivo. Havendo pluralidade de prestação, a obrigação é *complexa* ou *composta* e se desdobra, então, nas seguintes modalidades: obrigações cumulativas, obrigações alternativas e obrigações facultativas.

Nas obrigações simples, adstritas a apenas uma prestação, ao devedor compete cumprir o avençado, nos exatos termos ajustados. Libera-se entregando ao credor precisamente o objeto devido, não podendo entregar outro, ainda que mais valioso (CC, art. 313).

Na modalidade especial de obrigação composta, denominada *cumulativa* ou *conjuntiva*, há uma pluralidade de prestações e todas devem ser solvidas, sem exclusão de qualquer delas, sob pena de se haver por não cumprida. Nela há tantas obrigações distintas quantas as prestações devidas. Pode-se estipular que o pagamento seja simultâneo ou sucessivo, mas o credor não pode ser compelido "*a receber, nem o devedor a pagar, por partes, se assim não se ajustou*" (CC, art. 314).

A obrigação composta com multiplicidade de objetos pode ser, também, *alternativa* ou *disjuntiva*, de maior complexidade que a anteriormente citada. Tem por conteúdo duas ou mais prestações, das quais uma somente será escolhida para pagamento ao credor e liberação do devedor.

Na obrigação cumulativa, também denominada *obrigação conjuntiva*, as prestações devidas estão ligadas pela partícula ou conjunção copulativa "e", como na obrigação de entregar um veículo *e* um animal, ou seja, os dois, cumulativamente. Efetiva-se o seu cumprimento somente pela prestação de todos eles.

Na obrigação alternativa os objetos estão ligados pela disjuntiva "ou", podendo haver duas ou mais opções. Tal modalidade de obrigação exaure-se com a simples prestação de um dos objetos que a compõem.

2. CONCEITO DE OBRIGAÇÃO ALTERNATIVA

Obrigação alternativa é a que compreende dois ou mais objetos e extingue-se com a prestação de apenas um. Segundo Karl Larenz, existe obrigação alternativa quando se devem várias prestações, mas, por convenção das partes, somente uma delas há de ser cumprida, mediante escolha do credor ou do devedor[1].

Nessa modalidade a obrigação recai sobre duas ou mais prestações, mas em simples alternativa, que a escolha virá desfazer, permitindo que o seu objeto se concentre numa delas. Essa alternativa pode estabelecer-se entre duas ou mais coisas, entre dois ou mais fatos, ou até entre uma coisa e um fato, como, por exemplo, a obrigação assumida pela seguradora de, em caso de sinistro, dar outro carro ao segurado ou mandar reparar o veículo danificado, como este preferir[2].

Diziam os romanos que, nas alternativas ou disjuntivas, muitas coisas estão na obrigação, porém só uma no pagamento (*plures sunt in obligatione, una autem in solutione*). Malgrado muito já se tenha discutido sobre se nessa espécie há uma única obrigação ou tantas quantos sejam os seus objetos, prevaleceu, na doutrina moderna, a primeira hipótese. As prestações são múltiplas, mas, efetuada a escolha, quer pelo devedor, quer pelo credor, individualiza-se a prestação e as demais ficam liberadas, como se, desde o início, fosse a única objetivada na obrigação[3].

Trata-se, pois, de obrigação única, com prestações várias, realizando-se, pela escolha, com força retroativa, a concentração numa delas e a consequente exigibilidade, como se fosse simples desde a sua constituição[4].

Diferem as obrigações alternativas das *genéricas* ou de *dar coisa incerta,* embora tenham um ponto comum, que é a indeterminação do objeto, afastada pela escolha, em ambas necessária. Na realidade, são categorias diferentes. Nas primeiras, há vários objetos, devendo a escolha recair em apenas um deles; nas de dar coisa incerta, o objeto é um só, apenas indeterminado quanto à qualidade. Nestas, a escolha recai sobre a qualidade do único objeto existente, enquanto nas obrigações alternativas a escolha recai sobre um dos objetos *in obligatione.*

Pode-se dizer que, na obrigação genérica ou de dar coisa incerta, as partes têm em mira apenas o gênero, mais ou menos amplo, em que a prestação se integra (a entrega de um produto ou bem, que pode ser de diversas marcas ou qualidades, como vinho, veículo, perfume etc.). Na obrigação alternativa, as partes consideram os diversos objetos da obrigação na sua individualidade própria (legado de dois veículos pertencentes ao testador, p.ex.)[5].

Pode ocorrer, nos negócios em geral, uma conjugação entre as duas espécies, surgindo uma obrigação alternativa e, ao mesmo tempo, de dar coisa incerta: a de entregar dez sacas de milho *ou* dez sacas de café (qualidades indeterminadas), por exemplo.

A obrigação alternativa não se confunde com a *condicional.* Nesta o devedor não tem certeza *se* deve realizar a prestação, pois pode liberar-se pelo não implemento da condição. A obrigação condicional é incerta quanto ao vínculo obrigacional. A alternativa, entretanto, não oferece dúvida quanto à existência do referido vínculo. Este já se aperfeiçoou, não dependendo a existência do direito creditório de qualquer acontecimento. Indeterminado é apenas o objeto da prestação.

Essa distinção reflete-se não só no problema dos riscos da coisa, como também no da existência da própria obrigação. Um legado condicional, por exemplo, caduca se o legatário

---

1 *Derecho de obligaciones*, t. I, p. 167.

2 Antunes Varela, *Direito das obrigações*, v. I, p. 333-334.

3 Washington de Barros Monteiro, *Curso de direito civil*, 29. ed., v. 4, p. 112; Alberto Trabucchi, *Instituciones de derecho civil*, v. II, p. 21-22.

4 Carlos Alberto Bittar, *Direito das obrigações*, p. 66.

5 Antunes Varela, *Direito das obrigações*, v. I, p. 333, nota 24.

falecer antes de preenchida a condição. No legado alternativo isso não sucede, e ele se transmite a herdeiros[6].

Não se deve também confundir a obrigação alternativa com a obrigação com *cláusula penal*. Esta tem natureza subsidiária e se destina a forçar o devedor a cumprir a obrigação, não existindo senão como acessório para a hipótese de inadimplemento. Não é de sua essência conferir ao credor direito de opção e torna-se nula, se nula for a obrigação principal.

Saliente-se, por fim, que as obrigações alternativas oferecem maiores perspectivas de cumprimento, pelo devedor, pois lhe permitem selecionar, dentre as diversas prestações, a que lhe for menos onerosa, diminuindo, por outro lado, os riscos a que os contratantes se achem expostos. Se, por exemplo, um dos objetos devidos perecer, não haverá extinção do liame obrigacional, subsistindo o débito quanto ao outro (CC, art. 253)[7].

3. DIREITO DE ESCOLHA

A obrigação alternativa só estará em condições de ser cumprida depois de definido o objeto a ser prestado. Essa definição se dá pelo *ato de escolha*. O primeiro problema, pois, que essa espécie de obrigação suscita é o de saber a quem compete a escolha da prestação.

Nesse ponto, equiparam-se as obrigações alternativas às genéricas ou de dar coisa incerta, pois aplicam-se a ambas as mesmas regras. O Código Civil respeita, em primeiro lugar, a vontade das partes. Em falta de estipulação ou de presunção em contrário, a escolha caberá ao devedor. Esse princípio (*favor debitoris*) é tradicional e adotado nas legislações com raízes no direito romano. Nada obsta a que as partes, no exercício da liberdade contratual, atribuam a faculdade de escolha a qualquer delas, seja o devedor, seja o credor, ou a um terceiro de confiança de ambos[8].

O direito pátrio, seguindo essa tradição, conferiu o direito de escolha ao devedor, "se outra coisa não se estipulou". Preceitua, com efeito, o art. 252 do Código Civil:

"Nas obrigações alternativas, a escolha cabe ao devedor, se outra coisa não se estipulou".

O dispositivo transcrito tem, pois, caráter supletivo: se os contratantes não estipulam a quem caberá o direito de escolha, a lei supre a omissão, deferindo-o ao devedor.

Portanto, para que a escolha caiba ao credor é necessário que o contrato assim o determine expressamente, embora não se exijam palavras sacramentais. O direito de opção transmite-se a herdeiros, quer pertença ao devedor, quer ao credor.

Essa deferência ao devedor decorre do fato de ser considerado o mais fraco na relação contratual. É por essa mesma razão que, na dúvida, sempre se decide contra quem redigiu o contrato e dele se beneficia. Dependendo o cumprimento da avença precipuamente da possibilidade e determinação do devedor, é razoável que a ele se confiram maiores facilidades para libertar-se da obrigação[9].

No Código de Processo Civil, há regra expressa sobre o tema exatamente para garantir que o adimplemento ocorra. Confira-se:

"Art. 800. Nas obrigações alternativas, quando a escolha couber ao devedor, esse será citado para exercer a opção e realizar a prestação dentro de 10 (dez) dias, se outro prazo não lhe foi determinado em lei ou em contrato.

---

6 Manoel Ignácio Carvalho de Mendonça, *Doutrina e prática das obrigações*, t. I, p. 196-197.

7 Washington de Barros Monteiro, *Curso de direito civil*, v. 4, p. 108; Alberto Trabucchi, *Instituciones de derecho civil*, v. II, p. 22; Francisco de Paula Lacerda de Almeida, *Obrigações*, p. 92.

8 Antunes Varela, *Direito das obrigações*, 1977, v. I, p. 335.

9 Washington de Barros Monteiro, *Curso de direito civil*, v. 4, p. 112-113; Álvaro Villaça Azevedo, *Teoria geral das obrigações*, p. 79.

§ 1º Devolver-se-á ao credor a opção, se o devedor não a exercer no prazo determinado.

§ 2º A escolha será indicada na petição inicial da execução quando couber ao credor exercê-la".

O direito de escolha não é, todavia, irrestrito, pois o § 1º do citado art. 252 do Código Civil proclama que "*não pode o devedor obrigar o credor a receber parte em uma prestação e parte em outra*", pois deve uma ou outra. Se se obriga a entregar duas sacas de café ou duas sacas de arroz, por exemplo, não poderá compelir seu credor a receber uma saca de café e uma de arroz. O aludido dispositivo legal estabelece a indivisibilidade do pagamento.

Quando, no entanto, a obrigação for de *prestações periódicas* (mensais, anuais, p.ex.), "*a faculdade de opção poderá ser exercida em cada período*" (CC, art. 252, § 2º). Poderá, assim, em um deles (no primeiro ano, p.ex.), entregar somente sacas de café, e no outro somente sacas de arroz, e assim sucessivamente. Também nesta hipótese não poderá dividir o objeto da prestação.

Podem as partes, como já foi dito, estipular que a escolha se faça pelo credor ou deferir a opção a terceiro, que neste caso atuará na condição de mandatário comum. Se este não puder ou não quiser aceitar a incumbência, "*caberá ao juiz a escolha se não houver acordo entre as partes*". Essa regra, constante do art. 252, § 4º, constitui inovação do Código Civil de 2002, suprindo omissão do diploma anterior[10].

Outra inovação elogiável é a que consta do § 3º do referido dispositivo legal, segundo o qual, em caso "*de pluralidade de optantes, não havendo acordo unânime entre eles, decidirá o juiz, findo o prazo por este assinado para a deliberação*".

Não é aplicável à escolha da prestação, nas obrigações alternativas, o princípio jurídico do *meio-termo* ou da *qualidade média*: o titular do direito de escolha pode optar livremente por qualquer das prestações *in obligatione*, porque todas elas cabem no círculo das prestações previstas pelas partes[11].

Admite-se também que a escolha da prestação, nas obrigações alternativas, seja determinada por sorteio, invocando-se para tanto o art. 817 do Código Civil, que assim dispõe: "*O sorteio para dirimir questões ou dividir coisas comuns considera-se sistema de partilha ou processo de transação, conforme o caso*".

4. A CONCENTRAÇÃO

Cientificada a escolha, dá-se a *concentração*, ficando determinado, de modo definitivo, sem possibilidade de retratação unilateral, o objeto da obrigação. As prestações *in obligatione* reduzem-se a uma só, e a obrigação torna-se simples. Só será devido o objeto escolhido, como se fosse ele o único, desde o nascimento da obrigação. Com efeito, a concentração retroage ao momento da formação do vínculo obrigacional, porque todas as prestações alternativas se achavam já *in obligatione*[12].

---

10 A omissão do Código Civil de 1916 possibilitava o entendimento de que, se o terceiro não pudesse ou não quisesse aceitar a incumbência, ficaria sem efeito o contrato, salvo quando acordassem os contraentes designar outra pessoa, aplicando-se, por analogia, o critério estabelecido no art. 1.123 do mencionado diploma para a fixação do preço por terceiro no contrato de compra e venda. Outros, no entanto, entendiam, sem respaldo no ordenamento jurídico e alicerçados apenas na equidade, que neste caso a escolha seria deferida ao juiz. Esse respaldo legal agora existe (art. 252, § 4º, do novo CC, que expressamente acolheu tal entendimento).

11 Antunes Varela, *Direito das obrigações*, 1977, v. I, p. 336-337.

12 Manoel Ignácio Carvalho de Mendonça, *Doutrina e prática das obrigações*, t. I, p. 199.

Não se exige forma especial para a comunicação. *Basta a declaração unilateral da vontade, sem necessidade da aceitação*. Comunicada a escolha, a obrigação se concentra no objeto determinado, não podendo mais ser exercido o *jus variandi*. Torna-se ela definitiva e irrevogável[13], salvo se em contrário dispuserem as partes ou a lei[14].

Não colhe o entendimento, sustentado por alguns[15], de que basta a simples declaração de vontade quando a escolha é do credor, exigindo-se, porém, a oferta real quando compete ela ao devedor. Na realidade, tal exigência não consta da lei e se desfaz a assertiva, como com acuidade observa Caio Mário (cujo Projeto de Código de Obrigações explicitamente contentava-se com a mera *comunicação* de uma à outra parte), "à observação de que em toda dívida *quérable* não é o devedor compelido a levar a prestação ao credor"[16].

Todavia, na falta de comunicação, o direito de mudar a escolha pode ser exercido pelo devedor até o momento de executar a obrigação, e pelo credor, até o momento em que propõe a ação de cobrança[17].

O contrato deve estabelecer prazo para o exercício da opção. Se não o fizer, o devedor será notificado, para efeito de sua constituição em mora. Esta não o priva, entretanto, do direito de escolha, salvo se a convenção dispuser que passa ao credor.

Constituído o devedor em mora, o credor poderá intentar ação (processo de conhecimento) para obter sentença judicial alternativa, cuja execução far-se-á pelo rito do art. 800 do Código de Processo Civil de 2015, que assim dispõe: "*Nas obrigações alternativas, quando a escolha couber ao devedor, este será citado para exercer a opção e realizar a prestação dentro de 10 (dez) dias, se outro prazo não lhe foi determinado em lei, ou em contrato*"[18].

Acrescentam os §§ 1º e 2º do referido dispositivo legal: "*§ 1º Devolver-se-á ao credor a opção, se o devedor não a exercer no prazo marcado. § 2º A escolha será indicada na petição inicial da execução quando couber ao credor exercê-la*".

Se ao credor competir a escolha e este não a fizer no prazo estabelecido no contrato, poderá o devedor propor ação consignatória. Dispõe o art. 342 do Código Civil que será ele citado para efetuar a opção, "*sob cominação de perder o direito e de ser depositada a coisa que o devedor escolher*". A negligência, tanto do devedor como do credor, pode acarretar, pois, a decadência do direito de escolha.

5. IMPOSSIBILIDADE DAS PRESTAÇÕES

A questão que ora se propõe é a dos reflexos que podem decorrer, para as partes, da impossibilidade, originária ou superveniente, das prestações colocadas sob alternativa ou opção de escolha.

---

13 Alberto Trabucchi, *Instituciones de derecho civil*, v. II, p. 22; Von Tuhr, *Tratado de las obligaciones*, t. I, p. 54, notas 4 e 5; Manoel Ignácio Carvalho de Mendonça, *Doutrina e prática das obrigações*, t. I, p. 201, n. 78.

14 Álvaro Villaça Azevedo, *Teoria geral das obrigações*, p. 80; Washington de Barros Monteiro, *Curso de direito civil*, v. 4, p. 117.

15 Manoel Ignácio Carvalho de Mendonça, *Doutrina e prática das obrigações*, t. I, p. 199-200; Serpa Lopes, *Curso de direito civil*, v. II, p. 93.

16 Caio Mário da Silva Pereira, *Instituições de direito civil*, v. II, p. 72.

17 Washington de Barros Monteiro, *Curso de direito civil*, v. 4, p. 116.

18 "Tratando-se de título que consagra obrigação alternativa com escolha a cargo do devedor, impõe-se a observância do art. 571 do Código de Processo Civil [*de 1973, art. 800 do CPC/2015*] no que concerne ao procedimento da execução" (*RTJ*, 123/718).

Dispõe o art. 253 do Código Civil:

"Se uma das duas prestações não puder ser objeto de obrigação ou se tornada inexequível, subsistirá o débito quanto à outra".

Prevê-se, nesse caso, a hipótese da impossibilidade originária, ou da impossibilidade superveniente, de uma das prestações, por causa não imputável a nenhuma das partes. Cuida-se de *impossibilidade material*, decorrente, por exemplo, do fato de não mais se fabricar uma das coisas que o devedor se obrigou a entregar, ou de uma delas ser um imóvel que foi desapropriado. A obrigação, nesse caso, concentra-se automaticamente, independentemente da vontade das partes, na prestação remanescente, deixando de ser complexa para se tornar simples.

Se a *impossibilidade é jurídica*, por ilícito um dos objetos (praticar um crime, p.ex.), toda a obrigação fica contaminada de nulidade, sendo inexigíveis ambas as prestações. Se uma delas, desde o momento da celebração da avença, não puder ser cumprida em razão de impossibilidade física, será alternativa apenas na aparência, constituindo, na verdade, uma obrigação simples[19].

Quando a impossibilidade de uma das prestações é *superveniente* e *inexiste culpa do devedor*, dá-se a concentração da dívida na outra, ou nas outras. Assim, por exemplo, se alguém se obriga a entregar um veículo ou um animal, e este último vem a morrer depois de atingido por um raio, concentra-se o débito no veículo. Mesmo que o perecimento decorra de culpa do devedor, competindo a ele a escolha, poderá concentrá-la na prestação remanescente.

Se a *impossibilidade for de todas as prestações*, sem culpa do devedor, "*extinguir-se-á a obrigação*", por falta de objeto, sem ônus para este (CC, art. 256). A solução é a mesma já analisada a respeito das obrigações de dar, fazer ou não fazer: a obrigação se extingue, pura e simplesmente. Se houver culpa do devedor, cabendo-lhe a escolha, ficará obrigado "*a pagar o valor da que por último se impossibilitou, mais as perdas e danos que o caso determinar*" (CC, art. 254). Isto porque, com o perecimento do primeiro objeto, concentrou-se o débito no que por último pereceu.

Mas, *se a escolha couber ao credor*, pode este exigir o valor de qualquer das prestações (e não somente da que por último pereceu, pois a escolha é sua), além das perdas e danos. Assevera Silvio Rodrigues que a solução da lei é extremamente lógica, pois o credor tinha a legítima expectativa de eleger qualquer das prestações e, se todas pereceram, o mínimo que se lhe pode deferir é o direito de pleitear o valor de qualquer delas, mais a indenização pelo prejuízo experimentado pelo ato censurável do devedor, que sofre apenas as consequências de seu comportamento culposo[20].

Se somente uma das prestações se tornar impossível por culpa do devedor, cabendo ao credor a escolha, terá este direito de exigir ou a prestação subsistente ou o valor da outra, com perdas e danos (CC, art. 255). Neste caso, o credor não é obrigado a ficar com o objeto remanescente, pois a escolha era sua. Pode dizer que pretendia escolher justamente o que pereceu, optando por exigir seu valor, mais as perdas e danos. No exemplo *supra*, pode alegar, por exemplo, que não tem onde guardar o animal, se este for o remanescente, e exigir o valor do veículo que pereceu, mais perdas e danos.

---

19 Álvaro Villaça Azevedo, *Teoria geral das obrigações*, p. 82-83; Washington de Barros Monteiro, *Curso de direito civil*, v. 4, p. 119.

20 *Direito civil*, v. 2, p. 51.

6. OBRIGAÇÕES FACULTATIVAS

6.1. Conceito

Os doutrinadores mencionam uma espécie *sui generis* de obrigação alternativa, a que denominam *facultativa* ou *com faculdade alternativa*[21]. Trata-se de obrigação simples, em que é devida uma única prestação, ficando, porém, facultado ao devedor, e só a ele, exonerar-se mediante o cumprimento de prestação diversa e predeterminada. É obrigação com faculdade de substituição. O credor só pode exigir a prestação obrigatória, que se encontra *in obligatione* (*una res in obligatione, plures autem in facultate solutionis*).

A propósito, comenta Lacerda de Almeida que essa espécie oferece aspecto singular. Nela o objeto da prestação é *determinado*: o devedor *não deve outra coisa*, o credor outra coisa não pode pedir; mas, por uma derrogação ao rigor da obrigação, pode o devedor pagar coisa diversa daquela que constitui objeto da dívida[22].

Como o dever de prestar tem por objeto prestação determinada, o credor *nunca poderá exigir* a prestação posta em alternativa. Mas terá de aceitá-la, se o devedor optar por ela no momento do cumprimento, sob pena de incorrer em mora[23].

Essa faculdade pode derivar de convenção especial ou de expressa disposição de lei. São desta última categoria, por exemplo, a faculdade que compete ao comprador, no caso de lesão enorme, de completar o justo preço em vez de restituir a coisa (CC, art. 157, § 2º); a concedida ao dono do prédio serviente, de exonerar-se da obrigação de fazer todas as obras necessárias à conservação e uso de uma servidão, abandonando, total ou parcialmente, a propriedade ao dono do dominante (art. 1.382); a deferida ao dono da coisa perdida e achada por outrem, de abandoná-la, para exonerar-se da obrigação de pagar recompensa e indenizar despesas ao descobridor etc.

Inúmeras são as situações em que se pode estabelecer, contratualmente, a faculdade alternativa. Podem ser lembradas, como exemplos, a do vendedor, que se obriga a entregar determinado objeto (um veículo, um animal, p.ex.), ficando-lhe facultado substituí-lo por prestação do equivalente em dinheiro; e a do arrendatário, obrigado a pagar o aluguel, que pode exonerar-se entregando frutos ao credor em vez de moedas[24].

Pode-se afirmar, em face do exposto, que obrigação facultativa é aquela que, tendo por objeto uma só prestação, concede ao devedor a faculdade de substituí-la por outra. Como preleciona Álvaro Villaça Azevedo, vista a obrigação facultativa pelo prisma do credor, que pode, tão somente, exigir o objeto da prestação obrigatória, seria ela simples (*um único objeto sendo exigido por um único credor de um único devedor*). Observada pelo ângulo do devedor, que pode optar entre a prestação do objeto principal ou do facultativo, mostra-se ela como uma obrigação alternativa *sui generis*[25].

O Código Civil brasileiro não trata das obrigações facultativas, visto que, praticamente, não deixam elas de ser alternativas, para o devedor, e simples para o credor, que só pode exigir

---

21 Enneccerus-Kipp-Wolff, Derecho de obligaciones, in *Tratado de derecho civil*, v. 1, p. 114; Alberto Trabucchi, *Instituciones de derecho civil*, v. II, p. 23.

22 *Obrigações*, p. 93, § 21º.

23 Antunes Varela, *Direito das obrigações*, 1977, v. I, p. 338; Von Tuhr, *Tratado de las obligaciones*, p. 56; Arnoldo Wald, *Curso de direito civil brasileiro: obrigações e contratos*, p. 51-52.

24 Karl Larenz, *Derecho de obligaciones*, t. I, p. 171.

25 *Teoria geral das obrigações*, p. 50.

daquele o objeto principal. O Código Civil argentino, ao contrário, dedica-lhe nada menos de nove artigos (643 a 651).

6.2. Características e efeitos

Na *obrigação facultativa não há escolha pelo credor, que só pode exigir a prestação devida.* Não há, em consequência, necessidade de citar o devedor para, previamente, exercer a sua opção, como sucede nas obrigações alternativas, em que a escolha da prestação compete ao devedor (CPC/2015, art. 800). Este, por sua vez, ao contrário do que ocorre com a *dação em pagamento*, não necessita do consentimento do credor para realizar uma prestação diferente da prestação devida. A substituição se funda no direito potestativo, que lhe confere a cláusula onde se estipulou a faculdade alternativa[26].

As obrigações facultativas apresentam certas semelhanças com as obrigações *alternativas*, sendo aquelas, em realidade, uma espécie do gênero destas, um tipo *sui generis* de obrigação alternativa, sob certos aspectos, ao menos do ponto de vista do devedor, que escolhe entre uma ou outra solução da obrigação.

Todavia, malgrado a semelhança apontada, diferem as obrigações alternativas das facultativas não só na questão da *escolha*, mas também nos efeitos da *impossibilidade da prestação*[27]. Se perece o único objeto *in obligatione*, sem culpa do devedor, resolve-se o vínculo obrigacional, não podendo o credor exigir a prestação acessória. Assim, por exemplo, se o devedor se obriga a entregar um animal, ficando-lhe facultado substituí-lo por um veículo, e o primeiro (único objeto que o credor pode exigir) é fulminado por um raio, vindo a falecer, extingue-se por inteiro a obrigação daquele, não podendo este exigir a prestação *in facultate solutionis*, ou seja, a entrega do veículo[28].

A obrigação alternativa, no entanto, extingue-se somente com o perecimento de todos os objetos, e será válida se apenas uma das prestações estiver eivada de vício, desde que não se trate de ato ilícito, permanecendo eficaz a outra. A obrigação facultativa restará totalmente inválida se houver defeito na obrigação principal, mesmo que não o haja na acessória.

Desse modo, se a prestação devida for originariamente impossível, ou nula por qualquer outra razão, a obrigação (com *facultas alternativas*) não se concentra na prestação substitutiva, que o devedor pode realizar como meio de se desonerar. A obrigação será nesse caso nula, por nula ser a única prestação debitória.

Da mesma forma, se a impossibilidade da prestação devida for superveniente (*v.* exemplo *supra*, do raio que fulmina o animal), a obrigação não se concentrará na segunda prestação, como sucede nas obrigações alternativas, por força do preceituado no art. 253. A obrigação considerar-se-á nesse caso, como já dito, extinta, se a impossibilidade não resultar de causa imputável ao devedor.

---

26 Antunes Varela, *Direito das obrigações*, 1977, t. I, p. 339.

27 Álvaro Villaça Azevedo, *Teoria geral das obrigações*, p. 48-49; Antunes Varela, *Direito das obrigações*, 1977, v. I, p. 339.

28 Nesse sentido a lição de Alexandre Corrêa e Gaetano Sciascia: "Para bem entender-se a diferença entre a obrigação alternativa e a facultativa deve-se notar que, na alternativa, são devidas duas coisas alternativamente; na facultativa, apenas uma coisa é devida, mas o devedor pode preferir pagar com outra. Por consequência, na obrigação facultativa, perecendo a coisa, o liame obrigacional se desata, desde que não houve no perecimento culpa do devedor. A contraposição entre as duas espécies de obrigações enuncia-se com as palavras: *una res in solutione* (alternativa); *duae in facultate solutionis* (facultativa)" (*Manual de direito romano*, p. 167).

Se a impossibilidade, quer originária, quer superveniente, se referir à segunda prestação, a obrigação manter-se-á em relação à prestação devida, apenas desaparecendo para o devedor a possibilidade prática de substituí-la por outra[29].

Na obrigação alternativa, embora o direito de opção pertença, em regra, ao devedor, nada obsta a que se convencione que a escolha seja feita pelo credor. Na facultativa, todavia, segundo Washington de Barros Monteiro[30] (e, também, Pescatore e Molitor), semelhante inversão é impossível, pois a substituição é mera faculdade que, por sua natureza, compete ao devedor, inerente ao ato liberatório.

A questão é, porém, controvertida. Karl Larenz[31] admite a estipulação da faculdade de substituição em favor do credor, citando manifestações em sentido análogo de Nikisch e Oertmann. Neste caso, afirma, é também devida, em princípio, só uma prestação, mas o credor tem direito de exigir outra em seu lugar.

Este parece ser, também, o entendimento de Von Tuhr[32], quando fornece, como exemplo de obrigação facultativa resultante de contrato, a hipótese em que o adquirente de uma coisa se reserva a faculdade de exigir outra em vez da comprada. Correspondendo a faculdade ao credor, aduz, a escolha pode recair diretamente sobre a prestação supletória.

Se o devedor cumpre a prestação desconhecendo a faculdade de substituição que o favorece, não se pode afirmar que o cumprimento realizado careça de fundamento jurídico. Nessa hipótese, não se lhe reconhece direito algum de repetição[33].

Das diferenças apontadas decorrem os seguintes consectários: a) o credor só pode pedir a coisa propriamente devida; b) se, na obrigação alternativa, uma das prestações consistir em fato ilícito, coisa fora do comércio ou inexistente, a obrigação se projeta sobre a outra prestação devida, permanecendo subsistente, ao passo que, na obrigação facultativa, ela se torna nula, por se transformar numa obrigação sem objeto; c) perecendo a coisa devida, na obrigação facultativa fica o devedor inteiramente desonerado; a obrigação fica igualmente sem objeto[34].

Não se mostra correta, todavia, a afirmação de que "se, na obrigação alternativa, uma das prestações consistir em fato ilícito (...) a obrigação se projeta sobre a outra prestação devida, permanecendo subsistente (...)". Confira-se, a propósito, a lição de Álvaro Villaça Azevedo no item 5, *retro*, nota de rodapé n. 19.

A propósito, enfatiza Washington de Barros Monteiro[35]: "Se a obrigação, porém, sob aparente alternativa, mascara alguma prestação ilícita, reforçada pela inserção de cláusula penal, nula será a estipulação. Considere-se exemplo ministrado por HUC: alguém se obriga a prestar falso juramento ou a pagar certa quantia; ou, então, no exemplo de Alves Moreira: Antônio obriga-se a fazer contrabando com Pedro, ou a dar a este duzentos escudos. Em ambos os casos a obrigação é nula, por ilícito ou imoral seu objeto. A invocação de cláusula penal, sob o aspecto de alternativa, é mero expediente, a ser considerado como estipulação acessória, cuja sorte está presa à principal; se esta é nula, nula será igualmente a pena convencional".

---

29 Antunes Varela, *Direito das obrigações*, 1977, v. I, p. 339-340.

30 *Curso de direito civil*, v. 4, p. 128.

31 *Derecho de obligaciones*, 1958, t. I, p. 172-173.

32 Von Tuhr, *Tratado de las obligaciones*, t. 1, p. 56.

33 Von Tuhr, *Tratado de las obligaciones*, t. 1, p. 56.

34 Lacerda de Almeida, *Obrigações*, p. 94; Serpa Lopes, *Curso de direito civil*, v. II, p. 88.

35 *Curso de direito civil*, v. 4, 38. ed., Saraiva, p. 148.

Capítulo V

DAS OBRIGAÇÕES DIVISÍVEIS E INDIVISÍVEIS

1. CONCEITO DE OBRIGAÇÃO DIVISÍVEL E INDIVISÍVEL

Quando na obrigação concorrem um só credor e um só devedor ela é *única* ou *simples*. As obrigações divisíveis e indivisíveis, porém, são *compostas pela multiplicidade de sujeitos*. Nelas há um desdobramento de pessoas no polo ativo ou passivo, ou mesmo em ambos, passando a existir tantas obrigações distintas quantas as pessoas dos devedores ou dos credores. Nesse caso, cada credor só pode exigir a sua quota e cada devedor só responde pela parte respectiva[1] (CC, art. 257).

A prestação é assim distribuída rateadamente, segundo a regra *concursu partes fiunt* (as partes se satisfazem pelo concurso, pela divisão). Todavia, sofre estas duas importantes exceções: a da indivisibilidade e da solidariedade, nas quais, embora concorram várias pessoas, cada credor tem direito de reclamar a prestação por inteiro e cada devedor responde também pelo todo[2].

O Código Civil de 1916, apartando-se do sistema do Código Civil francês, não conceituou a distinção entre obrigações divisíveis e indivisíveis, limitando-se a proclamar os efeitos de uma e de outra, no caso de pluralidades de credores ou de devedores.

O atual diploma, embora tenha igualmente se omitido em relação à obrigação divisível, conceituou a indivisível no art. 258, revelando a íntima relação existente entre essa questão e o objeto das obrigações. Dispõe, com efeito, o aludido dispositivo:

"Art. 258. A obrigação é indivisível quando a prestação tem por objeto uma coisa ou um fato não suscetíveis de divisão, por sua natureza, por motivo de ordem econômica, ou dada a razão determinante do negócio jurídico".

A exegese, *a contrario sensu*, desse artigo permite afirmar que a obrigação é *divisível* quando tem por objeto uma coisa ou um fato suscetíveis de divisão.

---

1 STJ, REsp 1.647.238/RJ – 2022.

2 Washington de Barros Monteiro, *Curso de direito civil*, 29. ed., v. 4, p. 131; Lacerda de Almeida, *Obrigações*, p. 109-110.

As obrigações divisíveis e indivisíveis, como foi dito, são compostas pela multiplicidade de sujeitos. Tal classificação só oferece interesse jurídico havendo pluralidade de credores ou de devedores, pois, existindo um único devedor obrigado a um só credor, a obrigação é indivisível, isto é, a prestação deverá ser cumprida por inteiro, seja divisível, seja indivisível o seu objeto.

Na realidade, havendo um só credor e um só devedor, seria irrelevante averiguar se a prestação é ou não divisível, visto que, segundo o art. 314 do Código Civil, divisível ou não, o credor não pode ser obrigado a receber nem o devedor a pagar, por partes, se assim não se ajustou.

De fato, o problema da divisibilidade somente oferece algum interesse no direito das obrigações se houver pluralidade de pessoas na relação obrigacional. O interesse jurídico resulta da necessidade de fracionar-se o objeto da prestação para ser distribuído entre os credores ou para que cada um dos devedores possa prestar uma parte desse objeto. Pois, se for um o devedor e um o credor, o objeto deve ser prestado por inteiro, salvo disposição em contrário, ante o princípio da indivisibilidade do objeto.

Contudo, se muitos forem os credores ou os devedores, em face da divisibilidade do objeto da prestação, entre as mesmas partes far-se-á o rateio. Se duas pessoas, por exemplo, devem R$ 200.000,00 a determinado credor, cada qual só está obrigado a pagar a sua quota, correspondente a R$ 100.000,00, partilhando-se a dívida por igual, pois, entre os dois devedores. Se a hipótese for de obrigação divisível com pluralidade de credores, o devedor comum pagará a cada credor uma parcela do débito, equivalente à sua quota, igual para todos. O devedor comum de uma dívida de R$ 200.000,00, por exemplo, deverá pagar a cada um dos dois credores a importância de R$ 100.000,00.

São divisíveis as obrigações previstas no Código Civil, arts. 252, § 2º, 455, 776, 812, 830, 831, 858, 1.266, 1.272, 1.297, 1.326, 1.968, 1.997 e 1.999, pois o seu cumprimento pode ser fracionado.

WASHINGTON DE BARROS MONTEIRO, fundado em lições de CLÓVIS BEVILÁQUA e JOÃO FRANZEN DE LIMA, destaca importantes consequências jurídicas decorrentes do fato de a obrigação divisível ter numerosos sujeitos ativos ou passivos, quer originariamente, quer de modo derivado (por cessão ou herança): "*a*) cada um dos credores só tem direito de exigir sua fração no crédito, ou, como dizia HEINECIO, *obligatio inter plures ipso jure divisa est*; *b*) de modo idêntico, cada um dos devedores só tem de pagar a própria quota no débito (exemplo: art. 699 do Cód. Civil/*1916, correspondente ao art. 1.380 do atual*); *c*) se o devedor solver integralmente a dívida a um só dos vários credores, não se desobrigará com relação aos demais concredores; *d*) o credor que recusar o recebimento de sua quota, por pretender solução integral, pode ser constituído em mora; *e*) a insolvência de um dos codevedores não aumentará a quota dos demais; *f*) a suspensão da prescrição, especial a um dos devedores, não aproveita aos demais (Cód. Civil/*1916*, art. 171, *correspondente ao art. 201 do atual*); *g*) a interrupção da prescrição por um dos credores não beneficia os outros; operada contra um dos devedores não prejudica os demais (Cód. Civil/*1916*, art. 176; *atual art. 204*)"[3].

Para alguns doutrinadores, como WASHINGTON DE BARROS MONTEIRO[4], LACERDA DE ALMEIDA[5], GIORGIO GIORGI[6] e outros, a divisibilidade ou indivisibilidade das obrigações

---

3 Clóvis Beviláqua, *Código Civil comentado*, v. 4, p. 36, e João Franzen de Lima, *Curso de direito civil*: obrigações, v. 1, p. 65, apud Washington de Barros Monteiro, *Curso de direito civil*, v. 4, p. 139.

4 *Curso de direito civil*, v. 4, p. 135.

5 *Obrigações*, p. 113.

6 *Teoria delle obbligazioni nel diritto moderno italiano*, v. I, p. 240.

repousa na divisibilidade ou indivisibilidade da própria prestação, e não da coisa, objeto desta. A prestação, e não a coisa, é que determina a divisibilidade ou indivisibilidade da obrigação.

Também Maria Helena Diniz entende que a "divisibilidade ou indivisibilidade da obrigação é determinada pela divisibilidade ou indivisibilidade de sua prestação, e não pela divisibilidade ou indivisibilidade da coisa, objeto desta"[7].

A divisibilidade ou indivisibilidade da prestação, no entanto, confunde-se com a de seu objeto, sendo lícito afirmar que a obrigação é *divisível* quando é possível ao devedor executá-la por partes; *indivisível*, no caso contrário.

Preleciona, com efeito, Álvaro Villaça Azevedo: "Parece-me, entretanto, que a divisibilidade ou indivisibilidade decorre, principal e diretamente, da possibilidade ou não de fracionamento do objeto da prestação, e não desta. O art. 1.316 do Código Civil italiano, de 1942, enunciou, corretamente, a matéria, mostrando que a obrigação será indivisível quando a prestação tiver por objeto uma coisa ou um fato que não for suscetível de divisão, seja por sua própria natureza, seja pelo que dispuseram as partes contratantes. Comentando esse dispositivo legal, o Prof. Raffaele Cicala, da Universidade de Nápoles, esclarece que a divisibilidade e a indivisibilidade da obrigação se identificam com a divisibilidade e a indivisibilidade do objeto da prestação, ou seja, da coisa ou do fato devidos"[8].

Antunes Varela, por sua vez, utiliza-se da noção de coisa divisível ou indivisível quando diz que é "divisível a obrigação de entregar 1.000 quilos de arroz ou 6.000 toneladas de açúcar, de pagar 4.000 cruzeiros ou de consertar quatro pares de sapatos. Mas já é indivisível a obrigação de entregar um automóvel ou uma mobília de quarto, de efetuar um curso de lições sobre determinado tema, de construir ou reparar um prédio"[9].

Também Serpa Lopes afirma que, na pesquisa de um critério distintivo entre obrigações divisíveis e indivisíveis, inquestionavelmente o melhor caminho é o traçado pelos romanistas modernos, que "se fundaram no objeto da obrigação"[10].

Essa a concepção adotada no Código Civil de 2002, ao proclamar, no art. 258 retrotranscrito, que "*a obrigação é indivisível quando a prestação tem por objeto uma coisa ou um fato não suscetíveis de divisão*". Assim, se dois devedores prometem entregar duas sacas de café, a obrigação é divisível, devendo cada qual uma saca. Se, no entanto, o objeto for um cavalo ou um relógio, a obrigação será indivisível, pois não podem fracioná-los.

Por essa razão, pode-se conceituar obrigação divisível e indivisível com base na noção de bem divisível e indivisível (CC, arts. 87 e 88). Bem divisível é o que se pode fracionar sem alteração na sua substância, diminuição considerável de valor, ou prejuízo do uso a que se destina (art. 87). Partindo-se um relógio em duas partes, cada uma delas não marcará as horas. O mesmo não acontece se for dividida, por exemplo, uma saca de milho entre dois indivíduos. Após a divisão, o objeto dividido continua a existir em sua essência.

O atual Código introduziu, na indivisibilidade dos bens, o critério da *diminuição considerável do valor*, que pode ocorrer, por exemplo, na hipótese de dez pessoas herdarem um brilhante de cinquenta quilates, que, sem dúvida, vale muito mais do que dez brilhantes de cinco quilates.

---

7 *Curso de direito civil brasileiro*, v. 2, p. 171.
8 *Teoria geral das obrigações*, p. 88-89.
9 *Direito das obrigações*, v. I, p. 340.
10 *Curso de direito civil*, v. II, p. 111.

2. ESPÉCIES DE INDIVISIBILIDADE

A indivisibilidade da prestação e, consequentemente, da obrigação decorre, em geral, da *natureza* das coisas (indivisibilidade natural). Mas os bens naturalmente divisíveis podem tornar-se indivisíveis por determinação da *lei* (indivisibilidade legal), como ocorre com as servidões prediais, consideradas indivisíveis pelo art. 1.386 do Código Civil, ou por *vontade das partes* (indivisibilidade subjetiva ou intelectual).

Algumas classificações divulgadas no passado são hoje criticadas, como a apresentada por Dumoulin, que distinguiu três graus na indivisibilidade (indivisibilidade absoluta, indivisibilidade da obrigação e indivisibilidade do pagamento), e a defendida por Messineo: indivisibilidade verdadeira e própria e indivisibilidade imprópria ou imperfeita. Ambas são consideradas confusas e insatisfatórias.

Na atualidade predomina o entendimento, em doutrina, de que, para a divisibilidade ou indivisibilidade da obrigação, são decisivas em primeiro lugar a *natureza* da obrigação, em segundo lugar a *vontade* das partes e, finalmente, a determinação da *lei*[11]. Alberto Trabucchi chama a primeira espécie de indivisibilidade absoluta (*individuum natura*) e as outras duas de indivisibilidade relativa ou imprópria (*individuum obligationem)*[12].

Preleciona, com efeito, Lacerda de Almeida, que "a lei pode, por considerações especiais, atribuir o caráter de indivisibilidade a uma prestação divisível por natureza; pode-o também até certo ponto a vontade do homem. Assim temos três causas de indivisibilidade para as obrigações: 1ª) a natureza da prestação; 2ª) disposição de lei; 3ª) vontade do homem (expressa em testamento ou em contrato). A primeira espécie constitui a indivisibilidade propriamente dita; as duas últimas são apenas exceções à divisibilidade"[13].

A mais frequente é a indivisibilidade *natural*, porque resulta da natureza do objeto da prestação. Pode-se dizer que a obrigação é indivisível por natureza quando o objeto da prestação não pode ser fracionado sem prejuízo da sua substância ou de seu valor. São assim naturalmente indivisíveis as obrigações de entregar um animal, um relógio, um documento, uma obra literária (ainda que em vários volumes) etc.

Na segunda hipótese, malgrado o objeto seja naturalmente divisível, a indivisibilidade da prestação decorre da *lei*. O Estado, algumas vezes, em atenção ao interesse público ou social, impede a divisão da coisa, como sucede com dívidas de alimentos, áreas rurais de dimensões inferiores ao módulo regional, pequenos lotes urbanos, bem como com certos direitos reais, como a servidão, o penhor, a hipoteca etc.

Por vezes, ainda, a indivisibilidade da obrigação resulta de estipulação ou *convenção* das partes (indivisibilidade subjetiva). São obrigações cuja prestação é perfeitamente fracionável, sem prejuízo da sua substância ou do seu valor, mas em que as partes, de comum acordo, afastam a possibilidade de cumprimento parcial. A intenção das partes, nesses casos, mostra-se decisiva, para a conversão da obrigação em indivisível[14].

---

11 Roberto de Ruggiero, *Instituições de direito civil*, v. III, p. 27; Washington de Barros Monteiro, *Curso de direito civil*, v. 4, p. 135; Antunes Varela, *Direito das obrigações*, 1977, v. I, p. 341; Serpa Lopes, *Curso de direito civil*, v. II, p. 113; Manoel Ignácio Carvalho de Mendonça, *Doutrina e prática das obrigações*, t. I, p. 280.

12 *Instituciones de derecho civil*, v. II, p. 28.

13 *Obrigações*, p. 114.

14 Roberto de Ruggiero, *Instituições de direito civil*, v. III, p. 27-28; Antunes Varela, *Direito das obrigações*, 1977, v. I, p. 341-342; Washington de Barros Monteiro, *Curso de direito civil*, v. 4, p. 135-136; Lacerda de Almeida, *Obrigações*, p. 115-116; Manoel Ignácio Carvalho de Mendonça, *Doutrina e prática das obrigações*, t. I, p. 281-282.

3. A INDIVISIBILIDADE EM RELAÇÃO ÀS VÁRIAS MODALIDADES DE OBRIGAÇÕES

A divisibilidade ou indivisibilidade das várias modalidades de obrigação depende da natureza de sua prestação, visto que a classificação é aplicável a qualquer espécie de relação obrigacional. Por se tratar de mera questão de fato, a definição se dará pela análise da natureza do objeto da prestação.

A obrigação de *dar coisa certa*, por conseguinte, *será divisível ou indivisível, conforme a natureza do objeto*. Se este for divisível (entregar dez sacas de café de qualidade determinada a dois credores, sendo cinco para cada um, p.ex.), *a obrigação também o será. Se, no entanto, a coisa a ser entregue for um animal, será ela indivisível.*

As obrigações *de dar coisa fungível, como dinheiro, são sempre divisíveis.* Do mesmo modo, as de entregar uma quantidade certa de objetos da mesma espécie, igual à de credores ou devedores, ou submúltiplo desse número, como a obrigação de dar dez semoventes a duas ou a cinco pessoas[15].

As obrigações de restituir são, em regra, indivisíveis. O comodatário e o depositário, por exemplo, obrigados a devolver a coisa emprestada ou depositada, não podem reter uma parte dela, salvo permissão do dono.

Também a obrigação de *fazer* algumas vezes pode dividir-se e outras, não. A de fazer uma estátua é indivisível. Mas será divisível se o escultor for contratado para fazer dez estátuas, realizando uma a cada dez dias. São, portanto, indivisíveis se o objeto da obrigação é uma unidade, um trabalho completo, dotado de individualidade própria (construir uma casa, fazer um relógio, pintar um quadro etc.). São divisíveis se as prestações forem determinadas por quantidade ou duração de trabalho. Por exemplo: a obrigação de construir cem metros de muro, ou a de plantar uma quantidade de árvores, pode ser cumprida por dois herdeiros do devedor, cada um levantando a metade do muro ou plantando metade do número de árvores[16].

As obrigações em que o devedor assume a obrigação de, simultaneamente, dar e fazer (p.ex., pagar uma soma de dinheiro e fazer uma obra) geralmente são indivisíveis.

Se a obrigação de fazer tiver por objeto um negócio que envolva uma promessa, a divisibilidade ou não será aferida em função do direito a que a declaração se refere. Assim, a assumida por dois vendedores, por exemplo, consistente em emitir declaração de vontade, como a outorga da escritura definitiva para a transferência do domínio, será divisível na medida em que cada um deles puder utilmente transferir o seu direito à metade do prédio. Mas será indivisível se os promitentes se tiverem obrigado a constituir uma servidão sobre o prédio, visto o cumprimento isolado de um deles não ter nenhum interesse útil para o promissário[17].

As obrigações negativas, de *não fazer*, em geral são indivisíveis. Se alguém, por exemplo, obrigar-se a não construir em determinado terreno, bastará que inicie a construção para que se torne inadimplente. Poderá, no entanto, ser divisível, se o devedor obrigou-se a não praticar determinados atos, completamente independentes, como não vender e não alugar, não plantar e não colher etc.[18].

As obrigações *alternativas* e as genéricas ou de *dar coisa incerta* estão incluídas entre as obrigações indivisíveis, visto que até a escolha não se sabe exatamente qual a prestação devi-

---

15 Washington de Barros Monteiro, *Curso de direito civil*, v. 4, p. 137.

16 João Franzen de Lima, *Curso de direito civil brasileiro*, v. II, t. I, p. 63.

17 Antunes Varela, *Direito das obrigações*, 1977, v. I, p. 342-343.

18 Álvaro Villaça Azevedo, *Teoria geral das obrigações*, p. 91.

da de fato. Por essa razão, o caráter divisível ou indivisível da obrigação fica em suspenso. Concentrada, porém, em determinado objeto, pela escolha feita, ela se converte em obrigação de dar coisa certa (CC, art. 245), e será divisível ou indivisível conforme a natureza do objeto escolhido[19].

4. EFEITOS DA DIVISIBILIDADE E DA INDIVISIBILIDADE DA PRESTAÇÃO

Se a obrigação é *divisível*, presume-se esta "*dividida em tantas obrigações, iguais e distintas, quantos os credores ou devedores*" (CC, art. 257).

Cada devedor só deve a sua quota-parte. A insolvência de um não aumentará a quota dos demais. Havendo vários credores e um só devedor, cada credor receberá somente a sua parte. Assim, se alguém se obriga a entregar duas sacas de café a dois credores, cada credor receberá uma saca.

O Código Civil, ao estabelecer o regime jurídico das obrigações *indivisíveis*, distingue entre a hipótese de serem vários os *devedores* e a de serem dois ou mais os *credores*.

4.1. Pluralidade de devedores

Proclama o atual Código Civil:

"Art. 259. Se, havendo dois ou mais devedores, a prestação não for divisível, cada um será obrigado pela dívida toda.

Parágrafo único. O devedor, que paga a dívida, sub-roga-se no direito do credor em relação aos outros coobrigados".

Nos casos de obrigação indivisível com pluralidade passiva, como a prestação não pode ser efetuada por partes, duas soluções se apresentam em seu regime: ou o credor pode exigir o cumprimento de *cada um dos devedores*, respondendo o escolhido e interpelado pelo pagamento da prestação única ou integral, ou o credor tem que interpelar todos eles, para validamente exigir o cumprimento.

O art. 891 do Código Civil de 1916 optou pela primeira solução, ao considerar cada um dos devedores obrigado pela dívida. O diploma de 2002 nenhuma inovação introduziu nessa questão. O dispositivo supratranscrito reproduz integralmente o texto do mencionado art. 891.

Em geral, a prestação é distribuída rateadamente entre as partes. O benefício e o ônus, inerentes à relação obrigacional, devem ser repartidos; cada credor tem direito a uma parte, como cada devedor responde apenas pela sua quota. Essa regra sofre, contudo, duas importantes exceções: *a da indivisibilidade e a da solidariedade. Numa e noutra, embora concorram várias pessoas, cada credor tem direito de reclamar a prestação por inteiro e cada devedor responde também pelo todo*[20].

Assim, quando a obrigação é *indivisível* (entregar um animal ou um veículo, p.ex.) e há pluralidade de devedores, "*cada um será obrigado pela dívida toda*" (CC, art. 259). Mas somente porque o objeto não pode ser dividido, sob pena de perecer ou perder a sua substância. Por isso, o que paga a dívida "*sub-roga-se no direito do credor em relação aos outros coobrigados*" (parágrafo único), dispondo de ação regressiva para cobrar a quota-parte de cada um destes.

Os efeitos da indivisibilidade consistem precisamente nas regras com que o legislador procura harmonizar essa necessidade de dividir, imposta pela justiça, com a impossibilidade

---

19 Savigny, *Le obbligazioni*, v. 1, § 22; Washington de Barros Monteiro, *Curso de direito civil*, v. 4, p. 138; Maria Helena Diniz, *Curso de direito civil brasileiro* – Teoria geral das obrigações, v. 2, p. 150.

20 Washington de Barros Monteiro, *Curso de direito civil*, v. 4, p. 131.

de dividir, oriunda da natureza da prestação. Nas relações entre credores e devedores o efeito que produz a obrigação indivisível é este: cada devedor é obrigado pela dívida toda.

É com esse princípio que a lei obedece à necessidade que torna impossível a divisão: se sou herdeiro, exemplifica LAURENT, citado por TITO FULGÊNCIO[21], por um terço de quem prometeu uma servidão de passagem, não posso prestar um terço da servidão, porque a servidão não poderia ser estabelecida por uma parte. Nisso se tocam a indivisibilidade e a solidariedade; quer numa, quer noutra, cada um dos devedores responde pela totalidade da dívida.

A solidariedade ou a obrigatoriedade pelo todo, porém, é meramente de fato na relação de obrigação indivisível, tendente a desaparecer se a prestação se resolver em perdas e danos (CC, art. 263), diversamente do que ocorre com a obrigação solidária, que conserva a sua natureza em ocorrendo o mesmo fenômeno (art. 271).

Isso não significa que o credor só pode acionar o devedor único em condições de satisfazer a prestação, porque a obrigação é de todos e tem aquele a faculdade de acionar a coletividade para obter uma condenação divisível, mas pagamento total, considerada a natureza da prestação.

Nas relações dos devedores entre si, restabelece-se a igualdade entre os coobrigados em dívida indivisível pela regra legal: o que a paga, sub-roga-se no direito do credor em relação aos outros (CC, art. 259, parágrafo único). Assim, por uma ficção jurídica, extingue-se o crédito, com o pagamento, em face do credor, não do devedor. O que satisfez a obrigação assume o lugar do credor satisfeito, para exigir dos outros a parte que lhe cabe.

Trata-se de hipótese de *sub-rogação legal*, aplicando o Código Civil o disposto no art. 346, III. Por conseguinte, o coobrigado, que paga a dívida indivisível, não se limita a gozar de um *direito de regresso* contra os restantes coobrigados. O parágrafo único do art. 259 retrotranscrito considera-o *sub-rogado* no direito do credor, em relação aos outros coobrigados. Essa *sub-rogação* demonstra que a lei o equipara a um *terceiro* em relação à parte da prestação que excede a sua quota e que competia aos outros, pela qual era também obrigado, por devê-la como qualquer outro por inteiro[22].

O devedor, demandado por obrigação indivisível, não pode exigir que o credor acione conjuntamente todos os codevedores. Qualquer deles, à escolha do autor, pode ser demandado isoladamente pela dívida inteira. Ressalva-se apenas ao devedor, que solve sozinho o débito por inteiro, sub-rogação dos direitos creditórios, a fim de reaver dos consortes as quotas respectivas[23].

O devedor, sub-rogado nos direitos do credor, não pode pretender, na via de regresso, nada além da soma que tiver desembolsado para desobrigar os outros devedores, deduzida a quota que lhe compete (CC, art. 350). Em caso de pagamento apenas parcial da dívida por um dos devedores, mediante acordo com o credor, não se pode negar o direito ao *solvens* de voltar-se contra os demais coobrigados, pela quantia que pagou, se superior à sua quota.

4.2. Pluralidade de credores

Dispõe o Código Civil:

"Art. 260. Se a pluralidade for dos credores, poderá cada um destes exigir a dívida inteira; mas o devedor ou devedores se desobrigarão, pagando:

---

21 *Do direito das obrigações*, p. 207.

22 Tito Fulgêncio, *Do direito das obrigações*, p. 211; Antunes Varela, *Direito das obrigações*, 1977, v. I, p. 344.

23 Washington de Barros Monteiro, *Curso de direito civil*, v. 4, p. 143.

I – a todos conjuntamente;

II – a um, dando este caução de ratificação dos outros credores".

Como já foi dito, nas obrigações indivisíveis, embora concorram várias pessoas, cada credor tem direito de reclamar a prestação por inteiro e cada devedor responde também pelo todo.

A rigor, nas obrigações divisíveis e nas indivisíveis cada devedor só deve a sua quota. Nas últimas, porém, pode ser compelido a cumpri-la por inteiro somente porque o objeto da prestação é indivisível, sob pena de alteração na sua substância, perecimento ou perda do valor econômico.

Sendo indivisível a obrigação (de entregar um cavalo, p.ex.), o pagamento deve ser oferecido a todos conjuntamente. Nada obsta, todavia, que se exonere o devedor pagando a dívida integralmente a um dos credores, desde que autorizado pelos demais, ou que, na falta dessa autorização, dê esse credor caução de ratificação dos demais credores (CC, art. 260, I e II). Não havendo essa garantia, o devedor deverá, após constituí-los em mora, promover o depósito judicial da coisa devida[24]. Se só um deles se recusa a receber, a sua negativa não induz mora dos demais.

Se um só dos credores receber sozinho o cavalo, mencionado no exemplo *supra*, poderá cada um dos demais exigir desse credor a parte que lhe competir, em dinheiro. Assim, sendo três os credores e valendo R$ 3.000,00, por exemplo, o animal recebido por um dos credores, ficará o que recebeu obrigado, junto aos outros dois, ao pagamento, a cada um deles, da soma de R$ 1.000,00[25].

Tendo cada credor o direito de exigir do devedor a execução da obrigação por inteiro, tem, em consequência, qualidade para lhe dar, igualmente, pelo todo, uma quitação, que será oponível aos outros credores, para com os quais ficará liberado tanto quanto como aquele a quem fez o pagamento total[26].

Verifica-se, portanto, que, em vez de exigir que todos os credores de obrigação indivisível se reúnam para cobrar o seu cumprimento, por somente em conjunto lhes ser lícito exigir a prestação, o art. 260 do Código Civil, retrotranscrito, permite que cada um dos credores, por si só, assim o faça.

Trata-se, segundo Antunes Varela, em comentários ao art. 892 do Código Civil de 1916, de idêntico teor ao do mencionado art. 260 do atual diploma, da solução mais defensável, por não colocar cada um dos credores na dependência da inércia e dos caprichos de todos os outros.

Em contrapartida, acentua o notável jurista português, precisamente por não haver no caso uma obrigação solidária, o devedor que pretenda cumprir, antes de ser interpelado por qualquer dos credores, só ficará desonerado se entregar a prestação a todos os credores, ou se aquele a quem pagar lhe der caução de ratificação dos outros titulares. Na primeira forma, o cumprimento faz-se em proveito direto de todos os credores; na segunda, há a certeza da aprovação por todos do pagamento feito a um deles apenas, ou há a prestação de garantia (caução) idônea à satisfação futura do direito de cada um deles[27].

---

24 Maria Helena Diniz, *Curso de direito civil brasileiro* – Teoria geral das obrigações, v. 2, p. 179; Tito Fulgêncio, *Do direito das obrigações*, p. 219.

25 Álvaro Villaça Azevedo, *Teoria geral das obrigações*, p. 92.

26 Demolombe, apud Tito Fulgêncio, *Do direito das obrigações*, p. 219-220.

27 Bastante próxima da solução do direito brasileiro, aduz Antunes Varela, é a do art. 1.319 do Código italiano, que concede a qualquer dos credores o poder de exigir, por si só, toda a prestação devida, mas subordina a faculdade análoga reconhecida a qualquer dos seus herdeiros à prestação de caução destinada a garantir o direito dos outros coerdeiros (*Direito das obrigações*, 1977, v. I, p. 344-345, nota 36).

Por sua vez, preceitua o art. 261 do Código Civil:

"Se um só dos credores receber a prestação por inteiro, a cada um dos outros assistirá o direito de exigir dele em dinheiro a parte que lhe caiba no total".

Em face do concurso ativo, efetuado o pagamento a um só dos credores, torna-se evidente que recebeu este não só a sua parte na dívida, como as dos demais credores. Se não repassá-las a estes, em dinheiro, ou em espécie quando possível, experimentará um inadmissível enriquecimento sem causa. Assim, se recebeu a prestação por inteiro (um quadro ou uma servidão, p.ex.), dando caução de ratificação dos outros credores, deve a estes, em dinheiro, o correspondente à quota de cada um.

Aplicável será o dispositivo em estudo sempre que entre os concredores inexista estipulação particular disciplinadora de suas mútuas relações internas. Em tal hipótese, ausente a disposição, quer a lei que o credor beneficiado pelo recebimento total reembolse os demais pelo valor de suas quotas. Se tal reembolso não puder ser efetuado *in natura*, em virtude da natureza da prestação, far-se-á *em dinheiro*, por estimação. Na falta de estipulação em contrário, presumem-se iguais as quotas dos credores e dos devedores, na indivisibilidade ativa e na indivisibilidade passiva[28].

Consoante preceitua o art. 328 do Código de Processo Civil de 2015, aquele que, na obrigação indivisível com pluralidade de credores, *"não participou do processo receberá sua parte, deduzidas as despesas na proporção de seu crédito"*. Desse modo, a propositura da ação aproveitará a todos, sendo que o credor que dela não participou receberá a sua parte, desde que contribua para as despesas na proporção do seu crédito.

Ainda no concernente à obrigação indivisível com pluralidade de credores, prescreve o Código Civil:

"Art. 262. Se um dos credores remitir a dívida, a obrigação não ficará extinta para com os outros; mas estes só a poderão exigir, descontada a quota do credor remitente.

Parágrafo único. O mesmo critério se observará no caso de transação, novação, compensação ou confusão".

Na hipótese versada no aludido dispositivo, se um dos credores *remitir*, isto é, *perdoar* a dívida, não ocorrerá a extinção da obrigação com relação aos demais credores. Estes, entretanto, não poderão exigir o objeto da prestação se não pagarem a vantagem obtida pelos devedores, ou seja, o valor da quota do credor que a perdoou.

Clóvis Beviláqua esclarece a questão com o seguinte exemplo: o objeto da obrigação é dar um cavalo a três credores, sendo que um deles remite a dívida. Os outros dois exigem pagamento, que só poderá ser feito mediante a entrega, pelo devedor, do cavalo devido. Assim, se o animal vale R$ 3.000,00, a quota do credor remitente é de R$ 1.000,00. Os outros dois somente poderão exigir a entrega daquele se pagarem R$ 1.000,00 ao devedor. Pois se não o fizerem locupletar-se-ão com o alheio. A parte do credor que perdoou a dívida deve, portanto, ser oportunamente descontada[29].

Remir é dispor, e não pode dispor quem não é proprietário. Dispondo do que lhe pertence, o credor usou do seu direito, liberando com a remissão o devedor até a concorrência da parte ou proveito que tinha no crédito.

Como é impossível fazer a dedução dessa parte *in natura*, na hipótese de obrigação indivisível, a solução plausível é que se faça a dedução por equivalente, ou seja, estimando-se

---

[28] Washington de Barros Monteiro, *Curso de direito civil*, v. 4, p. 143-144.

[29] Apud Washington de Barros Monteiro, *Curso de direito civil*, v. 4, p. 144.

em dinheiro o valor do crédito e determinando-se, em seguida, a fração do crédito do remitente. O devedor, então, acionado pela totalidade da obrigação, tem direito, como sub-rogado do remitente, ao embolso da quantia a este originariamente devida.

A expressão "*descontada* a quota do credor remitente" já constava do Código Civil de 1916 e era alvo de exacerbadas críticas, por ser impossível o desconto no caso de prestação de coisa indivisível. O correto seria dizer: "*reembolsando* o devedor pela quota do credor remitente". Ou, como obtempera Álvaro Villaça Azevedo[30], melhor que se fale em indenização em vez de desconto, como ensinam os mestres, pois o desconto pressupõe a existência de coisa divisível, malgrado o termo indenização possa supor a existência do ilícito (ressarcimento de prejuízos ou perdas e danos, por ato ilícito).

Não é absoluta a regra do desconto da quota do credor remitente, sem restrição alguma, pois a sua aplicação supõe uma vantagem efetiva, da qual se aproveitam os outros credores. Se, porém, não existe benefício real, ou seja, se os demais credores nada lucraram a mais do que obteriam se não houvesse a remissão, nada há para se descontar ou embolsar.

Mourlon, invocado por Tito Fulgêncio[31], exemplifica, a propósito: "deveis uma servidão de vista a Primus, Secundus e Tertius, comproprietários de uma casa, e Primus vos fez remissão da dívida. Os outros dois credores não vos devem indenização nenhuma, porque a remissão, que vos foi feita pelo concredor não lhes aproveita em coisa alguma. Sejam dois, ou sejam três, a ver sobre o prédio serviente, o resultado quanto a estes em nada se mudou".

Outro exemplo igualmente aclarador, mencionado na mesma obra: "Caio compromete-se a outorgar a Tício o direito de passagem pelo prédio de Semprônio, e Tício morre, deixando três herdeiros. A remissão de dois desses coerdeiros não lhe daria direito a exigir coisa alguma do terceiro, que exigisse o cumprimento da obrigação, porque este último, adquirindo o direito de passar por si, nada adquiriu mais do que teria adquirido sem a remissão dos dois credores".

Aduz o parágrafo único do art. 262 retrotranscrito que "*o mesmo critério se observará no caso de transação, novação, compensação ou confusão*".

Desse modo, também a transação (CC, arts. 840 e s.), a novação (arts. 360 e s.), a compensação (arts. 368 e s.) e a confusão (arts. 381 e s.), em relação a um dos credores, malgrado constituam modos de extinção das obrigações em geral, pelo citado parágrafo único não operam a extinção do débito para com os outros cocredores, que só o poderão exigir descontada a quota daquele.

Transação é negócio jurídico bilateral, pelo qual as partes previnem ou terminam relações jurídicas controvertidas, por meio de concessões mútuas. Se um dos credores, em obrigação indivisível, transige com o devedor, faz extinguir entre ambos a relação obrigacional. Mas, como o ato não aproveita nem prejudica senão aos que nele tomaram parte, ainda que diga respeito a coisa indivisível (CC, art. 844), não ficam os demais credores inibidos de cobrar do devedor comum, deduzindo-se a quota que pertenceria ao credor transigente.

Novação, por seu turno, é a criação de obrigação nova, para extinguir uma anterior. É a substituição de uma dívida por outra, extinguindo-se a primeira. Assim, celebrada entre um dos credores e o devedor comum, extingue-se a dívida deste, porém somente pela sua quota, podendo os demais credores, a qualquer tempo, reclamar as parcelas a que têm direito.

Compensação também é meio de extinção de obrigações, porém entre pessoas que são, ao mesmo tempo, credor e devedor uma da outra. É sucedâneo do pagamento, por produzir

30 *Teoria geral das obrigações*, p. 93.
31 *Do direito das obrigações*, p. 225.

o mesmo efeito deste. Configurada entre um dos credores e o devedor comum, ocorre o mesmo fenômeno consequente aos outros modos indiretos de extinção das obrigações mencionados.

Se, por alguma circunstância, as qualidades de credor e devedor se encontrarem em uma só pessoa, extingue-se a obrigação pela *confusão* (CC, art. 381), porque ninguém pode ser juridicamente obrigado para consigo mesmo ou propor demanda contra si próprio. Como modo de extinção de obrigações, aplicam-se-lhe, *mutatis mutandis*, as considerações feitas a respeito da transação, da novação e da compensação.

5. PERDA DA INDIVISIBILIDADE

Segundo preleciona Lacerda de Almeida[32], a indivisibilidade não é criação da lei para garantir a eficácia da obrigação. Trata-se de situação de fato originada da própria natureza da prestação, e não de obstáculo de direito à regra fundamental que governa o caso de concurso.

Só pode cessar, aduz o citado mestre, cessando a causa que lhe dá existência: a unidade infracionável da prestação. Uma vez, portanto, que esta seja substituída por outra suscetível de divisão, seja isso por virtude de novação, ou que em consequência de inexecução se transforme a obrigação em prestação de perdas e danos; ou aconteça por escolha de coisa divisível em alternativa com coisa indivisível; nestes e em outros casos semelhantes cessa a indivisibilidade, e a prestação se pode fazer por partes.

Dispõe o Código Civil:

"Art. 263. Perde a qualidade de indivisível a obrigação que se resolver em perdas e danos.

§ 1º Se, para efeito do disposto neste artigo, houver culpa de todos os devedores, responderão todos por partes iguais.

§ 2º Se for de um só a culpa, ficarão exonerados os outros, respondendo só esse pelas perdas e danos".

Perde a qualidade de indivisível a obrigação que se resolver em perdas e danos, em caso de perecimento com culpa do devedor. A obrigação que se resolve em perdas e danos passa a ser representada por importâncias em dinheiro, que são divisíveis. No lugar do objeto desaparecido o devedor entregará seu equivalente em dinheiro, mais perdas e danos, estas também em dinheiro (CC, art. 234). O objeto, transformado em dinheiro, pode agora ser dividido.

Como obtempera Serpa Lopes[33], desaparecida do terreno obrigacional a prestação pactuada, *ipso facto* desaparecida está a causa de sua indivisibilidade, que, como vimos, repousa na natureza da prestação.

De qualquer modo, com a conversão em perdas e danos, o que surge, em regra, é o dinheiro, como forma de solver a situação de inadimplência. Giorgi, trazido à colação por Tito Fulgêncio[34], esclarece: a indivisibilidade não é uma figura jurídica criada pela lei para servir às exigências da justiça; ao revés, é uma condição de fato dependente da natureza da prestação, que serve de obstáculo à aplicação do princípio de justiça, *concursu partes fiunt*. Cesse o obstáculo, e o princípio retomará o seu império natural[35].

---

[32] *Obrigações*, p. 124.

[33] *Curso de direito civil*, v. II, p. 116.

[34] *Do direito das obrigações*, p. 232.

[35] Decidiu o Tribunal de Justiça de São Paulo que cada condômino pode reivindicar todo o imóvel indiviso contra terceiro. Mas "no caso dos autos não é o direito de propriedade que está em jogo. A ação proposta é tipicamente pessoal, indenizatória, com fundamento no art. 159 do Código Civil (*de 1916*). O que se busca é a reparação, através de dinheiro, do dano sofrido pelo uso indevido da coisa. A

Se "*houver culpa de todos os devedores, responderão todos por partes iguais*" (CC, art. 263, § 1º). Sofrem todos, portanto, as consequências da mora coletiva. Ao legislador abriam-se dois caminhos a trilhar, a saber:

1) *Pela solidariedade.* É a teoria propugnada por alguns: tornada impossível a execução por um fato positivo cometido de concerto comum por todos os devedores, cada um destes é solidariamente obrigado à reparação do dano inteiro como coautor de fato ilícito.

2) *Pela "pro rata".* Tornada impossível a execução por ação ou omissão voluntária, negligência, imprudência, de todos os devedores, responderão todos por partes iguais.

Adotou o nosso Código a segunda teoria, por ser a mais harmônica com o princípio sobre que descansa a indivisibilidade, refletindo sobre a natureza da dívida de indenização[36].

Como a culpa é meramente pessoal, se for de um só, somente ele ficará responsável pelo pagamento das perdas e danos, ficando exonerados dessa responsabilidade os demais, não culpados (CC, art. 263, § 2º), que responderão, no entanto, pelo pagamento de suas quotas (art. 234).

Como assinala Álvaro Villaça Azevedo, "se só um for culpado, só ele ficará responsável pelo prejuízo, restando dessa responsabilidade exonerados os demais, não culpados. Veja-se bem! Exonerados, tão somente, das perdas e danos, não do pagamento de suas cotas"[37].

Como se disse, a culpa é pessoal. Se benéfico o contrato, "*responde por simples culpa o contratante, a quem o contrato aproveite, e por dolo aquele a quem não favoreça. Nos contratos onerosos, responde cada uma das partes por culpa, salvo as exceções previstas em lei*" (CC, art. 392).

A culpa de um não é culpa dos outros coobrigados, que não são representantes uns dos outros em obrigação indivisível, nem associados. Assim, o fato de um é fato de terceiro, para os outros, que os libera.

Deve ser lembrado, na oportunidade, o que dispõe o art. 105 do Código Civil: "*A incapacidade relativa de uma das partes não pode ser invocada pela outra em benefício próprio, nem aproveita aos cointeressados capazes, salvo se, neste caso, for indivisível o objeto do direito ou da obrigação comum*".

Assim, se indivisível o objeto do direito ou da obrigação, o defeito do ato quanto a uma das partes se propaga às demais e o ato não subsiste em ponto algum[38].

---

coisa está na propriedade e posse dos condôminos. A obrigação indivisível é exigida por inteiro, pelo credor apenas de parte, por causa da natureza das coisas. Se essa mesma obrigação (entrega de um cavalo, por exemplo) se torna divisível (o valor do cavalo), o credor de parte só pode exigir sua parte. É o que estabelece o art. 895 do Código Civil (*de 1916*), segundo o qual 'perde a qualidade de indivisível a obrigação que se resolver em perdas e danos'. A indenização deve ser limitada ao valor correspondente à parte ideal do autor" (*JTJ*, Lex, 180/211).

36 Tito Fulgêncio, *Do direito das obrigações*, p. 233-234.

37 *Teoria geral das obrigações*, p. 95.

38 Washington de Barros Monteiro, *Curso de direito civil*, v. 4, p. 145.

Capítulo VI
DAS OBRIGAÇÕES SOLIDÁRIAS

DISPOSIÇÕES GERAIS

Sumário: 1. Conceito e características. 2. Natureza jurídica da solidariedade. 3. Diferenças entre solidariedade e indivisibilidade. 4. Princípios comuns à solidariedade. 5. Espécies de obrigação solidária.

1. CONCEITO E CARACTERÍSTICAS

Dispõe o art. 264 do Código Civil:

"Há solidariedade, quando na mesma obrigação concorre mais de um credor, ou mais de um devedor, cada um com direito, ou obrigado, à dívida toda".

Caracteriza-se a obrigação solidária pela multiplicidade de credores e/ou de devedores, tendo cada credor direito à totalidade da prestação, como se fosse credor único, ou estando cada devedor obrigado pela dívida toda, como se fosse o único devedor.

Desse modo, o credor poderá exigir de qualquer codevedor o cumprimento por inteiro da obrigação. Cumprida por este a exigência, liberados estarão todos os demais devedores ante o credor comum (CC, art. 275).

Antunes Varela explica o fenômeno da seguinte forma: "A obrigação com vários devedores diz-se *solidária*, quando o credor pode exigir de *qualquer* deles a prestação *por inteiro* e a prestação efetuada por um dos devedores os *libera a todos* perante o credor comum (art. 904, *CC de 1916; art. 275, CC/2002*). Se Augusto e Bartolomeu danificarem o edifício de Carlos, causando-lhe estragos no valor de 9.000 cruzeiros, como a obrigação em que incorrem é solidária (art. 1.518, *CC de 1916; art. 942, CC/2002),* Carlos poderá exigir de um só deles, se quiser, o pagamento dos 9.000 cruzeiros. Por outro lado, se Augusto pagar o total da indenização, Bartolomeu fica plenamente liberado perante o credor comum".

Nessas condições, conclui, "se algum dos devedores for ou se tornar insolvente, quem sofre o prejuízo de tal fato não é o credor, como sucede na obrigação conjunta, mas o outro devedor, que pode ser chamado a solver a dívida por inteiro"[1].

Por sua vez, doutrina Lacerda de Almeida: "A solidariedade perfeita ou correalidade consiste pois na figura jurídica de uma obrigação única com pluralidade de sujeitos, cada um dos quais é como se fosse único credor ou único devedor. Esta propriedade faz com que possa um dos credores por si e sem o concurso dos demais credores, salva a sua responsabi-

---

[1] *Direito das obrigações*, v. I, p. 299.

lidade para com estes, exercer todos os direitos inerentes à qualidade de credor e, por outro lado, que possa qualquer dos devedores ser demandado pela dívida toda sem lhe ser lícito embaraçar a ação do credor com o benefício de divisão. Pode entretanto o credor dividir a obrigação cobrando uma quota somente, sem que com isso perca a dívida quanto ao restante o caráter de solidariedade que lhe é próprio"[2].

Na realidade, na solidariedade não se tem uma única obrigação, mas tantas obrigações quantos forem os titulares[3]. Cada devedor passará a responder não só pela sua quota como também pelas dos demais; e, se vier a cumprir por inteiro a prestação, poderá recobrar dos outros as respectivas partes.

Nessa conformidade, quatro são os *caracteres* da obrigação solidária: a) *pluralidade de sujeitos* ativos ou passivos; b) *multiplicidade de vínculos*, sendo distinto ou independente o que une o credor a cada um dos codevedores solidários e vice-versa; c) *unidade de prestação*, visto que cada devedor responde pelo débito todo e cada credor pode exigi-lo por inteiro. A unidade de prestação não permite que esta se realize por mais de uma vez; se isto ocorrer, ter-se-á repetição (CC, art. 876); d) *corresponsabilidade dos interessados*, já que o pagamento da prestação efetuado por um dos devedores extingue a obrigação dos demais, embora o que tenha pago possa reaver dos outros as quotas de cada um[4].

Washington de Barros Monteiro comenta que o problema da unidade ou dualidade tornou-se, em determinado período histórico, o mais controvertido de toda a solidariedade, sendo mesmo reputado sua questão fundamental. Depois de discorrer sobre as principais teorias formuladas pela doutrina germânica, "que mais se embrenhou nesses estudos metafísicos", o consagrado civilista expende a sua opinião, argumentando que "várias são as obrigações que se encontram reunidas ou conglomeradas na obrigação solidária".

Efetivamente, acrescenta, "contraída relação obrigacional dessa natureza, indubitável é que cada devedor passa a responder não só pela própria quota, como também pelas partes dos demais consortes. Se ele vem a solver integralmente a prestação, pode recobrar dos outros as respectivas porções".

Na sequência, aduz o renomado autor que tal ocorre do lado passivo, mas do lado ativo a situação não é diferente: o credor que recebe o pagamento responde perante os consortes pelas parcelas de cada um. E, citando Cunha Gonçalves (*Tratado de direito civil*, v. 4, p. 625), conclui: "Vê-se, pois, num e noutro caso, que a obrigação solidária não se encerra numa só obrigação, mas se desdobra em tantas obrigações quantos os respectivos titulares (*credendi* ou *debendi*)"[5].

Alberto Trabucchi comunga do mesmo entendimento: "As obrigações solidárias não pressupõem a existência de um único vínculo; tantas serão as relações obrigacionais quantos sejam os sujeitos ativos ou passivos. Tais relações deverão ser necessariamente idênticas entre si: ou seja, devem ter a mesma causa e igual conteúdo. Outro requisito das citadas obrigações é que os diferentes débitos tenham sido assumidos em razão de uma só fonte obrigacional. Por outro lado, também deverão ser comuns o sujeito ativo e o sujeito passivo, conforme se trate de solidariedade passiva ou ativa"[6].

---

2 *Obrigações*, p. 31-32.
3 Cunha Gonçalves, *Tratado de direito civil*, v. 4, p. 265.
4 Maria Helena Diniz, *Curso de direito civil brasileiro*, v. 2, p. 180.
5 *Curso de direito civil*, 29. ed., v. 4, p. 152-153.
6 *Instituciones de derecho civil*, v. II, p. 29-30.

2. NATUREZA JURÍDICA DA SOLIDARIEDADE

A doutrina clássica, difundida pelos franceses, vislumbra na solidariedade uma *representação* recíproca entre os interessados. Na solidariedade ativa, o credor que recebe a prestação age na qualidade de representante dos concredores. Por sua vez, o devedor que paga representa, igualmente, os demais. Em ambos os casos há um mandato tácito e recíproco para o recebimento e para o pagamento.

Essa teoria, todavia, não prospera. Na solidariedade, ativa ou passiva, o credor que exige a prestação e o devedor que a presta agem em seu próprio nome e interesse, e não em nome alheio. A teoria da representação não resiste ao argumento referente à possibilidade de existirem obrigações solidárias com modalidades diversas para os vários consortes, ou seja, puras e simples para uns, e condicionais ou a termo, para outros.

Também se diz que a estrutura fundamental da solidariedade passiva encontra-se na *mútua fiança*. Inúmeras são, no entanto, as diferenças entre os dois institutos, não só no tocante à origem (a fiança resulta exclusivamente da vontade das partes, ao passo que a solidariedade decorre da convenção e da lei), mas também ao conteúdo (porque a fiança é obrigação acessória, enquanto a solidariedade é uma qualidade atribuída à obrigação).

Para o moderno Código Civil italiano, o fundamento da obrigação solidária repousa na fungibilidade dos sujeitos, ativos ou passivos, tendo por fim o cumprimento da prestação.

WASHINGTON DE BARROS MONTEIRO[7] distingue, inicialmente, a solidariedade ativa da solidariedade passiva, afirmando que a primeira é atributo externo da obrigação, em que concorram dois ou mais credores, e que a qualquer deles autoriza receber integralmente a prestação devida. *A solidariedade ativa é, assim, o predicado que se insere à relação obrigacional, para facilitar o pagamento, continuando, porém, a vincular o accipiens até que reembolse os concredores de suas quotas. Esta característica distingue a solidariedade ativa da estipulação em favor de terceiro.*

A *solidariedade passiva, por sua vez, é qualidade que a lei, ou a vontade das partes, empresta à obrigação em virtude da qual um, alguns ou todos os devedores passam a responder pela integral solução de seu montante.*

Conclui o notável mestre paulista afirmando que a solidariedade é importante garantia para a tutela do crédito, não se podendo negar sua analogia com a fiança, com a qual, entretanto, não se confunde.

A solidariedade constitui, assim, modo de assegurar o cumprimento da obrigação, reforçando-a e estimulando o pagamento do débito. Sendo vários os devedores, a lei ou as partes, pretendendo facilitar o recebimento do crédito e principalmente prevenir o credor contra o risco da insolvência de algum dos obrigados, estabelecerão o regime da solidariedade ativa.

3. DIFERENÇAS ENTRE SOLIDARIEDADE E INDIVISIBILIDADE

A solidariedade assemelha-se à indivisibilidade por um único aspecto: em ambos os casos, o credor pode exigir de um só dos devedores o pagamento da totalidade do objeto devido.

Diferem, no entanto, por várias razões. Primeiramente, porque cada devedor *solidário* pode ser compelido a pagar, sozinho, a dívida inteira, *por ser devedor do todo*. Nas obrigações *indivisíveis*, contudo, o codevedor só deve a sua quota-parte. Pode ser compelido ao pagamento da totalidade do objeto somente porque é *impossível fracioná-lo*.

---

7 *Curso de direito civil*, 29. ed., v. 4, p. 157-158.

Por outro lado, perde a qualidade de *indivisível* a obrigação que se resolver em perdas e danos (CC, art. 263). Na solidariedade, entretanto, tal não ocorre. Mesmo que a obrigação venha a se converter em perdas e danos, continuará indivisível seu objeto no sentido de que não se dividirá entre todos os devedores, ou todos os credores, porque a solidariedade decorre da lei ou da vontade das partes e independe da divisibilidade ou indivisibilidade do objeto.

O traço distintivo mais expressivo, contudo, reside no fato de que a solidariedade se caracteriza por sua feição subjetiva. Ela advém da lei ou do contrato, mas recai sobre as próprias pessoas. A indivisibilidade, por outro lado, tem índole objetiva: resulta da natureza da coisa, que constitui objeto da prestação.

A propósito, enfatiza Alberto Trabucchi[8] que a função prática da solidariedade consiste em reforçar o direito do credor, em parte como garantia, em parte como favorecimento da satisfação do crédito. A indivisibilidade, ao contrário, destina-se a tornar possível a realização unitária da obrigação. A indivisibilidade produz efeitos mais gerais, tanto quando se estabelece em favor de vários credores como em favor de vários devedores.

4. PRINCÍPIOS COMUNS À SOLIDARIEDADE

Os arts. 265 e 266 do Código Civil cuidam de dois princípios comuns à solidariedade: o da inexistência de solidariedade presumida e o da possibilidade de ser de modalidade diferente para um ou alguns codevedores ou cocredores. Dispõe o primeiro dispositivo mencionado:

"Art. 265. A solidariedade não se presume; resulta da lei ou da vontade das partes".

Não se admite responsabilidade solidária fora da lei ou do contrato[9]. Como exceção ao princípio de que cada devedor responde somente por sua quota e por importar, consequentemente, agravamento da responsabilidade dos devedores, que passarão a ser obrigados ao pagamento total, deve ser expressa.

Desse modo, se não houver menção explícita no título constitutivo da obrigação ou em algum artigo de lei, ela não será solidária, porque a solidariedade não se presume. Será, então, divisível ou indivisível, dependendo da natureza do objeto.

Como exemplo de solidariedade resultante da lei pode ser mencionado o art. 942, parágrafo único, do Código Civil, que estabelece a responsabilidade solidária das pessoas designadas no art. 932 (pais e filhos, patrões e empregados etc.). É por essa razão que a vítima pode escolher o patrão para cobrar somente dele o ressarcimento total do dano causado por seu empregado.

Comenta José Fernando Simão[10]: "As hipóteses de solidariedade ativa são raras. Para maior aprofundamento do porquê, confiram-se os comentários ao art. 267 do CC/2002". Há, na lei do inquilinato, uma hipótese: o imóvel urbano locado por mais de uma pessoa. Todos os locadores são considerados credores solidários (art. 2º da Lei n. 8.245/1991). Reforçando o texto de lei, aprovou-se o *Enunciado n. 22 na I Jornada de Direito Comercial*, pelo qual "não se presume solidariedade passiva (art. 265 do Código Civil) pelo simples fato de duas ou mais pessoas jurídicas integrarem o mesmo grupo econômico. É a correta interpretação da lei".

Segundo a lição de Pothier[11], nas obrigações a interpretação se efetua, em caso de dúvida, em favor dos devedores.

---

8 *Instituciones de derecho civil*, v. II, p. 31.

9 REsp 1.184.584/MG – 2014.

10 *Código Civil comentado*: doutrina e jurisprudência, obra coletiva, 2021, p. 186.

11 Robert Joseph Pothier, *Oeuvres complètes de Pothier*: traité des obligations, n. 265.

WASHINGTON DE BARROS MONTEIRO[12] extrai da jurisprudência várias aplicações desse princípio, destacando-se: "a) não induz solidariedade parentesco próximo dos coobrigados (*RT*, 155/706); b) não existe obrigação solidária, se esse predicado não é expressamente outorgado pela lei, ou convencionado por um ato de vontade. Não se pode admiti-la por indícios e conjeturas, mais ou menos verossímeis (*RF*, 109/465); c) em se tratando de obrigação assumida por sócios ou condôminos, a presunção é de que cada qual contrai obrigação proporcional ao seu quinhão (Cód. Civil *de 1916*, arts. 626 e 1.381; *RT*, 144/182-147/128-180/216); d) também não se dessume solidariedade só porque se trata de obrigação assumida na mesma ocasião (*RT*, 83/414-92/444); e) igualmente, o prefeito não responde solidariamente com o tesoureiro pelo desfalque que este deu à municipalidade (*DJe*, 24 mar. 1942, proc. n. 15.155)".

Embora a principal fonte de obrigações solidárias seja o contrato, podem elas resultar também, eventualmente, do testamento. Nada obsta a que o testador, por exemplo, ao instituir um legado, estabeleça solidariedade entre os herdeiros responsáveis pelo pagamento[13].

Não se exigem palavras sacramentais para a instituição da solidariedade. O essencial é que resulte de manifestação inequívoca das partes. São comuns e admitidas expressões como "obrigando-se as partes *in solidum*", "por inteiro", "pelo todo", "solidariamente" etc.

Pode a solidariedade surgir simultaneamente com a obrigação a que adere, como acontece usualmente, como pode também provir de ato separado e posterior, que faça menção à obrigação originária.

O segundo princípio apontado, o da possibilidade de a solidariedade ser de modalidade diferente para um ou alguns codevedores ou cocredores, está expresso no art. 266 do Código Civil, *verbis*:

"A obrigação solidária pode ser pura e simples para um dos cocredores ou codevedores, e condicional, ou a prazo, ou pagável em lugar diferente, para o outro".

Díspares podem ser as relações jurídicas referentes a cada titular, isoladamente considerado, evidenciando assim a presença de múltiplas obrigações a integrarem o conteúdo da obrigação solidária, como visto alhures.

Já dizia LACERDA DE ALMEIDA que a "unidade de obrigação com multiplicidade de sujeitos oferece o aspecto singular às vezes de serem estes obrigados com modalidades diferentes: assim, pode um dos credores ou dos devedores sê-lo pura e simplesmente, outro a prazo ou sob condição, podendo igualmente estas diferentes modalidades concorrer na mesma pessoa, a qual assim terá direitos ou será obrigada por maneiras diversas. Esta variedade de aspectos porém não destrói a unidade da obrigação a que se acham vinculados os credores ou devedores cada um a seu modo"[14].

Com efeito, não é incompatível com sua natureza jurídica a possibilidade de estipulá-la como condicional ou a prazo para um dos cocredores ou codevedores, e pura e simples para o outro. Assim, o codevedor condicional não pode ser demandado senão depois da ocorrência do evento futuro e incerto, e o devedor solidário puro e simples somente poderá reclamar o reembolso do codevedor condicional se ocorrer a condição.

Como se vê, não há prejuízo algum à solidariedade, visto que o credor pode cobrar a

---

12 *Curso de direito civil*, 29. ed., v. 4, p. 162.

13 Giorgi, *Teoria delle obbligazioni nel diritto moderno italiano*, v. I, p. 43.

14 *Obrigações*, p. 32-33. Adverte o prestigiado jurista, citando Warnkoenig, Windscheid e Arndtz, que essa diversidade pessoal em relação aos obrigados só pode consistir em *pontos acessórios* da obrigação, sem quebra da unidade desta. Não pode, assim, a diferença de modalidade afetar o conteúdo ou objeto da obrigação, porque nesse caso haveria duas obrigações distintas, como, por exemplo, se um dos devedores prometesse responder por dolo, e outro por dolo e culpa (nota 8).

dívida do devedor cuja prestação contenha número menor de óbices, ou seja, reclamar o débito todo do devedor não atingido pelas cláusulas apostas na obrigação. Igualmente, a obrigação solidária poderá ser válida para um e nula para outro. Um dos obrigados poderá responder pela evicção e o outro não. Ainda, o prazo prescricional pode variar para os diferentes coobrigados[15].

O lugar e o tempo do pagamento podem ser idênticos para todos os interessados. Todavia, se forem diferentes, essa circunstância não infringirá a teoria da solidariedade.

Até mesmo quanto à causa pode a solidariedade ser distinta para os coobrigados. Assim, por exemplo, para um pode advir de culpa contratual, e para outro, de culpa extracontratual. Pode ocorrer, por exemplo, na colisão de um ônibus com outro veículo, o ferimento de um dos passageiros, que poderá demandar, por esse fato, solidariamente, a empresa transportadora, por inadimplemento contratual (contrato de adesão), e o dono do veículo que abalroou o coletivo, com fundamento na responsabilidade extracontratual ou aquiliana.

O princípio contido no transcrito art. 266 do Código Civil parece ser ilógico, por repugnar, à primeira vista, a concorrência de qualidades opostas, pura e simples a respeito de um dos devedores, condicional a respeito de outro. Todavia, a unidade objetiva, como visto, não impede a multiplicidade de vínculos obrigacionais distintos, com qualidades diferentes. Em realidade, o aludido dispositivo contém um rol meramente exemplificativo (*numerus apertus*), como proclama o *Enunciado n. 347 da IV Jornada de Direito Civil realizada pelo Conselho da Justiça Federal*, *verbis*: "A solidariedade admite outras disposições de conteúdo particular além do rol previsto no art. 266 do Código Civil".

Quando várias pessoas contraem uma dívida solidariamente, é perante o credor que são devedoras, respondendo cada uma pela integralidade. Entre elas, porém, a dívida se divide, tornando-se cada uma devedora somente quanto à parte que lhe coube, na repartição do empréstimo. Se dividiram entre si a quantia ou a coisa emprestada, ainda que cada uma seja devedora do total para com o credor, cada uma só será devedora, para com as outras, de sua quota-parte, seja a divisão feita por igual ou desigualmente. Assim, pode uma delas ter ficado com metade e o restante ser dividido entre as codevedoras[16].

Enquanto pendente condição suspensiva estipulada para um dos devedores, o credor não pode acioná-lo. No entanto, sendo titular de um direito eventual (CC, art. 130), poderá praticar atos conservatórios, como, por exemplo, constituir garantias de acordo com o devedor.

Havendo implemento da condição, nasce o direito do credor, retroativamente. Iguala-se, então, a situação do devedor ou do credor à dos outros corréus. Se a condição se frustrar, o devedor será totalmente excluído da obrigação solidária, reputando-se nunca ter havido obrigação relativamente a esse corréu (CC, art. 125).

5. ESPÉCIES DE OBRIGAÇÃO SOLIDÁRIA

Uma das principais características da obrigação solidária é a multiplicidade de credores ou de devedores. Desse modo, pode ela ser solidariedade *ativa*, ou de credores, solidariedade

---

15 Maria Helena Diniz, *Curso de direito civil brasileiro* – Teoria geral das obrigações, v. 2, p. 184-185.

16 Pothier, citado por Tito Fulgêncio, exemplifica: "Se uma das duas se aproveitou só do contrato, e a outra se obrigou solidariamente somente por lhe fazer favor, aquela que tirou o proveito é somente a devedora, e esta, ainda que para com o credor seja codevedora, para com o devedor principal não é mais que uma sua fiadora. Igualmente, se a dívida solidária procede de um delito cometido por quatro sujeitos, cada um é devedor solidário à pessoa contra a qual foi cometido o delito, mas entre eles cada qual é devedor pela parte que teve no delito, quero dizer, pela quarta parte" (*Do direito das obrigações*, p. 255).

passiva, ou de devedores, e solidariedade *recíproca* ou *mista*, simultaneamente de credores e de devedores.

Na *solidariedade ativa* há multiplicidade de credores, com direito a uma quota da prestação. Todavia, em razão da solidariedade, cada qual pode reclamá-la por inteiro do devedor comum. Este, no entanto, pagará somente a um deles. O credor que receber o pagamento entregará aos demais as quotas de cada um. O devedor se libera do vínculo pagando a qualquer cocredor, enquanto nenhum deles demandá-lo diretamente (CC, art. 268).

O inconveniente da solidariedade ativa é que o credor, que recebeu o pagamento, pode apropriar-se do valor recebido e não prestar contas aos cocredores.

Havendo vários devedores solidários (*solidariedade passiva*), o credor pode cobrar a dívida inteira de qualquer deles, de alguns ou de todos, conjuntamente. Qualquer devedor pode ser compelido pelo credor a pagar toda a dívida, embora, na sua relação com os demais, responda apenas pela sua quota-parte. Nessa modalidade, o credor tem maiores probabilidades de receber o seu crédito, pois pode escolher o devedor de maior capacidade financeira e maior patrimônio para ser acionado, bem como demandar todos eles, se preferir.

Tanto o Código Civil de 1916 como o de 2002 disciplinaram apenas as duas primeiras, não estabelecendo regras sobre a *solidariedade recíproca* ou *mista*. Na vida prática raramente se encontra um caso de solidariedade recíproca. Aplicam-se-lhe as normas expressamente previstas para a solidariedade ativa e a solidariedade passiva, de cuja combinação é resultante.

DA SOLIDARIEDADE ATIVA

Sumário: 6. Conceito. 7. Características da solidariedade ativa. 8. Disciplina legal. 9. Extinção da obrigação solidária. 10. Direito de regresso.

6. CONCEITO

Solidariedade ativa é a relação jurídica entre credores de uma só obrigação e o devedor comum, em virtude da qual cada um tem o direito de exigir deste o cumprimento da prestação por inteiro. Pagando o débito a qualquer um dos cocredores, o devedor se exonera da obrigação[17].

Diz-se que a obrigação é solidária ativa, preleciona Alberto Trabucchi[18], quando, existindo vários credores, cada um deles tem o direito de exigir a totalidade da prestação (*singulis solidum debetur*).

Na solidariedade ativa concorrem, assim, dois ou mais credores, podendo qualquer deles receber integralmente a prestação devida. O devedor libera-se pagando a qualquer dos credores, que, por sua vez, pagará aos demais a quota de cada um.

É raro encontrar-se hoje um caso de solidariedade ativa no mundo dos negócios, por oferecer alguns inconvenientes: o credor que recebe pode tornar-se insolvente; pode, ainda, não pagar aos consortes as quotas de cada um. Por essa razão, afirma Arnoldo Wald, constitui ela instituto decadente, de importância diminuta, "pois visa a permitir a representação

---

17 Manoel Ignácio Carvalho de Mendonça, *Doutrina e prática das obrigações*, t. I, p. 308-309; Orlando Gomes, *Obrigações*, p. 79; Silvio Rodrigues, *Direito civil*, v. 2, p. 69; Maria Helena Diniz, *Curso de direito civil brasileiro* – Teoria geral das obrigações, v. 2, p. 191.

18 *Instituciones de derecho civil*, v. II, p. 29.

recíproca dos credores, que é alcançada, com maiores garantias, pelo mandato que um credor pode outorgar a outro"[19].

A propósito, preleciona Washington de Barros Monteiro que, "nessa espécie de solidariedade, os credores ficam à mercê uns dos outros, fiados exclusivamente na sua probidade e honradez. Se todos são dignos e corretos, nada existe a temer. Aquele a quem seja pago o débito entregará certamente aos consortes, com a maior pontualidade, as quotas de cada um. Se o *accipiens*, todavia, não tem escrúpulo nem prima pela honestidade, dissipará a prestação recebida e se for insolvente, desamparados estarão os concredores, que nada mais poderão reclamar do primitivo devedor".

Acrescenta o ilustre e saudoso jurista que essa "não é a única desvantagem. Estabelecida a solidariedade, não podem os credores voltar atrás; nenhum deles poderá, unilateralmente, a pretexto de que se arrependeu, ou de que o *correus* se tornou suspeito e perdeu sua confiança, revogar ou suprimir a solidariedade. Só a conjugação de todas as vontades, sem exclusão de uma sequer, proporcionará semelhante resultado. Muito mais vantajosa do que a solidariedade ativa será a outorga de mandato entre os credores conjuntos, porque poderá a todo o tempo ser revogado"[20].

A expressão *correus*, da qual se originaram os termos *correalidade* e *obrigações correais*, utilizada no texto supratranscrito, era mencionada frequentemente no direito romano quando se fazia referência a credores ou devedores solidários.

A solidariedade ativa, apesar das desvantagens que traz aos credores, oferece ao devedor a comodidade de poder pagar a qualquer dos credores, à sua escolha, sem necessidade de procurar os demais.

Por outro lado, qualquer dos credores solidários pode reclamar cumprimento integral da prestação, sem que o devedor possa arguir o caráter parcial do direito pleiteado pelo requerente. O devedor conserva-se estranho à partilha, não podendo pretender pagar ao postulante apenas uma parte, a pretexto de que teria de ser rateada entre todos a importância paga.

Na conta bancária conjunta encontra-se exemplo dessa espécie, por permitir que cada correntista saque todo o dinheiro depositado. Em regra, os titulares são marido e mulher, mas às vezes são pai e filho ou membros de uma sociedade. Todos podem movimentar livremente a referida conta, conjunta ou separadamente. Cada correntista credor pode, individualmente, sacar todo o numerário depositado, sem que o banco, devedor na condição de depositário, possa recusar-se a permitir o levantamento, exigindo a participação de todos.

Em alguns países a prática é reprimida, por permitir que se burle o recolhimento de direitos fiscais, no caso de morte de um dos depositantes.

O Supremo Tribunal Federal já decidiu, contudo, que, falecendo um dos titulares de conta bancária conjunta, pode o outro ou um dos outros "levantar o depósito a título de credor exclusivo e direto e não a título de sucessor e comproprietário"[21].

Por sua vez, proclamou o *Superior Tribunal de Justiça*: "A solidariedade decorrente da abertura de conta bancária conjunta é solidariedade ativa, pois cada um dos titulares está

---

19 *Curso de direito civil brasileiro:* obrigações e contratos, p. 70.

20 *Curso de direito civil*, 29. ed., v. 4, p. 167-168.

21 *RT*, 215/469. A ementa do referido *decisum* é a seguinte: "Depósito bancário. Conjunto. Falecimento de um dos correntistas. Levantamento do saldo pelo sobrevivente. Direito. Aplicação do art. 898 do Código Civil (*de 1916*). Nas contas conjuntas que os bancos abrem a duas ou mais pessoas, falecendo uma delas, pode a outra ou uma das outras levantar o depósito a título de credor exclusivo direto e não a título de sucessor e comproprietário" (STF, RE 16.736-SP, 2ª T., rel. Min. Edgard Costa, j. 21-11-1950, *DJU*, 12-8-1952, v.u.).

autorizado a movimentar livremente a conta; são, pois, credores solidários perante o banco. Todavia, ainda que marido e mulher, os cotitulares não são devedores solidários perante o portador de cheque emitido por qualquer um deles sem suficiente provisão de fundos"[22].

Não se deve confundir a conta bancária conjunta com a modalidade de depósito bancário denominada *conta solidária*, que só admite movimentação conjunta dos valores depositados.

Outro exemplo de solidariedade ativa encontra-se nos cofres de segurança locados pelos bancos, quando permitida a sua utilização e abertura a qualquer dos interessados, individualmente[23].

Nossa lei não prevê casos de solidariedade ativa, salvo a hipótese cogitada na Lei n. 209, de 2 de janeiro de 1948, art. 12, que dispõe sobre a forma de pagamento dos débitos dos pecuaristas. Os poucos que existem decorrem de convenção das partes. Tem sido utilizado, com vantagem, como visto, o sistema de outorga de mandato entre os credores conjuntos, porque pode a todo o tempo ser revogado.

7. CARACTERÍSTICAS DA SOLIDARIEDADE ATIVA

Dispõe o art. 267 do Código Civil:

"Cada um dos credores solidários tem direito a exigir do devedor o cumprimento da prestação por inteiro".

Washington de Barros Monteiro elenca as seguintes consequências jurídicas que podem advir do dispositivo supratranscrito: "a) qualquer credor pode promover medidas assecuratórias e de conservação dos direitos; b) assim, se um deles constitui em mora o devedor comum a todos aproveitam os seus efeitos; c) a interrupção da prescrição, requerida por um, estende-se a todos, de conformidade com o art. 176, § 1º, do Código Civil (*de 1916, correspondente ao art. 204, § 1º, do novo diploma*); d) qualquer credor pode ingressar em juízo com a ação adequada, assim obtendo o cumprimento da prestação, com extinção da dívida. Mas só pode executar a sentença o próprio credor-autor e não outro, estranho à lide (Cód. Proc. Civil [*de 1973*], art. 567 [*art. 778, § 1º, CPC/2015*]); e) se um dos cocredores se torna incapaz, nenhuma influência exercerá tal circunstância sobre a solidariedade; f) finalmente, se um dos credores decai da ação, não ficam os outros inibidos de acionar, por sua vez, o devedor comum"[24].

O devedor não pode pretender pagar ao credor demandante apenas quantia equivalente à sua quota-parte, mas terá, isto sim, de pagar-lhe a dívida inteira. Em outras palavras, o

---

22 REsp 13.680-SP, 4ª T., rel. Min. Athos Carneiro, j. 15-9-1992, *DJU*, 16-11-1992.

23 O Tribunal de Justiça de São Paulo já condenou instituição financeira a indenizar cliente cujas joias e valores foram furtados de cofre alugado, reconhecendo a possibilidade de a depositante possuir joias e valores, dada sua posição socioeconômica, roborado o fato por prova testemunhal idônea (*RJTJSP*, 122/377). No mesmo sentido aresto do Tribunal de Justiça do Rio de Janeiro: "Responsabilidade civil. Banco. Cofre de aluguel violado. Furto de joias. Cláusula de não indenizar. Prevalência da obrigação de guarda e segurança. Prova do dano" (*RT*, 676/151). Em outro caso, o mesmo Tribunal de Justiça de São Paulo afastou a arguição de fortuito ou de força maior, afirmando que o roubo "praticado na agência bancária do réu era perfeitamente previsível, pois são até comuns os assaltos a bancos, com a subtração de valores guardados em cofres-fortes". Aduziu "tratar-se de fato que podia muito bem ter sido evitado, caso fossem tomadas cautelas elementares" e considerou não escrita a cláusula excludente de responsabilidade do banco, "por frustrar os objetivos da avença, pois o banco vende segurança. Caso contrário, ninguém se valeria de seus serviços" (*RJTJSP*, 125/216).

24 *Curso de direito civil*, 29. ed., v. 4, p. 170-171.

devedor acionado por qualquer dos credores não pode opor a exceção de divisão e pretender pagar por partes, visto ser-lhe estranha a relação interna entre os credores[25].

Por sua vez, preceitua o art. 268 do Código Civil:

"Enquanto alguns dos credores solidários não demandarem o devedor comum, a qualquer daqueles poderá este pagar".

Enquanto não houver cobrança judicial, o devedor poderá pagar a qualquer dos credores à sua escolha. Cessará, todavia, esse direito de escolha, na hipótese de um ou alguns deles ajuizarem ação de cobrança. Em tal hipótese, "pelo chamado princípio da *prevenção*, bastante parecido com o que vige no direito processual (Cód. Proc. Civil [*de 1973*], arts. 106 e 107 [*arts. 58 e 60, CPC/2015*]), o devedor só se libera pagando ao próprio credor que tomou a iniciativa. Não se exonerará, porém, se vier a pagar a qualquer outro concredor, arriscando-se, se o fizer, a pagar duas vezes"[26].

Portanto, não basta a ocorrência de tratativas ou de tentativa amigável de cobrança da dívida, feita por um ou por alguns credores, para eliminar o direito de escolha pertencente ao devedor. Este só desaparece com o ajuizamento da ação de cobrança, como se depreende do verbo *demandar*, empregado no dispositivo ora enfocado. Por conseguinte, uma vez submetida a questão ao Judiciário, deverá o devedor pagar em juízo[27].

Conforme salienta ALBERTO TRABUCCHI[28], o credor pode, a seu critério, pagar a qualquer dos credores solidários, sem estar obrigado a respeitar quaisquer pactos internos celebrados pelos cocredores; a possibilidade de escolher o credor a quem pagar, porém, perdura até o momento em que um dos credores requeira judicialmente o pagamento. Se houver o litisconsórcio ativo previsto no art. 113 e incisos do Código de Processo Civil de 2015, o pagamento deverá ser efetuado em juízo a todos os litisconsortes, em conjunto.

O sistema do direito alemão permite que o devedor, a seu grado e arbítrio, possa pagar a qualquer dos credores, ainda mesmo que um deles já o tenha acionado para obter a prestação (*BGB*, § 428). Argumentam os comentadores que tal critério facilita a situação do devedor, facultando-lhe a escolha da pessoa a quem deve pagar, haja ou não demanda por parte de um credor, porque esta não suprime o direito dos outros de receber o seu crédito.

O Código Civil brasileiro, como visto, acompanhou a tradição romana e o art. 1.198 do Código Civil francês, consagrando o princípio da liberdade de escolha, mas com temperamento. Em relação ao devedor ocorre o mesmo fenômeno que se observa na obrigação alternativa: a prevenção decorrente do ajuizamento da demanda opera como a concentração da escolha e faz cessar a liberdade desta. O credor, em face do devedor, passa a ser um só, com direito adquirido exclusivo ao pagamento (*prior tempore potior iure*), não porque o seu direito seja melhor que o dos cocredores, mas apenas porque se adiantou a eles na cobrança judicial.

O devedor, sendo-o *in solidum*, obriga-se necessariamente a pagar ao primeiro dos credores que reclamar a solução da dívida. Se a outro efetuar o pagamento, estará pagando mal e poderá pagar outra vez, visto que a prevenção por parte de um faz cessar o mandato de qualquer outro que pretender o recebimento. A preferência caprichosa do devedor gera suspeita de fraude e de conluio, enquanto, em igualdade de condições, merece premiada a diligência de quem primeiro agiu[29].

---

25 Roberto de Ruggiero, *Instituições de direito civil*, v. III, p. 64.

26 Washington de Barros Monteiro, *Curso de direito civil*, 29. ed., v. 4, p. 171-172.

27 Washington de Barros Monteiro, *Curso de direito civil*, 29. ed., v. 4, p. 172; Antunes Varela, *Direito das obrigações*, v. I, p. 314-315; Mário Luiz Delgado Régis, *Novo Código Civil comentado*, p. 256.

28 *Instituciones de derecho civil*, v. II, p. 32-33.

29 Tito Fulgêncio, *Do direito das obrigações*, p. 268.

A propósito da cobrança feita exclusivamente por um dos credores, pode-se indagar sobre a sua validade, quando realizada antes do vencimento da dívida ou do implemento da condição. Obviamente, será irregular, aplicando-se à hipótese o princípio da *actio nata*, e portanto não privará o devedor de pagar a qual dos credores preferir, depois de vencido o prazo ou cumprida a condição.

Se todos os credores ajuizarem conjuntamente a demanda, não terá havido concentração e o devedor conservará a sua liberdade de escolha. O pagamento será, contudo, do todo. Pelo mesmo fundamento, o devedor será reintegrado no direito de opção, se o credor que ajuizou a demanda dela desistir, ou se for extinta sem exame do mérito[30].

8. DISCIPLINA LEGAL

Proclama o art. 270 do Código Civil:

"Se um dos credores solidários falecer deixando herdeiros, cada um destes só terá direito a exigir e receber a quota do crédito que corresponder ao seu quinhão hereditário, salvo se a obrigação for indivisível".

O dispositivo supratranscrito constitui reprodução integral do art. 901 do Código Civil de 1916, não constituindo, pois, inovação. Trata da denominada *refração do crédito*, tradicional critério que serve para distinguir a solidariedade da indivisibilidade.

Os herdeiros do credor falecido não podem exigir, por conseguinte, a totalidade do crédito e sim apenas o respectivo quinhão hereditário, isto é, a própria quota no crédito solidário de que o *de cujus* era titular, juntamente com outros credores.

Assim não acontecerá, todavia, nas hipóteses seguintes: a) se o credor falecido só deixou um herdeiro; b) se todos os herdeiros agem conjuntamente; c) se indivisível a prestação. Em qualquer desses casos, pode ser reclamada a prestação por inteiro. Para os demais credores, nenhuma inovação acarreta o óbito do consorte; para eles permanece intacto, em toda a plenitude e em qualquer hipótese, o vínculo da solidariedade, com todos os seus consectários[31].

Observa-se, assim, que o vínculo solidário, transferindo-se aos herdeiros, perde em eficácia e extensão, uma vez que os direitos do credor solidário falecido se transmitem aos herdeiros em conjunto, e não a um só deles, isoladamente. Ao herdeiro, isoladamente considerado, os direitos do falecido se transmitem *pro parte*.

Por definição, só tem direito à prestação por inteiro o credor solidário. Só o pagamento integral a todos ou a determinado credor, dentre os solidários, à escolha do devedor ou do credor que gerou a prevenção, é que extingue inteiramente a dívida.

Logo, o vínculo solidário, depois da partilha, não tendo o herdeiro, no crédito, senão uma parte divisa, perdeu em relação a ele a eficácia e extensão originária. Somente lhe é devida, e somente pode ser por ele exigida, a quota correspondente a seu quinhão hereditário.

Nem seria admissível piorar a situação do devedor, que poderia, não fosse a regra em questão, ficar exposto a uma forçada relação de negócios com pessoas eventualmente desconhecidas, como poderiam ser os herdeiros do credor premorto.

A regra, porém, não vai até à obrigação indivisível, como expressamente menciona o art. 270 ora comentado. A indivisibilidade é qualidade real da obrigação, por não ser esta suscetível de partilha, passando aos herdeiros a relação obrigacional com essa qualidade, fazendo com que cada um destes seja credor do total.

---

30 Melucci, Larombière, Demolombe, Beviláqua, Carvalho de Mendonça, apud Tito Fulgêncio, *Do direito das obrigações*, p. 271.

31 Washington de Barros Monteiro, *Curso de direito civil*, 29. ed., v. 4, p. 173-174.

Estatui, por sua vez, o art. 271 do Código Civil:

"Convertendo-se a prestação em perdas e danos, subsiste, para todos os efeitos, a solidariedade".

Mesmo com a conversão em perdas e danos, a unidade da prestação não é comprometida. Liquidada a obrigação e fixado seu valor pecuniário, continua cada credor com direito a exigir o *quantum* total, tendo em vista que a solidariedade permanece, pois emana da vontade contratual ou da lei, que não foram alteradas, e não da natureza do objeto. A relação jurídica original que as partes ou o legislador afetaram com a solidariedade só perde essa virtude se a vontade dos contratantes ou do legislador se externar em sentido contrário[32].

As *obrigações indivisíveis*, ao contrário, perdem essa qualidade e se transformam em divisíveis quando convertidas em perdas e danos, por ter-se alterado a natureza do objeto da prestação, sabido que a soma em dinheiro em que se converteram é divisível.

Prescreve, ainda, o art. 273 do Código Civil:

"A um dos credores solidários não pode o devedor opor as exceções pessoais oponíveis aos outros".

Trata-se de inovação do Código Civil de 2002. O diploma de 1916 não contemplava essa regra, limitando-se a proclamar, no art. 911, o seguinte: "O devedor demandado pode opor ao credor as exceções que lhe forem pessoais e as comuns a todos; não lhe aproveitando, porém, as pessoais a outro codevedor".

Em última análise, o devedor não poderia arguir, em defesa, as exceções pessoais a outro codevedor, isto é, as que beneficiariam outro codevedor.

O art. 273 supratranscrito trata, porém, de situação inversa, ou seja: o devedor não pode opor a um dos credores solidários exceções pessoais que poderia opor a outros credores, isto é, exceções que prejudicariam outros credores.

Assim, por exemplo, se o devedor está sendo cobrado em juízo por um credor plenamente capaz, não pode alegar, em seu benefício, e em detrimento daquele, defeito na representação ou assistência de outro credor solidário, pois tal exceção, sendo pessoal, só a este pode ser oposta.

Veio, assim, tal dispositivo suprir omissão observada no diploma anterior.

Dentre as exceções pessoais que podem ser arguidas, as mais comuns são: vícios de consentimento (erro, dolo, coação, lesão, estado de perigo), incapacidade jurídica, inadimplemento de condição que lhe seja exclusiva, moratória etc.

Podem ser opostas, ainda, exceções objetivas, como as concernentes ao próprio negócio, como inexistência de causa, objeto ilícito, impossibilidade da prestação, extinção da obrigação etc.

Exceção é palavra técnica que tem hoje o significado de defesa, contrastando com a ação, que é ataque. Melhor seria que o legislador tivesse utilizado a palavra "defesa", mais apropriada, visto que a o vocábulo "exceção" tem significado específico previsto na lei processual. No direito romano, porém, o sentido era outro: tinha por objeto suavizar o rigor das normas civis.

O dispositivo legal ora em estudo circunscreve-se à circunstância de que, na obrigação solidária, paira a multiplicidade de vínculos, ao lado da unidade de prestação devida. Embora tudo que concerne à prestação, que é única, estenda-se a todos os coobrigados indistintamente, por outro lado, sendo múltiplos e autônomos entre si os vínculos obrigacionais, o que disser respeito a um deles exclusivamente não se estenderá aos demais.

---

32 Silvio Rodrigues, *Direito civil*, v. 2, p. 65.

Como assinala Mário Luiz Delgado, o dispositivo em epígrafe "inova o direito anterior ao introduzir, na seção que trata da solidariedade ativa, comando antes presente apenas no regramento da solidariedade passiva (art. 911 do Código Civil/*1916*)", aduzindo que o dispositivo "vem deixar expressa a regra de que as defesas que o devedor possa alegar contra um só dos credores solidários não podem prejudicar aos demais. Só contra aquele poderá o vício ser imputado, não atingindo o vínculo do devedor com os demais credores"[33].

Dispunha, por fim, o art. 274 do estatuto civil:

"O julgamento contrário a um dos credores solidários não atinge os demais; o julgamento favorável aproveita-lhes, a menos que se funde em exceção pessoal ao credor que o obteve".

A segunda parte do dispositivo, que se referia ao julgamento favorável, era objeto de controvérsia, uma vez que não há julgamento favorável fundado em exceção pessoal, uma vez que, quando se acolhe a defesa, julga-se desfavoravelmente o pedido. Esse entendimento foi adotado pelo Código de Processo Civil em vigor, cujo art. 1.068, 1ª parte, proclama que o art. 274 do Código Civil passa a vigorar com a seguinte redação:

"Art. 274. O julgamento contrário a um dos credores solidários não atinge os demais, mas o julgamento favorável aproveita-lhes, sem prejuízo de exceção pessoal que o devedor tenha direito de invocar em relação a qualquer deles".

O dispositivo em apreço complementa o art. 273 e constitui um dos desdobramentos da regra geral contida no art. 266 do referido diploma, segundo a qual a obrigação pode ter características de cumprimento diferentes para cada um dos cocredores, podendo, inclusive, vir a ser considerada inválida apenas em relação a um deles, sem prejuízo aos direitos dos demais[34].

A regra constitui, também, corolário da natureza da solidariedade ativa, pela qual cada um dos credores solidários tem direito a exigir do devedor o cumprimento da prestação por inteiro (CC, art. 267).

Desse modo, o julgamento contrário a um deles não impede que os demais acionem o devedor e cobrem dele o valor integral da dívida. Mesmo porque díspares podem ser as relações jurídicas referentes a cada titular, isoladamente considerado, evidenciando assim a presença de múltiplas obrigações a integrarem o conteúdo da obrigação solidária.

Já se disse, com efeito, que na solidariedade não se tem uma única obrigação, mas tantas obrigações quantos forem os titulares. Assim, a obrigação solidária não se encerra numa só obrigação, mas se desdobra. Intuitivo, pois, que o julgamento contrário a um dos credores não suprime o direito dos demais.

Ademais, a coisa julgada não prejudica terceiros, que não participaram da causa (CPC/2015, art. 506).

Aduz o dispositivo ora comentado que o julgamento favorável a um dos credores aproveita aos demais – o que se justifica plenamente, porque a solidariedade tem por escopo estabelecer o tratamento da pluralidade pela unicidade, ou seja, unificar o múltiplo[35]. Unem-se os credores para conseguir o mesmo fim. Embora se tenha, na solidariedade, mais de um credor, qualquer deles representa a totalidade ativa.

Destarte, a quitação dada por qualquer um dos credores tornar-se-á oponível aos demais cocredores. O recebimento por parte de um deles extingue o direito dos demais, ficando obrigado o favorecido perante estes, pelas parcelas de cada um.

---

[33] *Novo Código Civil comentado*, p. 259.

[34] Mário Luiz Delgado Régis, *Novo Código Civil comentado*, p. 260.

[35] Serpa Lopes, *Curso de direito civil*, v. II, p. 118.

As exceções gerais podem ser opostas por todos os codevedores da obrigação solidária. Exceções pessoais, como já visto, são meios de defesa que podem ser opostos por uns ou alguns dos codevedores. São as exceções particulares, próprias só a um ou alguns dos devedores. Assim, um devedor que se tenha obrigado por erro só poderá alegar esse vício de vontade em sua defesa. Os outros devedores, que manifestaram livre e conscientemente a sua vontade, não podem argui-lo.

Cada devedor pode opor em sua defesa, nas obrigações solidárias, as exceções gerais, bem como as que lhe são próprias. Não aproveitará aos demais credores, por exemplo, o julgamento favorável ao único credor que cumpriu a condição suspensiva ao qual o pagamento estava subordinado.

Deve-se lembrar que a obrigação solidária pode ser estipulada como condicional ou a termo para um dos cocredores ou codevedores, e pura e simples, ou pagável em lugar diferente, para outro (CC, art. 266).

9. EXTINÇÃO DA OBRIGAÇÃO SOLIDÁRIA

Prescreve o art. 269 do Código Civil:

"O pagamento feito a um dos credores solidários extingue a dívida até o montante do que foi pago".

A obrigação solidária ativa consiste no concurso, na mesma obrigação, de mais de um credor, cada um com direito à dívida toda (CC, art. 264). Em consequência, cada um dos credores solidários tem direito de exigir do devedor a prestação por inteiro. A esse direito corresponde, em regra, a obrigação do devedor de cumprir a prestação em mãos de qualquer deles (CC, arts. 267 e 268).

É da essência da solidariedade ativa que o pagamento, por modo direto ou pelos indiretos equivalentes, feito a um dos credores, produz a extinção do crédito para todos e não simplesmente para aquele a cujo respeito se houver realizado o fato liberatório[36].

Do contrário, se os demais credores conservassem contra o devedor direito de crédito, apesar do pagamento feito a um deles, haveria mais de um pagamento integral da dívida, contrariando a própria definição da solidariedade, segundo a qual o devedor deve a muitos, mas só deve uma vez; e os credores só têm a prestação por inteiro uma vez e não mais.

O art. 269 retrotranscrito deixa claro que não é todo e qualquer pagamento feito a um dos credores, senão o integral, que produz a extinção total da dívida. O parcial a extingue somente *"até o montante do que foi pago"*.

Melhor essa redação do que a do art. 900 do Código de 1916, segundo a qual "o pagamento feito a um dos credores extingue inteiramente a dívida".

A quitação do *accipiens* libera o devedor em face de todos os outros cocredores, até o montante do que foi pago, podendo estes exigir a diferença, ou, se for o caso, provar, por todos os meios admitidos em direito, a simulação ou fraude que porventura a macule.

Se o devedor pagou quantia superior à quota do *accipiens*, cada um dos credores pode reclamar o inteiro menos essa parte, sem ser obrigado a fazer imputação quanto ao mencionado excesso.

O parágrafo único do art. 900 do Código Civil de 1916 dizia que *"o mesmo efeito resulta da novação, da compensação e da confusão"*. Trata-se de modos indiretos de pagamento e solução da dívida, que produzem efeito equivalente ao do pagamento direto.

---

[36] Tito Fulgêncio, *Do direito das obrigações*, p. 272.

Malgrado o atual diploma não tenha reproduzido o referido parágrafo único, em razão da mudança de redação do *caput* do artigo, é fora de dúvida que tudo o que se diz a respeito do pagamento direto procede com relação a qualquer outro ato que, de alguma forma, fulmine o elemento objetivo da obrigação, até o montante desse aniquilamento.

Desse modo, tanto vale o pagamento direto quanto o efetuado por formas indiretas. A compensação total operada com a dívida do *accipiens,* por exemplo, extinguirá inteiramente a dívida; se parcial, a extinguirá até o montante abatido. O mesmo se diga da novação e da remissão. Se o credor tem o direito de exonerar o devedor, quando realmente recebe o pagamento, deve tê-lo também quando perdoa, inova ou compensa.

Discute-se, porém, se essa *compensação* pode ser oposta quando o débito compensável toque a outro credor que não o demandante. Há controvérsia a respeito, porém a melhor posição, na correta opinião de Serpa Lopes, "é admitir-se essa possibilidade, por ser a mais compatível com a natureza e com as regras gerais reguladoras da compensação. Não existe, mesmo, um motivo sério, para afastar-se a compensação, pelo simples fato de somente um credor ter tomado a iniciativa da demanda, cujos efeitos, até certo ponto, atingem aos demais"[37].

O mesmo efeito resulta da *transação*. Dispõe, com efeito, o art. 844, § 2º, do atual Código a respeito da realizada entre um dos credores solidários e o devedor: "*extingue a obrigação deste para com os outros credores*".

No tocante à *confusão*, porém, há disposição especial, a do art. 383 do referido diploma, segundo a qual a confusão operada na pessoa do credor ou devedor solidário (p.ex. se o devedor se torna herdeiro do credor) "*só extingue a obrigação até a concorrência da respectiva parte no crédito, ou na dívida, subsistindo quanto ao mais a solidariedade*".

O que no crédito se extingue não é a totalidade, senão a quota-parte do credor, cuja pessoa veio a se confundir com a do devedor. Seria, com efeito, contrário ao escopo da solidariedade, que é a vantagem dos credores, permitir que o devedor pudesse opor em confusão, contra todos os credores solidários, um crédito que tem somente contra um deles. O que cabe ao devedor fazer é descontar do débito a parte devida àquele credor solidário, que se tornou seu devedor. Quanto ao mais, a solidariedade subsiste.

A *dação em pagamento,* validamente celebrada entre um dos credores solidários e o devedor, libera este para com aquele e para com os outros credores solidários, até o valor da coisa recebida.

Dação em pagamento é o ato pelo qual o credor consente em receber coisa, que não seja dinheiro, em substituição da prestação que era devida. Conseguintemente, consentindo o *accipiens* na *datio in solutum*, pago ficou, e a obrigação está extinta para os outros credores solidários.

10. DIREITO DE REGRESSO

Nas relações internas dos credores entre si vigora o princípio da comunidade de interesses. A prestação, paga por inteiro pelo devedor comum, deve ser partilhada entre todos os credores, por aquele que a tiver recebido. Preceitua, com efeito, o art. 272 do Código Civil:

"*O credor que tiver remitido a dívida ou recebido o pagamento responderá aos outros pela parte que lhes caiba*".

---

[37] *Curso de direito civil*, v. II, p. 142.

A principal característica das relações internas entre cocredores solidários consiste no fato de o crédito se dividir em partes ou quotas que se presumem iguais até prova em contrário, tanto que o credor que tiver remitido a dívida ou recebido o pagamento responderá aos outros pela parte que lhes caiba, como proclama o dispositivo supratranscrito.

Malgrado o Código não contenha regra expressa sobre essa divisibilidade, ela resulta da própria natureza da obrigação. A solidariedade existe só em função da exigibilidade do crédito ou do seu implemento pelo devedor. Entre os cocredores tudo se passa, para o efeito do reembolso, normalmente, isto é, com obediência à regra geral da divisão do débito: *concursu partes fiunt*.

Extinta a obrigação, quer pelo meio direto do pagamento, quer pelos meios indiretos, como novação, compensação, transação e remissão, responde o credor favorecido, perante os demais, pelas quotas que lhes couberem.

Os concredores podem tornar efetiva a divisão do benefício pelo exercício do *direito de regresso,* direto e imediato, contra o resgatante do crédito solidário, sendo tal direito uma das características fundamentais das obrigações solidárias, como consequência dos princípios sob que está disciplinada a solidariedade no Código Civil. Se outra coisa não constar do título da obrigação, far-se-á a partilha em partes iguais. Nada impede, porém, que se convencione, no referido título, a diversidade de quinhões[38].

A essência do dispositivo ora comentado está na declaração de que a prestação, paga por inteiro pelo devedor comum, deve ser dividida entre todos os credores por aquele que a tiver recebido e que se tornou, assim, responsável pelas cotas-partes dos demais. Em razão do princípio, o recebimento converte o credor em devedor aos cocredores, relativamente à parte de cada um na coisa devida, para cujo cumprimento têm estes ação. Igualmente há de dar-se com a extinção especial, seja ela a remissão, seja a novação, a compensação, a dação em pagamento[39].

A divisão do proveito deverá ser realizada ainda que o credor contemplado só haja recebido parte do crédito, e não o todo, impondo-se, em qualquer hipótese, o rateio. Tanto aproveitam aos concredores a remissão e o pagamento total, como os parciais feitos a um ou alguns dentre eles. Não podem estes se apropriar de tudo para si.

A remissão levada a efeito pelo credor libera o devedor, mas o remitente se coloca no lugar deste, no tocante às quotas dos outros credores, que não podem perder o que, por lei ou convenção, lhes pertence, sem ato seu[40].

Se a obrigação for nula quanto a um dos concredores, sua parte será deduzida do todo, ficando tal credor excluído do rateio.

DA SOLIDARIEDADE PASSIVA

38 Washington de Barros Monteiro, *Curso de direito civil*, 29. ed., v. 4, p. 174.
39 Caio Mário da Silva Pereira, *Instituições de direito civil*, v. II, p. 61.
40 Tito Fulgêncio, *Do direito das obrigações*, p. 293.

11. CONCEITO E CARACTERÍSTICAS

A solidariedade passiva consiste na concorrência de dois ou mais devedores, cada um com dever de prestar a dívida toda. Segundo WASHINGTON DE BARROS MONTEIRO, tal modalidade é predicado externo que cinge a obrigação e por via do qual, de qualquer dos devedores que nela concorrem, pode o credor exigir a totalidade da dívida. Representa assim preciosa cautela para a garantia dos direitos obrigacionais[41].

Ao contrário da solidariedade ativa, a passiva é muito frequente, admitindo alguns países a presunção de solidariedade, dispensando a convenção expressa nas dívidas comuns ou quando não resulte o contrário do título.

A obrigação solidária passiva pode ser conceituada como a relação obrigacional, oriunda de lei ou de vontade das partes, com multiplicidade de devedores, sendo que cada um responde *in totum et totaliter* pelo cumprimento da prestação, como se fosse o único devedor. Cada devedor está obrigado à prestação na sua integralidade, como se tivesse contraído sozinho o débito. Assim, na solidariedade passiva unificam-se os devedores, possibilitando ao credor, para maior segurança do crédito, exigir e receber de qualquer deles o adimplemento, parcial ou total, da dívida comum[42].

Se quiser, poderá o credor exigir parte do débito de cada um dos devedores separadamente. A principal característica da obrigação solidária pode ser encontrada na manutenção da autonomia, a despeito da solidariedade. Sua tônica, na expressão de OROZIMBO NONATO, é que cada um dos devedores está obrigado à prestação na sua integralidade, *totum et totaliter*, como se em verdade houvesse contraído, sozinho, a obrigação inteira[43].

Para melhor compreensão, a solidariedade passiva deve ser analisada pelos lados externo e interno da relação jurídica: nas relações dos devedores com o credor e nas dos devedores entre si. Encarada pelo lado externo, o conjunto de devedores se apresenta como se fosse um devedor único, pois dele pode o credor exigir a totalidade do crédito[44].

Desse princípio, decorre: a) que o credor pode dirigir-se à sua vontade contra qualquer dos devedores e pedir-lhes toda a prestação (CC, art. 275); b) que o devedor escolhido, estando obrigado pessoalmente pela totalidade, não pode invocar o *beneficium divisionis* e, assim, pretender pagar só a sua quota ou pedir que sejam convencidos os coobrigados; c) que uma vez conseguida de um só toda a prestação, todos os outros ficam livres (CC, art. 277); d) que, por consequência, assim como o credor pode agir contra um ou contra todos ao mesmo tempo, da mesma forma quando tenha agido sem resultado ou com resultado parcial contra um ou vários, pode depois agir ainda contra os outros até completa execução da prestação; e) que se a prestação se torna impossível por culpa ou durante a mora de um ou de vários devedores, as consequências do fato culposo devem recair sobre o seu autor, mas não podem por outro lado servir para libertar os outros obrigados solidariamente; o devedor, que esteja em culpa ou em mora, será por isso obrigado a responder na mais larga medida da indenização do dano, devendo todos os outros, pelo contrário, responder nos limites da *aestimatio rei* (CC, art. 279)[45].

---

41 *Curso de direito civil*, 29. ed., v. 4, p. 176.

42 Carvalho Santos, *Código Civil brasileiro interpretado*, 9. ed., v. 11, p. 225; Maria Helena Diniz, *Curso de direito civil brasileiro*, 35. ed., São Paulo, Saraiva, 2020, v. 2, p. 197.

43 *Curso de obrigações*, Rio de Janeiro, Forense, 1959, v. II, p. 168.

44 Ruggiero e Maroi, *Istituzioni di diritto privato*, 8. ed., Milão, 1955, v. II, p. 50; Caio Mário da Silva Pereira, *Instituições de direito civil*, 19. ed., Rio de Janeiro, Forense, 2001, v. II, p. 62.

45 Roberto de Ruggiero, *Instituições de direito civil*, v. III, p. 66.

Se, todavia, encararmos a questão sob o aspecto interno, encontraremos vários devedores, uns responsáveis para com os outros. As obrigações de cada um são individuais e autônomas, mas se encontram entrelaçadas numa relação unitária, em virtude da solidariedade.

A solidariedade passiva atende ao interesse comum das partes. Oferece ao credor a vantagem de desobrigá-lo de uma ação coletiva e o põe a salvo de eventual insolvência de um dos devedores. A estes facilita o crédito, dada a forte garantia que representa para o credor.

Há semelhanças com a fiança. A solidariedade e a fiança constituem espécies de um mesmo gênero de cauções. O fiador obriga-se a satisfazer a obrigação do devedor, caso este não a cumpra. O devedor solidário empenha-se do mesmo modo, em relação aos seus obrigados. Entretanto, não se confundem, porque a fiança é um contrato acessório. Ainda sendo solidário com o devedor principal (arts. 828 e 829), o fiador ficará exonerado nas hipóteses de extinção peculiares da fiança (arts. 838 e 839).

Como a solidariedade é benefício do credor para facilitar a cobrança, tornando, perante ele, cada um dos sujeitos passivos da obrigação o devedor único, responsável pela integralidade da obrigação, mesmo sendo esta divisível, não se compreende solidariedade nas obrigações de fazer, quando convencionado que o devedor cumpra a prestação pessoalmente.

A solidariedade pode ser estipulada na convenção, como segurança para defesa do crédito. Às vezes a lei a prevê, para maior garantia das relações jurídicas. São inúmeros os exemplos de solidariedade instituída no próprio Código Civil, podendo ser destacados: a) art. 942 e parágrafo único – entre autores, coautores e as pessoas designadas no art. 932 (pais, tutores, empregadores etc.), pelos atos ilícitos que praticaram; b) art. 154 – entre o terceiro autor da coação e a parte a quem ela aproveita, se a conhecia; c) art. 585 – entre as pessoas que forem simultaneamente comodatárias da mesma coisa, para com o comodante; d) art. 828, II – entre devedor principal e fiador, se este se obrigou como principal pagador, ou devedor solidário; e) art. 1.003 e parágrafo único – entre cedente e cessionário de quotas de sociedade[46].

12. DIREITOS DO CREDOR

Proclama o Código Civil:

"Art. 275. O credor tem direito a exigir e receber de um ou de alguns dos devedores, parcial ou totalmente, a dívida comum; se o pagamento tiver sido parcial, todos os demais devedores continuam obrigados solidariamente pelo resto.

Parágrafo único. Não importará renúncia da solidariedade a propositura de ação pelo credor contra um ou alguns dos devedores".

O *caput* do dispositivo corresponde ao art. 904 do Código Civil de 1916, tendo sido porém acrescido o parágrafo único supratranscrito, que constituía artigo autônomo naquele diploma (art. 910).

O principal efeito da solidariedade passiva consiste no direito que confere ao credor de exigir de *qualquer* dos devedores o cumprimento *integral* da prestação, como já foi dito.

---

[46] A obrigação alimentar não é solidária, mas divisível, porque a solidariedade não se presume. Não havendo texto legal impondo a solidariedade, é ela divisível, isto é, conjunta. Cada devedor responde por sua quota-parte. Havendo quatro filhos em condições de pensionar o ascendente, não poderá este exigir de um só deles o cumprimento da obrigação por inteiro. Se o fizer, sujeitar-se-á às consequências de sua omissão, por inexistir na hipótese litisconsórcio passivo necessário, mas sim facultativo impróprio, isto é, obterá apenas ¼ do valor da pensão (STJ, 4ª T., REsp 50.153-9-RJ, rel. Min. Barros Monteiro, *DJU*, 14 nov. 1994, p. 30961, Seção I; REsp 1.736.596-RS, rel. Min. Marco Aurélio Bellizze, *DJe* 26-6-2018).

Trata-se, porém, de uma faculdade e não de um dever ou de um ônus, pois pode o credor não usá-la ou usar dela apenas em parte, exigir o cumprimento de todos os devedores ou só de alguns deles ou exigir de qualquer deles uma parte apenas da dívida comum[47].

Se o pagamento for integral, operar-se-á a extinção da relação obrigacional, exonerando-se todos os codevedores. Se, porém, for parcial e efetuado por um dos devedores, os outros ficarão liberados até a concorrência da importância paga, permanecendo solidariamente devedores do remanescente.

A exigência e o recebimento parcial da dívida comum das mãos de algum ou de alguns dos devedores não liberam os demais do vínculo de solidariedade pelo restante, como consta expressamente da segunda parte do art. 275 do Código Civil ora comentado.

O fato não importa renúncia do direito do credor, nem ela é de se presumir, conforme dispõe o parágrafo único do aludido dispositivo. O credor, propondo ação contra um dos devedores solidários, não fica inibido de acionar os outros, como dispunha o art. 910 do Código Civil de 1916, não importando, tal fato, renúncia da solidariedade. A ideia é repetida no mencionado parágrafo único do art. 275 do atual Código[48].

O devedor demandado pela prestação integral pode *chamar* os outros *ao processo,* com fundamento nos arts. 130 e s. do Código de Processo Civil de 2015, não só para que o auxiliem na defesa, mas também para que a eventual sentença condenatória valha como coisa julgada por ocasião do exercício do direito de regresso contra os codevedores. Mesmo se forem vários os codevedores condenados, poderá o credor mover a execução contra apenas um deles, conforme o seu interesse, penhorando-lhe os bens[49].

Sendo solidária a obrigação, os direitos de crédito aproveitam tanto ao credor originário como ao seu cessionário ou ao terceiro sub-rogado na sua posição, como o fiador, por exemplo.

Malgrado cada credor tenha o direito de reclamar de qualquer dos devedores a totalidade da dívida, não é conveniente que o faça em processos diversos, concomitantemente, para evitar o risco de decisões conflitantes. Se tal, no entanto, ocorrer, devem as ações ser reunidas para julgamento conjunto.

13. EFEITOS DA MORTE DE UM DOS DEVEDORES SOLIDÁRIOS

Na sequência, e sem qualquer inovação em relação ao direito anterior, determina o art. 276 do Código Civil:

"Se um dos devedores solidários falecer deixando herdeiros, nenhum destes será obrigado a pagar senão a quota que corresponder ao seu quinhão hereditário, salvo se a obrigação for

---

[47] Antunes Varela, *Direito das obrigações*, Rio de Janeiro, Forense, 1977, v. I, p. 301.

[48] "Ação movida contra devedor cuja falência foi declarada. Extinção do processo. Inadmissibilidade. Hipótese de suspensão do feito. Decretação de quebra contra o devedor principal que não impede o prosseguimento da demanda contra os devedores solidários" (*RT*, 786/447).

[49] "Tratando-se de dano a prédio vizinho ocasionado por construção, a responsabilidade é solidária e objetiva entre o proprietário e o construtor ou responsável técnico pela obra, descabendo a denunciação da lide ao segundo pelo primeiro, mas sim o instituto do chamamento ao processo" (*RT*, 673/109). Segundo Nelson Nery Junior e Rosa Maria de Andrade Nery, chamamento ao processo é a ação condenatória exercida pelo devedor solidário que, acionado sozinho para responder pela totalidade da dívida, pretender acertar a responsabilidade do devedor principal ou dos demais codevedores solidários, estes na proporção de suas cotas. Tendo o autor ajuizado ação apenas contra o réu, os demais codevedores não fazem parte da relação jurídica processual originária. Essa modalidade de intervenção de terceiros não cabe no processo de execução, nem no cautelar (*Código de Processo Civil comentado*, p. 360-361).

indivisível; mas todos reunidos serão considerados como um devedor solidário em relação aos demais devedores".

Segundo dispõe o art. 1.792, primeira parte, do atual Código Civil, "*o herdeiro não responde por encargos superiores às forças da herança*". A integralidade da herança recai sobre o conjunto de herdeiros, pois se sub-rogaram na posição ocupada, na relação jurídica, por um dos devedores solidários. Este, em razão da natureza da obrigação, respondia pela obrigação inteira.

A dívida, no entanto, desmembra-se em relação a cada um dos devedores, se divisível. Considerado isoladamente, cada devedor responde, tão somente, pela quota correspondente ao seu quinhão hereditário.

A esse respeito preleciona Lacerda de Almeida: "Falecendo um dos devedores solidários, a obrigação, obedecendo a um princípio geral, divide-se de pleno direito entre os herdeiros. Em virtude deste princípio ficam os herdeiros do devedor solidário na posição entre si de devedores simplesmente conjuntos (*pro parte*). Todavia, como pelo fato de passar a herdeiros a condição da dívida não se transmuta, são eles coletivamente considerados e em relação aos codevedores originários como constituindo um devedor solidário[50].

Há perfeita simetria entre o supratranscrito art. 276 e o art. 270, concernente à solidariedade ativa, ambos do atual Código Civil: se um dos credores solidários falecer deixando herdeiros, fracionar-se-á a obrigação e cada um destes só poderá exigir e receber a quota do crédito que corresponder ao seu quinhão hereditário, salvo se indivisível.

Na solidariedade passiva, "morto o devedor solidário, também com herdeiros, divide-se o débito e cada um só responde pela quota respectiva, salvo se a obrigação for igualmente indivisível. Mas, neste último caso, por ficção legal, os herdeiros reunidos são considerados como um só devedor solidário, em relação aos demais codevedores"[51].

Verifica-se, desse modo, que a morte de um dos devedores solidários não rompe a solidariedade, que continua a onerar os demais codevedores.

Se a obrigação for indivisível, cessa a regra que prevê o fracionamento, entre os herdeiros, da quota do devedor solidário falecido. Cada um será obrigado pela dívida toda. A exceção, imposta pela natureza do objeto da obrigação, que não pode ser prestado por partes, está em conformidade com os preceitos dos arts. 259 e 270 do Código Civil.

Poder-se-ia objetar que a expressão "*todos reunidos serão considerados como um devedor solidário em relação aos demais devedores*" só teria aplicação antes da partilha, ou seja, que a responsabilidade dos herdeiros do devedor solidário pela totalidade da dívida só é coletiva quando demandada a herança antes da partilha. Feita esta, no entanto, respondem eles pela quota proporcional ao seu quinhão, porque não representam a herança, mas o seu quinhão hereditário.

Contudo, não parece ser essa a intenção do legislador, mas que, sendo os herdeiros acionados coletivamente (*reunidos*, afirma o art. 276 do novo diploma), solidários são, ainda que já se tenha verificado a partilha, porque representam um dos devedores solidários.

14. RELAÇÕES ENTRE OS CODEVEDORES SOLIDÁRIOS E O CREDOR

14.1. Consequências do pagamento parcial e da remissão

O art. 277 do Código Civil trata das consequências do pagamento parcial do débito solidário e da remissão obtida por um dos devedores:

---

50 *Obrigações*, 2. ed., p. 52.

51 Washington de Barros Monteiro, *Curso de direito civil*, 29. ed., v, 4, p. 185-186.

"Art. 277. O pagamento parcial feito por um dos devedores e a remissão por ele obtida não aproveitam aos outros devedores, senão até à concorrência da quantia paga ou relevada".

Nesse mesmo sentido prescreve o art. 388 do atual diploma, *verbis*: "*A remissão concedida a um dos codevedores extingue a dívida na parte a ele correspondente; de modo que, ainda reservando o credor a solidariedade contra os outros, já lhes não pode cobrar o débito sem dedução da parte remitida*".

O pagamento parcial naturalmente reduz o crédito. Sendo assim, o credor só pode cobrar do que pagou, ou dos outros devedores, o saldo remanescente. Essa redução da prestação afeta a relação jurídica externa entre credor e devedores. O dispositivo em estudo pretende obstar um enriquecimento indevido do credor, que ocorreria se ainda lhe fosse permitido cobrar a dívida inteira.

Há mudança também na relação jurídica interna, entre os vários devedores, visto que o *solvens* se liberou e continua responsável somente pela quota do eventual insolvente.

A remissão ou perdão pessoal dado pelo credor a um dos devedores solidários não extingue a solidariedade em relação aos codevedores, acarretando tão somente a redução da dívida, em proporção ao valor remitido. Dessa forma, o credor só estará legitimado a exigir dos demais devedores o seu crédito se fizer a dedução da parte daquele a quem beneficiou, ou seja: os codevedores não contemplados pelo perdão só poderão ser demandados com abatimento da quota relativa ao devedor relevado, não pela totalidade da dívida[52].

A razão do critério adotado em nosso direito parte da ideia de que a remissão se baseia em considerações pessoais, não podendo aproveitar aos demais devedores, a menos que tenha caráter objetivo, da obrigação[53]. Diverso o efeito na solidariedade ativa. Nesta, o perdão de um dos credores exonera o devedor (CC, art. 272).

No tocante ao pagamento parcial, a ideia, obviamente, é que, diminuída a dívida da parte do devedor exonerado, não possa o credor exigir e receber o total dos codevedores, experimentando um enriquecimento indevido.

No que concerne à remissão, observa-se que o perdão obtido por um dos devedores solidários aproveita aos outros, mas somente até a quantia relevada. Se um devedor é perdoado, a nada mais pode ser obrigado. Perderia ele o benefício se o credor pudesse exigir de outro devedor o total da dívida, porque o *solvens* ficaria com regresso contra o favorecido, pela parte a este correspondente nesse total cobrado.

Decidiu a Terceira Turma do Superior Tribunal de Justiça, em acórdão relatado pela Min. NANCY ANDRIGHI (dez./2008), que, celebrada transação entre o credor e um dos devedores solidários, com o pagamento acordado e a outorga de quitação geral e irrestrita, mas com a ressalva de que tal quitação não abrange o outro devedor solidário, pode o credor prosseguir com a ação para obter a condenação deste pelo valor de sua quota no débito remanescente. Ressaltou a mencionada relatora que, havendo pagamento parcial (no caso, 50% da dívida), o codevedor continua obrigado pelo valor remanescente. O pagamento parcial efetivado por um dos codevedores e a remissão a ele concedida não alcança os demais, senão até a concorrência da quantia paga ou relevada. Em conclusão, determinou-se que a recorrida permanecesse no polo passivo e devedora de 50% da totalidade dos danos sofridos pela autora lesada.

---

52 Washington de Barros Monteiro, *Curso de direito civil*, 29. ed., v. 4, p. 186; Maria Helena Diniz, *Curso de direito civil brasileiro*, v. 2, p. 200; Serpa Lopes, *Curso de direito civil*, 4. ed., Rio de Janeiro: Forense, 1966, p. 147.

53 Serpa Lopes, *Curso de direito civil*, v. II, p. 147.

Ainda pertinentemente ao tema, dispõe o art. 284 do atual diploma que, "*no caso de rateio entre os codevedores, contribuirão também os exonerados da solidariedade pelo credor, pela parte que na obrigação incumbia ao insolvente*".

Anote-se que a remissão também pode ser concedida por disposição de última vontade, bem como ser tacitamente outorgada pela entrega voluntária do título da obrigação, quando por escrito particular, a um dos devedores solidários (CC, art. 386).

14.2. Cláusula, condição ou obrigação adicional

Estabelece o atual diploma a ineficácia da estipulação adicional gravosa aos codevedores solidários que não participaram da avença. Resolve, assim, dessa forma a dúvida sobre qual o resultado de tal deliberação relativamente aos demais devedores solidários que nela não foram partes, não foram ouvidas, nem lhe deram consentimento.

Prescreve, com efeito, o art. 278 do Código Civil:

"*Qualquer cláusula, condição ou obrigação adicional, estipulada entre um dos devedores solidários e o credor, não poderá agravar a posição dos outros sem consentimento destes*".

A ideia, já esposada no art. 907 do Código Civil de 1916, é que ninguém pode ser obrigado a mais do que consentiu ou desejou. Pode-se inferir, igualmente, do dispositivo transcrito, que não se comunicam os atos prejudiciais praticados pelo codevedor, mas apenas os favoráveis.

Na análise tradicional da solidariedade entram, como elementos dessa unidade de prestação, a pluralidade de laços e a representação mútua dos codevedores. Nas relações do credor com os devedores, segundo essa doutrina, presume-se que estes, uns aos outros, deram mandato recíproco, para se representar; cada codevedor é representante de todos e de cada um nas referidas relações.

A explicação harmoniza-se com o caráter específico da dívida solidária, dívida única pesando sobre muitas pessoas, e conforma-se com a vontade das partes, expressa na convenção ou interpretada pelo legislador na solidariedade legal.

Este poder de representação, porém, não é ilimitado: os codevedores se representam em todos os atos tendentes à extinção ou conservação da dívida, à melhoria de condição em face do credor e não mais. Como consequência, nenhum dos devedores está autorizado a estipular, com o credor, cláusula, condição ou obrigação adicional que agrave a obrigação e piore a posição dos representados sem o consentimento destes[54].

Segundo TITO FULGÊNCIO, "nosso sistema, entretanto, não acolheu essa doutrina de representação mútua, até mesmo pela imprecisão e arbítrio com que delineia a extensão do mandato presumido. Para a justificação destes como de todos os outros efeitos principais da solidariedade, não há necessidade de recursos extraordinários. Basta a estrutura do instituto: mesma obrigação, pluralidade de laços, tantos (com objeto único) quantos os devedores. Estipular cláusula, condição, obrigação nova, agravando a posição dos outros devedores solidários, por ato de um só, é alterar a essência do vínculo, que é filho da vontade de todos, seja convencional, seja legalmente interpretada. O ato do estipulante é seu e somente a si obriga"[55].

Conseguintemente, se um dos devedores estipula com o credor, à revelia dos demais, cláusula penal, taxa de juros mais elevada ou outra vantagem, claro que semelhante estipula-

---

54 Washington de Barros Monteiro, *Curso de direito civil*, 29. ed., v. 4, p. 186; Tito Fulgêncio, *Do direito das obrigações*, p. 322; Serpa Lopes, *Curso de direito civil*, v. II, p. 146; Manoel Ignácio Carvalho de Mendonça, *Doutrina e prática das obrigações*, t. I, p. 333.

55 *Do direito das obrigações*, p. 322.

ção será pessoal, restrita exclusivamente ao próprio estipulante, não podendo afetar, destarte, a situação dos demais codevedores, alheios à nova estipulação[56].

Desse modo, para que um aditamento contratual, acordado entre um dos devedores e o credor, obrigue solidariamente aos devedores solidários, impõe-se que nele hajam consentido.

Há, no entanto, exceções à regra de que o novo ônus só atinge a quem anuiu. O art. 204, § 1º, do atual Código proclama que a interrupção da prescrição, operada contra um dos codevedores, estende-se aos demais, havendo, assim, comunicação dos efeitos interruptivos.

14.3. Renúncia da solidariedade

Como a solidariedade constitui benefício instituído em favor do credor, pode dele abrir mão, ainda que se trate de vínculo resultante da lei.

Nesse sentido o Código Civil:

"Art. 282. O credor pode renunciar à solidariedade em favor de um, de alguns ou de todos os devedores.

Parágrafo único. Se o credor exonerar da solidariedade um ou mais devedores, subsistirá a dos demais".

Quando a renúncia é efetivada em prol de todos os coobrigados denomina-se *absoluta*. Neste caso, não mais haverá solidariedade passiva, pois cada coobrigado passará a dever *pro rata*, isto é, a responder somente por sua quota.

Trata-se de hipótese *bastante rara*. A obrigação torna-se conjunta, pois os devedores, que eram solidários, responsáveis, cada um de per si pela dívida inteira, passam à condição de devedores de obrigações únicas, distintas e separadas, sujeitos às regras comuns.

A renúncia operada em proveito de um, ou de alguns devedores apenas, intitula-se *relativa*. Ocorre quando o credor dispensa da solidariedade somente um ou outro devedor, conservando-a, todavia, quanto aos demais. Assim procedendo, o credor divide a obrigação em duas partes: uma pela qual responde o devedor favorecido, correspondente somente à sua quota; e a outra, a que se acham solidariamente sujeitos os outros[57].

Registre-se que a renúncia relativa da solidariedade acarreta os seguintes efeitos, em relação aos devedores:

a) os contemplados continuam devedores, porém não mais da totalidade, senão de sua quota-parte no débito;

b) suportam sua parte na insolvência de seus ex-codevedores (CC, art. 283).

Os não exonerados permanecem na mesma situação de devedores solidários. Contudo, o credor não poderá acioná-los senão abatendo no débito a parte correspondente aos devedores cuja obrigação deixou de ser solidária[58].

A razão é que, se o devedor pagou sua parte na dívida e foi exonerado da solidariedade, a cobrança da referida parte dos codevedores solidários recairia sobre o que já não era devido. E o beneficiado não poderia ser constrangido a pagar duas vezes, ao credor e aos outros coobrigados, a estes em regresso.

Nesse sentido, o *Enunciado n. 349 da IV Jornada de Direito Civil* disciplina que, "com a renúncia à solidariedade quanto a apenas um dos devedores solidários, o credor só poderá

---

56 Washington de Barros Monteiro, *Curso de direito civil*, 29. ed., v. 4, p. 186-187.

57 Washington de Barros Monteiro, *Curso de direito civil*, 29. ed., v. 4, p. 192; Maria Helena Diniz, *Curso de direito civil brasileiro*, 2002, v. 2, p. 202.

58 Tito Fulgêncio, *Do direito das obrigações*, p. 361-362.

cobrar do beneficiado a sua quota na dívida, permanecendo a solidariedade quanto aos demais devedores, abatida do débito a parte correspondente aos beneficiados pela renúncia".

A renúncia pode ser ainda *expressa ou tácita*. A primeira resulta de declaração verbal ou escrita, posto não solene, em que o credor abre mão do benefício; a segunda decorre de circunstâncias explícitas, que revelem de modo inequívoco a intenção de arredar a solidariedade, como quando permite o credor que o *solvens* pague apenas sua quota, dando-lhe quitação, sem ressalva de exigir-lhe o restante[59].

A renúncia tácita é uma questão puramente de fato e de intenção apurável contraditoriamente. Pode resultar de qualquer ato praticado pelo credor, dos quais, pelos termos empregados ou pelas circunstâncias, mostre-se inequívoca a intenção em remir a ação solidária, em renunciar ao pagamento indiviso, em converter o vínculo solidário em obrigação simples ou conjunta.

De uma ou de outra forma, a renúncia deve ser muito clara, pois não é de presumir-se que o credor tenha querido cercear sua garantia (*nemo juri suo facile renuntiare praesumitur*). Não pode ser inferida de meras conjecturas; na dúvida, presume-se não existir[60].

A renúncia ao benefício da solidariedade distingue-se da remissão da dívida. Com efeito, o credor que apenas renuncia a solidariedade continua sendo credor, embora sem a vantagem de poder reclamar de um dos devedores a prestação por inteiro, ao passo que aquele que remite o débito abre mão de seu crédito, liberando o devedor da obrigação[61].

15. IMPOSSIBILIDADE DA PRESTAÇÃO

Cuida o art. 279 do Código Civil das consequências do descumprimento da obrigação quando se impossibilita a prestação por culpa de um dos devedores solidários. Veja-se:

"Art. 279. Impossibilitando-se a prestação por culpa de um dos devedores solidários, subsiste para todos o encargo de pagar o equivalente; mas pelas perdas e danos só responde o culpado".

Quando a prestação se torna impossível, faz-se mister apurar se a impossibilidade decorreu ou não de culpa do devedor. Em princípio, todo inadimplemento se presume culposo. Cabe ao inadimplente provar, para se exonerar, a impossibilidade da prestação decorrente do fortuito ou da força maior. Ambos constituem excludentes da responsabilidade civil, contratual ou extracontratual, pois rompem o nexo de causalidade.

Prescreve o art. 393 do Código Civil que "*o devedor não responde pelos prejuízos resultantes de caso fortuito ou força maior, se expressamente não se houver por eles responsabilizado*".

Na doutrina, *exige-se, para a configuração do caso fortuito ou força maior, a presença dos seguintes requisitos: a) o fato deve ser necessário, não determinado por culpa do devedor, pois, se há culpa, não há caso fortuito; reciprocamente, se há caso fortuito, não pode haver culpa, na medida em que um exclui o outro; b) o fato deve ser superveniente e inevitável; c) o fato deve ser irresistível, fora do alcance do poder humano*[62].

Por outro lado, dispõe o art. 106 do Código Civil que "*a impossibilidade inicial do objeto não invalida o negócio jurídico se for relativa, ou se cessar antes de realizada a condição a que ele estiver subordinado*".

---

59 Washington de Barros Monteiro, *Curso de direito civil*, 29. ed., v. 4, p. 192.

60 Lodovico Barassi, *La teoria generalle delle obbligazione*, v. 1, p. 183; Washington de Barros Monteiro, *Curso de direito civil*, 29. ed., v. 4, p. 192.

61 Maria Helena Diniz, *Curso de direito civil brasileiro*, 2002, v. 2, p. 202.

62 Carlos Roberto Gonçalves, *Responsabilidade civil*, p. 737.

Quando o cumprimento do contrato se torna impossível, resolve-se a obrigação, porque ninguém pode fazer o impossível *(impossibilia nemo tenetur)*. No entanto, segundo o retrotranscrito art. 106 do referido diploma, a resolução só ocorre se a impossibilidade for *absoluta*, isto é, alcançar todos os homens, indistintamente.

Como expressamente consignado no aludido dispositivo, a impossibilidade *relativa* (que só ocorre em relação ao devedor) não invalida o contrato. A insolvência, por exemplo, impossibilita o devedor de solver a dívida. Mas tal impossibilidade, por ser relativa a ele, não tem efeito liberatório.

Se a impossibilidade decorrer do fortuito, resolve-se a obrigação sem ônus para qualquer das partes, como foi dito. Todavia, se decorrer de culpa ou dolo do devedor, responderá este pelo equivalente em dinheiro, mais perdas e danos.

O art. 279 ora em estudo trata da impossibilidade da prestação contraída por codevedores solidários, sendo um deles culpado. A solução apresentada no texto sugere algumas situações. Se, por exemplo, três pessoas tomaram emprestado um animal pertencente ao vizinho, tornando-se solidariamente responsáveis pela restituição, e o animal, objeto do comodato, falecer em decorrência de um raio (força maior), antes que qualquer dos comodatários estivesse em mora, todos estarão liberados, pois tal fenômeno da natureza, inevitável, afasta a responsabilidade dos devedores.

Se a morte do animal ocorrer, contudo, por culpa de todos os codevedores (por falta de tratamento de moléstia curável, conhecida de todos, p.ex.), ou quando todos haviam sido constituídos em mora, é certo que responderão, em conjunto, pelas consequências da culpa. Na última hipótese, em que os devedores já se encontravam em mora, dá-se a chamada "perpetuação da obrigação" (*perpetuatio obligationis*), que obriga o devedor a suportar os riscos, ainda que tenha havido caso fortuito ou força maior (CC, art. 399).

A hipótese tratada no aludido art. 279 do atual Código, todavia, é a da impossibilidade da prestação por culpa de *apenas um* dos devedores solidários, ou quando a impossibilidade ocorreu durante a mora de um ou de alguns dos codevedores solidários (p.ex., o animal morreu devido a uma negligência do codevedor culpado, ou em razão de um acidente quando todos já estavam constituídos em mora, não incidindo nenhuma das exceções do mencionado art. 399).

A solução legal é que todos os codevedores são responsáveis perante o credor pelo equivalente em dinheiro do animal. O culpado, porém, e só ele, responde pelas perdas e danos.

Há divergências doutrinárias a respeito dessa solução, entendendo alguns que nada justifica a diversidade de tratamento para as duas situações, quais sejam, a concernente à responsabilidade pelo equivalente e a atinente às perdas e danos. Argumenta-se que também às perdas e danos se estende a solidariedade, porque a obrigação de satisfazer os prejuízos, no caso de inexecução, decorre da lei. Por essa razão, todos os devedores deveriam suportar as consequências da culpa, que acarretou prejuízo ao credor solidário.

Nosso Código, todavia, mantendo a solidariedade quanto à obrigação de pagar o equivalente, restringe ao culpado, tão somente, a responsabilidade pelas perdas e danos. Entendeu o legislador pátrio que constituem estas uma pena, que não deve ir além do próprio culpado[63].

Com efeito, tratando-se de culpa pessoal, não pode a sanção civil ultrapassar a pessoa do próprio negligente ou imprudente, considerando-se que ninguém pode ser responsabilizado por culpa alheia. Desse modo, somente o culpado arcará com os ônus das perdas e danos.

---

63 Washington de Barros Monteiro, *Curso de direito civil*, 29. ed., v. 4, p. 187-188.

16. RESPONSABILIDADE PELOS JUROS

Reitera o legislador, no art. 280 do Código Civil, a ideia de que a responsabilidade decorrente da prática de atos eivados de culpa é pessoal e exclusiva. O devedor culpado responde aos codevedores solidários pela obrigação acrescida. Senão, vejamos:

"Art. 280. Todos os devedores respondem pelos juros da mora, ainda que a ação tenha sido proposta somente contra um; mas o culpado responde aos outros pela obrigação acrescida".

Malgrado o retardamento culposo seja imputável a um só devedor, respondem todos perante o credor pelas consequências da inexecução da obrigação, ressaltando-se, dentre elas, os juros da mora (CC, art. 407).

Juros são os rendimentos do capital. São considerados frutos civis da coisa, assim como os aluguéis. Representam o pagamento pela utilização de capital alheio. Integram a classe das coisas acessórias (CC, art. 95).

Os *juros moratórios são devidos em razão do inadimplemento e correm a partir da constituição em mora.* Podem ser convencionados ou não, sem que para isso exista limite previamente estipulado na lei.

No primeiro caso denominam-se *moratórios convencionais.* Mesmo que não sejam convencionados, os juros moratórios serão sempre devidos à taxa legal, que corresponderá à taxa referencial do Sistema Especial de Liquidação e de Custódia (Selic), deduzido o índice de atualização monetária de que trata o parágrafo único do art. 389 do Código, nos termos do art. 406, § 1º, do CC, com a redação dada pela Lei n. 14.905/2024 (CC, art. 406. *V.* a propósito "*Regulamentação legal*", Título IV, Capítulo IV, n. 3, *infra*). São devidos ainda que se não alegue prejuízo, nem tenham sido pedidos na inicial[64]. É que o prejuízo resulta do próprio fato do retardamento culposo do devedor em cumprir a obrigação ou executar a prestação com que o credor contava[65].

Do ponto de vista das relações internas, oriundas da solidariedade, concernente às relações particulares entre os devedores, só o culpado acabará arcando com as consequências do pagamento dos juros da mora, no acerto final entre eles, pela via regressiva. Trata-se de outra aplicação do princípio da responsabilidade pessoal e exclusiva, pelos atos maculados pela culpa, suprarreferido (*auctore non egrediuntur*)[66].

Alguns vislumbram uma contradição com o dispositivo anterior, que responsabiliza somente por perdas e danos o culpado, enquanto o ora comentado (art. 280) responsabiliza todos, sendo culpado um só, por juros da mora, que são perdas e danos.

Não há, entretanto, contradição alguma. O art. 279 do Código Civil cogita de perdas e danos, cujo conceito está expresso no art. 402, ao passo que os juros da mora são acessórios da obrigação principal, dela inseparáveis, sob pena de quebra da solidariedade.

O preceito ora em estudo não é mais do que uma consequência lógica da unidade da obrigação, elemento essencial da solidariedade, quer ativa, quer passiva: a constituição em

---

64 "Consoante o entendimento do STJ, os juros de mora e a correção monetária, por constituírem consectários legais, integram os chamados pedidos implícitos e possuem natureza de ordem pública, podendo ser apreciados a qualquer tempo nas instâncias ordinárias, desde que não tenha ocorrido decisão anterior sobre a questão, razão pela qual não há como restar caracterizado o julgamento *extra petita*" (STJ, AgInt no AREsp 662.842-RS, 1ª T., rel. Min. Gurgel de Faria, j. 8-2-2021).

65 "Juros. Não precisam ser expressamente pedidos, quando constituam acessório do que foi pleiteado na inicial" (STJ, REsp 41.465-2-RJ, 3ª T., rel. Min. Eduardo Ribeiro, *DJU*, 13-6-1994, p. 15.105). Proclama a Súmula 254 do Supremo Tribunal Federal: "Incluem-se os juros moratórios na liquidação, embora omisso o pedido inicial ou a condenação".

66 Washington de Barros Monteiro, *Curso de direito civil*, 29. ed., v. 4, p. 188.

mora de um dos devedores vale a de todos os outros que com o mesmo credor contraíram a mesma obrigação[67].

17. MEIOS DE DEFESA DOS DEVEDORES

Meios de defesa são os fundamentos pelos quais o demandado pode repelir a pretensão do credor, alegando que o direito que este invoca nunca existiu validamente ou, tendo existido, já se extinguiu, ou ainda não existe[68].

O art. 281 do Código Civil distingue, a propósito, entre as *exceções comuns* (que aproveitam a todos os devedores) e as *exceções pessoais* (que apenas podem ser opostas por cada um deles), nestes termos:

"Art. 281. O devedor demandado pode opor ao credor as exceções que lhe forem pessoais e as comuns a todos; não lhe aproveitando as exceções pessoais a outro codevedor".

Lembra Washington de Barros Monteiro que, "no direito romano, a palavra *exceção* não tinha o significado que hoje apresenta. Criação do *jus praetorium* ou *honorarium*, tinha por objeto suavizar o rigor e a inflexibilidade do *jus civile*. Por ela se reconheciam fatos, que tornavam iníqua a condenação do réu, não obstante fundada na literalidade da lei. Ficava assim o juiz autorizado a absolvê-lo, embora fundamentada a lide, de fato e de direito, desde que circunstâncias se lhe opusessem, paralisando-a por algum elevado sentimento de justiça, por exemplo, por ocorrência de dolo ou coação. Modernamente, porém, exceção é defesa. Nesse sentido, contrasta com ação, pois, enquanto esta é ataque, aquela é defesa, ou, como se expressava Cujácio, *actio est telus et exceptio clypeus*"[69].

Exceções, no sentido legal, são as defesas propriamente ditas que o devedor solidário, acionado, pode alegar em contrário à pretensão do credor. É, na linguagem técnica, a indireta contradição do réu à ação do autor.

Como já comentado, na obrigação solidária, malgrado a dívida seja única, há multiplicidade de vínculos em decorrência da existência de mais de uma pessoa no polo passivo ou no polo ativo. Qualquer devedor demandado pode opor a defesa que tiver contra a própria obrigação. Pode atacá-la, alegando, por exemplo, prescrição, nulidade, extinção etc. Essas defesas ou exceções, porque podem ser arguidas por qualquer devedor, são chamadas de *comuns*, *reais* ou *gerais*[70].

A jurisprudência do *Superior Tribunal de Justiça* é no sentido de que, em se tratando de condenação solidária, é possível ao credor direcionar o cumprimento da sentença a qualquer um dos devedores, não havendo que se falar em litisconsórcio passivo necessário ou chamamento ao processo em fase de cumprimento de sentença[71].

---

67 Tito Fulgêncio, *Do direito das obrigações*, p. 331-332. *V.* a jurisprudência: "Aval. Ação fundada em contrato de mútuo e em cambial dele derivada. Títulos executivos originários de um mesmo negócio jurídico. Vinculação jurídica do avalista às verbas acessórias expressamente avençadas (juros da mora e multa contratual)" (*RT*, 662/194, 659/104).

68 Antunes Varela, *Direito das obrigações*, v. I, p. 303.

69 *Curso de direito civil*, 29. ed., v. 4, p. 189.

70 "As exceções *comuns* reportam-se ao *objeto* da obrigação ou à sua *fonte*, objetivamente considerada, e por isso aproveitam a todos os devedores. É o caso da falta de forma, da impossibilidade ou ilicitude da prestação ou do fim negocial, da exceção do não cumprimento, da resolução por inadimplemento do credor, da não verificação da condição ou do termo (não referentes a um só dos devedores), do cumprimento e dos outros modos de satisfação do crédito" (Antunes Varela, *Direito das obrigações*, 1977, v. I, p. 303).

71 STJ, AgInt no REsp 1825928-MG, 4ª T., rel. Min. Ministro Raul Araújo, j. 18-12-2023.

Como a obrigação solidária é subjetivamente complexa, podem existir meios de defesa, exceções, particulares e próprias só a um, ou alguns, dos devedores. Aí, então, só o devedor exclusivamente atingido por tal exceção poderá alegá-la. São as exceções *pessoais*, que não atingem nem contaminam o vínculo dos demais devedores. Assim, um devedor que se tenha obrigado por erro só poderá alegar esse vício de vontade em sua defesa. Os outros devedores, que se obrigaram sem qualquer vício, não podem alegar em sua defesa a anulabilidade da obrigação, porque o outro coobrigado laborou em erro. Destarte, cada devedor pode opor em sua defesa, nas obrigações solidárias, as exceções gerais (todos os coobrigados podem fazê-lo), bem como as exceções que lhe são próprias, as pessoais. Assim, não pode o coobrigado, que se compromete livre e espontaneamente, tentar invalidar a obrigação porque outro devedor entrou na solidariedade sob coação[72].

Como cada devedor, nas obrigações solidárias, deve o todo, mas não deve mais de uma vez, os meios de defesa, que buscam a liberação de um, procuram igualmente a liberação de todos os coobrigados, não havendo diversas categorias de defesas. Ao lado da unidade da dívida, porém, como anotado, está a multiplicidade de vínculos obrigacionais, que pode gerar meios distintos de defesa[73].

As exceções *comuns*, que aproveitam a todos os devedores, distribuem-se em dois ramos:

1) As resultantes da *natureza da obrigação*: são os meios de defesa intrínsecos, no sentido de terem fundamento na obrigação, ou seja, aquelas que se prendem aos vícios primitivos de sua origem e resultam de um fato comum a todo o feixe das obrigações constitutivas da solidariedade.

São exemplos típicos, dentre outros: a) a nulidade absoluta do negócio jurídico; b) a anulabilidade do negócio jurídico, resultante da incapacidade de todos os codevedores, ou de um vício do consentimento experimentado por todos os codevedores; c) falso motivo, nos termos do art. 140 do Código Civil, quando relativo a todos os devedores; d) não implemento de condição suspensiva ou não esgotamento do termo; e) inadimplemento da obrigação pelo credor, nos contratos bilaterais, permitindo a arguição da *exceptio non adimpleti contractus*.

2) As causas de *extinção da obrigação* atuando em relação a todos os devedores.

Tais são, dentre outras: a) pagamento, que mesmo feito por um só aproveita a todos; b) dação em pagamento, desde que o credor consinta em receber de um dos devedores coisa que não seja dinheiro, em substituição da prestação que lhe era devida (CC, art. 356); c) pagamento em consignação, que é modo indireto de extinção de obrigação; d) novação, compensação e transação; e) impossibilidade da prestação, decorrente do fortuito ou força maior; f) remissão; g) confusão; h) prescrição[74].

Quanto às exceções *pessoais*, o Código faz distinções entre as pessoais ao credor demandado e as pessoais a outro codevedor. As *simplesmente pessoais* são as que o devedor demandado pode pessoalmente invocar, mas podem ser opostas pelos demais, até a concorrência

---

[72] Sílvio de Salvo Venosa, *Direito civil*, v. II, p. 141.

[73] "As exceções *pessoais*, como o próprio nome indica, são as que se fundam em circunstâncias inerentes à *pessoa* de um dos devedores (incapacidade, falta de vontade, erro, dolo, coação, simulação etc.) ou em *situações* de que *só ele seja titular* (crédito de um dos codevedores contra o credor). Desde que a relevância jurídica de tais fatos dependa, como geralmente sucede, da vontade das pessoas a quem eles respeitam, as exceções correlativas só por essas pessoas podem ser opostas" (Antunes Varela, *Direito das obrigações*, v. I, p. 303).

[74] Tito Fulgêncio, *Do direito das obrigações*, p. 345-351. *V.* a jurisprudência: "Ação proposta contra o avalista. Pagamento parcial da dívida alegado em embargos. Exceção respeitante às condições objetivas e materiais do direito de crédito. Oposição admissível, eis que equiparado ao obrigado. Incomunicabilidade apenas das que respeitem exclusivamente à pessoa do avalizado" (*RT*, 662/162).

da parte daquele na dívida, como: a) a remissão subjetiva, a concedida a um dos codevedores e que importa a diminuição correspondente da dívida (CC, art. 388); b) a confusão, que pode realizar-se na pessoa de um dos devedores solidários e comunicar-se aos outros com igual eficácia, limitada à quota daquele a cujo respeito diretamente aproveitava; c) a renúncia da solidariedade feita pelo credor em favor de um ou de alguns dos devedores.

As exceções *pessoais a outro codevedor* são as que o devedor demandado pode pessoalmente invocar para o todo, mas que não aproveitam aos outros devedores nem no tocante à porção na dívida do devedor em cuja pessoa a exceção nasceu, tais como as fundadas na incapacidade relativa do agente, no vício resultante de erro, dolo, coação etc. Nesses casos o que há é um codevedor a menos para suportar o encargo da dívida, mas o montante desta não diminui, permanecendo cada um dos outros devedores obrigado pela totalidade.

Essas exceções não aproveitam a outro coobrigado, diz o dispositivo ora comentado, sem distinção alguma[75].

Em vários capítulos do Código Civil são encontradas disposições que interessam à solidariedade passiva, algumas delas relacionadas com institutos mencionados nos comentários feitos ao art. 269 e também ao art. 281 ora em estudo, como novação, compensação, transação, confusão e cessão de crédito, que merecem destaque.

Assim, dispõe o art. 365 do estatuto civil:

"Operada a novação entre o credor e um dos devedores solidários, somente sobre os bens do que contrair a nova obrigação subsistem as preferências e garantias do crédito novado. Os outros devedores solidários ficam por esse fato exonerados".

Novação é criação de obrigação nova, para extinguir uma anterior. É, pois, modo extintivo de obrigação, embora não satisfativo. Extinta a obrigação antiga exaure-se a solidariedade. Contudo, a avença envolve apenas os que nela tomaram parte. Os que não participaram da criação da obrigação nova ficam, em consequência, exonerados.

Prescrevia o art. 1.020 do Código Civil de 1916 que "o devedor solidário só pode compensar com o credor o que este deve ao seu coobrigado, até ao equivalente da parte deste na dívida comum".

Admitia, assim, o aludido dispositivo que o devedor solidário, cobrado, compensasse com o credor o que este devia a seu coobrigado, mas só até o limite da quota deste na dívida comum. Embora, no débito solidário, cada devedor responda pela dívida inteira perante o credor, entre eles, no entanto, cada qual só deve a sua quota. O legislador, no dispositivo em questão, levou em consideração o princípio da *reciprocidade*, que deve existir entre os coobrigados solidários, pois o escolhido pelo credor tem ação regressiva contra os demais, para cobrar de cada um a respectiva quota.

Malgrado o atual Código Civil não contenha dispositivo igual a esse, o princípio da reciprocidade, acolhido neste capítulo, e as normas atinentes às obrigações solidárias (arts. 264 a 285) autorizam a solução de casos futuros com base na referida regra.

Por sua vez, proclama o art. 844 do diploma em apreço: "*a transação não aproveita, nem prejudica senão aos que nela intervierem, ainda que diga respeito a coisa indivisível*". Aduz o § 2º que, se o aludido negócio jurídico for celebrado "*entre um dos credores solidários e o devedor, extingue a obrigação deste para com os outros credores*". Complementa o § 3º que, se

---

[75] Tito Fulgêncio, *Do direito das obrigações*, p. 352-354. *V.* a jurisprudência: "Oponibilidade, pelo avalista, de exceções fundadas em fato que só ao avalizado diz respeito. Inadmissibilidade. Possibilidade da oposição, entretanto, no que se refere à própria existência do débito, se o título não circulou" (STJ, *RT*, 784/191).

realizada "*entre um dos devedores solidários e seu credor, extingue a dívida em relação aos codevedores*".

Verifica-se, assim, que a transação extingue a obrigação não só dos transigentes, como dos outros interessados.

Ainda com repercussão na solidariedade, prescreve o art. 383 do atual Código: "*A confusão operada na pessoa do credor ou devedor solidário só extingue a obrigação até a concorrência da respectiva parte no crédito, ou na dívida, subsistindo quanto ao mais a solidariedade*".

Assim, em se tratando de obrigação solidária passiva, e na pessoa de um só dos devedores reunirem-se as qualidades de credor e devedor, a confusão operará somente até à concorrência da quota deste. Se ativa a solidariedade, a confusão será também parcial ou *imprópria* (em contraposição à confusão *própria*, abrangente da totalidade do crédito), permanecendo, quanto aos demais, a solidariedade.

Se houver cessão de crédito, devem ser notificados todos os devedores solidários, para os fins do art. 290 do Código Civil em vigor.

O tema da eficácia da *coisa julgada* em relação aos devedores solidários que não participaram da ação é solucionado pela legislação processual. Dispõe o art. 506 do Código de Processo Civil: "A sentença faz coisa julgada às partes entre as quais é dada, não prejudicando terceiros". Desse modo, o credor que sucumbiu em ação movida contra um dos devedores solidários não fica inibido de formular novo pedido contra os demais coobrigados, que não podem arguir coisa julgada. A solução para evitar decisões conflitantes é, havendo oportunidade, reunir os processos para decisão conjunta.

Segundo o art. 282 do Código Civil, "O credor pode renunciar à solidariedade em favor de um, de alguns ou de todos os devedores. Parágrafo único. Se o credor exonerar da solidariedade um ou mais devedores, subsistirá a dos demais".

E o *Enunciado n. 351 da IV Jornada de Direito Civil* corretamente declara que "a renúncia à solidariedade em favor de determinado devedor afasta a hipótese de seu chamamento ao processo". Isto porque, como observa José Fernando Simão[76], "se um dos devedores foi beneficiado pela renúncia, para ele não há solidariedade e sua relação se tornou autônoma quanto às demais".

18. RELAÇÕES DOS CODEVEDORES ENTRE ELES

A solidariedade existe apenas nas relações entre devedores e credor. Extinta a dívida, o que surge é um complexo de relações entre os próprios codevedores. Nessa nova fase tudo o que importa é a apuração ou o rateio da responsabilidade entre os próprios codevedores, pois entre eles a obrigação é divisível. Resta tão somente partilhar entre todos a quota atribuída a cada um no débito extinto[77].

Dispõe, com efeito, o art. 283 do Código Civil:

"O devedor que satisfez a dívida por inteiro tem direito a exigir de cada um dos codevedores a sua quota, dividindo-se igualmente por todos a do insolvente, se o houver, presumindo-se iguais, no débito, as partes de todos os codevedores".

Como já mencionado, os *efeitos* da solidariedade passiva decorrem, em regra, de dois princípios: *unidade de dívida* e *pluralidade de vínculos*. Perante os credores, todos os devedores, e cada um de per si, respondem pela dívida inteira. Entretanto, em face de seus consortes

---

[76] *Código Civil comentado*: doutrina e jurisprudência, 2021, p. 168.

[77] Serpa Lopes, *Curso de direito civil*, v. II, p. 157-158.

e da pluralidade de vínculos existentes, a obrigação já não é una. O débito se divide e cada devedor responde apenas pela sua quota na dívida comum.

Desse modo, a obrigação é solidária apenas na relação externa entre os devedores e o credor. Quem paga toda a dívida ao credor, solve a sua parte e adianta a *rata* de seus consortes. Por essa razão faz jus ao reembolso, pela via regressiva.

Foram os glosadores, no direito romano, que ensinaram, com o seu senso de equidade, que o regresso entre os corréus devia ter lugar sempre, e que as quotas, salvo prova em contrário, se presumiam iguais. Os práticos aceitaram a regra, a jurisprudência seguiu-a, e os Códigos, como o nosso, mais não fizeram que converter em preceito de lei o equitativo princípio: a obrigação é solidária entre o credor e os devedores, e é *pro rata* nas relações entre si. Qual deles pagou a dívida tem direito de exigir de cada um dos outros a sua parte contributiva, a sua quota[78].

18.1. Direito de regresso

Afastando diversas teorias existentes a respeito do fundamento jurídico do direito de regresso (mandato, gestão de negócios, fiança, contrato de sociedade, enriquecimento sem causa), optou o legislador brasileiro pela corrente que vislumbra, *in casu*, hipótese de sub-rogação legal.

Dispõe, com efeito, o art. 346, III, do atual Código que se opera a sub-rogação, de pleno direito, em favor do terceiro interessado, que paga a dívida pela qual era ou podia ser obrigado, no todo ou em parte[79].

As quotas dos codevedores presumem-se iguais. Nada impede, contudo, que sejam desiguais, pois a referida presunção é apenas relativa. Incumbe ao devedor, que pretende receber mais, o ônus da prova da desigualdade nas quotas, da mesma forma que compete tal encargo ao devedor acionado, que pretende pagar menos (CPC/2015, art. 373, II).

O acerto entre os codevedores se faz por meio da ação regressiva (*actio de in rem verso*). São pressupostos da referida ação:

a) que o devedor *tenha satisfeito a dívida*. O pagamento, direto ou indireto, extingue a dívida e libera todos os devedores para com o credor. A simples exibição do título pelo devedor autoriza o regresso, à vista do disposto no art. 324 do Código Civil. Se um devedor satisfez a dívida e não comunicou o fato a outro codevedor que, por esse motivo, também pagou ao credor, contra este último caberá o regresso, não contra o que efetuou o segundo pagamento. Este é que tem regresso contra os que nada pagaram;

b) que o devedor tenha satisfeito a dívida *por inteiro*. Admite-se, nas obrigações de trato sucessivo, o direito de regresso ao devedor que pagou as *partes vencidas*, pois satisfez toda a dívida cujo pagamento podia ser reclamado. Admite-se o mesmo direito a quem fez pagamento parcial, estando a dívida vencida.

Argumenta nesse sentido Tito Fulgêncio, com apoio em Duranton, Demolombe, Larombière, Lacantinerie e Barde, Mellucci, Giorgi e Huc: se a lei supõe a dívida paga por inteiro é por ser hipótese ordinária de extinção da obrigação, e também para determinar o alcance do recurso de quem pagou, de maneira a restringi-lo à parte e porção pela qual cada um responde na dívida. Mas certamente não quis recusar o recurso ao que fez apenas um

---

78 Tito Fulgêncio, *Do direito das obrigações*, p. 367-368.

79 "O coavalista que satisfez o débito tem *execução* contra os demais" (*RTJ*, 124/1244; *RT*, 668/107). "O fiador que pagar a dívida poderá executar o afiançado nos autos do mesmo processo" (CPC, art. 794, § 2º). Também o avalista: *RT*, 593/146.

pagamento parcial, porque com o seu ato também fez, até a devida concorrência, um adiantamento no interesse dos outros, a quem procurou liberação parcial[80].

Se um dos codevedores for insolvente, a parte da dívida correspondente será rateada entre todos os codevedores, inclusive os exonerados da solidariedade pelo credor (CC, art. 284).

A doutrina justifica a regra com o princípio característico da sociedade, que reparte entre os cointeressados os lucros e perdas dos negócios comuns. Seria, efetivamente, injusto que a perda decorrente da insolvência de um dos coobrigados fosse suportada exclusivamente por um deles, escolhido aleatoriamente pelo credor para fazer o adiantamento do total no interesse de todos.

Nas relações jurídicas dos codevedores entre si, distingue-se, além da hipótese tratada no art. 283 retrotranscrito, em que todos eles são interessados, igual ou desigualmente, no negócio para que se contraiu, ou de que se originou a dívida, a em que semelhante negócio interessa tão somente a um dos codevedores solidários e que é matéria do art. 285, *verbis*:

"Se a dívida solidária interessar exclusivamente a um dos devedores, responderá este por toda ela para com aquele que pagar".

Como se observou, nos comentários ao art. 283, a presunção ali estabelecida, de igualdade, no débito, das quotas de todos os coobrigados, é *juris tantum*, admitindo, portanto, prova em contrário.

Pode, no entanto, haver desigualdade, mesmo que a dívida interesse exclusivamente a um dos devedores, ou seja, que o negócio jurídico que deu origem ao débito só diga respeito a um dos devedores.

A situação delineada no dispositivo em estudo pode ser representada dessa forma, *ad exemplum*: "A" tem necessidade de obter um empréstimo para efetuar a colheita em sua propriedade rural. O banco exige a garantia de dois avalistas. O referido mutuário obtém o aval, lançado de favor no título, dos amigos "B" e "C", que se tornam, assim, devedores solidários, tanto quanto o emitente do título, que pode ser uma nota promissória ou outra espécie de título, perante o estabelecimento de crédito.

Nesse caso, temos o devedor "A" como embolsador da importância emprestada e único interessado em sua aplicação, e "B" e "C" como devedores por aval de favor.

Vencido e não pago o título que representa a dívida, pode o credor cobrá-la integralmente de qualquer devedor solidário, mesmo que não seja o principal interessado, mas apenas avalista ou fiador. Se um destes saldá-la sozinho, terá ação regressiva contra o referido emitente, podendo dele cobrar todo o valor pago. Mas dos coavalistas ou fiadores só poderá cobrar a cota de cada um, segundo dispõe o aludido art. 283.

Nas relações externas com o credor, ou seja, perante este, todos os devedores, tanto o interessado como os demais, encontram-se na situação jurídica de devedores solidários. Por essa razão, cada um é obrigado pela dívida inteira, estando todos sujeitos ao regime comum da solidariedade, nos termos do art. 264 do Código Civil.

No tocante às relações internas entre os devedores, o Código disciplina somente as que se formam entre o codevedor interessado e os não interessados, submetendo-as, ao declarar ser aquele responsável por toda a dívida para com aquele que pagar, à mesma disciplina da fiança, pois na realidade estes serão tratados como autênticos fiadores (CC, art. 818).

Se o único interessado paga a dívida inteira, nenhuma ação tem contra os codevedores não interessados, pois nada mais fez do que solver a sua obrigação. Se, no entanto, estes efe-

80 *Do direito das obrigações*, p. 371.

tuam o pagamento, ficam sub-rogados no direito do credor e têm direito a se ressarcir, nos termos dos arts. 831 a 833 do Código Civil.

Os coobrigados não interessados, colocados na posição de fiadores, podem estipular a divisão da dívida. Dispõe, com efeito, o art. 829 do Código Civil: "*A fiança conjuntamente prestada a um só débito por mais de uma pessoa importa o compromisso de solidariedade entre elas, se declaradamente não se reservarem o benefício de divisão*".

Podem também fixar o limite da responsabilidade, como o permite o art. 830 do mesmo diploma, *verbis*: "*Cada fiador pode fixar no contrato a parte da dívida que toma sob sua responsabilidade, caso em que não será por mais obrigado*".

É evidente que a prova dessas situações particulares incumbe a quem as alega em seu favor. Na dúvida ou falta de prova completa da exceção, a obrigação presume-se concernir a todos, em igualdade de condições.

18.2. Insolvência de um dos codevedores solidários

O estado de insolvência de um dos codevedores solidários impede o procedimento do rateio de forma igualitária, determinando o acréscimo da responsabilidade dos codevedores para cobrir o desfalque daí resultante. Disciplina o assunto o art. 284 do Código Civil:

"*No caso de rateio entre os codevedores, contribuirão também os exonerados da solidariedade pelo credor, pela parte que na obrigação incumbia ao insolvente*".

Assim, por exemplo, se quatro são os devedores solidários e um deles cai em insolvência, os outros três respondem, em partes iguais, pela quota deste, ainda que um deles tenha sido exonerado da solidariedade pelo credor.

Para melhor compreensão, ilustra-se: O credor de "A", "B", "C" e "D", pela quantia de R$ 360.000,00, renunciou à solidariedade em prol do primeiro ("A"), que lhe pagou a sua parte, correspondente a R$ 90.000,00. Posteriormente, "D" caiu em estado de insolvência, ficando impossibilitado de contribuir para o pagamento da dívida, tendo "B" efetuado sozinho o pagamento dos R$ 270.000,00 restantes. Nesse caso, este último ("B"), como titular do direito de regresso, poderá exigir de "C" a soma de R$ 120.000,00 (R$ 90.000,00 da sua quota + R$ 30.000,00 de participação na quota do insolvente), de "A" (exonerado da solidariedade) R$ 30.000,00 (participação na quota do insolvente), ficando ele próprio desfalcado também de R$ 120.000,00 (R$ 90.000,00 da sua quota inicial, acrescidos da participação, no montante de R$ 30.000,00, na parte do insolvente).

É direito dos coobrigados repartir, entre todos, inclusive o devedor exonerado pelo credor, a parte do insolvente. Pode o credor romper o vínculo da solidariedade em relação ao seu crédito, mas não pode dispor do direito alheio[81].

Já se sustentou que essa regra não se harmoniza com os princípios de direito, porque cada devedor, em suas relações com os demais, está obrigado pela sua quota, de modo que cada um deles confere mandato ao outro para pagar ao credor a parte da dívida respectiva.

Para essa corrente, se o mandatário não puder receber do mandante, dada a insolvência, o que pagou por conta deste, dever arcar sozinho com a perda, por não haver pensado melhor antes de aceitar o mandato.

Entretanto, é de se salientar que a disposição é imposta pela equidade, visto que, podendo um ou outro, dentre os vários devedores, ser escolhido pelo credor para pagar a dívida inteira, não seria razoável agravar a condição do eleito, imputando-lhe toda a quota do insol-

---

81 Washington de Barros Monteiro, *Curso de direito civil*, 29. ed., v. 4, p. 196.

vente, com exclusividade. Mais lógico se mostra manter a igualdade de condições, pondo a cargo de todos a parte do insolvente.

A divisão ou rateio se faz igualmente, diz o art. 283 do atual Código Civil. Naturalmente, porque se presumem iguais, no débito, as partes de todos os devedores. Excepcionalmente, todavia, podem ser desiguais as quotas. Neste caso, desiguais serão as partes no *déficit*, proporcionalmente ao montante de cada uma.

A insolvência do coobrigado pode ser anterior, contemporânea ou posterior ao pagamento. Em qualquer caso aplica-se o dispositivo ora em estudo. Efetivamente, a causa do direito de regresso é o princípio, já referido, próprio da sociedade, de que, embora dissolvida pelo pagamento, continua subsistente para os efeitos da liquidação dos interesses sociais.

A insolvência, que é a base ou fundamento da pretensão de repartição dos ônus, deve ser provada pelo devedor que move a ação de regresso, admitindo-se a prova pelos meios comuns, que convençam o juiz da inferioridade do ativo sobre o passivo do devedor apontado como insolvente. Em geral, tal estado se manifesta na execução que o devedor solvente regressivamente promove contra os codevedores.

Extinta a insolvência pela recuperação patrimonial do devedor que nela incidiu, cada um dos outros codevedores que arcaram com o prejuízo, pagando a quota do insolvente, pode repetir quanto pagou além da sua quota, por conta da referida insolvência.

Se todos os outros codevedores caírem em insolvência, pode o credor exigir do beneficiário da remissão o total da dívida. Essa a conclusão a que chega Tito Fulgêncio, apoiado em Colmet de Santerre, Demolombe, Lacantinerie e Barde: "Se o devedor exonerado deve suportar proporcionalmente a perda no caso de insolvência de um ou de alguns dos outros codevedores, segue-se que deve suportá-la inteiramente quando todos estes são insolventes... Concedendo-lhe a remissão da solidariedade, simplesmente entende dispensá-lo de fazer o adiantamento a seus coobrigados"[82].

[82] *Do direito das obrigações*, p. 388.

Capítulo VII

OUTRAS MODALIDADES DE OBRIGAÇÕES

DAS OBRIGAÇÕES CIVIS E NATURAIS

Sumário: 1. Distinção entre obrigação civil e obrigação natural. 2. Obrigação natural. 2.1. Conceito e características. 2.2. Natureza jurídica da obrigação natural. 2.3. Casos de obrigação natural no direito brasileiro. 2.4. Efeitos da obrigação natural.

1. DISTINÇÃO ENTRE OBRIGAÇÃO CIVIL E OBRIGAÇÃO NATURAL

As várias modalidades de obrigações, como visto, podem ser classificadas de diversas formas (quanto à exigibilidade, ao fim, ao momento de seu cumprimento, aos elementos acidentais, à liquidez, reciprocamente consideradas etc.), obedecendo cada qual a regime próprio.

Também já foi dito que a obrigação, quando cumprida, extingue-se. Não cumprida, dá origem à responsabilidade, que é patrimonial: o patrimônio do devedor responde por suas obrigações. Para exigir o seu cumprimento pode o credor agir coercitivamente, valendo-se do Poder Judiciário, se necessário. Diz-se que a obrigação, nesse caso, é *civil*, ou *perfeita*, porque acham-se presentes todos os seus elementos constitutivos: sujeito, objeto e vínculo jurídico.

Esse vínculo jurídico, oriundo de diversas fontes, representa a garantia do credor, pois sujeita o devedor a determinada prestação em seu favor, conferindo-lhe, não satisfeita a obrigação, o direito de exigir judicialmente o seu cumprimento, penhorando os bens do devedor. Obrigação *civil*, portanto, é a que encontra respaldo no direito positivo, podendo seu cumprimento ser exigido pelo credor, por meio de ação.

Quando falta esse poder de garantia ou a responsabilidade do devedor, diz-se que a obrigação é *natural* ou, na técnica dos escritores alemães, *imperfeita*. Trata-se de obrigação sem garantia, sem sanção, sem ação para se fazer exigível. Nessa modalidade o credor não tem o direito de exigir a prestação, e o devedor não está obrigado a pagar. Em compensação, se este, voluntariamente, efetua o pagamento, não tem o direito de repeti-lo.

Na obrigação natural não cabe o pedido de restituição da importância paga em razão da *soluti retentio* (expressão usada no direito romano e que significa *retenção do pagamento*) existente em favor do credor. A referida retenção é, segundo alguns autores, o único efeito que o direito positivo atribui à obrigação natural.

As obrigações civis e as obrigações naturais distinguem-se, pois, quanto à *exigibilidade* de cumprimento. As primeiras representam a grande generalidade, enquanto as segundas constituem uma figura muito especial, com escasso interesse prático no direito moderno[1].

A obrigação *civil*, ou *comum*, apresenta as seguintes características: se o devedor ou um terceiro realiza voluntariamente a prestação, o credor tem a faculdade de retê-lo a título de pagamento (*soluti retentio*). Se, no entanto, não ocorrer o cumprimento voluntário, o credor poderá exigi-lo judicialmente e executar o patrimônio do devedor. O ordenamento jurídico, nesse caso, coloca, à sua disposição, a competente ação.

Diversamente ocorre com a obrigação *natural*. Nela, se o devedor cumprir voluntariamente o avençado, o credor goza da *soluti retentio*, podendo reter a prestação a título de pagamento da prestação devida. Todavia, se o devedor não a cumprir voluntariamente, o credor não dispõe de ação alguma para exigir judicialmente o seu cumprimento, não podendo executar coercitivamente a obrigação. Trata-se, como já dito, de obrigação despida de sanção, de tutela judicial.

A grande dificuldade encontrada pelos doutrinadores para explicar a natureza jurídica da obrigação natural reside nessa aparente contradição existente entre a carência da ação judicial, por um lado, e o direito de retenção da prestação pelo credor, como pagamento devido, por outro[2].

2. OBRIGAÇÃO NATURAL

2.1. Conceito e características

Assevera Washington de Barros Monteiro[3] que a obrigação natural não constitui relação de direito, mas relação de fato. Todavia, é relação de fato *sui generis*, porque, mediante certas condições, como o pagamento espontâneo por parte do devedor, vem a ser atraída para a órbita jurídica, porém, para um único efeito, a *soluti retentio*.

Alberto Trabucchi[4], por sua vez, assinala que, na história do direito, a obrigação natural tem significado, substancialmente, uma relação que, embora não protegida por uma ação para constranger o devedor a seu cumprimento, não obstante possui uma tutela jurídica parcial. O cumprimento espontâneo de tal obrigação se considera como pagamento de um débito e, portanto, se nega ao que a cumpriu o remédio da *condictio indebiti*, pelo qual o sujeito que paga sem ser devedor pode obter a restituição.

De acordo com o conceito de Andrea Torrente[5], obrigação natural é relação não jurídica, que adquire eficácia jurídica através do seu adimplemento. Sergio Carlos Covello, por sua vez, se vale do conceito estampado em vários códigos sul-americanos: é a obrigação que não confere o direito de exigir seu cumprimento, mas, se cumprida espontaneamente, autoriza a retenção do que foi pago. Mais adiante, aduz: "Consequentemente, a obrigação natural constitui, tanto quanto a obrigação civil, relação pré-constituída de crédito e débito que, por alguma razão de ordem legislativa, não se elevou ao nível das obrigações civis, ou, então, tendo sido obrigação civil, perdeu por força de lei, sua exigibilidade"[6].

---

1 Antunes Varela, *Direito das obrigações*, v. I, p. 283; Caio Mário da Silva Pereira, *Instituições de direito civil*, v. II, p. 19; Sílvio de Salvo Venosa, *Direito civil*, v. II, p. 47.

2 Antunes Varela, *Direito das obrigações*, v. I, p. 284.

3 *Curso de direito civil*, 29. ed., v. 4, p. 226.

4 *Instituciones de derecho civil*, v. II, p. 13-14.

5 *Manuale di diritto privato*, p. 298.

6 *A obrigação natural*, p. 71-72 e 76.

Dispõe o art. 402º do Código Civil português: "A obrigação diz-se natural, quando se funda num mero dever de ordem moral ou social, cujo cumprimento não é judicialmente exigível, mas corresponde a um dever de justiça". Aduz o art. 403º que "não pode ser repetido o que for prestado espontaneamente em cumprimento de obrigação natural, exceto se o devedor não tiver capacidade para efetuar a prestação". Finaliza o art. 404º: "As obrigações naturais estão sujeitas ao regime das obrigações civis em tudo o que não se relacione com a realização coativa da prestação, salvas as disposições especiais da lei".

A principal característica das obrigações naturais consiste, como afirma Mario Rotondi[7], no fato de que seu inadimplemento não dá ensejo à pretensão de uma execução ou de um ressarcimento e pela circunstância de que seu cumprimento espontâneo é válido, não comportando repetição. Dessa forma, o credor retém para si, não a título de liberalidade, uma certa prestação, que não podia reclamar judicialmente, uma vez que o devedor não faz mais do que dar o seu a seu dono. Ter-se-á obrigação natural sempre que se possa afirmar que uma pessoa deve a outra determinada prestação por um dever de justiça, devido à existência anterior de um débito inexigível e não por um dever de consciência.

A obrigação natural surgiu no direito romano, aplicando-se a situações em que certos fatos obstavam o nascimento do direito de ação, dentre eles a incapacidade do devedor, como a do filho de família de escravo, e a existência de relação de parentesco ou de pátrio poder entre credor e devedor. A aptidão para adquirir direitos e contrair obrigações na ordem civil não beneficiava, então, nem os estrangeiros, nem os escravos, nem os filhos-famílias, que ficavam, por isso, impedidos de contratar validamente.

Para essas hipóteses, construiu o direito pretoriano a doutrina da obrigação natural, reconhecendo, à luz da equidade, a existência de um vínculo que, embora não amparado pela *actio* romana, produzia certos efeitos jurídicos, notadamente o de dar causa a um pagamento válido.

Essa ideia atravessou séculos, chegando à maioria das legislações modernas, mantendo-se esse seu principal efeito, que é a retenção do pagamento (*soluti retentio*), ou seja, a irrepetibilidade da prestação feita espontaneamente[8].

2.2. Natureza jurídica da obrigação natural

A natureza jurídica da obrigação natural é questão intrincada e controvertida, que vem desafiando a opinião e a inteligência dos doutrinadores ao longo do tempo.

Poucos são os Códigos que a disciplinam, dedicando-lhe normas específicas, exceção feita ao Código Civil chileno e à maioria dos Códigos sul-americanos. Alguns, como o Código Civil espanhol, silenciam completamente sobre essa modalidade de obrigação. Outros, como o estatuto civil francês e o brasileiro, referem-se a ela apenas incidentalmente, ao legislar sobre a repetição do pagamento indevido.

Inúmeras teorias surgiram a respeito da natureza jurídica da obrigação natural, podendo ser mencionadas as destacadas e analisadas por Sergio Carlos Covello[9] na excelente monografia retromencionada: teoria clássica, teoria do dever moral, teoria do fundamento, teoria da relação de fato, teoria mista, teoria da dívida sem responsabilidade, teoria publicista de Carnelutti, teoria de Emilio Betti e teoria da causa de atribuição patrimonial.

---

[7] *Istituzioni di diritto privato*, p. 89-90.

[8] Pablo Stolze Gagliano e Rodolfo Pamplona Filho, *Novo curso de direito civil*, v. 2, p. 130; Washington de Barros Monteiro, *Curso de direito civil*, v. 4, p. 221; Sílvio de Salvo Venosa, *Direito civil*, v. II, p. 50; Sergio Carlos Covello, *A obrigação natural*, p. 14.

[9] *A obrigação natural*, p. 79.

A mais aceita pela doutrina é a teoria clássica ou tradicional, que considera a obrigação natural uma obrigação *imperfeita*. Sustentam os seus adeptos que a obrigação natural é obrigação civil desprovida de ação judicial. SERGIO CARLOS COVELLO acrescenta: "a obrigação natural é um vínculo jurídico não somente desprovido de ação, mas de toda e qualquer exigibilidade"[10].

LAURENT assinala que "se a obrigação natural difere por sua essência do dever moral, é, pelo contrário, idêntica no fundo à obrigação civil, só se distinguindo desta por não possuir a ação. Isto resulta da própria norma legislativa que dispõe sobre as obrigações naturais e do nome que a lei dispensa às obrigações naturais"[11]. A falta de exigibilidade efetiva, aduz, não desconfigura a obrigação natural, pois nela há exigibilidade virtual, uma vez que tal obrigação poderia ser executada, não fosse a lei vedar-lhe a ação, o que não se dá de nenhum modo com os deveres morais que, por natureza, são incoativos.

A doutrina da *obrigação imperfeita* assenta, como esclarece ANTUNES VARELA[12], sobre uma premissa fundamental: a da plena equiparação entre a obrigação natural e a obrigação civil após o momento do cumprimento, a da completa identificação da *solutio* num e noutro caso.

ÁLVARO VILLAÇA AZEVEDO obtempera que a obrigação civil resulta do direito civil e a obrigação natural do direito natural. A primeira, "que está, perfeitamente, estruturada no direito positivo, no campo da exigibilidade da prestação, em caso de descumprimento obrigacional; a segunda, no âmbito moral, restando ao devedor a possibilidade de cumpri-la, espontaneamente, sem que tenha o credor o poder jurídico de exigi-la por meio de ação"[13].

Preciosamente, CAIO MÁRIO DA SILVA PEREIRA[14] resume a questão: "A obrigação natural é um *tertium genus*, entidade intermediária entre o mero dever de consciência e a obrigação juridicamente exigível, e por isso mesmo plantam-na alguns (PLANIOL, RIPERT ET BOULANGER) a meio caminho entre a moral e o direito. É mais do que um dever moral, e menos do que uma obrigação civil. Ostenta elementos externos subjetivos e objetivos desta, e tem às vezes uma aparência do *iuris vinculum*. Pode revestir, até, a materialidade formal de um título ou instrumento. Mas falta-lhe o conteúdo, o elemento intrínseco; falta-lhe o poder de exigibilidade, o que lhe esmaece o vínculo, desvirtuando-o de sua qualidade essencial, que é o poder de garantia".

2.3. Casos de obrigação natural no direito brasileiro

O Código Civil brasileiro refere-se à obrigação natural em dois dispositivos: o art. 882, pelo qual não se pode repetir o que se pagou para solver dívida prescrita, ou cumprir *obrigação judicialmente inexigível*; e o art. 564, III, segundo o qual não se revogam por ingratidão as doações que se fizerem em cumprimento de *obrigação natural*.

O mencionado art. 882 corresponde ao art. 970 do Código de 1916. Houve uma alteração na redação, substituindo-se o trecho "ou cumprir obrigação natural" por "ou cumprir

---

10 *A obrigação natural*, p. 102. Essa corrente de pensamento desenvolveu-se na França, tendo como seguidores, dentre outros eminentes juristas, Laurent, Aubry e Rau, Baudry-Lacantinerie e Barde e Mourlon. No Brasil conta com o apoio de Tito Fulgêncio, Laurentino de Azevedo, Orlando Gomes, Caio Mário da Silva Pereira, Sergio Carlos Covello, dentre outros.

11 *Principii di diritto civile*, v. XVII.

12 *Direito das obrigações*, v. I, p. 292.

13 *Teoria geral das obrigações*, p. 52-53.

14 *Instituições de direito civil*, v. II, p. 19.

obrigação judicialmente inexigível". Todavia, no art. 564, III, concernente à irrevogabilidade das doações, permanece a denominação tradicional, demonstrando, com isso, que não teve o legislador a intenção de modificar o conceito de obrigação natural.

Comenta ANTUNES VARELA[15] que o art. 970 do Código Civil de 1916, correspondente ao art. 882 do novo diploma, afirmava a irrepetibilidade do que se pagou para cumprir obrigação natural, como exceção ao regime geral do pagamento indevido, cuja repetição pressupõe o *erro* do *solvens*. Sinal de que não pode alegar-se o erro do autor da prestação acerca da coercibilidade do vínculo (alegação de que o pagamento foi feito na ignorância de tratar-se de obrigação natural) para exigir a restituição desta.

Na mesma linha, diz ROBERTO DE RUGGIERO que o efeito geral e mais importante da obrigação natural é, na verdade, o da não restituição do pagamento que o devedor tenha feito "ainda que em erro, julgando estar obrigado civilmente. Porque o erro é pressuposto para a *condictio indebiti*, é ela aqui excluída (e tanto mais se não houve erro, por se ter pago sabendo-se que não se estava obrigado a fazê-lo); o pagamento considera-se como satisfação de um débito e nunca como um ato de doação"[16].

O Código de 1916 não autorizava a repetição, a título de indébito, dos *juros pagos*, que não houvessem sido estipulados, como estatuía o art. 1.263 do referido diploma: "O mutuário que pagar juros não estipulados, não os poderá reaver, nem imputar no capital". Esse dispositivo não foi reproduzido no atual Código Civil. Mas o art. 591 deste diploma dispõe que, "*destinando-se o mútuo a fins econômicos, presumem-se devidos juros, os quais, sob pena de redução, não poderão exceder a taxa a que se refere o art. 406, permitida a capitalização anual*". Conseguintemente, apenas nos empréstimos sem fins econômicos, que hoje não são comuns, o pagamento voluntário de juros não convencionados constituirá obrigação natural.

Desse modo, os casos de *obrigações naturais típicas* no novo diploma são dois: *dívidas prescritas* (art. 882) e *dívidas de jogo* (art. 814), que são inexigíveis.

Dispõe o art. 814 do Código Civil que "*As dívidas de jogo ou de aposta não obrigam a pagamento; mas não se pode recobrar a quantia, que voluntariamente se pagou, salvo se foi ganha por dolo, ou se o perdente é menor ou interdito*". Por conseguinte, a dívida resultante da perda no jogo, quer seja lícito (ou tolerável), quer ilícito (ou proibido), constitui *obrigação natural*: o ganhador não dispõe, no ordenamento, de ação para exigir seu pagamento.

Ensina, a propósito, PONTES DE MIRANDA que "*ninguém deve* por perder em jogo proibido, ou em aposta proibida. Quem perdeu em jogo *não* proibido, ou em aposta *não* proibida, *deve*, porém, contra essa pessoa não há pretensão nem ação"[17].

Mas, o que foi pago *voluntariamente* não pode mais ser recobrado (CC, art. 882), salvo se tiver inexistido livre consentimento do perdedor (caso de dívida de jogo ganha com dolo ou em que este é menor ou interdito). Tal regulamentação estende-se, também, a qualquer contrato que encubra ou envolva reconhecimento, novação ou fiança de dívida de jogo, porque não se pode reconhecer, novar ou afiançar obrigação que juridicamente não existe. Mas a *nulidade* resultante não pode ser oposta ao terceiro de boa-fé (CC, art. 814, § 1º, segunda parte).

É carecedor de ação o apostador que se tenha tornado credor por cheque ou outro título de crédito, emitido para pagamento de dívida proveniente de jogo ou aposta. Não o será, porém, o terceiro de boa-fé, a quem o título ao portador foi transmitido. Contudo, não se

---

15 *Direito das obrigações*, v. I, p. 287.
16 *Instituições de direito civil*, v. III, p. 16.
17 *Tratado de direito privado*, v. 45, p. 226.

pode arguir a boa-fé se há prova de que o terceiro conhecia perfeitamente a origem da dívida[18]. Proclamou a propósito o Superior Tribunal de Justiça: "As dívidas de jogo ou de aposta não obrigam o pagamento (CC, art. 814, *caput*), sendo que "o preceito contido neste artigo tem aplicação, ainda que se trate de jogo não proibido, só se excetuando os jogos e apostas legalmente permitidos" (art. 814, § 2º do Código Civil) (STJ, REsp 1.406.487-SP, 3ª T., rel. Min. Paulo de Tarso Sanseverino, j. 4-8-2015).

Igualmente não se pode exigir reembolso do que se emprestou para jogo, ou aposta, *no ato de apostar ou jogar* (CC, art. 815). Para que a dívida se torne incobrável é necessário que o empréstimo tenha ocorrido no momento da aposta ou do jogo, como o efetuado pelo dono do cassino para que o mutuário continue a jogar. Podem ser cobrados, no entanto, os empréstimos contraídos posteriormente, para pagar tais dívidas.

Ressalve-se a existência de jogos *regulamentados pela lei*, como o turfe (destinado a incrementar a raça cavalar) e diversas loterias, autorizadas em geral para a obtenção de recursos direcionados a obras sociais, que geram *obrigações civis*, pois recebem a chancela jurídica, permitindo a cobrança judicial da recompensa (art. 814, § 2º, segunda parte). Excetuam-se, igualmente, os prêmios oferecidos ou prometidos para o vencedor em competição esportiva, intelectual ou artística, desde que os interessados se submetam às prescrições legais e regulamentares (art. 814, § 3º).

No tocante às dívidas prescritas, relembre-se que o atual Código, evitando a polêmica sobre prescrição da ação ou do direito, adotou o vocábulo "pretensão" para indicar que não se trata do direito subjetivo público abstrato de ação. E, no art. 189, enunciou que a prescrição se inicia no momento em que há violação do direito.

As dívidas prescritas são, tradicionalmente, consideradas obrigações naturais. Em sua origem, são obrigações civis que, por força do fenômeno legal da prescrição, transformam-se em naturais; por isso se denominam *obrigações civis degeneradas*. Não tendo o Código estabelecido outra condição que o decurso do prazo para que se configure a prescrição, tem-se que a dívida se torna natural a partir da consumação do prazo prescricional[19].

Como o art. 882 do Código Civil é amplo e se refere, genericamente, a "obrigação judicialmente inexigível", pode-se inferir que admite ele a existência de obrigações naturais não disciplinadas especificamente. Pode ser lembrado que o art. 588 do novo diploma não permite a repetição em mútuo feito a pessoa menor que não tenha autorização de seu responsável, salvo ocorrendo alguma das exceções previstas no art. 589.

A respeito da possibilidade de se estender as consequências jurídicas da obrigação natural para casos não expressamente especificados no ordenamento, constituindo-se, então, uma figura de caráter geral, entende Antunes Varela[20] que a orientação mais defensável em face do art. 4º da Lei de Introdução às Normas do Direito Brasileiro (que reconhece na *analogia* a principal fonte de integração das lacunas do sistema) é a que admite a extensão do regime da obrigação natural a todas as situações análogas às diretamente reguladas na lei, tais como a prestação de alimentos à companheira (exemplo dado em 1977, quando o direito brasileiro ainda não reconhecia a ela esse direito), o pagamento da parte residual do crédito

---

18 *RT*, 670/94. *V.* ainda: "Cheque. Emissão para pagamento de *dívida de jogo*. Inexigibilidade. O título emitido para pagamento de dívida de jogo não pode ser cobrado, posto que, para efeitos civis, a lei considera ato ilícito. Nulidade que não pode, porém, ser oposta ao terceiro de boa-fé" (*RT*, 670/94, 693/211, 696/199). "Cheque. Emissão para pagamento de *dívida de jogo*. Inexigibilidade. Irrelevância de a obrigação haver sido contraída em país em que é legítima a jogatina" (*RT*, 794/381).

19 Sérgio Carlos Covello, *A obrigação natural*, p. 124 e 129.

20 *Direito das obrigações*, v. I, p. 286.

após a celebração da concordata (art. 155, § 4º, da Lei de Falências), o pagamento do devedor incapaz, depois de se tornar capaz, ao fiador que por ele satisfaz a dívida (*CC/1916*, art. 1.488, atual art. 824), entre outros.

Sílvio Venosa completa o raciocínio, afirmando que são obrigações naturais "não apenas as dispostas na lei, mas todas as obrigações em que, por motivos de equidade, não se permita a repetição do que foi pago. Assim, a lógica jurídica pode estender a situação a casos semelhantes"[21].

Sergio Carlos Covello denomina essas hipóteses *obrigações naturais atípicas*, advertindo que, na pesquisa de tais obrigações, o intérprete há de ter o cuidado de não as confundir com as obrigações morais, nem com as obrigações nulas. Relembra o mencionado autor, com razão, que as obrigações naturais têm fonte jurídica precisa, encerrando uma relação creditória que justifica a prestação como algo devido. Assim, as gorjetas e propinas, que muitos autores reputam como obrigações naturais, são, em verdade, doações remuneratórias por serviços prestados. O que move o *solvens* a dá-las não é um princípio de justiça, senão um sentimento de gratidão para com o *accipiens* pela atenção e esmero com que os serviços foram prestados.

Acrescenta, ainda, Covello[22] que também não são obrigações naturais as obrigações nulas, porque estas são inválidas e de nenhuma eficácia jurídica, uma vez que a nulidade absoluta funciona como sanção, privando de todos os direitos ou vantagens o ato defeituoso. Finalmente, aponta o mencionado autor, a título meramente exemplificativo, três casos que considera de obrigação *atípica* em nosso direito: a dívida residual após a concordata, a dívida desconsiderada por sentença injusta irrecorrível (o devedor mal exonerado pode considerar-se obrigado naturalmente a cumprir a prestação) e a obrigação do devedor que tem em seu favor a presunção legal de pagamento que, todavia, não foi realizado (CC, art. 324).

O Superior Tribunal de Justiça já assinalou que o protesto para pressionar o devedor ao pagamento de obrigação natural se mostra inócuo, servindo apenas pela ameaça do descrédito que o mercado associa ao nome de quem tem título protestado. Ademais, tendo ocorrido o decurso dos prazos prescricionais de todas as ações judiciais possíveis para a persecução do crédito consubstanciado do título, é de rigor reconhecer o abuso de direito do credor, com a sua condenação ao pagamento de compensação por danos morais[23].

2.4. Efeitos da obrigação natural

Divergem os autores quanto aos efeitos da obrigação natural. Enquanto alguns afirmam que ela produz todos os efeitos das obrigações civis, exceto a coercibilidade, outros sustentam que o único efeito por ela produzido é a irrepetibilidade do pagamento.

O Código Civil italiano, no art. 2.035, diz expressamente que as obrigações naturais não produzem outros efeitos além da não repetição do pagamento. Todavia, os códigos chileno e português referem-se expressamente a efeitos secundários da obrigação natural, estatuindo o art. 404º do último que as obrigações naturais estão sujeitas ao "regime das obrigações civis em tudo que se não relacione com a realização coativa da prestação, salvas as disposições especiais da lei".

O principal efeito da obrigação natural consiste na validade de seu pagamento. Ao dizer que não se pode repetir o que se pagou para cumprir obrigação judicialmente inexigível, o

---

21 *Direito civil*, v. II, p. 54.

22 *A obrigação natural*, p. 133 e 137.

23 STJ, REsp 1.639.470/RO, 3ª T., rel. Min. Nancy Andrighi, *DJe* 20-11-2017.

art. 882 do Código Civil admite a validade de seu pagamento. E o faz porque a dívida existia, apenas não podia ser judicialmente exigida[24].

Outro efeito inegável da obrigação natural é a irrepetibilidade do pagamento. Se o devedor, que não está obrigado a pagá-la, vier a solvê-la voluntariamente, o seu ato torna-se irretratável, não cabendo a repetição (*soluti retentio*).

O fato de o parágrafo único do art. 1.477 do Código de 1916, correspondente ao § 1º do art. 814 do atual diploma, não permitir que as dívidas de jogo e aposta sejam reconhecidas, novadas ou objeto de fiança, sem estender a proibição a todas as obrigações naturais tem levado a doutrina a admitir a existência de efeitos secundários nas obrigações naturais, quando a lei não os vede[25].

Assim, por exemplo, não há impedimento a que a obrigação natural seja cumprida mediante *dação em pagamento*, que nada mais é do que a entrega de bem diverso daquele que é objeto da prestação, com a concordância do credor (CC, art. 356). Se, porém, o devedor cumpri-la mediante a entrega de coisa alheia e esta vier a ser reivindicada pelo dono, renascerá a obrigação natural, mas nunca uma obrigação civil, como prevê o art. 359 do Código Civil[26].

É grande a dissensão a respeito da possibilidade de serem ou não novadas as obrigações naturais. Segundo considerável parte da doutrina[27], não comportam elas *novação*, porque o seu pagamento não pode ser exigido compulsoriamente. Não se pode revitalizar ou validar relação obrigacional juridicamente inexigível. Afirma Washington de Barros Monteiro que, se acaso se constituir relação obrigacional civilmente eficaz, com a qual se pretenda deslocar ou extinguir a primitiva juridicamente inexigível, não se cuidará de novação[28].

A matéria, entretanto, é controvertida, havendo entendimentos contrários a este. Para Sílvio Venosa[29], por exemplo, a falta de exigibilidade da obrigação natural não é obstáculo para a novação, pois a obrigação natural ganha substrato jurídico no momento de seu cumprimento. Ora, os contratos estão no âmbito da autonomia da vontade. Se as partes concordam em novar uma dívida natural por outra civil, não há por que obstar seu desejo: *pacta sunt servanda.*

Desse mesmo sentir é Sergio Carlos Covello[30], que igualmente não vê obstáculo ao exercício, *in casu*, da liberdade de contratar. O que justifica a novação, no seu entender, não é a exigibilidade do crédito, senão a possibilidade de seu cumprimento, e essa possibilidade existe na obrigação natural.

Sendo a obrigação natural válida como qualquer obrigação civil, bem como válido o seu pagamento, com caráter satisfativo, embora não exigível (imperfeita), não há, efetivamente, empeço justificável a que seja substituída, por outra obrigatória, mediante livre acordo celebrado entre credor e devedor, visto que, efetivamente, não é a exigibilidade, mas a possibilidade de cumprimento do crédito que justifica a novação.

A *compensação* de obrigação natural com obrigação civil, ou com outra obrigação natural, não é admitida pela doutrina. Compensação é meio de extinção de obrigações

---

24 STJ, REsp 822.922/SP, Min. Humberto Gomes de Barros, j. 6-3-2008.

25 Sergio Carlos Covello, *A obrigação natural*, p. 144; Sílvio Venosa, *Direito civil*, v. II, p. 57.

26 Antunes Varela, *Direito das obrigações*, v. I, p. 289.

27 Washington de Barros Monteiro, *Curso de direito civil*, 29. ed., v. 4, p. 227; Maria Helena Diniz, *Curso de direito civil brasileiro*, v. 2, p. 74; Antunes Varela, *Direito das obrigações*, v. I, p. 290.

28 *Curso de direito civil*, 29. ed., v. 4, p. 227.

29 *Direito civil*, v. II, p. 57.

30 *A obrigação natural*, p. 150-151.

entre pessoas que são, ao mesmo tempo, credor e devedor uma da outra. Acarreta a extinção de duas obrigações cujos credores são, simultaneamente, devedores um do outro (CC, art. 368).

O que impede a compensação é o fato de efetuar-se ela "*entre dívidas líquidas, vencidas e de coisas fungíveis*" (CC, art. 369), ou seja, entre dívidas *exigíveis*, sendo que as obrigações naturais caracterizam-se pela inexigibilidade. Conforme a lição de KARL LARENZ[31], o crédito compensado pela parte que requer a compensação há de ser plenamente válido e *exigível*. De outro modo dita parte não estaria em situação de saldar o crédito adverso. Ademais, o que reclama a compensação há de estar pronto para exigir *atualmente* a prestação; portanto, seu crédito há de estar vencido.

Também SILVIO RODRIGUES esclarece que se faz mister que as dívidas, a serem compensadas, sejam vencidas, isto é, possam ser *exigíveis* desde logo, pois, em rigor, enquanto não chega o termo de vencimento, o devedor tem direito ao prazo, não podendo ser compelido a dele abrir mão, por motivo de compensação. Assim, "não se compensam as dívidas se uma delas ainda não se venceu ou não é, por qualquer razão, exigível"[32].

SERGIO CARLOS COVELLO[33], todavia, demonstra que somente a compensação *legal* não pode ocorrer, envolvendo obrigação natural. Nada impede, no entanto, que seja ela compensada por vontade das partes, porque nesta hipótese a inexigibilidade é irrelevante, uma vez que o próprio devedor faz o desconto. A compensação *convencional* é aquela que resulta de um acordo de vontades, incidindo em hipóteses que não se enquadram nas de compensação legal. As partes, de comum acordo, passam a aceitá-la, dispensando alguns de seus requisitos, como, por exemplo, a natureza diversa ou a liquidez das dívidas. Pela convenção celebrada, dívida ilíquida ou não vencida (inexigível) passa a compensar-se com dívida líquida ou vencida. Sem ela, não haveria compensação pelo não preenchimento de todos os seus requisitos.

A obrigação natural não comporta *fiança*, pois esta é de natureza acessória e segue o destino da principal, não podendo existir sem uma obrigação *civil* válida e exigível. Do mesmo modo, não há possibilidade de constituir *penhor*, ou outro direito real, para reforço dessa modalidade de obrigação. É que a garantia pressupõe possibilidade de exercitar-se execução para cobrança de crédito (CPC/2015, art. 784, V), possibilidade esta excluída no caso da obrigação natural[34].

Registre-se, por fim, que a *execução parcial* de obrigação natural não autoriza o credor a reclamar pagamento do restante. Desse modo, obrigação natural não se transforma em civil pelo fato de ter havido amortização parcial[35].

DAS OBRIGAÇÕES DE MEIO, DE RESULTADO E DE GARANTIA

Sumário: 3. Obrigação de meio e de resultado. 4. Obrigação de garantia.

[31] *Derecho de obligaciones*, t. I, p. 429.

[32] *Direito civil*, v. 2, p. 218.

[33] *A obrigação natural*, p. 155.

[34] Washington de Barros Monteiro, *Curso de direito civil*, 29. ed., v. 4, p. 227; Maria Helena Diniz, *Curso de direito civil brasileiro*, v. 2, p. 71; Sílvio Venosa, *Direito civil*, v. II, p. 57.

[35] Washington de Barros Monteiro, *Curso de direito civil*, 29. ed., v. 4, p. 227.

3. OBRIGAÇÃO DE MEIO E DE RESULTADO

Quanto ao *fim* a que se destina, a obrigação pode ser de meio, de resultado e de garantia.

Diz-se que a obrigação é de *meio* quando o devedor promete empregar seus conhecimentos, meios e técnicas para a obtenção de determinado resultado, sem, no entanto, responsabilizar-se por ele. É o caso, por exemplo, dos advogados, que não se obrigam a vencer a causa, mas a bem defender os interesses dos clientes; bem como o dos médicos, que não se obrigam a curar, mas a tratar bem os enfermos, fazendo uso de seus conhecimentos científicos.

Tendo em vista que o advogado não se obriga a obter ganho de causa para o seu constituinte, fará ele jus aos honorários advocatícios, que representam a contraprestação de um serviço profissional, ainda que não obtenha êxito, se agir corretamente, com diligência normal na condução da causa ou na prestação de consulta/consultoria jurídica[36]. Da mesma forma terá direito a receber a remuneração devida pelos serviços prestados o médico que se mostrou diligente e que empregou os recursos médicos ao seu alcance, na tentativa de obter a cura do doente, mesmo que esta não tenha sido alcançada.

Se a obrigação assumida por esses profissionais fosse de resultado, seriam eles responsabilizados civilmente se a causa não fosse ganha ou se o paciente viesse a falecer.

Pode-se falar, em tese, em inexecução de uma obrigação, se o médico, por exemplo, não obtém a cura do doente, ou se os recursos empregados não satisfizerem. Entretanto, "o fato de se considerar como contratual a responsabilidade médica não tem, ao contrário do que poderia parecer, o resultado de presumir a culpa"[37].

Explica SAVATIER que a responsabilidade contratual pode ou não ser presumida, conforme se tenha o devedor comprometido a um resultado determinado ou a simplesmente conduzir-se de certa forma. É o que sucede na responsabilidade do médico, que não se compromete a curar, mas a proceder de acordo com as regras e os métodos da profissão (*Traité de la responsabilité civile en droit français*, n. 113, p. 147). Portanto, para o cliente é limitada a vantagem de concepção contratual da responsabilidade médica, porque o fato de não obter a cura do doente não importa reconhecer que o médico foi inadimplente. Isto porque a obrigação que tais assumem é uma obrigação de "meio" e não de "resultado". O objeto do contrato médico não é a cura, obrigação de resultado, mas a prestação de cuidados conscienciosos, atentos, e, salvo circunstâncias excepcionais, de acordo com as aquisições de ciência[38]. Comprometem-se a tratar o cliente com zelo, utilizando-se dos recursos adequados, não se obrigando, contudo, a curar o doente. Serão, pois, civilmente responsa-

---

36 STJ, REsp 1.659.893/RJ, 3ª T., rel. Min. Paulo de Tarso Sanseverino, j. 16-3-2021.

37 José Aguiar Dias, *Da responsabilidade civil*, 10. ed. Rio de Janeiro: Forense, 1997, p. 296.

38 Aguiar Dias, *Da responsabilidade civil*, p. 297. "Erro médico. Ação de compensação por danos morais. Inexistência de medicação. Estado vegetativo irreversível. Óbito precoce da genitora. Dano moral em ricochete. A responsabilidade civil por erro médico tem natureza contratual, pois era dever da instituição hospitalar e de seu corpo médico realizar o procedimento cirúrgico dentro dos parâmetros científicos. Hipótese em que o erro médico configurado no particular foi concausa para concretos elementos de aflição" (STJ, REsp 1.698.812-RJ, 3ª T., rel. Min. Nancy Andrighi, *DJe* 16-3-2018)."Erro médico durante a aplicação de medicamento, que causou sequelas permanentes em criança que contava com 1 ano e três meses de idade. Ação movida em desfavor do Município de Santo André por se tratar de hospital municipal. Indenização por danos materiais, morais e estéticos, decorrentes de erro médico, que causou sequelas permanentes na menor" (STJ, AgRg no AREsp 636.388-GO, 4ª T., rel. Min. Luis Felipe Salomão, *DJe* 10-9-2015). "Procedência do pedido de pensão mensal, ressaltando que não há dúvidas de que não há prognóstico de cura para o autor que, para o resto da vida, sofrerá com o encurtamento de sua perna e dependerá do uso de uma prótese para amenizar o seu sofrimento e desconforto" (STJ, AgInt no AREsp 1.136.381-SP, 2ª T., rel. Min. Assusete Magalhães, *DJe* 9-3-2018).

bilizados somente quando ficar provada qualquer modalidade de culpa: imprudência, negligência ou imperícia.

Daí o rigor da jurisprudência na exigência da produção dessa prova. Ao prejudicado incumbe a prova de que o profissional agiu com culpa, a teor do estatuído no art. 951 do Código Civil.

Quando a obrigação é de *resultado*, o devedor dela se exonera somente quando o fim prometido é alcançado. Não o sendo, é considerado inadimplente, devendo responder pelos prejuízos decorrentes do insucesso. Exemplo clássico de obrigação dessa natureza é a assumida pelo transportador, que promete tacitamente, ao vender o bilhete, levar o passageiro são e salvo a seu destino.

Costumam ser mencionadas também as obrigações assumidas pelo empreiteiro e pelo cirurgião plástico, quando este realiza trabalho de natureza estética ou cosmetológica.

O traço distintivo entre essas duas modalidades de obrigação encontra-se nos efeitos do inadimplemento. Na obrigação de meio, em que o devedor se propõe a desenvolver a sua atividade e as suas habilidades para atingir o objetivo almejado pelo credor, e não a obter o resultado, o inadimplemento somente acarreta a responsabilidade do profissional se restar cumpridamente demonstrada a sua negligência ou imperícia no emprego desses meios. Na de resultado, em que o objetivo final é da essência do ajuste, somente mediante prova de algum fato inevitável capaz de romper o nexo de causalidade, equiparado à força maior, ou de culpa exclusiva da vítima, pode o devedor exonerar-se caso não tenha atingido o fim a que se propôs[39].

Como mencionado exemplificativamente, o transportador assume uma obrigação de resultado: transportar o passageiro são e salvo, e a mercadoria sem avarias, ao seu destino. A não obtenção desse resultado importa o inadimplemento das obrigações assumidas e a responsabilidade pelo dano ocasionado. Não se eximirá da responsabilidade provando apenas ausência de culpa. Incumbe-lhe o ônus de demonstrar que o evento danoso se verificou por força maior, causa estranha ao transporte e equiparada ao fortuito, culpa exclusiva da vítima ou, ainda, fato exclusivo de terceiro.

A jurisprudência, inclusive a do *Superior Tribunal de Justiça*, tem considerado causa estranha ao transporte, equiparável ao fortuito, disparos efetuados por terceiros contra os trens, ou pedras que são atiradas nas janelas ferindo passageiros ou, ainda, disparos efetuados no interior de ônibus, inclusive durante assaltos aos viajantes. Veja-se: "Fato inteiramente estranho ao transporte (assalto à mão armada no interior de ônibus coletivo) constitui caso fortuito, excludente de responsabilidade da empresa transportadora"[40].

"A jurisprudência consolidada neste Tribunal Superior, há tempos, é no sentido de que o assalto à mão armada dentro de coletivo constitui fortuito a afastar a responsabilidade da empresa transportadora pelo evento danoso daí decorrente para o passageiro"[41].

"Pedra arremessada contra ônibus – Ato doloso de terceiro – Força maior – Fortuito externo – Responsabilidade do transportador afastada"[42].

"Transporte ferroviário de pessoas – Pedra lançada de fora para dentro do vagão – Lesões corporais – Culpa de terceiro – Fortuito externo configurado"[43].

---

[39] Carlos Alberto Bittar, *Direito das obrigações*, p. 84-85.

[40] STJ, AgRg 1.336.152-SP, 4ª T., *DJe* 20-6-2011. No mesmo sentido: STJ, AgRg no Agravo 711.078-RJ. 3ª T., rel. Min. Sidnei Beneti, *DJe* 30-9-2008.

[41] STJ, Rcl 4518-RJ, 2ª Seção, rel. Min. Villas Bôas Cueva, *DJe* 7-3-2012).

[42] STJ, AREsp 1.318.095-MG, 2ª Seção, rel. Min. Raul Araújo, *DJe* 14-3-2017.

[43] TJSP, Apel. 0080437-49.2005.8.26.0100, *DJe* 12-9-2013.

Prescreve o art. 735 do Código Civil que a "*responsabilidade contratual do transportador por acidente com o passageiro não é elidida por culpa de terceiro, contra o qual tem ação regressiva*". Esse dispositivo tem a mesma redação da Súmula 187 do Supremo Tribunal Federal. Ocorrendo um acidente de transporte, não pode o transportador, assim, pretender eximir-se da obrigação de resultado tacitamente assumida, atribuindo culpa ao terceiro (ao motorista do caminhão que colidiu com o ônibus, p.ex.). Deve, primeiramente, indenizar o passageiro para depois discutir a culpa pelo acidente, na ação regressiva movida contra o terceiro.

A obrigação assumida pelos cirurgiões plásticos é, igualmente, como foi dito, de resultado[44]. Os pacientes, na maioria dos casos de cirurgia plástica, não se encontram doentes, mas pretendem corrigir um defeito, um problema estético. Interessa-lhes, precipuamente, o resultado. Se o cliente fica com aspecto pior, após a cirurgia, não se alcançando o resultado que constituía a própria razão de ser do contrato, cabe-lhe o direito à pretensão indenizatória. Da cirurgia malsucedida surge a obrigação indenizatória pelo resultado não alcançado.

O cirurgião plástico assume obrigação de resultado porque o seu trabalho é, em geral, de natureza estética. No entanto, em alguns casos a obrigação continua sendo de meio, como no atendimento a vítimas deformadas ou queimadas em acidentes, ou no tratamento de varizes e de lesões congênitas ou adquiridas, em que ressalta a natureza corretiva do trabalho[45].

Diverso o entendimento de Ruy Rosado de Aguiar Júnior, para quem o "acerto está, no entanto, com os que atribuem ao cirurgião estético uma obrigação de meios"[46], pois a álea está presente em toda intervenção cirúrgica, e imprevisíveis as reações de cada organismo à agressão do ato cirúrgico.

Correta se nos afigura, porém, a assertiva de Teresa Ancona Lopes quando afirma que, "na verdade, quando alguém, que está muito bem de saúde, procura um médico somente para melhorar algum aspecto seu, que considera desagradável, quer exatamente esse resultado, não apenas que aquele profissional desempenhe seu trabalho com diligência e conhecimento científico. Caso contrário, não adiantaria arriscar-se a gastar dinheiro por nada. Em outras palavras, ninguém se submete a uma operação plástica se não for para obter um determinado resultado, isto é, a melhoria de uma situação que pode ser, até aquele momento, motivo de tristezas"[47].

O Superior Tribunal de Justiça firmou o entendimento de que a cirurgia plástica gera obrigação de resultado. Veja-se:

Responsabilidade civil – Erro médico – Art. 14 do CDC – Cirurgia plástica – Obrigação de resultado – Caso fortuito – Excludente de responsabilidade.

Os procedimentos cirúrgicos de fins meramente estéticos caracterizam verdadeira obrigação de resultado, pois neles o cirurgião assume verdadeiro compromisso pelo efeito embelezador prometido. Nas obrigações de resultado, a responsabilidade do profissional da medicina permanece subjetiva. Cumpre ao médico, contudo, demonstrar que os eventos danosos decorreram de fatores externos e alheios à sua atuação durante a cirurgia. Apesar de não prevista expressamente no CDC, a eximente de caso fortuito possui força liberatória e exclui a responsabilidade do cirurgião plástico, pois rompe o nexo de causalidade entre o dano apontado pelo paciente e o serviço prestado pelo profissional. Age com cautela e conforme os ditames da boa-fé objetiva o médico que colhe a assinatura do paciente em "termo de

---

44 STJ, REsp 1395254-SC, relator Min. Nancy Andrighi, j. 15-10-2013.

45 Carlos Roberto Gonçalves, *Responsabilidade civil*, p. 366-367.

46 Responsabilidade civil do médico, *RT*, 718/40.

47 *O dano estético*, p. 91.

consentimento informado", de maneira a alertá-lo acerca de eventuais problemas que possam surgir durante o pós-operatório"[48].

4. OBRIGAÇÃO DE GARANTIA

Obrigação de garantia é a que visa a eliminar um risco que pesa sobre o credor, ou as suas consequências. Embora este não se verifique, o simples fato de o devedor assumi-lo representará o adimplemento da prestação. Tal ocorre porque o afastamento do risco que recai sobre o credor representa um bem suscetível de aferição econômica, como os prêmios de seguro, ou as garantias bancárias que se obtêm mediante desconto antecipado de juros.

Constituem exemplos dessa obrigação a do segurador e a do fiador; a do contratante, relativamente aos vícios redibitórios, nos contratos comutativos (CC, arts. 441 e s.); a do alienante, em relação à evicção, nos contratos onerosos que versam sobre transferência de propriedade ou posse (CC, arts. 447 e s.) etc.[49].

Em regra, a obrigação de garantia se apresenta como subespécie da obrigação de resultado, pois o vendedor, sem que haja culpa sua, estará adstrito a indenizar o comprador evicto, por exemplo; a seguradora, ainda que, *verbi gratia*, o incêndio do bem segurado tenha sido provocado dolosamente por terceiro, deverá indenizar o segurado. O devedor não se libera da prestação mesmo em caso de força maior, uma vez que o conteúdo da obrigação é a eliminação de um risco, que, por sua vez, é um acontecimento casual, alheio à vontade do obrigado[50].

O Tribunal de Justiça de São Paulo reconheceu a responsabilidade de estabelecimento bancário por roubo de valores guardados em cofres-fortes, considerando não escrita cláusula excludente de responsabilidade, "por frustrar os objetivos da avença, pois o banco vende segurança. Caso contrário, ninguém se valeria de seus serviços"[51].

Obrigação de garantia, portanto, é aquela que se destina a propiciar maior segurança ao credor, ou eliminar risco existente em sua posição, mesmo em hipóteses de fortuito ou força maior, dada a sua natureza[52].

DAS OBRIGAÇÕES DE EXECUÇÃO INSTANTÂNEA, DIFERIDA E CONTINUADA

Sumário: 5. Obrigações de execução instantânea e de execução diferida. 6. Obrigação de execução continuada.

5. OBRIGAÇÕES DE EXECUÇÃO INSTANTÂNEA E DE EXECUÇÃO DIFERIDA

Quanto ao *momento em que devem ser cumpridas*, as obrigações classificam-se em: a) de *execução instantânea* ou *momentânea*, que se consuma num só ato, sendo cumprida imediatamente após sua constituição, como na compra e venda à vista; b) de *execução*

[48] STJ, REsp 1.180.815-MG, 3ª T., rel. Min. Nancy Andrighi, *DJe* 26-8-2010.

[49] Maria Helena Diniz, *Curso de direito civil brasileiro*, v. 2, p. 224; Fábio Konder Comparato, Obrigações de meio, de resultado e de garantia, in *Enciclopédia Saraiva do Direito*, v. 55, p. 429.

[50] Fábio Konder Comparato, Obrigações de meio, de resultado e de garantia, in *Enciclopédia Saraiva do Direito*, v. 55, p. 428-430.

[51] *RJTJSP*, Lex, 125/216.

[52] Carlos Alberto Bittar, *Direito das obrigações*, p. 84.

diferida, cujo cumprimento deve ser realizado também em um só ato, mas em momento futuro (entrega, em determinada data posterior, do objeto alienado, p.ex.); c) de *execução continuada*, *periódica* ou *de trato sucessivo*, que se cumpre por meio de atos reiterados, como sucede na prestação de serviços, na compra e venda a prazo ou em prestações periódicas etc.

Segundo ANTUNES VARELA, dizem-se *instantâneas* "as prestações cuja realização se esgota num momento (*quae unico actu perficiuntur*) ou num período tão limitado de tempo que equivale praticamente a um momento. É o caso da entrega de certa coisa, do pagamento do preço (numa só prestação), do transporte num elevador, num táxi, num ônibus etc."[53].

A relevância da distinção entre as três modalidades mencionadas é incontestável, visto que estão submetidas a regimes diversos. WASHINGTON DE BARROS MONTEIRO[54] ressalta, com efeito, essa importância no tocante à aplicação da chamada cláusula *rebus sic stantibus*, ou teoria da imprevisão, inspirada em razões de equidade e de justo equilíbrio entre os contratantes, tendo sua justificativa na radical mudança da situação econômica e no extremo de absoluta imprevisibilidade.

O atual Código Civil, de maneira inédita em nosso direito positivo, consagra expressamente, no art. 478, essa teoria, que permite ao devedor, uma vez preenchidos os requisitos ali previstos (acontecimentos extraordinários e imprevisíveis, que tornem a prestação de uma das partes excessivamente onerosa), pedir a resolução da avença, "*nos contratos de execução continuada ou diferida*". Impossível seria a sua aplicação nas obrigações cuja execução se exaure num só momento, instantaneamente.

Obrigação de *execução diferida*, como já dito, é a que também se exaure em um só ato, porém a ser realizado em data futura e não no mesmo instante em que é contraída.

Desse modo, tanto pode ser diferida a obrigação assumida pelo comprador, de pagar, no prazo de trinta dias, o preço da coisa adquirida, como a do vendedor, que se compromete a entregá-la no mesmo prazo.

6. OBRIGAÇÃO DE EXECUÇÃO CONTINUADA

Execução continuada da prestação é a que se prolonga no tempo, sem solução de continuidade ou mediante prestações periódicas ou reiteradas. No último caso, tem-se uma obrigação *de trato sucessivo*, que é aquela cuja prestação se renova em prestações singulares sucessivas, em períodos consecutivos, como sucede na compra e venda a prazo, no pagamento mensal do aluguel pelo locatário, do consumidor de água ou de energia elétrica etc.

São exemplos da primeira modalidade (obrigações cujo cumprimento se prolonga no tempo sem solução de continuidade) a do fornecedor de energia, a do locador de garantir ao locatário o uso da coisa, a do representante judicial e, de um modo geral, as prestações de fato negativas[55].

VON TUHR[56] observa que, rigorosamente, só as prestações negativas poderiam ser contínuas, pois toda conduta positiva se decompõe em uma série de atos isolados no tempo. Na sequência, aduz o mencionado jurista que, todavia, o conceito de continuidade não se refere aos atos materiais, de modo que, se os diversos atos podem ser interpretados como conduta única, a prestação é contínua.

---

53 *Direito das obrigações*, 1977, v. I, p. 85.
54 *Curso de direito civil*, 29. ed., v. 4, p. 52.
55 Antunes Varela, *Direito das obrigações*, 1977, v. I, p. 85.
56 *Tratado de las obligaciones*, t. I, p. 37; Orlando Gomes, *Obrigações*, p. 51.

Prescreve o art. 323 do Código de Processo Civil em vigor que, quando a obrigação consistir em *prestações sucessivas*, considerar-se-ão elas incluídas no pedido, independentemente de declaração expressa do autor[57].

Na obrigação de execução continuada as prestações autônomas e consecutivas já cumpridas não serão atingidas pelo descumprimento das demais prestações, cujo vencimento se lhe seguir, uma vez que o seu adimplemento possui força extintiva. Sobreleva o fato de que os efeitos dessa modalidade de obrigação se dirigem ao cumprimento das prestações futuras e não ao das pretéritas, já extintas pelo seu cumprimento[58].

Ainda dentro do tema, dispõe o art. 128, segunda parte, do Código Civil que, se a condição resolutiva for aposta em "*negócio de execução continuada ou periódica, a sua realização, salvo disposição em contrário, não tem eficácia quanto aos atos já praticados, desde que compatíveis com a natureza da condição pendente e conforme aos ditames de boa-fé*".

DAS OBRIGAÇÕES PURAS E SIMPLES, CONDICIONAIS, A TERMO E MODAIS

Sumário: 7. Obrigações puras e simples. 8. Obrigações condicionais. 9. Obrigações a termo. 10. Obrigações modais ou com encargo.

7. OBRIGAÇÕES PURAS E SIMPLES

A classificação tradicional dos elementos do negócio jurídico, que vem do direito romano, divide-os em: *essentialia negotii, naturalia negotii* e *accidentalia negotii.*

Elementos essenciais (*essentialia negotii*) são os estruturais, indispensáveis à existência do ato e que lhe formam a substância: a declaração de vontade nos negócios em geral; a coisa, o preço e o consentimento (*res, pretium et consensus*) na compra e venda, por exemplo.

Elementos naturais (*naturalia negotii*) são as consequências ou efeitos que decorrem da própria natureza do negócio, sem necessidade de expressa menção. Normas supletivas já determinam essas consequências jurídicas, que podem ser afastadas por estipulação contrária. Assim, por exemplo, a responsabilidade do alienante pelos vícios redibitórios (CC, art. 441) e pelos riscos da evicção (art. 447); o lugar do pagamento, quando não convencionado (art. 327) etc.

Elementos acidentais (*accidentalia negotii*) consistem em estipulações acessórias, que as partes podem facultativamente adicionar ao negócio, para modificar alguma de suas consequências naturais, como a condição, o termo e o encargo ou modo (CC, arts. 121, 131 e 136).

Além dos elementos estruturais e essenciais, que constituem requisitos de existência e de validade do negócio jurídico, pode este conter, portanto, outros elementos meramente *acidentais*, introduzidos facultativamente pela vontade das partes, não necessários à sua existência. Aqueles são determinados pela lei; estes dependem da vontade das partes. Uma vez

---

[57] "Sendo de trato sucessivo as prestações (homogêneas, contínuas, da mesma natureza jurídica, sem modificação unilateral), enquanto durar a obrigação estão elas incluídas na sentença condenatória da ação de cobrança. Vencidas depois da condenação, liquidam-se. Novas, não precisam de nova sentença de condenação. As liquidadas por sentença formam título executivo judicial; executam-se. Após a sentença de liquidação, surgidas outras, novamente liquidam-se e se executam, sem necessidade de outra ação de cobrança com sentença condenatória" (*RT*, 651/97).

[58] Serpa Lopes, *Curso de direito civil*, v. II, p. 82; Maria Helena Diniz, *Curso de direito civil*, v. 2, p. 154.

convencionados, têm o mesmo valor dos elementos estruturais e essenciais, pois passam a integrá-lo, de forma indissociável.

São três os elementos acidentais do negócio jurídico no direito brasileiro: a *condição*, o *termo* e o *encargo* ou *modo*. Essas convenções acessórias constituem autolimitações da vontade e são admitidas nos atos de natureza patrimonial em geral (com algumas exceções, como na aceitação e renúncia da herança), mas não podem integrar os de caráter eminentemente pessoal, como os direitos de família puros e os direitos personalíssimos.

Elementos acidentais são, assim, os que se acrescentam à figura típica do ato para mudar-lhe os respectivos efeitos. São cláusulas que, apostas a negócios jurídicos por declaração unilateral ou pela vontade das partes, acarretam modificações em sua *eficácia* ou em sua abrangência[59].

Quanto aos *elementos acidentais*, as obrigações classificam-se em: puras e simples, condicionais, a termo e modais ou com encargo.

Obrigações *puras e simples* são as não sujeitas a condição, termo ou encargo. São as que produzem efeitos imediatos, logo que contraídas, como sucede normalmente nos negócios *inter vivos* e pode ocorrer também nos negócios *causa mortis*. Assim, por exemplo, pode o doador ou o testador dizer que doa ou deixa determinado bem para certa pessoa, de forma pura e simples, isto é, sem subordinar os efeitos da liberalidade a qualquer condição ou termo e sem impor nenhum encargo ao beneficiário. Desse modo, lavrado o instrumento da doação, devidamente aceita, ou aberto e aprovado o testamento, opera-se imediatamente o efeito do ato, tornando-se o beneficiário proprietário perfeito do aludido bem.

8. OBRIGAÇÕES CONDICIONAIS

São *condicionais* as obrigações cujo efeito está subordinado a um evento futuro e incerto.

Condição é o *acontecimento* futuro e incerto de que depende a eficácia do negócio jurídico (CC, art. 121). Da sua ocorrência depende o nascimento ou a extinção de um direito. Sob o aspecto formal, apresenta-se inserida nas disposições escritas do negócio jurídico, razão por que muitas vezes se define como a *cláusula* que subordina o efeito do ato jurídico a evento futuro e incerto (CC/2002, art. 121; CC/1916, art. 114)[60].

O atual Código Civil simplificou o conceito de condição no art. 121, *verbis*, unindo expressões que constavam de dois dispositivos, no diploma de 1916:

"Art. 121. Considera-se condição a cláusula que, derivando exclusivamente da vontade das partes, subordina o efeito do negócio jurídico a evento futuro e incerto".

A frase "derivando exclusivamente da vontade das partes" afasta do terreno das condições em sentido técnico as condições impostas pela lei (*condiciones iuris*).

Os requisitos ou elementos para que haja condição na acepção técnica são: a voluntariedade, a futuridade e a incerteza. É necessário, portanto: a) que a cláusula seja voluntária; b) que o acontecimento a que se subordina a eficácia ou a resolução do ato jurídico seja futuro; c) que também seja incerto[61].

Quanto à *voluntariedade*, as partes devem querer e determinar o evento, pois se a eficácia do negócio jurídico for subordinada por determinação de lei, não haverá condição e, sim, *conditio iuris*.

---

59 *V.* volume 1 desta coleção *Direito civil brasileiro*, Parte Geral, Livro III – Dos Fatos Jurídicos, Capítulo III – Da condição, do termo e do encargo.

60 Francisco Amaral, *Direito civil*: introdução, p. 448.

61 Carlos Alberto Dabus Maluf, *As condições no direito civil*, p. 30.

Do mesmo modo, não se considera condição o evento futuro, ainda que incerto quanto ao momento, a cuja eficácia o negócio está subordinado, mas que decorra da sua própria natureza, como, por exemplo, a morte em relação ao testamento. Sem o evento morte este não tem eficácia. No entanto, não há qualquer alteração estrutural do negócio, pois a morte é intrínseca a esse modo de manifestação de última vontade.

No que concerne à *futuridade*, preleciona LIMONGI FRANÇA: "É de se observar que, em se tratando de fato passado ou presente, ainda que ignorado, não se considera condição. É oportuno o exemplo citado por SPENCER VAMPRÉ (*Curso*, v. 1): 'Prometo certa quantia se *premiado* foi o meu bilhete de loteria que *ontem* correu'. Aí, de duas uma: ou o bilhete não foi premiado – e a declaração é ineficaz; ou o foi – e a obrigação é pura e simples (e não condicional). Cláusulas dessa natureza, *quae ad praeteritum vel praesens tempus referentur*, são denominadas condições *impróprias* e já o direito romano não as considerava condições propriamente ditas"[62].

Na realidade, malgrado chamadas de condições *impróprias*, não constituem propriamente condições.

O evento, a que se subordina o efeito do negócio, deve também ser *incerto*, podendo verificar-se ou não. Por exemplo: pagar-te-ei a dívida se a próxima colheita não me trouxer prejuízo. Evidentemente, o resultado de uma colheita é sempre incerto. Se o fato futuro for certo, como a morte, por exemplo, não será mais condição e sim termo.

A incerteza não deve existir somente na mente da pessoa, mas na realidade. Há de ser, portanto, objetiva. Deve ser incerteza para todos e não apenas para o declarante. Se o acontecimento fosse certo, ainda que tal certeza não fosse conhecida das partes, teríamos uma condição necessária, que só em sentido impróprio pode dizer-se condição.

A obrigação condicional não se confunde com a *aleatória*, pois nesta o contrato encontra-se aperfeiçoado e completo, não estando suspensos os seus efeitos. A incerteza concerne apenas à extensão dos lucros e das eventuais perdas dos contratantes.

Há várias *espécies* de condições, que podem ser classificadas quanto:

a) *À licitude* – Sob esse aspecto, as condições podem ser lícitas ou ilícitas. Dispõe o art. 122 do Código Civil que são *lícitas*, em geral, "*todas as condições não contrárias à lei, à ordem pública ou aos bons costumes*". *A contrario sensu*, serão *ilícitas* todas as que atentarem contra proibição expressa ou virtual do ordenamento jurídico, a moral ou os bons costumes. É ilícita, por exemplo, a cláusula que obriga alguém a mudar de religião, por contrariar a liberdade de credo assegurada na Constituição Federal, bem como a de alguém se entregar à prostituição.

Em geral, as cláusulas que afetam a liberdade das pessoas só são consideradas ilícitas quando absolutas, como a que proíbe o casamento ou exige a conservação do estado de viuvez. Sendo relativas, como a de se casar ou de não se casar com determinada pessoa, não se reputam proibidas. O Código Civil, nos arts. 122 e 123, proíbe expressamente as condições que privarem de todo efeito o ato (perplexas); as que o sujeitarem ao puro arbítrio de uma das partes (puramente potestativas); as impossíveis, que sejam fisicamente impossíveis, ou juridicamente impossíveis; e as incompreensíveis ou contraditórias[63].

---

62 *Ato jurídico*, p. 243 e 290.

63 Washington de Barros Monteiro, *Curso de direito civil*, 29. ed., v. 4, p. 242; Maria Helena Diniz, *Curso de direito civil brasileiro*, v. 2, p. 159.V. a jurisprudência: "Incorporação imobiliária. Cláusula. Entrega de unidades condominiais, condicionada ao pagamento de parcelas de atualização. Inexistência de proibição legal. Recurso não provido" (*RJTJSP*, Lex, 134/234); "Promessa de pagamento. Acordo firmado como condição para a prestação de serviços hospitalares. Cobrança do hospital que não se apresenta exagerada em função dos serviços prestados. Inaplicabilidade das regras da violência *incidens*" (*RT*, 805/261).

b) *À possibilidade* – As condições podem ser possíveis e impossíveis. Estas podem ser física ou juridicamente impossíveis. *Fisicamente impossíveis* são as que não podem ser cumpridas por nenhum ser humano, como a de colocar toda a água dos oceanos em um pequeno copo, por exemplo. Desde que a impossibilidade física seja genérica, não restrita ao devedor, têm-se por inexistentes, quando *resolutivas* (CC, art. 124), isto é, serão consideradas não escritas. A mesma solução aplica-se às juridicamente impossíveis. Condição *juridicamente impossível* é a que esbarra em proibição expressa do ordenamento jurídico ou fere a moral ou os bons costumes. Como exemplo da primeira hipótese pode ser mencionada a condição de adotar pessoa da mesma idade ou a de realizar negócio que tenha por objeto herança de pessoa viva; e, da segunda, a condição de cometer crime ou de se prostituir.

Preceitua o art. 123 do Código Civil que as condições física ou juridicamente impossíveis *invalidam* os negócios jurídicos que lhes são subordinados, quando *suspensivas* (I). Assim, tanto a condição como o contrato são nulos. Segundo ainda dispõe o mencionado dispositivo, também contaminam todo o contrato "*as condições ilícitas, ou de fazer coisa ilícita*" (II), e "*as condições incompreensíveis ou contraditórias*" (III)[64].

c) *À fonte de onde promanam* – Sob esse ângulo, as condições classificam-se em casuais, potestativas e mistas, segundo promanem de evento fortuito, da vontade de um dos contraentes ou, ao mesmo tempo, da vontade de um dos contraentes e de outra circunstância, como a vontade de terceiro. Podem ser acrescentadas, também, as perplexas e as promíscuas.

Casuais são as que dependem do acaso, do fortuito, alheio à vontade das partes. Opõem-se às potestativas. Exemplo clássico: "dar-te-ei tal quantia se chover amanhã". *Potestativas* são as que decorrem da vontade de uma das partes, dividindo-se em *puramente* potestativas e *simplesmente* potestativas. Somente as primeiras são consideradas ilícitas pelo art. 122 do Código Civil, que as inclui entre as condições defesas por sujeitarem todo o efeito do ato "*ao puro arbítrio de uma das partes*", sem a influência de qualquer fator externo. É a cláusula *si voluero* (se me aprouver), muitas vezes sob a forma de "se eu quiser", "se eu levantar o braço" e outras, que dependem de mero capricho.

As simplesmente (ou meramente) potestativas são admitidas por dependerem não só da manifestação de vontade de uma das partes, como também de algum acontecimento ou circunstância exterior que escapa ao seu controle. Por exemplo: "dar-te-ei tal bem se fores a Roma". Tal viagem não depende somente da vontade mas também da obtenção de tempo e dinheiro. Tem-se entendido que a cláusula "pagarei quando puder" ou "quando possível" não constitui arbítrio condenável[65].

Mistas são as condições que dependem simultaneamente da vontade de uma das partes e da vontade de um terceiro. Exemplos: "dar-te-ei tal quantia se casares com tal pessoa" ou "se constituíres sociedade com fulano". A eficácia da liberalidade, nesses casos, não depende

---

64 Washington de Barros Monteiro, *Curso de direito civil*, 29. ed.,v. 4, p. 242; Maria Helena Diniz, *Curso de direito civil brasileiro*, v. 2, p. 131.

65 Manoel Ignácio Carvalho de Mendonça, *Doutrina e prática das obrigações*, t. I, p. 226. *V.* a jurisprudência: "A cláusula contratual de reajuste dos preços que faculta à credora a escolha arbitrária de outros índices concomitantes àquele inicialmente adotado constitui condição potestativa, vedada pelo art. 115 do CC (*de 1916, correspondente ao art. 122 do CC/2002*)" (*RT*, 678/94); "Plano de saúde. Exclusão de cobertura. Condição potestativa e abusividade. Litigância de má-fé não caracterizada. Recurso provido em parte" (TJSP, Ap. 271.380-2/3-Campinas, j. 5-12-1996); "Mútuo. Contrato prevendo o vencimento antecipado da dívida quando o devedor deixar de ser funcionário de empresa mutuante. Invocação de cláusula puramente potestativa. Não configuração. Evento não exclusivamente subordinado ao mero capricho de um dos contratantes. Rompimento do vínculo empregatício suscetível de ocorrer por consenso, por exclusiva vontade do empregado ou, ainda, em decorrência de uma sorte variada de fatores externos" (*JTACSP*, 125/237).

somente da vontade do beneficiário, mas, também, do consentimento de terceira pessoa para o casamento ou para a constituição da sociedade.

O art. 122 do Código Civil inclui, ainda, entre as condições defesas, "*as que privarem de todo efeito o negócio jurídico*". São as condições *perplexas*. As condições puramente potestativas podem perder esse caráter em razão de algum acontecimento inesperado, casual, que venha a dificultar sua realização. É, de início, puramente potestativa a condição de escalar determinado morro. Mas perderá esse caráter se o agente, inesperadamente, vier a padecer de algum problema físico que dificulte e torne incerto o implemento da condição. Neste caso, a condição transforma-se em *promíscua*. As potestativas eram chamadas de promíscuas pelos romanos porque de um momento para outro podiam deixar de sê-lo, passando a reger-se pelo acaso. Não se confundem, no entanto, com as mistas, porque nestas a combinação da vontade e do acaso é proposital.

d) *Ao modo de atuação* – Assim considerada, a condição pode ser *suspensiva* ou *resolutiva*. A primeira (*suspensiva*) impede que o ato produza efeitos até a realização do evento futuro e incerto. Exemplo: "dar-te-ei tal bem, se lograres tal feito". Não se terá adquirido o direito, enquanto não se verificar a condição suspensiva (CC, art. 125). Resolutiva é a que extingue, resolve o direito transferido pelo negócio, ocorrido o evento futuro e incerto. Por exemplo: o beneficiário da doação, depois de recebido o bem, casa-se com a pessoa que o doador proibira, tendo este conferido ao eventual casamento o caráter de condição resolutiva; ou alguém constitui uma renda em favor de outrem, enquanto este estudar.

As condições podem ser consideradas sob três estados. Enquanto não se verifica ou não se frustra o evento futuro e incerto, a condição encontra-se *pendente*. A verificação da condição chama-se *implemento*. Não realizada, ocorre a *frustração* da condição. Pendente a condição suspensiva, não se terá adquirido o direito a que visa o negócio jurídico. Na condição resolutiva, o direito é adquirido desde logo, mas pode extinguir-se, para todos os efeitos, se se der o seu implemento. Mas, "*se aposta a um negócio de execução continuada ou periódica, a sua realização, salvo disposição em contrário, não tem eficácia quanto aos atos já praticados, desde que compatíveis com a natureza da condição pendente e conforme aos ditames de boa-fé*" (CC, art. 128).

O art. 130 do Código Civil permite ao titular de direito eventual, nos casos de condição suspensiva ou resolutiva, o exercício de atos destinados a conservá-lo, como, por exemplo, a interrupção da prescrição, a exigência de caução ao fiduciário (art. 1.953, parágrafo único) etc.

Verificada a condição suspensiva, o direito é adquirido. Embora a incorporação ao patrimônio do titular ocorra somente por ocasião do implemento da condição, o direito condicional constituir-se-á na data da celebração do negócio, como se desde o início não fosse condicional. Frustrada a condição, considera-se como nunca tendo existido o negócio.

Preceitua o art. 129: "*Reputa-se verificada, quanto aos efeitos jurídicos, a condição cujo implemento for maliciosamente obstado pela parte a quem desfavorecer, considerando-se, ao contrário, não verificada a condição maliciosamente levada a efeito por aquele a quem aproveita o seu implemento*". Como exemplo pode ser mencionada a condição de pagar somente se as ações de determinada empresa alcançarem certo valor, e houver manipulação na Bolsa de Valores, pelo interessado, para evitar que o valor estipulado se verifique.

A condição resolutiva pode ser *expressa* ou *tácita*. O atual Código suprimiu a referência que o parágrafo único do art. 119 do diploma de 1916 fazia à condição resolutiva tácita, por não se tratar propriamente de condição em sentido técnico, considerando-se que esta só se configura se aposta ao negócio jurídico. E a denominada condição resolutiva expressa – que é, juridicamente, condição – opera, como qualquer outra condição em sentido técnico, de pleno direito. Em qualquer caso, no entanto, a resolução precisa ser judicialmente pronunciada. Em todos os contratos bilaterais ou sinalagmáticos presume-se a existência de uma cláusula resolutiva tácita (CC, art. 475), que não é propriamente condição e depende de interpelação, sendo denominada *condiciones juris*.

Vários dispositivos do Código Civil reportam-se às obrigações condicionais, podendo ser mencionadas, a título de exemplo, dentre outras, as seguintes: a) a impossibilidade inicial do objeto não invalida o negócio jurídico se for relativa, ou se cessar antes de realizada a condição a que ele estiver subordinado (art. 106); b) não corre a prescrição, pendendo condição suspensiva (art. 199); c) se, na obrigação de dar coisa certa, a coisa se perder, sem culpa do devedor, antes da tradição, ou pendente a condição suspensiva, fica resolvida a obrigação para ambas as partes (art. 234); d) a obrigação solidária pode ser pura e simples para um dos cocredores ou codevedores, e condicional, ou a prazo, ou pagável em lugar diferente, para o outro (art. 266); e) qualquer cláusula, condição ou obrigação adicional, estipulada entre um dos devedores solidários e o credor, não poderá agravar a posição dos outros sem consentimento destes; f) todo aquele que recebeu o que lhe não era devido fica obrigado a restituir, tendo também essa obrigação aquele que recebe dívida condicional antes de cumprida a condição (art. 876).

9. OBRIGAÇÕES A TERMO

Obrigação *a termo* (ou a prazo) é aquela em que as partes subordinam os efeitos do negócio jurídico a um evento futuro e certo.

Termo é o dia em que começa ou se extingue a eficácia do negócio jurídico. *Termo convencional* é a cláusula contratual que subordina a eficácia do negócio a evento futuro e *certo*. Difere da condição, que a subordina a evento futuro e *incerto*. Apesar dessa distinção, pode ocorrer que o termo, embora certo e inevitável no futuro, seja incerto quanto à data de sua verificação. Exemplo: determinado bem passará a pertencer a tal pessoa, a partir da morte de seu proprietário. A morte é certa, mas não se sabe quando ocorrerá (a data é incerta). Sob esse aspecto, o termo pode ser dividido em *incerto*, como no referido exemplo, e *certo*, quando se reporta a determinada data do calendário ou a determinado lapso de tempo. Termo *de direito* é o que decorre da lei. E termo *de graça* é a dilação de prazo, concedida ao devedor.

O termo pode ser, também, *inicial* ou suspensivo (*dies a quo*) e *final* ou resolutivo (*dies ad quem*). Se for celebrado, por exemplo, um contrato de locação no dia vinte de determinado mês, para ter vigência no dia primeiro do mês seguinte, esta data será o termo inicial. Se também ficar estipulada a data em que cessará a locação, esta constituirá o termo final. O termo inicial suspende o exercício, não a aquisição do direito (CC, art. 131). Por suspender o exercício do direito, assemelha-se à condição suspensiva, que produz também tal efeito. Diferem, no entanto, porque a condição suspensiva, além de suspender o exercício do direito, suspende também a sua aquisição. O termo não suspende a aquisição do direito mas somente protela o seu exercício. A segunda diferença já foi apontada: na condição suspensiva, o evento do qual depende a eficácia do ato é futuro e *incerto*, enquanto no termo é futuro e *certo*[66].

Em razão de tal semelhança, dispõe o art. 135 do Código Civil que "*Ao termo inicial e final aplicam-se, no que couber, as disposições relativas à condição suspensiva e resolutiva*". Assim, o termo não obsta ao exercício dos atos destinados a conservar o direito a ele su-

---

[66] Manoel Ignácio Carvalho de Mendonça, *Doutrina e prática das obrigações*, t. I, p. 265-267; Caio Mário da Silva Pereira, *Instituições de direito civil*, v. II, p. 76; Washington de Barros Monteiro, *Curso de direito civil*, 29. ed., v. 4, p. 245; Maria Helena Diniz, *Curso de direito civil brasileiro*, v. 2, p. 136-137.

bordinado, como, por exemplo, o de interromper a prescrição ou de rechaçar atos de esbulho ou turbação.

Termo não se confunde com prazo, também regulamentado pelo Código Civil. *Prazo* é o intervalo entre o termo *a quo* e o termo *ad quem*, estando regulamentado nos arts. 132 a 134 do Código Civil. Na contagem dos prazos, exclui-se o dia do começo e inclui-se o do vencimento (art. 132). Se este cair em feriado, considerar-se-á prorrogado o prazo até o seguinte dia útil (§ 1º). *Meado* considera-se, em qualquer mês, o seu décimo quinto dia (§ 2º). Os prazos de meses e anos expiram no dia de igual número do de início, ou no imediato, se faltar exata correspondência (§ 3º), como ocorre em ano bissexto. Os prazos fixados por hora contar-se-ão de minuto a minuto (§ 4º), como no pedido de falência, por exemplo.

A inserção de termo no contrato tem relevância na apuração das consequências da inexecução da obrigação, pois o nosso ordenamento acolheu a regra romana *dies interpellat pro homine*, segundo a qual, tendo sido fixada data para o pagamento, o seu descumprimento acarreta automaticamente, sem necessidade de qualquer providência do credor, a mora do devedor (*ex re*). Dispensa-se, nesse caso, notificação ou interpelação do devedor, para positivar-se a mora do devedor. Todavia, se não é determinada a época do vencimento, o devedor (ou o credor, se se tratar de mora *accipiendi*) não estará em mora enquanto não for feita notificação ou interpelação[67].

Nos *testamentos*, presume-se o prazo em favor do herdeiro (CC, art. 133). Assim, se o testador fixar prazo para a entrega do legado, entender-se-á que foi estabelecido em favor do herdeiro, obrigado ao pagamento, e não do legatário. Nos *contratos*, presume-se em proveito do devedor. Desse modo, pode o devedor renunciar ao prazo e antecipar o pagamento da dívida, para livrar-se, por exemplo, de um índice de atualização monetária que estaria vigorando na data do seu vencimento, sem que o credor possa impedi-lo. No entanto, se do teor do instrumento, ou das circunstâncias, resultar que o prazo se estabeleceu a benefício do credor ou de ambos os contratantes (art. 133, segunda parte), tal renúncia não poderá ocorrer sem a anuência deste, salvo se a avença for regida pelo Código de Defesa do Consumidor. Permite este, sem distinção, a liquidação antecipada do débito, com redução proporcional dos juros (art. 52, § 2º).

Os negócios jurídicos entre vivos, para os quais não se estabelece prazo, são exequíveis desde logo. A regra, entretanto, não é absoluta, como ressalva o art. 134 do Código Civil, pois alguns atos dependem de certo tempo, seja porque terão de ser praticados em lugar diverso, seja pela sua própria natureza. Em um contrato de empreitada para a construção de uma casa, por exemplo, sem fixação de prazo, não se pode exigir a imediata execução e conclusão da obra, que depende, naturalmente, de certo tempo. Na compra de uma safra, o prazo necessário será a época da colheita. A obrigação de entregar bens, como animais, por exemplo, que deverão ser transportados para localidade distante, não pode ser cumprida imediatamente.

10. OBRIGAÇÕES MODAIS OU COM ENCARGO

Obrigação *modal* (*com encargo* ou *onerosa*) é a que se encontra onerada por cláusula acessória, que impõe um ônus ao beneficiário de determinada relação jurídica.

Trata-se de pacto acessório às liberalidades (doações, testamentos), pelo qual se impõe um *ônus* ou *obrigação* ao beneficiário. É admissível, também, em declarações unilaterais da

---

67 Caio Mário da Silva Pereira, *Instituições de direito civil*, v. II, p. 76-77.

vontade, como na promessa de recompensa, e raramente nos contratos onerosos (pode ocorrer na compra e venda de um imóvel, com o ônus de franquear a passagem ou a utilização por terceiros, p.ex.)[68]. É comum nas doações feitas ao município, em geral com a obrigação de construir um hospital, escola, creche ou algum outro melhoramento público; e nos testamentos, em que se deixa a herança a alguém, com a obrigação de cuidar de determinada pessoa ou de animais de estimação. Em regra, é identificada pelas expressões "para que", "a fim de que", "com a obrigação de"[69].

Modo é, assim, o encargo imposto àquele em cujo proveito se constitui um direito por ato de mera liberalidade. Nele, a pessoa que promete a outrem alguma coisa limita sua promessa, determinando a forma por que deve ser usada[70].

Segundo dispõe o art. 136, primeira parte, do Código Civil, "*o encargo não suspende a aquisição nem o exercício do direito*". Assim, aberta a sucessão, o domínio e a posse dos bens transmitem-se desde logo aos herdeiros nomeados, com a obrigação, porém, de cumprir o encargo a eles imposto. Se esse encargo não for cumprido, a liberalidade poderá ser revogada.

Dispõe o art. 553 do Código Civil que "*o donatário é obrigado a cumprir os encargos da doação, caso forem a benefício do doador, de terceiro, ou do interesse geral*". Acrescenta o parágrafo único: "*Se desta última espécie for o encargo, o Ministério Público poderá exigir sua execução, depois da morte do doador, se este não tiver feito*". O art. 1.938 acresce que ao legatário, nos legados com encargo, aplica-se o disposto quanto às doações de igual natureza, o mesmo acontecendo com o substituto, por força do art. 1.949. E o art. 562 prevê que "*a doação onerosa pode ser revogada por inexecução do encargo, se o donatário incorrer em mora*". Tal dispositivo aplica-se, por analogia, às liberalidades *causa mortis*.

O terceiro beneficiário pode exigir o cumprimento do encargo, mas não está legitimado a propor ação revocatória. Esta é privativa do instituidor, podendo os herdeiros apenas prosseguir na ação por ele intentada, caso venha a falecer depois do ajuizamento. O instituidor também pode reclamar o cumprimento do encargo. O Ministério Público só poderá fazê-lo depois da morte do instituidor, se este não o tiver feito e se o encargo foi imposto no interesse geral.

O encargo difere da *condição suspensiva*, porque esta impede a aquisição do direito, enquanto aquele não suspende a aquisição nem o exercício do direito. A condição suspensiva é imposta com o emprego da partícula "se", e o encargo com as expressões "para que", "com a obrigação de" etc. Difere, também, da *condição resolutiva*, porque não conduz, por si, à revogação do ato. O instituidor do benefício poderá ou não propor a ação revocatória, cuja sentença não terá efeito retroativo. O encargo pode ser imposto como condição suspensiva e com efeitos próprios deste elemento acidental, desde que tal disposição seja expressa (art. 136, segunda parte).

Preenchendo lacuna do Código Civil de 1916, o atual diploma disciplina o encargo *ilícito* ou *impossível*, dispondo, no art. 137: "*Considera-se não escrito o encargo ilícito ou impossível, salvo se constituir o motivo determinante da liberalidade, caso em que se invalida o negócio jurídico*".

---

68 Carmelo Scuto, *Istituzioni di diritto privato*, v. 1, 1ª parte, p. 401.

69 Washington de Barros Monteiro, *Curso de direito civil*, 29. ed., v. 4, p. 245; Maria Helena Diniz, *Curso de direito civil brasileiro*, v. 2, p. 134-135; Sílvio de Salvo Venosa, *Direito civil*, v. II, p. 152-153.

70 Manoel Ignácio Carvalho de Mendonça, *Doutrina e prática das obrigações*, t. I, p. 251.

DAS OBRIGAÇÕES LÍQUIDAS E ILÍQUIDAS

Sumário: 11. Conceito. 12. Espécies de liquidação. 13. Aplicações práticas da distinção.

11. CONCEITO

Considera-se *líquida* a obrigação certa, quanto à sua existência, e determinada, quanto ao seu objeto, como dispunha, de forma elegante e concisa, o art. 1.533 do Código Civil de 1916. Essa modalidade é expressa por uma cifra, por um algarismo, quando se trata de dívida em dinheiro. Mas pode também ter por objeto a entrega ou restituição de outro objeto certo, como, por exemplo, um veículo ou determinada quantidade de cereal.

A obrigação é *ilíquida* quando, ao contrário, o seu objeto depende de prévia apuração, pois o valor ou montante apresenta-se incerto. Deve ela converter-se em obrigação líquida, para que possa ser cumprida pelo devedor. Essa conversão se obtém em juízo pelo processo de liquidação, quando a sentença não fixar o valor da condenação ou não lhe individualizar o objeto (CPC/73, art. 586; CPC/2015, art. 783)[71]. Quando na sentença há uma parte líquida e outra ilíquida, ao credor é lícito promover simultaneamente a execução daquela e a liquidação desta.

Depreende-se do exposto que a sentença ilíquida não é incerta quanto à existência do crédito, mas somente quanto ao seu valor. A liquidação visa apurar apenas o *quantum* devido. Não se confunde com obrigação de *dar coisa incerta*, malgrado a semelhança observada em função da existência de incerteza, em ambas, sobre o objeto da prestação. Nesta, todavia, a incerteza nasce com a própria obrigação, sendo característica inerente à sua existência. Na obrigação ilíquida a incerteza não é originária, pois o devedor sabe o que deve, faltando apenas apurar o seu montante.

12. ESPÉCIES DE LIQUIDAÇÃO

Para se iniciar a execução da sentença ou do acordo a que chegaram as partes será necessário proceder-se à sua liquidação. A finalidade desta é apurar o *quantum debeatur*. O processo de liquidação tem natureza cognitiva e é dotado de autonomia em relação ao processo de execução e ao processo de conhecimento, no qual o título foi gerado. Como regra geral, a liquidação antecede a execução.

Procede-se à liquidação, diz o art. 509 do vigente Código de Processo Civil, quando a sentença condenar ao pagamento de quantia ilíquida. A liquidação poderá ser: *I – por arbitramento, quando determinado pela sentença, convencionado pelas partes ou exigido pela natureza do objeto da liquidação; II – pelo procedimento comum, quando houver necessidade de alegar e provar fato novo*. Acrescenta o § 4º: *"Na liquidação é vedado discutir de novo a lide ou modificar a sentença que a julgou"*. O referido diploma fazia menção a três espécies de liquidação: por cálculo do contador, por arbitramento e por artigos. No entanto, não fazia sentido a inclusão do cálculo do contador como forma de liquidação. É que se fazia a liquidação pelo contador quando, para apurar-se o *quantum debeatur*, bastava a realização de simples cálculo aritmético.

Liquidação por arbitramento é aquela realizada por meio de um perito, nomeado pelo juiz. A apuração do *quantum* depende exclusivamente da avaliação de uma coisa, um serviço

---

71 Washington de Barros Monteiro, *Curso de direito civil*, 29. ed., v. 4, p. 236.

ou um prejuízo, a ser feita por quem tenha conhecimento técnico. Nessa modalidade não cabe a produção de prova oral. Eventual prova documental só poderá ser produzida se disser respeito, exclusivamente, à avaliação. As partes poderão formular quesitos e indicar assistentes técnicos. Por ser processo autônomo, a liquidação por arbitramento é julgada por sentença, da qual cabe apelação apenas com efeito devolutivo.

A liquidação é feita pelo *procedimento comum* quando houver necessidade de alegar e provar fato novo, para apurar o valor da condenação (CPC/2015, art. 509, II). A petição inicial deve obedecer aos requisitos do art. 319 do estatuto processual de 2015, articulando o credor os fatos novos a serem provados. Todos os meios de prova são admitidos, inclusive a perícia. O rito da liquidação deve corresponder àquele do processo anterior, que gerou a sentença ilíquida.

Se o credor se descurar de provar os alegados fatos novos, o juiz não julgará improcedente a liquidação, mas deverá simplesmente julgar não provados os fatos alegados. Como não se trata de julgamento de mérito mas da pretensão de se obter a declaração do montante de seu crédito, o credor não ficará impedido de repropor a liquidação.

Hipótese comum de liquidação pelo procedimento comum é a da sentença penal condenatória transitada em julgado, em que se alega, por exemplo, dano material em razão da morte do chefe de família. Neste caso, os legitimados a pleitear a indenização terão de provar, na liquidação, dentre outros fatos, os rendimentos do falecido e, em alguns casos, a relação de dependência em que se encontravam em relação a ele. Se, por exemplo, a sentença declarar líquida a obrigação, seja no caso de indenização por dano material, seja no de dano moral, porém no valor zero, terá ela julgado o mérito e se revestirá, nesse caso, de coisa julgada material.

Quando a apuração do valor "depender apenas de cálculo aritmético, o credor poderá promover, desde logo, o cumprimento da sentença" (CPC/2015, art. 509, § 2º). Ao requerer o cumprimento da sentença, o interessado apresentará "o demonstrativo do débito atualizado até a data de propositura da ação, quando se tratar de execução por quantia certa" (CPC/2015, art. 798, I, letra "b"), isto é, a demonstração de como chegou ao valor que pretende haver do devedor.

13. APLICAÇÕES PRÁTICAS DA DISTINÇÃO

Importante efeito da distinção entre obrigações líquidas e ilíquidas se verifica no tocante à mora. Dispõe o art. 397 do Código Civil que "*o inadimplemento da obrigação, positiva e líquida, no seu termo, constitui de pleno direito em mora o devedor*".

Por conseguinte, quando a obrigação é positiva (dar ou fazer) e líquida (de valor certo), com data fixada para o pagamento, seu descumprimento acarreta, automaticamente, sem necessidade de qualquer providência do credor, a mora do devedor (mora *ex re*), segundo a máxima romana *dies interpellat pro homine* (o dia do vencimento interpela pelo homem, isto é, interpela o devedor, pelo credor).

Não havendo termo, ou seja, data estipulada, "*a mora se constitui mediante interpelação judicial ou extrajudicial*" (art. 397, parágrafo único). Trata-se da mora *ex persona*, que depende de providência do credor.

Outra aplicação prática da mencionada distinção diz respeito ao cômputo dos juros. Segundo dispõe o art. 407 do Código Civil, ainda que não se alegue prejuízo, é obrigado o devedor aos juros da mora desde que lhes esteja fixado o valor pecuniário por sentença judicial, arbitramento, ou acordo entre as partes, ou seja, desde que o montante do débito tenha se tornado líquido. Nas obrigações ilíquidas os juros são contados da citação inicial para a ação (CC, art. 405; *Súmula 163 do STF*).

Proclama o art. 369 do Código Civil que "*a compensação efetua-se entre dívidas líquidas, vencidas e de coisas fungíveis*". A liquidez das dívidas é, portanto, requisito da compensação legal, pois somente se compensam dívidas cujo valor seja certo e determinado, expresso por uma cifra. Não pode o devedor de uma nota promissória, por exemplo, opor compensação com base em crédito a ser futuramente apurado, se vence ação de indenização que move contra o exequente.

Também no tocante à imputação do pagamento releva a distinção entre obrigação líquida e ilíquida, porquanto "*a pessoa obrigada, por dois ou mais débitos da mesma natureza, a um só credor, tem o direito de indicar a qual deles oferece pagamento, se todos forem líquidos e vencidos*" (CC, art. 352). Se o devedor não fizer a indicação, e a quitação for omissa quanto à imputação, "*esta se fará nas dívidas líquidas e vencidas em primeiro lugar*" (art. 355, primeira parte).

As dívidas futuras, sejam líquidas ou ilíquidas, podem ser objeto de *fiança*. Mas o fiador, neste caso, diz o art. 821, segunda parte, do Código Civil, "*não será demandado senão depois que se fizer certa e líquida a obrigação do principal devedor*".

O título executivo extrajudicial há de ser sempre líquido, para ensejar a execução. Também a *falência* do devedor comerciante só pode ser decretada se o pedido estiver fundado em obrigação *líquida*, materializada em título ou títulos executivos (Lei n. 11.101, de 9-2-2005, art. 94).

DAS OBRIGAÇÕES PRINCIPAIS E ACESSÓRIAS

Sumário: 14. Conceito e efeitos. 15. Espécies.

14. CONCEITO E EFEITOS

Reciprocamente consideradas, as obrigações dividem-se em *principais* e *acessórias*. As primeiras subsistem por si, sem depender de qualquer outra, como a de entregar a coisa, no contrato de compra e venda. As obrigações acessórias têm sua existência subordinada a outra relação jurídica, ou seja, dependem da obrigação principal. É o caso, por exemplo, da fiança, da cláusula penal, dos juros etc.

O princípio de que o acessório segue o destino, a condição jurídica do principal, foi acolhido pela nossa legislação. O art. 92 do Código Civil preceitua que "*principal é o bem que existe sobre si, abstrata ou concretamente; acessório, aquele cuja existência supõe a do principal*". O art. 184, segunda parte, por sua vez diz que "*a invalidade da obrigação principal implica a das obrigações acessórias, mas a destas não induz a da obrigação principal*".

Também o art. 233 do mesmo diploma proclama que a "*obrigação de dar coisa certa abrange os acessórios dela embora não mencionados, salvo se o contrário resultar do título ou das circunstâncias do caso*". Na mesma linha, prescreve o art. 364, primeira parte, que "*a novação extingue os acessórios e garantias da dívida, sempre que não houver estipulação em contrário*".

O critério para classificar as obrigações em principais e acessórias é o mesmo que levou o legislador a dividir os bens, reciprocamente considerados, dessa forma, no art. 92 retrotranscrito.

Várias consequências de ordem jurídica decorrem da regra *accessorium sequitur suum principale*. Primeiramente, a invalidade da obrigação principal implica a das obrigações acessórias, mas a destas não induz a da obrigação principal, como dispõe o art. 184, segunda parte, do Código Civil, já mencionado. Desse modo, nulo o contrato de empreitada, por exemplo, nula será a cláusula penal nele estipulada, mas a recíproca não é verdadeira.

Outra consequência do preceito citado é que, prescrita a obrigação principal, ficam prescritas igualmente as obrigações acessórias. Pode ocorrer, todavia, prescrição da obrigação acessória, sem que se verifique a da principal.

15. ESPÉCIES

Há várias modalidades de obrigações acessórias, tendo algumas delas já sido mencionadas, como a fiança e os juros.

Outras podem ainda ser lembradas, de forma não exaustiva, como, por exemplo: a) a concernente aos *direitos reais de garantia* (penhor, anticrese, hipoteca), que sempre pressupõem a existência de um direito de crédito, cuja satisfação asseguram; b) a decorrente do *direito de evicção*, uma vez que a obrigação do vendedor de resguardar o comprador contra os riscos da alienação supõe uma obrigação principal, o contrato de compra e venda, a que se subordina; c) a atinente aos *vícios redibitórios*, visto que a obrigação de por eles responder depende de outra obrigação; d) a relativa à *cláusula penal*, que constitui um pacto acessório em que se estipula uma multa para a hipótese de inadimplemento total da obrigação, cumprimento imperfeito ou retardamento; e) a decorrente de *cláusula compromissória*, pela qual as partes se obrigam a submeter-se à decisão do juízo arbitral, a respeito de qualquer dívida que porventura venha a surgir no cumprimento da avença[72].

Registre-se que o caráter acessório ou principal da obrigação é uma qualidade que lhe pode advir da vontade das partes ou da lei. Na primeira hipótese, pode ser convencionada conjuntamente ou posteriormente à celebração da obrigação principal[73].

Multifárias, como se vê, as implicações práticas da classificação das obrigações em principais e acessórias no terreno jurídico, decorrendo daí a sua reconhecida e destacada importância.

---

72 Washington de Barros Monteiro, *Curso de direito civil*, 29. ed., v. 4, p. 233-235.

73 Caio Mário da Silva Pereira, *Instituições de direito civil*, v. II, p. 77.

Título II
DA TRANSMISSÃO DAS OBRIGAÇÕES
Capítulo I
DA CESSÃO DE CRÉDITO

Sumário: 1. A transmissão das obrigações. 1.1. Noções gerais. 1.2. Espécies. 2. Conceito de cessão de crédito. 3. Cessão de crédito e institutos afins. 4. Requisitos da cessão de crédito: objeto, capacidade e legitimação. 5. Espécies de cessão de crédito. 6. Formas. 7. Notificação do devedor. 8. Responsabilidade do cedente.

1. A TRANSMISSÃO DAS OBRIGAÇÕES

1.1. Noções gerais

A relação obrigacional admite alterações na composição de seus elementos essenciais: conteúdo ou objeto e sujeitos ativo e passivo. A mudança no conteúdo da obrigação aparece com a sub-rogação real e com a transação, que serão estudadas mais adiante.

De acordo com a antiga concepção romana da obrigação, entendida como vínculo de natureza pessoal, não podia ser esta transferida de um sujeito a outro sem que se considerasse modificado o vínculo jurídico. A mudança no polo ativo ou passivo ocorria unicamente em virtude da sucessão hereditária.

A ideia de um vínculo pessoal rígido cede, posteriormente, em favor da consideração do conteúdo patrimonial da obrigação como elemento essencial, em face do qual as pessoas do credor e do devedor, embora indispensáveis para a existência da relação, não têm influência decisiva na sua individualidade própria. Se a obrigação é um valor que integra o patrimônio do credor, poderá ser objeto de transmissão, da mesma forma que os demais direitos patrimoniais e, portanto, pode-se aceitar com certa facilidade a possibilidade de uma substituição na pessoa do credor em face da cessão do crédito.

O direito moderno admite, sem qualquer dificuldade, a livre transferência das obrigações, quer quanto ao lado ativo, quer quanto ao lado passivo, embora tenha sido mais demorada a aceitação desta última hipótese pelo fato de ser a obrigação um valor que deve ser realizado no patrimônio do devedor, interessando ao credor que o substituto ofereça, pelo menos, a mesma garantia pela propriedade de bens que assegurem o pagamento. Concorda-se hoje que a transferência pode dar-se, ativa ou passivamente, mediante sucessão hereditária ou a título particular, por atos *inter vivos*[1].

Assinala Orlando Gomes[2], a propósito, que o conceito de obrigação modificou-se profundamente, em comparação com o direito romano, afirmando que a substituição do *credor*, ou do *devedor*, na *relação obrigacional*, sem extinção do vínculo, é conquista do direito moderno, tendo sido longo o caminho percorrido para se chegar a essa conceituação.

Karl Larenz[3] pondera que todos os direitos suscetíveis de avaliação pecuniária constituem o patrimônio da pessoa. Ora, é próprio dos direitos patrimoniais a transmissibilidade. Se o crédito representa um valor patrimonial, assim reconhecido pelo ordenamento jurídico, é evidente que pode ser objeto do comércio jurídico, do mesmo modo que outros bens integrantes do patrimônio do sujeito, que lhe pertençam por direito real.

A relação obrigacional é passível, portanto, de alteração na composição de seu elemento pessoal, sem que esse fato atinja sua individualidade, de tal sorte que o vínculo subsistirá na sua identidade, apesar das modificações operadas pela sucessão singular ativa ou passiva. Com a substituição de um dos sujeitos da relação obrigacional, não deixa de ser esta ela mesma, continuando, portanto, a existir como se não houvesse sofrido qualquer alteração.

O ato determinante dessa transmissibilidade das obrigações denomina-se *cessão*, que vem a ser a transferência negocial, a título gratuito ou oneroso, de um direito, de um dever, de uma ação ou de um complexo de direitos, deveres e bens, de modo que o adquirente, denominado *cessionário*, exerça posição jurídica idêntica à do antecessor, que figura como *cedente*[4].

1.2. Espécies

A transmissibilidade das várias posições obrigacionais pode decorrer, presentes os requisitos para a sua eficácia, de:

a) *cessão de crédito*, pela qual o credor transfere a outrem seus direitos na relação obrigacional;

b) *cessão de débito*, que constitui negócio jurídico pelo qual o devedor transfere a outrem a sua posição na relação jurídica, sem novar, ou seja, sem acarretar a criação de obrigação nova e a extinção da anterior;

c) *cessão de contrato*, em que se procede à transmissão, ao cessionário, da inteira posição contratual do cedente, como sucede na transferência a terceiro, feita pelo promitente-comprador, por exemplo, de sua posição no compromisso de compra e venda de imóvel loteado, sem anuência do credor.

O Código de 1916 tratava somente da *cessão de crédito*, em título autônomo (Título III), situando-o após as *modalidades* e os *efeitos* das obrigações (respectivamente, Títulos I e II). O Código de 2002 reestruturou o Livro das Obrigações, criando um título novo denominado "Da transmissão das obrigações", no qual disciplinou a *cessão de crédito* (Capítulo I) e a *cessão de débito*, esta sob a denominação de *assunção de dívida* (Capítulo II).

---

1 Alberto Trabucchi, *Instituciones de derecho civil*, v. II, p. 88-91; Roberto de Ruggiero, *Instituições de direito civil*, v. III, p. 136-137.

2 *Obrigações*, p. 236.

3 *Derecho de obligaciones*, t. I, p. 445.

4 Maria Helena Diniz, *Curso de direito civil brasileiro*, v. 2, p. 409; Orlando Gomes, *Obrigações*, p. 236.

2. CONCEITO DE CESSÃO DE CRÉDITO

Cessão de crédito é negócio jurídico bilateral, pelo qual o credor transfere a outrem seus direitos na relação obrigacional. Trata-se de um dos mais importantes instrumentos da vida econômica atual, especialmente na modalidade de desconto bancário, pelo qual o comerciante transfere seus créditos a uma instituição financeira. Tem feição nitidamente contratual[5].

O instituto em estudo pode configurar tanto alienação onerosa como gratuita, preponderando, no entanto, a primeira espécie. O terceiro, a quem o credor transfere sua posição na relação obrigacional, independentemente da anuência do devedor, é estranho ao negócio original.

O credor que transfere seus direitos denomina-se *cedente*. O terceiro a quem são eles transmitidos, investindo-se na sua titularidade, é o *cessionário*. O outro personagem, devedor ou *cedido*, não participa necessariamente da cessão, que pode ser realizada sem a sua anuência. Deve ser, no entanto, dela comunicado, para que possa solver a obrigação ao legítimo detentor do crédito. Só para esse fim se lhe comunica a cessão, mas sua anuência ou intervenção é dispensável.

O contrato de cessão é simplesmente *consensual*, pois torna-se perfeito e acabado com o acordo de vontades entre cedente e cessionário, não exigindo a tradição do documento para se aperfeiçoar. Todavia, em alguns casos a natureza do título exige a entrega, como sucede com os títulos de crédito, assimilando-se então aos contratos *reais*[6].

3. CESSÃO DE CRÉDITO E INSTITUTOS AFINS

Como já exposto, a cessão de crédito pode ocorrer a título gratuito ou oneroso, sendo mais comum esta última modalidade. Pode caracterizar, também, dação em pagamento (*datio in solutum*), quando a transferência é feita em pagamento de uma dívida.

A alienação onerosa assemelha-se a uma *venda*, desempenhando papel idêntico a esta. A cessão, contudo, tem por objeto bem *incorpóreo* (crédito), enquanto a compra e venda destina-se à alienação de bens *corpóreos*. Nesta participam apenas um comprador e um vendedor. Naquela há necessariamente os três personagens citados.

A cessão de crédito distingue-se, também, da *novação subjetiva ativa*, porque nesta, além da substituição do credor, ocorre a extinção da obrigação anterior, substituída por novo crédito. Naquela, porém, subsiste o crédito primitivo, que é transmitido ao cessionário, com todos os seus acessórios (CC, art. 287), inexistindo o *animus novandi*.

Não se confunde ainda a cessão de crédito com a *sub-rogação legal*. O sub-rogado não pode exercer os direitos e ações do credor além dos limites de seu desembolso, não tendo, pois, caráter especulativo (CC, art. 350). A cessão de crédito, embora excepcionalmente possa ser gratuita, em geral encerra o propósito de lucro. A sub-rogação *convencional*, porém, na hipótese do art. 347, I, do Código Civil ("*quando o credor recebe o pagamento de terceiro e expressamente lhe transfere todos os seus direitos*"), será tratada como cessão de crédito (art. 348). Esta é sempre ato voluntário; a sub-rogação, todavia, pode ocorrer por força de lei.

Outras diferenças podem ser ainda apontadas: a) o cedente assume, em regra, a responsabilidade pela existência do crédito cedido, o que já não ocorre com o sub-rogante; b) o cessionário não será assim considerado por terceiros, a não ser a partir do instante em que se

---

5 Orlando Gomes, *Obrigações*, p. 244-245; Silvio Rodrigues, *Direito civil*, v. 2, p. 91; Alberto Trabucchi, *Instituciones de derecho civil*, v. II, p. 94; Sílvio Venosa, *Direito civil*, v. 2, p. 330.

6 Orlando Gomes, *Obrigações*, p. 245.

notifica a cessão; já o sub-rogado sê-lo-á perante terceiros, sem que seja preciso tomar qualquer medida de publicidade[7].

Não se confunde a cessão de crédito, igualmente, com *cessão de contrato*, que abrange a transferência de todos os direitos e obrigações. Essa denominação tem sido criticada, pois o que se transfere, em rigor, não é o contrato, mas a posição subjetiva na avença[8]. A cessão de crédito, ao contrário, restringe-se exclusivamente à transferência de determinados direitos, passando o cessionário a ostentar, perante o devedor, a mesma posição jurídica do titular primitivo[9].

Enfim, na *cessão de contrato* transferem-se todos os elementos ativos e passivos correspondentes, num contrato bilateral, à posição da parte cedente; na *cessão de crédito*, transferem-se apenas os elementos ativos, que se separam, a fim de que o cessionário os aproprie[10].

4. REQUISITOS DA CESSÃO DE CRÉDITO: OBJETO, CAPACIDADE E LEGITIMAÇÃO

Em regra, todos os créditos podem ser objeto de cessão, constem de título ou não, vencidos ou por vencer, salvo se a isso se opuser "*a natureza da obrigação, a lei, ou a convenção com o devedor*" (CC, art. 286).

A cessão pode ser *total* ou *parcial*, e abrange todos os acessórios do crédito, como os juros e os direitos de garantia (CC, art. 287). Assim, por exemplo, se o pagamento da dívida é garantido por hipoteca, o cessionário torna-se credor hipotecário; se por penhor, o cedente é obrigado a entregar o objeto empenhado ao cessionário.

Há créditos que não podem, porém, como visto, ser cedidos. Pela sua *natureza*, não podem ser objeto de cessão relações jurídicas de caráter personalíssimo e as de direito de família (direito a nome, a alimentos etc.). Menciona Alberto Trabucchi[11], com efeito, que não podem ser cedidos os créditos que tenham caráter estritamente pessoal, como são o crédito de alimentos e o estabelecido em favor de uma pessoa determinada (p.ex., a obrigação de um músico de tocar em uma determinada orquestra).

Pela mesma razão não podem ser cedidos créditos atinentes aos vencimentos de funcionários ou os créditos por salários; os créditos decorrentes de direitos sem valor patrimonial; os créditos vinculados a fins assistenciais; os créditos que não possam ser individualizados, pois a cessão é negócio dispositivo, devendo ser seu objeto determinado, de forma que não valerá a cessão de todos os créditos futuros, procedentes de negócios etc.[12].

Em virtude da *lei*, não pode haver cessão do direito de preempção ou preferência (CC, art. 520), do benefício da justiça gratuita (Lei n. 1.060/50, art. 10), da indenização derivada de acidente no trabalho, do direito à herança de pessoa viva (CC, art. 426), de créditos já penhorados (CC, art. 298), do direito de revogar doação por ingratidão do donatário (CC, art. 560) etc. Admite-se, porém, a cessão do direito do autor de obras intelectuais (Lei n. 9.610/98, art. 49) e do exercício do usufruto (CC, art. 1.393)[13].

Por *convenção das partes* pode ser, ainda, estabelecida a incessibilidade do crédito. Mas "*a cláusula proibitiva da cessão não poderá ser oposta ao cessionário de boa-fé, se não constar do instrumento da obrigação*" (CC, art. 286, segunda parte).

---

7 Maria Helena Diniz, *Curso de direito civil brasileiro*, v. 2, p. 414.

8 Silvio Rodrigues, *Direito civil*, v. 2, p. 90, nota 78.

9 Washington de Barros Monteiro, *Curso de direito civil*, 29. ed., v. 4, p. 351.

10 Orlando Gomes, *Obrigações*, p. 256-257.

11 *Instituciones de derecho civil*, v. II, p. 94-95.

12 Maria Helena Diniz, *Curso de direito civil brasileiro*, v. 2, p. 415; Orlando Gomes, *Obrigações*, p. 248.

13 Maria Helena Diniz, *Curso de direito civil brasileiro*, v. 2, p. 416.

Anote-se que a Lei n. 13.874, de 20 de setembro de 2019, deu nova redação ao art. 421 do Código Civil, acrescentando o parágrafo único, nestes termos:

"Art. 421. A liberdade contratual será exercida nos limites da função social do contrato.

Parágrafo único. Nas relações contratuais privadas, prevalecerão o princípio da intervenção mínima e a excepcionalidade da revisão contratual".

Como a cessão importa alienação, o cedente há de ser pessoa *capaz* e *legitimada* a praticar atos de alienação. Outrossim, é necessário que seja titular do crédito, para dele poder dispor. Também o cessionário deve ser pessoa no gozo da capacidade plena. Como para ele a cessão importa aquisição de um direito, é necessário que reúna condições de tomar o lugar do cedente. Exige-se de ambos não só a capacidade genérica para os atos da vida civil, como também a especial, reclamada para os atos de alienação. Para a cessão ser efetuada por mandato, deve o mandatário ter poderes especiais e expressos (CC, art. 661, § 1º).

Mesmo sendo dotadas de capacidade, algumas pessoas carecem de legitimação para adquirir certos créditos. O tutor e o curador, por exemplo, não podem constituir-se cessionários de créditos contra, respectivamente, o pupilo e o curatelado. O mesmo se dá com os testamenteiros e administradores, que também não podem adquirir créditos se sob sua administração estiver o direito correspondente, salvo se o contrato se constituir entre coerdeiros, em pagamento de débitos, ou para a garantia de bens já pertencentes a essas pessoas (CC, arts. 497 e parágrafo único e 498).

Por sua vez, os pais, no exercício da administração dos bens dos filhos menores, não podem efetuar a cessão sem prévia autorização do juiz (CC, art. 1.691), por se tratar de ato que ultrapassa os limites da mera administração.

Por outro lado, se o crédito envolver direito real de garantia, como a hipoteca, *verbi gratia*, necessário será o consentimento do outro cônjuge. O falido e o inventariante judicial não têm qualidade para efetivar cessão de crédito, salvo mediante autorização judicial[14].

Dispõe o art. 294 do Código Civil:

"O devedor pode opor ao cessionário as exceções que lhe competirem, bem como as que, no momento em que veio a ter conhecimento, tinha contra o cedente".

E o Superior Tribunal de Justiça, aplicando-o, enfatizou:

"O sacado pode opor à faturizadora a qual pretende lhe cobrar duplicata recebida em operação de *factoring* exceções pessoais que seriam passíveis de contraposição ao sacador, ainda que o sacado tenha eventualmente aceitado o título de crédito. Na operação de *factoring*, em que há envolvimento mais profundo entre faturizada e faturizadora, não se opera um simples endosso, mas a negociação de um crédito cuja origem é – ou pelo menos deveria ser – objeto de análise pela faturizadora. Nesse contexto, a faturizadora não pode se equiparar a um terceiro de boa-fé a quem o título pudesse ser transferido por endosso, ficando autorizada a discussão da *causa debendi*, na linha do que determina o art. 294"[15].

"Se a empresa de *factoring* figura como cessionária de direitos e obrigações estabelecidos em contrato de compra e venda em prestações, de cuja cessão foi regularmente cientificado o devedor, é legítima para responder a demanda que visa à revisão das condições contratuais."[16]

---

[14] Washington de Barros Monteiro, *Curso de direito civil*, 29. ed., v. 4, p. 351-352; Maria Helena Diniz, *Curso de direito civil brasileiro*, v. 2, p. 414-415; Sílvio Venosa, *Direito civil*, v. II, p. 334-335.

[15] STJ, REsp 1.439.749-RS, rel. Min. João Otávio de Noronha, *DJe* 15-6-2015.

[16] STJ, REsp 1.343.313-SC, 4ª T., rel. Min. Luis Felipe Salomão, *DJe* 1º-8-2017.

5. ESPÉCIES DE CESSÃO DE CRÉDITO

A cessão de crédito resulta, em regra, da declaração de vontade entre cedente e cessionário. Diz-se que, nesse caso, ela é *convencional* e pode ser realizada a título oneroso ou gratuito, sendo mais comum a primeira modalidade. Na cessão a título *oneroso* o cedente garante a existência e a titularidade do crédito no momento da transferência. Nas cessões a título *gratuito* só é responsável se houver procedido de má-fé (CC, art. 295)[17].

A cessão de crédito voluntária pode ser também total ou parcial, embora a lei não se refira diretamente, em nenhum dispositivo, à última espécie. Nela o cedente retém parte do crédito, permanecendo na relação obrigacional, salvo se ceder também a parte remanescente a outrem. Se o crédito for cedido a mais de um cessionário, dividir-se-á em dois, independentes um do outro. Como a lei não disciplina a cessão parcial, não se pode falar em existência de preferência em favor do credor primitivo, ou de alguns dos cessionários, no caso de haver cessões parciais sucessivas, embora nada impeça que convencionem entre si algum critério de prioridade no pagamento[18].

Pode, ainda, a cessão de crédito ser *legal* e *judicial*. Em muitos casos, com efeito, a transmissão do crédito, do lado ativo da relação obrigacional, opera-se não por convenção entre as partes, como na cessão, mas *ipso jure*, ou seja, por força de *lei*, ou por meio de *decisão judicial*. Podem ser mencionados como exemplos de *cessão legal*:

a) Os de sub-rogação legal, especificados no art. 346 do Código Civil, pois o sub-rogado adquire os direitos do credor primitivo. Enquadram-se no inciso III do aludido dispositivo, como sub-rogação pessoal (em favor "*do terceiro interessado, que paga a dívida pela qual era ou podia ser obrigado, no todo ou em parte*"): o caso do devedor de obrigação solidária que satisfez a dívida por inteiro, sub-rogando-se no crédito (CC, art. 283); o do fiador que pagou integralmente a dívida, ficando sub-rogado nos direitos do credor (CC, art. 831); o do mandante, em favor de quem são transferidos os créditos adquiridos pelo mandatário (CC, art. 668).

b) O de cessão dos acessórios (cláusula penal, juros, garantias reais ou pessoais), em consequência da cessão da dívida principal, salvo disposição em contrário. O art. 287 do Código Civil, que assim dispõe, aplica a regra de que o acessório segue o destino do principal, independente de expressa menção.

c) O de cessão ao depositante, pelo depositário, das ações que tiver contra o terceiro a que se refere o art. 636 do Código Civil.

d) O de sub-rogação legal, no contrato de seguro, em favor da companhia seguradora, que paga a indenização do dano decorrente de ato ilícito causado por terceiro (CC, art. 786)[19].

Verifica-se a *cessão judicial* quando a transmissão do crédito é determinada pelo juiz, como sucede, por exemplo: a) na adjudicação, aos credores de um acervo, de sua dívida ativa; b) na prolação de sentença destinada a suprir declaração de cessão por parte de quem era obrigado a fazê-la.

O art. 298 do Código Civil trata de caso típico de transmissão provisória, por via judicial, para adaptar à penhora do crédito a solução válida para o pagamento efetuado pelo devedor, na ignorância da apreensão judicial do crédito.

---

[17] Washington de Barros Monteiro, *Curso de direito civil*, 29. ed., v. 4, p. 353.

[18] Orlando Gomes, *Obrigações*, p. 248; Antunes Varela, *Direito das obrigações*, v. II, p. 324; Maria Helena Diniz, *Curso de direito civil brasileiro*, v. 2, p. 412.

[19] Washington de Barros Monteiro, *Curso de direito civil*, 29. ed., v. 4, p. 353; Antunes Varela, *Direito das obrigações*, v. II, p. 333; Maria Helena Diniz, *Curso de direito civil brasileiro*, v. 2, p. 412-413; Orlando Gomes, *Obrigações*, p. 255-256.

A cessão de crédito pode ser ainda *pro soluto* e *pro solvendo*. No primeiro caso, o cedente apenas garante a existência do crédito, sem responder, todavia, pela solvência do devedor. Na cessão *pro solvendo*, o cedente obriga-se a pagar se o devedor cedido for insolvente. Nesta última modalidade, portanto, o cedente assume o risco da insolvência do devedor[20].

6. FORMAS

Em regra, a cessão convencional não exige forma especial para valer *entre as partes*, salvo se tiver por objeto direitos em que a escritura pública seja da substância do ato, caso em que a cessão efetuar-se-á também por escritura pública. Nessa consonância, a escritura pública deverá ser utilizada na cessão de crédito hipotecário ou de direitos hereditários.

Para valer contra *terceiros*, entretanto, o art. 288 do Código Civil exige "*instrumento público, ou instrumento particular revestido das solenidades do § 1º do art. 654*". O instrumento particular deve conter, assim, a indicação do lugar onde foi passado, a qualificação do cedente e do cessionário, a data e o objetivo da cessão com a designação e a extensão dos direitos cedidos, e ser registrado no Cartório de Títulos e Documentos (CC, art. 221; Lei n. 6.015/73, art. 129, § 9º).

Dispõe o *Enunciado n. 618 da VIII Jornada de Direito Civil* o seguinte: "O devedor não é terceiro para fins de aplicação do art. 288 do Código Civil, bastando a notificação prevista no art. 290 para que a cessão de crédito seja eficaz perante ele".

Tais formalidades somente são exigidas para a cessão valer contra *terceiros*, sendo desnecessárias, porém, em relação ao devedor cedido. A sua inobservância torna o ato *ineficaz* em relação àqueles (CC, art. 288). O cessionário de crédito hipotecário tem o direito de fazer averbar a cessão no registro do imóvel (CC, art. 289).

O aludido art. 288 do atual diploma repete "o *caput* do art. 1.067 do Código Civil de 1916, simplificando-lhe o conteúdo, inclusive para eliminar a exigência de que o instrumento particular de cessão tenha que ser subscrito por duas testemunhas para ter validade. Também se substituiu a referência que se fazia à validade do ato, por ineficácia..."[21].

A cessão legal e a judicial não se subordinam, obviamente, às mencionadas exigências. A cessão de *títulos de crédito* é feita mediante endosso. O posterior ao vencimento produz os mesmos efeitos do anterior (CC, art. 920). A aquisição de título à ordem, por meio diverso do endosso, tem efeito de *cessão civil* (CC, art. 919).

7. NOTIFICAÇÃO DO DEVEDOR

Dispõe o art. 290 do Código Civil:

"*A cessão do crédito não tem eficácia em relação ao devedor, senão quando a este notificada; mas por notificado se tem o devedor que, em escrito público ou particular, se declarou ciente da cessão feita*".

A notificação do devedor, expressamente exigida, é medida destinada a preservá-lo do cumprimento indevido da obrigação, evitando-se os prejuízos que causaria, pois ele poderia pagar ao credor-cedente. O pagamento seria ineficaz.

Não pretendeu a lei dizer que a notificação é elemento essencial à validade da cessão de crédito, mas apenas que não é eficaz em relação ao devedor, isto é, que este só está sujeito às suas consequências a partir do momento em que tiver conhecimento de sua realização. A

---

20 Orlando Gomes, *Obrigações*, p. 253.

21 Mário Luiz Delgado Régis, *Novo Código Civil comentado*, p. 271.

necessidade da notificação ganha relevo quando se admite que o devedor pode impugnar a cessão e opor as exceções cabíveis no momento em que tenha conhecimento da operação[22].

Antunes Varela, refutando opinião contrária de Mancini, destaca esse aspecto da notificação ao devedor, dizendo que não constitui ela um requisito de *validade* da cessão, como poderia depreender-se da interpretação literal do texto, mas apenas uma condição da sua eficácia em relação ao devedor. Se este, "ignorando a cessão, pagar ao credor primitivo, o pagamento considera-se bem feito, em homenagem à boa-fé do devedor, que se considera definitivamente desonerado. Como, porém, a cessão é válida entre as partes, independentemente da notificação ao devedor, o credor primitivo que recebeu a prestação dispôs de direito alheio, enriquecendo-se ilicitamente à custa do cessionário. E terá, consequentemente, que restituir ao lesado tudo quanto indevidamente recebeu do devedor"[23].

Qualquer dos intervenientes, cessionário ou cedente, tem qualidade para efetuar a notificação, que pode ser *judicial* ou *extrajudicial*. Diz Orlando Gomes que o normal é que cedente e cessionário se dirijam ao devedor para lhe dar ciência do contrato que celebraram[24]. Mas o maior interessado é o cessionário, pois o devedor ficará desobrigado se, antes de ter conhecimento da cessão, pagar ao credor primitivo (CC, art. 292).

Se não notificado, a cessão é inexistente para ele, e válido se tornará o pagamento feito ao cedente. Mas não se desobrigará se a este pagar depois de cientificado da cessão. Ficará desobrigado, também, no caso de lhe ter sido feita mais de uma notificação, se pagar ao cessionário que lhe apresentar o título comprobatório da obrigação (CC, art. 292). Se esta for solidária, devem ser notificados todos os codevedores. Sendo incapaz o devedor, far-se-á a notificação ao seu representante legal.

A notificação pode ser *expressa* ou *presumida*. É da primeira espécie quando o cedente toma a iniciativa de comunicar ao devedor que cedeu o crédito a determinada pessoa, podendo a comunicação partir igualmente do cessionário. *Presumida* é a que resulta da espontânea declaração de ciência do devedor, em escrito público ou particular. Dispõe o art. 290, segunda parte, do Código Civil que, nessa hipótese, por notificado se tem o devedor[25].

Tem-se entendido que a citação inicial para a ação de cobrança equivale à notificação da cessão, assim como a habilitação de crédito na falência do devedor produz os mesmos efeitos de sua notificação. Alguns créditos dispensam a notificação, porque sua transmissão obedece a forma especial, como, por exemplo, os títulos ao portador, que se transferem por simples tradição manual (CC, art. 904), e as ações nominativas de sociedades anônimas, transmissíveis pela inscrição nos livros de emissão, mediante termo (Lei n. 6.404/76, art. 31, § 1º), bem como os títulos transferíveis por endosso.

"O devedor pode opor ao cessionário as exceções que lhe competirem, bem como as que, no momento em que veio a ter conhecimento da cessão, tinha contra o cedente" (CC, art. 294). Se o devedor, notificado da cessão, não opõe, *nesse momento*, as exceções pessoais que tiver *contra o cedente*, não poderá mais arguir contra o cessionário as exceções que eram cabíveis contra o primeiro, como pagamento da dívida, compensação etc. Poderá, no entanto, alegar não só contra o cedente como também contra o cessionário, a qualquer tempo, mesmo não tendo feito nenhum protesto ao ser notificado, vícios que, por sua natureza, afetam diretamente o título ou ato, tornando-o nulo ou anulável, como incapacidade do agente, erro, dolo etc.[26].

---

22 Orlando Gomes, *Obrigações*, p. 251.
23 *Direito das obrigações*, v. II, p. 318-319.
24 *Obrigações*, p. 252.
25 Orlando Gomes, *Obrigações*, p. 252.
26 Washington de Barros Monteiro, *Curso de direito civil*, 29. ed., v. 4, p. 356.

Mas, se dela não foi notificado, poderá opor ao cessionário as que tinha contra o cedente, antes da transferência. Já as exceções oponíveis diretamente *contra o cessionário* podem ser arguidas a todo tempo, tanto no momento da cessão como no de sua notificação, pois se apresenta ele ao devedor como um novo credor. E todo devedor tem a faculdade de opor qualquer exceção contra a pretensão de seu credor. A mais comum é a *exceptio non adimpleti contractus*. Se o credor cedente, em contrato bilateral, não cumprir sua obrigação antes de ceder o crédito, o dever de cumpri-la transmite-se ao *cessionário*, de modo que pode o *devedor* recusar-se a efetuar o pagamento se este não satisfaz a prestação que lhe incumbe, opondo ao cessionário a exceção de contrato não cumprido[27].

8. RESPONSABILIDADE DO CEDENTE

Preceitua o art. 295 do Código Civil:

"Na cessão por título oneroso, o cedente, ainda que não se responsabilize, fica responsável ao cessionário pela existência do crédito ao tempo em que lhe cedeu; a mesma responsabilidade lhe cabe nas cessões por título gratuito, se tiver procedido de má-fé".

A responsabilidade imposta pela lei ao cedente não se refere à solvência do devedor (*nomem bonum*). Por esta o cedente não responde, correndo os riscos por conta do cessionário, salvo estipulação em contrário.

Efetivamente, dispõe o art. 296 do mesmo diploma:

"Salvo estipulação em contrário, o cedente não responde pela solvência do devedor".

Se ficar convencionado expressamente que o cedente responde pela solvência do devedor, sua responsabilidade limitar-se-á ao que recebeu do cessionário, com os respectivos juros, mais as despesas da cessão e as efetuadas com a cobrança. Nesse sentido, proclama o art. 297 do Código Civil:

"O cedente, responsável ao cessionário pela solvência do devedor, não responde por mais do que daquele recebeu, com os respectivos juros; mas tem de ressarcir-lhe as despesas da cessão e as que o cessionário houver feito com a cobrança".

Assim, por exemplo, se o crédito era de R$ 20.000,00 e foi cedido por R$ 16.000,00, o cessionário (o banco, p.ex., no caso de título descontado) só terá direito a esta última importância, com os referidos acréscimos, e não ao valor do crédito. Em geral aquele que adquire um crédito paga menos que o seu valor nominal, visando lucro, mas assumindo o risco do negócio. Há uma álea no empreendimento, que o cessionário aceita. Se constar da avença apenas que o cedente assegura a solvência do devedor, entende-se que se refere ao momento da cessão. É admissível, porém, que se estipule que garante também a solvência futura.

---

[27] Orlando Gomes, *Obrigações*, p. 251. *V.* ainda: "Exceção de contrato não cumprido invocada pelo devedor contra o portador. Admissibilidade. O endosso póstumo em nota promissória tem o efeito de cessão civil e ao endossatário podem ser opostas as exceções oponíveis ao endossador. Demonstrado que a cambial está vinculada a contrato de compra e venda de imóvel e que o endossante, em conluio com o endossatário (seu sobrinho), pretendia receber o título sem, antes, cumprir cláusula contratual que o obrigava a outorgar escritura definitiva do imóvel, julgam-se procedentes os embargos" (*RT*, 644/154).

"Exceção do contrato não cumprido. Cabimento. *Duty to mitigate the loss*. Persistência dos deveres anexos e contratuais.

Não pode uma das partes exigir o cumprimento de contrato quando não cumpre sua parte no avençado, conforme art. 476 do CC e o princípio da *exceptio non adimpleti contractus*. O preceito do *duty to mitigate the loss* não afasta o dever de colaboração entre as partes, nem afasta a incidência das cláusulas contratuais livremente pactuadas" (TJDF, Apel. 20120110624360, *DJe* 2-6-2015).

A convencionada responsabilidade pela solvência do devedor tem mais natureza *indenizatória* do que *satisfatória*. Não se garante ao cessionário, diz ANTUNES VARELA[28], a prestação a que ele tinha direito ou o respectivo equivalente. Garante-se apenas a indenização do seu interesse contratual negativo, no caso de o devedor vir a ser declarado insolvente. Assim, a situação do cedente responsável pela solvência do devedor não se confunde com a do fiador; e muito mais difere ainda da posição do devedor solidário, de quem o credor pode exigir, em primeira mão, o cumprimento integral da prestação devida, enquanto o garante da solvência do *debitor cessus* só responde depois de provada a insolvência deste e apenas pelo interesse contratual negativo do cessionário.

Na realidade, a responsabilidade imposta ao cedente pelo retrotranscrito art. 295 diz respeito somente à *existência* do crédito ao tempo da cessão (*nomem verum*). Se o cedente transferiu *onerosamente* um título nulo ou inexistente, deverá ressarcir os prejuízos causados ao cessionário, da mesma forma que o vendedor deve fazer boa a coisa vendida e responder pela evicção nos casos legais. Se a cessão tiver sido efetuada a título *gratuito*, o cedente só responde se tiver procedido de *má-fé*, conhecendo a sua inexistência ou o fundamento da sua nulidade no momento em que o cedeu[29].

Garantir a *existência* do crédito significa assegurar a titularidade e a validade ou consistência do direito adquirido. O cedente garante, pois, que o crédito não só existe, mas não está prejudicado por exceção, nem sujeito a impugnação ou compensação – fatos que comprometeriam a sua existência ou valor jurídico[30].

O Min. MOURA RIBEIRO, integrante da Terceira Turma do Superior Tribunal de Justiça, em decisão monocrática, reconheceu serem desnecessários os avisos de recebimento do devedor em caso de cessão de créditos. "Seja em uma relação de direito civil puramente considerada, seja em uma relação consumerista, a ausência da notificação do cedido não impede o cessionário de cobrar a dívida ou de promover os atos necessários à conservação dessa mesma dívida, como a inscrição do devedor inadimplente nos cadastros de proteção ao crédito", afirmou. Concluiu o mencionado Relator que o aviso de recebimento não tem nenhuma repercussão prática relevante. "Se a cobrança da dívida e a prática dos atos necessários à sua conservação não estão condicionadas nem mesmo à existência de notificação prévia, despiciendo acrescentar o fato de essa notificação carecer de formalismo ou pessoalidade tampouco cerceia a liberdade do credor em promover a cobrança da dívida ou os atos que repute necessários à satisfação do seu crédito" (REsp 1.604.899, disponível *in* Revista *Consultor Jurídico* de 21-6-2018).

A respeito do tema, decidiu a Quarta Turma:

"Cessão do crédito – Ausência de notificação ao devedor – Exigibilidade da dívida – Art. 290 do Código Civil – Citação – Ciência da cessão – Agravo improvido.

O objetivo da notificação prevista no art. 290 do Código Civil é informar ao devedor quem é o seu novo credor, a fim de evitar que se pague o débito perante o credor originário, impossibilitando o credor derivado de exigir do devedor a obrigação então adimplida. A falta de notificação não destitui o novo credor de proceder aos atos que julgar necessários para a obrigação então adimplida. A partir da citação, a parte devedora toma ciência da ces-

---

28 *Direito das obrigações*, v. II, p. 332-333.

29 Na mesma linha dispõem o § 523 do Código alemão, os arts. 171, III, e 248 do Código suíço, o art. 1.266, II, do Código italiano, e o art. 587º, I, do Código português.

30 Vaz Serra, *Cessão de créditos ou de outros direitos*, 1955, p. 290, apud Antunes Varela, *Direito das obrigações*, v. II, p. 331.

são de crédito e daquele a quem deve pagar. Agravo Regimental improvido" (AgRg no AREsp 104.435-MG, 4ª T., rel. Min. Raul Araújo, *DJe* 18-12-2014).

Quando a transferência do crédito se opera por força de lei, o credor originário não responde pela realidade da dívida, nem pela solvência do devedor. Nos casos de transferências impostas pela lei, não se pode exigir do cedente que responda por um efeito para o qual não concorreu.

Edita, ainda, o art. 298 do mesmo diploma:

"O crédito, uma vez penhorado, não pode mais ser transferido pelo credor que tiver conhecimento da penhora; mas o devedor que o pagar, não tendo notificação dela, fica exonerado, subsistindo somente contra o credor os direitos de terceiro".

O crédito, uma vez penhorado, deixa de fazer parte do patrimônio do devedor. Por isso, não poderá ser cedido, tornando-se indisponível.

Capítulo II
DA ASSUNÇÃO DE DÍVIDA

Sumário: 1. Conceito. 2. Características e pressupostos. 3. Assunção de dívida e institutos afins. 3.1. Assunção de dívida e promessa de liberação do devedor. 3.2. Assunção de dívida e novação subjetiva por substituição do devedor. 3.3. Assunção de dívida e fiança. 3.4. Assunção de dívida e estipulação em favor de terceiro. 4. Espécies de assunção de dívida. 5. Efeitos da assunção de dívida.

1. CONCEITO

A *assunção de dívida* ou *cessão de débito* constitui novidade introduzida pelo Código Civil de 2002. Embora não regulada no diploma de 1916, nada impedia a sua celebração, em face da autonomia da vontade e da liberdade contratual, desde que houvesse aceitação do credor. Ademais, o art. 568 do Código de Processo Civil de 1973 (art. 779, III, CPC/2015), ao enumerar os "sujeitos passivos da execução", entre eles inclui, no inciso III, "o novo devedor, que assumiu, com o consentimento do credor, a obrigação resultante do título executivo".

Trata-se de negócio jurídico pelo qual o *devedor* transfere a outrem sua posição na relação jurídica. Segundo a doutrina, é um negócio jurídico bilateral, pelo qual o devedor, com anuência expressa do credor, transfere a um terceiro, que o substitui, os encargos obrigacionais, de modo que este assume sua posição na relação obrigacional, responsabilizando-se pela dívida, que subsiste com os seus acessórios[1].

A transmissão da dívida corresponde a uma necessidade real do comércio jurídico, embora de menor intensidade que a preenchida pela cessão de créditos ou pela circulação dos títulos cambiários. A ideia da transferência de débito se encontra, inclusive, integrada na dinâmica da vida jurídica, como sucede na transferência *ope legis* da dívida do de *cujus* aos seus herdeiros. Ocorre frequentemente, por exemplo, na venda do fundo de comércio, em que o adquirente declara assumir o passivo, e na cessão de financiamento para aquisição da casa própria.

A assunção de dívida, segundo ANTUNES VARELA[2], é a operação pela qual um terceiro (*assuntor*) se obriga em face do credor a efetuar a prestação devida por outrem. Determina ela uma alteração no polo passivo da obrigação, mas sem que a *modificação subjetiva* envolva uma perda do *conteúdo* da obrigação. Somente com a manutenção da identidade da obrigação, que abrange a prestação devida, com os seus atributos, garantias e acessórios, faz realmente sentido falar numa transmissão singular da obrigação, em lugar da novação subjetiva.

---

1 Silvio Rodrigues, *Direito civil*, v. 2, p. 104; Caio Mário da Silva Pereira, *Instituições de direito civil*, v. II, p. 227; Maria Helena Diniz, *Curso de direito civil brasileiro*, v. 2, p. 423; Mário Luiz Delgado Régis, *Novo Código Civil comentado*, p. 279.

2 *Direito das obrigações*, v. II, p. 355-356.

O Código Civil disciplina a assunção de dívida no título concernente à "transmissão das obrigações", ao lado da cessão de crédito. Prescreve o art. 299 do referido diploma:

"É facultado a terceiro assumir a obrigação do devedor, com o consentimento expresso do credor, ficando exonerado o devedor primitivo, salvo se aquele, ao tempo da assunção, era insolvente e o credor o ignorava".

2. CARACTERÍSTICAS E PRESSUPOSTOS

O que caracteriza a assunção de dívida é, precipuamente, o fato de uma pessoa, física ou jurídica, se obrigar perante o credor a efetuar a prestação devida por outra. A pessoa *chama a si* a obrigação de outra, ou seja, a posição de sujeito passivo que o devedor tinha em determinada obrigação[3].

O *Enunciado n. 16*, aprovado pelo Conselho da Justiça Federal na *I Jornada de Direito Civil*, assevera: "O art. 299 do Código Civil não exclui a possibilidade da assunção cumulativa da dívida quando dois ou mais devedores se tornam responsáveis pelo débito com a concordância do credor".

As legislações que acolheram a assunção de dívida ou cessão de débito exigem a *concordância do credor*, para efetivação do negócio. Esse requisito a distingue, de modo significativo, da cessão de crédito, em que a anuência do devedor é dispensável. Seja quem for o credor, o montante da dívida continua inalterado, sendo-lhe facultado opor ao cessionário, no momento da notificação, as exceções que podia opor ao cedente.

Na assunção de dívida, todavia, a pessoa do devedor é de suma importância para o credor, não só em relação às suas qualidades e exação no cumprimento dos deveres, como também no que diz respeito à idoneidade patrimonial, podendo não lhe convir a substituição de devedor solvente por outra pessoa com menos possibilidade de cumprir a prestação[4]. Por tal razão, o consentimento do credor deve ser expresso (CC, art. 299, primeira parte). "*Qualquer das partes pode assinar prazo ao credor para que consinta na assunção da dívida, interpretando-se o seu silêncio como recusa*" (CC, art. 299, parágrafo único).

Em um único caso o novo Código admite a aceitação tácita do credor, caso este previsto no art. 303, *verbis*:

"O adquirente de imóvel hipotecado pode tomar a seu cargo o pagamento do crédito garantido; se o credor, notificado, não impugnar em trinta dias a transferência do débito, entender-se-á dado o assentimento".

A assunção de dívida pode resultar de ajuste entre terceiro (*assuntor*) e o credor ou entre aquele e o devedor, com a anuência do credor. Em um e outro caso a sucessão no débito tem caráter contratual. A sua validade depende da observância dos requisitos concernentes aos negócios bilaterais em geral, tais como a capacidade dos contratantes; manifestação de vontade livre e espontânea; objeto lícito, possível, determinado ou determinável; forma livre, ou especial, se a escritura pública for da substância do ato (*v. Capítulo I – Cessão de crédito, Formas, n. 6, retro*).

Podem ser objeto da cessão todas as dívidas, presentes e futuras, salvo as que devem ser pessoalmente cumpridas pelo devedor. Nos casos de transferência de estabelecimento comercial, o atual Código disciplina a assunção do passivo nos arts. 1.145 e 1.146[5].

---

3 Antunes Varela, *Direito das obrigações*, v. II, p. 355.

4 Silvio Rodrigues, *Direito civil*, v. 2, p. 105; Orlando Gomes, *Obrigações*, p. 259.

5 Orlando Gomes, *Obrigações*, p. 261; Maria Helena Diniz, *Curso de direito civil brasileiro*, v. 2, p. 424; Sílvio Venosa, *Direito civil*, v. II, p. 340; Mário Luiz Delgado Régis, *Novo Código Civil comentado*, p. 280-281.

3. ASSUNÇÃO DE DÍVIDA E INSTITUTOS AFINS

3.1. Assunção de dívida e promessa de liberação do devedor

A assunção de dívida tem afinidade com outras figuras jurídicas, das quais deve, no entanto, ser distinguida.

A maior semelhança observada é com a *promessa de liberação do devedor*, ou *assunção de cumprimento*, que se configura quando uma pessoa (*promitente*) se obriga perante o devedor a desonerá-lo da obrigação, efetuando a prestação em lugar dele. É o que sucede quando, por exemplo, o donatário se obriga perante o doador a pagar certas dívidas deste, ou o locatário se compromete a pagar certos tributos que a lei impõe ao locador.

A semelhança entre a *assunção de dívida* e a *promessa de liberação* está no ponto em que, em ambas as situações, uma pessoa se compromete a efetuar uma prestação devida por outrem. A diferença entre elas resulta, todavia, da circunstância de "a *promessa de liberação* ser efetuada perante o devedor, não tendo o *credor* nenhum direito de exigir o seu cumprimento, enquanto na assunção de dívida a obrigação é contraída perante o credor, que adquire o direito de exigir do assuntor a realização da prestação devida"[6].

3.2. Assunção de dívida e novação subjetiva por substituição do devedor

A assunção de dívida também se aproxima bastante de uma das modalidades de novação, que é a *novação subjetiva por substituição do devedor* (CC, art. 360, II). Em ambas as hipóteses ocorre a substituição do primitivo devedor por outra pessoa no dever de cumprir a prestação a que o credor tem direito. A diferença reside no fato de a novação acarretar a criação de obrigação nova e a extinção da anterior, e não simples cessão de débito. Todavia, esta pode ocorrer sem novação, ou seja, com a mudança do devedor e sem alteração na substância da relação obrigacional, como nos exemplos citados da cessão de financiamento para aquisição da casa própria e da alienação de fundo de comércio.

A interpretação do contrato, em cada caso duvidoso, é que poderá demonstrar a real intenção das partes e permitir a opção por uma ou outra figura.

Silvio Rodrigues, com a habitual clareza, diz que a "possível distinção teórica entre a novação subjetiva passiva e a cessão de débito consiste justamente em que naquela a dívida anterior se extingue, para ser substituída pela subsequente; enquanto nesta é a mesma obrigação que subsiste, havendo mera alteração na pessoa do devedor. A consequência primordial resultante da distinção é que na novação, desaparecendo a dívida anterior, perecem as garantias e acessórios do crédito assim novado"[7].

A hipótese do art. 779, III, do Código de Processo Civil, que inclui no rol dos sujeitos passivos da execução "*o novo devedor, que assumiu, com o consentimento do credor, a obrigação resultante do título executivo*", foi caracterizada por muitos autores como de novação subjetiva passiva. O texto, porém, como assinalam José Carlos Barbosa Moreira[8] e Luiz Roldão de Freitas Gomes[9], não aponta nessa direção. Como se sabe, dizem, a diferença fundamental entre a aludida figura e a assunção de dívida consiste em que, na novação, a obrigação anterior se extingue, com a constituição de outra em seu lugar, ao passo que na

6 Antunes Varela, *Direito das obrigações*, v. II, p. 357; Orlando Gomes, *Obrigações*, p. 260.

7 *Direito civil*, v. 2, p. 104.

8 Assunção de dívida: a primazia do Código de Processo Civil, *Informativo Incijur*, Joinville, n. 44, março/2003, p. 1-2.

9 *Da assunção de dívida e sua estrutura negocial*, p. 435.

assunção de dívida ela passa (transfere-se) íntegra para o novo devedor, operando a transmissão singular do débito.

Ora, no caso do art. 779, III, do estatuto processual de 2015, aduzem os mencionados autores, é novo, sim, o *devedor*; não, contudo, a *obrigação*: o teor do dispositivo claramente indica que se cuida sempre da mesma obrigação, a identificada como "resultante do título executivo". O próprio emprego do verbo "assumir" não deixa de ser significativo. O entendimento correto é, pois, o de que o Código se referiu, na verdade, à assunção de dívida, embora não haja querido – nem se lhe poderia exigir tanto – traçar disciplina completa da matéria.

3.3. Assunção de dívida e fiança

A assunção de dívida guarda acentuada afinidade, igualmente, com a *fiança*, pois tanto o fiador como o assuntor se obrigam perante o credor a realizar uma prestação devida por outrem. Todavia, distinguem-se pelo fato de a fiança constituir, em regra, uma obrigação *subsidiária*: o fiador goza do benefício da *excussão*, só respondendo se o devedor não puder cumprir a prestação prometida (CC, art. 827). Mesmo que se tenha obrigado como principal pagador (art. 828, II), o fiador[10] responde sempre por uma *dívida alheia*.

O assuntor, ao contrário, não é um obrigado *subsidiário*. Em regra é o *único* obrigado (salvo o caso de assunção *cumulativa*, em que é um dos obrigados, lado a lado com o primitivo devedor), respondendo por dívida *própria*, que assumiu ao fazer sua a dívida que antes era alheia. Ademais, o fiador que paga integralmente a dívida fica sub-rogado nos direitos do credor (CC, art. 831), por se tratar de terceiro interessado. O assuntor que paga a dívida, porém, porque cumpre obrigação própria, não desfruta desse benefício[11].

Com a assunção da dívida por terceiro, extinguem-se as garantias especiais originariamente dadas pelo devedor primitivo ao credor, salvo se expressamente assentir em sua manutenção (CC, art. 300). Se não for feita a ressalva, a garantia hipotecária dada por terceiro deixa de existir. Do mesmo modo, mudando o devedor, o fiador não é obrigado a garantir quem não conhece.

Desse modo, só permanecem as garantias do débito constituídas pelo devedor ou por terceiro quando cada um deles houver dado *expressamente* o seu consentimento. O simples fato de o devedor, ou o terceiro autor da garantia, ter consentido na operação não pode ser interpretado como concordância tácita com a manutenção da garantia da obrigação, visto que o art. 300 do Código Civil exige assentimento *expresso* do devedor. Conseguintemente, o credor deve insistir em que o fiador ou o terceiro autor da garantia deem o seu assentimento expresso, sob pena de se considerar extintas as garantias prestadas por eles.

3.4. Assunção de dívida e estipulação em favor de terceiro

São flagrantes as afinidades entre a assunção de dívida e as *estipulações em favor de terceiro*, tendo em vista que em ambas se pode estabelecer uma vantagem de ordem patrimonial para uma pessoa estranha à convenção entre as partes. Todavia, um aspecto significativo distingue as mencionadas situações. Nas estipulações em favor de terceiro, reguladas nos arts. 436 a 438 do Código Civil, o estipulante ou promissário cria a favor do terceiro beneficiário o direito a uma nova prestação, mediante a obrigação contraída pelo promitente. É uma nova atribuição patrimonial que nasce da estipulação, como se dá no seguro de vida.

---

[10] STJ, REsp 2.060.759-SP, 3ª T., rel. Min. Nancy Andrighi, j. 16-5-2023, *DJe* 19-5-2023.

[11] Antunes Varela, *Direito das obrigações*, v. II, p. 358-359.

No caso da assunção de dívida o benefício do antigo devedor não é, como na estipulação em favor de terceiro, adquirido mediante a atribuição de um direito novo a uma prestação. É um benefício que resulta imediatamente da sua liberação ou exoneração da dívida. Dessa diversidade de estrutura entre as duas espécies decorrem importantes consequências práticas.

Na estipulação em favor de terceiro, que cria um direito novo a uma prestação, reconhece-se ao estipulante, enquanto o terceiro beneficiário não anuir ao contrato, a faculdade de revogar a promessa (CC, art. 436, parágrafo único). Na assunção de dívida não há estipulante ou promitente, não gozando o credor do direito de revogação do benefício resultante da assunção.

Além disso, na estipulação em favor de terceiro o promitente não pode opor os meios de defesa fundados nas relações entre o estipulante e o terceiro beneficiário. Entretanto, na assunção de dívida, os meios de defesa oponíveis pelo novo devedor ao credor são apenas os fundados na relação entre o antigo devedor e o credor[12].

4. ESPÉCIES DE ASSUNÇÃO DE DÍVIDA

A assunção de dívida pode efetivar-se por dois modos: a) mediante contrato entre o terceiro e o credor, sem a participação ou anuência do devedor; e b) mediante acordo entre terceiro e o devedor, com a concordância do credor.

A primeira hipótese é denominada *expromissão*, e a segunda, *delegação*. A rigor, a expromissão é que constitui uma das formas típicas da assunção de dívida. Todavia, o Código Civil italiano disciplina, no capítulo da transmissão singular de dívidas, a *delegação* (art. 1.268), a *expromissão* (art. 1.272) e a *acolação* (*il accollo*: art. 1.273).

O art. 299 do Código Civil não dispôs sobre as espécies de assunção. A sua redação parece revelar a intenção do legislador de disciplinar somente a *delegação*, na qual o consentimento expresso do credor constitui requisito de eficácia do ato. "Na forma expromissória não haveria que se falar em consentimento do credor, uma vez que é este quem celebra o negócio com o terceiro que vai assumir a posição do primitivo devedor. O artigo também se omitiu de mencionar os efeitos da assunção delegatória antes do assentimento do credor, além de se abster completamente de tratar da assunção cumulativa"[13].

Entretanto, o Projeto de Lei n. 6.960/2002, atual PL n. 699/2011, que pretende alterar diversos dispositivos do referido diploma, propõe nova redação ao aludido dispositivo, para melhor definir as situações típicas de expromissão e delegação, visando aproximar-se do estatuto italiano[14].

Deve-se desde logo salientar que essas duas formas não se confundem com as espécies de novação também designadas pelos nomes de expromissão e delegação e que geram obri-

---

[12] Antunes Varela, *Direito das obrigações*, v. II, p. 361.

[13] Mário Luiz Delgado Régis, *Novo Código Civil comentado*, p. 281.

[14] A nova redação proposta para o art. 299 do Código Civil no Projeto n. 699/2011 é a seguinte: "É facultado a terceiro assumir a obrigação do devedor, podendo a assunção verificar-se: I – por contrato com o credor, independentemente do assentimento do devedor; II – por contrato com o devedor, com consentimento expresso do credor. § 1º Em qualquer das hipóteses referidas neste artigo, a assunção só exonera o devedor primitivo se houver declaração expressa do credor. Do contrário, o novo devedor responderá solidariamente com o antigo. § 2º Mesmo havendo declaração expressa do credor, tem-se como insubsistente a exoneração do primitivo devedor sempre que o novo devedor, ao tempo da assunção, era insolvente e o credor o ignorava, salvo previsão em contrário no instrumento contratual. § 3º Qualquer das partes pode assinar prazo ao credor para que consinta na assunção da dívida, interpretando-se o seu silêncio como recusa. § 4º Enquanto não for ratificado pelo credor, podem as partes livremente distratar o contrato a que se refere o inciso II deste artigo".

gação nova, para extinguir obrigação anterior. A expromissão e a delegação como formas de assunção de dívida, de sucessão no débito, não extinguem a obrigação, que conserva sua individualidade. É perfeitamente possível, como já dito, ocorrer tais modalidades, sem novação.

Segundo esclarece ORLANDO GOMES[15], a *expromissão* é o negócio jurídico pelo qual uma pessoa assume espontaneamente a dívida de outra. São partes desse contrato: a pessoa que se compromete a pagar, chamada *expromitente*, e o *credor*. O devedor originário não participa dessa estipulação contratual. É o caso, por exemplo, do pai que assume a dívida do filho, independentemente da anuência deste. Distingue-se da *delegação* por esse aspecto: dispensa a intervenção do devedor originário. O expromitente não assume a dívida por ordem ou autorização do devedor, como na delegação, mas espontaneamente.

Tal como a delegação, a expromissão pode ser *liberatória* ou *cumulativa*. Será da primeira espécie se houver integral sucessão no débito, pela substituição do devedor na relação obrigacional pelo expromitente, *ficando exonerado o devedor primitivo*, exceto se o terceiro que assumiu sua dívida era insolvente e o credor o ignorava (CC, art. 299, segunda parte).

Com efeito, ocorrendo a insolvência do novo devedor, fica sem efeito a exoneração do antigo. Nada obsta, todavia, que as partes, no exercício da liberdade de contratar, aceitem correr o risco e exonerem o primitivo devedor, mesmo se o novo for insolvente à época da celebração do contrato[16].

A expromissão será *cumulativa* quando o expromitente ingressar na obrigação como novo devedor, ao lado do devedor primitivo, passando a ser devedor solidário, mediante declaração expressa nesse sentido (CC, art. 265), podendo o credor, nesse caso, reclamar o pagamento de qualquer deles[17].

Configura-se a *delegação* como modo de assunção de dívida quando o devedor transfere a terceiro, com o consentimento do credor, o débito com este contraído. O devedor (*delegante*) transfere, delega o débito a terceiro (*delegado*), com o assentimento do credor (delegatário).

Como já mencionado, a delegação pode ser também *liberatória* ou *cumulativa*, conforme o devedor originário permaneça ou não vinculado. É considerada *imperfeita* quando não exclui totalmente a responsabilidade do primitivo devedor[18].

As modalidades de assunção de dívida são, portanto, *voluntárias* ou *convencionais*. Todavia, "o legislador poderá disciplinar situações de mobilidade debitória independentemente da aquiescência do devedor originário ou do credor. A assunção legal de débito é localizada no condomínio edilício, quando o adquirente responde pelos débitos do alienante em relação ao condomínio (art. 1.345, CC), ou então no contrato de seguro de responsabilidade civil, ao subsistir a responsabilidade do segurador perante o terceiro vítima do dano se o segurado for insolvente (art. 787, CC). O sócio admitido em sociedade já constituída assume as dívidas sociais anteriores à admissão (art. 1.025, CC). Uma contemporânea forma de assunção de dívida legal se materializa na *cláusula de remissão*, pactuada em alguns planos de saúde. Trata-se de uma garantia de continuidade da prestação de serviços de saúde suplementar aos dependentes inscritos após a morte do titular, por lapso que varia de 1 a 5 anos, sem a cobrança de mensalidade. O desiderato é a proteção do núcleo familiar do titular fale-

---

[15] *Obrigações*, p. 269.

[16] Luiz Roldão de Freitas Gomes, *Da assunção de dívida e sua estrutura negocial*, p. 288.

[17] Maria Helena Diniz, *Curso de direito civil brasileiro*, v. 2, p. 424.

[18] Orlando Gomes, *Obrigações*, p. 264; Maria Helena Diniz, *Curso de direito civil brasileiro*, v. 2, p. 424-425; Antunes Varela, *Direito das obrigações*, v. II, p. 362-366.

cido, que dele dependia economicamente, ao ser assegurada, por certo período, a assistência médica e hospitalar, a evitar o desamparo abrupto"[19].

A propósito, frisou o Superior Tribunal de Justiça:

"Após o transcurso do período previsto em cláusula de remissão por morte de titular de plano de saúde, o dependente já inscrito pode assumir, nos mesmos moldes e custos avençados, a titularidade do plano. Essa orientação foi fundada especialmente nos princípios constitucionais da igualdade, da dignidade da pessoa humana, da liberdade, da proteção da segurança jurídica e da proteção à entidade familiar, conjugados com o previsto no art. 3º, § 1º, da Resolução Normativa n. 195/2009 da ANS, com o fim de evitar o desamparo dos dependentes inscritos do titular falecido quanto à assistência médica e hospitalar[20].

5. EFEITOS DA ASSUNÇÃO DE DÍVIDA

O principal efeito da assunção de dívida é a substituição do devedor na relação obrigacional, que permanece a mesma. Há modificação apenas no polo passivo, com liberação, em regra, do devedor originário[21]. Essa liberação pode não ocorrer, como visto, se houver opção pela forma cumulativa. Os encargos obrigacionais transferem-se ao novo devedor, que assume a mesma posição do devedor originário.

O novo devedor não pode, porém, opor ao credor "*as exceções pessoais que competiam ao devedor primitivo*", como preceitua o art. 302 do Código Civil. Pode arguir vícios concernentes ao vínculo obrigacional existente entre credor e primitivo devedor, não podendo, todavia, alegar, por exemplo, o direito de compensação que este possuía em face do credor.

Outro efeito importante da assunção de dívida é a extinção das garantias especiais originariamente dadas pelo devedor primitivo ao credor, salvo assentimento expresso daquele (CC, art. 300). As garantias especiais, prestadas em atenção à pessoa do devedor, como, por exemplo, as dadas por terceiros sob a modalidade de fiança, aval e hipoteca, que não são da essência da dívida, só subsistirão se houver concordância expressa do devedor primitivo e dos referidos terceiros. No entanto, as garantias reais prestadas pelo próprio devedor originário não são atingidas pela assunção e continuam válidas, a não ser que o credor abra mão delas expressamente[22].

No art. 301, o atual Código trata dos efeitos da anulação da substituição do devedor, dispondo:

"*Se a substituição do devedor vier a ser anulada, restaura-se o débito, com todas as suas garantias, salvo as garantias prestadas por terceiros, exceto se este conhecia o vício que inquinava a obrigação*".

---

19 Cristiano Chaves de Farias e Nelson Rosenvald, *Curso de direito civil*, v. 2, p. 404.

20 STJ, REsp 1.457.254-SP, rel. Min. Villas Bôas Cueva, *DJe* 18-4-2016.

21 STJ, REsp 1.423.315-PR, 3ª T., rel. Min. Marco Aurélio Bellizze, j. 21-9-2021.

22 Mário Luiz Delgado Régis, *Novo Código Civil comentado*, p. 283. Melhor a redação do art. 590º do Código Civil português: "1 – Com a dívida transmitem-se para o novo devedor, salvo convenção em contrário, as obrigações acessórias do antigo devedor que não sejam inseparáveis da pessoa deste; 2 – Mantêm-se nos mesmos termos as garantias do crédito, com exceção das que tiverem sido constituídas por terceiro ou pelo antigo devedor, que não haja consentido na transmissão da dívida".

Consta do Projeto n. 276/2007 apresentado à Câmara Federal proposta para que o art. 300 do novo Código Civil passe a ter a seguinte redação: "Art. 300. Com a assunção da dívida transmitem-se ao novo devedor todas as garantias e acessórios do débito, com exceção das garantias especiais originariamente dadas ao credor pelo primitivo devedor e inseparáveis da pessoa deste. Parágrafo único. As garantias do crédito que tiverem sido prestadas por terceiro só subsistirão com o assentimento deste".

Anulada a avença que estipulou a substituição, renasce a obrigação para o devedor originário, com todas as suas garantias, salvo as prestadas por terceiros. Como a substituição do devedor não altera a relação obrigacional e seus acessórios, a sua invalidação provoca apenas o retorno do primitivo devedor ao polo passivo. Somente são afetadas as garantias especiais prestadas por terceiros, e que haviam sido exonerados pela assunção. Não podem estas ser restauradas em prejuízo do terceiro que as prestou, salvo se este tinha conhecimento da eiva que maculava a estipulação. Aplica aqui o atual Código o princípio da boa-fé[23].

A propósito, foi aprovado, na *V Jornada de Direito Civil* do Conselho da Justiça Federal, o *Enunciado n. 422*, do seguinte teor:

"O art. 301 do CC deve ser interpretado de forma a também abranger os negócios jurídicos nulos e a significar a continuidade da relação obrigacional originária, em vez de 'restauração', porque, envolvendo hipótese de transmissão, aquela relação nunca deixou de existir".

E o *Enunciado n. 423* da mencionada *V Jornada de Direito Civil* faz a correção:

"O art. 301 do CC deve ser interpretado de forma a também abranger os negócios jurídicos nulos e a significar a continuidade da relação obrigacional originária em vez de 'restauração', porque, envolvendo hipótese de transmissão, aquela relação nunca deixou de existir".

Prescreve, por fim, o art. 303 do Código Civil:

"O adquirente de imóvel hipotecado pode tomar a seu cargo o pagamento do crédito garantido; se o credor, notificado, não impugnar em trinta dias a transferência do débito, entender-se-á dado o assentimento".

É de se observar que, para o credor hipotecário, a segurança de seu crédito reside muito mais na garantia em si do que na pessoa do devedor. Com efeito, se a assunção do débito pelo terceiro adquirente do imóvel possibilita a permanência da garantia real, pouca ou nenhuma diferença fará ao credor se o devedor será este ou aquele, nos casos em que o valor da hipoteca for superior ao débito. Se, no entanto, não for esta a hipótese, ou seja, se o referido valor for inferior à dívida, haverá interesse do credor em impugnar a transferência de crédito nos trinta dias de sua ciência, para manutenção do devedor primitivo na relação obrigacional[24].

Por seu turno, o *Enunciado n. 424* da referida *V Jornada de Direito Civil* proclama: "A comprovada ciência de que o reiterado pagamento é feito por terceiro no interesse próprio produz efeitos equivalentes aos da notificação de que trata o art. 303, segunda parte".

Decidiu o Tribunal de Justiça de São Paulo:

"Embargos de terceiro em execução hipotecária. Sentença de improcedência. Transmissão da posse. Compromisso de compra e venda não registrado. Contrato de gaveta. Assunção de dívida de financiamento. Ausência de comunicação da alienação ao credor hipotecário. Inadimplência. Adjudicação do bem ao credor hipotecário. Notificação de desocupação expedida contra o proprietário executado, mas recebida pelo possuidor do bem, ora apelante. Ausente prova de quitação ou de tentativa de acordo com a financeira. Sentença mantida. Recurso não provido"[25].

---

23 Mário Luiz Delgado Régis, *Novo Código Civil comentado*, p. 284; Maria Helena Diniz, *Curso de direito civil brasileiro*, v. 2, p. 425; Sílvio Venosa, *Direito civil*, v. II, p. 342.

24 Mário Luiz Delgado Régis, *Novo Código Civil comentado*, p. 285; Sílvio Venosa, *Direito civil*, v. II, p. 343. Já decidiu o Superior Tribunal de Justiça: "Sistema Financeiro da Habitação. Transferência de direitos sobre mútuo habitacional. Contrato de gaveta. Resistência da entidade financeira à formalização da transferência. Inadmissibilidade. Pagamentos que foram efetuados pelos cessionários e recebidos pela financeira, que permaneceu inerte por anos em que tal situação perdurou" (*RT*, 838/206).

25 TJSP, Apel. 10024997220168260003, 21ª Câm. Dir. Priv., rel. Des. Silveira Paulilo, *DJe* 5-3-2018.

Capítulo III
DA CESSÃO DE CONTRATO

Sumário: 1. Conceito. Cessão de contrato e cessão de posição contratual. 2. Natureza jurídica. 3. Características da cessão da posição contratual. 4. Efeitos da cessão da posição contratual. 4.1. Efeitos entre o cedente e o contraente cedido. 4.2. Efeitos entre o cedente e o cessionário. 4.3. Efeitos entre o cessionário e o contraente cedido. 5. Cessão da posição contratual no direito brasileiro.

1. CONCEITO. CESSÃO DE CONTRATO E CESSÃO DE POSIÇÃO CONTRATUAL

Malgrado o Código Civil de 1916 e o de 2002 não tenham regulamentado, no capítulo concernente à *transmissão das obrigações*, a *cessão de contrato*, trata-se de figura que se reveste de significativa importância prática em certos setores do comércio jurídico, a que fazem referência várias leis especiais, bem como dispositivos esparsos do próprio diploma civil. Tem grande aplicação, por exemplo, nos contratos de cessão de locação, fornecimento, empreitada, financiamento e, especialmente, no mútuo hipotecário para aquisição da casa própria.

O contrato, como bem jurídico, possui valor material e integra o patrimônio dos contratantes, podendo por isso ser objeto de negócio. Esse valor não se limita ao bem da vida sobre o qual incide a manifestação de vontade das partes, mas abrange um conjunto de atividades representado por estudos preliminares, tratativas, expectativas, viagens, consultas a especialistas, desgaste psicológico, despesas etc., que não pode ser desconsiderado. Esse complexo, que inclui os direitos e as obrigações, os créditos e os débitos emergentes da avença, denomina-se *posição contratual,* de valor econômico autônomo, passível, portanto, de circular como qualquer outro bem econômico.

Segundo Silvio Rodrigues, "a cessão de contrato, ou melhor, a cessão de posições contratuais, consiste na transferência da inteira posição ativa e passiva do conjunto de direitos e obrigações de que é titular uma pessoa, derivados de um contrato bilateral já ultimado, mas de execução ainda não concluída"[1].

Dentre os Códigos Civis contemporâneos, o italiano de 1942 foi o primeiro a disciplinar, de maneira sistemática, a matéria ora em estudo, com o nome de *cessão de contratos* (art. 1.406). Há, todavia, uma impropriedade na aludida expressão, como reconhece a moderna doutrina, pois na verdade não é o contrato que é cedido, mas os direitos e deveres emergentes da posição de contratante[2].

---

[1] *Direito civil*, v. 2, p. 109.

[2] Sílvio Venosa, *Direito civil*, v. II, p. 344; Antonio da Silva Cabral, *Cessão de contrato*, p. 66.

ANTUNES VARELA[3] afirma haver manifesta impropriedade na terminologia usada na lei quando se refere a *cessão da locação* e da *promessa* ou do *compromisso* de venda, pois não se pretende significar que haja transferência de todo o contrato, mas que se transfere a *posição de um dos contratantes*, com *os direitos* e *as obrigações* que simultaneamente a integram. Cedendo a locação a terceiro, o locatário não transfere ao cessionário apenas o *direito* de usar e fruir temporariamente o imóvel, mas também, além do mais, a *obrigação* de pagar o aluguel ao locador. Da mesma forma o compromissário comprador cede a outrem não só o direito à futura aquisição do imóvel, mas também a obrigação de pagar todas as prestações da dívida. Ceder o contrato significa, por conseguinte, ceder para terceiro a *posição jurídica* de um dos contraentes no *contrato bilateral*.

O Código Civil português de 1966, de forma correta, denomina a figura jurídica ora em estudo *cessão da posição contratual*, com o propósito de enfatizar que o objeto da transmissão operada pelos contraentes não é *um* ou *outro* elemento isolado da relação, mas a *posição global* ou complexa do cedente no contrato com prestações recíprocas. Dispõe o art. 424º do mencionado diploma: "1. No contrato com prestações recíprocas, qualquer das partes tem a faculdade de transmitir a terceiro a sua posição contratual, desde que o outro contraente, antes ou depois da celebração do contrato, consinta na transmissão. 2. Se o consentimento do outro contraente for anterior à cessão, esta só produz efeitos a partir da sua notificação ou reconhecimento".

O que distingue basicamente a cessão da *posição contratual* da cessão de *crédito* e da assunção de *dívida* é o fato de a transmissão abranger simultaneamente *direitos* e *deveres* de prestar (créditos e débitos), enquanto a cessão de crédito compreende apenas um direito de *crédito* e a assunção de dívida cobre somente um *débito*. Em outras palavras, a primeira abrange a um tempo o lado ativo e o lado passivo da posição jurídica do cedente, ao passo que a cessão de crédito compreende apenas o lado ativo, e a assunção de dívida somente o lado passivo da relação obrigacional.

A cessão da *posição contratual* consiste assim "no negócio pelo qual um dos outorgantes em qualquer contrato *bilateral* ou *sinalagmático* transmite a terceiro, com o necessário assentimento do outro contraente, o conjunto de direitos e obrigações que lhe advêm desse contrato"[4].

A cessão do *contrato* ou da *posição contratual* envolve três personagens: o *cedente* (que transfere a sua posição contratual); o *cessionário* (que adquire a posição transmitida ou cedida); e o *cedido* (o outro contraente, que consente na cessão feita pelo cedente). A finalidade da cessão, que tem natureza contratual, é, pois, transferir a terceiro a inteira posição de um dos contraentes em outro contrato, de natureza bilateral. O contrato em que figurava a posição transferida, objeto da cessão, denomina-se *contrato-base*.

---

3 *Direito das obrigações*, v. II, p. 376-377.

4 Antunes Varela, *Direito das obrigações*, v. II, p. 377-378. Sílvio Venosa, com clareza, assinala que a "cessão de crédito substitui uma das partes na *obrigação* apenas do lado ativo e em um único aspecto da relação jurídica, o mesmo ocorrendo pelo lado passivo na assunção de dívida. Todavia, ao transferir uma posição contratual, há um complexo de relações que se transfere: débitos, créditos, acessórios, prestações em favor de terceiros, deveres de abstenção etc. Na transferência da posição contratual, portanto, há cessões de crédito (ou pode haver) e assunções de dívida, não como parte fulcral do negócio, mas como elemento integrante do próprio negócio" (*Direito das obrigações*, v. II, p. 347).

2. NATUREZA JURÍDICA

Durante séculos a doutrina relutava em admitir a transmissão da obrigação, tanto do lado ativo como do passivo. Essa resistência se devia ao caráter eminentemente pessoal do vínculo a que o devedor se encontrava adstrito. As exigências do comércio e a pressão das necessidades da vida econômica, todavia, derrubaram o dogma da *intransmissibilidade da obrigação* e provocaram o reconhecimento, primeiro, da figura da cessão de crédito e, numa fase posterior, da assunção da dívida ou transmissão a título singular dos débitos.

A falta de disciplina do instituto da *cessão do contrato*, nas diversas legislações, conduziu ao entendimento, que perdurou durante longo tempo, de que a referida cessão ou caracterizava uma cessão de crédito ou uma assunção de dívida. A *teoria atomista* ou analítica (*Zerlegunsgstheorie*, como lhe chamaram os alemães) fazia a decomposição do instituto em vários negócios autônomos.

Alguns seguidores da teoria atomista ou da decomposição apresentam variantes próprias, colocando-se alguns deles em posição intermediária, como na teoria da *complexidade negocial*, segundo a qual há uma interligação negocial entre as várias cessões e assunções, mas sem chegar a dar autonomia unitária ao instituto[5].

Somente nos tempos modernos passou a doutrina a admitir a possibilidade legal da transmissão simultânea, através do mesmo ato, dos direitos e obrigações concernentes ao mesmo contratante. Esse novo entendimento resultou da observação de que a decomposição da cessão do contrato em duas operações jurídicas de características opostas não corresponde a nenhuma intenção real das partes, visto que tanto o cedente como o cessionário, ao efetuarem a cessão, visam obter uma transmissão global, unitária, da posição ou situação jurídica do primeiro para o segundo.

A cessão do contrato passou a ser considerada como a transmissão da posição contratual do cedente, global ou unitariamente considerada. Essa concepção *unitária* (*Einheitstheorie*) tem a sua consagração legislativa nos mencionados Códigos italiano (de 1942) e português (de 1966), sendo acolhida maciçamente pela doutrina nacional[6].

Silvio Rodrigues assevera que, "ao encarar a sua natureza jurídica, deve-se considerar a cessão de contrato como negócio jurídico independente, em que se procede à transmissão ao cessionário, a título singular e por ato entre vivos, da inteira posição contratual do cedente"[7].

3. CARACTERÍSTICAS DA CESSÃO DA POSIÇÃO CONTRATUAL

A cessão da posição contratual apresenta significativa *vantagem prática*, pois permite que uma pessoa transfira a outrem seus créditos e débitos oriundos de uma avença, sem ter de desfazer, de comum acordo com o contratante, o primeiro negócio, e sem ter de convencê-lo a refazer o contrato com o terceiro interessado. Por intermédio do referido instituto, um único ato transfere toda a posição contratual de uma pessoa a outra. Serve, portanto, para tornar possível a circulação do contrato em sua integridade[8].

Como a cessão da posição contratual engloba não só a transmissão de créditos, mas também a transferência de dívidas para uma outra pessoa, ou seja, como ela implica, concomitantemente, uma cessão de crédito e uma cessão de débito, tem importância para o outro

---

5 Sílvio Venosa, *Direito civil*, v. II, p. 348; Carlos Alberto da Mota Pinto, *Cessão da posição contratual*, p. 206.
6 Antunes Varela, *Direito das obrigações*, v. II, p. 400; Sílvio Venosa, *Direito civil*, v. II, p. 349.
7 *Direito civil*, v. 2, p. 111.
8 Silvio Rodrigues, *Direito civil*, v. 2, p. 110 e 114.

contratante-cedido a pessoa do cessionário, que passa a ser seu devedor. Por essa razão, será indispensável a *concordância do cedido*, para a eficácia do negócio em relação a ele.

Essa condicionante consta expressamente do art. 1.406 do Código Civil italiano e do art. 424º do Código Civil português. Conseguintemente, não se pode ceder a posição de locatário a terceiro sem o consentimento do locador, assim como não é viável a cessão da posição do vendedor a quem quer que seja, sem consentimento do comprador e vice-versa[9].

O consentimento do contraente cedido pode ser dado previamente, antes da cessão, no próprio instrumento em que se celebra o negócio-base, ou posteriormente, como ratificação da cessão. Dispõe o art. 424º do Código Civil português, inciso 2, que, "*se o consentimento do outro contraente for anterior à cessão, esta só produz efeitos a partir da sua notificação ou reconhecimento*". Em outros casos a própria lei autoriza tal cessão, que se processa, então, sem a interveniência do cedido. É dispensável, por exemplo, o consentimento do compromitente vendedor para a cessão de compromisso de compra e venda de imóvel loteado (Dec.-Lei n. 58/37, art. 13; Lei n. 6.766/79, art. 31), tendo a jurisprudência estendido essa orientação aos imóveis não loteados. Nessa hipótese, no entanto, o instituto perde a sua pureza e recebe outras denominações, como *cessão imprópria do contrato*[10] e *sub-rogação legal na relação contratual*[11].

O contrato-base transferido há de ter natureza *bilateral*, isto é, deve gerar obrigações recíprocas, pois, se for unilateral, a hipótese será de cessão de crédito ou de débito[12].

Em regra, o campo de atuação da cessão do contrato é o das obrigações de execução diferida e de trato sucessivo, em que as relações são duradouras. As de execução instantânea, que se exaurem no mesmo instante em que nascem, não dão ensejo à cessão da posição contratual. Todavia, se o cumprimento foi apenas parcial, ou se há consequências jurídicas ainda não produzidas totalmente, poderá haver, em tese, interesse de terceiro em assumir a posição contratual de uma das partes.

A cessão do contrato não se confunde com o *contrato derivado* ou *subcontrato* (sublocação, p.ex.), porque neste o contraente mantém a sua posição contratual, limitando-se a criar um novo contrato da mesma natureza com terceiro. Na primeira o cedente demite-se da sua posição contratual, transmitindo-a a terceiro.

Distingue-se a cessão do contrato, também, da *sub-rogação legal do contrato*, pois esta nasce diretamente da lei, sem necessidade do consentimento do contraente cedido. Nos seus efeitos, porém, ambos os institutos se identificam porque acarretam a substituição de uma pessoa por outra na titularidade da posição jurídica complexa resultante de um contrato bilateral[13].

Igualmente difere a cessão da posição contratual da *novação* porque, "enquanto nesta se dá *ou* a transmissão dos direitos *ou* a transmissão das obrigações, conforme se trate de novação subjetiva ativa, ou de novação subjetiva passiva, na cessão de contrato ocorre a

---

9 Antunes Varela, *Direito das obrigações*, v. II, p. 380; Sílvio Rodrigues, *Direito civil*, p. 111; Maria Helena Diniz, *Curso de direito civil brasileiro*, v. 2, p. 428. *V.* a jurisprudência: "*Cessão do contrato*. Locação. Inocorrência. Inexistência de anuência ou ciência do locador. Circunstância que mantém íntegra a responsabilidade do fiador até a efetiva desocupação e entrega das chaves do imóvel locado. Inteligência do art. 13 da Lei 8.245/91" (*RT*, 797/313).

10 Francesco Messineo, *Il contratto in generi*, p. 40; José Osório de Azevedo Júnior, *Compromisso de compra e venda*, p. 237.

11 Sílvio Venosa, *Direito civil*, v. II, p. 359.

12 Maria Helena Diniz, *Curso de direito civil brasileiro*, v. 2, p. 428.

13 Antunes Varela, *Direito das obrigações*, p. 383.

transferência dos *direitos* e *obrigações* do cedente ao cessionário"[14]. Na primeira ocorre, enfim, a cessão da posição contratual de maneira global.

4. EFEITOS DA CESSÃO DA POSIÇÃO CONTRATUAL

A cessão da posição contratual acarreta uma série de consequências jurídicas, envolvendo os três personagens: cedente, cessionário e cedido.

4.1. Efeitos entre o cedente e o contraente cedido

A cessão da posição contratual pode efetuar-se *com* ou *sem liberação* do cedente perante o contraente cedido. A liberação do cedente é a consequência normal do negócio realizado, não se tornando necessária, para que ela ocorra, referência expressa nesse sentido no contrato. Basta o consentimento do contraente cedido quanto à cessão do contrato, sem qualquer ressalva concernente às obrigações, quer tenha sido manifestado ao tempo da cessão, quer no próprio instrumento do contrato-base.

A anuência pode, pois, ser externada ao tempo do negócio da cessão, quando o credor, após conhecer a pessoa do cessionário, concorda em que ele assuma os direitos e deveres do cedente; ou previamente, em cláusula contratual expressa; ou, ainda, mediante a cláusula *à ordem*. O Código civil italiano, no art. 1.407, contempla a hipótese do consentimento prévio do cedido e, ainda, o caso de o contrato conter a cláusula *à ordem*, por meio da qual o giro do contrato produz efeito desde logo, liberando o cedente[15].

Embora o fato não seja comum, pode o contraente cedido dar o seu consentimento à cessão, mas *sem liberação do cedente*. Neste caso, embora o cessionário assuma a responsabilidade pelas obrigações resultantes do contrato, o cedente continua vinculado ao negócio não apenas como garante de seu cumprimento, mas, em regra, como principal pagador.

Todavia, somente a interpretação da cláusula imposta pelo contraente cedido poderá esclarecer a exata dimensão e extensão da nova responsabilidade atribuída ao cedente. Não se pode presumir a solidariedade, porque esta resulta da lei ou da vontade das partes (CC, art. 265). É também uma responsabilidade distinta da fiança, porque o cedente responde pelo cumprimento, logo que o cessionário se recuse a cumprir a obrigação. Dentro do regime do Código italiano, mesmo que o contraente cedido haja declarado seu propósito de não liberar o cedente, só pode agir contra este se o cessionário não cumprir a obrigação (art. 1.408, 2ª alínea). No direito brasileiro, entretanto, na falta de texto expresso, o credor poderá exigir o cumprimento da obrigação do próprio cedente, sem que a este seja lícito pleitear que a cobrança se dirija, primeiramente, ao cessionário[16].

Entende Sílvio Venosa[17], contudo, de forma diversa, afirmando haver, *in casu*, responsabilidade *subsidiária* do cedente, pois solidariedade não se presume. Por essa razão, no seu modo de ver, devem ser aplicados à hipótese os princípios da fiança. Antunes Varela[18], por sua vez, fala em responsabilidade própria do cedente como um garante especial das obrigações do cessionário.

---

[14] Silvio Rodrigues, *Direito civil*, v. 2, p. 111.

[15] Silvio Rodrigues, *Direito civil*, v. 2, p. 112; Dimas de Oliveira César, *Estudo sobre a cessão do contrato*, n. 39 e 40.

[16] Antunes Varela, *Direito das obrigações*, v. II, p. 392-393; Silvio Rodrigues, *Direito civil*, v. 2, p. 114.

[17] *Direito civil*, v. II, p. 357.

[18] *Direito das obrigações*, v. II, p. 393.

Parece, no entanto, que o contraente-cedido visa, em regra, com a imposição de nova responsabilidade ao cedente, estabelecer um vínculo de solidariedade entre este e o cessionário. Como a solidariedade pode resultar da vontade das partes, será a interpretação da aludida cláusula, imposta pelo cedido, que irá determinar, como foi dito, o conteúdo preciso da nova obrigação atribuída ao cedente. Mesmo que dela não conste a palavra *solidariedade*, o consentimento do cedido à efetivação da cessão, mas sem a liberação do cedente, com a também anuência deste e do cessionário demonstram, por si, a criação de um vínculo de solidariedade pela vontade das partes.

4.2. Efeitos entre o cedente e o cessionário

A transferência da posição contratual acarreta para o cedente a *perda* dos créditos e das expectativas integrados na posição contratual cedida e, por outro lado, a *exoneração* dos deveres e obrigações em geral compreendidos na mesma posição contratual.

Dispõe o art. 426º do Código Civil português que "o cedente garante ao cessionário, no momento da cessão, a existência da posição contratual transmitida, nos termos aplicáveis ao negócio, gratuito ou oneroso, em que a cessão se integra".

No direito brasileiro, em que a matéria não está disciplinada em lei, não há razão para que não se apliquem à *cessão do contrato*, por analogia, as disposições relativas à *cessão de crédito*, especialmente os arts. 295 e 296 do atual Código Civil. Desse modo, o cedente responde, na cessão por título oneroso, pela *existência da relação contratual* cedida, e, na realizada por título gratuito, se tiver procedido de má-fé, mas não pela *solvência* do contraente cedido, salvo, neste caso, estipulação em contrário, expressa ou tácita, das partes.

4.3. Efeitos entre o cessionário e o contraente cedido

Preceitua o art. 427º do Código Civil português que "a outra parte no contrato tem o direito de opor ao cessionário os meios de defesa provenientes desse contrato, mas não os que provenham de outras relações com o cedente, a não ser que os tenha reservado ao consentir na cessão".

Na cessão do contrato, diferentemente do que ocorre na cessão de crédito, que prescinde do consentimento do devedor (CC, art. 294), não pode o contraente cedido invocar contra o cessionário meios de defesa que não se fundem na relação contratual cedida. Do mesmo modo, o cessionário não pode alegar contra o contraente cedido meios de defesa estranhos à relação contratual objeto da cessão, incluindo as fundadas no contrato que serviu de instrumento à cessão[19].

A transmissão da posição contratual acarreta a substituição do cedente pelo cessionário na relação contratual com o cedido. Assim, quando o locatário, por exemplo, cede a locação a um terceiro, quem passa a ser locatário perante o proprietário é este último. É dele que o locador passará a exigir os aluguéis que se vencerem e contra quem poderá promover a resolução ou a denúncia do contrato. Por outro lado, é o cessionário quem passa a ter todos os direitos que resultam da locação, podendo opô-los ao locador. Todavia, a aludida transmissão só se produz a partir da data da cessão, não respondendo o novo locatário pelos aluguéis vencidos anteriormente.

Não se transmitem, porém, ao cessionário os direitos potestativos de que o cedente seja titular. Se o originário contraente foi vítima de erro, dolo ou coação, por exemplo, e o vício

[19] Antunes Varela, *Direito das obrigações*, v. II, p. 394-395.

só for descoberto depois da cessão do contrato, mas dentro do prazo decadencial da ação anulatória, o direito potestativo de anulação não se transmitirá ao cessionário, mas continuará competindo ao cedente[20].

5. CESSÃO DA POSIÇÃO CONTRATUAL NO DIREITO BRASILEIRO

Malgrado não tenha sido objeto de regulamentação específica, o instituto da cessão da posição contratual pode ser utilizado no direito pátrio como negócio jurídico atípico. Se a lei admite, expressamente, a cessão da posição jurídica do locatário e do compromissário comprador, não há razão para que não se reconheça, de igual modo, a validade da cessão da posição jurídica do fornecedor, ou do adquirente, no contrato de fornecimento, ou do vendedor ou do comprador na venda a prazo ou na venda a prestações.

Situa-se a mencionada figura jurídica no direito dispositivo das partes, pois advém do princípio da liberdade negocial: é válido todo acordo de vontades celebrado entre partes capazes e que tenha objeto lícito, possível, determinado ou determinável, bem como forma não defesa em lei (CC, art. 104). Também a assunção de dívida não era disciplinada no Código Civil de 1916 e sempre se admitiu a sua aplicação no nosso direito, à falta de expressa proibição.

Os casos mais comuns de cessão de posição contratual destacados pela doutrina, em que o contrato-base é transferido, transmitindo-se ao cessionário todos os direitos e deveres dele decorrentes, embora nem todos configurem cessão pura, são os seguintes: a) os contratos de cessão de locação residencial e não residencial, em que o locatário transfere a sua integral posição no contrato-base a terceiro, com anuência do cedido; b) os contratos de compromisso de compra e venda; c) os contratos de empreitada; d) os contratos de lavra e fornecimento de minérios; e) o contrato de mandato, com substabelecimento sem reserva de poderes; f) o contrato de mútuo com garantia hipotecária, para aquisição da casa própria; g) o contrato de transferência de estabelecimento comercial, em que há contratos em curso que obrigam a anuência do cedido[21].

Embora não contenha dispositivo semelhante ao art. 1.078 do Código Civil de 1916, que mandava aplicar à cessão de outros direitos não expressamente regulamentados as disposições do título concernente à cessão de crédito, o atual Código dispõe, no art. 425, que "*é lícito às partes estipular contratos atípicos, observadas as normas gerais fixadas neste Código*".

Observe-se a jurisprudência:

"A Corte local reconheceu a cessão de direitos e obrigações decorrentes do contrato, inclusive o domínio reservado, em favor da 'faturizadora', pactuada no corpo do mesmo instrumento contratual em que avençada a compra e venda do bem. Não se faz necessária a formação de litisconsórcio passivo, na forma prevista pelo art. 47 do CPC/73. Com efeito, a empresa cedente não mais se encontra em qualquer dos polos da relação jurídica obrigacional, à vista da transmissão operada, com a inequívoca ciência do devedor, que pode opor diretamente ao cessionário as exceções que lhe competirem (CC/2002, art. 294), inclusive as de natureza pessoal" (STJ, REsp 1.343.313-SC, rel. para o acórdão Min. Antônio Carlos Ferreira, por maioria, *DJe*, 1º-8-2017).

"O que se verifica, na hipótese, são transações havidas entre sociedades empresárias, de índole comercial, não se identificando quer a vulnerabilidade, quer a hipossuficiência do ces-

---

[20] Antunes Varela, *Direito das obrigações*, v. II, p. 393-394.

[21] Silvio Rodrigues, *Direito civil*, v. 2, p. 116; Antunes Varela, *Direito das obrigações*, v. II, p. 378-379; Dimas de Oliveira César, *Estudo sobre a cessão do contrato*, n. 8; Sílvio Venosa, *Direito civil*, v. II, p. 359; Maria Helena Diniz, *Curso de direito civil brasileiro*, v. 2, p. 428.

sionário. Além disso, a cessão está resumida à integralidade dos direitos creditícios, participações, direitos acionários, proventos e valores ainda não recebidos, decorrentes dos contratos de participação financeira. Trata-se, portanto, de cessão de crédito e não de cessão de posição contratual, pois não há cessão da inteira posição no ajuste. Assim, considerando que as condições personalíssimas do cedente não se transmitem ao cessionário, a condição de consumidor do promitente-assinante não se transfere aos cessionários do contrato de participação financeira" (STJ, REsp 1.608.700-PR, 3ª T., rel. Min. Villas Bôas Cueva, *DJe*, 21-3-2017).

"É indiscutível que o contrato foi inicialmente celebrado com o recorrente, pessoa natural, com a finalidade de viabilizar a instalação da pessoa jurídica por ele constituída. De outro lado, é do mesmo modo indiscutível que a literalidade das cláusulas contratuais há muito não corresponde à realidade estabelecida entre os sujeitos do processo. A ausência de qualquer oposição à notificação extrajudicial promovida pelo locatário, aliada à permanência da pessoa jurídica no imóvel, inclusive pagando os aluguéis, e à purgação da mora por terceiro estranho ao contrato, tudo isso com o pleno conhecimento do locador, criaram no recorrente a expectativa concreta de ter-se consolidado a cessão da locação em favor daquela, legitimando-se, assim, a situação de fato vigente" (STJ, REsp 1.443.135, 3ª T., rel. Min. Nancy Andrighi, j. 26-3-2018).

Título III

DO ADIMPLEMENTO E EXTINÇÃO DAS OBRIGAÇÕES

Sumário: 1. Introdução. 2. Liberação pelo adimplemento. 3. Princípios da boa-fé e da probidade. 4. Disciplina no Código Civil de 2002.

1. INTRODUÇÃO

O principal efeito das obrigações é gerar para o credor o direito de exigir do devedor o cumprimento da prestação, e para este o dever de prestar. A obrigação nasce para ser cumprida. Desde que se constitui, tende para o cumprimento; nele encontra o credor a legítima satisfação do seu interesse[1].

2. LIBERAÇÃO PELO ADIMPLEMENTO

O presente título trata dos efeitos do adimplemento das obrigações, dispondo sobre os meios necessários e idôneos para que o credor possa obter o que lhe é devido, compelindo o devedor a cumprir a obrigação. Cumprida, esta se extingue. A extinção da obrigação é, portanto, o fim colimado pelo legislador. O estudo dos efeitos das obrigações não abrange, todavia, somente as hipóteses de cumprimento da obrigação e o modo pelo qual se faz, mas também as de falta de cumprimento e as consequências que ela produz, bem como os meios e remédios que são concedidos ao credor para tutela do seu direito (Título IV). A tríplice teoria do *cumprimento*, dos *efeitos* da inexecução e da *tutela jurídica* do credor engloba os efeitos que a relação obrigacional produz[2].

O devedor se libera pelo cumprimento da obrigação quando efetua a prestação tal como devida, ou seja, no tempo e no lugar convencionados, de modo completo e pela forma adequada. No entanto, se a prestação, embora atrasada, se realiza em tempo de se mostrar proveitosa para o credor, pode ser considerada igualmente como cumprimento, conservando o credor, neste caso, uma pretensão de indenização dos danos causados pela mora[3].

Dentro do gênero "extinção da obrigação", as palavras "adimplemento", "cumprimento" e "pagamento" expressam, pois, a satisfação qualificada da prestação devida pelo devedor. O mesmo gênero "extinção" comporta outras hipóteses. "Mas não há dúvida de que o adimplemento é a principal delas, o que advém, aliás, da circunstância de não existir relação obriga-

---

1 Inocêncio Galvão Telles, *Direito das obrigações*, p. 155.
2 Roberto de Ruggiero, *Instituições de direito civil*, v. III, p. 75.
3 Karl Larenz, *Derecho de obligaciones*, t. I, p. 409.

cional perpétua: as obrigações nascem para ser cumpridas, a transitoriedade é a sua caraterística, e o tempo, seu elemento natural"[4].

O adimplemento é o modo normal e natural das obrigações, "pois segue aquilo que foi objeto de planejamento das partes, começando pelas tratativas, passando pela celebração do negócio jurídico, fluindo através das suas vicissitudes, até alcançar o destino programado. Nada mais instintivo do que a completa satisfação dos interesses do credor pelo efetivo e direto cumprimento da prestação pelo devedor. Se, na linguagem vulgar, o pagamento representa a mera satisfação de dívida pecuniária, tecnicamente importa na *solutio*, sinônimo do adimplemento de qualquer tipo de obrigação. Inclui-se aí a efetivação da prestação pelo devedor, mediante a entrega ou restituição de um bem (dar), a execução de uma atividade (fazer) ou a abstenção de uma conduta (não fazer)"[5].

3. PRINCÍPIOS DA BOA-FÉ E DA PROBIDADE

Preceitua o art. 422 do Código Civil:

"Os contratantes são obrigados a guardar, assim na conclusão do contrato, como em sua execução, os princípios de probidade e boa-fé".

O princípio da boa-fé exige que as partes se comportem de forma correta não só durante as tratativas, como também durante a formação e o cumprimento do contrato. Guarda relação com o princípio de direito segundo o qual ninguém pode beneficiar-se da própria torpeza. Recomenda ao juiz que presuma a boa-fé, devendo a má-fé, ao contrário, ser provada por quem a alega. Deve este, ao julgar demanda na qual se discuta a relação contratual, dar por pressuposta a boa-fé objetiva, que impõe ao contratante um padrão de conduta, de agir com retidão, ou seja, com probidade, honestidade e lealdade, nos moldes do homem comum, atendidas as peculiaridades dos usos e costumes do lugar.

Aplica-se, portanto, ao adimplemento e extinção das obrigações.

A regra da boa-fé é uma cláusula geral para a aplicação do direito obrigacional, que permite a solução do caso levando em consideração fatores metajurídicos e princípios jurídicos gerais. *O atual sistema civil implantado no país fornece ao juiz um novo instrumental, diferente do que existia no ordenamento revogado, que privilegiava os princípios da autonomia da vontade e da obrigatoriedade dos contratos, seguindo uma diretriz individualista. A reformulação operada com base nos princípios da socialidade, eticidade e operabilidade deu nova feição aos princípios fundamentais dos contratos, como se extrai dos novos institutos nele incorporados, verbi gratia: o estado de perigo, a lesão, a onerosidade excessiva, a função social dos contratos como preceito de ordem pública (CC, art. 2.035, parágrafo único) e, especialmente, a boa-fé e a probidade. De tal sorte que se pode hoje dizer, sinteticamente, que as cláusulas gerais que o juiz deve rigorosamente aplicar no julgamento das relações obrigacionais são: a boa-fé objetiva, o fim social do contrato e a ordem pública*[6].

A *probidade*, mencionada no art. 422 do Código Civil, retrotranscrito, nada mais é senão um dos aspectos objetivos do princípio da boa-fé, podendo ser entendida como a honestidade de proceder ou a maneira criteriosa de cumprir todos os deveres, que são atribuídos ou cometidos à pessoa. Ao que se percebe, ao mencioná-la teve o legislador mais a intenção de reforçar a necessidade de atender ao aspecto objetivo da boa-fé do que estabelecer um novo conceito[7].

4 Judith-Martins Costa, *Comentários ao novo Código Civil*. Rio de Janeiro: Forense, 2004, v. V, t. 1, p. 82.

5 Cristiano Chaves de Farias e Nelson Rosenvald, *Curso de direito civil*. 13. ed. Salvador: JusPodivm, 2019, v. 2, p. 436.

6 Ruy Rosado de Aguiar Júnior, *Extinção dos contratos por incumprimento do devedor*, p. 232.

7 Mônica Bierwagen, *Princípios e regras de interpretação dos contratos no Novo Código Civil*, p. 51.

O princípio da boa-fé se biparte em boa-fé *subjetiva*, também chamada de concepção *psicológica* da boa-fé, e boa-fé *objetiva*, também denominada concepção *ética* da boa-fé.

A boa-fé que constitui inovação do atual Código e acarretou profunda alteração no direito obrigacional clássico é a *objetiva*, que se constitui em uma norma jurídica fundada em um princípio geral do direito, segundo o qual todos devem comportar-se de boa-fé nas suas relações recíprocas. Classifica-se, assim, como regra de conduta. Incluída no direito positivo de grande parte dos países ocidentais, deixa de ser princípio geral de direito para transformar-se em *cláusula geral* de boa-fé objetiva. É, portanto, fonte de direito e de obrigações[8].

Denota-se, portanto, que a boa-fé é tanto forma de conduta (*subjetiva* ou *psicológica*) como norma de comportamento (*objetiva*). Nesta última acepção, está fundada na honestidade, na retidão, na lealdade e na consideração para com os interesses do outro contraente, especialmente no sentido de não lhe sonegar informações relevantes a respeito do objeto e conteúdo do negócio.

A boa-fé objetiva constitui um modelo jurídico, na medida em que se reveste de variadas formas. Não é possível catalogar ou elencar, *a priori*, as hipóteses em que ela pode configurar-se, porque se trata de uma norma cujo conteúdo não pode ser rigidamente fixado, dependendo sempre das concretas circunstâncias do caso. No entanto, essa imprecisão se mostra necessária, num sistema aberto, para que o intérprete tenha liberdade de estabelecer o seu sentido e alcance em cada caso[9].

4. DISCIPLINA NO CÓDIGO CIVIL DE 2002

A cláusula geral da boa-fé objetiva é tratada no Código Civil em três dispositivos, sendo de maior repercussão o art. 422 (*"Os contratantes são obrigados a guardar, assim na conclusão do contrato, como em sua execução, os princípios de probidade e boa-fé"*).

Os demais são: o art. 113 ("*Os negócios devem ser interpretados conforme a boa-fé e os usos do lugar de sua celebração*") e o 187 ("*Também comete ato ilícito o titular de um direito que, ao exercê-lo, excede manifestamente os limites impostos pelo seu fim econômico ou social, pela boa-fé ou pelos bons costumes*").

No Código de Defesa do Consumidor, a boa-fé é tratada como princípio a ser seguido para a harmonização dos interesses dos participantes da relação de consumo (art. 4º, III) e como critério para definição da abusividade das cláusulas (art. 51, IV: "São nulas de pleno direito, entre outras, as cláusulas contratuais relativas ao fornecimento de produtos e serviços que: (...) estabeleçam obrigações consideradas iníquas, abusivas, que coloquem o consumidor em desvantagem exagerada, ou sejam incompatíveis com a boa-fé ou a equidade").

O art. 422 do Código Civil é uma norma legal aberta. Com base no princípio ético que ela acolhe, fundado na lealdade, confiança e probidade, cabe ao juiz estabelecer a conduta que deveria ter sido adotada pelo contratante, naquelas circunstâncias, levando em conta ainda os usos e costumes. Estabelecido esse modelo criado pelo juiz para a situação, cabe confrontá-lo com o comportamento efetivamente realizado. Se houver contrariedade, a conduta é ilícita porque violou a cláusula da boa-fé, assim como veio a ser integrada pela atividade judicial naquela hipótese. Somente depois dessa determinação, com o preenchimento do vazio normativo, será possível precisar o conteúdo e o limite dos direitos e deveres das partes[10].

---

8 Nelson Nery Junior, *Contratos no Código Civil*: apontamentos gerais, p. 430-431

9 Judith Martins-Costa, *A boa-fé no direito privado*, p. 412-413.

10 Cristiano Chaves de Farias e Nelson Rosenvald, *Curso de direito civil*. 13. ed. Salvador: JusPodivm, 2019, v. 2, p. 436.

Capítulo I
DO PAGAMENTO

Sumário: 1. Noção e espécies de pagamento. 2. Natureza jurídica e requisitos de validade do pagamento. 3. De quem deve pagar. 3.1. Pagamento efetuado por pessoa interessada. 3.2. Pagamento efetuado por terceiro não interessado. 3.3. Pagamento efetuado mediante transmissão da propriedade. 4. Daqueles a quem se deve pagar. 4.1. Pagamento efetuado diretamente ao credor. 4.2. Pagamento efetuado ao representante do credor. 4.3. Validade do pagamento efetuado a terceiro que não o credor. 4.4. Pagamento efetuado ao credor putativo. 4.5. Pagamento ao credor incapaz. 4.6. Pagamento efetuado ao credor cujo crédito foi penhorado. 5. Do objeto do pagamento. 5.1. Pagamento em dinheiro e o princípio do nominalismo. 5.2. A cláusula de escala móvel. 6. Da prova do pagamento. 6.1. A quitação. 6.2. As presunções de pagamento. 7. Do lugar do pagamento. 8. Do tempo do pagamento.

1. NOÇÃO E ESPÉCIES DE PAGAMENTO

As obrigações têm, também, um ciclo vital: nascem de diversas fontes, como a lei, o contrato, as declarações unilaterais e os atos ilícitos; vivem e desenvolvem-se por meio de suas várias modalidades (dar, fazer, não fazer); e, finalmente, extinguem-se.

A extinção dá-se, em regra, pelo seu cumprimento, que o Código Civil denomina *pagamento* e os romanos chamavam de *solutio* (*solutio est praestatio eius quod est in obligatione*), palavra derivada de *solvere*. O cumprimento ou *solutio* (solução) corresponde à antítese da palavra *obligatio* e constitui o meio mais típico e perfeito de extinção das obrigações[1].

Embora a palavra *pagamento* seja usada, comumente, para indicar a solução em dinheiro de alguma dívida, o legislador a empregou no sentido técnico-jurídico de execução de qualquer espécie de obrigação. Assim, *paga* a obrigação o escultor que entrega a estátua que lhe havia sido encomendada, bem como o pintor que realiza o trabalho solicitado pelo cliente. Ou, segundo exemplifica ANTUNES VARELA, o "vendedor do livro *cumpre* a obrigação que contraiu, quando, entregando o livro ao comprador, lhe transmite a propriedade dele, tal como o comprador *paga* a sua dívida ou *cumpre* a sua obrigação, quando entrega ao livreiro o respectivo preço. O mandatário cumpre, quando realiza o ato jurídico de que se incumbiu, assim como o padre cumpre a obrigação de sigilo, enquanto não revela os fatos ouvidos do confitente"[2].

Pagamento significa, pois, cumprimento ou adimplemento da obrigação. O Código Civil dá o nome de pagamento à realização voluntária da prestação debitória, tanto quando

---

1 Alberto Trabucchi, *Instituciones de derecho civil*, v. II, p. 48.

2 *Direito das obrigações*, v. II, p. 2.

procede do devedor como quando provém de terceiro, interessado ou não na extinção do vínculo obrigacional, pois "*qualquer interessado na extinção da dívida pode pagá-la*" (CC, art. 304) e "*igual direito cabe ao terceiro não interessado, se o fizer em nome e à conta do devedor*" (parágrafo único).

São aplicáveis ao cumprimento da obrigação dois princípios: o da *boa-fé* ou *diligência normal* e o da *pontualidade*. O primeiro exige que as partes se comportem de forma correta não só durante as tratativas, como também durante a formação e o cumprimento do contrato. Agir de boa-fé significa comportar-se como homem correto na execução da obrigação. O fazendeiro, por exemplo, que vendeu cinquenta vacas, mas só se obrigou a abrir mão delas dentro de dois meses, não pode limitar-se a entregar os animais em qualquer estado. Tem de continuar a alimentá-los, a cuidar da sua saúde, higiene e limpeza, nos termos em que o fará um proprietário diligente[3].

O princípio da *boa-fé* guarda relação com o princípio de direito segundo o qual ninguém pode beneficiar-se da própria torpeza. Entende-se ainda que o devedor obriga-se não somente pelo que está expresso no contrato, mas, também, por todas as consequências que, segundo os usos, a lei e a equidade, derivam dele. Preceitua, com efeito, o art. 422 do Código Civil:

"Os contratantes são obrigados a guardar, assim na conclusão do contrato, como em sua execução, os princípios de probidade e boa-fé".

O princípio da *pontualidade* exige não só que a prestação seja cumprida em tempo, no momento aprazado, mas de forma integral, no lugar e modo devidos. Só a prestação devida, cumprida integralmente, desonera o obrigado, salvo no caso de onerosidade excessiva reconhecida em sentença (CC, arts. 478 a 480). O credor não pode ser forçado a receber por partes, se assim não foi convencionado, ainda que a prestação seja divisível.

O pagamento é o principal modo de extinção das obrigações e pode ser *direto* ou *indireto*. Entre os diversos meios indiretos encontram-se, por exemplo, o pagamento por consignação e a dação em pagamento.

Além do modo normal, que é o pagamento, direto ou indireto, a obrigação pode extinguir-se também por *meios anormais*, isto é, sem pagamento, como no caso de impossibilidade de execução sem culpa do devedor, do advento do termo, da prescrição, da nulidade ou anulação, da novação, da compensação etc. O pagamento, por sua vez, pode ser efetuado voluntariamente ou por meio de execução forçada, em razão de sentença judicial.

O Código Civil italiano trata, em capítulo próprio (arts. 1.176 e s.), do *adimplemento* das obrigações, remetendo para um outro capítulo "os modos de extinção das obrigações, diferentes do adimplemento" (arts. 1.230 e s.), como a novação, a compensação etc. O Código Civil português, por sua vez, disciplina o cumprimento e o não cumprimento das obrigações em um mesmo capítulo (arts. 762º e s.) e agrupou, no capítulo subsequente (arts. 837º e s.), as causas de extinção das obrigações além do cumprimento.

O Código Civil brasileiro em vigor manteve o critério do diploma de 1916, disciplinando o pagamento e os outros modos de extinção das obrigações em um mesmo título, porém sob outra denominação, substituindo, de modo feliz, a empregada por este último, "Dos efeitos das obrigações", por "Do adimplemento e extinção das obrigações", tratando do *inadimplemento das obrigações* e de suas consequências no título subsequente.

Pode-se dizer que houve cumprimento da obrigação tanto quando o devedor realiza *espontaneamente* a prestação devida como quando voluntariamente a efetua depois de interpelado, notificado ou condenado em processo de conhecimento, ou até mesmo no decurso

3 Antunes Varela, *Direito das obrigações*, v. II, p. 7-8; Orlando Gomes, *Obrigações*, p. 108.

do processo de execução. Prescreve, com efeito, o art. 924, II, do Código de Processo Civil que a execução se extingue "*quando a obrigação for satisfeita*"[4]. Todavia, já não há cumprimento se a prestação, ou o seu equivalente, é realizada pelos meios coercitivos próprios do processo de execução (venda forçada em hasta pública dos bens penhorados, p.ex.)[5].

2. NATUREZA JURÍDICA E REQUISITOS DE VALIDADE DO PAGAMENTO

A natureza jurídica do pagamento é matéria altamente controvertida, a ponto de SILVIO RODRIGUES afirmar que não é dentro de sua obra *Direito civil* que esse assunto deve ser analisado. Mesmo reconhecendo que a matéria é objeto de larga controvérsia na doutrina, não se furtou o festejado mestre paulista de dizer que o ponto de vista que mais o seduz "é o que encara o pagamento como um ato jurídico"[6].

Essa dificuldade reside principalmente no fato de o pagamento poder ser efetuado de diversas formas, visto consistir no modo de cumprimento ou execução de qualquer espécie de obrigação. Pode ocorrer nas obrigações de dar, na modalidade de *tradição* da coisa; de fazer, sob a forma de *prestação do fato*; e de não fazer, na forma de *abstenção*. Pode, assim, consistir, por exemplo, na entrega de um bem, na transferência de dinheiro, na elaboração de uma obra, na prestação de serviços e, inclusive, numa abstenção.

Para alguns autores, o pagamento não passa de um *fato jurídico*, ou seja, de um acontecimento da vida relevante para o direito, meramente extintivo de uma obrigação. Todavia, essa designação é por demais ampla e seria necessário indicar a espécie em que se enquadra, pois os fatos jurídicos em sentido amplo podem ser classificados em *fatos naturais* (nascimento, morte, raio, tempestade) e *fatos humanos*. Estes constituem os *atos jurídicos em sentido amplo*: ações humanas que criam, modificam, transferem ou extinguem direitos, e dividem-se em lícitos e ilícitos.

Parece evidente que o pagamento se subsume na última espécie mencionada: *ato jurídico em sentido amplo*, da categoria dos atos *lícitos*. Este divide-se, porém, em ato jurídico em sentido estrito (ou meramente lícito), negócio jurídico e ato-fato jurídico. Entre os que consideram o pagamento *negócio jurídico*, sustentam alguns que é *bilateral* e outros *unilateral*. Muitos, no entanto, o veem como *ato jurídico em sentido estrito*, havendo ainda quem entenda que ora é negócio jurídico, ora é ato jurídico. Sem maior relevância as correntes que definem o pagamento como ato *não livre* e *ato devido* (um ato vinculado, que precisa ser praticado para extinguir a relação obrigacional, segundo CARNELUTTI).

ORLANDO GOMES argumenta, com razão, que "não é possível qualificar uniformemente o *pagamento*. Sua natureza depende da qualidade da prestação e de quem o efetua. Feito por terceiro é um *negócio jurídico* e, igualmente, se, além de extinguir a obrigação, importa transferência de propriedade da coisa dada pelo *solvens* ao *accipiens*, admitida em algumas legislações. Em outras modalidades, é ato jurídico '*stricto sensu*'. Trata-se, em suma, de um *ato* de natureza variável"[7].

A questão tem interesse prático, pois se se considerar que o pagamento tem natureza contratual, correspondendo a um contrato ou negócio jurídico bilateral por resultar de um

---

4 "Não se extingue a execução se o devedor não satisfez o débito na sua integralidade" (*RSTJ*, 100/103). "Para extinção do processo pelo pagamento, impõe-se ao executado efetuar o depósito integral do débito, regularmente atualizado. A recusa e o consequente depósito parcial importam no prosseguimento do feito executório" (*RSTJ*, 98/177).

5 Antunes Varela, *Direito das obrigações*, v. II, p. 4.

6 *Direito civil*, v. 2, p. 124, nota n. 123.

7 *Obrigações*, p. 111.

acordo de vontades, estará ele sujeito a todas as suas normas. Será nulo, por exemplo, se efetuado por pessoa incapaz. Todavia, entende-se que não se anula pagamento defeituoso por erro, dolo ou coação, sendo cabível, nessas hipóteses, a ação de *repetição de indébito*.

Essa circunstância, aliada ao fato de que a viabilidade de certos meios de prova depende, conforme regras limitativas de alguns Códigos, de não ser negócio jurídico, levou ORLANDO GOMES a considerar que a categoria a que melhor se adaptam as disposições legais que disciplinam o pagamento é a do ato jurídico *stricto sensu*, "ressalvadas as particularidades que impedem solução única do problema"[8].

Dentre os que sustentam a natureza negocial do pagamento coloca-se ROBERTO DE RUGGIERO, para quem "a *solutio* pode ser ora um negócio jurídico unilateral, ora um negócio bilateral, conforme a natureza específica da prestação: quando ela consiste numa omissão e mesmo quando consiste numa ação, não é necessária a intervenção do credor; é, pelo contrário, necessário o seu concurso, se a prestação consiste num *dare*, pois neste caso há a aceitação do credor"[9].

A grande dificuldade encontrada para se dar uma solução única para o problema ou qualificar o pagamento como negócio jurídico, bilateral ou unilateral, é que muitas vezes ele consiste numa abstenção, em um *non facere*.

CAIO MÁRIO, em face de todas essas circunstâncias, assinala que, "genericamente considerado, o pagamento pode ser ou não um negócio jurídico; e será unilateral ou bilateral, dependendo essa classificação da natureza da prestação, conforme para a *solutio* contente-se o direito com a emissão volitiva tão somente do devedor, ou que para ela tenha de concorrer a participação do *accipiens*"[10]. Também afirma o consagrado mestre, com suporte em lição de VON TUHR, que na verdade nem sempre se torna necessária, para eficácia do pagamento, a vontade direta de extinguir a obrigação.

Em conclusão, o pagamento tem a natureza de um ato jurídico em sentido amplo, da categoria dos atos lícitos, podendo ser ato jurídico *stricto sensu* ou negócio jurídico, bilateral ou unilateral, conforme a natureza específica da prestação.

Para que o pagamento produza seu principal efeito, que é o de extinguir a obrigação, devem estar presentes seus *requisitos essenciais de validade*, que são: a) a existência de um vínculo obrigacional; b) a intenção de solvê-lo (*animus solvendi*); c) o cumprimento da prestação; d) a pessoa que efetua o pagamento (*solvens*); e) a pessoa que o recebe (*accipiens*).

A existência de um vínculo obrigacional, ou seja, de um débito, é indispensável, pois sem ele a *solutio*, como ato desprovido de causa, daria lugar à restituição (CC, art. 876). Por outro lado, a intenção, daquele que paga, de extinguir a obrigação (*animus solvendi*) apresenta-se como outro requisito essencial ao conceito de cumprimento, visto que, sem ela, poderia haver ou uma doação, se a prestação fosse feita com *animus donandi*, ou mesmo um ato sem causa, se outra não existir. Não se exige, todavia, uma vontade qualificada, nem mesmo uma vontade dirigida à extinção da relação obrigacional, bastando a mera intenção. Os demais requisitos, de natureza subjetiva e objetiva, que completam o quadro dos requisitos em questão, serão estudados na sequência[11].

---

8 *Obrigações*, p. 111-112.

9 *Instituições de direito civil*, v. III, p. 77.

10 *Instituições de direito civil*, v. II, p. 107.

11 Roberto de Ruggiero, *Instituições de direito civil*, v. III, p. 76; Washington de Barros Monteiro, *Curso de direito civil*, 29. ed., v. 4, p. 252; Alberto Trabucchi, *Instituciones de derecho civil*, v. II, p. 48-49.

3. DE QUEM DEVE PAGAR

Iniciamos agora o estudo das *condições subjetivas* do pagamento, que versa sobre *quem deve pagar* (CC, arts. 304 a 307) e *a quem se deve pagar* (arts. 308 a 312).

3.1. Pagamento efetuado por pessoa interessada

Preceitua o art. 304 do Código Civil:

"Qualquer interessado na extinção da dívida pode pagá-la, usando, se o credor se opuser, dos meios conducentes à exoneração do devedor".

Só se considera *interessado* quem tem *interesse jurídico* na extinção da dívida, isto é, quem está vinculado ao contrato, como o fiador, o avalista, o solidariamente obrigado, o herdeiro, o adquirente do imóvel hipotecado, o sublocatário etc., que podem ter seu patrimônio afetado caso não ocorra o pagamento.

O *principal interessado* na solução da dívida, a quem compete o dever de pagá-la, é o *devedor*. Mas os que se encontram em alguma das situações supramencionadas (fiador, sublocatário etc.) a ele são equiparados, pois têm legítimo interesse no cumprimento da obrigação. Assiste-lhes, pois, o direito de efetuar o pagamento, sub-rogando-se, *pleno jure*, nos do credor (CC, art. 346, III). A *sub-rogação* transfere-lhes todos os direitos, ações, privilégios e garantias do primitivo credor, em relação à dívida, contra o devedor principal e os fiadores (art. 349). A recusa do credor em receber o pagamento oferecido pelo devedor ou por qualquer outro interessado lhes dá o direito de promover a *consignação* (CC, arts. 334 e s.)[12].

Nessa linha, proclamou o Tribunal de Justiça de São Paulo:

"Execução de título extrajudicial. Dívida paga por terceiro interessado. Pedido de sub-rogação do débito. Substituição do polo passivo. Cabimento. Observância dos arts. 346 e s. do Código Civil"[13].

Quando, no entanto, a obrigação é contraída *intuitu personae*, ou seja, em razão das condições ou qualidades pessoais do devedor, somente a este incumbe a solução. O credor não é obrigado a receber de outrem a prestação imposta somente ao devedor, ou só por ele exequível (CC, art. 247). Inexistindo tal restrição, no entanto, prevalece a regra já mencionada de que qualquer interessado na extinção da dívida pode pagá-la.

Segundo oportunamente assinalado a propósito da natureza jurídica do pagamento (n. 2, *retro*), pode ele consistir em negócio jurídico ou em ato jurídico *stricto sensu*, ou seja, numa manifestação de vontade, neste último caso, que produz efeitos jurídicos predeterminados na lei, não se exigindo que essa vontade seja qualificada, bastando a mera intenção. Aos atos

---

12 "Qualquer interessado pode pagar a dívida. Pode também o terceiro requerer a consignação (CPC, art. 890). Em caso de compromisso de compra e venda, verificada a morte de um dos contratantes, é lícito ao descendente-sucessor valer-se da ação de consignação em pagamento. É, portanto, parte legítima" (STJ, REsp 85.551-PB, 3ª T., rel. Min. Nilson Naves, *DJU*, 8-3-1999, v. 118, p. 227). "Direito civil. Recuperação judicial. Pagamento por terceiro interessado. Válido se mostra o pagamento pelo terceiro interessado, da execução suportada por empresa em recuperação judicial. Inteligência do art. 304 do Código Civil (TRT-6, PE 0064000-75.2008.5.06.0021, *DJe* 13-12-2011). "Nomeação à penhora de bem de terceiro, feita pelo próprio proprietário. Validade" (*JTJ*, Lex, 241/206). "O autor, como adquirente, com título registrado, com respeito à hipoteca lavrada, é interessado que se legitima ao direito de pagar, estando o credor hipotecário na obrigação de receber" (*RT*, 718/146). "Despejo. Falta de pagamento de aluguel. Purgação da mora efetuada pelo fiador. Admissibilidade. Terceiro interessado. Direito no pagamento da dívida e encargos que lhe é assegurado segundo o art. 985, III, do CC (*de 1916, e 346, III, do CC/2002*), eis que os efeitos do inadimplemento poderiam atingi-lo" (*RT*, 647/149).

13 TJSP, Apel. 000004-47.2000.8.26.0562, 37ª Câm. Dir. Priv., rel. Des. Pedro Kodama, *DJe*, 7-6-2016.

jurídicos lícitos, que não sejam negócios jurídicos, aplicam-se somente no que couber as disposições concernentes à invalidade (CC, art. 185).

Desse modo, quando o cumprimento não tem por conteúdo um negócio jurídico ou não envolve um ato de disposição, pode ser efetuado mesmo por um incapaz, tendo a obrigação sido validamente constituída. Não pode este celebrar, por exemplo, um contrato de arrendamento. Mas, se o seu representante legal contraiu tal obrigação, nada obsta a que o incapaz faça pessoalmente a entrega do prédio em cumprimento do contrato[14].

O art. 764º do Código Civil português prevê que, sendo o cumprimento oferecido por um incapaz, quando a lei exige capacidade, mesmo assim o pedido de anulação só procederá quando este houver sido prejudicado com o cumprimento que efetuou, podendo o credor opor-se ao pedido de anulação na hipótese de inexistência do aludido prejuízo.

3.2. Pagamento efetuado por terceiro não interessado

Dispõe o parágrafo único do art. 304 do Código Civil, retrotranscrito:

"Art. 304. (...)

Parágrafo único. Igual direito cabe ao terceiro não interessado, se o fizer em nome e à conta do devedor, salvo oposição deste".

Não é somente o devedor, ou terceiro interessado, portanto, quem pode efetuar o pagamento. Podem fazê-lo, também, *terceiros não interessados*, que não têm interesse jurídico na solução da dívida, mas outra espécie de interesse, como o moral, por exemplo (caso do pai, que paga a dívida do filho, pela qual não podia ser responsabilizado), o decorrente de amizade ou de relacionamento amoroso etc. Confira-se:

"Execução por título extrajudicial. Acordo para pagamento parcelado da dívida. Pagamento efetuado por terceiro. Objeção da credora. Descabimento. Admissibilidade do pagamento, ainda que se cuide de pagamento feito por terceiro não interessado. Arts. 304 e 305 do Código Civil. Necessidade, contudo, de o terceiro identificar por conta de quem efetua os pagamentos, se por conta da devedora ou se em seu próprio nome" (TJSP, AgI 0043059-58.2011.8.26.0000, 14ª Câm. Dir. Priv., rel. Des. Thiago Siqueira, *DJe* 30-5-2011).

Os terceiros não interessados podem até mesmo *consignar*[15] o pagamento, em caso de recusa do credor em receber, desde que, porém, o façam "*em nome e à conta do devedor*", agindo assim como seu representante ou gestor de negócios, "*salvo oposição deste*". Esta res-

---

14 Inocêncio Galvão Telles, *Direito das obrigações*, p. 169.

15 "Recusando-se o credor a receber as prestações referentes à venda de imóvel, pode o terceiro, ainda que não interessado, ofertar o pagamento" (TJPR, Ap. 71.895, rel. Des. Nívio Gonçalves, j. 13-9-2000). "Não é legítima a recusa do agente financeiro em receber as prestações vincendas de mútuo hipotecário celebrado no âmbito do Sistema Financeiro da Habitação, na hipótese de pagamento por cessionário do contrato. A invocação de cláusula proibitiva de cessão, sem prévia anuência do agente financeiro, não impede a faculdade de efetuar os pagamentos das prestações pelo cessionário, sendo adequada a ação de consignação em pagamento proposta por este, com a finalidade de obter provimento declaratório da extinção dos créditos objeto de pagamento" (*RT*, 786/461). "A venda realizada por quem não é proprietário do imóvel, sem a anuência deste, é inábil para transferir a propriedade. O pagamento realizado por terceiro não interessado, em nome do devedor, não lhe sub-roga nos direitos do credor e tampouco lhe confere o direito de reclamar o domínio do bem objeto da prestação. Arts. 304 e 305 do CC (TJES, Apel. 00080113520138080011, *DJe* 15-9-2017)". "O proprietário de veículo que efetua, na condição de terceiro não interessado, o pagamento das despesas hospitalares de todas as vítimas do acidente de trânsito em que seu preposto conduzia o automóvel envolvido no evento, tem o direito ao ressarcimento, nos termos do art. 931 do CC (*de 1916; art. 305 do CC/2002*), se verifica sua versão de que o sinistro foi ocasionado por culpa do outro motorista, eis que a ninguém é lícito se locupletar indevidamente em detrimento de outrem" (*RT*, 786/297).

salva final constitui inovação em relação ao art. 930, parágrafo único, do Código de 1916, "privilegiando as hipóteses em que, por razões de ordem moral, religiosa ou jurídica, não seja conveniente ao devedor que determinada pessoa realize o pagamento"[16].

Em regra, o credor não rejeita o pagamento efetuado por terceiros não interessados porque é de seu interesse receber, sendo-lhe indiferente que a prestação seja realizada por uma ou outra pessoa. Há, além do aspecto do interesse individual do credor no resgate da prestação por terceiros, o prisma do interesse social que tal fato representa, pois à sociedade apraz ver as obrigações se cumprirem. O adimplemento normal dos negócios jurídicos, além de satisfazer as partes, representa elemento de harmonia e paz, que se confunde com o escopo da comunidade[17].

Se rejeitar o pagamento feito por terceiro em nome e à conta do devedor, o credor corre o risco de sofrer uma ação de consignação em pagamento ajuizada por este, como foi dito. Todavia, dizendo a parte final do parágrafo único do art. 304 retrotranscrito, como inovação, que o devedor pode opor-se ao pagamento de sua dívida por terceiro não interessado, mesmo que seja feito em seu nome e à sua conta, poderá o credor, cientificado da oposição, alegar justo motivo para não receber. A oposição do devedor não vale como proibição, mas retira a legitimidade do terceiro para consignar. Apesar dela, pode o credor aceitar validamente o pagamento porque é isso da sua conveniência e não há motivo para que a oposição do devedor o iniba de ver o seu crédito satisfeito, *aplicando-se ao terceiro a restrição imposta no art. 306 do Código Civil*. Mas é *fundamento* para que o credor, *se assim quiser*, recuse a prestação oferecida, desde que o terceiro não seja nela diretamente interessado[18].

Quando não há essa oposição e o credor rejeita o pagamento, efetuado por terceiro não interessado em nome e à conta do devedor, sendo necessário fazer a consignação, configura-se a hipótese de *legitimação extraordinária*, prevista na parte final do art. 18 do Código de Processo Civil de 2015. Não pode consignar em seu próprio nome, por falta de legítimo interesse.

Preceitua o aludido art. 306 do Código Civil:

"O pagamento feito por terceiro, com desconhecimento ou oposição do devedor, não obriga a reembolsar aquele que pagou, se o devedor tinha meios para ilidir a ação".

O credor não pode recusar o pagamento de terceiro, por implicar a satisfação de seu crédito, salvo se houver, no contrato, expressa declaração proibitiva, ou se a obrigação, por sua natureza, tiver de ser cumprida pelo devedor (*intuitu personae* ou personalíssima). Foi dito, porém, que o parágrafo único do art. 304 do Código Civil em vigor, como inovação, permite que devedor se oponha a que terceiro não interessado pague a sua dívida. A oposição retira a legitimidade do terceiro não interessado para efetuar a consignação "*em nome e à conta do devedor*". E dá fundamento ao credor para, se quiser, rejeitar o pagamento.

Por outro lado, é inoperante a oposição do *devedor* ao pagamento de sua dívida por terceiro não interessado, se o credor desejar receber. Só há um meio de evitar tal pagamento: é o próprio devedor antecipar-se. Mas se credor e devedor acordaram em não admitir pagamento por terceiro não interessado, não poderá este pretender fazer desaparecer a dívida, por sua iniciativa.

Não havendo tal acordo, admite-se o pagamento por terceiro, apesar da oposição ou desconhecimento do devedor. Se este tiver *meios para ilidir a ação do credor* na cobrança do

---

16 Mário Luiz Delgado Régis, *Novo Código Civil comentado*, p. 287.

17 Silvio Rodrigues, *Direito civil*, v. 2, p. 126.

18 Inocêncio Galvão Telles, *Direito das obrigações*, p. 166; Alberto Trabucchi, *Instituciones de derecho civil*, p. 50.

débito, *totalmente*, como a arguição de prescrição ou decadência, compensação, novação etc., não ficará obrigado a reembolsar aquele que pagou (CC, art. 306).

Entende Álvaro Villaça Azevedo que o art. 306 do novo diploma alterou o entendimento do art. 932 do Código Civil de 1916, "afastando a ideia do benefício que possa ter sido auferido pelo devedor, para enfatizar que só se eximirá do reembolso o devedor, quando tiver 'meios para ilidir a ação'"[19].

Parece-nos, no entanto, que o art. 306 desobriga o devedor de efetuar o reembolso do pagamento efetuado por terceiro apenas se tinha meios para ilidir *totalmente* a ação de cobrança. Não se pode entender que haverá exoneração *integral* se o devedor tinha meios de ilidir apenas *parcialmente* a ação de cobrança, porque corresponderia a admitir que o nosso ordenamento teria prestigiado o enriquecimento sem causa do devedor – o que se mostra desarrazoado, em face do art. 884 do atual Código, que o repele expressamente.

Mais aceitável se nos afigura o pensamento de Silvio Rodrigues em relação ao citado art. 306 do Código Civil, no sentido de que, se a oposição do devedor ao pagamento efetuado por terceiro advier de bons motivos, tais como exceções pessoais oponíveis ao credor, capazes de ilidir *a cobrança ou o total da dívida*, a lei, dando validade ao fato, para efeito de extinguir a relação jurídica original, "não confere ao *solvens* outro direito que não o de se reembolsar da importância que aproveita ao devedor"[20].

Desse modo, o terceiro só terá direito a reembolso até a importância que realmente aproveite ao devedor. Assim, se a dívida era de R$ 100.000,00, por exemplo, mas o devedor, por outro negócio entre as mesmas partes, tornou-se credor de R$ 50.000,00, a dívida reduziu-se à metade, em virtude da compensação parcial operada. Se o terceiro não interessado pagar os R$ 100.000,00, contra a vontade do devedor, só terá direito a reembolsar-se de R$ 50.000,00, correspondentes ao benefício auferido por este.

Dispõe o art. 305 do Código Civil que "*o terceiro não interessado, que paga a dívida em seu próprio nome, tem direito a reembolsar-se do que pagar; mas não se sub-roga nos direitos do credor*". Acrescenta o parágrafo único que, "*se pagar antes de vencida a dívida, só terá direito ao reembolso no vencimento*".

O pagamento de dívida que não é sua, efetuado em seu próprio nome, apesar de revelar o propósito de ajudar o devedor, demonstra também a intenção de obter o reembolso, por meio da ação de *in rem verso*, específica para os casos de enriquecimento sem causa. Entretanto, por não fazer parte da relação jurídica, e também para evitar que um terceiro mal-intencionado pretenda formular contra o devedor, seu concorrente ou desafeto, exigências mais rigorosas que as do credor primitivo, ou recusar qualquer proposta de acordo para prorrogação ou parcelamento da dívida que venha a ser formulada por quem notoriamente passa por dificuldades financeiras, não pode substituir o credor por ele pago. Somente, pois, o terceiro *interessado* que efetua o pagamento *sub-roga-se* nos direitos do credor.

Como o referido art. 305 só dá direito a *reembolso* ao terceiro não interessado que paga a dívida em seu próprio nome, conclui-se, interpretando-se o dispositivo *a contrario sensu*,

---

19 *Teoria geral das obrigações*, p. 119. Comunga desse entendimento Mário Luiz Delgado Régis, nestes termos: "Na antiga redação do art. 932 do Código Civil de 1916, o devedor, mesmo opondo-se ao pagamento pelo terceiro não interessado, estava obrigado a reembolsá-lo, ao menos até a importância em que o pagamento lhe foi útil. O art. 306 do novo Código promove importante modificação na regra de reembolso, passando a dispor que o devedor, mesmo aproveitando-se, aparentemente, do pagamento feito pelo terceiro, não estará mais obrigado a reembolsá-lo, desde que dispusesse, à época, dos meios legais de ilidir a ação do credor, vale dizer, de evitar que o credor viesse a exercer o seu direito de cobrança" (*Novo Código Civil comentado*, p. 289).

20 *Direito civil*, v. 2, p. 128-129.

que não desfruta desse direito o que a paga "*em nome e à conta do devedor*". Entende-se que, neste caso, quis fazer uma *liberalidade*, uma doação, sem qualquer direito a reembolso.

3.3. Pagamento efetuado mediante transmissão da propriedade

Dispõe o art. 307 do Código Civil que "*só terá eficácia o pagamento que importar transmissão da propriedade, quando feito por quem possa alienar o objeto, em que ele consistiu*". Aduz o parágrafo único: "*Se se der em pagamento coisa fungível, não se poderá mais reclamar do credor que, de boa-fé, a recebeu e consumiu, ainda que o solvente não tivesse o direito de aliená-la*".

Nem sempre o pagamento consiste na entrega de dinheiro ao credor. Como tal locução tem o significado de "cumprimento ou adimplemento de obrigação", pode consistir na *entrega de algum objeto*, seja porque assim foi estipulado, seja porque o credor concordou com a dação em pagamento proposta pelo devedor.

Segundo preceitua o mencionado art. 307 do Código Civil, o pagamento só terá eficácia, nesses casos, quando feito por quem tinha *capacidade para alienar*. Não basta, pois, a capacidade genérica para a prática de qualquer ato jurídico, sendo necessária a capacidade específica para o ato de alienação colimado. Faz-se mister, em certos casos, também a legitimação. Assim, o tutor não pode dar, em pagamento, imóvel do pupilo sem autorização judicial (CC, art. 1.748, IV).

A entrega do bem, móvel ou imóvel, em pagamento de dívida que importar transmissão da propriedade de bem móvel ou imóvel, só terá efeitos se realizada pelo *titular do direito real*. Todavia, se o pagamento foi efetuado por pessoa que não ostenta essa qualidade, convalidar-se-á essa transferência, se o adquirente estiver de boa-fé e o alienante vier a adquirir, posteriormente, o domínio. Segundo prescreve o art. 1.268, § 1º, do Código Civil, considera-se nesse caso "*realizada a transferência desde o momento em que ocorreu a tradição*".

O parágrafo único do art. 307, porém, abre uma exceção: se a coisa entregue ao credor for *fungível*, e este a tiver recebido de boa-fé e a consumido, o pagamento terá eficácia, extinguindo-se a relação jurídica, ainda que o devedor não fosse dono. Só resta ao verdadeiro proprietário voltar-se contra quem a entregou indevidamente. Portanto, para que a exceção opere são necessárias as seguintes condições: a) tratar-se de pagamento efetuado mediante coisa fungível; b) boa-fé por parte do *accipiens*; c) consumo da coisa fungível pelo mesmo *accipiens*[21].

4. DAQUELES A QUEM SE DEVE PAGAR

4.1. Pagamento efetuado diretamente ao credor

Dispõe o art. 308 do Código Civil:

"*O pagamento deve ser feito ao credor ou a quem de direito o represente, sob pena de só valer depois de por ele ratificado, ou tanto quanto reverter em seu proveito*".

Tendo em vista que cumprir significa satisfazer o direito do credor, é natural que a prestação deva ser feita a ele ou a quem o represente. Todavia, credor não é somente aquele em cujo favor se constitui originariamente o crédito. Também o é o herdeiro, na proporção de sua quota hereditária, o legatário, o cessionário e o sub-rogado nos direitos creditórios.

---

[21] Silvio Rodrigues, *Direito civil*, v. 2, p. 130.

Portanto, ostenta a qualidade de destinatário do pagamento, legitimado a receber, não só o credor originário como quem o substituir na titularidade do direito de crédito. Essencial é que a prestação seja efetuada a quem for credor *na data do cumprimento*. Se a dívida for solidária ou indivisível, qualquer dos cocredores está autorizado a recebê-la (CC, arts. 260 e 267). Se a obrigação for ao portador, quem apresentar o título é credor[22].

4.2. Pagamento efetuado ao representante do credor

A lei equipara ao pagamento realizado na pessoa do credor o efetuado "*a quem de direito o represente*", considerando-o também válido.

Há três espécies de *representantes* do credor: legal, judicial e convencional. *Legal* é o que decorre da lei, como os pais, tutores e curadores, respectivamente representantes legais dos filhos menores, dos tutelados e dos curatelados. *Judicial* é o nomeado pelo juiz, como o inventariante, o síndico da falência, o administrador da empresa penhorada etc. *Convencional* é o que recebe mandato outorgado pelo credor, com poderes especiais para receber e dar quitação.

Há um aspecto importante a ser frisado, no tocante às três espécies mencionadas. No caso de representação *legal* ou *judicial*, a prestação só pode ser efetuada, em princípio, ao representante, ao passo que, no de representação *convencional*, "é válida e liberatória tanto a prestação efetuada ao representante como a diretamente entregue ao credor, no exclusivo interesse de quem foi avençada a representação"[23].

Costuma ser mencionada pela doutrina, entre os representantes convencionais, a figura do *adjectus solutionis causa*, pessoa nominalmente designada no próprio título para receber a prestação. Esse terceiro pode não ter nenhuma relação material com a dívida e estar apenas *autorizado* a recebê-la. A autorização tem por fim, em regra, beneficiar o devedor, facilitando-lhe o pagamento. Outras vezes, o denominado *adjectus solutionis causa* é um simples cobrador de conta alheia designado pelo credor.

Nas duas hipóteses a autorização é concedida para favorecer as partes e pode ser revogada a qualquer tempo, desde que de acordo credor e devedor. Todavia, quando a cláusula é estabelecida em favor do próprio *adjectus* o negócio mais se aproxima da *cessão* constituída *ab initio*, ou de *estipulação em favor de terceiro*, como no seguro de vida, do que do *mandato*, sendo então irrevogável e não se extinguindo com a morte do credor[24].

O art. 311 do Código Civil considera "*autorizado a receber o pagamento o portador da quitação, salvo se as circunstâncias contrariarem a presunção daí resultante*". Trata-se de caso de mandato tácito ou presumido pela lei. A presunção é, no entanto, relativa ou *juris tantum*, pois admite prova em contrário. Não se descarta a hipótese de ter sido extraviado ou furtado o recibo ou haver outra circunstância relevante.

As circunstâncias a que se refere o dispositivo serão apreciadas pelo juiz, em cada caso concreto, com base no critério do *homo medius*. Em princípio, quem se apresenta com um recibo firmado por terceiro goza da presunção de possuir autorização para receber. Essa presunção será reforçada se o portador da quitação for empregado da empresa credora. Mas

---

22 Washington de Barros Monteiro, *Curso de direito civil*, 29. ed., v. 4, p. 255; Orlando Gomes, *Obrigações*, p. 117; Antunes Varela, *Direito das obrigações*, v. II, p. 32; Silvio Rodrigues, *Direito civil*, v. 2, p. 131.

23 Antunes Varela, *Direito das obrigações*, v. II, p. 33.

24 Silvio Rodrigues, *Direito civil*, v. 2, p. 135-136; Washington de Barros Monteiro, *Curso de direito civil*, 29. ed., v. 4, p. 256; Alberto Trabucchi, *Instituciones de derecho civil*, v. II, p. 50; Antunes Varela, *Direito das obrigações*, v. II, p. 33; Orlando Gomes, *Obrigações*, p. 118.

se, ao contrário, como exemplifica Silvio Rodrigues[25], trata-se de desconhecido que por seu aspecto e modos mais parece um ladrão, ou um vadio, não deve o devedor efetuar desde logo o pagamento, pois as circunstâncias o aconselham a, pelo menos, verificar a autenticidade do mandato presumido. Se pagar sem tomar aquelas providências de comezinha cautela, paga mal. E quem paga mal paga duas vezes.

4.3. Validade do pagamento efetuado a terceiro que não o credor

O pagamento deve ser feito, como foi dito, ao verdadeiro credor ou ao seu sucessor *inter vivos* ou *causa mortis,* ou a quem de direito os represente, sob pena de não valer. O pagamento a quem não ostenta essas qualidades na data em que foi efetuado não tem efeito liberatório, não exonerando o devedor.

Washington de Barros Monteiro[26] cita, a propósito, velho adágio extraído da sabedoria popular: quem deve a Pedro e paga a Gaspar, que torne a pagar. Também se costuma dizer que quem paga mal paga duas vezes. Isto porque, se o pagamento foi efetuado a quem não tem qualificação para receber, o verdadeiro credor continua com direito a ele e poderá fazer a cobrança.

Nem sempre, contudo, quem paga mal paga duas vezes, pois o retrotranscrito art. 308 do Código Civil, na segunda parte, considera válido o pagamento feito a terceiro se for *ratificado* pelo credor, ou seja, se este confirmar o recebimento por via do referido terceiro ou fornecer recibo, ou, ainda, se o pagamento *reverter em seu proveito.* O que pretende o legislador, nos dois casos, é evitar o locupletamento ilícito do credor, com o qual não compadece o nosso ordenamento.

A ratificação do credor retroage ao dia do pagamento e produz todos os efeitos do mandato. O ônus de provar que o pagamento reverteu integralmente em benefício do credor, mesmo tendo sido efetuado a terceiro não qualificado, é do *solvens.* O proveito do credor pode ser direto (quando, p.ex., o terceiro que recebeu a prestação a tiver depositado em sua conta) e indireto. Exemplo do proveito indireto é ministrado por Silvio Rodrigues: "Se a prestação devida pelo marido à mulher separada foi paga ao filho menor e se este, com referidos recursos, liquidou a anuidade de seu colégio (despesa que de outro modo deveria ser efetuada por sua mãe), esta beneficiou-se com o pagamento. Calcula-se, portanto, o proveito indireto experimentado pela credora, e reduz-se o montante da prestação a lhe ser oferecida"[27].

Mesmo havendo proveito indireto para o credor, poderá não ser considerado válido o pagamento não ratificado por ele, se tolher a sua liberdade de decisão sobre o pagamento das suas dívidas ou a aquisição dos bens que lhe interessam[28].

4.4. Pagamento efetuado ao credor putativo

Proclama o art. 309 do Código Civil:

"O pagamento feito de boa-fé ao credor putativo é válido, ainda provado depois que não era credor".

Credor putativo é aquele que se apresenta aos olhos de todos como o verdadeiro credor. Recebe tal denominação, portanto, quem aparenta ser credor, como é o caso do *herdeiro aparente.* Se, por exemplo, o único herdeiro conhecido de uma pessoa abonada, e que veio a

---

25 *Direito civil,* v. 2, p. 135.

26 *Curso de direito civil,* 29. ed., v. 4, p. 256.

27 *Direito civil,* v. 2, p. 137.

28 Antunes Varela, *Direito das obrigações,* v. II, p. 35.

falecer, é o seu sobrinho, o pagamento a ele feito de boa-fé é válido, mesmo que se apure, posteriormente, ter o *de cujus*, em disposição de última vontade, nomeado outra pessoa como seu herdeiro testamentário.

Pode ainda ser lembrada, como exemplo de credor putativo, a situação do *locador aparente*, que se intitula proprietário de um apartamento e o aluga a outrem. Provada a boa-fé deste, os pagamentos de aluguéis por ele efetuados serão considerados válidos, ainda que aquele não seja o legítimo dono. Como credor putativo, porém, não pode ser considerado o falso procurador.

A propósito do tema, proclamou o Superior Tribunal de Justiça:

"Credor putativo. Teoria da aparência. 1. Pela aplicação da teoria da aparência, é válido o pagamento realizado de boa-fé a credor putativo. 2. Para que o erro no pagamento seja escusável, é necessária a existência de elementos suficientes para induzir e convencer o devedor diligente de que o recebente é o verdadeiro credor. 3. É válido o pagamento de indenização do DPVAT aos pais do *de cujus* quando se apresentam como únicos herdeiros mediante a entrega dos documentos exigidos pela lei que dispõe sobre seguro obrigatório de danos pessoais, hipótese em que o pagamento aos credores putativos ocorreu de boa-fé"[29].

A boa-fé tem, assim, o condão de validar atos que, em princípio, seriam nulos. Ao verdadeiro credor, que não recebeu o pagamento, resta somente voltar-se contra o *accipiens*, isto é, contra o credor putativo, que recebeu indevidamente, embora também de boa-fé, pois o *solvens* nada mais deve.

Além da boa-fé, exige-se a escusabilidade do erro que provocou o pagamento, para a exoneração do devedor. A boa-fé, no entanto, pode ser elidida demonstrando-se que o *solvens* tinha ciência de que o *accipiens* não era o credor[30]. Se, por outro lado, o erro que provocou o pagamento incorreto é grosseiro, não se justifica proteção a quem agiu com desídia, negligência ou imprudência[31].

Proclama, a propósito, o *Enunciado n. 425* da mencionada *V Jornada de Direito Civil*:

"O pagamento repercute no plano da eficácia, e não no plano da validade como preveem os arts. 308, 309 e 310 do Código Civil".

4.5. Pagamento ao credor incapaz

O pagamento há de ser efetuado a pessoa capaz de fornecer a devida quitação, sob pena de não valer. Dispõe o art. 310 do Código Civil:

"Não vale o pagamento cientemente feito ao credor incapaz de quitar, se o devedor não provar que em benefício dele efetivamente reverteu".

Em princípio, o pagamento efetivado a pessoa absolutamente incapaz é nulo e o realizado em mãos de relativamente incapaz pode ser confirmado pelo representante legal ou pelo próprio credor se, relativamente incapaz, cessada a incapacidade (CC, art. 172). A quitação reclama capacidade e sem ela o pagamento não vale. Assim, se o locatário pagar diretamente a pessoa privada do necessário discernimento o aluguel a ela devido, e não ao seu curador, não é apenas a quitação fornecida pelo incapaz que se mostra inadequada para acarretar a extinção da obrigação, mas é o próprio pagamento que se considera irrealizado[32].

---

29 STJ, REsp 1.601.533-MG, 3ª T., rel. Min. João Otávio de Noronha, *DJe* 16-6-2016.

30 STJ, AgInt no AREsp 1.717.066-MT, 3ª T., rel. Min. Ricardo Villas Bôas Cueva, j. 15-6-2021.

31 Silvio Rodrigues, *Direito civil*, v. 2, p. 140.

32 Alberto Trabucchi, *Instituciones de derecho civil*, v. II, p. 50; Inocêncio Galvão Telles, *Direito das obrigações*, p. 174; Washington de Barros Monteiro, *Curso de direito civil*, 29. ed., v. 4, p. 257; Silvio Rodrigues, *Direito civil*, v. 2, p. 132.

É necessário, todavia, distinguir duas situações. Se o *solvens* tinha ciência da incapacidade, o cumprimento é *inválido*, tendo o devedor que pagar segunda vez ou provar que o pagamento efetuado reverteu, em parte ou no todo, em proveito do incapaz. Se, no entanto, o *solvens* desconhecia, sem culpa, a incapacidade do credor, o cumprimento será válido, ainda que o *accipiens* tenha dissipado ou malbaratado a prestação, ou seja, será válido independentemente de comprovação de que trouxe proveito ao incapaz. O ato terá validade, conseguintemente, se se provar erro escusável do devedor, por supor estar tratando com pessoa capaz, ou dolo do credor, por ocultar maliciosamente sua idade[33].

Há quem entenda que a solução da lei, de considerar cessada a razão da invalidade do pagamento se provado que reverteu em proveito do incapaz, somente se aplica ao relativamente incapaz, sendo sempre nulo o pagamento feito ao absolutamente incapaz. No entanto, o dispositivo legal mencionado não faz tal distinção. E também não se justifica a exigência de novo pagamento a este, se o primeiro reverteu em seu proveito. Além do empobrecimento do *solvens*, acarretaria o enriquecimento indevido do *accipiens*[34].

Considera-se revertido em proveito do incapaz o pagamento quando, por exemplo, chega, no todo ou em parte, ao poder do seu representante; ou tal não sucede mas a prestação enriquece o patrimônio do incapaz, que a conserva ou tirou dela proveito econômico. Em qualquer desses casos, como prevê o art. 764º, n. 2, do Código Civil português, o devedor só terá de realizar novamente a prestação na parte em que ela não chegou ao poder do representante do *accipiens* ou não valorizou efetivamente o patrimônio deste[35].

Também se mostra proveitoso o pagamento, *verbi gratia*, quando aplicado na compra de imóveis, no resgate de dívidas vencidas e em outros negócios que acarretem consolidação ou aumento do patrimônio do incapaz[36].

4.6. Pagamento efetuado ao credor cujo crédito foi penhorado

Dispõe, finalmente, o art. 312 do Código Civil:

"Se o devedor pagar ao credor, apesar de intimado da penhora feita sobre o crédito, ou da impugnação a ele oposta por terceiros, o pagamento não valerá contra estes, que poderão constranger o devedor a pagar de novo, ficando-lhe ressalvado o regresso contra o credor".

Cuida-se de hipóteses em que, mesmo sendo feito ao verdadeiro credor, o pagamento não valerá.

Com efeito, quando a *penhora* recai sobre um crédito, o devedor é notificado a não pagar ao credor, mas a depositar em juízo o valor devido. Se mesmo assim pagar ao credor, o pagamento não valerá contra o terceiro exequente ou embargante, "*que poderão constranger o devedor a pagar de novo, ficando-lhe ressalvado o regresso contra o credor*". Confessando o débito, será o devedor havido por depositário e só se exonerará da obrigação depositando em

---

33 Antunes Varela, *Direito das obrigações*, v. II, p. 32; Maria Helena Diniz, *Curso de direito civil brasileiro*, v. 2, p. 219; Manoel Ignácio Carvalho de Mendonça, *Doutrina e prática das obrigações*, t. I, p. 442; Mário Luiz Delgado Régis, *Novo Código Civil comentado*, p. 293. Reforçam a ideia os arts. 180 e 181 do Código Civil. Dispõe o primeiro: "*O menor, entre 16 e 18 anos, não pode, para eximir-se de uma obrigação, invocar a sua idade se dolosamente a ocultou quando inquirido pela outra parte, ou se, no ato de obrigar-se, declarou-se maior*". Proclama o segundo: "*Ninguém pode reclamar o que, por uma obrigação anulada, pagou a um incapaz, se não provar que reverteu em proveito dele a importância paga*".

34 Caio Mário da Silva Pereira, *Instituições de direito civil*, v. II, p. 113; Serpa Lopes, *Curso de direito civil*, v. II, p. 195; Manoel Ignácio Carvalho de Mendonça, *Doutrina e prática das obrigações*, p. 441; Clóvis Beviláqua, *Código Civil dos Estados Unidos do Brasil comentado*, v. IV, obs. ao art. 934 do CC/1916.

35 Inocêncio Galvão Telles, *Direito das obrigações*, p. 175.

36 Washington de Barros Monteiro, *Curso de direito civil*, 29. ed., v. 4, p. 257.

juízo a quantia devida (CPC/2015, art. 856, §§ 1º e 2º). A solução legal evita burla às garantias dos credores[37].

O dispositivo supratranscrito prevê um segundo modo de oposição ao pagamento e de ressalva dos direitos dos credores: a *impugnação* feita por terceiro. A lei a equipara, para os efeitos legais, à ciência da penhora. O modo previsto em lei para a manifestação da oposição é o protesto ou notificação, na forma dos arts. 726 e s. do Código de Processo Civil, que é concedido pelo juiz sem oitiva do devedor, desde que o requerente demonstre legítimo interesse. O devedor é notificado para sobrestar o pagamento direto ao credor, devendo efetuar em juízo o depósito da importância devida. Se a oposição for abusiva, responderá o opoente pelas perdas e danos acarretados ao devedor.

Nas duas hipóteses mencionadas não vale o pagamento efetuado diretamente ao credor. Se, a despeito da notificação, esse pagamento se efetuar, poderá o *solvens* ser constrangido a pagar de novo[38].

5. DO OBJETO DO PAGAMENTO

No tocante às *condições objetivas* do pagamento, pode-se dizer que este não poderá existir se não houver uma dívida. A preexistência de um débito correspondente à prestação qualifica o ato como verdadeiro pagamento e como fato extintivo da obrigação. Conseguintemente, se não existir um débito o pagamento não poderá ser fato extintivo e será fonte da obrigação de restituir o indevidamente pago.

O objeto do pagamento deverá ser o conteúdo da prestação obrigatória (*solutio est praestatio eius quod est in obligatione*). O objeto do pagamento é, pois, a prestação. O devedor não estará obrigado a dar qualquer coisa distinta da que constitui o conteúdo da prestação. E não poderá liberar-se cumprindo uma prestação de conteúdo diverso[39].

Dispõe, com efeito, o art. 313 do Código Civil que *"o credor não é obrigado a receber prestação diversa da que lhe é devida, ainda que mais valiosa"*. O devedor só se libera entregando ao credor exatamente o objeto que prometeu dar (*obligatio dandi*), ou realizando o ato a que se obrigou (*obligatio faciendi*) ou, ainda, abstendo-se do fato nas obrigações negativas (*obligatio non faciendi*), sob pena de a obrigação converter-se em perdas e danos, como foi comentado quando do estudo do Título I concernente às modalidades das obrigações, Capítulos I a III. Mas essa conversão ou sub-rogação não traduz, a rigor, pagamento, na acepção técnica do vocábulo, que significa *extinção de obrigação*[40].

A substituição, com efeito extintivo, de uma coisa por outra, só é possível com o consentimento do credor (*aliud pro alio invite creditori solvi non potest*). Quando, porém, este a aceita, configura-se a *dação em pagamento*, que vale como cumprimento e tem o poder de extinguir o crédito (CC, art. 356)[41].

Quando o objeto da obrigação é complexo, abrangendo diversas prestações (principais e acessórias, plúrimas ou mistas de dar e de fazer, p.ex.), o devedor não se exonera enquanto não cumpre a integralidade do débito, na sua inteira complexidade. Deve a prestação ser

---

37 Silvio Rodrigues, *Direito civil*, v. 2, p. 133.

38 Silvio Rodrigues, *Direito civil*, v. 2, p. 134; Sílvio Venosa, *Direito civil*, v. II, p. 188.

39 Alberto Trabucchi, *Instituciones de derecho civil*, v. II, p. 51; Caio Mário da Silva Pereira, *Instituições de direito civil*, v. II, p. 114.

40 Caio Mário da Silva Pereira, *Instituições de direito civil*, v. II, p. 114; Mário Luiz Delgado Régis, *Novo Código Civil comentado*, p. 295.

41 Roberto de Ruggiero, *Instituições de direito civil*, v. III, p. 83.

cumprida por inteiro, não sendo o credor obrigado a receber pagamentos parciais, ainda quando a soma deles represente a integral satisfação do crédito.

Nessa linha, proclama o art. 314 do Código Civil:

"Ainda que a obrigação tenha por objeto prestação divisível, não pode o credor ser obrigado a receber, nem o devedor a pagar, por partes, se assim não se ajustou".

A regra é uma consequência do princípio que a prestação deve ser integral e que o credor não é obrigado a qualquer encargo para a receber, estando a cargo do devedor todas as despesas do cumprimento. Desse modo, o devedor é obrigado às despesas da entrega, da quitação e a qualquer outra produzida pelo fato do pagamento, mas, "*se ocorrer aumento por fato do credor, suportará este a despesa acrescida*" (CC, art. 325). As prestações só podem ser realizadas por partes se houver convenção expressa nesse sentido.

Pondera ALBERTO TRABUCCHI que essa regra admite, todavia, algumas exceções fundadas em certas leis especiais e usos eventuais, que permitem o pagamento por partes ou por quinhões. Em todos esses casos, as garantias estabelecidas subsistem até que se realize a totalidade do pagamento[42]. CAIO MÁRIO cita como uma dessas exceções o "fracionamento da obrigação por vários credores (quer já existam desde a origem do vínculo, quer surjam subsequentemente por via de sucessão), e o objeto seja divisível, pois que, nestas condições, cabe ao devedor pagar *pro rata* a todos e a cada um dos titulares do crédito"[43].

Observa JOSÉ FERNANDO SIMÃO[44] que o Código de Processo Civil abranda essa regra no momento da execução em seu art. 916, *verbis*: "No prazo para embargos, reconhecendo o crédito do exequente e comprovando o depósito de trinta por cento do valor em execução, acrescido de custas e de honorários de advogado, o executado poderá requerer que lhe seja permitido pagar o restante em até 6 (seis) parcelas mensais, acrescidas de correção monetária e de juros de um por cento ao mês". Acrescenta o mencionado civilista que "Cabe ao juiz autorizar ou não o fracionamento da prestação. O credor não pode ser compelido ao fracionamento. Assim, temos a decisão do Tribunal Paulista, pela qual 'agravante que está pagando a dívida alimentar, de forma parcelada, espontaneamente – Juízo que indeferiu a aludida forma de pagamento, ao argumento de que a credora não concorda com o parcelamento – Decisão mantida – Judiciário que não pode impor à agravada o recebimento da dívida, como pugnado pelo agravante – Inteligência do art. 314 do Código Civil – Recurso improvido' (TJSP, Apel. n. 1.013.728-69.2014.8.26.0562, 28ª Câm. Extr. de Dir. Privado", rel. Des. CONTI MACHADO, j. 20-2-2017).

5.1. Pagamento em dinheiro e o princípio do nominalismo

Na Seção III do capítulo concernente ao pagamento, que trata especificamente do *objeto do pagamento*, o Código Civil disciplina o *pagamento em dinheiro*, que é a forma mais importante e na qual todas as demais podem transformar-se. Prescreve o art. 315 do Código Civil que *"as dívidas em dinheiro deverão ser pagas no vencimento, em moeda corrente e pelo valor nominal, salvo o disposto nos artigos subsequentes".*

Nos artigos subsequentes o novo diploma considera *"lícito convencionar o aumento progressivo de prestações sucessivas"* (art. 316) e admite a intervenção judicial para a correção do valor do pagamento do preço quando, *"por motivos imprevisíveis, sobrevier desproporção manifesta entre o valor da prestação devida e o do momento de sua execução"* (art. 317).

---

42 *Instituciones de derecho civil*, v. II, p. 51.

43 *Instituições de direito civil*, v. II, p. 115.

44 *Código Civil comentado*: doutrina e jurisprudência. Obra coletiva. São Paulo: GEN/Forense, 2020, p. 195.

Dívida em dinheiro é a que se representa pela moeda considerada em seu valor nominal, ou seja, pelo importe econômico nela consignado. O objeto da prestação é o próprio dinheiro, como ocorre, por exemplo, no contrato de mútuo, em que o tomador do empréstimo obriga-se a devolver, dentro de determinado prazo, a importância levantada. Quando, no entanto, o dinheiro não constitui o objeto da prestação, mas apenas representa seu valor, diz-se que a *dívida é de valor*. Na primeira, esse objeto é o próprio dinheiro; na segunda, o dinheiro valora o objeto[45].

A obrigação de indenizar, decorrente da prática de um ato ilícito, por exemplo, constitui dívida de valor. Se o prejuízo consiste na danificação da porta do veículo da vítima, *verbi gratia*, o *quantum* orçado é a medida do valor da referida porta. Sempre se entendeu que, nas dívidas de valor, a correção monetária incide desde a data do fato, porque seu montante deve corresponder ao do bem lesado. Ademais, correção monetária não é pena, e não constitui nenhum *plus*. Apenas atualiza o valor do débito, evitando o enriquecimento sem causa do devedor. Outros exemplos dessa espécie de dívida podem ser mencionados, como a decorrente da desapropriação (o montante da indenização corresponde ao valor da coisa desapropriada) e a resultante da obrigação alimentar (cujo valor representa a medida da necessidade do alimentando).

Toda moeda, admitida pela lei como meio de pagamento, tem *curso legal* no País, não podendo ser recusada. Quando o Código Civil de 1916 entrou em vigor, o dinheiro brasileiro tinha curso legal, mas não forçado, porque o devedor podia liberar-se pagando em qualquer moeda estrangeira. A partir do Decreto n. 23.501, de 27 de novembro de 1933, instaurou-se o curso forçado, não podendo o pagamento ser efetuado em outro padrão monetário, salvo algumas poucas exceções, como consignado no Decreto-Lei n. 857/69. Moeda de *curso forçado*, portanto, é a única admitida pela lei como meio de pagamento no País[46].

Se o pagamento se houver de fazer por medida, ou peso, entender-se-á, no silêncio das partes, que "*aceitaram os do lugar da execução*" (CC, art. 326).

O art. 315 do Código Civil retrotranscrito adotou o princípio do *nominalismo*, pelo qual se considera como valor da moeda o valor nominal que lhe atribui o Estado, no ato da emissão ou cunhagem. De acordo com o referido princípio, o devedor de uma quantia em dinheiro libera-se entregando a quantidade de moeda mencionada no contrato ou título da dívida, e em curso no lugar do pagamento, ainda que desvalorizada pela inflação, ou seja, mesmo que a referida quantidade não seja suficiente para a compra dos mesmos bens que podiam ser adquiridos, quando contraída a obrigação.

Para contornar os efeitos maléficos decorrentes da desvalorização monetária, o Código Civil de 1916 permitiu o pagamento em moeda estrangeira, mais forte que a nacional (art. 947, § 1º), e em ouro e prata (art. 1.258), mas somente até 27 de novembro de 1933, quando passou a ser vedado pelo Decreto n. 23.501, posteriormente substituído pelo Decreto-Lei n. 857, de 11 de setembro de 1969. Com o passar do tempo, buscaram os credores outros meios para fugir dos efeitos ruinosos da inflação, dentre eles a adoção da *cláusula de escala móvel*[47].

---

45 Álvaro Villaça Azevedo, *Teoria geral das obrigações*, p. 131-132.

46 Caio Mário da Silva Pereira, *Instituições de direito civil*, v. II, p. 86; Álvaro Villaça Azevedo, *Teoria geral das obrigações*, p. 138-139.

47 Caio Mário da Silva Pereira, *Instituições de direito civil*, v. II, p. 87-89; Arnoldo Wald, *A cláusula de escala móvel*, p. 99.

5.2. A cláusula de escala móvel

A cláusula de escala móvel prescreve que o valor da prestação deve variar segundo os índices de custo de vida. ARNOLDO WALD a define como sendo aquela "que estabelece uma revisão, preconvencionada pelas partes, dos pagamentos que deverão ser feitos de acordo com as variações do preço de determinadas mercadorias ou serviços ou do índice geral do custo de vida ou dos salários"[48].

Em reação aos males trazidos pela inflação surgiram os diversos índices de correção monetária, que podiam ser aplicados sem limite temporal, até a edição da Medida Provisória n. 1.106, de 29 de agosto de 1995, posteriormente convertida na Lei n. 10.192, de 14 de fevereiro de 2001, que, pretendendo *desindexar* a economia, declarou "nula de pleno direito qualquer estipulação de reajuste ou correção monetária de periodicidade inferior a um ano" (art. 2º, § 1º).

O art. 316 do Código Civil, ao dispor que "*é lícito convencionar o aumento progressivo de prestações sucessivas*", permite a atualização monetária das dívidas em dinheiro e daquelas de valor, mediante índice previamente escolhido, utilizando-se as partes, para tanto, da aludida cláusula de escala móvel. Não se confunde esta, que é critério de atualização monetária proveniente de prévia estipulação contratual, com a *teoria da imprevisão*, que poderá ser aplicada pelo juiz quando fatos extraordinários e imprevisíveis tornarem excessivamente oneroso para um dos contratantes o cumprimento do contrato, e recomendarem sua revisão. A esse propósito, preceitua o art. 317 do Código Civil:

"Quando, por motivos imprevisíveis, sobrevier desproporção manifesta entre o valor da prestação devida e o do momento de sua execução, poderá o juiz corrigi-lo, a pedido da parte, de modo que assegure, quanto possível, o valor real da prestação".

O dispositivo adota a mencionada *teoria da imprevisão*, permitindo que o valor da prestação seja corrigido pelo juiz sempre que houver desproporção entre o que foi ajustado por ocasião da celebração do contrato e o valor da prestação na época da execução. A condição exigida é que a causa da desproporção seja imprevisível e que tenha havido pedido expresso de uma das partes, sendo defeso ao juiz determinar a correção de ofício[49].

A teoria da imprevisão resultou da antiga cláusula *rebus sic stantibus* que, na Idade Média, era admitida tacitamente nos contratos de trato sucessivo e equivalia a estarem as convenções dessa natureza dependentes da permanência da situação fática existente na data de sua celebração. A sua adoção relaciona-se com a preocupação moral e jurídica de evitar injustiças nos casos em que, ao tempo de cumprimento de avença de execução diferida, as obrigações assumidas tornaram-se excessivamente onerosas pela superveniência de fatos

---

[48] *A cláusula de escala móvel*, p. 99-100. Caio Mário da Silva Pereira, defensor da cláusula móvel, embora com moderação, assinala que "o grande obstáculo à instituição dessa cláusula é o preconceito nominalista. Nós vivemos sob o regime desta doutrina, e não temos facilidade de compreender como o devedor da soma de Cr$ 100.000,00 (*em moeda da época*), em virtude de um contrato, tenha a sua dívida elevada, nominalmente, para Cr$ 110.000,00, em razão do custo de vida ter-se elevado para 10% (dez por cento) entre a data da obrigação e a do pagamento. Se atentarmos, porém, em que esta cláusula é moralizadora, de vez que não traz enriquecimento para ninguém, sentiremos que importa em restabelecer a justiça ferida pela inflação. Sob o domínio da teoria nominalista em que vivemos é que surgem as injustiças: o devedor de Cr$ 100.000,00 libera-se da obrigação mediante o pagamento de uma soma que tem apenas o nome de Cr$ 100.000,00, embora na data do pagamento não valha mais do que Cr$ 90.000,00, por ter a moeda, entre um e outro momento, perdido 10% (dez por cento) de seu valor aquisitivo" (*RT*, 234/13).

[49] Mário Luiz Delgado Régis, *Novo Código Civil comentado*, p. 298.

extraordinários e imprevisíveis à época do ajuste. O equilíbrio contratual é restabelecido mediante revisão ou resolução do contrato, por meio de intervenção judicial[50].

Enfatiza o *Enunciado n. 17*, aprovado na *I Jornada de Direito Civil* realizada em Brasília pelo Conselho da Justiça Federal: "A interpretação da expressão 'motivos imprevisíveis' constante do art. 317 do novo Código Civil deve abarcar tanto causas de desproporção não previsíveis como também causas previsíveis, mas de resultados imprevisíveis".

Embora não regulamentado na lei, admite-se convencionar um critério de reajuste do valor das prestações (*cláusula de renegociação*), estabelecendo-se as condições nas quais poderá haver a renegociação e correspondente modificação do objeto da obrigação, em geral em virtude dos riscos do negócio:

"Conhecida também pela sua designação em língua inglesa – cláusula de *hardship* – esta estipulação estabelece um dever de renegociação em vista da alteração das circunstâncias. De anotar que, embora possa aproximar-se de situações disciplinadas por lei, como a revisão do contrato por desequilíbrio decorrente de circunstâncias imprevisíveis, ou de força maior, distingue-se delas, justamente por antecipar a possibilidade de ocorrência de fatos que possam afetar o valor original das prestações, impondo desde logo um dever de renegociação das partes, ou ainda a submissão da questão a um árbitro, como formas de promover o reequilíbrio da obrigação. Trata-se de obrigação convencionada pelas partes que se submete à condição suspensiva, de modo que apenas quando e se ocorrer o evento previsto, que será sempre exterior às partes, torna-se eficaz o dever de renegociação[51].

Como observa Flávio Tartuce[52], a respeito do mencionado art. 317 do Código Civil, a doutrina majoritária tem entendido que "esse dispositivo possibilita a revisão contratual, principalmente se conjugado com o art. 478 do CC, que trata da resolução por onerosidade excessiva. (...) Deve ficar claro, assim, que prevalece na doutrina a primeira tese, de aplicação dos dois artigos (arts. 317 e 478 do CC) para a revisão contratual, conforme o teor do *Enunciado n. 176 do Conselho da Justiça Federal do Superior Tribunal de Justiça*, da mesma *III Jornada de Direito Civil*: 'em atenção ao princípio da conservação dos negócios jurídicos, o art. 478 do Código Civil de 2002 deverá conduzir, sempre que possível, à revisão judicial dos contratos e não à resolução contratual'".

O mesmo competente e entusiasta civilista aduz:

"Também sobre a revisão contratual prevista no Código Civil, a recente Lei da Liberdade Econômica (Lei n. 13.874/2019) inclui previsões no sentido de ser ela excepcional e limitada às partes (novos arts. 421, parágrafo único, e 421-A, inc. III, do CC). Na verdade, como está tratado no próximo livro desta coleção, essa revisão já era excepcionalíssima, mesmo antes das alterações da lei, pela enorme dificuldade de preenchimento dos seus requisitos".

Prescreve também o novel diploma que "*são nulas as convenções de pagamento em ouro ou em moeda estrangeira, bem como para compensar a diferença entre o valor desta e o da moeda nacional, excetuados os casos previstos na legislação especial*" (art. 318). A proibição da chamada *cláusula-ouro* é antiga em nossa legislação. O dispositivo citado reproduz regras constantes no Decreto n. 23.501, de 27 de novembro de 1933, e no Decreto-Lei n. 857, de 11 de setembro de 1969, que já declaravam nulas quaisquer estipulações de pagamento em ouro ou em outra espécie de moeda que não fosse a nacional, salvo previsão em legislação específica, estabelecendo assim o denominado *curso forçado* da moeda nacional.

---

50 Regina Beatriz Tavares da Silva, *Cláusula "rebus sic stantibus" ou teoria da imprevisão*, p. 9.

51 Bruno Miragem, *Direito civil:* direito das obrigações, Saraiva, 2018, p. 337-338.

52 *Direito civil*: direito das obrigações e responsabilidade civil, GEN/Forense, 2021, v. 2, p. 146.

A Lei n. 9.069, de 29 de junho de 1995, que dispõe sobre o Plano Real, recepcionou o aludido Decreto-Lei n. 857/69, que veda o pagamento em moeda estrangeira, mas estabelece algumas exceções, das quais se destacam a permissão de tal estipulação nos contratos referentes a importação e exportação de mercadorias e naqueles em que o credor ou devedor seja pessoa residente e domiciliada no exterior. Mesmo antes da referida lei formara-se jurisprudência no sentido de permitir estipulações contratuais em moeda estrangeira, devendo, entretanto, ser efetuada a conversão de seu valor para a moeda nacional por ocasião do *pagamento* ou de sua cobrança.

Essa jurisprudência vem sendo mantida pelo Superior Tribunal de Justiça, como se pode verificar:

"O art. 1º da Lei 10.192/2001 proíbe a estipulação de pagamentos em moeda estrangeira para obrigações exequíveis no Brasil, regra essa encampada pelo art. 318 do CC/2002 e excepcionada nas hipóteses previstas no art. 2º do DL 857/69. A despeito disso, pacificou-se no STJ o entendimento de que são legítimos os contratos celebrados em moeda estrangeira, desde que o pagamento se efetive pela conversão em moeda nacional.

(...)

Quando não enquadradas nas exceções legais, as dívidas fixadas em moeda estrangeira deverão, no ato de quitação, ser convertidas para a moeda nacional, com base na cotação da data da contratação, e, a partir daí, atualizadas com base em índice oficial de correção monetária"[53].

A Lei n. 10.192, de 14 de fevereiro de 2001, estabelece expressamente, em seu art. 1º: "*As estipulações de pagamento de obrigações pecuniárias exequíveis no território nacional deverão ser feitas em Real, pelo seu valor nominal. Parágrafo único. São vedadas, sob pena de nulidade, quaisquer estipulações de: I – pagamento expressas ou vinculadas a ouro ou moeda estrangeira, ressalvadas as hipóteses previstas em lei ou na regulamentação editada pelo Banco Central do Brasil; II – reajuste ou correção monetária expressas em, ou vinculadas a unidade monetária de conta de qualquer natureza*".

As exceções previstas em lei especial, portanto, são as seguintes: a) contratos de exportação e importação em geral, bem como os acordos resultantes de sua rescisão; b) contratos de compra e venda de câmbio; c) contratos celebrados com pessoa residente e domiciliada no exterior, excetuados os contratos de locações de imóveis situados no território nacional, bem como a sua transferência ou modificação a qualquer título, anda que ambas as partes já estejam nessa oportunidade residindo no País[54].

6. DA PROVA DO PAGAMENTO

O devedor que não cumpre a obrigação no vencimento sujeita-se às consequências do inadimplemento, respondendo por perdas e danos, mais juros, atualização monetária e honorários de advogado (CC, art. 389). O pagamento, no entanto, exonera o devedor pontual, ou que purga a sua mora, liberando-o do vínculo obrigacional. É importante, pois, que possa comprovar, de modo cabal, o adimplemento, evidenciando a *solutio*. Por essa razão, realizando a prestação devida, o devedor tem o direito de exigir do credor a *quitação* da dívida. Esta é a prova do pagamento.

---

[53] STJ, REsp 1.323.219-RJ, 3ª T., rel. Min. Nancy Andrighi, j. 27-8-2013.

[54] Mário Luiz Delgado Régis, *Novo Código Civil comentado*, p. 299.

6.1. A quitação

A regra dominante em matéria de pagamento é a de que ele não se presume, salvo nos casos expressos em lei. Dispõe o art. 319 do Código Civil que "*o devedor que paga tem direito a quitação regular, e pode reter o pagamento, enquanto não lhe seja dada*". A *quitação* é a declaração unilateral escrita, emitida pelo credor, de que a prestação foi efetuada e o devedor fica liberado. É a declaração escrita a que vulgarmente se dá o nome de *recibo*[55].

Se o credor se recusar, pois, a fornecer recibo, o devedor pode legitimamente reter o objeto da prestação e consigná-lo. Prevê, com efeito, o art. 335, I, do Código Civil, que a *consignação* tem lugar se o credor não puder, ou, sem justa causa, recusar receber o pagamento, "*ou dar quitação na devida forma*".

Os *requisitos* que a quitação deve conter encontram-se especificados no art. 320 do Código Civil: "(...) *o valor e a espécie da dívida quitada, o nome do devedor, ou quem por este pagou, o tempo e o lugar do pagamento, com a assinatura do credor, ou do seu representante*". Deverá ser dada, portanto, *por escrito*, público ou particular.

Ainda sem os referidos requisitos, "*valerá a quitação, se de seus termos ou das circunstâncias resultar haver sido paga a dívida*", como preceitua o parágrafo único do mencionado art. 320 do Código Civil, inovando nesse ponto, de forma louvável, por permitir que o juiz possa, analisando as circunstâncias do caso concreto e a boa-fé do devedor ao não exigir o recibo, concluir ter havido pagamento e declarar extinta a obrigação.

O parágrafo único em apreço revela o acolhimento, de forma indireta, pelo novel diploma, do princípio da relativização do recibo de quitação, pois, "se de seus termos ou das circunstâncias resultar" *não* haver sido paga integralmente a dívida, o recibo vale pelo que dele consta como pagamento, ficando facultado ao credor cobrar a diferença de que se julgue com direito, independentemente da anulação do recibo dado. Destarte, "o devedor não fica exonerado do cumprimento integral da obrigação a que está vinculado, especialmente se decorrer de lei. Decorrendo de contrato, é possível, dependendo das circunstâncias, aceitar-se transação, com renúncia do credor relativamente às verbas não pagas"[56].

O Superior Tribunal de Justiça, considerando o disposto no § 2º do art. 477 da Consolidação das Leis do Trabalho, que relativizou o alcance das quitações passadas pelos empregados, já se posicionara nesse sentido, passando a relativizar as quitações referentes a valores fixos estabelecidos em leis de cunho social, como ocorre com indenizações securitárias, entendendo de forma pacífica que eventual valor pago a menor não traduz renúncia à diferença devida, "sendo admissível postular em Juízo a sua complementação"[57].

Desse modo, prevalecendo o princípio da relativização da quitação, o devedor fica liberado apenas e tão somente em relação às verbas nela expressamente mencionadas. De nada vale constar do recibo que, por ele, o devedor está dando plena, rasa e irrevogável quitação para nada mais reclamar em relação ao fato que o ensejou, se as verbas nele contidas não corresponderem ao montante efetivo do seu crédito[58].

Em face do diploma de 2002, esse entendimento encontra respaldo não só no princípio que veda o enriquecimento sem causa do devedor que paga valor inferior ao devido e obtém quitação ampla, senão também nos da probidade e da boa-fé objetiva, consagrados no art. 422.

---

55 Antunes Varela, *Direito das obrigações*, v. II, p. 45; Caio Mário da Silva Pereira, *Instituições de direito civil*, v. II, p. 121-122.

56 TJSP, Ap. 854.403-0/0, 29ª Câm. Dir. Priv., rel. Des. Luís Camargo Pinto de Carvalho.

57 REsp 296.669-SP, rel. Min. Nancy Andrighi, *DJU*, 16 mar. 2001.

58 TJSP, Ap. 854.403-0/0, 29ª Câm. Dir. Priv., rel. Des. Luís Camargo Pinto de Carvalho.

Na *I Jornada de Direito Civil promovida pelo Conselho da Justiça Federal em Brasília* foi aprovado o *Enunciado n. 18*, de seguinte teor: "A 'quitação regular' referida no art. 319 do Código Civil engloba a quitação dada por meios eletrônicos ou por quaisquer formas de 'comunicação a distância', assim entendida aquela que permite ajustar negócios jurídicos e praticar atos jurídicos sem a presença corpórea simultânea das partes ou de seus representantes".

O Código de Processo Civil proclama, no art. 442, que, "*a prova testemunhal é sempre admissível, não dispondo a lei de modo diverso*". E, no art. 444, *verbis*: "*Nos casos em que a lei exigir prova escrita da obrigação, é admissível a prova testemunhal quando houver começo de prova por escrito, emanado da parte contra a qual se pretende produzir a prova*". O Código de Processo Civil, ademais, aceita prova testemunhal, quando não puder obter a quitação regular em casos como o de parentesco, depósito necessário ou hospedagem em hotel (regra esta reproduzida no art. 445 do Código de Processo Civil). O citado parágrafo único do art. 320 do Código Civil amplia essa possibilidade, deixando a análise das circunstâncias, em cada caso, a critério do juiz.

Segundo dispõe a primeira parte do mencionado art. 320 do Código Civil, a quitação "*sempre poderá ser dada por instrumento particular*". Desse modo, ainda que o contrato de que se originou tenha sido celebrado por instrumento público, valerá a quitação dada por instrumento particular.

6.2. As presunções de pagamento

A exibição do recibo de quitação é o meio normal de comprovação do pagamento. Essa comprovação pode fazer-se, no entanto, em alguns casos, por meios diversos da quitação. Quando a dívida se acha incorporada numa nota promissória ou letra de câmbio, por exemplo, o meio probatório normal consiste na devolução do título. O Código Civil estabelece, com efeito, três *presunções*, que facilitam essa prova, dispensando a quitação: a) quando a dívida é representada por título de crédito, que se encontra na posse do devedor; b) quando o pagamento é feito em quotas sucessivas, existindo quitação da última; c) e quando há quitação do capital, sem reserva dos juros, que se presumem pagos.

Dispõe o art. 324 do mencionado diploma que a "*entrega do título ao devedor firma a presunção do pagamento*". Aduz o parágrafo único que, porém, "*ficará sem efeito a quitação assim operada se o credor provar, em sessenta dias, a falta de pagamento*". Extinta a dívida pelo pagamento, o título que a representava deve ser restituído ao devedor, que pode exigir sua entrega, salvo se nele existirem codevedores cujas obrigações ainda não se extinguiram.

Adverte Fábio Ulhoa Coelho que "o pagamento de uma cambial deve cercar-se de cautelas próprias. Em virtude do princípio da cartularidade, o devedor que paga a letra de câmbio (leia-se também nota promissória) deve exigir que lhe seja entregue o título. Em decorrência do princípio da literalidade, deverá exigir que se lhe dê quitação no próprio título". No caso de pagamento parcial, aduz, "o título permanece em posse do credor, que nele deve lançar a quitação parcial"[59].

---

[59] *Manual de direito comercial*, p. 237-8. *V.* a jurisprudência: "O pagamento de título extrajudicial, negado pelo exequente, só pode ser provado por documento inequívoco, isto é, por recibo no próprio título ou em separado pela tradição do devedor. Para que os avalistas possam se favorecer de abatimentos do débito decorrentes de entregas de mercadorias, deve o devedor principal exigir a quitação parcial regular ou fazer com que o credor lance na nota promissória os respectivos recibos; caso contrário, presume-se a validade do título cambiário e da quantia nele consignada" (*RT*, 767/386).

A presunção de pagamento decorrente da posse do título pelo devedor é, todavia, relativa (*juris tantum*), pois o credor pode provar, no prazo legal, que o título se encontra indevidamente em mãos do devedor (casos de furto, extravio, conluio com o encarregado da cobrança etc.).

Se o título foi *perdido*, "*poderá o devedor exigir, retendo o pagamento, declaração do credor que inutilize o título desaparecido*" (CC, art. 321). Como tal declaração, entretanto, não é oponível ao terceiro detentor de boa-fé, melhor se mostra a observância do procedimento comum do Código de Processo Civil (art. 318 e s.), citando-se o credor e eventual detentor, e, por edital, os terceiros interessados (art. 259, II, CPC/2015), julgando-se, ao final, ineficaz o título reclamado, ordenando o juiz que outro seja lavrado, em substituição.

Preceitua o art. 322 do Código Civil:

"*Quando o pagamento for em quotas periódicas, a quitação da última estabelece, até prova em contrário, a presunção de estarem solvidas as anteriores*".

Assenta-se a regra na ideia de que não é natural o credor concordar em receber a última prestação sem haver recebido as anteriores. A presunção é estabelecida em benefício do devedor, mas não é absoluta, pois admite prova em contrário.

Consigna, com efeito, Carvalho Santos: "A quitação da última prestação estabelece, até prova em contrário, a presunção de estarem solvidas as anteriores. Pressupõe-se aí a quitação feita sem ressalva, isto é, se não houver protesto ou declaração, em contrário, do credor. Porque só assim é justo se presumir o pagamento das prestações anteriores, por não ser natural que o credor receba a última, ficando as anteriores sem solução. Trata-se de uma presunção *juris tantum*, que, como qualquer outra, admite prova em contrário, que fica a cargo do credor fazê-la, demonstrando que não houve o pagamento das prestações atrasadas"[60].

O dispositivo, como bem observa José Fernando Simão, "é de grande utilidade e revela a prática contratual do credor quanto às prestações. Se não recebeu uma das prestações, o credor normalmente não aceita receber as que se vencem depois ou ressalva tal fato na quitação. É isso o que normalmente acontece (*id quod plerumque fit*). Se recebeu prestação posterior e deu quitação sem qualquer ressalva, há contra ele uma presunção simples de que as anteriores foram quitadas. Nos contratos de trato sucessivo ou de prestações diferidas, o pagamento da última presume que todas as anteriores foram pagas. Como se trata de presunção simples ou *iuris tantum*, pode o credor fazer prova de que mesmo tendo recebido a última prestação, não recebeu as anteriores"[61].

Algumas vezes, por exemplo, condôminos de edifícios pagam as despesas condominiais do último mês e deixam de solver as do mês anterior, porque pretendem discutir em juízo a validade de sua cobrança. Neste caso, a administração recebe a última, ressalvando no recibo o não pagamento da prestação anterior. Por essa razão, costuma constar, nas contas de fornecimento de energia elétrica, declaração de que a quitação da última não faz presumir a quitação de débitos anteriores. Não feita a ressalva, a presunção poderá ser elidida pelos meios de prova em geral[62].

Outra presunção *juris tantum* é a estabelecida no art. 323 do Código Civil: "*Sendo a quitação do capital sem reserva dos juros, estes presumem-se pagos*". Como os juros não pro-

---

[60] *Código Civil brasileiro interpretado*, 7. ed., art. 943 (*CC/1916*), n. 2, v. 12, p. 152.

[61] *Código Civil comentado*: doutrina e jurisprudência, obra coletiva, p. 199.

[62] "Despesas condominiais. Prova. Presunção relativa em favor do devedor da solvência das parcelas anteriores, quando o pagamento for em quotas periódicas, e houver quitação da última, sem ressalva. Incumbência do credor em produzir provas que desconstituam tal presunção" (*RT, 782*:204).

duzem rendimento, é de supor que o credor imputaria neles o pagamento parcial da dívida, e não no capital, que continuaria a render.

Determina a lógica, portanto, que os juros devem ser pagos em primeiro lugar. Em regra, quando o recibo está redigido em termos gerais, sem qualquer ressalva, presume-se ser plena a quitação.

7. DO LUGAR DO PAGAMENTO

Para se efetuar o pagamento importa saber o local de cumprimento da obrigação. É nesse lugar que se têm de reunir, na data aprazada, as duas partes ou seus representantes: o devedor para efetuar a prestação, e o credor para a receber. Nem o devedor poderá oferecer nem o credor exigir o cumprimento em lugar diverso.

Dispõe o art. 327 do Código Civil:

"Efetuar-se á o pagamento no domicílio do devedor, salvo se as partes convencionarem diversamente, ou se o contrário resultar da lei, da natureza da obrigação ou das circunstâncias".

Parágrafo único. Designados dois ou mais lugares, cabe ao credor escolher entre eles".

As partes podem, ao celebrar o contrato, escolher livremente o local em que a obrigação deverá ser cumprida. Se não o fizerem, nem a lei, ou se o contrário não dispuserem as circunstâncias, nem a natureza da obrigação, efetuar-se-á o pagamento no *domicílio* do devedor. Trata-se de aplicação do princípio do *favor debitoris*. Neste caso, diz-se que a dívida é *quérable*, expressão traduzida como *quesível*, devendo o credor *buscar*, procurar o pagamento no domicílio daquele. Sendo o benefício instituído em seu favor, pode o devedor a ele renunciar, efetuando o pagamento no domicílio do credor.

O supratranscrito art. 327 constitui, pois, norma supletiva da vontade das partes, caso não concorram os outros fatores mencionados. É um dos corolários do princípio da liberdade negocial que a obrigação seja cumprida no lugar em que as partes tiverem estipulado para esse fim. Não havendo essa estipulação, aplica-se supletivamente a referida norma[63].

Quando se estipula, como local do cumprimento da obrigação, o domicílio do credor, diz-se que a dívida é *portable* (portável), pois o devedor deve *levar* e oferecer o pagamento nesse local. A regra geral é a de que as dívidas são *quesíveis*, devem ser pagas no domicílio do devedor. Para serem *portáveis*, é necessário que o contrato expressamente consigne o domicílio do credor como o local do pagamento. No silêncio do contrato, aplica-se o princípio geral.

Preceitua, todavia, o art. 329 do Código Civil que, "*ocorrendo motivo grave para que se não efetue o pagamento no lugar determinado, poderá o devedor fazê-lo em outro, sem prejuízo para o credor*". O dispositivo, que não tem correspondente no Código de 1916, não esclarece o que se deve entender por "motivo grave", que pode ser doença, greve, acidente, calamidade pública que isole o local, por exemplo. A solução, todavia, foi deixada a critério do juiz, em cada caso, atendendo ao espírito do novo diploma, que procurou manter os seus comandos suficientemente abertos, afastando o positivismo exagerado do Código Civil de 1916 e permitindo que o texto possa amoldar-se às circunstâncias de tempo e local[64].

Observa-se que "motivo grave é conceito indeterminado a ser analisado de acordo com as circunstâncias do caso concreto. Havendo risco à saúde, segurança ou integridade física do devedor poderá ele pagar em lugar diverso do contratado ou consignar a prestação (art. 335, inc. III). A opção será do devedor. Ainda que o motivo grave decorra da força maior (infestação de ratos com risco de peste bubônica, gripe suína ou aviária), o devedor arca com

---

63 Antunes Varela, *Direito das obrigações*, v. II, p. 36-37.

64 Mário Luiz Delgado Régis, *Novo Código Civil comentado*, p. 307.

a despesa do pagamento (art. 325). Se a dívida é portável e o credor reside em área epidêmica ou de enorme violência urbana, o devedor não será obrigado a colocar sua vida em risco. Poderá entregar a prestação em lugar diverso ou consigná-la, à sua escolha. Se o motivo grave for imputável ao credor, será ele a arcar com as despesas acrescidas (ver art. 325)"[65].

No tocante à parte final do dispositivo ("*sem prejuízo para o credor*"), deve-se assinalar que, se o fato constituir caso fortuito ou força maior, não se poderá falar em qualquer espécie de indenização ao credor (CC, art. 393).

Fatos posteriores podem transformar em portável uma dívida quesível, ou vice-versa. É muito comum, em contratos de locação, estabelecer-se o domicílio de um dos contratantes como local de pagamento, e ocorrer tacitamente a posterior mudança em razão dos reiterados pagamentos efetuados no domicílio do outro. Essa prática, consagrada na doutrina e na jurisprudência com o nome de *suppressio*, levou o novel legislador a transformá-la em dispositivo de lei, como inovação, nos seguintes termos: "*O pagamento reiteradamente feito em outro local faz presumir renúncia do credor relativamente ao previsto no contrato*" (CC, art. 330).

Na *suppressio*, assevera Ruy Rosado de Aguiar Júnior[66], "um direito não exercido durante determinado lapso de tempo não poderá mais sê-lo, por contrariar a boa-fé. O contrato de prestação duradoura que tiver permanecido sem cumprimento durante longo tempo, por falta de iniciativa do credor, não pode ser motivo de nenhuma exigência, se o devedor teve motivo para pensar extinta a obrigação e programou sua vida nessa perspectiva. O comprador que deixa de retirar as mercadorias não pode obrigar o vendedor a guardá-las por tempo indeterminado. Enquanto a prescrição encobre a pretensão pela só fluência do tempo, a *suppressio* exige, para ser reconhecida, a demonstração de que o comportamento da parte era inadmissível, segundo o princípio da boa-fé".

A *lei* também pode contrariar a presunção estabelecida em favor do domicílio do devedor. Lei municipal que crie determinado tributo, por exemplo, pode determinar que o pagamento seja efetuado nos guichês da repartição competente ou nos bancos com ela conveniados. A legislação sobre títulos de crédito também contém regras sobre o lugar do pagamento. Se a obrigação tiver por objeto a entrega de um imóvel ou prestações relativas a imóvel, a prestação efetuar-se-á, por força da lei, no lugar onde o imóvel se situa.

Dispõe o art. 328 do Código Civil, com efeito, que, "*se o pagamento consistir na tradição de um imóvel, ou em prestações relativas a imóvel, far-se-á no lugar onde situado o bem*". Prestações relativas a imóvel devem ser entendidas como *execução* de serviços, reparações, construções etc., só realizáveis no imóvel, visto que pagamento é adimplemento de qualquer espécie de obrigação, não abrangendo, porém, a remuneração desses serviços, que pode ser realizada em bancos, por exemplo, nem os aluguéis, que podem ser pagos em outro local convencionado.

Outra exceção à regra geral decorre da *natureza* da obrigação, como acontece por exemplo nos despachos de mercadoria por via férrea, com frete a pagar, em que este deve ser solvido na estação de destino, pelo destinatário, por ocasião de sua retirada. Ainda: se a obrigação visa proporcionar ao credor uma viagem de cruzeiro, um espetáculo de teatro ou de futebol, a prestação terá de ser efetuada no barco fretado ou no recinto escolhido para o espetáculo[67].

Algumas vezes, circunstâncias especiais determinam o pagamento, tornando inaplicável a regra que privilegia o domicílio do devedor. É o que ocorre, *verbi gratia*, nos contratos de

---

65 José Fernando Simão, *Código Civil comentado*: doutrina e jurisprudência, obra coletiva, p. 201-202.
66 *Extinção dos contratos por incumprimento do devedor*, 2. ed., 2003, p. 254-255.
67 Antunes Varela, *Direito das obrigações*, v. II, p. 37.

empreitada, em que a prestação prometida só poderá ser cumprida no local em que se realiza a obra, ou nos contratos de trabalho a serem prestados em determinada indústria.

Se o contrato estabelecer mais de um lugar para o pagamento, caberá ao credor, e não ao devedor, escolher o que mais lhe aprouver. Compete ao credor cientificar o devedor, em tempo hábil, sob pena de o pagamento vir a ser validamente efetuado pelo devedor em qualquer dos lugares, à sua escolha[68].

O Código Civil não cogita da hipótese de haver mudança de domicílio do devedor. Malgrado a referida omissão, é razoável entender-se que pode o credor optar por manter o local originalmente fixado. Se isso, todavia, não for possível, e o pagamento tiver que ser efetuado no novo domicílio do devedor, arcará este com as despesas acarretadas ao credor, tais como taxas de remessa bancária, correspondências etc.[69].

8. DO TEMPO DO PAGAMENTO

Não basta saber onde a obrigação deve ser cumprida. Importa saber, também, o momento em que deve ser adimplida. Interessa tanto ao credor como ao devedor conhecer o instante exato do pagamento, porque não pode este ser exigido antes, salvo nos casos em que a lei determina o vencimento antecipado da dívida, como, por exemplo, nas hipóteses previstas no art. 333 do Código Civil.

Afirma Washington de Barros Monteiro[70], com supedâneo em Van Wetter e Laurent, que não pode o credor reclamar pagamento no último dia do prazo, pois o devedor dispõe desse dia por inteiro. Todavia, convencionada determinada data para o cumprimento da obrigação, chegado esse dia o pagamento tem de ser feito. O que se pode dizer é que o dia tem 24 horas e, por isso, o pagamento pode ser efetuado até o último minuto desse dia.

Pondera, a propósito, Caio Mário[71] que o nosso direito positivo não esclarece essa dúvida, sendo prestimosa a invocação do direito comparado. Lembra o notável civilista que o art. 358 do Código Civil alemão manda que se faça o pagamento nas horas habitualmente consagradas aos negócios. Os bancos, por exemplo, acrescenta, têm horário de expediente, e irreal seria que se estendesse o tempo do pagamento a período ulterior ao seu encerramento.

Também Sílvio Venosa[72] menciona que não se prolonga o tempo do pagamento quando a sua efetivação depende de horário de atividade do comércio, horário bancário ou forense. Terminado o expediente, cujo horário é fixado por norma administrativa, frustra-se a possibilidade de se efetuar o pagamento naquela data.

O Código Civil regulamenta o tempo de pagamento nas obrigações *puras*, distinguindo-as das *condicionais*. Trata, também, separadamente, das dívidas cujo vencimento foi fixado no contrato (*a termo*) e das que não contêm tal ajuste.

As obrigações *puras*, com estipulação de *data para o pagamento*, devem ser solvidas nessa ocasião, sob pena de inadimplemento. A falta de pagamento constitui em mora o devedor de pleno direito, segundo a máxima *dies interpellat pro homine* ("o dia do vencimento interpela pelo homem"), reproduzida no art. 397 do Código Civil. Dispõe, com efeito, este dispositivo:

---

68 Mário Luiz Delgado Régis, *Novo Código Civil comentado*, p. 306.

69 Sílvio Venosa, *Direito civil*, v. II, p. 194.

70 *Curso de direito civil*, 29. ed., v. 4, p. 263-264.

71 *Instituições de direito civil*, v. II, p. 120-121.

72 *Direito civil*, v. II, p. 197.

"Art. 397. O inadimplemento da obrigação, positiva e líquida, no seu termo, constitui de pleno direito em mora o devedor.

Parágrafo único. Não havendo termo, a mora se constitui mediante interpelação judicial ou extrajudicial".

Não há necessidade de notificação ou interpelação do devedor nas obrigações a termo, pois a chegada do dia do vencimento corresponde a uma interpelação. Desse modo, o inadimplemento o constitui em mora, de pleno direito. A referida interpelação só será necessária, como diz o parágrafo único supratranscrito, se não houver prazo assinado.

A regra de que a obrigação deve ser cumprida no vencimento sofre, entretanto, duas exceções: uma, relativa *à antecipação do vencimento*, nos casos expressos em lei; outra, referente ao *pagamento antecipado*, quando o prazo houver sido estabelecido em favor do devedor.

Preceitua o Código Civil:

"Art. 333. Ao credor assistirá o direito de cobrar a dívida antes de vencido o prazo estipulado no contrato ou marcado neste Código:

I – no caso de falência do devedor, ou de concurso de credores;

II – se os bens, hipotecados ou empenhados, forem penhorados em execução por outro credor;

III – se cessarem, ou se se tornarem insuficientes, as garantias do débito, fidejussórias, ou reais, e o devedor, intimado, se negar a reforçá-las.

Parágrafo único. Nos casos deste artigo, se houver, no débito, solidariedade passiva, não se reputará vencido quanto aos outros devedores solventes".

Nas hipóteses mencionadas, a situação de insolvência ou de pré-insolvência do devedor faz presumir uma diminuição na possibilidade de recebimento, se o credor tiver de aguardar até o termo final, ou até mesmo o não cumprimento da obrigação.

Na hipótese de abertura de *concurso creditório*, que pode ocorrer em caso de falência ou de insolvência civil, encontra-se caracterizada a impontualidade do devedor. O vencimento antecipado da dívida permite ao credor habilitar o seu crédito e, assim, participar do rateio instaurado. Se tiver que aguardar o vencimento estipulado no contrato ou previsto na lei, poderá não encontrar mais nenhum bem no acervo do devedor, que possa satisfazer o seu crédito.

No segundo caso, o dispositivo retrotranscrito autoriza o credor a cobrar antecipadamente a dívida se os bens hipotecados, empenhados ou dados em anticrese *forem penhorados em execução por outro credor*. A penhora por terceiro, antes de vencida a dívida, do bem dado em garantia, constitui ameaça ao credor com garantia real, que corre o risco de perdê-la pelo desaparecimento do objeto, arrematado em hasta pública. Por essa razão, a lei antecipa o vencimento da obrigação, concedendo a este a possibilidade de concorrer com os demais credores, fazendo prevalecer sua preferência[73].

Finalmente, também haverá vencimento antecipado da dívida se houver *diminuição* ou mesmo *extinção da garantia pessoal*, como no caso de morte do fiador, ou da garantia real, como na hipótese de desvalorização, deterioração ou perecimento da coisa, por exemplo, e o devedor, intimado, se negar a reforçá-las. Este deve ser intimado a providenciar o reforço em prazo razoável e, se não o fizer, sujeitar-se-á à cobrança da dívida antes mesmo de seu vencimento.

Outros dispositivos legais consignam hipóteses de vencimento antecipado da dívida, como o art. 1.425 do Código Civil, que trata das disposições gerais sobre penhor, hipoteca e anticrese; o art. 77 da Lei de Recuperação de Empresa e de Falências etc.

---

[73] Silvio Rodrigues, *Direito civil*, v. 2, p. 162-163.

Nos contratos, o *prazo* se presume estabelecido em favor do *devedor* (CC, art. 133). Desse modo, se o desejar, poderá abrir mão do favor concedido pela lei, antecipando o pagamento. Mas, se o prazo for estipulado em favor do credor, pode este não aceitar o pagamento antecipado, por preferir, por exemplo, continuar recebendo os juros fixados a uma taxa conveniente, até o dia do vencimento da obrigação. Será obrigado a aceitá-lo, porém, e com redução proporcional dos juros, *se o contrato for regido pelo Código de Defesa do Consumidor* (art. 52, § 2º). Do mesmo modo, não pode, por exemplo, o comprador de uma mercadoria, que fixa o prazo de noventa dias para recebê-la porque nesse período estará construindo um armazém para guardá-la, ser obrigado a aceitar entrega antecipada, pois o prazo foi instituído em seu favor e o recebimento antecipado lhe seria sumamente gravoso[74].

Se *não se ajustou época para o pagamento*, o credor pode exigi-lo imediatamente. Em outras palavras, faltando o *termo*, vigora o *princípio da satisfação imediata*[75]. Estatui, efetivamente, o art. 331 do Código Civil:

"Salvo disposição legal em contrário, não tendo sido ajustada época para o pagamento, pode o credor exigi-lo imediatamente".

O Código Civil estabelece, realmente, alguns prazos especiais, como, por exemplo, para o *comodato*, que se presumirá "*o necessário para o uso concedido*", se outro não se houver fixado (art. 581).

O rigor do princípio da *satisfação imediata* pode ser abrandado pelo bom senso, se este exige um tempo razoável que permita ao devedor satisfazer sua prestação. Como observa Orlando Gomes, "a ninguém adiantará tomar um empréstimo para restituir *in continenti* a coisa emprestada"[76].

Deve ser relembrado que, não havendo prazo avençado, é necessário que o devedor seja informado do propósito do credor de receber, pois, nas obrigações sem estipulação de prazo para o seu cumprimento, a mora do devedor só começa depois da interpelação judicial ou extrajudicial, conforme consta do parágrafo único do art. 397 do Código Civil retrotranscrito. Inúmeros julgados, no entanto, proclamam que a citação para a causa (na espécie, para a ação de cobrança) é a mais enérgica das interpelações, podendo o pagamento ser efetuado no prazo da contestação.

O art. 134 do Código Civil demonstra que os atos sem prazo são exequíveis desde logo, ou desde que feita a interpelação, salvo se a execução tiver de ser feita *em lugar diverso* ou *depender de tempo*. Se alguém, por exemplo, obriga-se a entregar a outrem determinado objeto que se encontra em local distante, não se pode exigir o cumprimento imediato da prestação, pois o devedor necessitará de tempo suficiente para buscá-lo. Se a obrigação, em outro exemplo, for a de entregar os frutos de determinada plantação, deve-se aguardar a época certa para a colheita.

"*As obrigações condicionais cumprem-se na data do implemento da condição, cabendo ao credor a prova de que deste teve ciência o devedor*" (CC, art. 332). Refere-se o dispositivo à condição suspensiva, pois a resolutiva não impede a aquisição do direito desde logo (CC, art. 127). Porém, este se extingue ocorrendo evento futuro e incerto.

Segundo o Superior Tribunal de Justiça, "o denominado 'desconto de pontualidade', concedido pela instituição de ensino aos alunos que efetuarem o pagamento das mensalidades até a data ajustada, não configura prática comercial abusiva. Na hipótese em que os ser-

---

[74] Sílvio Venosa, *Direito civil*, v. II, p. 196.

[75] Orlando Gomes, *Obrigações*, p. 120.

[76] *Obrigações*, p. 120.

viços educacionais são devidamente contratados mediante o pagamento de um preço de anualidade certo, definido e aceito pelas partes (diluído em prestações nominais e taxa de matrícula) e os contratantes, com esteio na autonomia privada, ajustam entre si que, caso haja pagamento tempestivo, o adquirente do serviço faz *jus* a um desconto no valor contratado, o que, a um só tempo, facilita e estimula o cumprimento voluntário da obrigação ajustada, conferindo ao consumidor uma vantagem, no caso, de índole patrimonial. Assim, além de o desconto de pontualidade significar indiscutível benefício ao consumidor adimplente – o que pagará por um valor efetivamente menor que o preço da anualidade ajustado –, conferindo-lhe, como já destacado, isonomia material, tal estipulação corrobora com transparência sobre a que título os valores contratados são pagos, indiscutivelmente. Como se vê, a multa, que tem por propósito punir o inadimplemento, não exclui a possibilidade de se estipular a denominada 'sanção premial' pelo adimplemento, tratando-se, pois, de hipóteses de incidência diferentes, o que, por si só, afasta a alegação de penalidade *bis in idem*"[77].

[77] STJ, REsp 1.424.814-SP, rel. Min. Marco Aurélio Bellize, *DJe* 10-10-2016.

Capítulo II

DO PAGAMENTO EM CONSIGNAÇÃO

Sumário: 1. Pagamentos especiais. 2. Conceito de pagamento em consignação. 3. Objeto da consignação. 4. Fatos que autorizam a consignação. 5. Requisitos de validade da consignação. 6. Levantamento do depósito. 7. Disposições processuais.

1. PAGAMENTOS ESPECIAIS

Pagamento, como já foi dito, significa cumprimento ou adimplemento da obrigação e pode ser direto ou indireto. O pagamento é o principal modo de extinção das obrigações. Ao lado do pagamento direto há, porém, outras formas, que podem ser chamadas de *pagamentos especiais*. Alguns deles são tachados de pagamento indireto, como, por exemplo, o pagamento em consignação, por ser efetuado mediante depósito judicial ou bancário, e não diretamente ao credor.

Podemos chamar de *pagamentos especiais*, além do pagamento em consignação, que é modo indireto de pagamento, o pagamento com sub-rogação, a imputação do pagamento e a dação em pagamento.

2. CONCEITO DE PAGAMENTO EM CONSIGNAÇÃO

O que caracteriza o pagamento, como modo extintivo da obrigação, é a *realização voluntária* da prestação devida e a *satisfação* do interesse do credor. No entanto, também ao devedor interessa o cumprimento, para se liberar do vínculo a que se encontra adstrito. Se não efetuar o pagamento no tempo, local e forma devidos, sujeitar-se-á aos efeitos da mora. Consistindo a obrigação na entrega de coisa, enquanto não houver a tradição, permanece o devedor responsável pela guarda, respondendo por sua perda ou deterioração. Igual interesse podem ter também terceiros, como o dono da coisa dada em garantia de dívida alheia, o adquirente da coisa hipotecada, o fiador, o avalista etc.[1].

O STJ, ao julgar recurso repetitivo, fixou a tese de que, "em ação consignatória, a insuficiência do depósito realizado pelo devedor conduz ao julgamento de improcedência do pedido, pois o pagamento parcial da dívida não extingue o vínculo obrigacional" (Tema 967)[2].

Todavia, o pagamento depende ainda da concordância do credor, que por diversas razões pode negar-se a receber a prestação ou a fornecer a quitação. Algumas vezes a discordância diz respeito ao *quantum* devido e ao ofertado pelo devedor; outras, a quem deve receber a

1 Antunes Varela, *Direito das obrigações*, v. II, p. 181; Sílvio Venosa, *Direito civil*, v. II, p. 263.

2 STJ, REsp 1.108.058-DF, 2ª T., rel. Min. Maria Isabel Gallott, *DJe* 23-10-2018.

prestação; outras, ainda, ao fato de o credor ser incapaz e não ter representante legal, ou encontrar-se em local ignorado.

Não se realizando o pagamento pela falta de cooperação e anuência do credor, o devedor não se exonera da obrigação. Em algumas ocasiões realiza ele o pagamento, mas, por não receber a devida quitação, não tem como prová-lo. Contudo, o sujeito passivo da obrigação tem não apenas o *dever* de pagar, mas também o *direito* de pagar[3]. O locatário, por exemplo, a quem o credor recusou o recebimento do aluguel por discordar do valor ofertado, tem interesse em não incorrer em mora e em não deixar acumular as prestações, para não correr o risco de sofrer uma ação de despejo.

E é precisamente para atender a situações dessa natureza, como assinala ANTUNES VARELA, "satisfazendo o legítimo interesse do devedor em se liberar do vínculo obrigacional, apesar da falta de cooperação do credor, que a lei permite o *pagamento por consignação*, como lhe chama o Código Civil (*de 1916*), ou a *consignação em pagamento*, como diz o Código de Processo Civil (arts. 890 e s.)"[4].

O pagamento em consignação consiste no *depósito*, pelo devedor, da coisa devida, com o objetivo de liberar-se da obrigação. É *meio indireto* de pagamento, ou *pagamento especial*, incluindo-se nesta última categoria, também, o pagamento com sub-rogação, a imputação do pagamento e a dação em pagamento, como mencionado no item anterior.

Dispõe o art. 334 do Código Civil:

"Considera-se pagamento, e extingue a obrigação, o depósito judicial ou em estabelecimento bancário da coisa devida, nos casos e forma legais".

A consignação é instituto de direito material e de direito processual. O Código Civil menciona os fatos que autorizam a consignação. O modo de fazê-lo é previsto no diploma processual. Este, durante anos, só previa o depósito *judicial* da coisa devida, efetivado por meio da ação de consignação em pagamento. Mas a minirreforma por que passou em 1994 acrescentou quatro parágrafos ao art. 890, facultando o depósito *extrajudicial*, em estabelecimento bancário oficial, onde houver, quando se tratar de pagamento em dinheiro, faculdade essa também mencionada no dispositivo do atual Código Civil supratranscrito.

Portanto, se o credor, sem justa causa, recusa-se a receber o pagamento em *dinheiro*, poderá o devedor optar pelo *depósito extrajudicial* ou pelo ajuizamento da *ação de consignação em pagamento*. Esta constitui modo de caracterização ou comprovação da mora *accipiendi*. Todavia, pode ela ser reconhecida também quando o devedor é cobrado judicialmente e argui a *exceptio non adimpleti contractus*, alegando que só estaria obrigado a pagar se o credor, antes, cumprisse a sua parte na avença. Provada essa situação, configurada estará a mora do credor[5].

Embora a lei assegure ao devedor o direito de consignar a coisa devida, tal fato só pode ocorrer na forma e nos casos legais. Se não houve recusa do credor em receber, ou outra causa legal, não pode aquele, sem motivo justificável, efetuar o depósito da prestação em vez de pagar diretamente ao credor. O depósito, nesse caso, será considerado insubsistente e a ação julgada improcedente[6].

O procedimento de consignação extrajudicial está disciplinado nos parágrafos do art. 539 do CPC/2015. Tratando-se de obrigação em dinheiro, poderá o valor ser depositado em estabelecimento bancário, oficial onde houver, situado no lugar do pagamento, cientificando-

---

3 STF, *RF*, 132/433.
4 *Direito das obrigações*, v. II, p. 182.
5 Sílvio Venosa, *Direito civil*, v. II, p. 264.
6 Silvio Rodrigues, *Direito civil*, v. 2, p. 166.

-se o credor por carta com aviso de recebimento, assinalado o prazo de dez dias para a manifestação de recusa (art. 539, § 1º). Estabelecimento bancário oficial "é um banco público, ou seja, o Banco do Brasil e a Caixa Econômica. Se determinado Estado tiver um banco público estadual, a consignação pode ser feita nesse estabelecimento. Decorrido o prazo de dez dias, contado do retorno do aviso de recebimento, sem a manifestação de recusa, considerar-se-á o devedor liberado da obrigação, ficando à disposição do credor a quantia depositada (art. 539, § 2º). Isso equivale à própria quitação. Ocorrendo a recusa, manifestada por escrito ao estabelecimento bancário, poderá ser proposta, dentro de um mês, a ação de consignação, instruindo-se a inicial com a prova do depósito e da recusa (art. 539, § 3º)"[7].

3. OBJETO DA CONSIGNAÇÃO

O art. 334 do Código Civil, ao falar em depósito judicial da "coisa devida", permite a consignação não só de dinheiro como também de bens móveis ou imóveis. O credor, por exemplo, que se recusar a receber a mobília encomendada só porque não está preparado para efetuar o pagamento convencionado dá ensejo ao marceneiro de consigná-la judicialmente. Do mesmo modo possibilita a efetivação do depósito o adquirente dos animais, que se recusa a recebê-los quando o alienante deseja entregá-los para se libertar do encargo de guardá-los e alimentá-los.

Também o imóvel pode ser consignado, depositando-se simbolicamente as chaves, como ocorre frequentemente nas rescisões de contratos de locação[8]. Até mesmo os lotes compromissados à venda podem ser depositados em juízo pelo compromitente que recebeu todas as prestações, caso o compromissário, intimado para receber a escritura em 30 dias, não a assinar no referido prazo (Dec.-Lei n. 58, de 1937, art. 17, parágrafo único). Por isso, proclama a jurisprudência: "O direito material permite a consignação, tanto ao devedor de imóveis quanto de dinheiro, de quantidade de móveis, de coisa certa ou de coisa incerta"[9].

Veja-se, a propósito:

"Depósito das chaves no curso da ação de consignação das chaves do imóvel locado, ante a recusa do locador em recebê-las. Procedência da consignatória. Cobrança de aluguéis. Não comprovação do débito. Sentença mantida"[10].

O fato de a consignação realizar-se por meio de um depósito limita a sua aplicação às obrigações de *dar*, podendo tomar a forma de entrega ou restituição. Constitui ela modo de extinção das obrigações inaplicável às *prestações de fato.* Como acentua SILVIO RODRIGUES, "somente as *obrigações de dar* podem ser objeto de consignação, sendo mesmo absurdo imaginar o depósito de uma obrigação de fazer ou de não fazer"[11].

O Código Civil distingue, dentre as obrigações de dar, as que concernem a objeto certo e individualizado das obrigações de dar coisa incerta ou genérica, em que a coisa é determinada apenas pelo gênero e quantidade, faltando, porém, definir a qualidade. Diz o art. 341 do referido diploma:

---

7 José Fernando Simão, *Código Civil comentado*: doutrina e jurisprudência, obra coletiva, cit., p. 204.

8 "Consignação. Chaves. Estando o contrato de locação vigendo por prazo indeterminado e, recusando-se o locador a receber as chaves do imóvel, caberá ao locatário ajuizar a competente ação consignatória, para alforriar-se da obrigação de restituir a coisa locada" (*JTACSP*, Lex, 171/509 e 388). "A *entrega das chaves* mediante ação de consignação é direito do locatário, no caso de resistência do locador em recebê-las" (STJ, REsp 130.002-SP, 6ª T., rel. Min. Fernando Gonçalves, *DJU*, 1º-9-1997, p. 40920).

9 *RF*, 310/144.

10 TJAM, Apel. 0605529-72.2014.8.04.0001, 3ª Câm. Civ., rel. Des. Yedo Simões de Oliveira, j. 26-3-2018.

11 *Direito civil*, v. 2, p. 171.

"Se a coisa devida for imóvel ou corpo certo que deve ser entregue no mesmo lugar onde está, poderá o devedor citar o credor para vir ou mandar recebê-la, sob pena de ser depositada".

Em se tratando de *coisa indeterminada, incerta*, faltando a escolha da qualidade e se esta competir ao credor, o devedor não será obrigado a permanecer aguardando indefinidamente que ela se realize. Preceitua, com efeito, o art. 342 do Código Civil:

"Se a escolha da coisa indeterminada competir ao credor, será ele citado para esse fim, sob cominação de perder o direito e de ser depositada a coisa que o devedor escolher; feita a escolha pelo devedor, proceder-se-á como no artigo antecedente".

4. FATOS QUE AUTORIZAM A CONSIGNAÇÃO

O art. 335 do Código Civil apresenta um rol, não taxativo, dos casos que autorizam a consignação. Outros são mencionados em artigos esparsos, como nos arts. 341 e 342, bem como em leis avulsas (Dec.-Lei n. 58, de 10-12-1937, art. 17, parágrafo único; Lei n. 492, de 30-8-1937, arts. 19 e 21, n. III; Dec.-Lei n. 3.365, de 21-6-1941, arts. 33 e 34, parágrafo único; Dec.-Lei n. 1.344, de 13-6-1939, art. 47)[12].

Os fatos que autorizam a consignação, previstos no mencionado art. 335 do Código Civil, têm por fundamento: a) a *mora do credor* (incisos I e II); b) *circunstâncias inerentes à pessoa do credor* que impedem o devedor de satisfazer a sua intenção de exonerar-se da obrigação (incisos III a V)[13].

O primeiro fato que dá lugar à consignação (CC, art. 335, I) é "*se o credor não puder, ou, sem justa causa, recusar receber o pagamento, ou dar quitação na devida forma*".

Trata-se de hipótese de mora do credor. Embora o dispositivo cuide de três situações diferentes, equipara ele a recusa do credor em receber o pagamento ou dar quitação à *impossibilidade* subjetiva de receber. O Código Civil de 1916 mencionava apenas as duas primeiras hipóteses, sem se referir à de impossibilidade (art. 973, I). Esta pode ocorrer, por exemplo, se houver perda do título representativo da dívida e o credor não se prestar a fazer a ressalva a que alude o art. 321 do Código Civil[14].

Só a *recusa injusta*, não fundada em motivo legítimo, a autoriza. Se o locador, por exemplo, não quiser receber o aluguel porque o inquilino não incluiu aumento autorizado por lei, não haverá lugar para a consignação. O motivo apresentado para a recusa é justo, pois ninguém é obrigado a receber menos do que lhe é devido. Se, no entanto, não houver base legal para o acréscimo pretendido, a consignação será procedente[15].

Observe-se que a consignação ainda terá lugar se o credor concordar em receber o pagamento, mas recusar-se a fornecer o recibo de *quitação*, ou se não puder recebê-lo nem fornecê-lo, porque se trata de meio liberatório do devedor.

---

12 Washington de Barros Monteiro, *Curso de direito civil*, 29. ed., v. 4, p. 280.

13 Antunes Varela, *Direito das obrigações*, v. II, p. 185.

14 Renan Lotufo, *Código Civil comentado*, v. 2, p. 275.

15 "Incabível o ajuizamento de ação de consignação em pagamento de aluguéis se anterior ação de despejo por falta de pagamento foi julgada procedente, caracterizando a inadimplência da locatária" (*JTACSP*, Lex, 168/388). "Consignação em pagamento. Aluguel. Justa recusa do locador. Rescindida judicialmente a locação e não restituído o imóvel, é mera faculdade e não obrigação legal do locador o recebimento dos aluguéis durante a ocupação" (*JTACSP*, Lex, 169/401). "Estando o mandatário obrigado a entregar de pronto aos mandantes aquilo que recebeu em nome destes, se tivesse dúvida quanto ao montante a entregar ou quanto a quem fazê-lo, dever-se-ia ter socorrido da consignação em pagamento para fugir à configuração de sua mora. Não o fazendo, esta resta caracterizada" (*RT*, 774/297).

O caso em estudo contempla a hipótese de dívida *portable*, em que o pagamento deve ser efetuado no domicílio do credor. É necessário que tenha havido *oferta* real, efetiva, incumbindo ao autor prová-la, bem como a recusa *injustificada* do credor. A este incumbe, ao contrário, o ônus de provar a existência de *justa causa* para a recusa.

Com efeito, "sustentando o réu, em sua contestação, a inocorrência de recusa ou de mora em receber a quantia devida – e sendo a dívida de natureza portável –, é do autor o ônus da prova do fato constitutivo de seu direito (CPC [*de 1973*], art. 333, I [*CPC de 2015, art. 373, I*]), vale dizer, deverá ele demonstrar que diligenciou (infrutiferamente, no entanto) o pagamento junto ao credor (...) Poderá o réu reconhecer a recusa, reputando-a justa, porém (inciso II), para tanto alegando, por exemplo, que se mostrava ausente à época da oferta da prestação, qualquer dos requisitos do pagamento (*v. g.*, a incapacidade do devedor ou do credor, o não cumprimento integral da obrigação, o não vencimento da dívida, a sua iliquidez - CC (*de 1916*), arts. 930 a 938, impossibilitando fosse ele validamente efetuado. Dúvida não há, porém, de que o ônus da prova será dele, réu (CPC [*de 1973*], art. 333, I [CPC de 2015, art. 373, II])"[16].

O segundo fato, mencionado no aludido art. 335 (inciso II), é "*se o credor não for, nem mandar receber a coisa no lugar, tempo e condição devidos*". Trata-se de dívida *quérable* (quesível), em que o pagamento deve efetuar-se fora do domicílio do credor, cabendo a este a iniciativa. Permanecendo inerte, faculta-se ao devedor consignar judicialmente a coisa devida, ou extrajudicialmente a importância em dinheiro, para liberar-se da obrigação.

Cuidando-se, na hipótese, "de dívida quesível, bastará ao autor alegar que o réu não foi, nem mandou buscar a prestação devida, no tempo, lugar e modo convencionados, caso em que competirá ao segundo o ônus de provar que diligenciou o recebimento"[17].

Em terceiro lugar prevê o art. 335 (inciso III) do Código Civil a hipótese de o credor ser "*incapaz de receber*" ou "*desconhecido*", ter sido "*declarado ausente, ou residir em lugar incerto ou de acesso perigoso ou difícil*".

O *incapaz*, em razão de sua condição, não deve receber o pagamento. A exigência da lei é que o devedor pague ao seu representante legal. Para que se configure a hipótese de consignação é necessário, pois, que, além de ser incapaz, o credor *não tenha representante legal*[18], ou que, por algum motivo, o pagamento não possa ser efetuado a este (por inexistência momentânea ou por ser desconhecido, ou se recusar a recebê-lo sem justa causa, p.ex.). Nestes casos, a solução será consigná-lo. Em geral, as obrigações são contraídas com pessoas conhecidas. Mas pode o *accipiens*, por fato posterior, tornar-se *desconhecido*, como, por exemplo, na hipótese de sucessão decorrente da morte do credor originário ou da transferência de título ao portador.

Ausente é a pessoa que desaparece de seu domicílio, sem dar notícia de seu paradeiro nem deixar um representante ou procurador para administrar-lhe os bens (CC, art. 22). Como a ausência há de ser declarada por sentença, caso em que se lhe nomeará curador, dificilmente se caracterizará a hipótese descrita na lei, pois o pagamento pode ser feito ao referido representante legal do ausente. E dificilmente será este desconhecido, podendo seu nome ser apurado no processo de declaração de ausência.

---

16 Antonio Carlos Marcato, Da consignação em pagamento – Os procedimentos do Código de Processo Civil e da Lei n. 8.245, de 1991, *Revista do Advogado*, 63/65, junho/2001.

17 Antonio Carlos Marcato, Da consignação em pagamento – Os procedimentos do Código de Processo Civil e da Lei n. 8.245, de 1991, *Revista do Advogado*, 63/65, junho/2001, p. 65.

18 Antunes Varela, *Direito das obrigações*, v. II, p. 187.

A residência em *lugar incerto*, ou de acesso *perigoso* ou *difícil*, constitui também circunstância que enseja a consignação, pois não se pode exigir que o devedor arrisque a vida para efetuar o pagamento.

A quarta hipótese (CC, art. 335, IV) apresenta-se quando ocorre "*dúvida sobre quem deva legitimamente receber o objeto do pagamento*". Se dois credores mostram-se interessados em receber o pagamento, e havendo dúvida sobre quem tem direito a ele, deve o devedor valer-se da consignação para não correr o risco de pagar mal, requerendo a citação de ambos. É o caso, por exemplo, de dois municípios que se julgam credores dos impostos devidos por determinada empresa, que tem estabelecimento em ambos.

Somente se justifica a consignação *se houver dúvida* quanto a quem seja o credor legítimo. Inexistindo, será decretada a carência da consignatória, por falta de interesse para agir[19]. Comparecendo mais de um pretendente ao crédito, o devedor é excluído do processo, declarando-se extinta a obrigação. O processo prossegue entre os credores, para se apurar qual deles tem direito ao levantamento, descabendo reabrir-se a discussão sobre ser devido, ou não, o valor depositado[20]. Se aparecer apenas um pretendente, terá o direito de levantar a quantia depositada. Não comparecendo nenhum, converter-se-á o depósito em arrecadação de bens de ausentes (CPC/2015, art. 548).

Também pode ser consignado o pagamento "*se pender litígio sobre o objeto do pagamento*" (CC, art. 335, V). Estando o credor e terceiro disputando em juízo o objeto do pagamento, não deve o devedor antecipar-se ao pronunciamento judicial e entregá-lo a um deles, assumindo o risco (CC, art. 344), mas sim consigná-lo judicialmente, para ser levantado pelo que vencer a demanda.

5. REQUISITOS DE VALIDADE DA CONSIGNAÇÃO

Para que a consignação tenha força de pagamento, preceitua o art. 336 do Código Civil, "*será mister concorram, em relação às pessoas, ao objeto, modo e tempo, todos os requisitos sem os quais não é válido o pagamento*".

Em relação às *pessoas* ou *requisitos subjetivos*, deve o pagamento ser feito pelo devedor capaz e ao verdadeiro credor, também capaz, ou seu representante, sob pena de não valer, salvo se ratificado por este ou se reverter em seu proveito (arts. 304 e s., 308 e 876). A *legitimidade ativa* para a ação consignatória é conferida ao devedor, ao terceiro interessado no pagamento da dívida e também ao terceiro não interessado, se o fizer *em nome e à conta do devedor* (CC, art. 304 e parágrafo único)[21].

---

19 *RT*, 570/166, 575/258.

20 STF, RE 199.274-3, 2ª T., rel. Min. Marco Aurélio, *DJU*, 17-4-1998, Seção 1, p. 18.

21 Preleciona Adroaldo Furtado Fabrício que "o terceiro desinteressado admitido não só ao pagamento, mas também ao emprego daqueles meios (um dos quais é a consignação), é apenas aquele que oferece pagamento *em nome* e *por conta do devedor*. Aí se compreendem situações como a do procurador, gestor de negócios, preposto ou quem quer que pague em lugar do devedor, como se este mesmo fosse" (*Comentários ao Código de Processo Civil*, v. VIII, t. III, n. 43, p. 70). Clóvis do Couto e Silva, por sua vez, assevera que a consignação pode ser feita não só pelo devedor, como também naqueles casos "em que o terceiro, interessado ou não, resolveu adimplir e o credor recusou-se a receber a prestação" (*Comentários ao Código de Processo Civil*, São Paulo, Revista dos Tribunais, 1977, v. XI, t. I, p. 26). Também Antonio Carlos Marcato afirma que a legitimidade para a referida ação é conferida ao devedor ou a terceiro interessado no pagamento da dívida, "pouco importando, a nosso ver, se este ostenta, ou não, a condição de terceiro juridicamente interessado na liberação do primeiro" (Da consignação em pagamento – Os procedimentos do Código de Processo Civil e da Lei n. 8.245, de 1991, *Revista do Advogado*, 63/65, junho/2001, n. 8, p. 63).

Segundo o Superior Tribunal de Justiça, *verbi gratia*, para evitar que venha a responder demanda indenizatória, "a instituição financeira possui legitimidade para ajuizar ação de consignação em pagamento visando quitar débito de cliente decorrente de título de crédito protestado por falha no serviço bancário"[22].

Silvio Rodrigues menciona, a propósito, dois arestos extraídos dos anais da jurisprudência, um reconhecendo a validade do depósito efetuado pelo sublocatário adquirente da farmácia montada no prédio, por ter interesse no prosseguimento da locação; e outro admitindo a consignação, "realizada pelo genro, de aluguéis devidos pelo sogro, pois, embora seja terceiro não interessado, paga em nome do devedor"[23]. O cessionário tem o direito, como terceiro interessado, de continuar efetuando o pagamento das prestações do financiamento contratado pelo cedente[24].

Se a consignatória tiver por objeto o depósito de aluguéis ou encargos da locação, estarão legitimados para propô-la os próprios locatários (qualquer deles, havendo mais de um, segundo o art. 2º da Lei n. 8.245, de 18-10-1991), seu cônjuge ou companheiro (art. 12), o ocupante de habitação coletiva multifamiliar (art. 2º, parágrafo único), o sublocatário, o fiador e ainda o terceiro não interessado que se disponha a efetuar o depósito em nome e à conta do inquilino.

Quanto à *legitimidade passiva*, réu da ação consignatória será o credor capaz de exigir o pagamento ou quem alegue possuir tal qualidade, ou seu representante, uma vez que tem ela finalidade liberatória do débito e declaratória do crédito. Deve ser proposta, por essa razão, contra quem tiver obrigação de receber e poder para exonerar o devedor[25]. Se essa pessoa for desconhecida, será citada por edital (CPC/2015, art. 256, I), com a intervenção, em seu favor, de *curador especial* (CPC/2015, art. 72, II).

Na ação para consignação de aluguéis e encargos da locação poderão figurar no polo passivo o locador (qualquer deles, havendo mais de um), o sublocador, o espólio (no caso de morte do locador), a massa (no caso de falência ou insolvência civil). Em caso de morte do locador, desconhecendo o inquilino quem seja seu herdeiro, a ação será ajuizada em face de seus eventuais herdeiros ou sucessores, a serem citados por edital. Se o autor da ação tiver fundada dúvida quanto à titularidade do crédito, todos os supostos credores deverão figurar como litisconsortes passivos[26].

Quanto ao *objeto* ou *requisitos objetivos*, exige-se a integralidade do depósito, porque o credor não é obrigado a aceitar pagamento parcial. Orienta-se a jurisprudência do Superior Tribunal de Justiça no sentido de que "impõe-se ao devedor, na consignatória, ao efetuar o depósito, fazê-lo com inclusão da correção monetária do período compreendido entre a data do vencimento da obrigação e a do efetivo depósito, sob pena de ser julgado improcedente o pedido"[27]. Da mesma forma, ao principal devem ser acrescidos os juros de mora devidos até a data do depósito (CC, art. 337).

Se a hipótese consistir na entrega de coisa, deverá ela realizar-se juntamente com os respectivos acessórios, como os frutos ou produtos a que o credor tenha direito. Assim, na entrega de ações, com dividendos já vencidos e pagos ou com bonificações já concedidas, por

---

22 STJ, REsp 1.318.747-SP, 4ª T., rel. Min. Luis Felipe Salomão, *DJe* 31-10-2018.

23 *Direito civil*, v. 2, p. 170.

24 STJ, REsp 96.640-SE, 4ª T., rel. Min. Ruy Rosado de Aguiar, j. 23-9-1996, *DJU*, 11-11-1996, p. 43722.

25 Maria Helena Diniz, *Curso de direito civil brasileiro*, v. 2, p. 245.

26 Antonio Carlos Marcato, Da consignação em pagamento – Os procedimentos do Código de Processo Civil e da Lei n. 8.245, de 1991, *Revista do Advogado*, 63/65, junho/2001, p. 63.

27 AgRg 48.450-5-SP, 4ª T., rel. Min. Sálvio de Figueiredo, j. 9-5-1994, *DJU*, 30-5-1994, v. u., p. 13490.

exemplo, não será suficiente para a procedência da ação a consignação somente dos títulos. Se tal ocorrer, poderá o credor alegar que o depósito *não é integral* (CPC de 1973, art. 896, IV; CPC de 2015, art. 544, IV)[28].

Em princípio, para haver consignação é necessário que o débito seja líquido e certo. Todavia, tem a jurisprudência proclamado que a ação consignatória não é uma ação executiva "às avessas", e nela a cognição não sofre limitações outras que as pertinentes à própria finalidade de demanda[29]. Destarte, é cabível, na consignatória, a discussão em torno do débito e do seu valor, como condição para julgamento da causa[30].

Veja-se ainda:

"Ação de consignação em pagamento. Discussão do valor do débito. Possibilidade. A jurisprudência desta Corte firmou-se no sentido de ser possível a discussão do valor do débito em sede de ação de consignação em pagamento, ainda que para tanto seja necessária a revisão de cláusulas contratuais"[31].

"Ação de consignação em pagamento. Possibilidade de discussão da dívida. Alegação somente em fase de recurso. Impossibilidade. Consoante vem decidindo o Superior Tribunal de Justiça, é possível apreciar no âmbito da ação de consignação o *quantum* devido, inclusive com discussão da interpretação de cláusulas contratuais"[32]. O *modo* será o convencionado, não se admitindo, por exemplo, pagamento em prestações quando estipulado que deve ser à vista.

Quanto ao *tempo*, deve ser, também, o fixado no contrato, não podendo o pagamento efetuar-se antes de vencida a dívida, se assim foi convencionado. Poderá ser efetuado pelo devedor, contudo, a qualquer tempo, se o prazo se estipulou em seu favor (CC, art. 133), ou assim que se verificar a condição a que o débito estava subordinado (CC, art. 332).

A mora do devedor, por si só, não impede a propositura da ação consignatória, se ainda não provocou consequências irreversíveis e o pagamento ainda é útil ao credor, pois tal ação pode ser utilizada tanto para *prevenir* como para *emendar* a mora. Assim, se, "apesar do protesto de cambial representativa de prestação, a credora não rescindiu o pacto e nem executou o débito, nada obsta que a alegada recusa das prestações seguintes permita a utilização da consignatória"[33].

Se, no entanto, o credor já houver demandado o devedor, não caberá mais a purgação da mora, salvo se na ação proposta houver previsão dessa possibilidade, como ocorre no despejo por falta de pagamento. Conclui-se, portanto, que o simples atraso do devedor não o impede de valer-se da consignação em pagamento[34].

---

28 Antunes Varela, *Direito das obrigações*, v. II, p. 190.

29 STJ, REsp 15.391-RJ, 4ª T., rel. Min. Athos Carneiro, *DJU*, 28-9-1992, p. 16.432.

30 *RT*, 625/112; 626/129, 651/190, 717/158; *RSTJ*, 11/319, 46/282. *V.*, a propósito: "Sistema Financeiro da Habitação. Financiamento da casa própria. Discussão do valor das prestações. Admissibilidade, mormente se o fundamento da demanda reside justamente no critério de reajuste das referidas prestações. Financiamento habitacional datado de muitos anos. Irrazoabilidade de exigir-se do mutuário que deposite o *quantum* exato das parcelas. Hipótese em que o valor referente ao depósito deve ser apurado posteriormente, no momento do julgamento do mérito" (*RT*, 783/353).

31 STJ, AgRg no REsp 1.179.034-RJ, 4ª T., rel. Min. Maria Isabel Gallotti, *DJe* 5-5-2015.

32 TJMG, Apel. 10079110063009001, 13ª Câm. Cív., rel. Des. Alberto Henrique, *DJe* 1º-11-2013.

33 *RT*, 685/92; *RJTJSP*, 125/86.

34 Marcus Vinicius Rios Gonçalves, *Procedimentos especiais*, p. 14 (Col. Sinopses Jurídicas, v. 13). Nesse sentido decidiu o Superior Tribunal de Justiça: "Tempo para consignar. Enquanto ao devedor é permitido pagar, admite-se requerer o depósito em consignação. A consignação pode abranger inclusive os casos de *mora debitoris*, pois servirá a purgá-la. Ocorrida a mora do credor, irrelevante a questão do tempo, pela permanência na recusa" (*RSTJ*, 11/319).

O "*depósito requerer-se-á no lugar do pagamento*", assinala o art. 337 do Código Civil, tendo em vista que não se pode obrigar o credor a receber ou o devedor a pagar em lugar diverso do convencionado. Sendo *quesível* a dívida, o pagamento efetua-se no domicílio do devedor; sendo *portável*, no do credor (CC, art. 327), podendo haver, ainda, foro especial, do contrato (CC, art. 78) e de eleição (CPC, art. 63).

A consignação deve preencher todos esses requisitos e ainda os especificados nos arts. 341 a 343 do Código Civil. Não poderá valer-se do depósito judicial ou extrajudicial quem pretender consignar contra credor incapaz ou antes do vencimento da dívida; ou oferecer objeto que não seja o devido; ou ainda descumprir cláusulas contratuais, tendo o credor, por contrato, direito de recusar o pagamento antecipado[35].

6. LEVANTAMENTO DO DEPÓSITO

A lei faculta ao devedor, que preenche todos os requisitos subjetivos e objetivos mencionados no item anterior, exonerar-se da obrigação mediante a consignação judicial ou extrajudicial do pagamento, quando não puder efetuá-lo diretamente ao credor. Permite-lhe também, mesmo depois de realizado o depósito, mas enquanto o credor não declarar que o aceita, retratar-se da oferta, requerendo o seu levantamento.

Dispõe, com efeito, o art. 338 do Código Civil que, "*enquanto o credor não declarar que aceita o depósito, ou não o impugnar, poderá o devedor requerer o levantamento, pagando as respectivas despesas, e subsistindo a obrigação para todas as consequências de direito*".

Desse modo, se o credor ainda não foi citado, ou se, citado, não impugnou a oferta, deixando de oferecer resistência ao pedido, pode o devedor levantar a prestação consignada, tornando ineficaz a oblação feita. Segundo prescreve o dispositivo supratranscrito, arcará ele, nesse caso, com as consequências jurídicas de sua retratação, pois permanecerá respondendo pelos juros da dívida e pelos riscos da coisa, até que ocorra a tradição, bem como pelas despesas do depósito, pois a obrigação subsiste integralmente.

Por sua vez, prescreve o art. 340 do Código Civil que, se o credor, "*depois de contestar a lide ou aceitar o depósito, aquiescer no levantamento, perderá a preferência e a garantia que lhe competiam com respeito à coisa consignada, ficando para logo desobrigados os codevedores e fiadores que não tenham anuído*".

Se o credor recusar o depósito e *contestar* a ação, o levantamento não poderá mais ocorrer sem a sua anuência. Se, no entanto, vier a concordar com a sua efetivação, perderá a preferência e garantia que lhe competiam com respeito à coisa consignada. Além disso, tendo a anuência ocorrido depois de assegurado o resgate de seu crédito pelo depósito, reputa-se ter ele concedido novo crédito ao devedor, em substituição ao anterior. Em consequência, ficam desde logo desobrigados os codevedores e fiadores, cujo risco desaparecera com o depósito judicial da prestação, não sendo justo que se vejam compelidos a reassumir tal risco em virtude de uma liberalidade do credor.

Se, em vez de contestar a ação, o credor *aceita* o depósito, a dívida se extingue, visto que a consignação produz o mesmo efeito do pagamento. Se, depois disso, vem ele a anuir no levantamento do depósito efetuado pelo devedor, surge uma nova dívida, em substituição à anterior, configurando-se a hipótese de *novação*, que tem como consequência a liberação dos fiadores e codevedores do débito anterior, que não tenham anuído.

Se a ação foi julgada procedente e subsistente o depósito, "*o devedor já não poderá le-*

---

[35] Álvaro Villaça Azevedo, Consignação em pagamento, in *Enciclopédia Saraiva do Direito*, v. 18, p. 272; Maria Helena Diniz, *Curso de direito civil brasileiro*, v. 2, p. 247.

vantá-lo, embora o credor consinta, senão de acordo com os outros devedores e fiadores" (CC, art. 339). A declaração de procedência do depósito acarreta a extinção da obrigação a que estava adstrito o devedor, com eficácia de pagamento, e, em consequência, a exoneração dos fiadores e codevedores.

O dispositivo trata da impossibilidade de levantamento do objeto depositado, depois de julgado *procedente* o pedido, mesmo havendo anuência do credor, quando existirem outros devedores e fiadores. Procura-se, dessa forma, resguardar os direitos destes, pois a procedência da ação extingue a obrigação, acarretando a exoneração dos devedores solidários. Se estes, no entanto, concordarem com o levantamento, deixará de existir o impedimento legal. O consentimento posterior do credor com a pretensão do devedor de levantar o depósito não tem força para restaurar a dívida extinta, mas faz surgir uma outra obrigação, que pode ser uma doação ou outro negócio.

A esta nova obrigação não estão jungidos os que, vinculados à anterior, não assentiram em se comprometer novamente[36].

7. DISPOSIÇÕES PROCESSUAIS

As múltiplas hipóteses em que a consignação do pagamento é admitida permitem distinguir duas espécies de procedimento: o extrajudicial e o judicial. O primeiro pode ocorrer na consignação de *prestação* devida em virtude de compromisso de compra e venda de lote urbano e de depósito em estabelecimento *bancário* aceito pelo credor.

Diferenciam-se os procedimentos *judiciais* quando há recusa ou obstáculo para a efetivação do pagamento e quando existe dúvida sobre quem deva, legitimamente, receber. Dessas hipóteses distingue-se o procedimento da consignação de aluguéis e acessórios da locação, regido pela Lei do Inquilinato (Lei n. 8.245, de 18-10-1991).

O Código de Processo Civil disciplina o procedimento para as duas primeiras hipóteses nos arts. 539 e s., facultando o depósito *extrajudicial*, em estabelecimento bancário oficial, onde houver, quando se tratar de *pagamento em dinheiro* (§ 1º), faculdade essa também *mencionada* no art. 334 do atual Código Civil.

Portanto, se o credor, sem justa causa, recusa-se a receber o pagamento em *dinheiro*, poderá o devedor optar pelo *depósito extrajudicial* ou pelo ajuizamento da *ação de consignação em pagamento*. Esta não é mais considerada, como outrora, ação executiva inversa, somente admissível quando a dívida fosse de valor líquido e certo, mas sim ação de *natureza declaratória*, podendo ser ajuizada também quando houver dúvida sobre o exato valor da obrigação. É o que ocorre, com frequência, com mutuários do Sistema Financeiro da Habitação, que consignam judicialmente o valor da prestação, que consideram devido, diverso do pretendido pelo agente financeiro. A ação é proposta para que se declare o valor correto das prestações[37].

A ação de consignação em pagamento, sendo a dívida de natureza *portável*, deve ser proposta no foro do lugar do pagamento (CC, art. 337; CPC/2015, art. 540, *caput*), que é o do domicílio do credor-réu, ou no *foro de eleição* (CC, art. 327; CPC/2015, art. 63). Se a dívida for *quesível*, o foro competente é o do domicílio do autor-devedor.

Tratando-se de ação consignatória de aluguéis e encargos, é competente para o seu processamento o *foro de eleição* e, na sua falta, o do lugar da *situação do imóvel* (Lei n. 8.245/91, art. 58, II).

---

36 Silvio Rodrigues, *Direito civil*, v. 2, p. 172-3; Renan Lotufo, *Código Civil comentado*, v. 2, p. 283-285.

37 "Sistema Financeiro da Habitação. Financiamento da casa própria. Discussão do valor das prestações. Admissibilidade" (*RT*, 783/392).

Na ação regida pelo diploma processual civil, o autor requererá o depósito da quantia ou da coisa devida, a ser efetivado no prazo de cinco dias. Se tiver havido depósito extrajudicial, o devedor ou terceiro limitar-se-ão a comprová-lo ao juiz, demonstrando também a recusa do credor. A falta de depósito implicará a extinção do processo, sem julgamento de mérito. Não há mais, na sistemática atual, a audiência de oblação (oferta), porque o valor terá sido depositado em instituição bancária antes do ajuizamento da ação, ou em juízo, nos cinco dias que se seguiram à data em que o juiz determinou o processamento da ação de consignação[38].

Dispõe o art. 541 do Código de Processo Civil que, *"tratando-se de prestações sucessivas, consignada uma delas, pode o devedor continuar a depositar, no mesmo processo e sem mais formalidades, as que se forem vencendo, desde que o faça em até 5 (cinco) dias, contados da data do respectivo vencimento"*. Essa possibilidade, porém, estende-se até a prolação da sentença, que não pode atribuir eficácia liberatória a depósitos que ainda não foram feitos[39]. A Lei do Inquilinato (Lei n. 8.245/91) nesse ponto é expressa, permitindo a liberação das obrigações que se venceram durante a tramitação do feito, até ser prolatada a sentença de primeira instância (art. 67, III). Após, se a recusa persistir quanto às prestações posteriores, o devedor terá de ajuizar nova demanda.

O prazo para a resposta do réu é de 15 dias, previsto para o procedimento comum.

Na contestação poderá o réu apresentar qualquer modalidade de resposta admitida no procedimento comum. Faculta-se-lhe, no mesmo prazo, opor as exceções rituais, para arguir a incompetência relativa do juízo, a suspeição e o impedimento do juiz, bem como aforar reconvenção ou arguir as matérias processuais enumeradas no art. 337 do Código de Processo Civil de 2015, que configuram verdadeiras objeções. No mérito, poderá o réu alegar que: *"I – não houve recusa ou mora em receber a quantia ou a coisa devida; II – foi justa a recusa; III – o depósito não se efetuou no prazo ou no lugar do pagamento; IV – o depósito não é integral"* (CPC/2015, art. 544, *caput*).

Apresentada a resposta, a ação de consignação em pagamento segue o procedimento comum. Se o réu alegar que o depósito não é integral e indicar o montante que entende devido (CPC/2015, art. 544, parágrafo único), poderá o autor consignante, no prazo de dez dias, completá-lo, salvo se corresponder a prestação cujo inadimplemento implique a rescisão do contrato. A alegação de insuficiência do depósito não impede o réu de, desde logo, levantá-lo, liberando-se, parcialmente, o devedor. O processo prosseguirá, então, apenas quanto à parcela controvertida (art. 545, *caput* e § 1º, CPC /2015). Ao julgar procedente a ação, o juiz declarará efetivado o depósito e extintas as obrigações a ele correspondentes[40].

A Segunda Seção do Superior Tribunal de Justiça, no julgamento do REsp 1.108.058-DF, firmou o entendimento, para fins de recursos repetitivos (Tema/Repetitivo 967), em 10 de

---

38 Marcus Vinicius Rios Gonçalves, *Procedimentos especiais* (Coleção Sinopses Jurídicas, v. 13), p. 19; Antonio Carlos Marcato, Da consignação em pagamento – Os procedimentos do Código de Processo Civil e da Lei n. 8.245, de 1991, *Revista do Advogado*, 63/65, junho/2001, p. 63; Renan Lotufo, *Código Civil comentado*, v. 2, p. 288.

39 Nesse sentido: STJ, REsp 126.610-SP, 3ª T., rel. Min. Menezes Direito, *DJU*, 18-5-1998, p. 84; *RJTJSP*, 141/70; *RT*, 714/187, 796/252.

40 Marcus Vinicius Rios Gonçalves, *Procedimentos especiais* (Coleção Sinopses Jurídicas, v. 13), p. 32. *V.* a jurisprudência: "Não será admitida a alegação de insuficiência do depósito se o réu não especificar, na contestação, qual a importância que entende devida (art. 896, parágrafo único), possibilitando assim que o autor complemente o depósito (art. 899). Em compensação, o réu pode levantar desde logo a parte da quantia depositada sobre a qual não houver controvérsia (art. 899 § 1º) (Theotonio Negrão, *Código de Processo Civil e legislação processual em vigor*, 30. ed., São Paulo, Saraiva, nota n. 6 ao art. 896). No mesmo sentido: *RT*, 783/392.

outubro de 2018, de que a insuficiência dos depósitos em ação consignatória não leva à improcedência do pedido, mas à extinção parcial da obrigação até o montante da importância consignada, reduzindo-se ou eximindo o autor do ônus da sucumbência. A Min. MARIA ISABEL GALLOTTI, relatora para o acórdão, frisou que "a alegação de que o depósito não foi integral envolverá eventualmente a discussão sobre interpretação de cláusulas contratuais, de normas legais ou constitucionais, e tudo mais que seja necessário para que o juiz verifique se a importância ofertada e depositada corresponde exatamente ao devido". A Maioria seguiu o entendimento da Min. NANCY ANDRIGHI, no sentido de que a falta do depósito das prestações vencidas durante o trâmite da ação consignatória "não trará prejuízo para o devedor no que se refere às parcelas já depositadas, e, nesse caso, pode ocorrer a sentença com eficácia liberatória parcial extinguindo apenas as obrigações a estas correspondentes".

O mencionado posicionamento conduz à interpretação de que a ação de consignação deve ser considerada parcialmente procedente, com a extinção da dívida até o montante depositado, reduzindo ou eximindo o autor dos ônus da sucumbência, muitas vezes por valores ínfimos que faltaram para quitar integralmente a dívida[41].

Prescreve o art. 547 do Código de Processo Civil de 2015 que, *"se ocorrer dúvida sobre quem deva legitimamente receber o pagamento, o autor requererá o depósito e a citação dos possíveis titulares do crédito para provarem o seu direito"*. Como já foi dito no item n. 4, *retro*, ao qual nos reportamos, comparecendo mais de um pretendente ao crédito, o devedor é excluído do processo, declarando-se extinta a obrigação. O processo prossegue entre os credores. Se comparecer apenas um pretendente, terá o direito de levantar a quantia depositada. Não comparecendo nenhum, converter-se-á o depósito em arrecadação de bens de ausentes (CPC/2015, art. 548, I).

Somente se justifica a consignação se houver dúvida *razoável* quanto a quem seja o credor legítimo. Inexistindo, o juiz deve indeferir a petição inicial, por falta de interesse de agir do autor.

A procedência da ação de consignação em pagamento, como dito, torna subsistente o depósito, reputa efetuado o pagamento e faz cessar a incidência dos juros moratórios, não mais respondendo o devedor pelos riscos que recaem sobre a coisa. Se é o inquilino que deposita as chaves que o senhorio se recusa a receber, a procedência da ação extingue a relação *ex locato* a partir do momento em que o depósito foi efetuado. Quando a ação de consignação em pagamento, ao contrário, é julgada improcedente, o devedor permanece na mesma posição em que se encontrava anteriormente, caracterizando-se o seu retardamento culposo. No caso do inquilino, a locação não será extinta e os aluguéis serão devidos durante todo o curso da lide[42].

---

41 Depósito insuficiente não gera improcedência em ação de consignação, *in* Revista *Consultor Jurídico* de 10-10-2018).

42 Silvio Rodrigues, *Direito civil*, v. 2, p. 174.

Capítulo III

DO PAGAMENTO COM SUB-ROGAÇÃO

1. CONCEITO

Na linguagem jurídica fala-se de *sub-rogação*, em geral, para designar determinadas situações em que uma coisa se substitui a outra coisa ou uma pessoa a outra pessoa. Há um objeto ou um sujeito jurídico que toma o lugar de outro diverso[1].

Embora a prestação devida seja normalmente realizada pelo devedor, pode ocorrer, todavia, o seu cumprimento por terceiro, que tenha interesse na extinção da obrigação, como sucede, por exemplo, com o fiador. Neste caso, diz o art. 831, primeira parte, do Código Civil que "*o fiador que pagar integralmente a dívida fica sub-rogado nos direitos do credor*".

Quando a obrigação é indivisível e há pluralidade de devedores, "*cada um será obrigado pela dívida toda*", preceitua o art. 259 do Código Civil. Por isso, o que paga sozinho a dívida (a entrega de um animal ou de uma coleção de livros, p.ex.), "*sub-roga-se no direito do credor em relação aos outros coobrigados*" (parágrafo único), dispondo de ação regressiva para cobrar a quota-parte de cada um destes.

É também comum o fato de o adquirente de imóvel hipotecado pretender pagar ao credor o saldo devedor, para liberar o imóvel do gravame que o onera. Neste caso, a sub-rogação opera-se, de pleno direito, em seu favor, como proclama o art. 346, II, primeira parte, do Código Civil.

Em todos os exemplos mencionados temos caracterizada a *sub-rogação pessoal*, que consiste exatamente, segundo Antunes Varela, "na *substituição* do credor, como titular do crédito, pelo terceiro que paga (cumpre) a prestação em lugar do devedor ou que financia, em certos termos, o pagamento"[2].

Mas a sub-rogação pode ser, também, *real*. Sub-rogação é, portanto, a *substituição* de uma pessoa, ou de uma coisa, por outra pessoa, ou outra coisa, em uma relação jurídica. No primeiro caso, a sub-rogação é *pessoal*; no segundo, *real*. Nesta, a coisa que toma o lugar da outra fica com os mesmos ônus e atributos da primeira. É o que ocorre, por exemplo, na sub-rogação do vínculo da inalienabilidade, em que a coisa gravada pelo testador ou doador é substituída por outra, ficando esta sujeita àquela restrição (*v.* CC, art. 1.911, parágrafo único; CPC/2015, art. 725, II).

---

1 Inocêncio Galvão Telles, *Direito das obrigações*, p. 209.

2 *Direito das obrigações*, v. II, p. 335-336.

A sub-rogação *real* "supõe a ocorrência de um fato por virtude do qual um valor sai de um patrimônio e entra outro, que nele fica ocupando posição igual à do primeiro. O valor que se adquire é tratado como se fora o que se perde: passa a estar sujeito à mesma condição ou regime jurídico"[3]. Assim, por exemplo, no regime da comunhão parcial de bens entram na comunhão os bens adquiridos na constância do casamento por título oneroso (CC, art. 1.660, I). Todavia, se a aquisição foi feita à custa de bens particulares de um dos cônjuges, os bens adquiridos tornam-se também próprios desse cônjuge, porque ficam *sub-rogados* no lugar dos alienados (CC, art. 1.659, II).

Na sub-rogação *pessoal*, segundo Clóvis Beviláqua, ocorre a transferência dos direitos do credor para aquele que solveu a obrigação, ou emprestou o necessário para solvê-la. Aduz o emérito jurista nacional: "Em princípio, diz Laurent, 'o pagamento extingue a obrigação de um modo absoluto, isto é, em relação a todas as pessoas interessadas, e com todos os seus acessórios, fianças, privilégios, hipotecas' (*Cours élémentaire*, vol. III, n. 32). Um terceiro efetuando o pagamento, o resultado é o mesmo, a dívida extingue-se; mas o terceiro terá, em relação ao devedor, a ação de *in rem verso*, com que se possa ressarcir até a concorrência da utilidade, que o devedor fruiu"[4].

Desse modo, o avalista, que paga a dívida pela qual se obrigou solidariamente, sub-roga-se nos direitos do credor, ou seja, toma o lugar deste na relação jurídica[5]. No capítulo concernente ao *pagamento com sub-rogação*, é desta espécie que trata o Código Civil.

O instituto em estudo constitui uma exceção à regra de que o pagamento extingue a obrigação. A sub-rogação é uma figura jurídica anômala, pois o pagamento promove apenas uma alteração subjetiva da obrigação, mudando o credor. A extinção obrigacional ocorre somente em relação ao credor, que nada mais poderá reclamar depois de haver recebido do terceiro interessado (avalista, fiador, coobrigado etc.) o seu crédito. Nada se altera, porém, para o devedor, visto que o terceiro, que paga, toma o lugar do credor satisfeito e passa a ter o direito de cobrar a dívida com todos os seus acessórios[6].

Esses acessórios podem consistir em garantias reais ou fidejussórias, em uma elevada taxa de juros ou em outras vantagens. Como o pagamento extingue a dívida e, em consequência, seus acessórios, a sub-rogação representa considerável vantagem, "pois transfere ao sub-rogado esses mesmos acessórios, sem haver mister de constituí-los de novo, pois é a própria relação jurídica original, em sua integralidade, que lhe é transmitida"[7].

A sub-rogação também se mostra vantajosa para o *credor*, pelo fato de um terceiro pagar a dívida que o obrigado não tem condições de solver, ou conceder-lhe um empréstimo destinado a esse fim. Vantagem pode existir também para o *devedor*, que muitas vezes, em razão dela, livra-se de ações ou execuções pendentes ou iminentes. Pode-se afirmar outrossim que a "sub-rogação não prejudica *terceiros*, visto que não faz alterar verdadeiramente a situação. Nem o montante nem as garantias do crédito se modificam. Apenas muda a pessoa do credor"[8].

---

3 Inocêncio Galvão Telles, *Direito das obrigações*, p. 209-210.

4 *Direito das obrigações*, p. 105.

5 "Execução. Nota promissória. Ação proposta contra avalista. Pagamento total do débito cambial e de honorários advocatícios e custas processuais. Sub-rogação legal que lhe permite cobrar do emitente do título todo o montante desembolsado" (*RT*, 642/197).

6 STJ, REsp n. 1.848.369-MG, 4ª T., rel. Min. Marco Buzzi, relator para o acórdão Ministro Raul Araújo, j. 13-12-2022.

7 Silvio Rodrigues, *Direito civil*, v. 2, p. 176.

8 Inocêncio Galvão Telles, *Direito das obrigações*, p. 212.

A origem do instituto remonta ao direito romano, donde surgiu inspirado na ideia de conferir proteção a terceiro que salda débito alheio e, com isso, evitar enriquecimento ilícito do devedor[9].

2. NATUREZA JURÍDICA

O pagamento com sub-rogação tem acentuada afinidade com a *cessão de crédito*, como formas de transmissão do direito de crédito, a ponto de o art. 348 do Código Civil mandar aplicar a uma das hipóteses de sub-rogação convencional (art. 347, I) o disposto quanto àquela (art. 348). Alguns autores chegam a denominar o instituto ora em estudo *cessão ficta*[10].

Todavia, os dois institutos não se confundem. O espírito da cessão de crédito é completamente distinto do que anima a sub-rogação. Aquela "destina-se a servir ao interesse da circulação do crédito, assegurando a sua disponibilidade como um elemento negociável do patrimônio do credor. A sub-rogação, por outro lado, visa proteger a situação do terceiro que, no seu interesse e forçado as mais das vezes pelas circunstâncias, paga uma dívida que não é sua"[11].

O aspecto especulativo, o fim de lucro, é elementar na cessão de crédito, mas não o é na sub-rogação. A cessão de crédito é feita, em geral, por valor diverso deste, enquanto a sub-rogação legal ocorre na exata proporção do pagamento efetuado. Na sub-rogação, ocorre pagamento, enquanto a cessão de crédito é feita antes da satisfação do débito[12].

O pagamento com sub-rogação também não se confunde com *novação subjetiva* por substituição de credor, por lhe faltar o *animus novandi*. Outrossim, enquanto na novação são as partes na relação original que convencionam a substituição, com a aquiescência do novo titular, na sub-rogação o vínculo prescinde dessa anuência, decorrendo precipuamente da lei. Mesmo quando é convencionada, inexiste a integração prévia de todas as vontades[13].

Trata-se, na realidade, de instituto autônomo e anômalo, em que o pagamento promove apenas uma alteração subjetiva, mudando o credor. A extinção obrigacional ocorre somente em relação ao credor, que fica satisfeito. Nada se altera para o devedor, que deverá pagar ao terceiro, sub-rogado no crédito.

3. ESPÉCIES

A sub-rogação pode ser, ainda, *legal* ou *convencional*, conforme a fonte donde promane.

A sub-rogação *legal* é a que decorre da lei, independentemente de declaração do credor ou do devedor. Em regra, o motivo determinante da sub-rogação, quando nem credor nem devedor se manifestam favoravelmente a ela, é o fato de o terceiro ter *interesse direto* na satisfação do crédito. Cite-se, como exemplo, o caso do codevedor solidário, como o fiador ou avalista, que pode ter o seu patrimônio penhorado se o devedor principal não realizar a prestação. Em situações como estas e outras semelhantes, o terceiro tem legítimo interesse no cumprimento, a que se encontra diretamente obrigado como codevedor e pelo qual responde

---

9 Carlos Alberto Bittar, *Direito das obrigações*, p. 117.

10 Gianturco, *Istituzioni di diritto civile italiano*, p. 17; Delvincourt, *Cours de droit civil*, n. 559; Toullier, *Droit civil français suivant l'ordre du Code*, VII, n. 119, apud Manoel Ignácio Carvalho de Mendonça, *Doutrina e prática das obrigações*, t. I, p. 543.

11 Antunes Varela, *Direito das obrigações*, v. II, p. 339.

12 Silvio Rodrigues, *Direito civil*, v. 2, p. 177; Orlando Gomes, *Obrigações*, p. 140; Manoel Ignácio Carvalho de Mendonça, *Doutrina e prática das obrigações*, t. I, p. 543.

13 Carlos Alberto Bittar, *Direito das obrigações*, p. 118.

com todo o seu patrimônio. Cumprindo, fica sub-rogado de pleno direito nos direitos do credor[14].

Destaca-se que o codevedor solidário que adimple a dívida pela qual era ou podia ser obrigado, ao se sub-rogar na qualidade de credor, pode suceder ao credor originário no polo ativo da execução de título extrajudicial, sendo despiciendo o ajuizamento de ação autônoma de regresso[15].

Outro exemplo está relacionado à sub-rogação da verba alimentar em situação de guarda unilateral, onde o guardião é credor dos alimentos devidos[16].

O legislador, compreendendo que a sub-rogação em favor de terceiros que saldam débitos de outrem se mostra justa, contempla as várias hipóteses, determinando a substituição e incorporação do crédito no patrimônio destes, de pleno direito, independentemente de qualquer convenção entre os interessados.

A sub-rogação *convencional* é a que deriva da vontade das partes. A manifestação volitiva deve ser *expressa*, para evitar qualquer dúvida que possa existir sobre um efeito tão importante como a transferência dos direitos do credor para a pessoa que lhe paga. Pode decorrer de avença entre credor e sub-rogado ou de ajuste entre o mesmo sub-rogado e o devedor[17].

3.1. Sub-rogação legal

A sub-rogação legal encontra-se regulamentada no art. 346 do Código Civil e se opera, *de pleno direito*, automaticamente, em três casos. Primeiro, em favor "*do credor que paga a dívida do devedor comum*" (inciso I).

Cogita o dispositivo da hipótese de o devedor ter mais de um credor. Se um deles promover a execução judicial de seu crédito, *preferencial ou não*, poderá o devedor ficar sem meios para atender aos compromissos com os demais credores. Qualquer destes pode, então, pagar ao credor exequente, sub-rogando-se em seus direitos, e aguardar a melhor oportunidade para a cobrança de seu crédito.

Pode o credor, com segunda hipoteca sobre determinado imóvel do devedor, por exemplo, preferir pagar ao titular do crédito garantido por primeira hipoteca sobre o mesmo bem, sub-rogando-se nos direitos deste, para posteriormente executar os dois créditos hipotecários e não ter de aguardar a execução do primeiro, e apenas contentar-se com o que restar.

O credor, que efetua o pagamento, procura defender os seus próprios interesses. Tem interesse em pagar dívida do devedor comum aquele credor que não possui nenhuma garantia, diante de outro que tenha direito de preferência, ou seja também credor quirografário mas promove execução, com penhora já efetivada, capaz de desfalcar substancialmente o patrimônio do primeiro. Igualmente tem interesse o credor que possui garantia mais fraca, diante de outro credor preferencial.

O Código Civil de 1916, no art. 985, I, limitava a sub-rogação à hipótese de pagamento a credor a quem competia direito de *preferência*. Entendia-se, por essa razão, que a sub-rogação pressupunha sempre dois requisitos: a) que aquele que paga fosse também credor do devedor; b) que o crédito pago tivesse preferência sobre o do *solvens*[18]. O atual diploma, to-

---

14 Inocêncio Galvão Telles, *Direito das obrigações*, p. 215-216.

15 STJ, REsp 2.095.925-SP, 3ª T., rel. Min. Nancy Andrighi, *DJe* 15-12-2023.

16 STJ, AgInt no AREsp 1.182.089-SC, 3ª T., rel. Min. Raul Araújo, j. 28-9-2020. STJ, HC 172.742-RS, 3ª T., rel. Min. Moura Ribeiro, j. 7-2-2023.

17 Silvio Rodrigues, *Direito civil*, v. 2, p. 179; Inocêncio Galvão Telles, *Direito das obrigações*, p. 213.

18 Clóvis Beviláqua, *Direito das obrigações*, p. 105; Washington de Barros Monteiro, *Curso de direito civil*, 29. ed., v. 4, p. 287.

davia, suprimiu a expressão *a quem competia o direito de preferência*, ampliando destarte os casos de sub-rogação legal, visto que a enumeração constante do art. 346 reveste-se de natureza taxativa.

Desse modo, incluem-se no aludido dispositivo não somente as hipóteses em que o terceiro, que paga, tem em mira assegurar a consistência prática do seu direito, em face de um competidor mais forte, como também quando visa prevenir a sua perda. Abrange, portanto, a do credor quirografário que, sabendo ter o devedor comum patrimônio suficiente para responder por apenas uma das dívidas, paga a do outro credor, também quirografário, de menor valor mas que poderia impedir a satisfação de seu crédito. Pode convir ao primeiro tornar-se titular dos dois créditos para adiar a execução para momento oportuno, ou conduzi-la de modo a que possibilite a arrecadação, na hasta pública, de quantia suficiente para saldá-los.

Segundo Antunes Varela, não podem deixar de ser incluídos no dispositivo em estudo, por interpretação extensiva, o caso do sublocatário que paga os aluguéis devidos pelo locatário, a fim de evitar a caducidade da sublocação; o do credor pignoratício que paga a prestação em dívida do preço da coisa empenhada, para impedir a resolução da venda etc.[19].

A sub-rogação legal opera-se também, em segundo lugar, em favor "*do adquirente do imóvel hipotecado, que paga a credor hipotecário, bem como do terceiro que efetiva o pagamento para não ser privado de direito sobre imóvel*" (CC, art. 346, II).

Pode, eventualmente, alguém adquirir imóvel hipotecado, porque faltam poucas prestações a serem pagas ao credor, pelo alienante. Se este, no entanto, deixa de pagá-las, pode o adquirente efetuar o pagamento, para evitar a excussão do imóvel hipotecado, sub-rogando-se nos direitos daquele. Estando o imóvel onerado por mais de uma hipoteca, o adquirente, que paga a primeira, sub-roga-se no crédito hipotecário satisfeito, adquirindo preferência em relação aos demais credores hipotecários. Pode-se valer dessa posição para dificultar a execução que estes pretendam promover.

Pondera Antunes Varela[20] que, pela mesma razão, não se deve negar o benefício da sub-rogação ao adquirente da coisa móvel que paga ao credor pignoratício ou ao credor caucionado. E de igual benefício deve gozar o adquirente de imóvel dado em anticrese, que paga ao credor anticrético, bem como o credor hipotecário que paga o crédito hipotecário com graduação prioritária.

O Código Civil em vigor ampliou as hipóteses legais com a previsão da sub-rogação em favor não só do adquirente do imóvel hipotecado, que paga a credor hipotecário, como também *do terceiro que efetiva o pagamento para não ser privado de direito sobre imóvel*. Esta última não constava do inciso II do art. 985 do Código de 1916. A inovação beneficia "aqueles que, por alguma relação contratual, ou mesmo por execução judicial, como na hipótese de vencedor em pleito indenizatório, tenham obtido direito, ou constrição, quanto ao imóvel do devedor, e, para a preservação e exequibilidade do direito, vêm a fazer o pagamento do débito hipotecário"[21].

Em terceiro lugar, a sub-rogação opera-se, ainda, em favor "*do terceiro interessado, que paga a dívida pela qual era ou podia ser obrigado, no todo ou em parte*" (CC, art. 346, III).

Terceiro *interessado* é o que pode ter seu patrimônio afetado caso a dívida, pela qual também se obrigou, não seja paga. É o que acontece com o avalista, com o fiador, com o coobrigado solidário etc., que pagam dívida pela qual eram ou podiam ser obrigados. Sub-

---

19 *Direito das obrigações*, v. II, p. 341.

20 *Direito das obrigações*, v. II, p. 342.

21 Renan Lotufo, *Código Civil comentado*, v. 2, p. 301-302.

-rogam-se, automaticamente, nos direitos do credor. Embora extinta para este a dívida, subsiste ela em relação ao devedor, que deverá saldá-la ao terceiro interessado, que a pagou, investindo-se, em virtude desse pagamento, em todos os direitos e garantias do primitivo devedor[22].

Assim, em caso de alienação de imóvel, o "antigo proprietário – alienante – tem legitimidade para cobrar os aluguéis que tenham vencido em data anterior à alienação do imóvel, somente cabendo ao novo proprietário – adquirente – direito sobre tais parcelas caso disposto no contrato de compra e venda do imóvel (...). A alienação não altera a relação obrigacional entre o locatário e o locador no período anterior à venda do imóvel. Sendo assim, o locatário se tornará obrigado perante o novo proprietário somente após o negócio jurídico, por força de sub-rogação legal, nos termos do art. 8º, § 2º, da Lei n. 8.245/91"[23].

A assertiva vale também para o codevedor de obrigação indivisível, que, embora não seja um devedor solidário, se considera obrigado pela dívida toda, só por causa da indivisibilidade da prestação (CC, art. 259).

Esta terceira hipótese é a mais comum. Mas favorece somente o terceiro interessado. O *terceiro não interessado*, que paga a dívida em seu próprio nome, malgrado tenha direito a reembolsar-se do que pagou, não se sub-roga nos direitos do credor (CC, art. 305). Sendo estranho à relação obrigacional, não lhe assiste tal direito.

3.2. Sub-rogação convencional

A sub-rogação convencional decorre, como foi dito, da vontade das partes, podendo se dar por iniciativa ou *declaração do credor* e ainda por interesse ou *declaração do devedor*, nas hipóteses em que não se acham presentes os pressupostos da sub-rogação legal. É a que pode ser consentida pelo credor sem intervenção do devedor, ou por este sem o concurso daquele, pressupondo, porém, sempre a intervenção e o concurso de um terceiro[24].

A regulamentação dessa espécie de sub-rogação está contida no art. 347 do Código Civil, que prevê duas hipóteses, correspondentes às situações mencionadas no parágrafo anterior. A primeira, "*quando o credor recebe o pagamento de terceiro e expressamente lhe transfere todos os seus direitos*" (inciso I).

O terceiro interessado já se sub-roga, automaticamente, nos direitos do credor. Não necessita, pois, dessa transferência feita pelo credor. Cuida o dispositivo, pois, da hipótese de *terceiro não interessado*. Mesmo o que não tem interesse direto no pagamento e cumpre a prestação no lugar do devedor pode ficar sub-rogado nos direitos do credor, desde que preenchidos os seguintes requisitos: a) que haja uma transferência *expressa* dos direitos do credor; b) que a transferência seja efetuada até o momento em que recebe a prestação. Justifica-se esta última exigência pelo fato de o pagamento extinguir a obrigação. Para que esse efeito não

---

22 "Se a seguradora pagou à segurada os prejuízos ocorridos, em razão de perda total da mercadoria transportada, por força de contrato de seguro, cabe-lhe, como sub-rogada, reaver do transportador o valor despendido, porquanto este responde pelas mercadorias que lhe são entregues, desde o recebimento até a entrega em seu destino. Nesse caso, os valores desembolsados pela seguradora são corrigidos monetariamente a partir dos respectivos pagamentos. Súmula 188 do STF" (*RT*, 684/166, 685/153). "Fiador que ostenta a qualidade de devedor solidário com o inquilino. Purgação da mora pelo garante efetuada em ação de despejo por falta de pagamento. Admissibilidade. Terceiro interessado. Direito ao pagamento da dívida e encargos que lhe é assegurado pelo art. 985, III, do CC (*de 1916, art. 346, III, do CC/2002*), eis que os efeitos do inadimplemento poderiam atingi-lo" (*RT*, 647/149).

23 STJ, REsp 1.228.266-RS, 4ª T., rel. Min. Maria Isabel Gallotti, *DJe* 23-3-2015.

24 Inocêncio Galvão Telles, *Direito das obrigações*, p. 212-213; Manoel Ignácio Carvalho de Mendonça, *Doutrina e prática das obrigações*, t. I, p. 553; Silvio Rodrigues, *Direito civil*, v. 2, p. 182.

se produza, permitindo a sub-rogação, faz-se mister que esta se realize antes ou contemporaneamente àquele[25].

A primeira hipótese de sub-rogação convencional configura-se, portanto, quando um terceiro sem interesse jurídico, embora possa ter outra espécie de interesse, paga a dívida e o credor manifesta a sua vontade no sentido de que o terceiro fique colocado na sua posição, adquirindo os respectivos direitos. O credor exterioriza o seu querer favorável à sub-rogação e faz, desse modo, com que ela se produza.

A transferência, por vontade do credor, pode ser feita sem a anuência do devedor. É uma espécie de cessão de crédito, embora não se confunda com esta, que tem características próprias. Mas, do ponto de vista puramente legal, ambas se regulam pelos mesmos princípios, dispondo o art. 348 do Código Civil que, "*na hipótese do inciso I do artigo antecedente, vigorará o disposto quanto à cessão de crédito*".

Preleciona, a propósito, Antunes Varela que a sub-rogação efetivamente não se identifica com a cessão de crédito, embora uma e outra sejam formas de transmissão do direito e do crédito. Aduz o mestre português que os efeitos da cessão definem-se "pelos *termos* da convenção negocial acertada entre cedente e cessionário. Os efeitos da sub-rogação, como instrumento legal de proteção dos interesses do terceiro (*solvens*), medem-se em função do *cumprimento* ou *pagamento*[26].

Caio Mário da Silva Pereira, igualmente, vê uma flagrante aproximação entre o pagamento com sub-rogação e a cessão de crédito, mas afirma que "não há confundir os dois institutos que se extremam por características peculiares"[27].

Maria Helena Diniz, por sua vez, obtempera que os dois institutos não se confundem, apesar da semelhança existente entre eles e de serem regulados pelos mesmos princípios (CC, art. 348). A cessão, diz, "visa transferir ao cessionário o crédito, o direito ou a ação, ao passo que a sub-rogação objetiva exonerar o devedor perante o antigo credor. A cessão não opera extinção do débito, uma vez que o direito creditório, sem solução de continuidade, é transmitido de um titular a outro, enquanto a sub-rogação extingue a dívida relativamente ao credor primitivo. A cessão é sempre feita pelo credor e a sub-rogação poderá efetivar-se até contra a vontade deste. Na cessão por título oneroso, o cedente fica responsável perante o cessionário pela existência do crédito ao tempo de sua transferência (CC, art. 371), o que não se dá na sub-rogação"[28].

Se os dois institutos não se distinguissem por características próprias não haveria necessidade de o legislador proclamar que, na hipótese do inciso I do art. 347, "*vigorará o disposto quanto à cessão de crédito*" (CC, art. 348). Na realidade, como observa Orlando Gomes[29], quando a *sub-rogação* se verifica mediante acordo entre o *accipiens* e o *solvens* é rigorosamente convencional, tendo mecanismo semelhante ao da *cessão de crédito*, com a diferença apenas de que a transferência dos direitos do credor se opera por efeito do pagamento.

Em hipótese de pagamento de reparo do veículo por seguradora, proclamou o Superior Tribunal de Justiça que "a sub-rogação convencional, nos termos do art. 347, I, do CC pode se dar quando o credor recebe o pagamento de terceiro e expressamente lhe transfere todos

---

25 Antunes Varela, *Direito das obrigações*, v. II, p. 343; Silvio Rodrigues, *Direito civil*, v. 2, p. 182. Dispõe o art. 589º do Código Civil português: "O credor que recebe a prestação de terceiro pode sub-rogar-se nos seus direitos, desde que o faça expressamente *até ao momento do cumprimento da obrigação*".

26 *Direito das obrigações*, v. II, p. 339.

27 *Instituições de direito civil*, v. II, p. 131-132.

28 *Curso de direito civil brasileiro*, v. 2, p. 298.

29 *Obrigações*, p. 141.

os seus direitos. Na hipótese, a oficina apenas prestou serviços de mecânica automotora em bem do segurado, ou seja, não pagou nenhuma dívida dele para se sub-rogar em seus direitos". Concluiu o *decisum* pela presença de cessão de crédito, eis que, "no caso, o termo firmado entre a oficina e o segurado se enquadra, na realidade, como uma cessão de crédito, visto que este, na ocorrência do sinistro, possui direito creditício decorrente da apólice securitária, mas tal direito é transmissível pelo valor incontroverso, qual seja, o valor do orçamento aprovado pela seguradora"[30].

A segunda hipótese de sub-rogação convencional configura-se "*quando terceira pessoa empresta ao devedor a quantia precisa para solver a dívida, sob a condição expressa de ficar o mutuante sub-rogado nos direitos do credor satisfeito*" (CC, art. 347, II). Trata-se de sub-rogação realizada no interesse do devedor, independente da vontade do credor.

Segundo Orlando Gomes, trata-se de "um contrato forçado. Neste caso, a sub-rogação resulta da vontade do devedor. A fim de se desobrigar, o devedor pede a outrem que lhe empreste a quantia devida, estipulando que o mutuante se sub-rogará nos direitos do credor satisfeito. Troca vantajosamente de credor. Não é preciso que este consinta. Uma vez satisfeito, pouco lhe importa que o devedor passe a dever a outrem por ter feito empréstimo para lhe pagar"[31].

Na hipótese ora versada, ou o terceiro paga ele próprio a dívida ou se limita a emprestar ao devedor dinheiro, ou outra coisa fungível se a dívida tem por objeto coisa dessa índole que não seja dinheiro, para que, abonado com tais meios e à custa deles, possa o devedor cumprir a obrigação. Em qualquer destas sub-hipóteses "o terceiro – pagador ou mutuante – fica sub-rogado nos direitos do credor desde que se verifiquem os mais requisitos previstos na lei"[32].

Dispõe o art. 590º do Código Civil português que, se o pagamento é efetuado pelo terceiro, a vontade expressa do devedor no sentido da sub-rogação tem de ser manifestada *até ao momento do cumprimento da obrigação.* Sendo o pagamento efetuado pelo devedor com base em empréstimo feito pelo terceiro, a referida vontade tem de constar do próprio documento que titula o mútuo, onde, também por forma expressa, se deve declarar que o dinheiro ou coisa emprestada se destina ao referido pagamento (art. 591º).

A segunda hipótese de sub-rogação convencional, ora tratada, ocorre, com frequência, nos financiamentos regulados pelo Sistema Financeiro da Habitação, em que o agente financeiro empresta ao adquirente da casa própria (mutuário) a quantia necessária para o pagamento ao alienante, sob a condição *expressa* de ficar sub-rogada nos direitos deste. O devedor paga seu débito com a quantia que lhe foi emprestada, transferindo expressamente ao agente financeiro os direitos do credor (alienante) satisfeito. Assim, o adquirente da casa própria não é mais devedor do alienante, e sim do terceiro (agente financeiro), que lhe emprestou o numerário[33].

4. EFEITOS DA SUB-ROGAÇÃO

Prescreve o art. 349 do Código Civil:

---

30 STJ, REsp 1.336.781-SP, 3ª T., rel. Min. Villas Bôas Cueva, *DJe* 8-10-2018.

31 *Obrigações*, p. 141.

32 Inocêncio Galvão Telles, *Direito das obrigações*, p. 213-214.

33 "Empréstimo destinado à aquisição da casa própria. Contrato de valor específico e finalístico que caracteriza relação de consumo, subsumindo-se às regras do Código de Defesa do Consumidor" (*RT*, 800/277, 787/415). "Financiamento da casa própria. Ação em que se discute contrato, coberto pelo Fundo de Compensação de Variações Salariais. Julgamento afeto à Justiça Federal" (*RT*, 783/303). "Financiamento da casa própria. Hipoteca. Gravame que não incide sobre o imóvel adquirido por terceiro pela eventual inadimplência da construtora do empreendimento" (*RT*, 794/280).

"A sub-rogação transfere ao novo credor todos os direitos, ações, privilégios e garantias do primitivo, em relação à dívida, contra o devedor principal e os fiadores".

Denota-se que a sub-rogação, legal ou convencional, produz dois efeitos: a) o *liberatório*, por exonerar o devedor ante o credor originário; e b) o *translativo*, por transmitir ao terceiro, que satisfez o credor originário, os direitos de crédito que este desfrutava, com todos os seus acessórios, ônus e encargos, pois o sub-rogado passará a suportar todas as exceções que o sub-rogante teria de enfrentar[34].

O efeito *translativo* da sub-rogação é, portanto, amplo. O novo credor será um credor privilegiado se o primitivo o era. O avalista, que paga a dívida, sub-rogando-se nos direitos do primitivo credor, poderá cobrá-la também sob a forma de execução[35]. A propósito, decidiu-se:

"Execução de título extrajudicial. Cédula de crédito bancário. Pagamento feito por avalista. Sub-rogação. Correção monetária e juros de mora. Termo inicial. Data do pagamento. O avalista que efetua o pagamento da dívida, relativa a débito oriundo de cédula bancária, sub-roga-se nos direitos e ações que competem ao banco credor, consoante dispõe o art. 349 do Código Civil, devendo os encargos legais incidirem sobre a dívida a partir do desembolso efetuado pelo sub-rogado"[36].

O dispositivo em tela aplica-se às duas modalidades de sub-rogação – legal e convencional. Nesta, porém, devido a sua natureza contratual, podem as partes limitar os direitos do sub-rogado.

Na sub-rogação *legal*, o sub-rogado não pode reclamar do devedor a totalidade da dívida, mas só aquilo que houver desembolsado (CC, art. 350). Assim, quem pagar soma menor que a do crédito sub-roga-se pelo valor efetivamente pago, e não pelo daquele.

Na sub-rogação *convencional*, em que predomina a autonomia da vontade e o caráter especulativo, como na cessão de crédito, pode ser estabelecido o contrário, ou seja, que haverá sub-rogação total, mesmo não tendo havido desembolso integral da importância necessária à satisfação do credor primitivo. Apesar da controvérsia existente a respeito do tema, não nos parece razoável entender que, no silêncio do contrato, a sub-rogação convencional será total, mesmo não tendo havido desembolso integral.

5. SUB-ROGAÇÃO PARCIAL

No caso de pagamento parcial por terceiro, o crédito fica dividido em duas partes: a parte *não paga*, que continua a pertencer ao credor primitivo, e a *parte paga*, que se transfere ao sub-rogado. O art. 351 do Código Civil trata da hipótese de o terceiro interessado pagar apenas parte da dívida e o patrimônio do devedor ser insuficiente para responder pela integralidade do débito. Dispõe o aludido dispositivo:

"Art. 351. O credor originário, só em parte reembolsado, terá preferência ao sub-rogado, na cobrança da dívida restante, se os bens do devedor não chegarem para saldar inteiramente o que a um e outro dever".

Silvio Rodrigues[37] critica a solução, que já constava do art. 990 do Código de 1916, dizendo que ela desencoraja a sub-rogação, pelo menos a sub-rogação parcial. Por isso, pre-

---

[34] Caio Mário da Silva Pereira, *Instituições de direito civil*, v. II, p. 136; Maria Helena Diniz, *Curso de direito civil brasileiro*, v. 2, p. 299.

[35] "Cambial. Satisfação da dívida pelo avalista. Execução por ele proposta. Admissibilidade. Sub-rogação legal que enseja a via executiva" (STF, *RT*, 630/233).

[36] TJ-MT, Ap. 156.258/2016, 5ª Câm. Cív., rel. Des. Dirceu dos Santos, *DJe* 2-2-2017.

[37] *Direito civil*, v. 2, p. 185.

fere a adotada no Código italiano (art. 1.205), que no caso de pagamento parcial determina que o terceiro sub-rogado e o credor primitivo concorram, em face do devedor, proporcionalmente ao que lhes é devido, salvo pacto em contrário.

O nosso direito adota a solução do Código Civil francês (art. 1.252), que confere preferência ao credor originário, só parcialmente pago, sobre o terceiro sub-rogado, para a cobrança do restante do débito, aplicando na hipótese a consagrada máxima "*nemo contra se subrogasse censetur*", segundo a qual se presume que ninguém sub-roga outrem (nos seus direitos) em seu prejuízo.

Essa mesma ideia é adotada no art. 593º, n. 2, do Código Civil português, quando esse artigo declara que, "no caso de satisfação parcial, a sub-rogação não prejudica os direitos do credor ou do seu cessionário, quando outra coisa não for estipulada". Interpretando o dispositivo, assinala Inocêncio Galvão Telles: "O credor originário goza de *preferência* sobre o sub-rogado, visto a lei declarar que a sub-rogação não prejudica os direitos daquele, quando outra coisa não tenha sido estipulada (art. 593º, nº 2). Por conseguinte, em caso de insolvência do devedor, aquilo que for afeto ao pagamento do crédito global destina-se em primeiro lugar ao credor primitivo: só o excedente, se o houver, aproveita ao sub-rogado. Tal solução baseia-se na vontade provável do credor. Este não pode ser constrangido a receber um pagamento parcial"[38].

O Código Civil brasileiro não estabelece nenhum tratamento especial para a hipótese de mais de uma pessoa solver a dívida, em pagamentos parciais sucessivos – hipótese diversa da tratada nos parágrafos anteriores. Desse modo, têm os vários sub-rogados que sujeitar-se à regra da igualdade dos credores na cobrança dos seus créditos, seja qual for a data, a origem ou o montante destes[39]. Essa a regra constante do art. 593º, n. 3, do Código Civil português, *verbis*: "*Havendo vários sub-rogados, ainda que em momentos sucessivos, por satisfações parciais do crédito, nenhum deles tem preferência sobre os demais*". O credor primitivo, todavia, terá preferência sobre todos os sub-rogados. Estes dividirão entre si o que sobejar, em pé de igualdade.

---

[38] *Direito das obrigações*, p. 220.

[39] Antunes Varela, *Direito das obrigações*, v. II, p. 345.

Capítulo IV

DA IMPUTAÇÃO DO PAGAMENTO

Sumário: 1. Conceito. 2. Requisitos da imputação do pagamento. 3. Espécies de imputação. 3.1. Imputação por indicação do devedor. 3.2. Imputação por vontade do credor. 3.3. Imputação em virtude de lei. 4. Imputação do pagamento em contratos de cheque especial.

1. CONCEITO

Segundo esclarece Lacerda de Almeida, quando o pagamento é insuficiente para saldar todas as dívidas do mesmo devedor ao mesmo credor, surge a dificuldade de saber a qual ou a quais delas deve aplicar-se o pagamento. Esta aplicação do pagamento à extinção de uma ou mais dívidas é o que se chama em direito *imputação do pagamento*[1].

A imputação do pagamento consiste, pois, na indicação ou determinação da dívida a ser quitada, quando uma pessoa se encontra obrigada, por dois ou mais débitos da mesma natureza, a um só credor, e efetua pagamento não suficiente para saldar todas elas[2]. Na definição de Manoel Ignácio Carvalho de Mendonça, é "a operação pela qual o devedor de muitas dívidas de coisa fungível da mesma espécie e qualidade e a um mesmo credor, ou o próprio credor em seu lugar, destina uma prestação à extinção de uma ou mais de uma das dívidas, por ser ela insuficiente para saldar todas[3].

Com precisão e clareza, explica Clóvis Beviláqua que "a pessoa obrigada por muitas prestações da mesma espécie tem a faculdade de declarar, ao tempo de cumpri-la, qual delas quer solver. Esta escolha, porém, só poderá referir-se a dívidas líquidas e vencidas. Havendo capital e juros, o pagamento se imputará primeiro nos juros, e, só depois de esgotados estes, recairá sobre o principal. Não fazendo o devedor a escolha, nos casos em que esta lhe é permitida, nem a tendo fixado o credor na quitação, observar-se-ão os critérios legais"[4].

Assim, por exemplo, se três dívidas são, respectivamente, de cinquenta, cem e duzentos mil reais, e o devedor remete cinquenta reais ao credor, a imputação poderá ser feita em qualquer delas, se este concordar com o recebimento parcelado da segunda ou da terceira. Caso contrário, será considerada integralmente quitada a primeira dívida. Nesta última hipótese não terá havido propriamente imputação, porque o devedor não poderia indicar nenhuma outra dívida sem o consentimento do credor. Dispõe, com efeito, o art. 352 do Código Civil:

---

1 Francisco de Paula Lacerda de Almeida, *Obrigações*, p. 308.

2 Alberto Trabucchi, *Instituciones de derecho civil*, p. 59; Roberto de Ruggiero, *Instituições de direito civil*, v. III, p. 85.

3 *Doutrina e prática das obrigações*, t. I, p. 569.

4 *Direito das obrigações*, p. 108.

"A pessoa obrigada, por dois ou mais débitos da mesma natureza, a um só credor, tem o direito de indicar a qual deles oferece pagamento, se todos forem líquidos e vencidos".

2. REQUISITOS DA IMPUTAÇÃO DO PAGAMENTO

A imputação do pagamento pressupõe os seguintes *requisitos* (CC, arts. 352 e 353): a) pluralidade de débitos; b) identidade de partes; c) igual natureza das dívidas; d) possibilidade de o pagamento resgatar mais de um débito. Examinemos cada um deles.

a) *Pluralidade de débitos* – Trata-se de requisito básico, que integra o próprio conceito de imputação do pagamento. Esta seria incogitável se houvesse apenas um débito. Carvalho de Mendonça, depois de dizer que é, antes de tudo, essencial a *multiplicidade da dívida*, critica os que sustentam a possibilidade da imputação em um só débito, afirmando que "os princípios da lógica repelem tão singular doutrina, que redundaria, afinal de contas, em sancionar como regra o pagamento parcial"[5]. Somente se pode falar em imputação, havendo uma única dívida, quando ela se desdobra, destacando-se os juros, que são acessórios do débito principal. Neste caso, segundo dispõe o art. 354, o pagamento imputar-se-á primeiro nos juros vencidos[6].

b) *Identidade de partes* – As diversas relações obrigacionais devem vincular o mesmo devedor a um mesmo credor, uma vez que o art. 352 do Código Civil cuida da hipótese de *pessoa obrigada*, por dois ou mais débitos da mesma natureza, *a um só credor*. Pode haver, todavia, pluralidade de pessoas, no polo ativo ou passivo, como nos casos de solidariedade ativa ou passiva, sem que tal circunstância afaste a existência de duas partes, pois o devedor ou o credor serão sempre um só[7].

c) *Igual natureza das dívidas* – O mencionado art. 352 do Código Civil exige, para a imputação do pagamento, que os débitos sejam da mesma *natureza*, ou seja, devem ter por objeto coisas fungíveis de idêntica espécie e qualidade. Se uma das dívidas for de dinheiro, e a outra consistir na entrega de algum bem, havendo o pagamento de certa quantia não haverá necessidade de imputação do pagamento. Não poderá o devedor pretender imputar o valor pago no débito referente ao bem a ser entregue.

A fungibilidade dos débitos é necessária, para que se torne indiferente ao credor receber uma prestação ou outra. Não basta que ambas consistam em coisas fungíveis (dinheiro, café, milho etc.), fazendo-se mister que sejam homogêneas, isto é, *fungíveis entre si*. Assim, só poderá haver imputação do pagamento se ambas consistirem em dívida em dinheiro, por exemplo. Ela não poderá se dar se uma das dívidas for de dinheiro e outra de entregar sacas de café.

As dívidas devem ser ainda *líquidas* e *vencidas*. Considera-se líquida, segundo os dizeres do art. 1.533 do Código Civil de 1916, a obrigação certa, quanto à sua existência, e determinada, quanto ao seu objeto. É a obrigação que se reputa devida e cujo montante já foi apurado. Vencida, por sua vez, é que se tornou exigível pelo advento do termo prefixado.

A exigência de que o prazo para pagamento da dívida esteja vencido mostra-se supérflua e só se aplica aos raros casos em que foi estabelecido em benefício do credor. Como em geral a estipulação é feita em favor do devedor (CC, art. 133), pode este, em princípio, renunciá-lo e efetuar a imputação na dívida vincenda, se for da mesma natureza das demais e tiver os mesmos ônus, quando, por exemplo, tiver alguma vantagem ou desconto com a antecipação[8].

---

5 *Doutrina e prática das obrigações*, t. I, p. 570.

6 Washington de Barros Monteiro, *Curso de direito civil*, 29. ed., v. 4, p. 292-293.

7 Washington de Barros Monteiro, *Curso de direito civil*, 29. ed., v. 4, p. 293; Maria Helena Diniz, *Curso de direito civil brasileiro*, v. 2, p. 304.

8 Álvaro Villaça Azevedo, *Teoria geral das obrigações*, p. 168.

Melhor, sem dúvida, a redação do art. 783º, n. 2, do Código Civil português: "O devedor, porém, não pode designar contra a vontade do credor uma dívida que ainda não esteja vencida, se o prazo tiver sido estabelecido em benefício do credor".

O art. 991, segunda parte, do Código de 1916 dizia que, "sem consentimento do credor, não se fará imputação do pagamento na dívida ilíquida, ou não vencida". Tal dispositivo não foi repetido, por supérfluo, pelo Código em vigor, segundo SILVIO RODRIGUES[9], posto que, de resto, a lei permite que a imputação se faça não só no débito vincendo, como no ilíquido, quando com isso concordar o credor.

d) *Possibilidade de o pagamento resgatar mais de um débito* – É necessário, para que se possa falar em imputação do pagamento, que a importância entregue ao credor seja suficiente para resgatar mais de um débito, e não todos. Se este oferece numerário capaz de quitar apenas a dívida menor, não lhe é dado imputá-la em outra, pois do contrário estar-se-ia constrangendo o credor a receber pagamento parcial, a despeito da proibição constante do art. 314 do estatuto civil. E, neste caso, não há que se cogitar da questão da imputação do pagamento[10].

3. ESPÉCIES DE IMPUTAÇÃO

A regra básica e fundamental em matéria de imputação do pagamento é que ao devedor cabe o direito de declarar, quando paga, qual seja o débito que pretende satisfazer (CC, art. 352). Quando não o declara, este direito passa para o credor (art. 353). Mas o direito de escolha do devedor tem limites, relacionados à natureza da dívida, não podendo, ainda, sem o consentimento do credor, imputar o pagamento no capital, havendo juros vencidos (art. 354). Nessa linha é a jurisprudência do Superior Tribunal de Justiça, admitindo a utilização do instituto quando o contrato não disponha expressamente em contrário[11]. Também o direito do credor tem limite na faculdade de oposição do devedor, o qual, porém, a perde quando tenha, ao receber a quitação, aceitado a imputação feita pelo primeiro, salvo provando haver ele cometido violência ou dolo (art. 353)[12].

Se nenhuma das partes exerce, no momento adequado, a prerrogativa de indicar em qual débito a oferta deve ser imputada, a própria lei determina qual deles será quitado (CC, art. 355).

Por conseguinte, três são as espécies de imputação de pagamento: a) por indicação do devedor; b) por vontade do credor; e c) em virtude de lei.

3.1. Imputação por indicação do devedor

A imputação por indicação ou vontade do devedor é assegurada a este no art. 352 já mencionado, pelo qual a pessoa obrigada tem o direito de escolher qual débito deseja saldar. Esse direito sofre, no entanto, algumas limitações:

a) o devedor não pode imputar pagamento em dívida ainda não vencida se o prazo se estabeleceu em benefício do credor. Como a lei presume (presunção *juris tantum*) que, nos contratos, é ele estipulado em proveito do devedor (CC, art. 133), pode este, em princípio, como já foi dito, renunciá-lo e imputar o pagamento em dívida vincenda;

---

9 *Direito civil*, v. 2, p. 189.

10 Silvio Rodrigues, *Direito civil*, v. 2, p. 189-190.

11 STJ, AgInt no REsp 1.843.073-SP, 3ª T., rel. Min. Marco Aurélio Bellizze, j. 10-3-2020.

12 Roberto de Ruggiero, *Instituições de direito civil*, v. III, p. 85; Alberto Trabucchi, *Instituciones de derecho civil*, v. II, p. 59.

b) o devedor não pode, também, imputar o pagamento em dívida cujo montante seja superior ao valor ofertado, salvo acordo entre as partes, pois pagamento parcelado do débito só é permitido quando convencionado (CC, art. 314);

c) o devedor não pode, ainda, pretender que o pagamento seja imputado no capital, quando há juros vencidos, "*salvo estipulação em contrário, ou se o credor passar a quitação por conta do capital*" (CC, art. 354, segunda parte). A razão dessa vedação está no fato de o credor ter o direito de receber, primeiramente, os juros, e depois o capital, pois este produz rendimento e aqueles não. Objetiva a norma jurídica, assim, evitar que o devedor, ao exercer o seu direito de imputação, prejudique o credor.

Proclamou o Superior Tribunal de Justiça que, "no âmbito do Sistema Financeiro da Habitação, os pagamentos mensais devem ser imputados primeiramente aos juros e depois ao principal, nos termos do disposto no art. 354 do Código Civil em vigor", e que, "se o pagamento mensal não for suficiente para a quitação sequer dos juros, a determinação de lançamento dos juros vencidos e não pagos em conta separada, sujeita apenas à correção monetária, com o fim exclusivo de evitar a prática de anatocismo, encontra apoio na jurisprudência do STJ"[13].

Não havendo nenhuma dessas limitações e tendo a imputação observado todos os requisitos legais, não pode o credor recusar o pagamento oferecido, sob pena de se caracterizar a mora *accipiendi*, que autoriza o devedor a valer-se da ação de consignação em pagamento, para que o pagamento se impute na dívida indicada, se outra causa para a recusa não existir[14].

3.2. Imputação por vontade do credor

A imputação por vontade ou indicação do credor ocorre quando o devedor não declara qual das dívidas quer pagar. O direito é exercido na própria quitação. Com efeito, dispõe o art. 353 do Código Civil:

"Não tendo o devedor declarado em qual das dívidas líquidas e vencidas quer imputar o pagamento, se aceitar a quitação de uma delas, não terá direito a reclamar contra a imputação feita pelo credor, salvo provando haver ele cometido violência ou dolo".

Desse modo, se o devedor aceita a quitação na qual o credor declara que recebeu o pagamento por conta de determinado débito, dentre os vários existentes, sem formular nenhuma objeção, e não havendo dolo ou violência deste, reputa-se válida a imputação[15].

3.3. Imputação em virtude de lei

Dá-se a imputação em virtude de lei ou por determinação legal se o devedor não fizer a indicação do art. 352, e a quitação for omissa quanto à imputação. Prescreve, a propósito, o art. 355 do Código Civil:

"Se o devedor não fizer a indicação do art. 352, e a quitação for omissa quanto à imputação, esta se fará nas dívidas líquidas e vencidas em primeiro lugar. Se as dívidas forem todas líquidas e vencidas ao mesmo tempo, a imputação far-se-á na mais onerosa".

---

13 STJ, REsp 1.148.939-RS, 4ª T., rel. Min. Maria Isabel Gallotti, j. 25-1-2011.

14 Clóvis Beviláqua, *Código Civil dos Estados Unidos do Brasil comentado*, v. IV, p. 119; Washington de Barros Monteiro, *Curso de direito civil*, 29. ed., v. 4, p. 293; Maria Helena Diniz, *Curso de direito civil brasileiro*, v. 2, p. 263.

15 Alberto Trabucchi, *Instituciones de derecho civil*, v. II, p. 59.

Observa-se, assim, que o credor que não fez a imputação no momento de fornecer a quitação não poderá fazê-lo posteriormente, verificando-se, então, a *imputação legal*. Os critérios desta são os seguintes:

a) havendo capital e juros, o pagamento imputar-se-á primeiro nos juros vencidos (CC, art. 354);

b) entre dívidas vencidas e não vencidas, a imputação far-se-á nas primeiras;

c) se algumas forem líquidas e outras ilíquidas, a preferência recairá sobre as primeiras, *segundo a ordem de seu vencimento* (CC, art. 355);

d) se todas forem líquidas e vencidas ao mesmo tempo, considerar-se paga *a mais onerosa*, conforme estatui o mesmo dispositivo legal.

Mais onerosa é, por exemplo, a que rende juros, comparativamente à que não os produz; a cujos juros são mais elevados, em relação à de juros módicos; a sobre a qual pesa algum gravame, como hipoteca ou outro direito real, relativamente à que não contém tais ônus; a que pode ser cobrada pelo rito executivo, comparada à que enseja somente ação ordinária; a garantida por cláusula penal, em relação à que não prevê nenhuma sanção; aquela em que o *solvens* é devedor principal e não mero coobrigado etc.[16].

Não prevê o Código Civil nenhuma solução para a hipótese de todas as dívidas serem líquidas, vencidas ao mesmo tempo e *igualmente onerosas*. A jurisprudência, ao tempo do Código de 1916, não determinava, nestes casos, a imputação na mais antiga, como pretendiam alguns, mas aplicava, por analogia, e com apoio de parte da doutrina[17], a regra do art. 433, IV, do Código Comercial, pelo qual "sendo as dívidas da mesma data e de igual natureza, entende-se feito o pagamento por conta de todas em devida proporção".

Ainda que tenha sido revogada pelo art. 2.045 do atual Código Civil a Parte Primeira do Código Comercial, na qual estava inserida o aludido art. 433, o critério de se fazer a imputação em proporção aos diferentes débitos pode continuar sendo aplicado, mesmo em face da omissão deste último diploma, pois é adotado em vários códigos modernos que têm a mesma gênese romana do nosso, como o francês (art. 1.256), o italiano (art. 1.193) e o português. Dispõe, com efeito, o art. 784º, n. 2, deste último, que, "não sendo possível aplicar as regras fixadas no número precedente, a prestação presumir-se-á feita por conta de todas as dívidas, rateadamente, mesmo com prejuízo, neste caso, do disposto no art. 763º". O dispositivo por último citado corresponde ao art. 314 do Código Civil brasileiro que proclama não estar o credor obrigado a receber por partes, se assim não se ajustou.

4. IMPUTAÇÃO DO PAGAMENTO EM CONTRATOS DE CHEQUE ESPECIAL

Divergem os tribunais a respeito da aplicabilidade das regras concernentes à imputação do pagamento em contratos de cheque especial. Alguns acórdãos a admitem, afirmando que não caracterizam capitalização de juros na conta corrente. Para essa linha, existindo depósitos regulares e suficientes para amortizações mensais dos juros vencidos e decorrentes do mês anterior, não há como dizer que se capitalizam, isto é, agregam-se ao capital para cobrança no mês seguinte, pois, pela regra legal da imputação de pagamento, havendo capital e juros,

---

[16] Washington de Barros Monteiro, *Curso de direito civil*, 29. ed., v. 4, p. 295; Maria Helena Diniz, *Curso de direito civil brasileiro*, v. 2, p. 266.

[17] Caio Mário da Silva Pereira, *Instituições de direito civil*, v. II, p. 139; Álvaro Villaça Azevedo, *Teoria geral das obrigações*, p. 169. Silvio Rodrigues, todavia, critica a ideia de se fazer a imputação de modo proporcional, como consta também do art. 1.256 do Código francês, "porque através dela se obriga o credor a receber parceladamente uma prestação que se combinou pagar por inteiro" (*Direito civil*, v. 2, p. 193).

o pagamento imputar-se-á primeiro nos juros vencidos, e, depois, no capital, salvo estipulação em contrário, ou se o credor passar a quitação por conta do capital (CC, art. 354)[18].

A aplicação do art. 354 do Código Civil aos contratos de cheque especial, todavia, favorece acentuadamente as instituições bancárias credoras, em detrimento do devedor. Ademais, tal regra somente se ajusta às dívidas líquidas e certas. Esse o entendimento da segunda corrente, de maior consistência jurídica. Nessa linha, decidiu a 14ª Câmara de Direito Privado do Tribunal de Justiça de São Paulo que "a disposição do art. 354 do Código Civil não encontra espaço para ser aplicada, porque entra diretamente na rota de colisão com o Código de Defesa do Consumidor, na medida em que gera uma situação por demais prejudicial ao consumidor, que ficará, se assim decorrer, eternamente efetivando o pagamento dos juros, sem nunca conseguir quitar a dívida (o valor principal mutuado)"[19].

Por seu turno, ponderou a 20ª Câmara de Direito Privado da mencionada Corte que não há como admitir a incidência, nos contratos de cheque especial, do art. 354 do atual estatuto civil, que trata da imputação de pagamento primeiramente aos juros. Referido dispositivo "só se aplica em face de dívida líquida, ou seja, certa quanto à existência e determinada quanto ao objeto. Quando nem mesmo se sabe o valor do principal e/ou juros, impossível fazer incidir o regramento acerta da imputação do pagamento, como é o caso do saldo devedor em conta corrente a ser apurado em instrução contraditória"[20].

Não se sustenta a tese de ocorrência de imputação do pagamento, segundo decidiu a 17ª Câmara de Direito Privado do Tribunal de Justiça de São Paulo, "justamente por não se registrar a existência de contas separadas para os juros e para o capital, isto porque, depois do vencimento, os primeiros passavam a integrar o capital. Ademais, a imputação é inaplicável aos contratos de abertura de crédito em conta-corrente (TJSP, Ap. 7.204.493-2, 14ª Câmara de Direito Privado, rel. Des. Melo Colombi; Ap. 7.035.532-5, 15ª Câmara de Direito Privado, rel. Des. Araldo Telles; Ap. 7.170.545-4, 21ª Câmara de Direito Privado, rel. Des. Antônio Marson"[21].

---

18 TJSP, Ap. 0066758-67.2009.8.26.0576 – SJRPreto, 11ª Câm. Dir. Priv., rel. Des. Gilberto dos Santos, j. 3-3-2011.

19 TJSP, Ap. 0058362-83.2009.8.26.0000 – Franca, 14ª Câm. Dir. Priv., rel. Des. Pedro Alexandrino Ablas.

20 TJSP, Ap. 991.06.048752-7-Araçatuba, j. 14-3-2011.

21 TJSP, Ap. 991.06.050477-4-Araçatuba, rel. Des. Paulo Pastore Filho, j. 24-11-2010. No mesmo sentido: Ap. 991.06.049800-1-Araçatuba, rel. Des. Jovino de Sylos, j. 28-9-2010; Ap. 7.193.417-3-Nhandeara, rel. Des. Melo Colombi, j. 12-12-2007; Ap. 990.09.359841-8-Guararapes, 37ª Câm. Dir. Priv., rel. Des. Eduardo Siqueira, j. 16-9-2010.

Capítulo V

DA DAÇÃO EM PAGAMENTO

Sumário: 1. Conceito. 2. Elementos constitutivos. 3. Natureza jurídica. 4. Disposições legais.

1. CONCEITO

A dação em pagamento é um acordo de vontades entre credor e devedor, por meio do qual o primeiro concorda em receber do segundo, para exonerá-lo da dívida, prestação diversa da que lhe é devida.

Em regra, o credor não é obrigado a receber outra coisa, ainda que mais valiosa (CC, art. 313). Já no direito romano se dizia: *aliud pro alio, invito creditore, solvi non potest* (uma coisa por outra, contra a vontade do credor, não pode ser solvida). No entanto, se aceitar a oferta de uma coisa por outra, caracterizada estará a dação em pagamento. Tal não ocorrerá se as prestações forem da mesma espécie.

Preceitua o art. 356 do Código Civil:

"O credor pode consentir em receber prestação diversa da que lhe é devida".

A dação em pagamento não se restringe, como no Código de 1916, à substituição de dinheiro por coisa. Ela se configura quando, por ocasião do cumprimento da obrigação, dá-se a substituição de seu objeto original[1].

Segundo preleciona Alberto Trabucchi, com a dação em pagamento a obrigação se extingue mediante a execução efetiva de uma prestação distinta da devida. Neste aspecto se distingue precisamente a dação em pagamento da novação, pela qual a obrigação originária se extingue não pela satisfação do credor, mas porque este assume um novo crédito ao mudar a obrigação[2].

Essa substituição conhece várias modalidades. Pode haver *datio in solutum* (dação em pagamento) mediante acordo, com substituição de dinheiro por bem móvel ou imóvel (*rem pro pecunia*), de coisa por outra (*rem pro re*), de uma coisa pela prestação de um fato (*rem pro facto*), de dinheiro por título de crédito, de coisa por obrigação de fazer etc.

O art. 995 do Código de 1916 não admitia o recebimento, pelo credor, de dinheiro, em substituição da prestação que lhe era devida. O novo diploma, todavia, eliminou a referida restrição, alargando com isso o âmbito de incidência do instituto, visto incluir também obrigações pecuniárias[3]. A obrigação se extingue mediante a execução efetiva de uma prestação, de qualquer natureza, distinta da devida (CC, art. 356).

---

1 Sílvio Venosa, *Direito civil*, v. II, p. 286.
2 *Instituciones de derecho civil*, v. II, p. 52.
3 Renan Lotufo, *Código Civil comentado*, v. 2, p. 331.

Se a dívida é em dinheiro, obviamente não constituirá uma *datio in solutum* o depósito de numerário em conta corrente bancária, indicada ou aceita pelo credor, porém pagamento normal. A conclusão é a mesma quando o devedor expede uma ordem de pagamento ou entrega um cheque ao credor. Todavia, o depósito, a ordem de pagamento e a entrega de um cheque podem configurar dação em pagamento, se a prestação devida era diversa (entregar um veículo ou um animal, p.ex.) e o credor concorda com as referidas formas de cumprimento, em substituição à convencionada.

A dação em pagamento pressupõe que o devedor tenha o *jus disponendi* da coisa, pois se não puder efetuar a transferência da sua propriedade inocorrerá o efeito liberatório. O *accipiens,* por sua vez, deve ter aptidão para dar o necessário consentimento. Se qualquer das partes estiver representada por procurador, este deve ter poderes especiais, seja para reconhecer o débito e alienar, seja para anuir em receber *aliud pro alio.* Sendo um acordo extintivo, tem de avençar-se depois de contraída a obrigação ou após o seu vencimento[4].

2. ELEMENTOS CONSTITUTIVOS

Do conceito de dação em pagamento como acordo liberatório, em que predomina a ideia da extinção da obrigação, decorrem os seus elementos constitutivos: a) a existência de uma dívida; b) a concordância do credor, verbal ou escrita, tácita ou expressa; c) a diversidade da prestação oferecida, em relação à dívida originária[5].

A existência de uma dívida é pressuposto básico, pois não há como solver dívida inexistente. A entrega de um bem a outrem, sem a preexistência de uma obrigação e o *animus* de extingui-la, configura uma liberalidade (*animus donandi*). O acordo de vontades também é essencial e constitui o elemento intrínseco da dação em pagamento. O elemento extrínseco consiste na diversidade da prestação oferecida em relação à devida[6].

Admite-se que o credor dê ao devedor quitação parcial, ao receber coisa menos valiosa do que a devida, explicitando o débito remanescente, como pode também, não tendo dinheiro suficiente, dar parte em dinheiro e parte em espécie. Não se exige coincidência entre o valor da coisa recebida e o *quantum* da dívida, nem que as partes indiquem um valor. Pode, assim, o credor receber objeto de valor superior ou inferior ao montante da dívida, em substituição da prestação devida, fornecendo a quitação por um ou por outro. O que é da essência da dação *pro solutio* é a entrega de coisa que não seja a *res debita*, em pagamento da dívida[7].

3. NATUREZA JURÍDICA

Denota-se, pela redação do art. 356 do Código Civil, que a dação em pagamento é considerada uma forma de *pagamento indireto*. Entre nós, diferentemente do que ocorre no direito francês, não constitui novação objetiva, nem se situa entre os contratos.

---

4 Caio Mário da Silva Pereira, *Instituições de direito civil*, v. II, p. 140; Serpa Lopes, *Curso de direito civil*, v. II, p. 246-247, n. 200; Manoel Ignácio Carvalho de Mendonça, *Doutrina e prática das obrigações*, t. I, p. 580, n. 333.Tem a jurisprudência proclamado:"Dação em pagamento. Inadmissibilidade. Modalidade de pagamento não contemplada pelo art. 156 do CTN que é taxativo e, ainda, excludente, quando combinado com o seu art. 141" (*RT*, 791/439 e 776/402).

5 Washington de Barros Monteiro, *Curso de direito civil*, 29. ed., v. 4, p. 297; Caio Mário da Silva Pereira, *Instituições de direito civil*, v. II, p. 141.

6 Caio Mário da Silva Pereira, *Instituições de direito civil*, v. II, p. 141; Manoel Ignácio Carvalho de Mendonça, *Doutrina e prática das obrigações*, t. I, p. 580.

7 Caio Mário da Silva Pereira, *Instituições de direito civil*, v. II, p. 141; Sílvio Venosa, *Direito civil*, v. II, p. 287.

A dação em pagamento é essencialmente contrato liberatório, diferentemente dos demais contratos, cujo efeito é gerar uma obrigação. Tem a mesma índole jurídica do pagamento, com a diferença de que este consiste na prestação do que é devido, enquanto aquela consiste no *solvere aliud pro alio*, no prestar coisa diversa da devida[8].

O caráter negocial bilateral da dação em pagamento ressalta de forma hialina do enunciado feito no art. 356 do Código Civil, sabendo-se que o credor não é obrigado a receber prestação diversa da que lhe é devida, ainda que mais valiosa (art. 313). Trata-se, efetivamente, de negócio jurídico bilateral de alienação, pois o devedor dá o objeto da prestação para satisfazer a pretensão do credor, havendo um *plus*, que é solver a dívida. Constitui, assim, negócio oneroso e, em regra, real, pois se aperfeiçoa com a entrega de um determinado bem em pagamento da dívida, com a finalidade de extingui-la por adimplemento, salvo quando a prestação substitutiva for de fazer ou não fazer[9].

A *datio in solutum* não se confunde com a *datio pro solvendo* (dação em função de cumprimento), disciplinada no art. 840º do Código Civil português e que consiste na realização de uma prestação diferente da devida, com a finalidade de facilitar ao credor a satisfação do seu crédito, ainda que parcialmente. Pode consistir na entrega de uma coisa, na cessão de um crédito ou outro direito, na assunção de uma nova dívida ou na prestação de serviços (p.ex., na apresentação de um *show*, pelo devedor, cantor ou músico, na casa de espetáculos do credor, a fim de que este obtenha, por intermédio da referida prestação, mais facilmente, meios para a satisfação do seu crédito). Embora não prevista no estatuto civil, nada impede possa ser convencionada mediante o exercício da autonomia privada. A *datio pro solvendo* não acarreta a extinção imediata da obrigação, mas apenas facilita a satisfação do crédito[10].

4. DISPOSIÇÕES LEGAIS

Dispõe o art. 357 do Código Civil:

"Determinado o preço da coisa dada em pagamento, as relações entre as partes regular-se-ão pelas normas do contrato de compra e venda".

Quando a prestação consiste na entrega de dinheiro e é substituída pela entrega de um objeto, o credor não o recebe por preço certo e determinado, mas apenas como satisfação de seu crédito (*aliud pro alio*). Todavia, se se prefixa o preço da coisa, cuja propriedade e posse se transmitem ao credor, o negócio se rege pelos princípios da compra e venda, especialmente os relativos à eventual nulidade ou anulabilidade e os atinentes aos vícios redibitórios e à interpretação.

Nessa hipótese a dação não se converte em compra em venda, mas apenas regula-se pelas normas que a disciplinam, pois se distinguem por diversas razões, como observa Judith Martins-Costa: "a) na compra e venda não cabe, em linha de princípio, a repetição do indébito, cabível na dação em pagamento quando ausente a *causa debendi*; b) o próprio objetivo, ou finalidade da dação em soluto, é a solução da dívida, o desate da relação; e, por fim, c) a dação exige, como pressuposto, a *entrega*, constituindo negócio jurídico real"[11].

---

8 Serpa Lopes, *Curso de direito civil*, v. II, p. 247.

9 Pontes de Miranda, *Tratado de direito privado*, v. 25, §§ 3.000 e 3.001, p. 4 e 6; Renan Lotufo, *Código Civil comentado*, v. 2, p. 331; Judith Martins-Costa, *Comentários ao novo Código Civil*, v. V, t. I, p. 485; Sílvio Venosa, *Direito civil*, p. 287.

10 Mário Júlio Almeida Costa, *Direito das obrigações*, n. 98.2, p. 1021; Judith Martins-Costa, *Comentários ao novo Código Civil*, v. V, t. I, p. 489; Caio Mário da Silva Pereira, *Instituições de direito civil*, v. II, p. 142.

11 *Comentários ao novo Código Civil*, v. V, t. I, p. 494.

Segundo PONTES DE MIRANDA, o que se tem de precisar, na interpretação do dispositivo em questão, são os casos de dação em pagamento em que *não* incidem as regras jurídicas sobre a compra e venda[12]. Obviamente, interpretando-se *a contrario sensu* o art. 357 do Código Civil retrotranscrito, conclui-se que, se não foi determinado o preço da coisa que substitui a prestação devida, não terão aplicação as normas concernentes à compra e venda. Quando a dação é *rem pro re*, assemelha-se à troca. Tal observação, porém, não tem consequências práticas, pois aplicam-se também a esta as disposições referentes à compra e venda (CC, art. 533).

A aplicação dos princípios da compra e venda conduz à ilação que deve ser proclamada a nulidade da dação em pagamento de todos os bens do devedor sem reserva de parte, ou renda suficiente para a sua subsistência (CC, art. 548), bem como da realizada no período suspeito da falência, ainda que em favor de credor privilegiado; e a sua anulabilidade quando feita por ascendente a descendente sem o consentimento dos outros descendentes e do cônjuge do alienante (art. 496), ou em fraude contra credores (arts. 158 e s.).

Prescreve o art. 358 do Código Civil:

"Se for título de crédito a coisa dada em pagamento, a transferência importará em cessão".

Se tal hipótese ocorrer, deverá o fato ser notificado ao cedido, nos termos do art. 290 do mesmo diploma, para os fins de direito, ficando o *solvens* responsável pela existência do crédito transmitido (CC, art. 295). A dação em pagamento, neste caso, sob a forma de entrega de título de crédito, destina-se à extinção imediata da obrigação, correndo o risco da cobrança por conta do credor.

Se, no entanto, a entrega dos títulos for aceita pelo credor não para a extinção imediata da dívida, mas para facilitar a cobrança do seu crédito, a dívida se extinguirá à medida que os pagamentos dos títulos forem sendo feitos, configurando-se então a *datio pro solvendo*, disciplinada no art. 840º do Código Civil português e mencionada no item anterior[13].

Preceitua, por fim, o art. 359 do Código Civil:

"Se o credor for evicto da coisa recebida em pagamento, restabelecer-se-á a obrigação primitiva, ficando sem efeito a quitação dada, ressalvados os direitos de terceiros".

Como ocorre, na dação em pagamento, uma verdadeira compra e venda, como foi dito, sendo-lhe aplicáveis as mesmas regras desta, responde o alienante pela evicção. Funda-se esta no mesmo *princípio de garantia*, aplicável aos contratos onerosos, em que se assenta a teoria dos vícios redibitórios, estendendo-se porém aos *defeitos do direito* transmitido. Constitui a evicção a perda da coisa em virtude de sentença judicial, que a atribui a outrem por causa jurídica preexistente ao contrato (CC, arts. 447 e s.).

Se quem entregou bem diverso em pagamento não for o verdadeiro dono, o que o aceitou tornar-se-á evicto. A quitação dada ficará sem efeito e perderá este o bem para o legítimo dono, restabelecendo-se a relação jurídica originária, inclusive a cláusula penal, como se não tivesse havido quitação, ou seja, o débito continuará a existir, na forma inicialmente convencionada. As garantias reais ou fidejussórias, como acessórias, seguem o destino da obrigação principal e, portanto, permanecem. A fiança, todavia, não se restabelece, como expressamente dispõe o art. 838, III, do Código Civil.

Na evicção comum, a coisa retorna ao patrimônio do verdadeiro dono, respondendo o alienante ao adquirente, que se tornou evicto, pelas perdas e danos, nos termos do art. 450

---

12 *Tratado de direito privado*, v. 25, § 3.001, p. 8.

13 Dispõe o art. 840º do Código Civil português: "Se o devedor efectuar uma prestação diferente da devida, para que o credor obtenha mais facilmente, pela realização do valor dela, a satisfação do seu crédito, este só se extingue quando for satisfeito, e na medida respectiva".

do Código Civil. Na dação em pagamento, diversamente, o efeito previsto no art. 359 do mesmo diploma, no interesse do credor, é o restabelecimento da obrigação primitiva, "*ficando sem efeito a quitação dada*".

O atual diploma insere, como inovação, no final do retrotranscrito art. 359, ressalva aos "*direitos de terceiros*", afetados pelo restabelecimento da dívida, como manifestação do *princípio da confiança*, expressão da diretriz da *eticidade* que marca o atual Código[14]. Protegem-se os terceiros de boa-fé, "adquirentes, por exemplo, de imóvel que já se liberara da hipoteca pela dação em pagamento da dívida. Se a evicção ocorre quando já estava liberado o imóvel no registro de imóveis, não podem ser prejudicados os terceiros de boa-fé"[15].

Quanto à possibilidade de extinção de dívida mediante dação em pagamento de bem imóvel, a jurisprudência do *Superior Tribunal de Justiça* é firme no sentido de que é dispensável o instrumento público, sendo este imprescindível apenas para a transmissão de propriedade[16].

---

[14] Judith Martins-Costa, *Comentários ao novo Código Civil*, v. V, t. I, p. 500.
[15] Sílvio Venosa, *Direito civil*, v. II, p. 289.
[16] STJ, AgInt no AREsp 1.347.683-PR, 3ª T., rel. Min. Ricardo Villas Bôas Cueva, j. 30-8-2021.

Capítulo VI

DA NOVAÇÃO

Sumário: 1. Conceito. 2. Requisitos da novação. 3. Espécies de novação. 4. Efeitos da novação.

1. CONCEITO

A novação, a compensação, a confusão e a remissão das dívidas, institutos que serão estudados a seguir nessa ordem, produzem o mesmo efeito do pagamento, sendo por isso denominados *sucedâneos do pagamento*. A transação, que integrava esse rol no Código de 1916, foi deslocada, no novo diploma, para o título concernente aos contratos em geral (Capítulo XIX, arts. 840 a 850).

Novação é a criação de obrigação nova, para extinguir uma anterior. É a substituição de uma dívida por outra, extinguindo-se a primeira. Ocorre, por exemplo, quando o pai, para ajudar o filho, procura o credor deste e lhe propõe substituir o devedor, emitindo novo título de crédito. Se o credor concordar, emitido o novo título e inutilizado o assinado pelo filho, ficará extinta a primitiva dívida, substituída pela do pai.

Não se trata propriamente de uma transformação ou conversão de uma dívida em outra, mas de um fenômeno mais amplo, abrangendo a criação de nova obrigação, para extinguir uma anterior. A novação tem, pois, duplo conteúdo: um *extintivo*, referente à obrigação antiga; outro *gerador*, relativo à obrigação nova. O último aspecto é o mais relevante, pois a novação não extingue uma obrigação preexistente para criar outra nova, mas cria apenas uma nova relação obrigacional, para extinguir a anterior. Sua intenção é criar para extinguir[1].

A novação não produz, como o pagamento, a satisfação imediata do crédito, sendo, pois, modo extintivo *não satisfatório*. O credor não recebe a prestação devida, mas apenas adquire outro direito de crédito ou passa a exercê-lo contra outra pessoa. Tem, ainda, a novação *natureza contratual*, operando-se em consequência de ato de vontade dos interessados, jamais por força de lei.

Segundo Lacerda de Almeida, a novação acarreta a extinção da dívida antiga, não a transformando, mas aniquilando-a. A "nova dívida é, portanto, criação nova, pode ter objeto diferente, cláusulas e seguranças diversas, e só se prende à antiga por tê-la como causa da obrigação. A nova obrigação pode ter objeto idêntico ao da primeira, sem que contudo deixe de constituir criação nova. Aqui é que importa indagar o *animus novandi*, a intenção das partes, o que afinal se reduz a uma questão de fato"[2].

---

1 Washington de Barros Monteiro, *Curso de direito civil*, 32. ed. v. 4, p. 291; Maria Helena Diniz, *Curso de direito civil brasileiro*, v. 2, p. 280-281; Serpa Lopes, *Curso de direito civil*, v. II, p. 254.

2 *Obrigações*, p. 338, nota 4.

Também Roberto de Ruggiero enfatiza esse aspecto, dizendo que a novação não é "uma simples transformação de um direito de crédito pela mudança de um dos seus elementos constitutivos ou acessórios, mas a constituição de um novo direito de crédito sobre a base e com a substância de uma precedente relação obrigatória, que fica extinta, ou mais precisamente a extinção de uma obrigação mediante a constituição de uma obrigação nova, que toma o lugar da precedente"[3].

A novação desempenhou papel de grande relevo no direito romano pelo fato de esse direito não admitir a alteração da obrigação, depois de contraída. Quando o progresso impôs a necessidade de se transferirem os créditos ou os débitos, o meio encontrado foi extinguir a relação jurídica anterior e constituir-se uma nova – o que se tornou possível pela novação. Todavia, era a mesma dívida que, extinguindo-se, se reconstituía sobre os alicerces da anterior, por meio de estipulação entre partes diferentes. Era o mesmo débito que, em outra obrigação, se transferia a um novo credor ou a um novo devedor[4].

Somente no direito moderno a novação passou a ter a acepção ampla de meio liberatório, mediante a criação de uma obrigação nova, para extinguir uma anterior. A transmissão das posições obrigacionais se faz hoje pela cessão de crédito e pela cessão de débito. Daí a razão pela qual alguns Códigos, como o alemão e o suíço, pouca atenção lhe dedicaram. No Código Civil brasileiro de 2002, porém, manteve o instituto a mesma feição que lhe foi dada no diploma anterior, quando aparecia frequentemente nos ementários de jurisprudência[5].

2. REQUISITOS DA NOVAÇÃO

São requisitos ou pressupostos caracterizadores da novação: a existência de obrigação anterior (*obligatio novanda)*, a constituição de nova obrigação (*aliquid novi*) e o *animus novandi* (intenção de novar, que pressupõe um acordo de vontades)[6].

O primeiro requisito consiste na *existência de obrigação jurídica anterior*, visto que a novação visa exatamente à sua substituição. É necessário que exista e seja válida a obrigação a ser novada. Dispõe, com efeito, o art. 367 do Código Civil:

"Salvo as obrigações simplesmente anuláveis, não podem ser objeto de novação obrigações nulas ou extintas".

Não se pode novar o que não existe, ou já existiu mas encontra-se extinto, nem extinguir o que não produz efeitos jurídicos. Judith Martins-Costa critica a impropriedade terminológica da expressão "obrigações nulas", dizendo que "obrigação é *efeito*, tal como a 'dívida', de negócio jurídico *válido*. Se a dívida é efeito, não se irradiam quaisquer efeitos de negócio jurídico nulo sequer a obrigação e dívida: *ex nihilo, nihil*, não se podendo novar o que não existe, ou que não *está* no mundo jurídico, porque dele foi afastado em razão da inexistência de certos elementos essenciais ao seu processo formativo"[7].

---

3 *Instituições de direito civil*, v. III, p. 160.

4 Washington de Barros Monteiro, *Curso de direito civil*, 32. ed., v. 4, p. 290; Silvio Rodrigues, *Direito civil*, v. 2, p. 203.

5 "Contrato de abertura de crédito em conta-corrente. Acréscimo de novos encargos financeiros, extinguindo dívida anterior. Novação objetiva operada. Impossibilidade de discussão do débito originário" (*RT*, 664/146). "Constitui causa de exoneração da fiança a transferência indevida do imóvel pelo locatário a seu genitor, porque tal fato induz autêntica novação a afastar a garantia prestada pelo fiador" (*RT*, 679/133).

6 STJ, AgInt no AREsp 2.059.146-SP, 4ª T., rel. Min. Raul Araújo, j. 27-3-2023.

7 *Comentários ao novo Código Civil*, v. V, t. I, p. 556.

A obrigação simplesmente *anulável*, entretanto, pode ser confirmada pela novação, pois tem existência, enquanto não rescindida judicialmente. Podendo ser confirmada, interpreta-se sua substituição como renúncia do interessado ao direito de pleitear a *anulação*. O vício que torna anulável um negócio jurídico não ofende a ordem pública, visando exclusivamente proteger o relativamente incapaz, ou quem foi vítima de um vício do consentimento ou da fraude contra credores (CC, art. 171). Por essa razão a lei permite que o defeito seja sanado pela confirmação.

É grande a dissensão a respeito da possibilidade de serem ou não novadas as *obrigações naturais*. Segundo considerável parte da doutrina, não comportam elas novação, porque o seu pagamento não pode ser exigido compulsoriamente. Não se pode revitalizar ou validar relação obrigacional juridicamente inexigível.

A matéria, entretanto, é controvertida, havendo entendimentos contrários a este. Outra corrente, com efeito, sustenta que a falta de exigibilidade da obrigação natural não é obstáculo para a novação, pois a obrigação natural ganha substrato jurídico no momento de seu cumprimento. Os contratos estão no âmbito da autonomia da vontade. Se as partes concordam em novar uma dívida natural por outra civil, não há por que obstar seu desejo: *pacta sunt servanda*. O que justifica a novação não é a exigibilidade do crédito, senão a possibilidade de seu cumprimento, e essa possibilidade existe na obrigação natural.

Como já dissemos no Capítulo VII ("Outras modalidades de obrigações") – "Das obrigações civis e naturais"), item 2.4, ao qual nos reportamos, sendo a obrigação natural válida como qualquer obrigação civil, bem como válido o seu pagamento, com caráter satisfativo, embora não exigível (imperfeita), não há, efetivamente, empeço justificável a que seja substituída por outra obrigatória, mediante livre acordo celebrado entre credor e devedor, visto que, efetivamente, não é a exigibilidade, mas a possibilidade de cumprimento do crédito que justifica a novação.

A obrigação sujeita a *termo* ou a *condição* existe (CC, arts. 125 e 131) e, portanto, é passível de novação. A nova dívida, contraída para substituir a primeira, que deixa de existir, poderá ser pura e simples ou igualmente condicional. No último caso, a validade da novação dependerá do implemento da condição estabelecida, resolutiva ou suspensiva[8].

Malgrado a opinião divergente de Clóvis Beviláqua, os autores em geral não veem obstáculos na novação da *dívida prescrita*, que é dotada de pretensão e pode ser renunciada, devendo-se entrever, na novação de uma dívida prescrita, segundo Soriano Neto, citado por Serpa Lopes, uma renúncia tácita à prescrição consumada[9]. Na mesma linha, Judith Martins-Costa, bem escorada em Pontes de Miranda, obtempera que "a lógica está a indicar que a dívida prescrita, por existente, pode ser objeto de novação. Quem nova dívida prescrita, extingue-a, havendo novabilidade sempre que há interesse do devedor em se liberar (ainda que por razões morais), embora não estivesse sujeito a exercício de pretensão ou de ação"[10].

O segundo requisito é a *constituição de nova dívida* (*aliquid novi*), para extinguir e substituir a anterior. A inovação pode recair sobre o objeto e sobre os sujeitos, ativo e passivo, da obrigação, gerando, em cada caso, uma espécie diversa de novação. Esta só se configura se houver *diversidade substancial* entre a dívida anterior e a nova. Não há novação quando se verifiquem alterações secundárias na dívida, como exclusão de uma garantia, alongamento ou encurtamento do prazo, estipulação de juros etc.

---

8 Washington de Barros Monteiro, *Curso de direito civil*, 32. ed., v. 4, p. 293-294; Judith Martins-Costa, *Comentários ao novo Código Civil*, v. V, t. I, p. 513.

9 *Curso de direito civil*, v. II, p. 260, n. 211.

10 *Comentários ao novo Código Civil*, v. V, t. I, p. 515.

Frisa, a propósito, Renan Lotufo: "Fica claro, portanto, e desde logo, que a moratória não se considera novação, na medida em que a obrigação continua sendo a mesma, só se alterando o termo do vencimento. Não se extingue a obrigação original para criar outra. A mesma obrigação continua existindo, somente não se considerando o termo prefixado como o da exigibilidade. Por isso mesmo não se tem alteração, exceto previsão expressa de lei, ou das partes, como ocorre com o art. 838, I, quanto ao fiador que desconhece a concessão de moratória para o devedor"[11].

O terceiro requisito diz respeito ao *animus novandi*. É imprescindível que o credor tenha a intenção de novar, pois importa renúncia ao crédito e aos direitos acessórios que o acompanham. Quando não manifestada expressamente, deve resultar de modo claro e inequívoco das circunstâncias que envolvem a estipulação. Na dúvida, entende-se que não houve novação, pois esta *não se presume*[12].

Dispõe, com efeito, o art. 361 do Código Civil:

"Não havendo ânimo de novar, expresso ou tácito mas inequívoco, a segunda obrigação confirma simplesmente a primeira".

Nesse caso coexistem as duas dívidas, que, entretanto, não se excluem[13]. Não ocorre novação, por exemplo, quando o credor simplesmente concede facilidades ao devedor, como a dilatação do prazo, o parcelamento do pagamento ou ainda a modificação da taxa de juros, pois a dívida continua a mesma, apenas modificada em aspectos secundários.

O *animus novandi* pressupõe um acordo de vontades, que é elemento integrante da estrutura da novação. Nos contratos de adesão, maior deve ser a inequivocidade do *animus novandi*, "a ser apreciado conforme o conjunto de circunstâncias e a concreta possibilidade de percepção das partes, mormente as que se apresentam como hipossuficiente"[14].

Admite-se que a forma utilizada para novar seja tácita, que se deduz da conduta do agente e não se identifica com a declaração presumida nem com o silêncio, desde que a declaração novativa seja *inequívoca*, isto é, certa, manifesta, que não enseja dúvida. Segundo Serpa Lopes, o *animus novandi* tácito deve ser certo, pois que, se pairar qualquer dúvida, mesmo levíssima, é de se excluir a novação. No tocante à novação objetiva, aduz, o critério

---

[11] *Código Civil comentado*, v. 2, p. 345.Nessa linha a jurisprudência: "Novação. Descaracterização. Prorrogações do prazo para pagamento de empréstimos com a confecção de novos títulos, amortizados os valores pagos. Possibilidade da discussão da legalidade dos títulos substituídos a todo tempo" (*RT*, 762/363). "Novação. Contrato de mútuo. Repactuação de dívida. Circunstância que não pode ser considerada como meio indireto de extinção da obrigação, mormente se não houve modificação da natureza da prestação ou da *causa debendi*" (*RT*, 796/272). "Novação. Inocorrência. Simples amortização do *quantum debeatur* que não constitui fato hábil à caracterização do *animus novandi*" (*RT*, 792/349). "Novação. Ocorrência. Instrumento particular de confissão de dívida proveniente do saldo de composições das operações e débitos de conta-corrente. Nova obrigação com um valor certo, outro condicionamento e prazo. Extinção das obrigações anteriores, impossibilitando discussões a respeito" (*RT*, 803/337).

[12] "Novação. Presunção. Inadmissibilidade. Necessidade da comprovação do ânimo de novar" (*RT*, 759/327). "Novação. Renegociação de dívidas anteriores. *Animus novandi*. Ocorrência. Inversão ou redistribuição do ônus da prova. Impossibilidade. Litigância de má-fé. Não ocorrência. Sentença mantida (TJ-DF, Apel. 0024794-57.2016.8.7.0001, 7ª T. Cív., rel. Gislene Pinheiro, j. 25-10-2017).

[13] "Acordo de empréstimo de dinheiro com o banco para cobrir saldo devedor da própria conta-corrente. Contrato que não evidencia um novo financiamento ou novação, mas apenas a confirmação das cláusulas de abertura de crédito em conta-corrente" (*RT*, 801/359). "Novação. Inocorrência. Credor que nega expressamente, em contrato, o *animus novandi*. Hipótese que só confirma a dívida originária" (*RT*, 793/287). "Novação. Inocorrência. Locação. Pagamento de locativos devidos através de cheque de terceiro, devolvido por falta de fundos" (*RT*, 787/296).

[14] Judith Martins-Costa, *Comentários o novo Código Civil*, v. V, t. I, p. 538.

para reconhecê-la é o da *incompatibilidade* entre a nova obrigação e a precedente, cercada de tais circunstâncias que permitam se induzir claramente a intenção de novar. Assim, não indica um *animus novandi* a intervenção de um novo devedor, sem a liberação do existente, atento a que, nesse caso, há apenas um aumento de garantia[15].

Na mesma linha preleciona Carvalho de Mendonça: "A novação tácita, portanto, dá-se todas as vezes que, sem declarar por termos precisos que a efetua, o devedor é exonerado da primeira obrigação e assume outra diversa, na substância ou na forma, da primeira, de modo a não ser uma simples modificação dela. É preciso, em suma, que a primeira e a segunda sejam incompatíveis. Assim, não induz novação por não ser incompatível uma com outra: a mudança do documento da obrigação de particular para público, ou *vice-versa*; a diminuição do prazo, o acréscimo das garantias, a mudança do lugar do pagamento, a cláusula nova de juros estipulados para uma dívida que os não vencia, a transferência da natureza individual para a solidária, a aposição de uma cláusula penal, etc. Ao contrário, se se converte uma alternativa em simples, ou *vice-versa*, se se opõe ou se retira uma condição; se se altera, enfim, o *modus* da obrigação, a novação é inquestionável"[16].

3. ESPÉCIES DE NOVAÇÃO

Há três espécies de novação: a *objetiva*, a *subjetiva* e a *mista*. Na primeira, altera-se o objeto da prestação; na segunda, ocorre a substituição dos sujeitos da relação jurídica, no polo passivo ou ativo, com quitação do título anterior; na mista, ocorrem, simultaneamente, na nova obrigação, mudança do objeto e substituição das partes.

Dá-se a novação *objetiva* ou *real* "*quando o devedor contrai com o credor nova dívida para extinguir e substituir a anterior*" (CC, art. 360, I). Ocorre, por exemplo, quando o devedor, não estando em condições de saldar dívida em dinheiro, propõe ao credor, que aceita, a substituição da obrigação por prestação de serviços. Para que se configure, todavia, faz-se mister o *animus novandi*, sob pena de caracterizar-se uma dação em pagamento, na qual o *solvens* não mais seria devedor. Na novação, continua a sê-lo. Produz, assim, a novação a mudança de um objeto da prestação em outro, quando não seja imediatamente transferido como na dação[17].

Pode haver novação objetiva mesmo que a segunda obrigação consista também no pagamento em dinheiro, desde que haja alteração substancial em relação à primeira. É muito comum a obtenção, pelo devedor, de novação da dívida contraída junto ao banco, mediante pagamento parcial e renovação do saldo por novo prazo, com a emissão de outra nota promissória, nela se incluindo os juros do novo período, despesas bancárias, correção monetária etc., e com a *quitação do título primitivo*.

A novação objetiva pode decorrer de mudança no *objeto principal* da obrigação (conversão de dívida em dinheiro em renda vitalícia ou em prestação de serviços, p.ex.), em sua *natureza* (uma obrigação de dar substituída por outra de fazer, ou vice-versa) ou na *causa jurídica* (quando alguém, p.ex., deve a título de adquirente e passa a dever a título de mutuário, ou passa de mutuário a depositário do numerário emprestado)[18].

A novação é *subjetiva* ou *pessoal* quando promove a substituição dos sujeitos da relação jurídica. Pode ocorrer por substituição do *devedor* ("*quando novo devedor sucede ao antigo,*

---

15 *Curso de direito civil*, v. II, p. 264.

16 *Doutrina e prática das obrigações*, t. I, p. 595-596.

17 Carvalho de Mendonça, *Doutrina e prática das obrigações*, t. I, p. 596; Judith Martins-Costa, *Comentários ao novo Código Civil*, v. V, t. I, p. 521.

18 Washington de Barros Monteiro, *Curso de direito civil*, 32. ed., v. 4, p. 292.

ficando este quite com o credor", segundo dispõe o art. 360, II, do CC) ou por substituição do credor ("*quando, em virtude de obrigação nova, outro credor é substituído ao antigo, ficando o devedor quite com este*", nos termos do art. 360, III, do mesmo diploma).

A novação subjetiva por *substituição do devedor* (novação *passiva*) "*pode ser efetuada independentemente de consentimento deste*" (CC, art. 362), e, neste caso, denomina-se *expromissão*. Pode ser efetuada, ainda, por ordem ou com o consentimento do devedor, havendo neste caso um novo contrato de que todos os interessados participam, dando seu consentimento. Ocorre, nesta hipótese, o fenômeno da *delegação*, não mencionado pelo Código, por desnecessário, já que este autoriza a substituição até mesmo sem o consentimento do devedor. Assim, o pai pode substituir o filho, na dívida por este contraída, com ou sem o consentimento deste. Só haverá novação se houver extinção da primitiva obrigação. Neste caso, a delegação será *perfeita*. Se, todavia, o credor aceitar o novo devedor, sem renunciar ou abrir mão de seus direitos contra o primitivo devedor, não haverá novação e a hipótese será de *delegação imperfeita*.

Confirmando essa assertiva, preleciona Rui Geraldo Camargo Viana: "No que se refere à novação passiva ela se realiza por dois modos: a *expromissão*, na qual o novo devedor contrai a nova dívida sem ou até contra o consenso do anterior (*ignorante* ou *invito debitore*); a *delegação*, operada com o consentimento do devedor, isto é, por ordem do devedor da obrigação anterior"[19].

Na novação subjetiva por substituição do devedor ocorre o fenômeno da *assunção de dívida* ou *cessão de débito*, especialmente quando se trata de delegação, em que o devedor indica terceira pessoa para resgatar seu débito (mudança de devedor e também da obrigação). Mas a referida *cessão* pode ocorrer sem novação, ou seja, com a mudança do devedor e sem alteração na substância da relação obrigacional (cessão de financiamento para aquisição da casa própria, cessão de fundo de comércio etc.), hipótese esta disciplinada no Código Civil, nos arts. 299 a 303, sob o título "Da Assunção de Dívida" (*v.* Capítulo II do Título II – Da transmissão das obrigações, *retro*).

A propósito da assunção de dívida ou cessão de débito assevera Limongi França: "Trata-se, em rigor, de substituição em a mesma relação jurídica, pois, caso contrário, haveria novação. E é condição de sua eficácia o consentimento do credor. A possível distinção teórica, entre a novação subjetiva passiva e a cessão de débito, consiste justamente em que naquela a dívida anterior se extingue, para ser substituída pela subsequente; enquanto nesta é a mesma obrigação que subsiste, havendo mera alteração na pessoa do devedor. A consequência primordial resultante da distinção é que na novação, desaparecendo a dívida anterior, perecem as garantias e acessórios do crédito assim novado"[20].

Na novação subjetiva por *substituição do credor* (novação *ativa* ou *mutatio creditoris*) ocorre um acordo de vontades, pelo qual muda a pessoa do credor. Mediante *nova obrigação*, o primitivo credor deixa a relação jurídica e outro lhe toma o lugar. Assim, o devedor se desobriga para com o primeiro, estabelecendo novo vínculo para com o segundo, pelo acordo dos três.

Veja-se o exemplo: *A* deve para *B*, que deve igual importância a *C*. Por acordo entre os três, *A* pagará diretamente a *C*, sendo que *B* se retirará da relação jurídica. Extinto ficará o crédito de *B* em relação a *A*, por ter sido criado o de *C* em face de *A* (substituição de credor). Não se trata de *cessão de crédito*, porque surgiu dívida inteiramente nova. Extinguiu-se um crédito por ter sido criado outro. De certa forma se configurou uma *assunção de dívida*, pois

19 *A novação*, p. 40.

20 Cessão de débito, in *Enciclopédia Saraiva do Direito*, v. 14, p. 191.

A assumiu, perante *C*, dívida que era de *B*. Todavia, a hipótese não se confunde com a disciplinada no novo Código Civil, por ter havido novação.

Tal espécie de novação não se confunde com a cessão de crédito. Nesta, todos os acessórios, garantias e privilégios da obrigação primitiva são mantidos (CC, art. 287), enquanto na novação ativa eles se extinguem.

A *novação mista* é expressão da doutrina, não mencionada no Código Civil. Decorre da fusão das duas primeiras espécies e se configura quando ocorre, ao mesmo tempo, mudança do objeto da prestação e dos sujeitos da relação jurídica obrigacional. Por exemplo: o pai assume dívida em dinheiro do filho (mudança de devedor), mas com a condição de pagá-la mediante a prestação de determinado serviço (mudança de objeto).

Trata-se de um *tertium genus*, que congrega simultaneamente as duas espécies anteriormente mencionadas, conservando, por essa razão, as características destas[21].

Assevera Caio Mário da Silva Pereira[22], apoiado em Clóvis Beviláqua e Alfredo Como, que, "se se conjugam a alteração subjetiva e a objetiva, teremos uma figura de novação *subjetivo-objetiva*, inteiramente aceitável".

Parece-nos, no entanto, que o correto é considerar a existência de apenas duas espécies de novação, a *objetiva* e a *subjetiva*, visto que esta última já engloba a que alguns autores denominam *mista*. Efetivamente, para que se caracterize a novação subjetiva não basta que haja substituição dos sujeitos da relação jurídica, seja no polo ativo (CC, art. 360, III), seja no polo passivo (art. 360, II), sendo necessária a criação de nova relação obrigacional, sob pena de configurar-se uma cessão de crédito ou uma assunção de dívida.

Discute-se na doutrina se *lançamento em conta-corrente* constitui novação objetiva, sustentando alguns que a inscrição faz desaparecer o antigo débito e surgir um novo, fundado na partida da conta. Ao aceitar as contas, o devedor correntista reconhece o saldo em nova realidade, extinguindo-se a obrigação decorrente da conta-corrente, bem como as garantias reais ou fidejussórias.

Predomina, no entanto, o entendimento de que não se opera novação, na hipótese, mas uma transformação dos créditos em meras *partidas* ou artigos de conta, que se mantêm indivisíveis até o reconhecimento final. A indivisibilidade da conta-corrente justifica tal posicionamento, tendo em vista que os lançamentos efetuados na conta-corrente perdem sua indivisibilidade para compor as colunas do *dever* e *haver*, que serão apuradas ao final, somente no fechamento, ao apontar o verdadeiro e exigível saldo[23].

O Superior Tribunal de Justiça, com observância do princípio da função social dos contratos e nova visão do conceito tradicional de novação herdado do direito romano, editou a Súmula 286, do seguinte teor: "A renegociação de contrato bancário ou a comissão da dívida não impede a possibilidade de discussão sobre eventuais ilegalidades dos contratos anteriores".

A novação pode ser classificada também em *total* ou *parcial*. Dá-se, na primeira, a extinção da dívida primitiva, com todos os acessórios e garantias (CC, art. 364), sem estipulação em sentido contrário. As partes podem, todavia, convencionar o que será extinto (extinção *parcial*), desde que a convenção não contrarie a ordem pública, a função social dos contratos e a boa-fé objetiva.

---

21 Álvaro Villaça Azevedo, *Teoria geral das obrigações*, p. 177; Pablo Stolze Gagliano e Rodolfo Pamplona Filho, *Novo curso de direito civil*, v. 2, p. 224.

22 *Instituições de direito civil*, v. II, p. 149.

23 Caio Mário da Silva Pereira, *Instituições de direito civil*, v. II, p. 150; Rui Geraldo Camargo Viana, *A novação*, p. 48.

Proclamou o Superior Tribunal de Justiça que, "em regra, a renegociação da dívida, com v.g., prorrogação do prazo para pagamento, redução dos encargos futuros e apresentação de novas garantias, tem, apenas, o efeito de roborar a obrigação, sem nová-la (arts. 361 do CC/2002 e 1.000 do CC/1916). Em não havendo ânimo de novar e substituição da natureza da obrigação de pagar ao banco o capital originariamente emprestado acrescido dos encargos financeiros, é inviável falar em novação objetiva quando o banco e o devedor firmarem confissão e renegociação de dívida existente, mesmo que implique o prolongamento, a redução dos encargos pactuados, a apresentação de novas garantias, a modificação da taxa de juros, a concessão de prazo de carência ou a redução do débito. Isso porque essas renegociações são, em regra, novação objetiva que tem por fim a extinção da obrigação original[24].

4. EFEITOS DA NOVAÇÃO

O principal efeito da novação consiste na extinção da primitiva obrigação, substituída por outra, constituída exatamente para provocar a referida extinção. Não há falar em novação quando a dívida continua a mesma e modificação alguma se verifica nas pessoas dos contratantes[25].

Os arts. 363 e 365 do Código Civil referem-se à novação *subjetiva por substituição do devedor*. Diz o primeiro: "*Se o novo devedor for insolvente, não tem o credor, que o aceitou, ação regressiva contra o primeiro, salvo se este obteve por má-fé a substituição*".

A insolvência do novo devedor corre por conta e risco do credor, que o aceitou. Não tem direito a ação regressiva contra o primitivo devedor, mesmo porque o principal efeito da novação é extinguir a dívida anterior. Mas, em atenção ao princípio da boa-fé, que deve sempre prevalecer sobre a malícia, abriu-se a exceção, deferindo-se-lhe a ação regressiva contra o devedor, se este, ao obter a substituição, ocultou, maliciosamente, a insolvência de seu substituto na obrigação.

A má-fé deste tem, pois, o condão de reviver a obrigação anterior, como se a novação fosse nula. Traduz-se a *mala fides* pelo emprego de quaisquer expedientes tendentes a desfigurar a realidade da situação, criando aparências ilusórias, ou destruindo ou sonegando quaisquer elementos que pudessem esclarecer o delegado, visto que o princípio da boa-fé objetiva, como princípio orientador do direito obrigacional, impõe ao delegante o *dever de informar*. Pode ela apresentar-se, pois, sob a forma de *ação* (positiva ou comissiva) ou de *omissão* (negativa ou omissiva)[26].

O art. 365 prescreve a exoneração dos devedores solidariamente responsáveis pela extinta obrigação anterior, estabelecendo que só continuarão obrigados se participarem da novação. Operada a novação entre o credor e apenas "*um dos devedores solidários*", os demais, que não contraíram a nova obrigação, "*ficam por esse fato exonerados*". São estranhos à dívida nova. Assim, extinta a obrigação antiga, exaure-se a solidariedade. Esta só se manterá se for também convencionada na última.

Efetivamente, havendo a extinção total da dívida primitiva por força da novação operada, a exoneração alcança todos os devedores solidários. Se, no entanto, um ou alguns novaram, não se justifica a extensão da responsabilidade pela dívida nova àqueles que não participaram do acordo novatório. Como já foi dito, o *animus novandi* não se presume, pois deve ser sempre *inequívoco* (CC, art. 361).

---

[24] STJ, REsp 1.231.373-MT, 4ª T., rel. Min. Luis Felipe Salomão, j. 7-2-2017.

[25] Washington de Barros Monteiro, *Curso de direito civil*, 32. ed., v. 4, p. 295.

[26] Judith Martins-Costa, *Comentários ao novo Código Civil*, v. V, t. I, p. 544-545.

Da mesma forma, "*importa exoneração do fiador a novação feita sem seu consenso com o devedor principal*" (CC, art. 366). Trata-se de uma consequência do princípio estabelecido no art. 364, primeira parte, do novo diploma, segundo o qual "*a novação extingue os acessórios e garantias da dívida, sempre que não houver estipulação em contrário*". A fiança só permanecerá se o fiador, de forma expressa, assentir com a nova situação. Proclama a Súmula 214 do Superior Tribunal de Justiça: "O fiador na locação não responde por obrigações resultantes de aditamento ao qual não anuiu".

A respeito das renegociações de dívidas bancárias, pondera ARNALDO RIZZARDO que, "se, pelos princípios vistos, a novação importa em criar uma nova obrigação com a extinção da anterior, não podem subsistir as cédulas rurais ou industriais, hipotecárias ou pignoratícias, admitidas unicamente para fins específicos. Uma vez efetuada a renegociação, é primário que não mais persiste qualquer financiamento"[27].

Entre os acessórios da dívida, mencionados no art. 364 supratranscrito, encontram-se os juros e outras prestações cuja existência depende da dívida principal, como a cláusula penal, não mais operando os efeitos da mora. O mencionado efeito é consequência do princípio de que o acessório segue o destino do principal. O dispositivo ressalva a possibilidade de sobrevirem os acessórios, na obrigação nova, se as partes assim convencionarem.

Nas garantias incluem-se as *reais*, como o penhor, a anticrese e a hipoteca: e as *pessoais*, como a fiança. Incluem-se, também, os *privilégios*.

Aduz o referido art. 364, na segunda parte, que "*não aproveitará, contudo, ao credor ressalvar o penhor, a hipoteca ou a anticrese, se os bens dados em garantia pertencerem a terceiro que não foi parte na novação*". Com efeito, extinto o vínculo primitivo e, por consequência, desaparecidas as garantias que o asseguravam, estas só renascem por vontade de quem as prestou[28].

[27] *Direito das obrigações*, p. 397.
[28] Silvio Rodrigues, *Direito civil*, v. 2, p. 208.

Capítulo VII

DA COMPENSAÇÃO

1. CONCEITO

Compensação é meio de extinção de obrigações entre pessoas que são, ao mesmo tempo, credor e devedor uma da outra. Acarreta a extinção de duas obrigações cujos credores são, simultaneamente, devedores um do outro. É modo indireto de extinção das obrigações, sucedâneo do pagamento, por produzir o mesmo efeito deste.

Clóvis Beviláqua cita a definição de Zachariae, segundo a qual compensação é "a extinção de obrigações recíprocas, que se pagam uma por outra, até à concorrência de seus respectivos valores, entre pessoas que são devedoras uma da outra"[1].

A compensação visa a eliminar a circulação inútil da moeda, evitando duplo pagamento. Representa, segundo Manoel Ignácio Carvalho de Mendonça, "aplicação ao direito do princípio de economia política que exige que as trocas sejam feitas com a menor circulação possível da moeda"[2]. Prescindindo de dois atos de cumprimento perfeitamente dispensáveis, constitui efetivamente o processo mais rápido de regularizar a situação entre credores recíprocos. É essa vantagem prática, observa Antunes Varela[3], que explica o recurso às câmaras de compensação (às *Clearing Houses*), vulgaríssimas no setor bancário, e aos contratos de conta-corrente, também muito frequentes entre sociedades com operações de fornecimento ou de concessão de crédito, que regulam as operações entre si, por compensação, muitas vezes, sem desembolso de qualquer quantia.

Trata-se de instituto de grande utilidade e que oferece outras vantagens. Uma delas, como lembra Washington de Barros Monteiro, é que, pela compensação, "evita-se o risco oriundo de eventual insolvência do credor pago. Além disso, (...), obtém-se sensível economia de tempo e dinheiro, com as despesas necessárias ao pagamento das dívidas antagônicas"[4].

---

1 *Direito das obrigações*, p. 112.

2 *Doutrina e prática das obrigações*, t. I, p. 610.

3 *Direito das obrigações*, v. II, p. 227, nota 28.

4 *Curso de direito civil*, 32. ed., v. 4, p. 297.

Se, por exemplo, José é credor de João da importância de R$ 100.000,00 e este se torna credor do primeiro de igual quantia, as duas dívidas extinguem-se automaticamente, dispensando o duplo pagamento. Neste caso, temos a compensação *total*. Se, no entanto, João se torna credor de apenas R$ 50.000,00, ocorre a compensação *parcial*.

2. ESPÉCIES DE COMPENSAÇÃO

Prescreve o art. 368 do Código Civil:

"Se duas pessoas forem ao mesmo tempo credor e devedor uma da outra, as duas obrigações extinguem-se, até onde se compensarem".

A compensação, portanto, será *total*, se de valores iguais as duas obrigações; e *parcial*, se os valores forem desiguais. No último caso há uma espécie de desconto: abatem-se até a concorrente quantia. O efeito extintivo estende-se aos juros, ao penhor, às garantias fidejussórias e reais, à cláusula penal e aos efeitos da mora, pois, cessando a dívida principal, cessam seus acessórios e garantias[5].

A compensação pode ser, também, legal, convencional e judicial. É *legal*, quando decorre da lei, independentemente da vontade das partes. É *convencional*, quando resulta de acordo das partes, dispensando algum de seus requisitos. E, por fim, é *judicial* quando efetivada por determinação do juiz, nos casos permitidos pela lei.

2.1. Compensação legal

2.1.1. Conceito

Compensação *legal* é a que, baseada nos pressupostos exigidos por lei, produz os seus efeitos *ipso iure*. Independe da vontade das partes e se realiza ainda que uma delas se oponha. Opera-se automaticamente, de pleno direito. No mesmo instante em que o segundo crédito é constituído, extinguem-se as duas dívidas. O juiz apenas reconhece, declara sua configuração, desde que provocado, pois não pode ser proclamada de ofício. Uma vez alegada e declarada judicialmente, seus efeitos retroagirão à data em que se estabeleceu a reciprocidade das dívidas.

Pode ser arguida em contestação, em reconvenção e até mesmo nos embargos à execução (CPC/2015, art. 917, VI). Nesta última hipótese, exige-se que a compensação seja fundada em execução aparelhada. Não existindo ação ou execução em andamento, pode ajuizar ação declaratória o devedor que desejar fazer reconhecer a compensação legal, que depende de alguns requisitos, como se verá adiante.

2.1.2. Requisitos da compensação legal

Os requisitos da compensação legal, que valem também para a compensação judicial, são: a) reciprocidade dos créditos; b) liquidez das dívidas; c) exigibilidade das prestações; d) fungibilidade dos débitos (homogeneidade das prestações devidas).

2.1.2.1. Reciprocidade dos créditos

O primeiro requisito é, pois, a existência de obrigações e créditos *recíprocos*, isto é, entre as mesmas partes, visto que a compensação provoca a extinção de obrigações pelo encontro

---

5 Carvalho de Mendonça, *Doutrina e prática das obrigações*, t. I, p. 615.

de direitos opostos. Só há compensação, segundo o art. 368 retrotranscrito, quando duas pessoas sejam *reciprocamente* ("*ao mesmo tempo*") credor e devedor uma da outra. O devedor de uma das obrigações tem de ser credor da outra e vice-versa. O terceiro não interessado, por exemplo, embora possa pagar em nome e por conta do devedor (CC, art. 304, parágrafo único), não pode compensar a dívida com eventual crédito que tenha em face do credor.

A lei abre, no entanto, uma *exceção* em favor do *fiador*, atendendo ao fato de se tratar de terceiro interessado, permitindo que alegue, em seu favor, a compensação que o devedor (afiançado) poderia arguir perante o credor (CC, art. 371, segunda parte).

Como corolário do requisito da reciprocidade, a compensação só pode extinguir obrigações de uma parte em face da outra, e não obrigações de terceiro para com alguma delas. Preceitua, com efeito, o art. 376 do Código Civil que uma pessoa, obrigando-se por terceiro, "*não pode compensar essa dívida com a que o credor dele lhe dever*".

A regra não se confunde com a do citado art. 371, e se aplica precipuamente aos contratos com estipulação em favor de terceiro. Assim, quem se obriga (seguradora, p.ex.) em favor de terceiro (beneficiário) não lhe paga o que lhe prometeu, mas sim o que prometeu ao estipulante (contratante). É em virtude de obrigação contraída com este que a seguradora realiza o pagamento ao terceiro. Não há, pois, *reciprocidade* entre a seguradora e o beneficiário. Referido dispositivo aplica-se igualmente à hipótese de o mandante dever ao credor, que por sua vez deve ao mandatário. Inexiste a reciprocidade dos débitos.

2.1.2.2. Liquidez das dívidas

O segundo requisito é a liquidez das dívidas. Dispõe o art. 369 do Código Civil:

"*A compensação efetua-se entre dívidas líquidas, vencidas e de coisas fungíveis*".

Quanto à *liquidez*, somente se compensam dívidas cujo valor seja certo e determinado, expresso por uma cifra. Proclamava, com elegância, o art. 1.533 do Código Civil de 1916: "Considera-se líquida a obrigação certa, quanto à sua existência, e determinada, quanto ao seu objeto". Não pode o devedor de uma nota promissória, por exemplo, opor compensação com base em crédito a ser futuramente apurado, se vencer ação de indenização que move contra o exequente. Não se compensa, assim, dívida líquida e exigível com créditos a serem levantados ou com simples pretensão a ser ainda deduzida[6].

Ponderam, com razão, Carvalho de Mendonça[7] e Lacerda de Almeida que "a dívida pode ser contestada sem deixar de ser líquida. O *líquido* exprime atualmente *valor determinado*. 'Dívida líquida diz-se aquela cuja importância se acha determinada' – art. 765, § I do *Cód. Civ. Port. (...)* O ser *contestada* a dívida nunca serviu de obstáculo à compensação, uma vez que tenha valor determinado: reduz-se o caso a uma questão de prova, a resolver-se pelos meios gerais, e vencida esta pela sentença que reconhece a dívida, declarada está a compensação, a qual se retroage ao tempo do vencimento daquela: dá-se a compensação legal"[8].

A propósito, ponderou o Superior Tribunal de Justiça não ser possível a compensação de valor cuja liquidez pende de confirmação em juízo. No caso em julgamento, que envolvia

---

6 "Não pode haver compensação entre duplicata e documento autorizador de levantamento de valores decorrentes da falta ilíquida de produto que, sendo transportado em navio, desapareceu, visto que, enquanto a duplicata contém dívida em dinheiro, líquida e vencida, o outro documento é ilíquido, por envolver mercadoria em quantidade, além de fretes, embalagens e outros custos, e com preço em dólar norte-americano, não estando a pretensão de acordo com o art. 1.010 do CC (*de 1916*)" (*RT*, 804/246).

7 *Doutrina e prática das obrigações*, t. I, p. 621.

8 Lacerda de Almeida, *Obrigações*, p. 322, nota n. 4.

crédito do Banco do Brasil, asseverou o relator, Min. Moura Ribeiro, que "o art. 369 do CC fixa os requisitos da compensação, que só se perfaz entre dívidas líquidas, vencidas e de coisas fungíveis entre si, não verificáveis no caso. Isto porque, se pairar dúvidas sobre a existência da dívida e em quanto se alça o débito, não se pode dizer que o crédito é líquido. Apesar do crédito do BB estar representado por título executivo extrajudicial, ainda será objeto do pronunciamento judicial quanto a sua liquidez e certeza"[9].

2.1.2.3. Exigibilidade das prestações

A exigibilidade das prestações ou créditos é também essencial para a configuração da compensação legal. É necessário que as dívidas estejam *vencidas*, pois somente assim as prestações podem ser exigidas. É indispensável, para que o devedor logre se liberar da obrigação por meio da compensação, que possa impor ao credor a realização coativa do contracrédito.

Adverte Carvalho de Mendonça que tal requisito torna incompensáveis: "a dívida natural com a civil; a dependente de condição suspensiva com a pura e simples; as despidas de formalidades substanciais com as que estejam delas revestidas. Uma dívida a termo não é exigível, pois que, quem tem termo, nada deve antes de vencido o termo, e por isso não pode compensar. Convém notar, porém, que entre as obrigações a termo não se compreendem as que se acham suspensas por um prazo de favor"[10]. Identicamente, não cabe a compensação se uma dívida se acha prescrita e o juiz acolhe a exceção arguida pelo devedor[11]. Todavia, se a parte a cujo favor se verificou a prescrição não a alegou, a dívida prescrita é compensável, pois neste caso ela é exigível[12].

Com efeito, nas obrigações *condicionais*, só é permitida a compensação após o implemento da condição. E, nas obrigações *a termo*, somente depois do vencimento deste. Mas os prazos de favor, embora consagrados pelo uso geral, "*não obstam a compensação*" (CC, art. 372). Esses prazos de favor impedem o rigor da execução, mas não inibem a compensação.

Nas obrigações alternativas "em que se achem *in obligatione* um objeto compensável e outro não, só após a realização da escolha é que se poderá decidir a possibilidade ou não da compensação. Se a opção recaiu na prestação compensável, pode, desde tal momento, dar-se a compensação"[13].

2.1.2.4. Fungibilidade dos débitos

É igualmente necessário que as prestações sejam *fungíveis*, da mesma natureza. Não basta que as obrigações tenham por objeto coisas fungíveis (dinheiro, café, milho etc.). Faz-se mister que sejam *fungíveis entre si*, isto é, homogêneas[14]. Assim, dívida em dinheiro só se compensa com outra dívida em dinheiro. Dívida consistente em entregar sacas de café só se compensa com outra dívida cujo objeto também seja a entrega de sacas de café. Não se admite a compensação de dívida em dinheiro com dívida em café.

Desse modo, na compensação "as dívidas devem ser, além de fungíveis, concretamente homogêneas. Isto está a significar que o atributo da homogeneidade não pode ser visto abstratamente, apenas referida a 'coisas do mesmo gênero', entendida, pois, como qualidade in-

---

9 STJ, REsp 1.677.189-RS, 3ª T., rel. Min. Moura Ribeiro, *DJe* 18-10-2018.

10 *Doutrina e prática das obrigações*, t. I, p. 621-622.

11 Washington de Barros Monteiro, *Curso de direito civil*, 32. ed., v. 4, p. 300.

12 Carvalho de Mendonça, *Doutrina e prática das obrigações*, t. I, p. 623.

13 Carvalho de Mendonça, *Doutrina e prática das obrigações*, t. I, p. 622.

14 Silvio Rodrigues, *Direito civil*, v. 2, p. 218.

trínseca ao objeto: fungibilidade e genericidade não se apresentam como qualidades típicas e essenciais de certos bens, mas *constituem expressões do como, numa concreta relação, as prestações são avaliadas*. Portanto, a fungibilidade, para os efeitos da compensação, indica uma relação de *equivalência qualitativa* entre os bens objeto das prestações, significando dizer que, *in concreto*, um e outro são intercambiáveis para a satisfação dos interesses dos recíprocos credores"[15].

A restrição legal vai além, pois o art. 370 do Código Civil aduz:

"Embora sejam do mesmo gênero as coisas fungíveis, objeto das duas prestações, não se compensarão, verificando-se que diferem na qualidade, quando especificada no contrato".

Nessa conformidade, se uma das dívidas for de café tipo "A" (*qualidade especificada*), só se compensará com outra dívida também de café tipo "A".

A questão preponderante é, pois, a introdução de outro elemento: a *qualidade*. Se a prestação é genérica (de dar coisa incerta) ou alternativa, "deve-se proceder à escolha ou concentração, que é feita, em regra, pelo devedor (art. 244), se o contrário não resulta do título. Porém, introduzido o *topos* da qualidade, não pode o devedor escolher coisa de qualidade média, como indica o art. 244 na parte final: aí deverá haver a *identidade* ou *mesmeidade* da qualidade da coisa. Há, portanto, nas obrigações (genéricas) previstas no art. 370, a determinação pela qualidade"[16].

2.2. Compensação convencional

Compensação *convencional* é a que resulta de um acordo de vontades, incidindo em hipóteses que não se enquadram nas de compensação legal. As partes, de comum acordo, passam a aceitá-la, dispensando alguns de seus requisitos, como, por exemplo, a identidade de natureza ou a liquidez das dívidas. Pela convenção celebrada, dívida ilíquida ou não vencida passa a compensar-se com dívida líquida ou vencida, dívida de café com dívida em dinheiro etc. Sem ela, inocorreria compensação, pelo não preenchimento de todos os seus requisitos.

Situa-se, pois, a compensação convencional no âmbito de exercício da autonomia privada. Por acordo de vontade as partes suprem a falta de um ou mais requisitos, ajustando a compensação. Pode, também, esta resultar da vontade de apenas uma das partes. Por exemplo: o credor de dívida vencida, que é reciprocamente devedor de dívida vincenda, pode abrir mão do prazo que o beneficia e compensar uma obrigação com outra, ocorrendo nesse caso a denominada *compensação facultativa*[17].

A compensação convencional não é, todavia, ilimitada. Como lucidamente pondera Judith Martins-Costa, o "poder de exercitar a autonomia privada é limitado pela *ordem pública* e pela *função social do contrato*. É também limitado quando o ato contrariar manifestamente os limites impostos pelo seu fim econômico-social, pela boa-fé e pelos bons costumes (art. 187). Infringirá a ordem pública compensação que ataque as hipóteses versadas nos incisos do art. 373, ou outra norma cogente, quando a lei excluir a possibilidade de compensar. Igualmente, sempre que a compensação ferir os limites dos arts. 187 e 421, estará caracterizada a sua ilicitude, não cabendo espaço ao exercício da autonomia"[18].

---

15 Pietro Perlingieri, *Il fenomeno dell'estinzione nelle obbligazioni*, p. 127, n. 76.

16 Judith Martins-Costa, *Comentários ao novo Código Civil*, v. V, t. I, p. 593.

17 Silvio Rodrigues, *Direito civil*, v. 2, p. 219.

18 *Comentários ao novo Código Civil*, v. V, t. I, p. 579.

2.3. Compensação judicial

Compensação *judicial* é a determinada pelo juiz, nos casos em que se acham presentes os pressupostos legais. Ocorre principalmente nas hipóteses de procedência da ação e também da reconvenção. Se o autor cobra do réu a importância de R$ 100.000,00, e este cobra, na reconvenção, R$ 110.000,00, e ambas são julgadas procedentes, o juiz condenará o autor a pagar somente R$ 10.000,00, fazendo a compensação.

O art. 86 do Código de Processo Civil de 2015 também determina que, "*se cada litigante for em parte vencedor e vencido, serão proporcionalmente distribuídas entre eles as despesas*"[19].

Frise-se que a compensação judicial não é reconhecida unanimemente pela doutrina, inclusive por Clóvis Beviláqua, para quem não havia "necessidade de identificar a compensação com a reconvenção, que tem a sua individualidade própria"[20].

3. DÍVIDAS NÃO COMPENSÁVEIS

Em alguns casos especiais, não se admite a compensação. A exclusão pode ser *convencional* ou *legal*. No primeiro caso, o obstáculo é criado pelas próprias partes. De comum acordo, credor e devedor excluem-na. Tem-se, nesse caso, a exclusão *bilateral*, permitida no art. 375 do Código Civil, que proclama, na primeira parte, inexistir "*compensação quando as partes, por mútuo acordo, a excluírem*".

Admite-se, também, a renúncia *unilateral*. Com efeito, não cabe compensação havendo "*renúncia prévia*" de uma das partes (art. 375, segunda parte), ou seja, quando uma das partes abre mão do direito eventual de arguir a compensação. É necessário, porém, que seja posterior à criação do crédito e que os requisitos da compensação não estejam ainda presentes. Caso contrário, já estará concretizada. Mesmo assim, qualquer dos devedores ainda pode renunciar a seus efeitos, respeitados os direitos de terceiros.

Estando em jogo somente interesses de ordem privada, não há razão jurídica para condenar a renúncia prévia ao direito de alegar compensação. Não se exigem fórmulas sacramentais, podendo ser expressa ou tácita, desde que reste clara a intenção abdicativa. Fica vinculada, em regra, somente a parte que a subscreve. Nada obsta, porém, que a outra parte, se quiser, obtenha a compensação em seu favor, considerando a sua dívida extinta à custa do contracrédito de que dispõe sobre o credor[21].

A exclusão *legal* decorre, em alguns casos, da *causa* de uma das dívidas, e, em outros, da *qualidade* de um dos devedores. Em regra, a diversidade de *causa debendi* (razão pela qual foi constituído o débito) não impede a compensação das dívidas. Se ambas são da mesma natureza (em dinheiro, p.ex., líquidas e vencidas), compensam-se ainda que a causa de uma delas seja o mútuo e o da outra uma compra e venda. O art. 373 do Código Civil, que traz

---

19 "Em caso de sucumbência recíproca, admite-se, por conseguinte, a compensação" (STJ-2ª Seção, REsp 155.135-MG, rel. Min. Nilson Naves, *DJU*, 8-10-2001, p. 159). "Se cada litigante for em parte vencedor e vencido, serão reciprocamente mas também proporcionalmente distribuídos e compensados entre eles os honorários advocatícios" (STJ-1ª Seção, 2ª T., REsp 163.122-SP, *DJU*, 7-2-2000, p. 145). No mesmo sentido: *RSTJ*, 77/356. O próprio Superior Tribunal de Justiça já decidiu, todavia, que, "diante da nova disciplina do Estatuto dos Advogados, a compensação dos honorários não é mais possível", porque pertencem aos advogados, e não às partes (REsp 205.044-RS, 3ª T., rel. Min. Menezes Direito, *DJU*, 16-11-1999). Nesse mesmo sentido já decidiu, também, o TJRS (*RT*, 777/389). O TJSP, por sua vez, decidiu: "O crédito do particular sujeito a precatório pode ser compensado com débito de honorários reconhecidos em incidente do mesmo processo" (*JTJ*, Lex, 232/236).

20 *Código Civil dos Estados Unidos do Brasil comentado*, v. IV, p. 169.

21 Antunes Varela, *Direito das obrigações*, v. II, p. 238.

essa regra, consigna, no entanto, algumas *exceções*: "*I – se provier de esbulho, furto ou roubo; II – se uma se originar de comodato, depósito, ou alimentos; III – se uma for de coisa não suscetível de penhora*".

Na primeira hipótese, a razão é de ordem moral: *esbulho, furto* e *roubo* constituem *atos ilícitos*. É o caráter não só ilícito, mas *doloso*, da causa da obrigação que justifica a restrição. O direito recusa-se a ouvir o autor do esbulho ou o delinquente, quando este invoca um crédito, para compensar com a coisa esbulhada ou furtada, que lhe cumpre devolver. Tem-se em mira, na hipótese, a aplicação do princípio *spoliatus ante omnia restituendus* (o espoliado, antes de tudo, deve ser restituído contra qualquer espoliador).

Assim, aquele que emprestou a outrem certa importância em dinheiro, e lhe furtou, mais tarde, quantia do mesmo valor do empréstimo, por exemplo, não poderá eximir-se ao cumprimento da obrigação de restituir o montante subtraído por compensação com o seu crédito. Porém nada justifica que a compensação não possa aproveitar à vítima do esbulho, furto ou roubo. Não se compreende que esta esteja igualmente impedida de obter compensação a seu favor, sobretudo se o autor do furto estiver insolvente ou em risco de insolvência[22].

Entende Pontes de Miranda que a regra merece *interpretação ampliativa*, afastando-se, *in casu*, a técnica de interpretar restritivamente as regras de exceção: não são compensáveis as dívidas provenientes de esbulho, furto e roubo e de qualquer outra figura penal que lhes corresponda, bem como de qualquer ato ilícito de que provenha a obrigação de restituir a coisa ou o valor[23].

Desse modo, se uma ou *ambas* as dívidas provierem de ato ilícito, devem merecer a condenação social e a devida repressão do direito, uma vez que se trata de ações antissociais.

Na segunda hipótese prevista no art. 373 do Código Civil (inciso II), a razão está na causa do contrato: *comodato* e *depósito* baseiam-se na confiança mútua, somente se admitindo o pagamento mediante restituição da própria coisa emprestada ou depositada. Ninguém pode apropriar-se da coisa alegando compensação, pois a obrigação de restituir não desaparece. A não fungibilidade afasta a compensação, porque a prestação é determinada individualmente, tratando-se de corpo certo. Além disso, as dívidas não seriam homogêneas, mas de natureza diversa.

No caso específico do depósito, a impossibilidade de compensar dívida em respeito à confiança que impera entre os contratantes encontra exceção no art. 638 do Código Civil, que expressamente permite a compensação, "*se noutro depósito se fundar*". Nesse caso, as partes encontram-se na mesma situação, sendo depositários e depositantes recíprocos, não cabendo a alegação de quebra de confiança.

As dívidas *alimentares*, obviamente, não podem ser objeto de compensação porque sua satisfação é indispensável para a subsistência do alimentando. Permiti-la seria privar o hipossuficiente do mínimo necessário a seu sustento. Por conseguinte, se o devedor de pensão alimentícia se torna credor da pessoa alimentada, não pode opor seu crédito, quando exigida a pensão[24]. Se o alimentante pudesse compensar sua dívida com algum crédito que porventura tivesse contra o alimentando, a prestação alimentícia não seria fornecida, comprometendo-se a existência do beneficiado[25]. O marido, por exemplo, não pode deixar de pagar a

---

[22] Antunes Varela, *Direito das obrigações*, v. II, p. 235.

[23] *Tratado de direito privado*, v. 24, § 2.987, p. 389.

[24] Washington de Barros Monteiro, *Curso de direito civil*, 32. ed., v. 4, p. 302.

[25] Silvio Rodrigues, *Direito civil*, v. 2, p. 221. "Alimentos. Execução. Prestações vencidas. Compensação com a satisfação de parcelas do IPTU. Inadmissibilidade. Pretensão vedada pelo art. 1.015, inciso II, do Código Civil (*de 1916*)" (*JTJ*, Lex, 226/114).

pensão a pretexto de compensá-la com recebimentos indevidos, pela esposa, de aluguéis a ele pertencentes[26].

A jurisprudência, no entanto, vem permitindo a compensação, nas prestações vincendas, de valores pagos a mais, entendendo tratar-se de adiantamento do pagamento das futuras prestações. Nada impede que os valores pagos a mais sejam computados nas prestações vincendas, operando-se a compensação dos créditos. É que o princípio da não compensação da dívida alimentar deve ser aplicado ponderadamente, para que dele não resulte eventual enriquecimento sem causa de parte do beneficiário[27].

Nessa linha, proclamou o Superior Tribunal de Justiça:

"Esta Corte tem manifestado que a obrigação de o devedor de alimentos cumpri-la em conformidade com o fixado na sentença, sem possibilidade de compensar alimentos arbitrados em espécie com parcelas pagas *in natura*, pode ser flexibilizada para afastar o enriquecimento indevido de uma das partes. Precedentes"[28].

O Superior Tribunal de Justiça, em recente julgado, destacou que, para que as dívidas sejam compensáveis, elas devem ser exigíveis, motivo pelo qual dívidas prescritas não são compensáveis[29].

Por último, não se opera a compensação se uma das dívidas se relaciona a *coisa insuscetível de penhora* (inciso III). É que a compensação pressupõe dívida judicialmente exigível. Não se compensa, por exemplo, crédito proveniente de salários, que são impenhoráveis, com outro de natureza diversa. Se fosse possível compensar dívida de coisa impenhorável, estar-se-ia admitindo o pagamento, por meio da alienação, de uma coisa que a própria lei impede de alienar[30]. As coisas impenhoráveis são insuscetíveis de responder pelo débito por inexistir poder de disposição.

Quanto à *qualidade* de um dos devedores recíprocos, dispunha o art. 1.017 do Código Civil de 1916 que não podiam ser objeto de compensação as *dívidas fiscais* da União, dos Estados e dos Municípios, exceto autorização prevista nas leis e regulamentos. O art. 170 do Código Tributário Nacional repete a regra, afirmando que a lei pode atribuir à autoridade administrativa poderes para autorizar a compensação de créditos tributários com créditos líquidos e certos, do sujeito passivo contra a Fazenda Pública, nas condições e sob as garantias que estipular.

Não se tratando de dívidas *fiscais*, mas de natureza diversa, do sujeito passivo contra a Fazenda Pública, a compensação era amplamente admitida. O Código de 2002, inovando, passou a admitir, no art. 374, a compensação de "*dívidas fiscais e parafiscais*", dispondo que tal matéria seria por ele regida. Todavia, o aludido dispositivo foi revogado pela Medida Provisória n. 104, de 1º de janeiro de 2003, publicada no *Diário Oficial da União* de 10 de janeiro de 2003, que se converteu na Lei n. 10.677, de 22 de maio de 2003.

Também "*não se admite compensação em prejuízo do direito de terceiro. O devedor que se torne credor do seu credor, depois de penhorado o crédito deste, não pode opor ao exequente a compensação, de que contra o próprio credor disporia*" (CC, art. 380). Sendo modo abrevia-

---

26 *RT*, 506/323.

27 *RT*, 616/147.

28 STJ, REsp 1.560.205-RJ, 4ª T., rel. Min. Luis Felipe Salomão, *DJe* 22-5-2017.

29 STJ, REsp 2.007.141-PR, 3ª T., rel. Min. Nancy Andrighi, *DJe* 25-5-2023.

30 Silvio Rodrigues, *Direito civil*, v. 2, p. 221."Honorários de advogado. Compensação. Inadmissibilidade. Contraprestação que tem natureza salarial. Dívidas não suscetíveis de penhora que são incompensáveis. Inteligência dos arts. 1.015, III, do CC (*de 1916*) e 649, IV, do CPC" (*RT*, 794/395).

do de pagamento, a compensação não pode prejudicar terceiros estranhos à operação. O prejuízo ocorreria se o devedor pudesse, para compensar sua dívida com seu credor, adquirir crédito já penhorado por terceiro[31].

Essencial para que sejam salvaguardados contra a compensação "é que os direitos adquiridos por terceiro (por penhor, penhora, usufruto etc.) tenham sido constituídos antes de os créditos serem compensáveis. Se a penhora, ou outro direito, a favor de terceiro, for constituída já depois de os créditos recíprocos existirem e *se terem tornado compensáveis*, nada obstará à declaração da compensação"[32].

Ao considerar excluída a compensação somente na hipótese de o devedor se ter tornado *credor do seu credor, depois de penhorado o crédito deste,* o mencionado art. 380 do Código Civil permite a interpretação, *a contrario sensu,* de que a compensação é oponível ao exequente na hipótese de o devedor se ter tornado credor do seu credor antes de efetuada a penhora.

4. REGRAS PECULIARES

O art. 1.020 do Código Civil de 1916 tratava da compensação nas *obrigações solidárias* e dispunha: "O devedor solidário só pode compensar com o credor o que este deve a seu coobrigado, até ao equivalente da parte deste na dívida comum". Admitia, assim, que o devedor solidário, cobrado, compensasse com o credor o que este devia a seu coobrigado, mas só até o limite da quota deste na dívida comum.

Embora, no débito solidário, cada devedor responda pela dívida inteira perante o credor, entre eles, no entanto, cada qual só deve a sua quota. O legislador, no dispositivo em questão, levou em consideração o princípio da *reciprocidade*, que deve existir entre os coobrigados solidários, pois o escolhido pelo credor tem ação regressiva contra os demais, para cobrar de cada um a respectiva quota.

Malgrado o Código de 2002 não contenha dispositivo igual a esse, o princípio da reciprocidade, acolhido neste capítulo, e as normas atinentes às obrigações solidárias (arts. 264 a 285) autorizam a solução de casos futuros com base na referida regra. Desse modo, se o credor cobra, por exemplo, *R$ 90.000,00* do devedor solidário "A", este pode opor a compensação com aquilo que o credor deve ao coobrigado "C": R$ 50.000,00, por exemplo. Como, no entanto, a quota de cada devedor solidário ("A", "B" e "C") na dívida comum é R$ 30.000,00 (R$ 90.000,00 dividido por três), a compensação é circunscrita a esse valor (*R$ 30.000,00*), pois cessa a reciprocidade das obrigações no que o exceder. Assim, o coobrigado "A", cobrado, pagará ao credor somente *R$ 60.000,00* (R$ 90.000,00 – R$ 30.000,00).

O art. 377 do Código Civil trata da compensação na *cessão de crédito*, prescrevendo:

"O devedor que, notificado, nada opõe à cessão que o credor faz a terceiros dos seus direitos, não pode opor ao cessionário a compensação, que antes da cessão teria podido opor ao cedente. Se, porém, a cessão lhe não tiver sido notificada, poderá opor ao cessionário compensação do crédito que antes tinha contra o cedente".

A extinção das obrigações, por efeito da compensação, retroage à data em que as dívidas se tornaram compensáveis e não se conta apenas a partir do momento em que a compensação for invocada.

O devedor, que pode contrapor compensação ao credor, ao ser notificado por este da cessão do crédito a terceiro (cessionário), deve opor-se a ela, cientificando o cessionário da

---

31 Silvio Rodrigues, *Direito civil*, v. 2, p. 222.

32 Antunes Varela, *Direito das obrigações*, v. II, p. 239.

exceção que iria apresentar ao cedente, exercendo o seu direito de compensar. Como não há *reciprocidade* de débitos entre o devedor e o cessionário, se não se opuser à cessão, que lhe é notificada, estará o primeiro tacitamente *renunciando* ao direito de compensar. Assim acontecendo, passará a ser devedor do cessionário, embora continue credor do cedente.

Se, porém, a cessão não tiver sido notificada ao devedor, poderá este opor ao cessionário a compensação com um crédito que tivesse contra o primitivo credor. É essencial, nessa hipótese, que o crédito e o contracrédito entre cedente e devedor se tenham tornado compensáveis antes da data da cessão. Se o contracrédito se tiver vencido, por exemplo, só depois da data da cessão, a compensação não poderá ser posta ao cessionário[33].

O art. 378 do mesmo diploma autoriza o *desconto das despesas* ocorridas em compensação de débitos, quando estes forem pagáveis no mesmo lugar. A distinção entre os lugares da prestação pode gerar, para uma das partes, despesas de transporte, ou de expedição, ou relativas à diferença de câmbio etc., ocasionando-lhe prejuízos. Embora estes derivem de fato lícito, surge o dever de indenizar, como expressão da justiça comutativa[34].

Por sua vez, o art. 379 determina a aplicação das normas fixadas para a "*imputação do pagamento*", quando houver *pluralidade de débitos* suscetíveis de compensação. Desse modo, ao arguir a compensação, o devedor indicará a dívida que pretende seja compensada. Se não fizer a indicação, a escolha far-se-á pelo credor, que declarará na quitação a dívida pela qual optou.

Não tendo o devedor feito a indicação e silenciando o credor ao fornecer a quitação, far-se-á a imputação com observância do disposto no art. 355 do Código Civil: nas dívidas líquidas e vencidas em primeiro lugar; se as dívidas forem todas líquidas e vencidas ao mesmo tempo, na mais onerosa.

---

33 Antunes Varela, *Direito das obrigações*, v. II, p. 243.

34 Judith Martins-Costa, *Comentários ao novo Código Civil*, v. V, t. I, p. 632-633.

Capítulo VIII
DA CONFUSÃO

Sumário: 1. Conceito e características. 2. Espécies de confusão. 3. Efeitos da confusão. 4. Cessação da confusão.

1. CONCEITO E CARACTERÍSTICAS

A obrigação pressupõe a existência de dois sujeitos: o ativo e o passivo. Credor e devedor devem ser pessoas diferentes. Se essas duas qualidades, por alguma circunstância, encontrarem-se em uma só pessoa, extingue-se a obrigação, porque ninguém pode ser juridicamente obrigado para consigo mesmo ou propor demanda contra si próprio.

Em razão desse princípio, dispõe o art. 381 do Código Civil:

"Extingue-se a obrigação, desde que na mesma pessoa se confundam as qualidades de credor e devedor".

Logo, portanto, que se reúnam na mesma pessoa as qualidades de credor e devedor, dá-se a *confusão* e a obrigação se extingue. Caracteriza-se a figura, na expressão de PONTES DE MIRANDA, pela "mesmeidade do titular"[1].

Como assevera MANOEL IGNÁCIO CARVALHO DE MENDONÇA, o direito de crédito "pressupõe essencialmente um sujeito ativo e outro passivo em pessoas distintas, das quais uma exerça o direito e a outra seja obrigada a uma prestação. Ora, é inconcebível que essa relação possa subsistir quando desaparece a dualidade fundamental dos sujeitos. Ela deixa necessariamente de ser possível; estabelece-se um conflito, uma contradição jurídica entre o *poder* e o *dever*, por se acharem reunidos em um só indivíduo, pois que ninguém pode ser obrigado a si próprio"[2].

Anote-se que a confusão não acarreta a extinção da dívida agindo sobre a obrigação e sim sobre o sujeito ativo e passivo, na impossibilidade do exercício simultâneo da ação creditória e da prestação. Consiste, destarte, num *impedimentum praestandi*[3].

A confusão distingue-se da *compensação*, malgrado em ambas exista a reunião das qualidades de credor e devedor. Nesta há dualidade de sujeitos, com créditos e débitos opostos, que se extinguem reciprocamente, até onde se defrontarem. Na *confusão*, reúnem-se numa só pessoa as duas qualidades, de credor e devedor, ocasionando a extinção da obrigação.

A confusão não exige manifestação de vontade, extinguindo o vínculo *ope legis* pela simples verificação dos seus pressupostos: reunião, na mesma pessoa, das qualidades de

---

1 *Tratado de direito privado*, v. 25, § 3.007, p. 31.

2 *Doutrina e prática das obrigações*, t. I, p. 682.

3 Carvalho de Mendonça, *Doutrina e prática das obrigações*, t. I, p. 682.

credor e devedor. Pode decorrer de ato *inter vivos* como, por exemplo, na cessão de crédito, ou *mortis causa*, quando, por exemplo, o herdeiro é, ao mesmo tempo, devedor e credor do falecido. Se forem vários os herdeiros, o devedor coerdeiro ficará liberado unicamente da parte concorrente entre sua quota hereditária e sua dívida com o *de cujus*[4].

Na realidade a confusão é mais frequente nas heranças. O caso mais comum é o do filho que deve ao pai e é sucessor deste. Morto o credor, o crédito transfere-se ao filho, que é exatamente o devedor. Opera-se, neste caso, a confusão *ipso iure*, desaparecendo a obrigação. Mas a confusão pode resultar, também, como visto, da cessão de crédito, bem como do casamento pelo regime da comunhão universal de bens e da sociedade.

O fenômeno ocorre, igualmente, em outros ramos do direito, embora às vezes com outra denominação. No direito das coisas significa a reunião de coisas líquidas (art. 1.272) e é causa de extinção das servidões, pela reunião dos dois prédios no domínio da mesma pessoa (art. 1.389, I), bem como extingue o usufruto, pela consolidação (art. 1.410, VI), quando o usufrutuário adquire o domínio do bem, por ato *inter vivos* ou *causa mortis*[5].

2. ESPÉCIES DE CONFUSÃO

Dispõe o art. 382 do Código Civil:

"*A confusão pode verificar-se a respeito de toda a dívida, ou só de parte dela*".

Pode ser, portanto, *total* ou *parcial*. Na última, o credor não recebe a totalidade da dívida, por não ser o único herdeiro do devedor, por exemplo. Os sucessores do credor são dois filhos e o valor da quota recebida pelo descendente devedor é menor do que o de sua dívida. Neste caso, subsiste o restante da dívida. O efeito é semelhante ao da compensação, quando as duas prestações extinguem-se até onde se compensarem.

Por sua vez, prescreve o art. 383 do referido diploma:

"*A confusão operada na pessoa do credor ou devedor solidário só extingue a obrigação até a concorrência da respectiva parte no crédito, ou na dívida, subsistindo quanto ao mais a solidariedade*".

Em se tratando de obrigação solidária *passiva*, e na pessoa de um só dos devedores reunirem-se as qualidades de credor e devedor, a confusão operará somente até à concorrência da quota deste. Se *ativa* a solidariedade, a confusão será também parcial ou *imprópria* (em contraposição à confusão *própria*, abrangente da totalidade do crédito), permanecendo, quanto aos demais, a solidariedade.

A confusão, como foi dito, extingue a dívida porque ninguém pode ser credor de si mesmo. Essa razão, todavia, não se verifica quando, ao lado de um devedor, existe outro credor ou outro devedor, como na solidariedade. Nesta hipótese, torna-se patente o princípio de que a confusão não afeta a obrigação e sim somente exime o devedor: "*confusio eximit personam ab obligationem, potius quam extinguit obligationem*". Eis por que "nas obrigações solidárias ela só extingue a dívida em relação à pessoa em que se efetuou e nem aproveita aos codevedores nem ao devedor, a não ser na parte correspondente à pessoa em quem operou seus efeitos"[6].

---

4 Alberto Trabucchi, *Instituciones de derecho civil*, v. II, p. 86.

5 Washington de Barros Monteiro, *Curso de direito civil*, 32. ed., v. 4, p. 308; Carvalho de Mendonça, *Doutrina e prática das obrigações*, t. I, p. 681-685; Alberto Trabucchi, *Instituciones de derecho civil*, v. II, p. 86.

6 Carvalho de Mendonça, *Doutrina e prática das obrigações*, t. I, p. 687.

3. EFEITOS DA CONFUSÃO

A confusão extingue não só a obrigação principal mas também os *acessórios*, como a fiança e o penhor, por exemplo, pois cessa para o fiador e outros garantes o direito de regresso, incompatível com os efeitos da confusão.

Mas a recíproca não é verdadeira. A obrigação principal, contraída pelo devedor, permanece se a confusão operar-se nas pessoas do *credor* e do fiador. Extingue-se a fiança, porque ninguém pode ser fiador de si próprio, mas não a obrigação. Igualmente se houver confusão entre fiador e *devedor*: desaparece a garantia, porque deixa de oferecer qualquer vantagem para este, mas subsiste a obrigação principal[7].

4. CESSAÇÃO DA CONFUSÃO

Preceitua o art. 384 do Código Civil:

"Cessando a confusão, para logo se restabelece, com todos os seus acessórios, a obrigação anterior".

O fenômeno pode acontecer, por exemplo, no caso de abertura da *sucessão provisória* em razão da declaração de ausência e posterior aparecimento do presumidamente morto, no caso de renúncia da herança ou ainda em caso de *anulação de testamento* já cumprido, que conferiu ao devedor direitos hereditários, confundindo-se nesse mesmo devedor o direito ao crédito e o *onus debitoris*. Nestas hipóteses, não se pode falar que a confusão efetivamente extinguiu a obrigação, mas que somente a *neutralizou* ou paralisou, até ser restabelecida por um fato novo[8]. Segundo expõe Pontes de Miranda, com acuidade, trata-se não de uma "ressurreição do crédito" que foi extinto, e sim, mais propriamente, de uma "pós-ineficacização da confusão"[9].

Em geral o restabelecimento advém de duas causas: ou porque transitória a que gerou a confusão, ou porque adveio de relação jurídica ineficaz. Dá-se a primeira hipótese, por exemplo, com a extinção do fideicomisso, passando o direito ao fideicomissário. A confusão, anteriormente verificada em favor do fiduciário, desaparece, e com a transmissão ao fideicomissário se restabelecem em indivíduos diversos as qualidades de credor e devedor[10].

Assinala Carvalho de Mendonça que a confusão pode ainda "deixar de produzir seus efeitos por convenção entre as partes; isso, porém, só em relação a elas; nunca em relação a terceiros, a respeito dos quais não podem fazer reviver as obrigações extintas. Se, porém, é ela revogada por motivos inerentes à sua existência legal, então revive e opera retroativamente, mesmo contra terceiros, na extensão referida"[11].

---

7 Washington de Barros Monteiro, *Curso de direito civil*, 32. ed., v. 4, p. 309.

8 Silvio Rodrigues, *Direito civil*, v. 2, p. 223 e 225, nota 275, com base nas lições de Baudry-Lacantinerie e Barde e Colin e Capitant.

9 *Tratado de direito privado*, v. 25, § 3.009, p. 44.

10 Washington de Barros Monteiro, *Curso de direito civil*, 32. ed., v. 4, p. 309.

11 *Doutrina e prática das obrigações*, t. I, p. 689.

Capítulo IX

DA REMISSÃO DE DÍVIDAS

Sumário: 1. Conceito e natureza jurídica. 2. Espécies de remissão. 3. Presunções legais. 4. A remissão em caso de solidariedade passiva.

1. CONCEITO E NATUREZA JURÍDICA

Remissão é a liberalidade efetuada pelo credor, consistente em exonerar o devedor do cumprimento da obrigação. Não se confunde com *remição* da dívida ou de bens, de natureza processual, prevista no art. 826 do Código de Processo Civil. Esta, além de grafada de forma diversa, constitui instituto completamente distinto daquela. *Remissão* é o perdão da dívida. Nesse sentido dispõe o art. 385 do Código Civil:

"A remissão da dívida, aceita pelo devedor, extingue a obrigação, mas sem prejuízo de terceiro".

Segundo a lição de Alberto Trabucchi, se o direito subjetivo – e o direito subjetivo de crédito em particular – consiste no reconhecimento da relevância de uma determinada vontade, é lógico que tal direito cesse e a relação obrigacional se extinga quando o sujeito ativo *renuncia* a seu poder. A extinção da obrigação por remissão da dívida, aduz, funda-se nesse princípio. Para tanto, será elemento essencial da remissão a vontade unilateral do credor, ainda que a extinção se encontre contida em um contrato (contrato liberatório ou solutório)[1].

Para que a remissão se torne eficaz faz-se mister que o remitente seja capaz de alienar e o remitido capaz de adquirir, como expressa o art. 386, *in fine*, do Código Civil. Também é pressuposto indispensável que o devedor a aceite, expressa ou tacitamente, pois se a ela se opuser nada poderá impedi-lo de realizar o pagamento[2]. Malgrado a divergência existente na doutrina a respeito da unilateralidade ou bilateralidade da remissão, é nítida a sua natureza contratual, visto que o Código Civil, além de expressamente exigir a aceitação pelo devedor (art. 385), requer capacidade do remitente para alienar e do remitido para consentir e adquirir, como mencionado.

A exigência da lei é mais severa para a remissão do que para o pagamento. Tanto para efetuá-la como para recebê-la, é essencial ter capacidade para fazer e receber doações. O representante com poderes para pagar não pode remitir sem mandato especial, mas pode receber pelo devedor representando a remissão feita pelo credor[3].

---

1 *Instituciones de derecho civil*, t. II, p. 83.

2 Washington de Barros Monteiro, *Curso de direito civil*, 32. ed., v. 4, p. 310.

3 Carvalho de Mendonça, *Doutrina e prática das obrigações*, t. I, p. 693, n. 410.

Todos os créditos, seja qual for a sua natureza, são suscetíveis de remissão, desde que só visem o interesse privado do credor e a remissão não contrarie o interesse público ou o de terceiro. Em suma, só poderá haver perdão de dívidas patrimoniais de caráter privado[4].

Malgrado não haja forma especial para a remissão da dívida, deverá ela ser formalizada como tal, sob pena de nulidade.

A remissão é espécie do gênero *renúncia*. Embora não se confundam, equivalem-se quanto aos efeitos. A renúncia é unilateral, enquanto a remissão se reveste de caráter convencional, porque depende de aceitação. O remitido pode recusar o perdão e consignar o pagamento. A renúncia é, também, mais ampla, podendo incidir sobre certos direitos pessoais de natureza não patrimonial, enquanto a remissão é peculiar aos direitos creditórios[5].

A doutrina francesa considera a remissão uma forma de doação, por se tratar igualmente de uma liberalidade com eficácia sujeita a aceitação. Todavia, a primeira tem sua aplicação limitada aos direitos creditórios, enquanto a doação, de espectro mais amplo, tem por objeto, em regra, bens corpóreos.

2. ESPÉCIES DE REMISSÃO

A remissão pode ser *total* ou *parcial*, no tocante ao seu objeto. Pode ser, ainda, *expressa*, *tácita* ou *presumida*. A primeira resulta de declaração do credor, em instrumento público ou particular, por ato *inter vivos* ou *mortis causa*, perdoando a dívida. A remissão tácita decorre do comportamento do credor, incompatível com sua qualidade de credor por traduzir, inequivocamente, intenção liberatória, como, por exemplo, quando se contenta com uma quantia inferior à totalidade do seu crédito, ou quando destrói o título na presença do devedor, ou quando faz chegar a ele a ciência dessa destruição[6].

Não se deve, todavia, deduzir remissão tácita da mera inércia ou tolerância do credor, salvo nos casos, excepcionais, de aplicação da *supressio*, como decorrência da boa-fé. Assim, por exemplo, se uma prestação for incumprida por largo tempo e o crédito, por sua própria natureza, exige cumprimento rápido[7].

A remissão é *presumida* quando deriva de expressa previsão legal, como no caso dos arts. 386 e 387, que serão comentados no item seguinte.

A remissão pode ser, também, concedida sob *condição* (suspensiva) ou a *termo* inicial. Nestes casos, o efeito extintivo só se dará quando implementada a condição ou atingido o termo. A remissão com termo final significa, porém, segundo Von Tuhr, nada mais do que a concessão de prazo para o pagamento[8].

---

4 Serpa Lopes, *Curso de direito civil*, v. II, p. 350, n. 302; Maria Helena Diniz, *Curso de direito civil brasileiro*, v. 2, p. 339.

5 Washington de Barros Monteiro, *Curso de direito civil*, 32. ed., v. 4, p. 310-311; Serpa Lopes, *Curso de direito civil*, v. II, p. 349-350, n. 300; Maria Helena Diniz, *Curso de direito civil brasileiro*, v. 2, p. 340.

6 Von Tuhr, *Tratado de las obligaciones*, t. II, n. 74, p. 143."Remissão. Compromisso de compra e venda. Não caracterização. Existência de saldo devedor. Quitação dada pela promitente-vendedora. Irrelevância. Intenção liberatória do credor não demonstrada. Ação de cobrança procedente. Recurso não provido" (*JTJ*, Lex, 238/184 e 237/38).

7 Von Tuhr, *Tratado de las obligaciones*, t. II, n. 74, p. 143; Judith Martins-Costa, *Comentários ao novo Código Civil*, v. V, t. I, p. 655.

8 *Tratado de las obligaciones*, t. II, p. 143; Judith Martins-Costa, *Comentários ao novo Código Civil*, v. V, t. I, p. 656-657. "Após o transcurso do período previsto em cláusula de remissão por morte de titular de plano de saúde, o dependente já inscrito pode assumir, nos mesmos moldes e custos avençados, a titularidade do plano. De início, impende asseverar que a cláusula de remissão pactuada em alguns planos de saúde, consiste em uma garantia de continuidade da prestação dos serviços de saúde su-

"Consoante o disposto no art. 924 do NCPC, a extinção da execução se dá mediante renúncia do credor ao crédito, ou satisfação do crédito ou remissão total da dívida. Não sendo verificada quaisquer dessas hipóteses, não há que se falar em extinção da execução, cumprindo destacar que eventual inércia da parte em promover a execução, como regra, não pode acarretar a extinção do feito, pois ela pode ser impulsionada de ofício. Consoante o art. 878 da CLT, não há que se falar em extinção do feito"[9].

3. PRESUNÇÕES LEGAIS

A remissão é presumida pela lei em dois casos: a) pela *entrega voluntária do título da obrigação* por escrito particular (CC, art. 386); e b) pela *entrega do objeto empenhado* (CC, art. 387).

Dispõe o art. 386 do Código Civil:

"A devolução voluntária do título da obrigação, quando por escrito particular, prova desoneração do devedor e seus coobrigados, se o credor for capaz de alienar, e o devedor capaz de adquirir".

Exige-se a efetiva e voluntária restituição do título pelo próprio credor ou por quem o represente, e não por terceiro. Daí a razão pela qual o legislador substituiu a expressão "entrega do título", que constava do art. 1.053 do Código de 1916, pela expressão "devolução do título", mais adequada.

Malgrado o art. 324 do Código Civil, ao dispor que "*a entrega do título ao devedor firma a presunção de pagamento*", aparente uma certa contradição com o art. 386 retrotranscrito, por dispor este que tal fato "*prova desoneração do devedor*", propõe com acerto Lacerda de Almeida, citado por Washington de Barros Monteiro, o seguinte critério: "Se o devedor alega que pagou, a posse em que se acha do escrito da dívida faz presumir o pagamento e que o título lhe foi entregue pelo credor; mas, se alega que o credor lhe remitiu a dívida, já não será suficiente a posse do título: deve provar ainda que foi o próprio credor quem espontaneamente lho pagou"[10].

Por sua vez, estabelece o art. 387 do mesmo diploma:

"A restituição voluntária do objeto empenhado prova a renúncia do credor à garantia real, não a extinção da dívida".

Por conseguinte, se o credor devolve ao devedor, por exemplo, o trator dado em penhor, entende-se que renunciou somente à garantia, não ao crédito. Exige-se, pois, tal como no dispositivo anterior, "restituição" pelo próprio credor ou por quem o represente e não meramente a "entrega". A voluntariedade, por outro lado, é igualmente traço essencial à caracterização da presunção.

O penhor, que é garantia real consistente em coisa móvel, constitui-se, segundo dispõe o art. 1.431, *caput*, do Código Civil "*pela transferência efetiva da posse que, em garantia do*

---

plementar aos dependentes inscritos após a morte do titular, por lapso que varia de 1 a 5 anos, sem a cobrança de mensalidade. Objetiva, portanto, a proteção do núcleo familiar do titular falecido, que dele dependia economicamente, ao ser assegurada por certo período, a assistência médica e hospitalar, a evitar o desamparo abrupto (...). Assim, deve ser assegurado a dependente o direito de assumir a posição de titular de plano de saúde – saindo da condição de dependente inscrito – desde que arque com as obrigações decorrentes e sejam mantidas as mesmas condições contratuais, em virtude da ausência de extinção da avença, não sendo empecilho, para tanto, o gozo do período de remissão" (STJ, REsp 1.457.254-SP, 3ª T., rel. Min. Villas Bôas Cueva, *DJe* 18-4-2016).

9 TRT-1, AP 00852007520065010045-RJ, 6ª T., rel. Des. Paulo Marcelo de Miranda Serrano, *DJe*, 25-5-2017.

10 *Curso de direito civil*, 32. ed., v. 4, p. 312.

débito ao credor ou a quem o represente, faz o devedor, ou alguém por ele, de uma coisa móvel, suscetível de alienação". Se, porém, o credor devolve ao devedor o objeto empenhado, presume-se que renuncia à garantia, mas não ao crédito. Nesse caso, o crédito transforma-se de real em pessoal[11].

4. A REMISSÃO EM CASO DE SOLIDARIEDADE PASSIVA

Proclama o art. 388 do Código Civil:

"*A remissão concedida a um dos codevedores extingue a dívida na parte a ele correspondente; de modo que, ainda reservando o credor a solidariedade contra os outros, já lhes não pode cobrar o débito sem dedução da parte remitida*".

Trata-se, na realidade, de especificação da regra já contida no art. 277 do mesmo diploma. Como foi dito oportunamente, o credor só pode exigir dos demais codevedores o restante do crédito, deduzida a quota do remitido. Os consortes não beneficiados pela liberalidade só poderão ser demandados, não pela totalidade, mas com abatimento da quota relativa ao devedor beneficiado[12]. A hipótese configura a remissão *pessoal* ou *subjetiva*, que, referindo-se a um só dos codevedores, não aproveita aos demais[13].

Também preceitua o art. 262, *caput*, do mesmo diploma que, sendo *indivisível* a obrigação, "*se um dos credores remitir a dívida, a obrigação não ficará extinta para com os outros; mas estes só a poderão exigir, descontada a quota do credor remitente*"[14].

---

[11] Washington de Barros Monteiro, *Curso de direito civil*, 32. ed., v. 4, p. 311.

[12] Washington de Barros Monteiro, *Curso de direito civil*, 32. ed., v. 4, p. 312.

[13] Serpa Lopes, *Curso de direito civil*, v. II, p. 353-356, n. 305; Judith Martins-Costa, *Comentários ao novo Código Civil*, v. V, t. I, p. 664.

[14] Dispõe o art. 864º do Código Civil português: "1. A remissão concedida a um devedor solidário libera os outros somente na parte do devedor exonerado. 2. Se o credor, neste caso, reservar o seu direito, por inteiro, contra os outros devedores, conservam estes, por inteiro também, o direito de regresso contra o devedor exonerado".

Título IV

DO INADIMPLEMENTO DAS OBRIGAÇÕES

Capítulo I

DISPOSIÇÕES GERAIS

1. A OBRIGATORIEDADE DOS CONTRATOS

De acordo com o secular princípio *pacta sunt servanda*, os contratos devem ser cumpridos. A vontade, uma vez manifestada, obriga o contratante. Esse princípio significa que o contrato faz lei entre as partes, não podendo ser modificado pelo Judiciário. Destina-se, também, a dar segurança aos negócios em geral.

Opõe-se a ele o princípio da *revisão dos contratos* ou da *onerosidade excessiva*, baseado na cláusula *rebus sic stantibus* e na teoria da imprevisão e que autoriza o recurso ao Judiciário para se pleitear a revisão dos contratos, ante a ocorrência de fatos extraordinários e imprevisíveis (CC, art. 478).

A matéria ora em estudo trata do *inadimplemento das obrigações*, ou seja, da exceção, que é o não cumprimento da obrigação. Este pode decorrer de ato culposo do devedor ou de fato a ele não imputável. A palavra culpa, aqui, é empregada em sentido lato, abrangendo tanto a culpa *stricto sensu* (imprudência, negligência e imperícia) como o dolo.

Em regra, as obrigações são voluntariamente cumpridas, seja espontaneamente, por iniciativa do devedor, seja após a interpelação feita pelo credor. Mas nem sempre assim sucede. Muitas vezes o locatário não paga o aluguel convencionado, o comprador não efetua o pagamento das prestações devidas e o vendedor não entrega normalmente a coisa alienada, por exemplo.

Nesses casos diz-se que a obrigação não foi cumprida. Todavia, nem sempre que a prestação deixa de ser efetuada significa que houve *não cumprimento* da obrigação. Pode suceder, por exemplo, que o direito do credor prescreveu ou que ele remitiu (perdoou) a dívida, ou sucedeu, como único herdeiro, ao devedor. Só há *não cumprimento* quando, não tendo sido extinta a obrigação por outra causa, a prestação debitória não é efetuada, nem pelo devedor, nem por terceiro[1].

---

[1] Antunes Varela, *Direito das obrigações*, v. II, p. 49-50.

Quando a inexecução da obrigação deriva de culpa *lato sensu* do devedor, diz-se que a hipótese é de *inadimplemento culposo*, que enseja ao credor o direito de acionar o mecanismo sancionatório do direito privado para pleitear o cumprimento forçado da obrigação ou, na impossibilidade deste se realizar, a indenização cabível. Somente quando o não cumprimento resulta de fato que lhe seja *imputável* se pode dizer, corretamente, que o devedor *falta ao cumprimento*.

Qualquer que seja a prestação prometida (dar, fazer ou não fazer), o devedor está obrigado a cumpri-la, tendo o credor o direito de receber exatamente o bem, serviço ou valor estipulado na convenção, não sendo obrigado a receber coisa diversa, ainda que mais valiosa (CC, art. 313).

Por outro lado, quando a inexecução da obrigação decorre de fato não imputável ao devedor, mas "*necessário, cujos efeitos não era possível evitar ou impedir*" (CC, art. 393), denominado caso fortuito ou força maior, configura-se o *inadimplemento fortuito* da obrigação. Neste caso, o devedor não responde pelos danos causados ao credor, "*se expressamente não se houver por eles responsabilizado*" (CC, art. 393).

O inadimplemento da obrigação pode ser *absoluto* (total ou parcial) e *relativo*. É absoluto quando a obrigação não foi cumprida nem poderá sê-lo de forma útil ao credor. Mesmo que a possibilidade de cumprimento ainda exista, haverá inadimplemento absoluto se a prestação tornou-se inútil ao credor. Este será *total* quando concernir à totalidade do objeto, e *parcial* quando a prestação compreender vários objetos e um ou mais forem entregues e outros, por exemplo, perecerem[2].

O inadimplemento é *relativo* no caso de *mora* do devedor, ou seja, quando ocorre cumprimento imperfeito da obrigação, com inobservância do tempo, lugar e forma convencionados (CC, art. 394).

A boa-fé objetiva enseja, também, a caracterização de inadimplemento mesmo quando não haja mora ou inadimplemento absoluto do contrato. É o que a doutrina moderna denomina *violação positiva* da obrigação ou do contrato. Desse modo, quando o contratante deixa de cumprir alguns deveres anexos, por exemplo, esse comportamento ofende a boa-fé objetiva e, por isso, caracteriza inadimplemento do contrato.

Esses deveres anexos ou secundários excedem o dever de prestação e derivam diretamente do princípio da boa-fé objetiva, tais como os deveres laterais *de esclarecimento* (informações sobre o uso do bem alienado, capacitações e limites), *de proteção* (como evitar situações de perigo), *de conservação* (coisa recebida para experiência), *de lealdade* (não exigir cumprimento de contrato com insuportável perda de equivalência entre as prestações), *de cooperação* (prática dos atos necessários à realização plena dos fins visados pela outra parte) etc.

Nessa linha a Conclusão 24 da I Jornada de Direito Civil (STJ-CJF): "Em virtude do princípio da boa-fé, positivado no art. 422 do novo Código Civil, a violação dos deveres anexos constitui espécie de inadimplemento, independentemente de culpa".

2. INADIMPLEMENTO ABSOLUTO

Dispõe o art. 389 do Código Civil, com a redação dada pela Lei n. 14.905/2024:

"Não cumprida a obrigação, responde o devedor por perdas e danos, mais juros, atualização monetária e honorários de advogado".

---

2 Agostinho Alvim, *Da inexecução das obrigações e suas consequências*, p. 25; Renan Lotufo, *Código Civil comentado*, v. 2, p. 427-428.

O parágrafo único do mesmo dispositivo estabelece que, "*na hipótese de o índice de atualização monetária não ter sido convencionado ou não estar previsto em lei específica, será aplicada a variação do Índice Nacional de Preços ao Consumidor Amplo (IPCA), apurado e divulgado pela Fundação Instituto Brasileiro de Geografia e Estatística (IBGE), ou do índice que vier a substituí-lo*". Portanto, na falta de convenção ou de fixação do índice de correção em legislação específica, dever-se-á observar a variação do IPCA, no cálculo da correção monetária.

O dispositivo trata do *inadimplemento absoluto*, que ocorre, como mencionado, quando a obrigação não foi cumprida nem poderá sê-lo de forma útil ao credor. Observa-se, comparando-o com o art. 1.056 do Código de 1916, ter ele previsto a incidência dos juros e da atualização monetária como consequência natural do completo ressarcimento dos danos. A atualização monetária, como já vinha proclamando a jurisprudência, não constitui nenhum acréscimo ou *plus*, mas apenas uma forma de evitar a desvalorização da moeda pela inflação. O seu pagamento se faz necessário para evitar o enriquecimento sem causa do devedor[3].

Com efeito, a correção monetária é um componente indestacável do prejuízo a reparar, retroagindo ao próprio momento em que a desvalorização da moeda principiou a erodir o direito lesado. Por essa razão, deve ser calculada a partir do evento.

O pagamento dos juros e da verba honorária, por outro lado, já é previsto no estatuto processual civil (arts. 20 e 293) e, segundo a jurisprudência, os valores devem integrar o montante da indenização, mesmo que não sejam pleiteados na inicial. Proclama, com efeito, a Súmula 254 do Supremo Tribunal Federal: "Incluem-se os juros moratórios na liquidação, embora omisso o pedido inicial ou a condenação".

2.1. Inadimplemento culposo da obrigação

A redação do art. 389, supratranscrito, pressupõe o não cumprimento voluntário da obrigação, ou seja, *culpa*. Em princípio, pois, todo inadimplemento presume-se culposo, salvo em se tratando de obrigação concernente a prestação de serviço, se esta for de meio e não de resultado. Se a obrigação assumida no contrato foi de meio, a responsabilidade, embora contratual, será fundada na culpa provada[4]. Incumbe ao inadimplente, nos demais casos, elidir tal presunção, demonstrando a ocorrência do fortuito e da força maior (CC, art. 393).

O mencionado art. 389 do Código Civil é considerado o fundamento legal da *responsabilidade civil contratual*. Por outro lado, a *responsabilidade delitual* ou *extracontratual* encontra o seu fundamento no art. 186 do mesmo diploma.

O inadimplemento contratual acarreta a responsabilidade de indenizar as perdas e danos, nos termos do aludido art. 389. Quando a responsabilidade não deriva de contrato, mas de infração ao dever de conduta (dever legal) imposto genericamente no art. 927 do mesmo diploma, diz-se que ela é *extracontratual* ou *aquiliana*.

---

3 "Correção monetária. Ato ilícito contratual oriundo do não pagamento de bens no prazo avençado. Atualização devida a partir da data em que devia ter o estado adimplido sua obrigação, sob pena de enriquecimento sem causa" (*RT*, 766/311). "Correção monetária. Indenização. Seguro de vida em grupo. Hipótese em que a incidência da correção deve dar-se a partir da contratação, sobretudo quando ajustada em períodos de inflação elevada que poderia corroer o valor devido" (*RT*, 785/293). "Correção monetária. Ação de cobrança. Dívida líquida e certa. Incidência a partir da data de vencimento do título, sob pena de estimular enriquecimento sem causa" (*RT*, 775/336). "Consórcio. Devolução das quantias pagas por consorciados desistentes ou excluídos. Cláusula contratual prevendo a não incidência da recomposição monetária. Inadmissibilidade, pois se trata de contrato de adesão. Observância ao princípio da inibição do enriquecimento sem causa" (*RT*, 779/239).

4 Sérgio Cavalieri Filho, *Programa de responsabilidade civil*, p. 198.

Embora a consequência da infração ao dever legal e ao dever contratual seja a mesma (obrigação de ressarcir o prejuízo causado), o Código Civil brasileiro distinguiu as duas espécies de responsabilidade, acolhendo a teoria dualista e afastando a unitária, disciplinando a *extracontratual* nos arts. 186 e 187, sob o título "Dos atos ilícitos", complementando a regulamentação nos arts. 927 e s., e a *contratual*, como consequência da inexecução das obrigações, nos arts. 389, 395 e s., omitindo qualquer referência diferenciadora.

No entanto, algumas diferenças podem ser apontadas:

a) A primeira, e talvez mais significativa, diz respeito ao ônus da prova. Na responsabilidade *contratual*, o inadimplemento presume-se culposo. O credor lesado encontra-se em posição mais favorável, pois só está obrigado a demonstrar que a prestação foi descumprida, sendo presumida a culpa do inadimplente (caso do passageiro de um ônibus que fica ferido em colisão deste com outro veículo, por ser contratual (contrato de adesão) a responsabilidade do transportador, que assume, ao vender a passagem, a obrigação de transportar o passageiro são e salvo (cláusula de incolumidade) a seu destino); na *extracontratual*, ao lesado incumbe o ônus de provar culpa ou dolo do causador do dano (caso do pedestre, que é atropelado por um veículo e tem o ônus de provar a imprudência do condutor).

b) A *contratual* tem origem na convenção, enquanto a *extracontratual* a tem na inobservância do dever genérico de não lesar a outrem (*neminem laedere*).

c) A capacidade sofre limitações no terreno da responsabilidade *contratual*, sendo mais ampla no campo da *extracontratual*. Com efeito, os atos ilícitos podem ser perpetrados por amentais e por menores e podem gerar o dano indenizável, ao passo que somente as pessoas plenamente capazes são suscetíveis de celebrar convenções válidas.

d) No tocante à gradação da culpa, a falta se apuraria de maneira mais rigorosa na responsabilidade *delitual*, enquanto na responsabilidade *contratual* ela variaria de intensidade de conformidade com os diferentes casos, sem contudo alcançar aqueles extremos a que se pudesse chegar na hipótese da culpa aquiliana, em que vige o princípio do *in lege Aquilia et levissima culpa venit*. No setor da responsabilidade contratual, a culpa obedece a um certo escalonamento, de conformidade com os diferentes casos em que ela se configure, ao passo que, na delitual, ela iria mais longe, alcançando a falta levíssima[1].

2.1.1. Perdas e danos

Nas hipóteses de não cumprimento da obrigação (inadimplemento absoluto) e de cumprimento imperfeito, com inobservância do modo e do tempo convencionados (mora), a consequência é a mesma: o nascimento da obrigação de indenizar o prejuízo causado ao credor.

"*Nas obrigações negativas o devedor é havido por inadimplente desde o dia em que executou o ato de que se devia abster*" (CC, art. 390). Se houver interesse do credor em que o devedor não reitere na conduta comissiva, nas obrigações constituídas por uma série de abstenções, poderá mover-lhe ação de cunho cominatório. Se se tratar de obrigação de prestação única, pode o credor exigir, com base no art. 251 do Código Civil, o desfazimento do que foi realizado, "*sob pena de se desfazer à sua custa, ressarcindo o culpado perdas e danos*".

A satisfação das perdas e danos, em todos os casos de não cumprimento culposo da obrigação, tem por finalidade recompor a situação patrimonial da parte lesada pelo inadimplemento contratual. Por essa razão, devem elas ser proporcionais ao prejuízo efetivamente sofrido. Se, em vez do inadimplemento, houver apenas *mora*, sendo, portanto, ainda provei-

---

1 Carlos Roberto Gonçalves, *Direito civil brasileiro*, v. 1, item 2 – Dos atos jurídicos ilícitos.

toso para o credor o cumprimento da obrigação, responderá o devedor pelos prejuízos decorrentes do retardamento, nos termos do art. 395 do Código Civil, na redação dada pela Lei n. 14.905, de 28 de junho de 2024.

As perdas e danos, segundo dispõe o art. 402 do Código Civil, que será estudado adiante, no Capítulo III, abrangem, salvo as exceções expressamente previstas em lei, "*além do que ele efetivamente perdeu, o que razoavelmente deixou de lucrar*".

2.1.2. *Responsabilidade patrimonial*

A responsabilidade civil é patrimonial. Dispõe, com efeito, o art. 391 do Código Civil: "*Pelo inadimplemento das obrigações respondem todos os bens do devedor*".

Nem sempre a prestação devida e não cumprida se converte em perdas e danos. Tal ocorre somente quando não é possível a execução direta da obrigação ou a restauração do objeto da prestação. A indenização do prejuízo surge como alternativa para essas hipóteses, ou seja, para quando não há mais possibilidade de compelir o devedor a cumprir em espécie a obrigação contraída.

Obtida a condenação do devedor ao pagamento das perdas e danos, e não satisfeito o pagamento, cabe a execução forçada, recaindo a penhora sobre os bens que integram o patrimônio do devedor, pois, como dito inicialmente, a responsabilidade civil é patrimonial: é o patrimônio do devedor que responde por suas obrigações. Ninguém pode ser preso por dívida civil, exceto o devedor de pensão oriunda do direito de família.

Para indenizar o credor de todos os prejuízos que o inadimplemento causou, e como a indenização por perdas e danos consiste sempre em soma de dinheiro, é natural que os bens do devedor fiquem sujeitos à reparação do dano causado, de natureza patrimonial ou moral[2].

2.1.3. *Contratos benéficos e onerosos*

Estatui o art. 392 do Código Civil:

"*Nos contratos benéficos, responde por simples culpa o contratante, a quem o contrato aproveite, e por dolo aquele a quem não favoreça. Nos contratos onerosos, responde cada uma das partes por culpa, salvo as exceções previstas em lei*".

Contratos *benéficos* ou *gratuitos* são aqueles em que apenas um dos contratantes aufere benefício ou vantagem. Para o outro há só obrigação, sacrifício (doações puras, p.ex.). Aquele responde por *simples culpa*. É corrente que a culpa, mesmo levíssima, obriga a indenizar. O outro, a quem o contrato não beneficia, mas somente impõe deveres, só responde por *dolo*. Mesmo não auferindo benefícios do contrato, responde pelos danos causados dolosamente ao outro contratante, porque não se permite a ninguém, deliberadamente, descumprir obrigação livremente contraída.

Como a culpa grave ao dolo se equipara (*culpa lata dolus aequiparatur, propre dolum est*), pode-se afirmar que responde apenas por *dolo* ou *culpa grave* aquele a quem o contrato não favorece; e até por culpa *leve* ou *levíssima* o que é por ele beneficiado. Assim, o comodatário, por exemplo, beneficiado pelo contrato, responde por perdas e danos se não conservar, em razão de culpa leve ou levíssima, a coisa emprestada como se sua própria fora (CC, art. 582).

Nos contratos onerosos, em que ambos obtêm proveito, ao qual corresponde um sacrifício, respondem os contratantes tanto por dolo como por culpa, em igualdade de condições,

---

2 Washington de Barros Monteiro, *Curso de direito civil*, 32. ed., v. 4, p. 316.

"*salvo as exceções previstas em lei*" (art. 392, segunda parte). Sendo recíprocas as prestações, respondem os contraentes, assim por dolo como por culpa, em pé de igualdade[3].

2.2. Inadimplemento fortuito da obrigação

O inadimplemento definitivo da obrigação, em razão da impossibilidade ou inutilidade da prestação para o credor, pode decorrer de fato não imputável ao devedor. As circunstâncias determinantes da impossibilidade da prestação, *sem culpa do devedor*, podem ser provocadas por *terceiro* (que inutilizou a coisa devida ou reteve ilicitamente o devedor em determinado local, p.ex.), pelo *credor* (que não posou para o pintor contratado para fazer o seu retrato), pelo próprio *devedor*, embora *sem culpa* dele (confundindo, justificadamente, a data do pagamento ou destruindo a coisa devida num acesso de loucura), bem como pode decorrer de *caso fortuito* e de *força maior*[4].

Segundo a lição de Alberto Trabucchi, para que o devedor possa pretender sua total exoneração é mister: a) que se trate de uma efetiva impossibilidade objetiva; b) que tal impossibilidade seja superveniente; e c) que a circunstância que a provoque seja inevitável e não derive da culpa do devedor ou surja durante a mora deste[5].

O caso fortuito e a força maior constituem excludentes da responsabilidade civil, contratual ou extracontratual, pois rompem o nexo de causalidade. Prescreve o Código Civil:

"Art. 393. O devedor não responde pelos prejuízos resultantes de caso fortuito ou força maior, se expressamente não se houver por eles responsabilizado.

Parágrafo único. O caso fortuito ou de força maior verifica-se no fato necessário, cujos efeitos não era possível evitar ou impedir".

É lícito às partes, como consta do texto, por cláusula expressa convencionar que a indenização será devida em qualquer hipótese de inadimplemento contratual, ainda que decorrente do fortuito ou força maior.

O parágrafo único supratranscrito, como se observa, não faz distinção entre um e outro. Em geral, a expressão *caso fortuito* é empregada para designar fato ou ato alheio à vontade das partes, ligado ao comportamento humano ou ao funcionamento de máquinas ou ao risco da atividade ou da empresa, como greve, motim, guerra, queda de viaduto ou ponte, defeito oculto em mercadoria produzida etc. E *força maior* para os acontecimentos externos ou fenômenos naturais, como raio, tempestade, terremoto, fato do príncipe (*fait du prince*) etc.

Modernamente, na doutrina e na jurisprudência se tem feito, com base na lição de Agostinho Alvim, a distinção entre "fortuito interno" (ligado à pessoa, ou à coisa, ou à empresa do agente) e "fortuito externo" (força maior, ou *Act of God* dos ingleses). Somente o fortuito externo, isto é, a causa ligada à natureza, estranha à pessoa do agente e à máquina, excluiria a responsabilidade, principalmente se esta se fundar no risco. O fortuito interno não. A teoria do exercício da atividade perigosa, adotada no parágrafo único do art. 927 do atual Código Civil, não aceita o fortuito como excludente da responsabilidade. Quem assume o risco do uso da máquina ou da empresa, desfrutando os cômodos, deve suportar também os incômodos.

Essa diferenciação foi ressaltada no Código Civil em vigor, que consigna somente a *força maior* como excludente da responsabilidade civil do transportador (art. 734), não mencionando o caso fortuito, ligado ao funcionamento do veículo, acolhendo, assim, o entendi-

---

3 Washington de Barros Monteiro, *Curso de direito civil*, 32. ed., v. 4, p. 316.

4 Antunes Varela, *Direito das obrigações*, v. II, p. 71.

5 *Instituciones de derecho civil*, v. II, p. 65.

mento consagrado na jurisprudência de que não excluem a responsabilidade do transportador defeitos mecânicos, como quebra repentina da barra da direção, estouro de pneus e outros, considerados hipóteses de "fortuito interno"[6].

Há várias teorias que procuram distinguir as duas excludentes e realçar seus traços peculiares. O legislador preferiu, no entanto, não fazer nenhuma distinção no aludido parágrafo único, mencionando as duas expressões como sinônimas. Efetivamente, se a eficácia de ambas é a mesma no campo do não cumprimento das obrigações, os termos precisos da distinção entre elas deixam de ter relevância. Percebe-se que o traço característico das referidas excludentes é a *inevitabilidade*, é estar o fato acima das forças humanas.

Na lição da doutrina, exige-se, para a configuração do caso fortuito ou força maior, a presença dos seguintes requisitos: a) o fato deve ser necessário, não determinado por culpa do devedor, pois, se há culpa, não há caso fortuito; reciprocamente, se há caso fortuito, não pode haver culpa, na medida em que um exclui o outro; b) o fato deve ser superveniente e inevitável. Desse modo, se o contrato é celebrado durante a guerra, não pode o devedor alegar depois as dificuldades decorrentes dessa mesma guerra para furtar-se às suas obrigações; c) o fato deve ser irresistível, fora do alcance do poder humano[7].

O Superior Tribunal de Justiça proclamou que "roubo de mercadoria transportada, praticado mediante ameaça exercida com arma de fogo, é fato desconexo ao contrato de transporte e, sendo inevitável, diante das cautelas exigíveis da transportadora, constitui-se em caso fortuito ou força maior, excluindo-se sua responsabilidade pelos danos causados, nos termos do CC/2002. Conforme a jurisprudência da Corte, se não for demonstrado que a transportadora não adotou as cautelas que razoavelmente dela se poderia esperar, o roubo de carga constitui motivo de força maior a isentar a responsabilidade daquela"[8].

---

6 Carlos Roberto Gonçalves, *Responsabilidade civil*, p. 737-741."Transporte coletivo de passageiros. Incêndio ocorrido no interior de ônibus derivado da combustão de material explosivo carregado por passageira que adentrou o coletivo conduzindo pacote de volume expressivo e cujo ingresso se deu, excepcionalmente, pela porta da frente, mediante prévia autorização do motorista. Inocorrência de caso fortuito, visto ser fato previsível e inerente à atividade empresarial" (STJ, *RT*, 784/197). "Incidência da excludente da responsabilidade civil em caso de assalto à mão armada ocorrido dentro de ônibus de empresa transportadora de passageiros, por entender tratar-se de fato inteiramente alheio ao transporte em si" (TJSP, Apel. 0051667-36.2010.8.26.0564, *DJe* 27-01-2015). "Instituições bancárias – Delitos ou fraudes praticados por terceiros. Responsabilidade civil. As instituições bancárias respondem objetivamente pelos danos causados por fraudes ou delitos praticados por terceiros – como, por exemplo, abertura de conta corrente ou recebimento de empréstimos mediante fraude ou utilização de documentos falsos –, porquanto tal responsabilidade decorre do risco do empreendimento, caracterizando-se como fortuito interno" (STJ, REsp 1.199.782-PR, 4ª T., rel. Min. Luis Felipe Salomão, *DJe* 12-9-2011)."Como casos fortuitos ou de força maior não podem ser consideradas quaisquer anormalidades mecânicas, tais como a quebra ou ruptura de peças, verificadas em veículos motorizados" (*RF*, 161/249).

7 Washington de Barros Monteiro, *Curso de direito civil*, 32. ed., v. 4, p. 318-319; Arnoldo Medeiros da Fonseca, *Caso fortuito e teoria da imprevisão*, p. 159.

8 STJ, REsp 1.660.163-SP, 3ª T., rel. Min. Nancy Andrighi, j. 6-3-2018.

Capítulo II
DA MORA

1. CONCEITO

Mora é o retardamento ou o imperfeito cumprimento da obrigação. Preceitua, com efeito, o art. 394 do Código Civil:

"Considera-se em mora o devedor que não efetuar o pagamento e o credor que não quiser recebê-lo no tempo, lugar e forma que a lei ou a convenção estabelecer".

Configura-se a mora, portanto, não só quando há *retardamento,* atraso no cumprimento da obrigação, mas também quando este se dá na data estipulada, mas de modo imperfeito, ou seja, em *lugar* ou *forma* diversa da convencionada ou estabelecida na lei. Para sua existência, basta que um dos requisitos mencionados no aludido art. 394 esteja presente, não se exigindo a concorrência dos três.

O sistema brasileiro, desde o Código de 1916, inovou o tradicional conceito de mora, que consistia apenas no *retardamento* culposo ao pagar o que se deve, ou ao receber o que é devido. O Código Civil português, por exemplo, proclama que o "devedor considera-se constituído em mora quando, por causa que lhe seja imputável, a prestação, ainda possível, não foi efetuada no tempo devido" (art. 804º, n. 2). Para o Código Civil brasileiro, todavia, a mora é mais que o simples retardamento, como assinala Silvio Rodrigues, "pois o legislador acrescentou, ao conceito tradicional, a ideia de cumprimento fora do *lugar* e de *forma* diferente da ajustada"[1]. Na maioria das vezes, no entanto, a mora se revela pelo retardamento.

Nem sempre a mora deriva de descumprimento de convenção. Pode decorrer também de infração à lei, como na prática de ato ilícito (CC, art. 398). O Código de 1916, no art. 955, entretanto, referia-se somente ao descumprimento da convenção. O atual diploma, no art. 394 retrotranscrito, aperfeiçoou a regra, acrescentando que a mora pode decorrer não só do atraso, ou do cumprimento da obrigação de modo diverso do que a convenção estabelecer, como também do que *a lei* determinar.

2. MORA E INADIMPLEMENTO ABSOLUTO

Diz-se que há *mora* quando a obrigação não foi cumprida no tempo, lugar e forma convencionados ou estabelecidos pela lei, mas ainda poderá sê-lo, com proveito para o credor.

1 *Direito civil*, v. 2, p. 244.

Ainda interessa a este receber a prestação, acrescida dos juros, atualização dos valores monetários, cláusula penal, honorários de advogado etc. (CC, arts. 394 e 395).

Se, no entanto, a prestação, por causa do retardamento, ou do imperfeito cumprimento, tornar-se "*inútil ao credor*", a hipótese será de *inadimplemento absoluto*, e este poderá "*enjeitá-la*", bem como "*exigir a satisfação das perdas e danos*" (CC, art. 395, parágrafo único). Embora os dois institutos sejam espécies do gênero *inadimplemento, ou inexecução, das obrigações*, diferem no ponto referente à existência ou não, ainda, de utilidade ou proveito ao credor. Havendo, a hipótese será de mora; não havendo, será de inadimplemento absoluto.

Como exemplo desta última pode ser mencionado o atraso no fornecimento de salgados e doces encomendados para festa de casamento. De nada adiantará a promessa da devedora de entregá-los no dia seguinte, porque a prestação será inútil ao credor, que poderá enjeitá-la e pleitear perdas e danos. Quando, no entanto, alguém atrasa o pagamento de uma parcela do preço, na venda a prazo, ainda interessa ao credor seu recebimento, com o acréscimo das perdas e danos. Trata-se de simples mora.

"Se toda relação obrigacional está ordenada em função do cumprimento é porque este constitui o momento no qual se realiza o interesse do credor, tendo o devedor realizado a conduta concretamente devida, que é aquela lícita, válida, possível, determinada ou determinável (art. 166, II), útil ao credor (art. 395, parágrafo único, a contrário), conforme ao seu fim econômico-social, à boa-fé e aos bons costumes (art. 187), realizando-se no lugar, tempo e forma que a lei ou a convenção estabelecer (art. 394)"[2].

A propósito, assinala Inocêncio Galvão Telles: "Pode acontecer que, não realizando o devedor a prestação no momento devido, ela ainda continue materialmente possível mas perca *interesse* para o credor. A prestação, conquanto fisicamente realizável, deixou de ter oportunidade. Juridicamente não existe então simples atraso mas verdadeira inexecução definitiva. Prestação que já não interessa ao credor em consequência do atraso vale para o direito como prestação tornada impossível".

Aduz o notável mestre lisboeta que a perda do interesse na prestação é apreciada objetivamente, como o proclama o art. 808º, n. 2, do Código Civil português. Desse modo, "não basta que o credor diga, mesmo convictamente, que a prestação já não lhe interessa; há que ver, em face das circunstâncias, se a perda de interesse corresponde à realidade das coisas". Assim, por exemplo, "um industrial, que tem de se deslocar em determinado dia a um país estrangeiro a fim de fechar um contrato, freta um avião para essa data. Se a companhia aérea falta, a viagem materialmente poderia realizar-se em data posterior. Provando-se, porém, que objetivamente a viagem perdeu interesse porque entretanto o contrato foi fechado com outra entidade, não há apenas mora mas não cumprimento (definitivo)"[3].

Nessa linha proclama o *Enunciado n. 162*, aprovado na *III Jornada de Direito Civil* promovida pelo Conselho da Justiça Federal em Brasília: "A inutilidade da prestação que autoriza a recusa da prestação por parte do credor deverá ser aferida objetivamente, consoante o princípio da boa-fé e a manutenção do sinalagma, e não de acordo com o mero interesse subjetivo do credor".

Em ambos os casos, a consequência será a mesma: o devedor que não efetuar o pagamento e o credor que não quiser recebê-lo no tempo, lugar e forma convencionados ou devidos responderão pelo ressarcimento dos prejuízos a que a sua mora der causa (CC, art. 395), isto é, por *perdas e danos*. Também responde por estas o devedor absolutamente inadimplente (arts. 395, parágrafo único, e 389).

---

2 Judith Martins-Costa, *Comentários ao novo Código Civil*, Rio de Janeiro: Forense, 2004, v. V, t. 1, p. 66.

3 *Direito das obrigações*, p. 235.

Esta é a primeira *semelhança* entre os dois institutos. A segunda reside no fato de que, nos dois casos, a obrigação de reparar o prejuízo depende de existência de *culpa* do devedor moroso ou inadimplente. Dispõe, com efeito, o art. 396 do Código Civil:

"Não havendo fato ou omissão imputável ao devedor, não incorre este em mora".

Não basta, destarte, segundo enfatiza Antunes Varela, "o fato do não cumprimento no momento próprio para que haja mora. Essencial à mora é que haja *culpa* do devedor no atraso do cumprimento. *Mora est dilatio, culpa non carens, debiti solvendi*... "Não há *mora*, por *falta de culpa* do devedor, quer quando o retardamento é devido a fato fortuito ou de força maior, quer quando seja imputável a fato de terceiro ou do credor, quer mesmo quando proceda de fato do devedor, não culposo (ignorância desculpável da dívida ou da data do vencimento etc.)"[4].

Por essa razão, tem decidido o Superior Tribunal de Justiça: "A cobrança de encargos indevidos pelo credor afasta a mora do devedor, nos termos do entendimento pacificado na Segunda Seção desta Corte (EREsp 163.884/RS)"[5]. Nesse sentido o *Enunciado n. 354 da IV Jornada de Direito Civil (STJ-CJF)*: "A cobrança de encargos e parcelas indevidas ou abusivas impede a caracterização da mora do devedor".

Mas, por outro lado, a Súmula 380 do Superior Tribunal de Justiça proclama: "A simples propositura da ação de revisão do contrato não inibe a caracterização da mora do autor".

É certo que todo inadimplemento se presume culposo. Mas o devedor poderá afastar tal presunção, demonstrando que a inexecução da obrigação teve por causa o fortuito ou força maior e não eventual culpa de sua parte. Se a prestação se tornar impossível, *sem culpa do devedor*, a relação jurídica se extingue sem qualquer ônus ou responsabilidade para este.

Se o elemento *culpa* (fato ou omissão imputável ao *devedor*) é necessário para a caracterização da mora deste, conforme dispõe o retrotranscrito art. 396 do Código Civil, tal não ocorre com a do credor. Se aquele oferece a prestação oportunamente, configura-se a mora deste, se não a recebe, independentemente de culpa. O primeiro deixa de responder pelos riscos da coisa (ainda que o último não a tenha recebido por motivo alheio à sua vontade), por ter oferecido o pagamento quando se tornou exigível.

Nessa linha, assinala Silvio Rodrigues, escorado na lição de Agostinho Alvim, que, se o devedor está em mora, o credor tem justa causa para se recusar a receber a prestação. Mas, "se outro motivo o impediu de receber, tal como doença que o manteve preso ao leito, então, embora não tenha agido com culpa, está em *mora accipiendi*, porque a mora do credor não requer o aditamento da noção de culpa para se caracterizar".

Baseia-se o consagrado mestre paulista no fato de o mencionado art. 396 do Código Civil não ter reclamado tal requisito para instruir a mora do credor (motivo de ordem legal), bem como na circunstância (motivo de ordem lógica) de que, "se o credor que recusa a prestação pudesse escapar à pecha de moroso, por ter agido sem culpa, tal fato iria sobrecarregar o fardo do devedor que também sem culpa passaria a responder por esse acréscimo dos riscos"[6].

---

4 *Direito das obrigações*, v. 2, p. 139.

5 TJSP, Apel. 1046588-83.2016.8.26.0100, 25ª Câm. Dir. Priv., rel. Des. Edgard Rosa, *DJe* 16-7-2018; STJ, AgRg no REsp 617.996-RS, 4ª T., rel. Min. Asfor Rocha, *DJU*, 6-6-2005. No mesmo sentido: STJ, AgRg nos EDcl no REsp 617.800-RS, 3ª T., rel. Min. Nancy Andrighi, *DJU*, 20-6-2005; AgRg nos EDcl no REsp 740.940, 4ª T., rel. Min. Fernando Gonçalves; EREsp 163.884-RS, 4ª T., rel. Min. Ruy Rosado de Aguiar; REsp 163.884-RS, 3ª T., rel. Min. Eduardo Ribeiro; AgRg no AgRg nos EDcl no REsp 747.997-RS, 3ª T., rel. Min. Nancy Andrighi, j. 23-11-2005.

6 *Direito civil*, v. 2, p. 246.

A questão, no entanto, ainda se mostra controvertida, entendendo alguns que a culpa constitui elemento essencial para a caracterização da mora do credor, que ficará afastada mediante a demonstração da existência de *justa causa* para a recusa[7]. Parece-nos, todavia, que, inexistindo culpa do devedor, os princípios gerais do direito e a equidade impõem que o ônus resultante do dano advindo com o retardamento do credor sem culpa recaia exclusivamente sobre ele. Desse modo, se nenhuma das partes teve culpa, não pode o devedor continuar respondendo pelos riscos da coisa. Deve o credor ser considerado moroso e responsável pelas consequências da mora.

Sendo caso de inadimplemento absoluto e não de mora, desnecessária se torna a notificação do devedor. Com efeito, a notificação tem por objetivo a constituição do devedor em mora e, por outro lado, possibilitar a sua purgação. Ora, sendo inviável o cumprimento da obrigação, em vista de sua inutilidade ao credor, desnecessária se torna a notificação do devedor. A purgação da mora, nesse caso, torna-se impossível.

Na lição de José Osório Azevedo Júnior, "o simples passar do tempo revela que, muitas vezes, a mora se converte em inadimplemento absoluto, por isso que patenteada fica a inutilidade da prestação para o credor, seja em decorrência da mera desvalorização da moeda, seja pela natural alteração das condições de mercado e da alteração das variadas condições subjetivas do credor".

Menciona o conceituado civilista, na sequência, acórdão que assim decidiu, por ter o compromissário comprador deixado de pagar as prestações mensais durante doze anos e, depois, efetuado a consignação em pagamento de prestação tornada irrisória pela desvalorização da moeda. Positivamente, dizia o aresto "diante do lapso decorrido e a notória desvalorização da moeda, a prestação tornou-se inútil para os credores que, por essa razão, não podiam ser compelidos a recebê-la e, ainda, de forma singela. A prestação tornou-se, assim, economicamente inútil, ficando os credores desobrigados de recebê-la, mesmo porque o retardamento prolongado equivale não mais à mora e sim ao inadimplemento absoluto"[8].

3. ESPÉCIES DE MORA

Há duas espécies de mora: a do devedor e a do credor. A primeira é denominada mora *solvendi* (mora de pagar) ou *debitoris* (mora do devedor); a segunda, mora *accipiendi* (mora de receber) ou *creditoris* (mora do credor).

3.1. Mora do devedor

3.1.1. Espécies

Configura-se a mora do devedor quando se dá o descumprimento ou cumprimento imperfeito da obrigação por parte deste, por causa a ele imputável. Pode ser de duas espécies: mora *ex re* (em razão de fato previsto na lei) e *ex persona*.

Segundo Alberto Trabucchi, configura-se a mora *ex re* quando o devedor nela incorre sem necessidade de qualquer ação por parte do credor, o que sucede: a) quando a prestação deve realizar-se em um termo prefixado e se trata de dívida portável. O devedor incorrerá em mora *ipso iure* desde o momento mesmo do vencimento: *dies interpellat pro*

---

[7] Washington de Barros Monteiro, *Curso de direito civil*, 32. ed., v. 4, p. 321; Serpa Lopes, *Curso de direito civil*, v. II, p. 382-384; Manoel Ignácio Carvalho de Mendonça, *Doutrina e prática das obrigações*, t. I, p. 711.

[8] *Compromisso de compra e venda*, p. 141-142, n. 81.

homine; b) nos débitos derivados de um ato ilícito extracontratual, a mora começa no mesmo momento da prática do ato, porque nesse mesmo instante nasce para o responsável o dever de restituir ou de reparar: *fur semper moram facere videtur*; c) quando o devedor houver declarado por escrito não pretender cumprir a prestação. Neste caso não será necessário nenhum requerimento, porque resultaria inútil interpelar quem, antecipadamente, declarou peremptoriamente não desejar cumprir a obrigação. Dá-se a mora *ex persona* em todos os demais casos. Será então necessária uma interpelação ou notificação por escrito para a constituição em mora[9].

Os acontecimentos que acarretam a mora *ex re* encontram-se nos arts. 397, *caput*, e 398 do Código Civil. O Código de 1916 incluía nesse rol as *obrigações negativas* que, segundo dispunha o art. 961 daquele diploma, também caracterizavam a mora, na qual o devedor ficava constituído desde o dia em que executasse o ato de que se devia abster.

Todavia, nas obrigações negativas a mora se confunde com o próprio inadimplemento da obrigação. Com efeito, nessa modalidade não existe propriamente mora, porquanto qualquer ato realizado em violação da obrigação acarreta o seu descumprimento[10]. É o caso de alguém que se obrigou a não revelar um segredo, por exemplo, e revelou. Clóvis Beviláqua, ao comentar o aludido art. 961 do Código de 1916, dizia que, "nas obrigações negativas, *non faciendi*, a mora confunde-se com a inexecução..."[11].

Essa impropriedade conceitual foi corrigida no Código de 2002, que trata das obrigações negativas no Capítulo I concernente às "Disposições Gerais" do Título IV e não no Capítulo II atinente à "Mora". Preceitua o art. 390 do diploma civil, de forma mais adequada:

"Nas obrigações negativas o devedor é havido por inadimplente desde o dia em que executou o ato de que se devia abster".

O primeiro fato que acarreta a mora *ex re* do devedor, como dito, é o previsto no art. 397, *caput*, do Código Civil, *verbis*:

"O inadimplemento da obrigação, positiva e líquida, no seu termo, constitui de pleno direito em mora o devedor".

Portanto, quando a obrigação é *positiva* (dar ou fazer) e *líquida* (de valor certo), com data fixada para o pagamento, seu descumprimento acarreta, automaticamente (*ipso iure*), sem necessidade de qualquer providência do credor, a mora do devedor (*ex re*), segundo a máxima romana *dies interpellat pro homine* (o dia do vencimento interpela pelo homem, isto é, interpela o devedor, pelo credor).

Pode o credor, todavia, se entender que é a melhor solução para o caso, conceder prazo de favor ao devedor, consistente na denominada "cláusula de tolerância", comum nos contratos de incorporação imobiliária, com relação ao atraso na entrega das obras, afastando assim a mora automática. A propósito, pronunciou-se o Superior Tribunal de Justiça:

"No contrato de promessa de compra e venda de imóvel em construção, além do período previsto para o término do empreendimento, há, comumente, cláusula de prorrogação excepcional do prazo de entrega da unidade ou de conclusão da obra, que varia entre 90 (noventa) e 180 (cento e oitenta) dias: a conhecida cláusula de tolerância (...). Por seu turno, no tocante ao tempo de prorrogação, deve ser reputada razoável a cláusula que prevê no máximo o lapso de 180 (cento e oitenta) dias, visto que, por analogia, é o prazo de validade do registro da incorporação e da carência para desistir do empreendimento (...). Assim, a cláusula de tolerância que estipular prazo de prorrogação superior a 180 (cento e oitenta) dias

---

9 *Instituciones de derecho civil*, v. II, p. 73.

10 Alberto Trabucchi, *Instituciones de derecho civil*, v. II, p. 72.

11 *Código Civil dos Estados Unidos do Brasil comentado*, v. IV, p. 94.

será considerada abusiva, devendo ser desconsiderados os dias excedentes para fins de não responsabilização do incorporador[12].

Não havendo termo, ou seja, data estipulada, "*a mora se constitui mediante interpelação judicial ou extrajudicial*" (art. 397, parágrafo único). Trata-se da mora *ex persona*, que depende de providência do credor. Se o comodato, por exemplo, foi celebrado por dois anos, vencido esse prazo o comodatário incorrerá em mora de pleno direito (*ex re*), ficando sujeito a ação de reintegração de posse, como esbulhador. Se, no entanto, não foi fixado prazo de duração do comodato, a mora do comodatário se configurará depois de interpelado ou notificado, pelo comodante, com o prazo de trinta dias (*ex persona*). Somente depois de vencido esse prazo será considerado esbulhador.

Em se tratando de relação contratual regida pela lei civil, a interpelação do contratante (ou notificação premonitória: expressão usada pela jurisprudência) pode efetuar-se igualmente, como expressamente mencionado no aludido parágrafo único do art. 397, por meio *extrajudicial*, como a expedição de uma carta, desde que entregue no seu destino[13]. Assinala Alberto Trabucchi que a interpelação ou notificação podem fazer-se de diversas formas, desde a demanda judicial até a simples carta: sempre que resultem de documento escrito[14].

O Superior Tribunal de Justiça tem admitido a notificação *extrajudicial* por meio do Cartório de Títulos e Documentos, realizada fora do domicílio do devedor[15]. Nessa linha o *Enunciado n. 427 da V Jornada de Direito Civil* (STJ-CJF).

Para proteger pessoas que adquirem imóveis loteados em prestações, dispôs o Decreto-Lei n. 58/37, no art. 14, ao regulamentar os loteamentos, que só incorrerão elas em mora depois de notificadas, judicialmente ou pelo Cartório de Registro de Imóveis, com o prazo de *trinta dias*, mesmo que o valor das parcelas seja certo e tenham data fixada para o pagamento. Desse modo, ainda que estejam atrasadas no pagamento de diversas prestações, terão a oportunidade de efetuar o pagamento, no prazo da notificação. O legislador transformou, nesse caso, em mora *ex persona* a que, pelo sistema do Código Civil, seria mora *ex re*. Referida regra foi reiterada no art. 32 da Lei n. 6.766/79, que regula atualmente os loteamentos urbanos (Lei do Parcelamento do Solo Urbano).

Por sua vez, o Decreto-Lei n. 745/69 contém norma semelhante, impedindo a rescisão do compromisso de compra e venda de imóvel *não loteado*, mesmo que contenha cláusula resolutiva expressa, sem a notificação (notificação *premonitória*) do compromisso, judicial ou pelo Cartório de Títulos e Documentos, com o prazo de *quinze dias*. Proclama a Súmula 76 do Superior Tribunal de Justiça que "a falta de registro do compromisso de compra e venda de imóvel não dispensa a prévia interpelação para constituir em mora o devedor".

Embora o art. 240 do Código de Processo Civil disponha que a citação válida constitui em mora o devedor, é necessária a interpelação quando a lei exigir que seja prévia, como nos casos citados[16]. A interpelação judicial constitui procedimento de jurisdição voluntária, dis-

---

12 STJ, REsp 1.582.318-RJ, 3ª T., rel. Min. Villas Bôas Cueva, *DJe* 21-9-2017.

13 Washington de Barros Monteiro, *Curso de direito civil*, 32. ed., v. 4, p. 323.

14 *Instituciones de derecho civil*, v. II, p. 74.

15 STJ, REsp 1.283.834-BA, 2ª Seção, rel. Min. Maria Isabel Gallotti, j. 29-2-2012.

16 Carlos Roberto Gonçalves, *Direito das obrigações*: parte geral, p. 108-109 (Col. Sinopses Jurídicas, 5). "Compromisso de compra e venda. Rescisão. Ausência de prévia notificação. Inadmissibilidade. Citação válida na ação resolutória que não supre a falta. Réus não constituídos em mora. Inobservância do art. 1º, do Decreto-Lei n. 745/69" (*JTJ*, Lex, 237/44).

"Compromisso de compra e venda. Notificação prévia. Constituição em mora do devedor. Ausência daquela que acarreta a extinção do processo. Inteligência do art. 1º do Dec.-lei n. 745/69" (STJ, *RT*, 809/215).

ciplinada nos arts. 726 e s. do Código de Processo Civil. A jurisprudência tem entendido, todavia, que idêntico efeito se poderá obter pela citação feita na própria causa principal, pela citação válida, salvo quando a lei exigir prévia notificação, como mencionado[17].

Em segundo lugar, acarreta também a mora *ex re* a prática de um ato ilícito. Proclama o art. 398 do Código Civil:

"Nas obrigações provenientes de ato ilícito, considera-se o devedor em mora, desde que o praticou".

O Código de 1916 utilizava, em vez de "ato ilícito", a expressão "delito", por influência do direito romano, que fazia a distinção entre *delito* e *quase delito*. O atual diploma aprimorou a redação do dispositivo, com a substituição feita. Para os efeitos da mora, parte-se do princípio de que o devedor deverá suportar todas as consequências do comportamento ilícito, desde a data do fato.

Em se tratando de hipótese de obrigação oriunda de ato ilícito, considera-se desnecessária a interpelação para que haja mora do devedor. Trata-se de hipótese de mora presumida[18]. A indenização do *dano material* medir-se-á pela diferença entre a situação patrimonial anterior do lesado e a atual. A do *dano moral* será arbitrada judicialmente, em montante que possa compensar a dor e o sofrimento do lesado[19].

Dispõe a Súmula 54 do Superior Tribunal de Justiça que "os juros moratórios fluem a partir do evento danoso, em caso de responsabilidade extracontratual". Nas hipóteses de inadimplemento ou inexecução culposa de contrato, "*contam-se os juros de mora desde a citação inicial*" (CC, art. 405). Se, por exemplo, o passageiro de um ônibus sofre danos em decorrência de um acidente com o coletivo, os juros moratórios são devidos a partir da citação inicial, por se tratar de responsabilidade contratual (contrato de adesão, celebrado com a transportadora). Mas se a vítima é um pedestre, que foi atropelado, os juros são contados desde a data do fato (responsabilidade extracontratual).

O Superior Tribunal de Justiça, todavia, explicitou posteriormente que os precedentes anteriores da referida Corte determinavam a incidência de juros a partir do evento danoso, nos casos de responsabilidade extracontratual, sem contudo diferenciarem a data de imputação dos juros de mora para *obrigações sucessivas*, como no caso de condenação ao pagamento de pensão mensal. Afirmou-se que, no entanto, se a dívida, ainda que líquida, não estiver vencida, não há como se exigir seu adimplemento. É o que estabelece o art. 397 do Código Civil. Concluiu o Relator que os juros "devem ser contabilizados a partir do vencimento de cada prestação, que ocorre mensalmente"[20].

Dispõe o *Enunciado n. 354 do Conselho da Justiça Federal*: "A cobrança de encargos e parcela indevidas ou abusivas impede a caracterização da mora do devedor". Efetivamente, segundo a jurisprudência consolidada, a cobrança de encargos ilegais descaracteriza a configuração da mora.

---

17 Washington de Barros Monteiro, *Curso de direito civil*, 32. ed., v. 4, p. 323. "Mora. Constituição que não se dá somente pela interpelação, notificação ou protesto, obtendo-se o mesmo efeito através da citação. Interpretação do art. 219 do CPC" (*RT*, 781/225).

18 Agostinho Alvim, *Da inexecução das obrigações e suas consequências*, p. 140; Carvalho de Mendonça, *Doutrina e prática das obrigações*, t. I, n. 258.

19 Carlos Roberto Gonçalves, *Responsabilidade civil*, p. 529 e 548.

20 STJ, REsp 1.270.983-SP, 4ª T., rel. Min. Luis Felipe Salomão, disponível *in* Revista *Consultor Jurídico* de 1º-8-2016.

3.1.2. Requisitos

Enfatiza Inocêncio Galvão Telles que "a mora do devedor depende dos seguintes pressupostos: a) inexecução da obrigação no vencimento, com possibilidade todavia de execução futura; b) imputabilidade dessa inexecução ao devedor. Significa isto, por outras palavras, que são requisitos da referida mora o *acto ilícito* e a *culpa*. O acto ilícito consiste em o devedor deixar de efectuar oportunamente a prestação; a culpa, em tal lhe ser atribuível. O acto ilícito é a inexecução da obrigação em si, portanto algo de objectivo; a culpa, a imputação dessa inexecução ao devedor, portanto algo de subjectivo"[21].

Segundo Alberto Trabucchi, o primeiro requisito para que o devedor incorra em mora é o vencimento da dívida, que a torna exigível; a prestação devida deverá ser líquida e certa (*an debeatur*). O segundo requisito fundamental da *mora solvendi*, diz, é a culpa do devedor: *mora est injusta dilatio*. Finalmente, a mora deve poder ser constatada com certeza[22].

Na lição de Orlando Gomes, "a mora pressupõe: a) *vencimento* da dívida; b) *culpa* do devedor; c) *viabilidade* do cumprimento tardio"[23].

Sistematizando o assunto, podemos dizer que são pressupostos da *mora solvendi*:

a) *Exigibilidade da prestação*, ou seja, o *vencimento* de dívida *líquida* e *certa*. É necessário que a prestação não tenha sido realizada no tempo e modo devidos, mas ainda possa ser efetuada com proveito para o credor. Considera-se *líquida* a dívida cujo montante tenha sido apurado; e *certa*, quando indiscutível a sua existência e determinada a sua prestação. Se a obrigação estiver sujeita a *condição* que ainda não se verificou, ou se a fixação da prestação estiver dependendo de *escolha* que ainda não se efetuou, a *mora* não se verifica, por não se saber se o devedor *efetivamente* deve ou o que deve[24].

b) *Inexecução culposa* (por fato imputável ao devedor), relembrando-se que o inadimplemento, por si, faz presumir a culpa do devedor, salvo prova, por ele produzida, de caso fortuito ou força maior. Não basta, portanto, o fato do não cumprimento ou cumprimento imperfeito da obrigação. Essencial à mora é que haja *culpa* do devedor no atraso do cumprimento. Como visto anteriormente (item 2 deste capítulo, *retro*), "*não havendo fato ou omissão imputável ao devedor, não incorre este em mora*" (CC, art. 396).

c) *Constituição em mora*. Este requisito somente se apresenta quando se trata de mora *ex persona*, sendo dispensável e desnecessário se for *ex re*, pois o dia do vencimento já interpela o devedor – *dies interpellat pro homine*.

3.1.3. Efeitos

Os principais efeitos da mora do devedor consistem:

a) Na *responsabilização por todos os prejuízos causados ao credor*, nos termos do art. 395 do Código Civil, na redação dada pela Lei n. 14.905, de 28 de junho de 2024. O credor pode exigir, além da prestação, juros moratórios, correção monetária, cláusula penal[25] e reparação de qualquer outro prejuízo, que houver sofrido, se não optar por enjeitá-la, no caso de ter-se-lhe tornado inútil, reclamando perdas e danos (art. 395, parágrafo único). Preleciona, com efeito, Agostinho Alvim que a mora "pode, também, operar a rescisão do contrato, não sendo esta uma consequência fatal. Há o direito de rescisão, quando a prestação se tenha

---

[21] *Direito das obrigações*, p. 230.
[22] *Instituciones de derecho civil*, v. II, p. 72-73.
[23] *Obrigações*, p. 201.
[24] Antunes Varela, *Direito das obrigações*, p. 141.
[25] STJ, REsp1.951.601-SP, 3ª T., rel. Min. Ricardo Villas Bôas Cueva, j. 13-12-2022.

tornado inútil ao credor (...)"[26]. Os prejuízos mencionados no aludido dispositivo são os decorrentes exclusivamente da mora, não se confundindo com os decorrentes do inadimplemento absoluto previstos no art. 389 do mesmo diploma. O devedor em mora tem não só que realizar a *prestação em dívida*, mas também indenizar o chamado *dano moratório*[27].

Destaque-se que o credor poderá exercer o direito potestativo de resolver o negócio jurídico, nos termos do art. 475 do Código Civil, alegando a perda do interesse no adimplemento da prestação, com os acréscimos legais.

b) *Na perpetuação da obrigação* (CC, art. 399), pela qual responde o devedor moroso pela impossibilidade da prestação, ainda que decorrente de caso fortuito ou de força maior (o que não aconteceria, segundo a regra geral, se a impossibilidade provocada pelo fortuito surgisse antes da mora, quando a obrigação do devedor se resolveria sem lhe acarretar qualquer ônus). A mora do devedor produz, assim, a inversão do risco. Se o devedor está em mora quando sobrevém a impossibilidade casual da prestação, é seu o risco, ainda que este coubesse em princípio ao credor (este suporta, em princípio, o risco proveniente de a prestação se impossibilitar por caso fortuito ou de força maior).

A propósito do último efeito, dispõe o art. 399 do Código Civil:

"O devedor em mora responde pela impossibilidade da prestação, embora essa impossibilidade resulte de caso fortuito ou de força maior, se estes ocorrerem durante o atraso; salvo se provar isenção de culpa, ou que o dano sobreviria ainda quando a obrigação fosse oportunamente desempenhada".

A expressão "*salvo se provar isenção de culpa*" é defeituosa, pois se o devedor provar tal isenção não haverá mora, e, portanto, estará livre das consequências desta. Ademais, se a impossibilidade da prestação resulta de caso fortuito ou de força maior, é porque não houve culpa do devedor.

Na realidade, a única *escusa* admissível é a de que o dano sobreviria ainda quando a obrigação fosse desempenhada em tempo. Costuma-se mencionar o clássico exemplo em que ambas as casas, a do devedor, obrigado a restituir coisa emprestada, e a do credor, foram destruídas por um raio, com todos os objetos existentes em seu interior, na pendência da mora. Neste caso, teria sobrevindo dano à coisa, de qualquer forma, ou seja, mesmo que a obrigação de restituir tivesse sido cumprida a tempo.

Quando, nos casos em geral, o objeto da prestação perece em decorrência do fortuito e da força maior, o devedor fica, em princípio, exonerado ou liberado da obrigação. Se, no entanto, o perecimento se dá estando o devedor em mora, inocorre a desoneração. A obrigação que normalmente se extingue, em virtude do caso fortuito que impossibilita a prestação, como que se perpetua por causa da mora: *mora debitoris obligatio perpetua fit* [28].

3.2. Mora do credor

Configura-se a mora do credor quando ele se recusa a receber o pagamento no tempo e lugar indicados no título constitutivo da obrigação, exigindo-o por forma diferente ou pretendendo que a obrigação se cumpra de modo diverso. Decorre ela, pois, de sua falta de cooperação com o devedor, para que o adimplemento possa ser feito do modo como a lei ou a convenção estabelecer (CC, art. 394)[29].

---

26 *Da inexecução das obrigações e suas consequências*, p. 66.

27 Renan Lotufo, *Código Civil comentado*, v. 2, p. 444; Antunes Varela, *Direito das obrigações*, v. II, p. 145.

28 Antunes Varela, *Direito das obrigações*, v. II, p. 147-148.

29 Washington de Barros Monteiro, *Curso de direito civil*, 32. ed., v. 4, p. 320; Paulo Luiz Netto Lôbo, *Direito das obrigações*, p. 86.

Se o credor injustificadamente "omite a cooperação ou colaboração necessária de sua parte, se por exemplo não vai nem manda receber a prestação ou se recusa a recebê-la ou a passar recibo, a obrigação fica por satisfazer; verifica-se pois um atraso no cumprimento, mas tal atraso não é atribuível ao devedor e sim ao credor. É este que incorre em mora"[30].

Como a mora do credor não exonera o devedor, que continua obrigado, tem este legítimo interesse em solver a obrigação e em evitar que a coisa se danifique, para que não se lhe impute dolo.

3.2.1. *Requisitos*

A mora do credor decorre do retardamento em receber a prestação. São seus pressupostos:

a) *Vencimento da obrigação*, pois antes disso a prestação não é exigível, e, em consequência, o devedor não pode ser liberado. Se não há prazo, o pagamento pode realizar-se a qualquer tempo, e mesmo antes do vencimento, salvo se se estabeleceu a benefício do credor, ou de ambos os contratantes (CC, art. 133) e o contrato não é regido pelo Código de Defesa do Consumidor. Este diploma permite, sem distinção, a liquidação antecipada do débito, com redução proporcional dos juros (art. 52, § 2º).

b) *Oferta da prestação*, reveladora do efetivo propósito de satisfazer a obrigação. Para que se configure a mora do credor é necessário que o retardamento da prestação provenha de um fato que lhe é imputável, ou seja, que a prestação lhe tenha sido *oferecida* e ele a tenha recusado ou não tenha prestado a necessária colaboração para a sua efetivação. A mora *accipiendi* supõe que o devedor fez o que lhe competia: na data do vencimento e no lugar determinado para o pagamento ofereceu a prestação. Supõe, também, que o credor se absteve de colaborar, recusando a prestação ofertada.

c) *Recusa injustificada em receber*. Não basta somente a recusa. Para que o credor incorra em mora é necessário que ela seja objetivamente *injustificada*. Observe-se que o art. 335, I, do Código Civil refere-se a esse requisito essencial da mora, subordinando a consignação em pagamento ao fato de o credor, *sem justa causa*, recusar receber o pagamento, ou dar quitação na devida forma. Por conseguinte, não há mora *accipiendi* se a abstenção do credor tem fundamento legítimo e é, portanto, justificada, como sucede, por exemplo, quando o devedor oferece menos do que aquele tem direito, ou a oferta não é feita no momento ou lugar devido ou lhe é oferecido objeto defeituoso[31].

d) *Constituição em mora, mediante a consignação em pagamento*. Dispõe o art. 337 do Código Civil que cessam, para o consignante, os juros da dívida e os riscos, tanto que o depósito se efetue. Se o devedor não consignar, continuará pagando os juros da dívida que foram convencionados. Em regra, os riscos pela guarda da coisa cessam com a mora do credor (CC, art. 400).

3.2.2. *Efeitos*

Estatui o art. 400 do Código Civil:

"A mora do credor subtrai o devedor isento de dolo à responsabilidade pela conservação da coisa, obriga o credor a ressarcir as despesas empregadas em conservá-la, e sujeita-o a recebê-la pela estimação mais favorável ao devedor, se o seu valor oscilar entre o dia estabelecido para o pagamento e o da sua efetivação".

---

30 Galvão Telles, *Direito das obrigações*, p. 237.

31 Antunes Varela, *Direito das obrigações*, v. II, p. 155; Inocêncio Galvão Telles, *Direito das obrigações*, p. 237.

Conseguintemente, se o devedor não agir com dolo ante a mora do credor, isentar-se-á da responsabilidade pela conservação da coisa objeto do pagamento, ficando liberado dos juros e da pena convencional. O credor arcará com o ressarcimento das despesas decorrentes de sua conservação.

Procede com dolo o devedor que, em face da mora do credor, deixa a coisa em abandono. Exige a lei que tenha um mínimo de cuidados com a sua conservação, pois lhe assegura o direito ao reembolso das despesas que efetuar. Assinala SILVIO RODRIGUES que o "abandono por parte do devedor, capaz de conduzir à destruição da coisa, ainda que representasse o exercício de um direito, colidiria com o interesse da comunidade, que não pode aplaudir qualquer solução que leve a uma perda da riqueza social ou que ponha ênfase no desperdício"[32].

Como, enquanto não houver a tradição, a responsabilidade do devedor pela conservação do objeto da prestação permanece, cabe ao credor receber a prestação quando ela se tornar exigível. Se, em vez disso, ele incidir em mora, a lei o obriga a ressarcir as despesas efetuadas pelo devedor na pendência da abstenção. Estas são as *necessárias*, previstas no art. 96, § 3º, do Código Civil, destinadas à *conservação* do bem (CC, art. 400). Enquanto não for ressarcido, o devedor tem direito de retenção sobre a coisa. Faculta a lei, também, ao devedor o direito de consignar o pagamento.

Indaga-se se o Código Civil só condena o devedor em caso de dolo ou se também na hipótese de culpa grave, que a ele se equipara, segundo secular princípio de direito (*culpa lata dolus aequiparatur*). AGOSTINHO ALVIM após mencionar entendimento de ESPÍNOLA, para quem subsiste a responsabilidade nas duas hipóteses, afirma que todavia os escritores em geral (BEVILÁQUA, CARVALHO DE MENDONÇA, LACERDA DE ALMEIDA e outros) só se referem ao dolo. Também a lei só fala em dolo. "Em face do nosso direito", aduz AGOSTINHO ALVIM, "entendemos que fica excluída a culpa grave, omitida pela lei. No direito alemão, a responsabilidade do devedor persiste no caso de dolo ou culpa grave. Mas a lei é expressa e a ambos o Código se refere no § 300"[33].

Parece ser esta, efetivamente, a posição mais justa, considerando-se que a mora é do credor.

O credor em mora responde ainda por eventual *oscilação do preço*. Terá de receber o objeto pela estimação *mais favorável* ao devedor. Se, por exemplo, aumentar o preço da arroba do gado no mercado, arcará com a diferença. Evidentemente, não poderá ser beneficiado por sua culpa se houver desvalorização da coisa no período da mora.

O atual Código aprimorou a redação do dispositivo, não mais prescrevendo que o credor fica sujeito a receber a coisa pela sua *mais alta estimação*, como o fazia o art. 958 do Código de 1916, mas sim pela estimação que for *mais favorável* ao devedor.

3.3. Mora de ambos os contratantes

Quando as moras são *simultâneas* (nenhum dos contratantes comparece ao local escolhido de comum acordo para pagamento, p.ex.), uma elimina a outra, pela compensação. As situações permanecem como se nenhuma das duas partes houvesse incorrido em mora. Se ambas nela incidem, nenhuma pode exigir da outra perdas e danos.

Quando as moras são *sucessivas*, permanecem os efeitos pretéritos de cada uma. Assim, por exemplo, se, num primeiro momento, o credor não quer receber o que o devedor se dispõe a pagar, e, mais tarde, este não quiser mais pagar, quando aquele se dispõe a receber, a

---

32 *Direito civil*, v. 2, p. 248.

33 *Da inexecução das obrigações e suas consequências*, p. 112-113.

situação será a seguinte: quando afinal o pagamento for realizado e também forem apurados os prejuízos, cada um responderá pelos ocorridos nos períodos em que a mora foi sua, operando-se a compensação. Os danos que a mora de cada uma das partes haja causado à outra, em determinado período, não se cancelam pela mora superveniente da outra parte, pois cada um conserva os seus direitos.

4. PURGAÇÃO E CESSAÇÃO DA MORA

Purgar ou emendar a mora é neutralizar seus efeitos. Aquele que nela incidiu corrige, sana a sua falta, cumprindo a obrigação já descumprida e ressarcindo os prejuízos causados à outra parte. Mas a purgação só poderá ser feita se a prestação ainda for proveitosa ao credor. Se, em razão do retardamento, tornou-se inútil ao outro contraente (caso de inadimplemento absoluto), ou a consequência legal ou convencional for a resolução, não será possível mais pretender-se a emenda da mora.

O art. 401 do Código Civil estabelece, em dois incisos, os modos pelos quais se dá a purgação da mora pelo *devedor* e pelo *credor*. A do *devedor* concretiza-se mediante a oferta da prestação atrasada "*mais os prejuízos decorrentes até o dia da oferta*" (inciso I), como os juros moratórios, a cláusula penal e outros eventualmente ocorridos. Por parte do *credor*, purga-se a mora "*oferecendo-se este a receber o pagamento e sujeitando-se aos efeitos da mora até a mesma data*" (inciso II). Deve o retardatário dispor-se a receber o pagamento, que antes recusara, e a ressarcir as despesas empregadas pelo devedor na conservação da coisa, bem como a responder por eventual oscilação do preço (CC, art. 400)[34].

O Código de 1916 dizia, no art. 959, III, que se purga a mora de *ambos*, "renunciando aquele que se julgar por ela prejudicado os direitos que da mesma lhe provierem". A fórmula utilizada pelo legislador era criticada e acoimada de inócua, por ser evidente que cada um dos contratantes pode renunciar aos direitos que a mora do outro lhe defere. Desse modo, pode o credor, por exemplo, concordar em receber, sem qualquer acréscimo (juros, cláusula penal), a prestação paga com atraso[35]. Por outro lado, se os dois primeiros incisos já estabeleciam o modo de o devedor e o credor purgarem a sua mora, não havia razão para a existência de um terceiro inciso, referente à purgação da mora por parte de ambos.

O Código de 2002, no dispositivo correspondente àquele (art. 401), suprimiu o terceiro inciso, mesmo porque a renúncia não significa propriamente purgação da mora.

Terceiro pode purgar a mora, "nas mesmas condições em que pode adimplir, suportando os mesmos encargos que incidem sobre o devedor"[36].

---

34 "*Leasing*. Inadimplemento do arrendatário. Purgação da mora. Impossibilidade, em tese, de requerê-la e simultaneamente contestar o feito. Circunstância, no entanto, que enseja maior atenção ao desejo de purgar a mora, já que, ao efetuar depósito correspondente às parcelas atrasadas, com a inclusão das verbas acessórias, confessou sua condição de inadimplente querendo prosseguir no cumprimento do pactuado" (*RT*, 785/289). "A purgação de mora depende do pagamento do aluguel com sua expressão monetária corrigida ainda que assim não disponha o contrato de locação" (*RT*, 665/120). "Admite-se a recusa do credor ao recebimento das prestações e dos juros respectivos após 20 anos, visto ser necessária a atualização monetária do débito" (*RT*, 602/95). "Com a edição da Lei n. 10.931/2004, afastou-se a possibilidade de purgação da mora nas ações de busca e apreensão oriundas de contrato de mútuo garantido por alienação fiduciária. Compete ao devedor, no prazo de cinco dias da execução da liminar, pagar a integralidade da dívida, entendida esta como os valores apresentados pelo credor fiduciário na inicial" (AgRg no REsp 1.249.149, 3ª T., rel. Min. Paulo de Tarso Sanseverino, *DJe* 9-11-2012).

35 Paulo Luiz Netto Lôbo, *Direito das obrigações*, p. 90.

36 *RT*, 684/92; *RJTJSP*, 125/86.

No tocante ao *momento* em que a mora deve ser purgada, tem sido afastado o rigor de se exigir a imediata consignação do pagamento, sem se admitir qualquer prorrogação. Predomina hoje o entendimento de que a purgação pode ocorrer a qualquer tempo, contanto que não cause dano à outra parte. Nem mesmo a mora do devedor, já operada, afasta a possibilidade da consignação, se ainda não produziu consequências irreversíveis, ou seja, se o credor dela não extraiu os efeitos jurídicos que em tese comporta.

Assim, se apesar do protesto de cambial representativa de prestação, a credora não rescindiu o pacto nem executou o débito, nada obsta que a alegada recusa das prestações seguintes permita a utilização da consignatória. Tem-se entendido, portanto, que a ação consignatória tanto pode destinar-se à *prevenção* da mora como à sua *emenda*.

Não se confunde purgação com *cessação da mora*. Esta não depende de um comportamento ativo do contratante moroso, destinado a sanar a sua falta ou omissão. Decorre, na realidade, da extinção da obrigação. Assim, por exemplo, se o devedor em mora tem as suas dívidas fiscais anistiadas, deixa de estar em mora, sem que tenha cumprido a prestação e indenizado os prejuízos causados à outra parte. Não houve purgação mas *cessação* da mora. Esta produz *efeitos pretéritos*, ou seja, afasta os já produzidos: o devedor nada terá de pagar. A *purgação* da mora só produz efeitos *futuros*, não apagando os pretéritos, já produzidos.

Capítulo III

DAS PERDAS E DANOS

Sumário: 1. Conceito. 2. Dano emergente e lucro cessante. 3. Obrigações de pagamento em dinheiro.

1. CONCEITO

O inadimplemento do contrato causa, em regra, dano ao contraente pontual. Este pode ser *material*, por atingir e diminuir o patrimônio do lesado, ou simplesmente *moral*, ou seja, sem repercussão na órbita financeira deste. O Código Civil ora usa a expressão *dano*, ora *prejuízo*, e ora *perdas e danos*.

Para Agostinho Alvim, o termo "dano, em sentido amplo, vem a ser a lesão de qualquer bem jurídico, e aí se inclui o dano moral. Mas, em sentido estrito, dano é, para nós, a lesão do patrimônio; e patrimônio é o conjunto das relações jurídicas de uma pessoa, apreciáveis em dinheiro. Aprecia-se o dano tendo em vista a diminuição sofrida no patrimônio. Logo, a matéria do dano prende-se à da indenização, de modo que só interessa o estudo do dano indenizável"[1].

Enneccerus conceitua o dano como "toda desvantagem que experimentamos em nossos bens jurídicos (patrimônio, corpo, vida, saúde, honra, crédito, bem-estar, capacidade de aquisição etc.". E acrescenta: "Como, via de regra, a obrigação de indenizar se limita ao dano patrimonial, a palavra 'dano' se emprega correntemente, na linguagem jurídica, no sentido de dano patrimonial"[2].

A apuração dos prejuízos é feita por meio da liquidação, na forma determinada na lei processual (CC, art. 946). O atual Código Civil consigna um capítulo sobre a liquidação do dano decorrente da prática de ato ilícito (responsabilidade extracontratual), com o título "Da indenização" (arts. 944 e s.). E, no capítulo ora em estudo, relativo às consequências do inadimplemento contratual, trata da extensão do dano em geral e de sua proporção.

A finalidade jurídica da liquidação do dano material consiste em tornar realidade prática a efetiva reparação do prejuízo sofrido pela vítima. Reparação do dano e liquidação do dano são dois termos que se completam. Na reparação do dano, procura-se saber exatamente qual foi a sua extensão e a sua proporção; na liquidação, busca-se fixar concretamente o montante dos elementos apurados naquela primeira fase. A primeira é o objeto da ação; a segunda, da execução, de modo que esta permanece submetida à primeira pelo princípio da *res judicata*[3].

---

1 *Da inexecução das obrigações e suas consequências*, p. 171-172.

2 *Derecho de obligaciones*, v. 1, § 10.

3 Serpa Lopes, *Curso de direito civil*, v. V, p. 386.

2. DANO EMERGENTE E LUCRO CESSANTE

Dispõe o art. 402 do Código Civil:

"Salvo as exceções expressamente previstas em lei, as perdas e danos devidas ao credor abrangem, além do que ele efetivamente perdeu, o que razoavelmente deixou de lucrar".

Compreendem, pois, o *dano emergente* e o *lucro cessante*. Devem cobrir todo o prejuízo experimentado pela vítima.

Assim, o dano, em toda a sua extensão, há de abranger aquilo que efetivamente se perdeu e aquilo que se deixou de lucrar: o dano emergente e o lucro cessante. Alguns Códigos, como o francês, usam a expressão *danos e interesses (dommages et interêts)* para designar o dano emergente e o lucro cessante, a qual, sem dúvida, é melhor que a empregada pelo nosso Código: *perdas e danos*. Perdas e danos são expressões sinônimas, que designam, simplesmente, o dano emergente. Enquanto dissermos *danos e interesses* estaremos designando assim o dano emergente, a diminuição, como o lucro cessante, isto é, a privação do aumento, como lembra bem AGOSTINHO ALVIM[4].

Dano emergente é o efetivo prejuízo, a diminuição patrimonial sofrida pela vítima. É, por exemplo, o que o dono do veículo danificado por outrem desembolsa para consertá-lo, ou o adquirente de mercadoria defeituosa despende para sanar o problema. Representa, pois, a diferença entre o patrimônio que a vítima tinha antes do ato ilícito ou do inadimplemento contratual e o que passou a ter depois. *Lucro cessante* é a frustração da expectativa de lucro. É a perda de um ganho esperado.

Se um ônibus, por exemplo, é abalroado culposamente, deve o causador do dano ressarcir todos os prejuízos efetivamente sofridos por seu proprietário, incluindo-se as despesas com os reparos do veículo (*dano emergente*), bem como o que a empresa deixou de auferir no período em que permaneceu na oficina (*lucro cessante*). Apura-se, pericialmente, o lucro que a empresa obtinha por dia, e chega-se ao *quantum* que ela deixou de lucrar.

Quem pleiteia perdas e danos pretende, pois, obter indenização completa de todos os prejuízos sofridos e comprovados. Há casos em que o valor desta já vem estimado no contrato, como acontece quando se pactua a *cláusula penal compensatória*.

Como diretriz, o Código usa a expressão *razoavelmente*, ou seja, o que a vítima "*razoavelmente deixou de lucrar*". Referido advérbio significa que se deve admitir que o credor haveria de lucrar aquilo que o bom senso diz que lucraria, ou seja, aquilo que é razoável supor que lucraria.

A propósito, proclamou o Superior Tribunal de Justiça que a expressão "o que razoavelmente deixou de lucrar", utilizada pelo Código Civil, "deve ser interpretada no sentido de que, até prova em contrário, se admite que o credor haveria de lucrar aquilo que o bom senso diz que lucraria, existindo a presunção de que os fatos se desenrolariam dentro do seu curso normal, tendo em vista os antecedentes. O simples fato de uma empresa rodoviária possuir frota de reserva não lhe tira o direito aos lucros cessantes, quando um dos veículos sair de circulação por culpa de outrem, pois não se exige que os lucros cessantes sejam certos, bastando que, nas circunstâncias, sejam razoáveis ou potenciais"[5].

---

4 *Da inexecução das obrigações e suas consequências*, p. 175.

5 REsp 61.512-SP, rel. Min. Sálvio de Figueiredo, *DJU*, 1º-12-1997, n. 232, p. 62757. "Os lucros cessantes, para serem indenizáveis, devem ser fundados em bases seguras, de modo a não compreender lucros imaginários ou fantásticos. Nesse sentido é que se deve entender a expressão legal: 'razoavelmente deixou de lucrar', como ensina Carvalho Santos, em seu *Código Civil Brasileiro Interpretado*" (1º TACSP, 8ª Câm., Ap. 307.155, j. 15-5-1983, v.u.). "Lucros cessantes não se presumem. Necessidade de demonstração plena de sua existência. Verba indevida. Recurso não provido" (*RJTJSP*, 99/140).

A mesma Corte enfatizou: "Há presunção relativa do prejuízo do promitente-comprador pelo atraso na entrega de imóvel pelo promitente-vendedor, cabendo a este, para se eximir do dever de indenizar, fazer prova de que a mora contratual não lhe é imputável. Sobre o tema, prevalece nessa Corte o entendimento esposado no paradigma de que, descumprido o prazo para a entrega do imóvel objeto do compromisso de compra e venda, é cabível a condenação da vendedora por lucros cessantes, havendo a presunção de prejuízo do adquirente, ainda que não demonstrada a finalidade negocial da transação"[6].

A palavra *efetivamente*, utilizada no referido art. 402, está a significar que o dano emergente não pode ser presumido, devendo ser cumpridamente provado. O dano indenizável deve ser *certo* e *atual*. Não pode ser, pois, meramente hipotético ou futuro.

Acrescenta o art. 403 do mesmo diploma:

"Ainda que a inexecução resulte de dolo do devedor, as perdas e danos só incluem os prejuízos efetivos e os lucros cessantes por efeito dela direto e imediato, sem prejuízo do disposto na lei processual".

Trata-se de aplicação da teoria dos *danos diretos e imediatos*, formulada a propósito da relação de causalidade, que deve existir, para que se caracterize a responsabilidade do devedor. Assim, o devedor responde tão só pelos danos que se prendem a seu ato por um vínculo de necessariedade, não pelos resultantes de causas estranhas ou remotas.

Não é, portanto, indenizável o denominado "dano remoto", que seria consequência "indireta" do inadimplemento, envolvendo lucros cessantes para cuja efetiva configuração tivessem de concorrer outros fatores que não fosse apenas a execução a que o devedor faltou, ainda que doloso o seu procedimento[7]. Segundo Agostinho Alvim, "os danos indiretos ou remotos não se excluem, só por isso; em regra, não são indenizáveis, porque deixam de ser efeito necessário, pelo aparecimento de concausas. Suposto não existam estas, aqueles danos são indenizáveis"[8].

Em suma, ao legislador, quando adotou a teoria do dano direto e imediato, repugnou-lhe sujeitar o autor do dano a todas as nefastas consequências do seu ato, quando já não ligadas a ele diretamente.

O comando do art. 403 está a dizer que, mesmo sendo a inexecução resultante de ato doloso do devedor, mesmo assim a consequência, quanto à fixação do dano ressarcível, é idêntica à que teria a inexecução resultante de mera culpa no que tange aos *limites do dano ressarcível*. Em outras palavras, o dolo não agrava a indenização, cingida que está a certos limites. A dificuldade está, em certos casos, em bem recortar o que é consequência "direta e imediata" da inexecução, matéria que diz, fundamentalmente, com o nexo causal, mas igualmente com numerosas distinções que devem ser feitas, atinentes às modalidades ou classe de danos, a começar pelos traços que discernem o dano patrimonial e o dano extrapatrimonial ou moral[9].

3. OBRIGAÇÕES DE PAGAMENTO EM DINHEIRO

Dispunha o art. 404 do Código Civil:

"As perdas e danos, nas obrigações de pagamento em dinheiro, serão pagas com atualização monetária segundo índices oficiais regularmente estabelecidos, abrangendo juros, custas e honorários de advogado, sem prejuízo da pena convencional".

---

6 STJ, EREsp 1.341.138-SP, rel. Min. Maria Isabel Gallotti, *DJe* 22-5-2018.

7 Caio Mário da Silva Pereira, *Instituições de direito civil*, v. 2, p. 215.

8 *Da inexecução das obrigações e suas consequências*, p. 351, n. 226.

9 Judith Martins-Costa, *Comentários ao novo Código Civil*, v. V, t. II, p. 337-338.

A Lei n. 14.905, de 28 de junho de 2024, conferiu nova redação ao aludido art. 404, *verbis*:

"*As perdas e danos, nas obrigações de pagamento em dinheiro, serão pagas com atualização monetária, juros, custas e honorários de advogado, sem prejuízo da pena convencional*".

Se o credor não chegou a ingressar em juízo, o devedor pagará, além da multa, se estipulada, os juros moratórios e eventuais custas extrajudiciais, como, por exemplo, as despesas com o protesto dos títulos ou com as notificações efetuadas pelo cartório de títulos e documentos. Mas, se houve necessidade de ajuizar a competente ação de cobrança de seu crédito, o credor fará jus, ainda, ao reembolso das custas processuais, bem como à verba honorária, nos termos dos arts. 82, § 2º, e 85 do Código de Processo Civil de 2015.

Acrescenta o parágrafo único do supratranscrito art. 404 do atual diploma: "*Provado que os juros da mora não cobrem o prejuízo, e não havendo pena convencional, pode o juiz conceder ao credor indenização suplementar*".

Os juros servem para indenizar as perdas e danos decorrentes do inadimplemento de obrigação em dinheiro (mais atualização monetária, custas e honorários). A inclusão do mencionado parágrafo único no novel Código atende a reclamo da doutrina, que considerava insuficiente o pagamento de juros.

O devedor em mora ou inadimplente responde também pela correção monetária do débito (CC, art. 404). A regra é salutar, pois evita o enriquecimento sem causa do devedor, em detrimento do credor, uma vez que a referida atualização não constitui nenhum *plus*, mas apenas modo de evitar o aviltamento da moeda em razão da inflação e do atraso no pagamento. Essa correção deverá ser aquela que tenha sido convencionada entre as partes, ou que conste da lei específica. Caso não haja nem uma coisa nem outra, deverá ser calculada com base na variação do INPC, nos termos do art. 389, parágrafo único, do CC, com a redação dada pela Lei n. 14.905/2024.

Dispõe, a respeito, a Súmula 562 do Supremo Tribunal Federal: "Na indenização de danos materiais decorrentes de ato ilícito cabe a atualização de seu valor, utilizando-se, para esse fim, dentre outros critérios, dos índices de correção monetária". Várias súmulas do Superior Tribunal de Justiça determinam o pagamento, pelo devedor, da correção monetária devida pelo atraso na solução da dívida.

Todavia, a taxa Selic não pode ser cumulada com correção monetária. Com efeito, a 2ª Seção do Superior Tribunal de Justiça afastou a aplicação de correção monetária no mesmo período de incidência da referida taxa. Segundo o relator, Min. Luis Felipe Salomão, "A taxa de juros moratórios a que se refere o art. 406 do Código Civil de 2002, segundo precedente da Corte Especial (EREsp 727.842-SP, rel. Min. Teori Albino Zavascki, Corte Especial, julgado em 8-9-2008), é a SELIC, não sendo possível cumulá-la com correção monetária, porquanto já embutida em sua formação"[10].

Os embargos de declaração, *in casu*, foram parcialmente acolhidos, para determinar a atualização do valor exclusivamente pela Selic (desde a citação até o efetivo pagamento) e afastar a incidência de nova correção monetária a partir da conversão da obrigação em indenização.

Essa solução foi adotada pela Lei n. 14.905/2024, ao incluir o § 1º do art. 406, que estabelece: "A taxa legal corresponderá à taxa referencial do Sistema Especial de Liquidação e de Custódia (Selic), deduzido o índice de atualização monetária de que trata o parágrafo único do art. 389 deste Código". Tal solução legal demonstra que a taxa Selic já embute a correção

---

[10] STJ, REsp 1.025.298, 2ª Seção, *DJe* 1º-2-2013.

monetária, tanto que o cálculo dos juros legais utiliza a Selic, mas com o desconto da correção monetária prevista no art. 389.

Por fim, proclama o art. 405 do estatuto civil:

"Contam-se os juros de mora desde a citação inicial".

Tal regra aplica-se somente aos casos de inadimplemento e responsabilidade contratual, pois nas obrigações provenientes de ato ilícito (responsabilidade extracontratual), "*considera-se o devedor em mora, desde que o praticou*" (CC, art. 398).

Nessa linha, proclama o *Enunciado n. 163 da III Jornada de Direito Civil* realizada em Brasília em dezembro de 2004: "A regra do art. 405 do Código Civil aplica-se somente à responsabilidade contratual, e não aos juros moratórios na responsabilidade extracontratual, em face do disposto no art. 398, não afastando, pois, o disposto na Súmula 54 do STJ".

Capítulo IV

DOS JUROS LEGAIS

Sumário: 1. Conceito. 2. Espécies. 3. Regulamentação legal. 4. Anatocismo ou capitalização de juros. 5. Juros compensatórios bancários.

1. CONCEITO

Juros são os rendimentos do capital. São considerados frutos civis da coisa, assim como os aluguéis. Representam o pagamento pela utilização de capital alheio. Integram a classe das coisas acessórias (CC, art. 95).

Assim como o aluguel constitui o preço correspondente ao uso da coisa no contrato de locação, representam os juros a renda de determinado capital[1]. Segundo Silvio Rodrigues, *juro* é o preço do uso do capital. Ele a um tempo remunera o credor por ficar privado de seu capital e paga-lhe o risco em que incorre de o não receber de volta[2].

2. ESPÉCIES

Os juros dividem-se em compensatórios e moratórios, convencionais e legais, simples e compostos.

Juros *compensatórios,* também chamados de *remuneratórios* ou *juros-frutos*, são os devidos como compensação pela utilização de capital pertencente a outrem. Resultam de uma utilização consentida de capital alheio. *Moratórios* são os incidentes em caso de retardamento na sua restituição ou de descumprimento de obrigação. Os primeiros devem ser previstos no contrato, estipulados pelos contratantes, permitida somente a capitalização anual (art. 591, parte final).

O Superior Tribunal de Justiça reconheceu que os negócios bancários estão sujeitos ao Código de Defesa do Consumidor (Súmula 297), inclusive quanto aos juros remuneratórios. A abusividade destes, todavia, só pode ser declarada, caso a caso, à vista de taxa que comprovadamente discrepe, de modo substancial, da média do mercado na praça do empréstimo, salvo se justificada pelo risco da operação[3]. Todavia, contrariando o disposto no art. 51, *caput*, do Código de Defesa do Consumidor, dispõe a Súmula 381 do referido Tribunal: "Nos contratos bancários, é vedado ao julgador conhecer, de ofício, da abusividade das cláusulas".

Os *juros convencionais* são ajustados pelas partes, de comum acordo. Resultam, pois, de convenção por elas celebrada. Os *legais* são previstos ou impostos pela lei.

---

1 Washington de Barros Monteiro, *Curso de direito civil*, 32. ed., v. 4, p. 331.

2 *Direito civil*, v. 2, p. 257.

3 REsp 736.354-RS, 3ª T., rel. Min. Ari Pargendler, *DJU*, 6 fev. 2006.

Os juros compensatórios são, em regra, convencionais, pactuados no contrato pelas partes, conforme a espécie e natureza da operação econômica realizada, mas podem derivar da lei ou da jurisprudência[4]. A Súmula 164 do *Supremo Tribunal Federal* proclama, com efeito, que, "no processo de desapropriação, são devidos juros compensatórios desde a antecipada imissão de posse, ordenada pelo juiz, por motivo de urgência".

Por sua vez, a Súmula 383 do Superior Tribunal de Justiça dispõe: "A estipulação de juros remuneratórios superior a 12% ao ano, por si só, não indica abusividade".

Os *moratórios*, que são devidos em razão do inadimplemento e correm a partir da constituição em mora, podem ser convencionados ou não, sem que para isso exista limite previamente estipulado na lei. No primeiro caso denominam-se *moratórios convencionais*. A taxa, se não convencionada, será a referida pela lei.

Dispunha, com efeito, o art. 406 do Código Civil:

"Quando os juros moratórios não forem convencionados, ou o forem sem taxa estipulada, ou quando provierem de determinação da lei, serão fixados segundo a taxa que estiver em vigor para a mora do pagamento de impostos devidos à Fazenda Nacional".

A redação dada pela Lei n. 14.905, de 28 de junho de 2024, ao art. 406, que, inclusive, acrescenta três novos parágrafos, estabelece que:

"Art. 406. Quando não forem convencionados, ou quando o forem sem taxa estipulada, ou quando provierem de determinação da lei, os juros serão fixados de acordo com a taxa legal.

§ 1º A taxa legal corresponderá à taxa referencial do Sistema Especial de Liquidação e de Custódia (Selic), deduzido o índice de atualização monetária de que trata o parágrafo único do art. 389 deste Código.

§ 2º A metodologia de cálculo da taxa legal e sua forma de aplicação serão definidas pelo Conselho Monetário Nacional e divulgadas pelo Banco Central do Brasil.

§ 3º Caso a taxa legal apresente resultado negativo, este será considerado igual a 0 (zero) para efeito de cálculo dos juros no período de referência".

Caso os juros moratórios não sejam convencionados, ou não tenham taxa estipulada, serão sempre devidos à taxa legal. No Código Civil de 1916, essa taxa era de 6% ao ano, correspondente a 0,5% ao mês (art. 1.062). O CC/2002, na sua redação originária, contudo, equiparou-a à que estiver em vigor para a mora do pagamento de impostos devidos à Fazenda Nacional. No entanto, a Lei n. 14.905/2024 acrescentou o *§ 1º ao art. 406*, passando a considerar como juros legais a *"taxa referencial do Sistema Especial de Liquidação e de Custódia (Selic), deduzido o índice de atualização monetária de que trata o parágrafo único do art. 389 deste Código"*. Como já esclarecido no item anterior, a taxa Selic já embute a correção monetária, razão pela qual a taxa legal de juros corresponde à Selic, deduzido o índice de correção monetária de que trata o parágrafo único do art. 389 do CC.

Denominam-se os juros, nesta hipótese, *moratórios legais*. Preceitua o art. 407 deste:

"Ainda que se não alegue prejuízo, é obrigado o devedor aos juros da mora que se contarão assim às dívidas em dinheiro, como às prestações de outra natureza, uma vez que lhes esteja fixado o valor pecuniário por sentença judicial, arbitramento, ou acordo entre as partes".

Os juros moratórios, diferentemente do que ocorre com os compensatórios, são previstos como consequência do inadimplemento ou inexecução do contrato, ou de simples retardamento. A sentença que julgar procedente a ação pode neles condenar o vencido, mesmo que não tenha sido formulado pedido expresso na inicial, tendo-se em vista o dis-

---

[4] Washington de Barros Monteiro, *Curso de direito civil*, 32. ed., v. 4, p. 331; Arnoldo Wald, *Curso de direito civil brasileiro*: obrigações e contratos, p. 152.

posto no art. 293 do Código de Processo Civil, que declara compreenderem-se, no principal, os juros legais.

Proclama, ainda, a *Súmula 254 do Supremo Tribunal Federal*: "Incluem-se os juros moratórios na liquidação, embora omisso o pedido inicial ou a condenação".

O Superior Tribunal de Justiça igualmente já pacificou o entendimento de que os juros legais estão implícitos no pedido principal. A Quarta Turma da aludida Corte, nessa linha, proclamou, no julgamento de caso que já durava quase 25 anos, que, embora o pedido inicial e a sentença condenatória fossem omissos, os juros devem ser incluídos na conta de liquidação, "sendo que tal inclusão não importa qualquer ofensa à coisa julgada". Ao dar parcial provimento ao recurso para incluir na conta os juros moratórios até a data do efetivo pagamento, o relator, Min. Luis Felipe Salomão, observou que "a realização do pagamento sem os juros legais implicaria enriquecimento sem causa do devedor"[5].

Os juros podem ser, também, simples e compostos. Os *juros simples* são sempre calculados sobre o capital inicial. Os *compostos* são capitalizados anualmente, calculando-se juros sobre juros, ou seja, os que forem computados passarão a integrar o capital. Pela Súmula 163 do Supremo Tribunal Federal, "salvo contra a Fazenda Pública, sendo a obrigação ilíquida, contam-se os juros moratórios desde a citação inicial para a ação". Assim também dispõe o art. 405 do Código Civil[6]. A propósito, proclamou o Superior Tribunal de Justiça que, ainda que a regra geral estabeleça que os juros moratórios devam fluir a partir da citação (CC, art. 405), "devem ter incidência a partir do vencimento de cada parcela que se originar posteriormente à data da citação, pois é somente a partir desse termo que essas rubricas passam a ter exigibilidade e, com isso, materializa-se a mora do devedor, a qual não existia na data da citação"[7].

Esse o critério seguido, nos casos de responsabilidade contratual. Nos de responsabilidade extracontratual, pela prática de ato ilícito meramente civil, os juros são computados desde a data do fato (CC, art. 398). Prescreve a Súmula 54 do Superior Tribunal de Justiça: "Os juros moratórios fluem a partir do evento danoso, em caso de responsabilidade extracontratual".

Se, por exemplo, o passageiro de um ônibus sofre danos em decorrência de um acidente com o coletivo, os juros moratórios são devidos a partir da citação inicial, por se tratar de responsabilidade contratual (contrato de adesão, celebrado com a transportadora). Mas se a vítima é um pedestre, que foi atropelado pelo ônibus, os juros são contados desde a data do fato (responsabilidade extracontratual).

Ponderou a 4ª Turma do Superior Tribunal de Justiça que os juros de mora sobre indenização por dano moral, todavia, incidem desde o arbitramento. Como a indenização por dano moral só passa a ter expressão em dinheiro a partir da decisão judicial que a arbitrou, "não há como incidirem, antes desta data, juros de mora sobre a quantia que ainda não fora estabelecida em juízo". Esclareceu a relatora que, nesse caso, "não há como considerar em mora o devedor, se ele não tinha como satisfazer obrigação pecuniária não fixada por sentença judicial, arbitramento ou acordo entre as partes. O art. 1.064 do Código Civil de 1916

---

5 STJ, REsp 402.724, 4ª T., rel. Min. Luis Felipe Salomão, disponível em: <http://www.editoramagister.com>, acesso em: 22-4-2010.

6 "Juros de mora. Reconvenção. Acolhimento do pedido do réu para o fim de condenar o autor a efetuar-lhe o pagamento de determinada quantia. Incidência a partir da data da intimação para contestar o pedido reconvencional. Ato que constitui, substancialmente, uma citação, com a finalidade de constituir o vencido em mora. Aplicação do art. 219 do CPC [correspondente aos arts. 59 e 240 do CPC/2015]" (RT, 792/370).

7 STJ, REsp 1.601.739, 3ª T., rel. Min. Villas Bôas Cueva, *in* Revista *Consultor Jurídico* de 31-5-2019.

e o art. 407 do atual estabelecem que os juros de mora são contados desde que seja fixado o valor da dívida"[8].

Entretanto, posteriormente, a Segunda Seção da aludida Corte reafirmou a aplicação, *in casu*, da Súmula 54, segundo a qual os juros moratórios incidem desde a data do evento, em caso de responsabilidade extracontratual. Para o relator, Min. SIDNEI BENETI, "diante de súmula deste Tribunal, a própria segurança jurídica, pela qual clama toda a sociedade brasileira, vem antes em prol da manutenção da orientação há tanto tempo firmada do que de sua alteração"[9].

A fixação da incidência dos juros a partir da data do evento danoso, nos termos da aludida Súmula 54, foi determinada na premissa de que haveria uma única prestação pecuniária a ser paga, ou seja, de que a condenação seria quitada em parcela única. Entretanto, tratando-se de hipótese de obrigação continuada, com determinação de pagamento em parcelas sucessivas, como no caso de pensão mensal vitalícia, deve ser afastada a incidência de juros moratórios a partir da ocorrência do ato ilícito. Neste caso, conforme decisão da 4ª Turma do Superior Tribunal de Justiça, os juros devem ser contabilizados a partir do vencimento de cada prestação, que ocorre mensalmente[10].

3. REGULAMENTAÇÃO LEGAL

O Código Civil de 1916, no art. 1.062, dispunha que a taxa de juros moratórios, quando não convencionada, seria de 6% ao ano ou 0,5% ao mês. A taxa de juros convencionada não podia ser superior a 1% ao mês.

A Lei da Usura (Dec. n. 22.626, de 7-4-1933) limita a estipulação da taxa de juros a 1% ao mês. A referida lei proíbe ainda a cobrança de juros sobre juros, denominada *anatocismo* ou capitalização dos juros. A Súmula 121 do Supremo Tribunal Federal proclama: "É vedada a capitalização de juros, ainda que expressamente convencionada". Mas o citado art. 591 do atual Código Civil, parte final, como visto, permite a capitalização anual.

Nos termos da Lei n. 4.595/64, que regula o mercado de capitais, art. 4º, IX, as instituições financeiras podem praticar os juros no limite estabelecido pelo Conselho Monetário Nacional. Por essa razão é que há de estar provada essa autorização para a cobrança de juros acima do permitido na lei[11].

Havia, portanto, duas taxas: a de 1% ao mês, aplicável a negócios entre particulares, e outra, aplicável ao mercado de capitais, que podia ser superior a essa porcentagem.

O retrotranscrito art. 406 do CC/2002 e seu § 1º dispõem:

"Quando não forem convencionados, ou quando o forem sem taxa estipulada, ou quando provierem de determinação da lei, os juros serão fixados de acordo com a taxa legal.

§ 1º A taxa legal corresponderá à taxa referencial do Sistema Especial de Liquidação e de Custódia (Selic), deduzido o índice de atualização monetária de que trata o parágrafo único do art. 389 deste Código".

O § 2º do mesmo art. 406 estabelece que "*A metodologia de cálculo da taxa legal e sua forma de aplicação serão definidas pelo Conselho Monetário Nacional e divulgadas pelo Banco Central do Brasil*".

8 REsp 903.258-RS, 4ª T., rel. Min. Maria Isabel Gallotti, j. 21-6-2011.

9 REsp 1.132.866-SP, disponível em: <http://www.editoramagister.com>, acesso em: 29-11-2011.

10 STJ, 4ª T., rel. Min. Luis Felipe Salomão, Ap. 9218445-17.2009.8.26.0000 do TJSP, disponível em: <http://www.conjur.com.br>, acesso em: 1º-8-2016.

11 "Juros de mora. Fixação acima do limite legal. Inadmissibilidade. Lei de Mercado de Capitais que apenas possibilita ao Poder Executivo estabelecer livremente os juros compensatórios" (*RT*, 795/235).

Por conseguinte, a taxa não é mais fixa, mas variável, conforme os índices periodicamente estabelecidos pelo Conselho Monetário Nacional. Adotou-se, assim, a taxa denominada Selic – Sistema Especial de Liquidação e de Custódia, prevista no art. 39, § 4º, da Lei n. 9.259/95, taxa esta que visa combater a inflação, tendo sido fixada ultimamente, por essa razão, em patamares bem mais elevados do que os 12% estabelecidos na Constituição Federal.

Por outro lado, segundo tem decidido o próprio Superior Tribunal de Justiça, a referida taxa traz embutida a correção monetária, não constituindo, pois, forma de fixação apenas dos juros moratórios. Por essa razão, o § 1º do art. 406 determina que a apuração da taxa de juros, salvo convenção, utilize a taxa Selic, abatida a correção monetária.

Luiz Antonio Scavone Junior[12], em monografia concernente aos juros no direito brasileiro, conclui ser necessária a aplicação generalizada da taxa de juros do art. 161, *caput* e § 1º, do Código Tributário Nacional, ou seja, 12% ao ano. É que o Código Tributário Nacional (art. 161, § 1º) afirma, "a teor do que dispõe o art. 34 do ADCT é, materialmente, Lei Complementar. Se assim o é, em respeito ao princípio da hierarquia, tendo estipulado juros máximos de 1% ao mês, lei ordinária jamais poderia estipular aplicação de juros superiores, como tem ocorrido com a taxa Selic pela Lei 8.891/95 e, também, pela Lei 9.779/99. Demais disso, o art. 5º, do Decreto 22.626/33, é lei especial, que trata dos juros nos contratos, de tal sorte que mantém sua vigência mesmo diante do Código Civil de 2002".

Interpretação contrária, aduz o mencionado autor, "pode ser considerada teratológica, vez que afronta cediça regra de hermenêutica: lei geral posterior não revoga a lei especial anterior (*lex posterior generalis non derogat priori speciali*). Assim, o atual Código Civil, de caráter geral, não revoga o Decreto n. 22.626/33 (especial), nem expressa, nem tacitamente, porque não regula toda a matéria, nem é com ele incompatível (Lei de Introdução ao Código Civil hoje Lei de Introdução às Normas do Direito Brasileiro, art. 2º, § 1º)".

Na mesma linha o posicionamento de Paulo Luiz Netto Lôbo[13]: "Por essas razões, entendemos que apenas a taxa máxima prevista no Código Tributário Nacional pode ser aplicada nos juros moratórios entre particulares. Os juros moratórios convencionados também têm de observar esse limite (12% ao ano), que corresponde ao estabelecido na Lei de Usura, cuja regra há de ser aplicada em conjunto com a do Código Civil".

Álvaro Villaça Azevedo[14] comunga, igualmente, desse entendimento.

Essa corrente encontrou apoio na *Conclusão n. 20 aprovada na "Jornada de Direito Civil"*, promovida pelo Conselho da Justiça Federal, em Brasília, em setembro de 2002, que considerou não juridicamente segura a utilização da taxa Selic como índice de apuração dos juros legais, porque encobre o prévio conhecimento dos juros. A primeira parte do aludido enunciado proclama: "A taxa dos juros remuneratórios a que se refere o art. 406 é a do art. 161, § 1º, do CTN, ou seja, 1% ao mês...".

Decisões nesse sentido começaram a surgir, indicando uma tendência da jurisprudência, como se pode verificar: "Os juros legais devidos em decorrência de condenação judicial – art. 293 do CPC [*de 1973*] – são da ordem de 0,5% ao mês, conforme determina o art. 1.062 do CC/1916, até a data anterior à entrada em vigor do atual Código Civil; a partir daí, tal percentual passa a ser de 1% ao mês, de acordo com a interpretação conjunta dos arts. 406 do novo Diploma e 161, § 1º, do CTN"[15].

---

[12] *Juros no direito brasileiro*, p. 108.

[13] *Teoria geral das obrigações*, p. 292.

[14] *Teoria geral das obrigações*, 10. ed., p. 236.

[15] TAMG, Ap. 437.316-8, 7ª Câm. Cív., rel. Juiz Viçoso Rodrigues, *DJe*, 12-2-2005.No mesmo sentido: "A taxa de juros a ser aplicada, com o advento da nova legislação civil, é a de 1% ao mês, a partir da ci-

Para uma segunda corrente, todavia, a taxa de juros legais deve ser calculada, atualmente, pelo sistema denominado Selic – Sistema Especial de Liquidação e de Custódia, retromencionado, tendo em vista que o art. 406 do Código Civil reflete a intenção do legislador de adotar uma taxa de juros variável. O principal argumento dos adeptos dessa corrente é que o Código Tributário Nacional, em seu art. 161, § 1º, dispõe que a taxa de juros será de 1% ao mês "se a lei não dispuser de modo diverso". O citado dispositivo teria, assim, caráter supletivo e poderia ser afastado por lei ordinária, como a que instituiu o novo Código Civil. Ademais, a utilização da taxa Selic no cálculo dos juros de mora em matéria tributária foi confirmada em outros diplomas, tais como a Lei n. 9.250/95, art. 39, § 4º, que trata da repetição ou compensação de tributos; a Lei n. 9.430/96, art. 61, § 3º; e Lei n. 10.522/2002, art. 30. Apesar de a taxa Selic englobar juros moratórios e correção monetária, não haveria *bis in idem*, uma vez que sua aplicação é condicionada à não incidência de quaisquer outros índices de atualização.

Essa segunda corrente vem sendo sufragada pelo Superior Tribunal de Justiça, a partir do posicionamento firmado pela sua Corte Especial por ocasião do julgamento dos Embargos de Divergência 727.842-SP, em 20 de novembro de 2008, no seguinte sentido:

"1. Segundo dispõe o art. 406 do Código Civil, 'Quando os juros moratórios não forem convencionados, ou o forem sem taxa estipulada, ou quando provierem de determinação da lei, serão fixados segundo a taxa que estiver em vigor para a mora do pagamento de impostos devidos à Fazenda Nacional'.

2. Assim, atualmente, a taxa dos juros moratórios a que se refere o referido dispositivo é a taxa referencial do Sistema Especial de Liquidação e Custódia – Selic, por ser ela a que incide como juros moratórios dos tributos federais (arts. 13 da Lei n. 9.065/95, 84 da Lei n. 8.981/95, 39, § 4º, da Lei n. 9.250/95, 61, § 3º, da Lei n. 9.430/96 e 30 da Lei n. 10.522/2002"[16].

O referido entendimento "foi posteriormente confirmado em julgamento de processos submetidos ao rito de recurso repetitivo, de que trata o art. 543-C do CPC [*de 1973, art. 1.036 do CPC de 2015*], com redação dada pela Lei n. 11.678/2008"[17]. Posteriormente, o Superior Tribunal de Justiça aprovou a Súmula 530, com o seguinte teor: "Nos contratos bancários, na impossibilidade de comprovar a taxa de juros efetivamente contratada – por ausência de pactuação ou pela falta de juntada do instrumento aos autos –, aplica-se a taxa média de mercado, divulgada pelo Bacen, praticada nas operações da mesma espécie, salvo se a taxa cobrada for mais vantajosa para o devedor" (REsp 1.112.879 e REsp 1.112.880).

O Superior Tribunal de Justiça sedimentou ainda o entendimento de que, "à luz do princípio do *tempus regit actum*, os juros devem ser fixados à taxa de 0,5% ao mês (art. 1.062 do CC/1916) no período anterior à data de vigência do atual Código Civil (10-1-2003); e, em relação ao período posterior, nos termos do disposto no art. 406 do referido Código, o qual corresponde à Taxa SELIC, de acordo com o julgamento do EREsp 772.842-SP, pela Corte Especial"[18].

Cumpre salientar, por fim, que "a incidência da taxa SELIC a título de juros moratórios, a partir da entrada em vigor do atual Código Civil, em janeiro de 2003, exclui a incidência cumulativa de correção monetária, sob pena de *bis in idem*[19].

---

tação, em conformidade com o *Enunciado n. 20, das Jornadas de Direito Civil*, segundo o qual a taxa de juros a que se refere o art. 406 do Código Civil é a do art. 161 do CTN, ou seja, 1% ao mês" (JEF-1ª R., 1ª T. Recursal, *DJ* 5-3-2005, *ADCOAS*, 8236618).

16 STJ, EREsp 727.842-SP, Corte Especial, rel. Min. Teori Albino Zavascki, *DJe*, 20-11-2008).

17 STJ, AgRg no Ag 1.240.598-SP, 2ª T., rel. Min. Humberto Martins, *DJe*, 7-5-2010.

18 STJ, EDcl no REsp 1.142.070-SP, 2ª T., rel. Min. Castro Meira, *DJe*, 2-6-2010.

19 STJ, EDcl no REsp 717.433-PR, 3ª T., rel. Min. Vasco Della Giustina (Des. Convocado do TJRS), *DJe*, 24-11-2009.

A controvérsia, no entanto, há de ceder passo após a edição da Lei n. 14.905, que estabeleceu que os juros legais, à míngua de convenção, serão apurados com base na taxa Selic, abatida a correção monetária. O § 2º do art. 406 do CC estabelece que "*a metodologia de cálculo da taxa legal e sua forma de aplicação serão definidas pelo Conselho Monetário Nacional e divulgadas pelo Banco Central do Brasil*". Para dar cumprimento a tal determinação, o Banco Central editou a Resolução n. 5.171, de 29 de agosto de 2024, que "dispõe sobre a metodologia de cálculo e a forma de aplicação da taxa legal, de que o art. 406, da Lei n. 10.406, de 10 de janeiro de 2002 – Código Civil". Essa resolução detalha a forma de cálculo da taxa legal de juros.

A Súmula 379 do Superior Tribunal de Justiça estatui: "Nos contratos bancários não regidos por legislação específica, os juros moratórios poderão ser convencionados até o limite de 1% ao mês", sendo necessário agora adaptá-la ao disposto no art. 406, § 1º, do CC, com a redação dada pela Lei n. 14.905/2024. A mesma Corte decidiu, no regime de recursos repetitivos, que, na restituição de valores de contribuição previdenciária cobrados indevidamente, no chamado indébito tributário, os juros de mora devem ser contados a partir do momento em que não há mais possibilidade de recurso para a discussão da dívida, ou seja, quando a decisão transita em julgado. No julgamento foi aplicada a Súmula 188 do mesmo Tribunal, segundo a qual "os juros moratórios, na repetição do indébito tributário, são devidos a partir do trânsito em julgado da sentença". Tal regime, segundo o relator, "é aplicável à repetição de indébito de contribuições previdenciárias, que também têm natureza tributária"[20].

Nos contratos de mútuo, em que a disponibilização do capital é imediata, o montante dos juros remuneratórios praticados deve ser consignado no respectivo instrumento. Ausente a fixação da taxa no contrato, o juiz deve limitar os juros à média de mercado nas operações da espécie, divulgada pelo Banco Central, salvo se a taxa cobrada for mais vantajosa para o cliente. O entendimento foi pacificado pela Segunda Seção do Superior Tribunal de Justiça no julgamento de dois recursos especiais, assinalando-se ainda que, em qualquer hipótese, é possível a correção para a taxa média se houver abuso nos juros remuneratórios praticados. Por ter sido pronunciada em julgamento de recurso repetitivo, a decisão deve ser aplicada a todos os processos com o mesmo tema[21].

A referida Segunda Seção, em fevereiro de 2017, reafirmou, no rito dos recursos repetitivos, o entendimento de que a capitalização dos juros, conhecida como juros sobre juros, somente é possível nos contratos de mútuo com previsão contratual. Frisou o relator do processo, Min. Marco Buzzi, que a capitalização de juros é permitida, mas exige a anuência prévia do mutuário, que deve ser informado das condições antes de assinar um contrato com a instituição financeira. A decisão está expressa no Tema 953.

A jurisprudência de ambas as turmas que compõem a mencionada Segunda Seção do Superior Tribunal de Justiça, bem assim a da Corte Especial, firmou-se no sentido de que, "tratando-se de reparação de dano moral, os juros de mora incidem desde o evento danoso, em casos de responsabilidade *extracontratual*. Precedentes"[22].

Decidiu ainda a mencionada Corte Superior:

"Os juros de mora incidem a partir da data da citação na hipótese de condenação por danos morais fundada em responsabilidade *contratual*. Precedentes"[23].

---

[20] STJ, 1ª Seção, rel. Min. Teori Albino Zavascki, j. 12-11-2008.

[21] STJ, REsp 1.112.879-PR e 1.112.880-PR, 2ª Seção, rel. Min. Nancy Andrighi, disponível em: <http://www.editoramagister.com>, acesso em: 21-5-2010.

[22] STJ, AgInt nos EREsp 1.533.218-MG, 2ª Seção, rel. Min. Antonio Carlos Ferreira, *DJe* 30-5-2017.

[23] STJ, REsp 1.677.309, 3ª T., rel. Min. Nancy Andrighi, *DJe* 3-4-2018.

E, por seu turno, a Corte Especial do Superior Tribunal de Justiça, em razão do posicionamento assumido pelo Supremo Tribunal Federal, revisou entendimento manifestado em recurso repetitivo para estabelecer que incidem juros de mora no período entre os cálculos do que é devido pela União e a data da requisição formal do pagamento, fixando nova tese nestes termos: "Incidem os juros da mora no período compreendido entre a data da realização dos cálculos e a da requisição ou precatório".

Efetivamente, em 2017 a Suprema Corte julgou a questão em caráter de repercussão geral (RE 579.431) e decidiu pela incidência dos juros no período compreendido entre a data dos cálculos e a da requisição ou do precatório.

A Lei n. 14.905/2024, em seu art. 3º, estabelece que *"não se aplica o disposto no Decreto n. 22.626, de 7 de abril de 1933, às obrigações:*

I – contratadas entre pessoas jurídicas;

II – representadas por títulos de crédito ou valores mobiliários;

III – contraídas perante:

a) instituições financeiras e demais instituições autorizadas a funcionar pelo Banco Central do Brasil;

b) fundos ou clubes de investimento;

c) sociedades de arrendamento mercantil e empresas simples de crédito;

d) organizações da sociedade civil de interesse público de que trata a Lei n. 9.790, de 23 de março de 1999, que se dedicam à concessão de crédito; ou

IV – realizadas nos mercados financeiro, de capitais ou de valores mobiliários".

Assim, nos casos mencionados no dispositivo, não se aplicam as restrições estabelecidas na Lei de Usura.

4. ANATOCISMO OU CAPITALIZAÇÃO DE JUROS

O anatocismo consiste na prática de somar os juros ao capital para contagem de novos juros. Há, no caso, capitalização composta, que é aquela em que a taxa de juros incide sobre o capital inicial, acrescido dos juros acumulados até o período anterior. Em resumo, pois, o chamado "anatocismo" é a incorporação dos juros ao valor principal da dívida, sobre a qual incidem novos encargos.

O direito brasileiro permite a capitalização de juros desde 1850, exigindo apenas, em determinadas épocas, convenção expressa das partes ou periodicidade mínima para incorporação dos juros ao principal. Assim, o art. 253 do Código Comercial de 1850 autorizava a incorporação de juros vencidos aos saldos liquidados em conta corrente, com periodicidade anual. Por sua vez, o Código Civil de 1916, no art. 1.262, permitia a capitalização, desde que por cláusula expressa, e sem limite de periodicidade – o que possibilitava a aplicação em prazos inferiores a um ano.

O Decreto n. 22.626/33 (Lei da Usura) limitou-se a exigir a periodicidade anual para a incorporação dos juros ao principal, dizendo o art. 4º que a proibição de contar juros sobre juros "não compreende a acumulação de juros vencidos aos saldos líquidos em conta corrente de ano a ano". E o art. 591 do diploma civil permite, expressamente, a *capitalização anual.*

Além disso, a legislação brasileira prevê regras específicas para a capitalização de juros em determinadas operações financeiras, para as quais não exige a periodicidade anual: Cédulas de Crédito Rural (Decreto-lei n. 167, de 1967); Cédulas de Crédito Industrial (Decreto-lei n. 413, de 9-1-1969); Crédito à Exportação (Lei n. 6.313, de 16-12-1975); Cédula de

Crédito Bancário (Lei n. 10.931, de 2-8-2004) e Cédula de Crédito Comercial e Produto Rural (Lei n. 6.840, de 3-11-1980).

Por razões de ordem econômica, em 30 de março de 2000 foi editada a Medida Provisória n. 1.963-17 (agora, 2.170-36, de 23-8-2001), que permitiu expressamente, no art. 5º, a capitalização de juros em período inferior a um ano nas operações feitas por instituições financeiras. A Exposição de Motivos refere que a capitalização de juros em período inferior à anual é uma forma de reduzir a diferença entre as taxas praticadas, pela diminuição dos riscos das operações. E que a capitalização dos juros é regra no mercado internacional.

O Partido da República (PR) ajuizou ação direta de inconstitucionalidade, com pedido de suspensão cautelar do referido art. 5º. Tal providência, porém, não altera a vigência da referida Medida Provisória, uma vez que ainda aguarda julgamento no Supremo Tribunal Federal, não tendo produzido nenhum efeito até o momento.

A referida Corte, em 4 de fevereiro de 2015, no julgamento da referida Medida Provisória n. 2.170-36/2001, autorizou a capitalização de juros em empréstimos bancários com periodicidade inferior a 1 (um) ano, por 7 (sete) votos a 1 (um). E o Superior Tribunal de Justiça, posteriormente, editou a Súmula 539, com o seguinte teor: "É permitida a capitalização de juros com periodicidade inferior à anual em contratos celebrados com instituições integrantes do Sistema Financeiro Nacional a partir de 31-3-2000 (MP n. 1.963-17/2000, reeditada como MP n. 2.170-36/2001), desde que expressamente pactuada" (REsp 1.112.879, REsp 1.112.880 e REsp 973.827).

5. JUROS COMPENSATÓRIOS BANCÁRIOS

Juros moratórios, como já dito, são os incidentes em caso de retardamento na restituição de capital alheio ou de descumprimento da obrigação e devem ser previstos no contrato, estipulados pelos contratantes. Constituem uma compensação conferida ao credor pelo risco que corre com o empréstimo de seu capital. Essa compensação é fruto de convenção entre as partes.

Os *juros compensatórios*, por sua vez, visam ressarcir as perdas e danos decorrentes dos lucros cessantes que o credor experimentou, em razão da indevida privação de seu capital.

Decidiu a 3ª Turma do Superior Tribunal de Justiça que os valores indevidamente lançados a débito na conta do cliente deviam ser devolvidos com base na mesma taxa contratada[24]. A 2ª Seção da aludida Corte, todavia, firmou entendimento, hoje pacífico, no sentido de que os danos a serem indenizados são aqueles decorrentes da transferência não justificada de fundos do correntista para a instituição financeira (a respectiva quantia nominal e os juros remuneratórios de um por cento ao mês) e as despesas (juros e tarifas) que, em função do correspondente saldo negativo, o correntista teve de suportar[25].

Foi, assim, refutada a tese de que os valores indevidamente debitados em conta corrente devem ser corrigidos pela mesma taxa praticada pela instituição financeira. Primeiramente, porque as instituições financeiras estão autorizadas a cobrar juros remuneratórios excedentes de 1% (um por cento) ao mês. Consequentemente, se dispusesse dos valores indevidamente descontados, o correntista não teria auferido as taxas cobradas pelo banco. Em segundo lugar, porque as taxas cobradas em função da utilização do crédito (cheque especial) não correspondem aos lucros da instituição financeira, não se podendo confundir faturamento com lucro líquido. E, em terceiro lugar, porque no Brasil a indenização de perdas e danos não tem função punitiva.

---

24 REsp 453.464-MG, 3ª T., rel. Min. Nancy Andrighi, j. 27-4-2004.

25 REsp 447.431-MG, 2ª S., rel. Min. Ari Pargendler, j. 28-3-2007.

Na cobrança fundada em cheque sem fundos, os juros de mora incidem a contar da primeira apresentação da cártula. Proclamou, com efeito, a 4ª Turma do Superior Tribunal de Justiça que o credor de cheque sem fundos deve receber juros de mora a partir da data da primeira apresentação do título que tem seu pagamento negado pelo banco, como previsto no art. 52, II, da Lei n. 7.357/85 (Lei do Cheque). Assim decidindo, a referida Corte negou a pretensão de devedora que pretendia fazer com que os juros fossem cobrados apenas a partir da citação na ação de cobrança.

No referido julgamento, frisou o relator, Min. Luis Felipe Salomão, que a hipótese é de mora *ex re*, por se tratar de obrigação certa quanto à existência e determinada quanto ao objeto, prevista a constituição da mora na Lei do Cheque[26].

Proclama a Súmula 541 do Superior Tribunal de Justiça: "A previsão no contrato bancário de taxa de juros anual superior ao duodécuplo da mensal é suficiente para permitir a cobrança da taxa efetiva anual contratada" (REsp 973.827 e REsp 1.251.331).

A Segunda Seção do Superior Tribunal de Justiça cancelou, em 22 de agosto de 2018, a Súmula 603, que vedava ao banco mutuante reter, em qualquer extensão, os salários, vencimentos e/ou proventos de correntista para adimplir o mútuo (comum) contraído, devendo a instituição bancária cobrar possíveis débitos na Justiça. Entendeu a referida Corte que a redação não era adequada e gerava interpretações equivocadas por tribunais inferiores. Afirmou o Ministro Luis Felipe Salomão, justificando o cancelamento, que algumas Cortes estão aplicando a súmula de forma equivocada, o que pode gerar insegurança jurídica: "Os órgãos julgadores vêm entendendo que o enunciado simplesmente veda todo e qualquer desconto realizado em conta-corrente, mesmo em conta que não é salário, mesmo que exista prévia e atual autorização concedida pelo correntista, quando na verdade a teleologia da súmula foi no sentido de evitar retenção, que é meio de apropriação daqueles valores"[27].

---

26 STJ, REsp 1.354.934-RS, 4ª T., j. 20-8-2013.

27 STJ, REsp 1.555.722, 2ª Seção, j. 22-8-2018, *in* Revista *Consultor Jurídico* de 23-8-2018.

Capítulo V

DA CLÁUSULA PENAL

Sumário: 1. Conceito. 2. Natureza jurídica. 3. Funções da cláusula penal. 4. Valor da cláusula penal. 5. Espécies de cláusula penal. 6. Efeitos da distinção entre as duas espécies. 7. Cláusula penal e institutos afins. 8. Cláusula penal e pluralidade de devedores.

1. CONCEITO

Cláusula penal é obrigação acessória, pela qual se estipula pena ou multa destinada a evitar o inadimplemento da principal, ou o retardamento de seu cumprimento. É também denominada *pena convencional* ou *multa contratual*. Adapta-se aos contratos em geral e pode ser inserida, também, em negócios jurídicos unilaterais, como o testamento, para compelir, por exemplo, o herdeiro a cumprir fielmente o legado.

A cláusula penal consiste, pois, em previsão, sempre adjeta a um contrato, de natureza acessória, estabelecida como *reforço ao pacto obrigacional*, com a finalidade de fixar previamente a liquidação de eventuais perdas e danos devidas por quem descumpri-lo[1].

Segundo Antunes Varela, a cláusula penal – *stipulatio penae* dos romanos – "consiste na convenção pela qual o devedor, no caso de não cumprimento da obrigação, de mora no cumprimento ou de outra violação do contrato, se obriga para com o credor a efetuar uma prestação, diferente da devida, por via de regra em dinheiro, com caráter de uma sanção civil"[2].

Nelson Rosenvald conceitua a cláusula penal como "uma convenção acessória que acopla uma pena privada ao inadimplemento de uma obrigação". E aduz: "A cláusula penal é uma estipulação negocial aposta a uma obrigação, em que qualquer das partes, ou uma delas apenas, compromete-se a efetuar certa prestação em caso de ilícita inexecução da obrigação principal"[3].

Pode ser estipulada conjuntamente com a obrigação principal, ou em ato posterior (CC, art. 409), sob a forma de adendo. Embora geralmente seja fixada em dinheiro, algumas vezes toma outra forma, como a entrega de uma coisa, a abstenção de um fato ou a perda de algum benefício, como, por exemplo, de um desconto.

2. NATUREZA JURÍDICA

---

1 Cristiano Chaves de Farias, Miradas sobre a cláusula penal no direito contemporâneo (à luz do direito civil-constitucional, do novo Código Civil e do Código de Defesa do Consumidor), *RT*, 797/43; Caio Mário da Silva Pereira, *Instituições de direito civil*, v. II, p. 93.

2 *Direito das obrigações*, v. II, p. 169-170.

3 *A cláusula penal*: a pena privada nas relações negociais, Rio de Janeiro: Lumen Juris, 2007, p. 35.

A pena convencional tem a natureza de um *pacto secundário* e *acessório*, pois a sua existência e eficácia dependem da obrigação principal.

Os arts. 411 a 413 do Código Civil distinguem a cláusula penal da obrigação principal. Por sua vez, o art. 409 do mesmo diploma prevê a possibilidade de ser estipulada em ato posterior, reconhecendo tratar-se de duas obrigações diversas. Desse modo, a invalidade da obrigação principal importa a da cláusula penal, mas a desta não induz a daquela, como preceitua o art. 184 do mesmo diploma. Resolvida a obrigação principal, sem culpa do devedor, resolve-se a cláusula penal.

Os mencionados preceitos legais reiteram o princípio de que *o acessório segue o principal*. Assim, nulo o contrato de locação, por exemplo, nula será a cláusula penal nele inserida. Mas o contrário não é verdadeiro. Se somente esta for nula, e o contrato prevalecer, o lesado não perderá o direito a indenização das perdas e danos pelo direito comum, arcando contudo com o ônus da prova dos prejuízos alegados.

3. FUNÇÕES DA CLÁUSULA PENAL

A cláusula penal tem *dupla função*: a) atua como meio de coerção (*intimidação*), para compelir o devedor a cumprir a obrigação e, assim, não ter de pagá-la; e ainda b) como prefixação das perdas e danos (*ressarcimento*) devidos em razão do inadimplemento do contrato.

KARL LARENZ[4] ressalta esses aspectos, assinalando que a finalidade de semelhante pena contratual ou pena convencional é, em primeiro lugar, estimular o devedor ao cumprimento do contrato. Ademais, por intermédio dessa instituição se garante ao credor uma indenização pelos danos ocasionados pela infração contratual de natureza não patrimonial ou cujo montante, no caso, lhe seria difícil provar. Assim, exemplifica, se o artista contratado para uma apresentação aos sócios e convidados de um clube não cumpre sua promessa, tal fato não acarreta prejuízo de caráter patrimonial demonstrável à associação, a não ser uma decepção a seus membros. Mas se o referido artista se sujeita ao pagamento de uma pena contratual para o caso de descumprimento da obrigação assumida, poderá o clube, com esse dinheiro, oferecer outra atração a seus sócios.

Com a estipulação da cláusula penal, expressam os contratantes a intenção de livrar-se dos incômodos da comprovação dos prejuízos e de sua liquidação. A convenção que a estabeleceu pressupõe a existência de prejuízo decorrente do inadimplemento e prefixa o seu valor[5]. Desse modo, basta ao credor provar o inadimplemento, ficando dispensado da prova do prejuízo, para que tenha direito à multa. É o que proclama o art. 416 do Código Civil, *verbis*:

"Art. 416. Para exigir a pena convencional, não é necessário que o credor alegue prejuízo.

Parágrafo único. Ainda que o prejuízo exceda ao previsto na cláusula penal, não pode o credor exigir indenização suplementar se assim não foi convencionado. Se o tiver feito, a pena vale como mínimo da indenização, competindo ao credor provar o prejuízo excedente".

O devedor não pode eximir-se de cumprir a cláusula penal, a pretexto de ser excessiva, pois o seu valor foi fixado de comum acordo, em quantia reputada suficiente para reparar eventual prejuízo decorrente de inadimplemento. Da mesma forma, não pode o credor pretender aumentar o seu valor, a pretexto de ser insuficiente. Resta-lhe, neste caso, deixar de

---

4 *Derecho de obligaciones*, t. I, p. 369.

5 "Locação. Cláusula penal, no caso de inadimplemento total ou parcial da obrigação. Admissibilidade. Rompimento unilateral faz incidir a multa convencionada, que tem condão de substituir eventuais perdas e danos por lucros cessantes, arbitrados antecipadamente pelas partes" (*RT*, 803/320).

lado a cláusula penal e pleitear perdas e danos, que abrangem o dano emergente e o lucro cessante. O ressarcimento do prejuízo será, então, integral. A desvantagem é que terá de provar o prejuízo alegado. Se optar por cobrar a cláusula penal, estará dispensado desse ônus. Mas o ressarcimento pode não ser integral, se o *quantum* fixado não corresponder ao valor dos prejuízos.

Sustentavam alguns que, neste caso, poderia a diferença ser cobrada, a título de perdas e danos. Entretanto, a razão estava com aqueles que afirmavam não ser possível, em face da lei, cumular a multa com outras perdas e danos, devendo o credor fazer a opção por uma delas, como veio a constar expressamente do citado parágrafo único do art. 416 do atual Código Civil. Ressalva-se somente a hipótese de ato doloso do devedor, caso em que a indenização há de cobrir o ato lesivo em toda a sua extensão.

Proclama o art. 408 do mesmo diploma incorrer "*de pleno direito o devedor na cláusula penal, desde que, culposamente, deixe de cumprir a obrigação ou se constitua em mora*". A cláusula penal é a prefixação das perdas e danos resultantes de culpa contratual, apenas. Assim, se há outros prejuízos decorrentes de culpa extracontratual, o seu ressarcimento pode ser pleiteado, independentemente daquela.

Decidiu o Superior Tribunal de Justiça:

"1. A obrigação de indenizar é corolário natural daquele que pratica ato lesivo ao interesse ou direito de outrem. Se a cláusula penal compensatória funciona como prefixação das perdas e danos, o mesmo não ocorre com a cláusula penal moratória, que não compensa nem substitui o inadimplemento, apenas pune a mora.

2. Assim, a cominação contratual de uma multa para o caso de mora não interfere na responsabilidade civil decorrente do retardo no cumprimento da obrigação que já deflui naturalmente do próprio sistema.

3. O promitente-comprador, em caso de atraso na entrega do imóvel adquirido pode pleitear, por isso, além da multa moratória expressamente estabelecida no contrato, também o cumprimento, mesmo que tardio, da obrigação e ainda a indenização correspondente aos lucros cessantes pela não fruição do imóvel durante o período da mora da promitente vendedora"[6].

Reafirmando esse posicionamento, frisou a referida Corte que a multa compensatória exclui indenização por perdas e danos. A referida multa "funciona a um só tempo como punição pelo descumprimento e como compensação previamente fixada pelos próprios contratantes pelas perdas e danos decorrentes desse mesmo inadimplemento. Se as próprias partes já acordaram previamente o valor que entendem suficiente para recompor os prejuízos experimentados em caso de inadimplemento, não se pode admitir que, além desse valor, ainda seja acrescido outro, com fundamento na mesma justificativa: a recomposição de prejuízos[7].

O *Superior Tribunal de Justiça* fixou, em precedente vinculante, a seguinte tese (Tema 971): "No contrato de adesão firmado entre o comprador e a construtora/incorporadora, havendo previsão de cláusula penal apenas para o inadimplemento do adquirente, deverá ela ser considerada para a fixação da indenização pelo inadimplemento do vendedor. As obrigações heterogêneas (obrigações de fazer e de dar) serão convertidas em dinheiro, por arbitramento judicial".

---

[6] STJ, REsp 1.355.554-RJ, 3ª T., rel. Min. Sidnei Beneti, j. 6-12-2012.

[7] STJ, REsp 1.335.617-SP, 3ª T., rel. Min. Sidnei Beneti, *DJe*, 22-4-2014.

4. VALOR DA CLÁUSULA PENAL

Simples alegação de que a cláusula penal é elevada não autoriza o juiz a reduzi-la. Entretanto, a sua *redução* pode ocorrer em dois casos: a) quando ultrapassar o limite legal; b) nas hipóteses do art. 413 do estatuto civil.

O limite legal da cláusula penal, mesmo sendo compensatória, é o *valor da obrigação principal*, que não pode ser excedido pelo estipulado naquela. Dispõe, com efeito, o art. 412 do Código Civil:

"O valor da cominação imposta na cláusula penal não pode exceder o da obrigação principal".

Se tal acontecer, o juiz determinará a sua redução, não declarando a ineficácia da cláusula, mas somente do excesso. Todavia, a pena convencional, de que trata o dispositivo supratranscrito, não se confunde com a multa cominatória ou *astreinte*. Como já decidiu o Superior Tribunal de Justiça, há "diferença nítida entre a cláusula penal, pouco importando seja a multa nela prevista moratória ou compensatória, e a multa cominatória, própria para garantir o processo por meio do qual pretende a parte a execução de uma obrigação de fazer ou não fazer".

Frisou o referido aresto que "a diferença é, exatamente, a incidência das regras jurídicas específicas para cada qual. Se o juiz condena a parte ré ao pagamento de multa prevista na cláusula penal avençada pelas partes, estará presente a limitação contida no art. 920 do Código Civil (*de 1916, correspondente ao art. 412 do de 2002*). Se, ao contrário, cuida-se de multa cominatória em obrigação de fazer ou não fazer, decorrente de título judicial, para garantir a efetividade do processo, ou seja, o cumprimento da obrigação, está presente o art. 644 do Código de Processo Civil [*de 1973*], com o que não há teto para o valor da cominação"[8].

Algumas leis limitam o valor da cláusula penal moratória a dez por cento da dívida ou da prestação em atraso, como o Decreto-Lei n. 58, de 1937, e a Lei n. 6.766, de 1979, que regulamentam o compromisso de compra e venda de imóveis loteados, e o Decreto n. 22.626, de 1933, que reprime a usura. O Código de Defesa do Consumidor limita a 2% do valor da prestação a cláusula penal moratória estipulada em contratos que envolvam outorga de crédito ou concessão de financiamento ao consumidor (art. 52, § 1º). O próprio Código Civil estabelece multa "*de até dois por cento sobre o débito*", no condomínio edilício (art. 1.336, § 1º). Em qualquer desses casos, e em muitos outros, o juiz reduzirá, na ação de cobrança, o valor da pena convencional aos referidos limites.

Apesar de a irredutibilidade constituir um dos traços característicos da cláusula penal, por representar a fixação antecipada das perdas e danos, de comum acordo, dispõe o art. 413 do Código Civil que "*a penalidade deve ser reduzida equitativamente pelo juiz se a obrigação principal tiver sido cumprida em parte, ou se o montante da penalidade for manifestamente excessivo, tendo-se em vista a natureza e a finalidade do negócio*". Considerou o legislador, assim, justa a redução do montante da multa, compensatória ou moratória, quando a obrigação tiver sido satisfeita em parte, dando ao devedor que assim procede tratamento diferente do conferido àquele que desde o início nada cumpriu. Ao mesmo tempo impôs ao juiz o *dever* de reprimir abusos, se a penalidade convencionada for manifestamente excessiva, desproporcional à natureza e à finalidade do negócio.

A propósito, dispõe o *Enunciado n. 358 da IV Jornada de Direito Civil*:

"O caráter manifestamente excessivo do valor da cláusula penal não se confunde com a alteração das circunstâncias, a excessiva onerosidade e a frustração do fim do negócio jurídico, que podem incidir autonomamente e possibilitar sua revisão para mais ou para menos".

---

8 *RT*, 785/197.

E o *Enunciado n. 356* da referida *Jornada de Direito Civil*, por seu turno, proclama: "Nas hipóteses previstas no art. 413 do Código Civil, o juiz deverá reduzir a cláusula penal de ofício".

A disposição é de *ordem pública*, podendo a redução ser determinada de ofício pelo magistrado. O art. 924 do Código Civil de 1916, correspondente ao citado art. 413 do diploma de 2002, não obrigava o juiz a efetuá-la, pois o preceito legal encerrava mera *faculdade* ("poderá"). Em geral, era considerada a boa-fé do devedor, bem como eventual vantagem auferida pelo credor com a execução parcial do contrato. Se o devedor, por exemplo, cumprira durante um ano o contrato de locação, celebrado por dois anos, podia o juiz reduzir o valor da multa pela metade, se verificasse não ter ele agido com o propósito de prejudicar o outro contratante, sendo justificável o motivo alegado para o inadimplemento parcial.

Para alguns, a norma do citado art. 924 era de caráter dispositivo e podia, desse modo, ser alterada pela vontade das partes, por estar em jogo apenas o interesse particular. Assim, consideravam válida a cláusula, inserida no contrato, pela qual o valor da pena convencional não poderia ser reduzido, em caso de cumprimento parcial de avença. Prevalecia, contudo, o entendimento de que se tratava de disposição cogente, de ordem pública, não podendo as partes retirar do juiz a faculdade, que lhe era outorgada pela lei, de reduzir o valor da multa, proporcionalmente ao cumprimento parcial do contrato[9].

O art. 413 do atual Código Civil não dispõe que a penalidade "poderá", mas sim que "deve" ser reduzida pelo magistrado, nas hipóteses mencionadas, retirando o caráter facultativo da redução e acentuando a natureza pública e o caráter cogente da norma.

O aludido dispositivo, assinala JUDITH MARTINS-COSTA[10], "introduziu dois *topoi* da maior relevância, quais sejam, o da *proporcionalidade* e o da *vedação ao excesso*. Estes *topoi* foram apreendidos na cláusula geral de redução da cláusula penal (...). É o *dever de proporcionalidade* que está no fundamento da primeira *fattispecie*, qual seja, a redução quando a obrigação principal houver sido em parte cumprida (...). Com efeito, tendo a prestação principal sido em parte cumprida, o Código determina ao juiz a redução proporcional, com base na equidade, que é princípio, tendo em conta o dever de proporcionalidade, que é dever de ponderação entre os vários princípios e regras concomitantemente incidentes".

Na segunda parte do art. 413, enfatiza a mencionada jurista, está a grande inovação do atual Código nesta matéria, pois contempla hipótese até então não legalmente modelada. Os pressupostos de incidência da regra dessa segunda parte não devem ser confundidos ou subsumidos naqueles requeridos para a norma da primeira parte do mencionado dispositivo. Em primeiro lugar, aqui se trata de: "a) qualquer espécie de cláusula penal, seja compensatória, seja moratória; b) devendo o valor da multa ser considerado pelo intérprete 'manifestamente excessivo'; c) de forma relacional à natureza do negócio; e d) à finalidade do negócio. Isto significa dizer que não haverá um 'metro fixo' para medir a excessividade. O juízo é de ponderação, e não de mera subsunção".

Verifica-se, desse modo, que o art. 413 do atual Código Civil determina a redução da cláusula penal em razão de dois fatos *distintos*, quais sejam: a) *cumprimento parcial da obrigação*; b) *excessividade da cláusula penal*. Quanto à primeira hipótese, nada mais é exigido, para que se opere a redução, além do cumprimento parcial da obrigação. Não há

---

9 "Contrato firmado antes da vigência do Código de Defesa do Consumidor. Estipulação da perda das prestações pagas no caso de resolução contratual em virtude do inadimplemento do promitente-vendedor. Valor que deverá ser reduzido, pelo juiz, a patamar justo, com a finalidade de evitar enriquecimento sem causa de qualquer das partes" (STJ, *RT*, 776/187).

10 *Comentários ao novo Código Civil*, v. V, t. II, p. 458-464.

discricionariedade e o juiz deverá determinar a redução proporcional da cláusula penal em virtude do parcial cumprimento da avença. A recomendação de que se tenha em vista a "natureza" e a "finalidade" do negócio somente se aplica à segunda hipótese, de excessividade da cláusula penal.

A possibilidade de o juiz reduzir *de ofício* a cláusula penal foi admitida na IV Jornada de Direito Civil (STJ-CJF), com a aprovação do *Enunciado n. 356*, do seguinte teor: "Nas hipóteses previstas no art. 413 do Código Civil, o juiz deverá reduzir a cláusula penal de ofício". Observe-se que tal enunciado não faz distinção entre as duas hipóteses previstas no aludido dispositivo, quais sejam: a) se a obrigação principal *tiver sido cumprida em parte*; e b) se o montante da penalidade for *manifestamente excessivo*, tendo-se em vista a *natureza* e a *finalidade* do negócio. Parece-nos, todavia, que a redução equitativa do montante da cláusula penal só deve ocorrer *ex officio* na primeira hipótese prevista no mencionado art. 413, ou seja, em caso de *cumprimento parcial da obrigação*. Se o montante da penalidade for *manifestamente excessivo*, deve ser aberta a dilação probatória, tendo em vista a necessidade de se apurar e analisar a "*natureza* e a *finalidade* do negócio".

Enfatizou o Superior Tribunal de Justiça que a redação contida no Código de 1916 facultava ao juiz a diminuição proporcional da cláusula penal no caso de cumprimento parcial da obrigação, para não violar o princípio que veda o enriquecimento sem causa. O diploma de 2002 passou a determinar que o juiz deve (no lugar de "pode") reduzir equitativamente a penalidade prevista no contrato, se parte da obrigação já tiver sido cumprida, ou se o montante da pena for manifestamente excessivo. Segundo o relator, "os dois dispositivos têm correspondência, porque, mesmo antes da entrada em vigor do CC/2002, tanto a doutrina quanto a jurisprudência evidenciavam evolução na interpretação do art. 924 do CC/1916, no sentido de reconhecer como um dever judicial, e não apenas como uma possibilidade facultativa, a redução da cláusula penal nos casos mencionados. Assim, ainda que o contrato tenha sido celebrado antes da entrada em vigor do novo CC, a regra anterior deve ser interpretada de modo a recomendar ao juiz a redução da cláusula penal, para preservar a função social do contrato, afastando o desequilíbrio contratual e o enriquecimento sem causa"[11].

A mesma Corte reiterou, d'outra feita: "Nos termos da jurisprudência do Superior Tribunal de Justiça, é lícito ao julgador reduzir a multa convencional se evidenciada sua excessividade, ainda que se trate de contrato firmado sob a égide do Código Civil de 1916, desde que cumprida, de modo parcial, a obrigação acordada"[12].

E posteriormente proclamou:

"Cláusula penal compensatória. Cumprimento parcial da obrigação. Redução judicial equitativa.

A cláusula penal constitui elemento oriundo de convenção entre os contratantes, mas sua fixação não fica ao total e ilimitado alvedrio destes, já que o ordenamento jurídico prevê normas imperativas e cogentes, que possuem o escopo de preservar o equilíbrio econômico-financeiro da avença, afastando o excesso configurador de enriquecimento sem causa de qualquer uma das partes. É o que se depreende dos arts. 412 e 413 do Código Civil de 2002 (arts. 920 e 924 do *Codex* revogado). Nessa perspectiva, a multa contratual deve ser proporcional ao dano sofrido pela parte cuja expectativa foi frustrada, não podendo traduzir valores ou penas exorbitantes ao descumprimento do contrato. Caso contrário, poder-se-ia consagrar

---

11 STJ, REsp 1.212.159, 3ª T., rel. Min. Paulo de Tarso Sanseverino, disponível em: <http:// www.editoramagister.com>, acesso em: 3-8-2012.

12 STJ, REsp 1.334.034, 3ª T., rel. Min. João Otávio de Noronha, disponível em: <http://www.conjur.com.br>, acesso em: 22-3-2016.

situação incoerente, em que o inadimplemento parcial da obrigação se revelasse mais vantajoso que sua satisfação integral. Outrossim, a redução judicial da cláusula penal, imposta pelo art. 413 do Código Civil nos casos de cumprimento parcial da obrigação principal ou de evidente excesso do valor fixado, deve observar o critério da equidade, não significando redução proporcional. Isso porque a equidade é cláusula geral que visa a um modelo ideal de justiça com aplicação excepcional nas hipóteses legalmente previstas (...). A redução da multa para R$ 500.000,00 (quinhentos mil reais), pelas instâncias ordinárias, em razão do cumprimento parcial do prazo estabelecido no contrato, observou o critério da equidade, coadunando-se com o propósito inserto na cláusula penal compensatória: prévia liquidação das perdas e danos experimentados pela parte prejudicada pela rescisão antecipada e imotivada do pacto firmado, observadas as peculiaridades das obrigações aventadas. Recurso especial não provido"[13].

"Constatado o caráter manifestamente excessivo da cláusula penal contratada, o magistrado deverá, independentemente de requerimento do devedor, proceder à sua redução. A cláusula penal, em que pese ser elemento oriundo de convenção entre os contratantes, sua fixação não fica ao total e ilimitado alvedrio deles, porquanto o atual Código Civil introduziu normas de ordem pública, imperativas e cogentes, que possuem o escopo de preservar o equilíbrio econômico-financeiro da avença, afastando o excesso configurador de enriquecimento sem causa de qualquer uma das partes. A redução da cláusula penal pelo magistrado deixou de traduzir uma faculdade restrita às hipóteses de cumprimento parcial da obrigação e passou a consubstanciar um poder/dever de coibir os excessos e os abusos que venham a colocar o devedor em situação de inferioridade desarrazoada. Nesse sentido, é o teor do *Enunciado n. 356 da Jornada de Direito Civil*, o qual dispõe que "nas hipóteses previstas no art. 413 do Código Civil, o juiz deverá reduzir a cláusula penal de ofício". Do mesmo modo o *Enunciado n. 355* da referida Jornada consigna que as partes não podem renunciar à possibilidade de redução da cláusula penal se ocorrer qualquer das hipóteses previstas no art. 413 do Código Civil, por se tratar de preceito de ordem pública[14].

5. ESPÉCIES DE CLÁUSULA PENAL

A cláusula penal pode ser *compensatória* e *moratória*. É da primeira espécie quando estipulada para a hipótese de total inadimplemento da obrigação (CC, art. 410). Por essa razão, em geral é de valor elevado, igual ou quase igual ao da obrigação principal. É da segunda espécie quando destinada: a) a assegurar o cumprimento de outra cláusula determinada; ou b) a evitar o retardamento, a mora (art. 411).

Alguns autores entendem que a cláusula penal é moratória somente no último caso, ou seja, quando destinada a evitar o atraso no cumprimento da obrigação. Entretanto, a classificação *supra* é a que mais se amolda aos arts. 410 e 411 do Código Civil, que assim as divide no tocante aos seus efeitos. É de lembrar, ainda, que mora pode caracterizar-se não só quando há retardamento no cumprimento da obrigação, mas também quando esta é cumprida de modo diverso do convencionado (CC, art. 394).

Muitas vezes o interesse do credor é assegurar a observância de alguma cláusula especial (referente a determinada característica da coisa, p.ex.). Se a obrigação for cumprida, mas de forma diversa da convencionada (não observada a característica exigida), a cláusula penal estipulada para esse caso será moratória.

---

13 STJ, REsp 1.466.177-SP, 4ª T., rel. Min. Luis Felipe Salomão, *DJe* 1º-8-2017.

14 STJ, REsp 1.447.247-SP, 4ª T., rel. Min. Luis Felipe Salomão, *DJe* 4-6-2018.

Embora rara a hipótese, um contrato pode conter três cláusulas penais de valores diferentes: uma, de valor elevado, para o caso de total inadimplemento da obrigação (compensatória); outra, para garantir o cumprimento de alguma cláusula especial, como, por exemplo, a cor ou o modelo do veículo adquirido (moratória); e outra, ainda, somente para evitar atraso (também moratória).

Quando o contrato não se mostra muito claro, costuma-se atentar para o montante da multa, a fim de apurar a natureza da disposição. Se de valor elevado, próximo do atribuído à obrigação principal, entende-se que foi estipulada para compensar eventual inadimplemento de toda a obrigação. Se, entretanto, o seu valor é reduzido, presume-se que é moratória, porque os contratantes certamente não iriam fixar um montante modesto para substituir as perdas e danos decorrentes da inexecução total da avença. Tal critério, contudo, somente pode ser aplicado em caso de dúvida, por falta de clareza e precisão do contrato.

A cláusula penal moratória está prevista nos casos em que há descumprimento parcial de uma obrigação ainda possível e útil. Como não contém previsão de compensação, permite que o credor exija cumulativamente o cumprimento do contrato, a execução da cláusula penal e eventual indenização por perdas e danos. Assim entendendo, o Superior Tribunal de Justiça admitiu a possibilidade de cumulação de indenização por danos materiais com a cláusula penal, em processo no qual se discutia atraso na entrega de imóvel. Frisou a relatora, Min. Nancy Andrighi, que as cláusulas penais compensatórias se referem à inexecução total ou parcial da obrigação, com fixação prévia de valor por eventuais perdas e danos. Já as cláusulas moratórias não apresentam fixação prévia de ressarcimento e, portanto, permitem a cumulação com os lucros cessantes[15].

A multa moratória, por ter finalidade de indenizar pelo adimplemento tardio da obrigação, não pode ser cumulada com perdas e danos, o que inclui danos emergentes e/ou lucros cessantes (AgInt no REsp 1.710.524-SP, rel. Min. Moura Ribeiro). Confira-se, a propósito, o enunciado do Tema 970 do STJ: "*A cláusula penal moratória tem a finalidade de indenizar pelo adimplemento tardio da obrigação e, em regra, estabelecida de valor equivalente ao locativo, afasta-se sua cumulação com lucros cessantes*".

A cláusula penal inserta em contratos bilaterais, onerosos e comutativos deve-se voltar aos contratantes indistintamente, ainda que regida apenas em favor de uma das partes (AgInt no REsp 1.605.201-DF, rel. Min. Ricardo Villas Bôas Cueva). Assim, havendo previsão apenas para o inadimplemento contratual de uma das partes, deverá a cláusula penal ser considerada para o inadimplemento contratual da outra parte, por imperativo de equilíbrio contratual, da boa-fé objetiva. Confira-se o *Enunciado n. 971 do STJ*: "*No contrato de adesão firmado entre o comprador e a construtora/incorporadora, havendo previsão de cláusula penal apenas para o inadimplemento do adquirente, deverá ela ser considerada para a fixação da indenização pelo inadimplemento do vendedor. As obrigações heterogêneas (obrigações de fazer e de dar) serão convertidas em dinheiro, por arbitramento judicial*"[16].

6. EFEITOS DA DISTINÇÃO ENTRE AS DUAS ESPÉCIES

Dispõe o art. 410 do Código Civil:

"Quando se estipular a cláusula penal para o caso de total inadimplemento da obrigação, esta converter-se-á em alternativa a benefício do credor".

---

15 STJ, REsp 1.642.314, 3ª T., disponível *in* Revista *Consultor Jurídico* de 6-4-2017.

16 Os limites legais à cláusula penal (Gleydson K. L. Oliveira, *in* Revista *Consultor Jurídico* de 1º-6-2021).

O dispositivo proíbe a cumulação de pedidos. A *alternativa* que se abre para o credor é: a) pleitear a pena compensatória, correspondente à fixação antecipada dos eventuais prejuízos; ou b) postular o ressarcimento das perdas e danos, arcando com o ônus de provar o prejuízo; ou, ainda, c) exigir o cumprimento da prestação. Não pode haver cumulação porque, em qualquer desses casos, o credor obtém integral ressarcimento, sem que ocorra o *bis in idem*.

A expressão "*a benefício do credor*" significa que a escolha de uma das alternativas compete ao credor e não ao devedor. Não pode este dizer que prefere pagar o valor da cláusula penal a cumprir a prestação. Quem escolhe a solução é aquele, que pode optar por esta última, se o desejar.

Entretanto, quando a cláusula penal for moratória, terá aplicação o art. 411 do Código Civil, que prescreve:

"Quando se estipular a cláusula penal para o caso de mora, ou em segurança especial de outra cláusula determinada, terá o credor o arbítrio de exigir a satisfação da pena cominada, juntamente com o desempenho da obrigação principal".

Como, neste caso, o valor da pena convencional costuma ser reduzido, o credor pode cobrá-la, cumulativamente, com a prestação não satisfeita. É bastante comum devedores atrasarem o pagamento de determinada prestação e serem posteriormente cobrados pelo credor, que exige o valor da multa contratual (em geral, no montante de 10 ou 20% do valor cobrado), mais o da prestação não paga.

Limongi França[17] anota que essa cláusula penal, denominada comumente moratória, na verdade tipifica cláusula *compensatória cumulativa*, uma vez que dá ao credor a possibilidade de exigir conjuntamente, em contraposição à alternativa do artigo precedente. Tal denominação, todavia, não implica natureza diversa, mas, sim, que a moratória é subespécie da compensatória.

Verifica-se, assim, que a lei distingue entre a cláusula penal relativa ao *inadimplemento* e a cláusula penal relativa à *mora* ou à violação de qualquer dever acessório de conduta. No primeiro caso (art. 410), a prestação incluída na cláusula penal *não se soma* à indenização estabelecida na lei. O credor não pode exigir, ao mesmo tempo, como assevera Antunes Varela, *le principal et la peine*, mas pode optar *livremente* por uma ou por outra. No segundo caso (art. 411), o credor pode cumular a prestação fixada na cláusula penal com o pedido de execução forçada da prestação da dívida.

Assim, por exemplo, se as partes convencionaram o pagamento de uma multa caso a contratada para dar um espetáculo não se apresente na data aprazada, a outra poderá optar entre a sanção cominada e a indenização pelos danos que comprovadamente tiver sofrido. Não poderá, todavia, cumular a multa convencional com a indenização legal, nos termos do art. 410 do Código Civil[18].

7. CLÁUSULA PENAL E INSTITUTOS AFINS

A cláusula penal apresenta semelhança com as *perdas e danos*, sendo ambas reduzidas a uma determinada soma em dinheiro, destinada a ressarcir os prejuízos sofridos pelo credor em virtude do inadimplemento do devedor.

A diferença reside no fato de, na primeira, o valor ser antecipadamente arbitrado pelos próprios contratantes e, na segunda, ser fixado pelo juiz, com base nos prejuízos alegados e seguramente provados. As perdas e danos, por abrangerem o dano emergente e o lucro ces-

---

[17] *Teoria e prática da cláusula penal*, p. 200.

[18] Antunes Varela, *Direito das obrigações*, v. II, p. 173.

sante (CC, art. 402), possibilitam o completo ressarcimento do prejuízo. O valor da cláusula penal, por se tratar de uma estimativa antecipada feita pelos contratantes, pode ficar aquém do seu real montante.

Não se confundem, igualmente, cláusula penal e *multa simples* (também denominada *cláusula penal pura*). Esta é constituída de uma determinada importância, que deve ser paga em caso de infração de certos deveres, como a imposta pelo empregador ao empregado, ao infrator das normas de trânsito etc. A multa simples não tem a finalidade de promover o ressarcimento de danos, nem tem relação com inadimplemento contratual, ao contrário da cláusula penal, que constitui prefixação da responsabilidade pela indenização decorrente da inexecução culposa da avença.

A *multa penitencial* é outro instituto que, embora guarde semelhança com a cláusula penal, dela se distingue nitidamente. Esta é instituída em benefício do credor. O art. 410 do Código Civil expressamente refere-se à alternativa "*a benefício do credor*". A este compete, pois, escolher entre cobrar a multa compensatória ou exigir o cumprimento da prestação. O devedor não pode preferir pagar a multa para não cumprir a prestação, se o credor optar por esta última solução.

A multa penitencial, ao contrário, é estabelecida *em favor do devedor*. Caracteriza-se sempre que as partes convencionam que este terá a opção de cumprir a prestação devida ou pagar a multa. Entende-se que, neste caso, pode o devedor, em vez de cumprir a prestação, exonerar-se mediante o pagamento de importância previamente fixada, de comum acordo.

A cláusula penal apresenta *semelhanças* com as *arras penitenciais*: ambas são de natureza acessória e têm por finalidade garantir o adimplemento da obrigação, constituindo os seus valores prefixação das perdas e danos. Malgrado, *diferenciam-se* por diversas razões:

a) a cláusula penal atua como elemento de coerção, para evitar o inadimplemento contratual, mas as arras penitenciais, ao contrário, por admitirem o arrependimento, facilitam o descumprimento da avença. Sabem as partes que a pena é reduzida, consistindo somente na perda do sinal dado ou na sua devolução em dobro, nada mais podendo ser exigido a título de perdas e danos, como prescrevem o art. 420 do Código Civil e a Súmula 412 do Supremo Tribunal Federal;

b) a primeira pode ser reduzida pelo juiz, em caso de cumprimento parcial da obrigação ou de montante manifestamente excessivo, sendo que tal não ocorre com as arras;

c) a cláusula penal torna-se exigível somente se ocorrer o inadimplemento do contrato, enquanto as arras são pagas por antecipação;

d) aquela aperfeiçoa-se com a simples estipulação no instrumento, nada mais sendo necessário para completá-la, nem mesmo a entrega de dinheiro ou de qualquer outro objeto – o que é indispensável para a configuração das arras penitenciais.

Guarda, ainda, afinidade com a cláusula penal o chamado *abono de pontualidade*. Trata-se de um desconto, para o condômino, o locatário ou o aluno de universidade particular, por exemplo, que pagar, respectivamente, as despesas condominiais, o aluguel e a taxa escolar até o dia do vencimento.

O Tribunal de Justiça de São Paulo tem considerado indevida a cumulação, nos contratos, do referido abono com cláusula penal moratória, por importar previsão de dupla multa e alteração da real data de pagamento da prestação[19].

---

[19] Confira-se: "Abono por pontualidade. Bonificação por pagamento em dia que só pode ser exigido desde que no contrato não exista cláusula prevendo multa moratória" (TJSP, Ap. 992.090.665.693, 32ª Cam. Dir. Priv., rel. Des. Ruy Coppola, j. 28-8-2009). "Prestação de serviços educacionais. Cobrança. Desconto ou abatimento por pontualidade. Cláusula penal. Apuração dos valores devidos a título de

Comentando o assunto, José Fernando Simão[20] oferece o seguinte exemplo: "O contrato prevê que, se a mensalidade escolar, no importe de R$ 100,00, for paga até o dia 5 do mês, haverá um desconto de 20%; se paga até o dia 10, o desconto será de 10%; e, se paga na data do vencimento, dia 15, não haverá desconto. Entretanto, se houver atraso a multa moratória será de 10%".

Na realidade, aduz o mencionado jurista, "o valor da prestação é de R$ 80,00, pois se deve descontar o abono de pontualidade de 20%, que é cláusula penal disfarçada. Então, temos no contrato duas cláusulas penais cumuladas: a primeira, que transforma o valor da prestação de R$ 80,00 em R$ 100,00; e a segunda, aplicada após o vencimento, que transforma o valor de R$ 100,00 em R$ 110,00".

Para Gildo dos Santos[21], entretanto, "é válida a cláusula contratual que prevê desconto para o aluguel pago até o respectivo vencimento, tratando-se de estímulo à pontualidade. As cláusulas contratuais representam a vontade comum das partes no ato de contratar. Assim, somente podem ser desconsideradas tais disposições se atentarem contra a lei, a ordem pública, os bons costumes ou, ainda, quando a lei expressamente as declarar nulas ou ineficazes".

O que se verbera, todavia, é a cumulação de tal desconto com a cláusula penal moratória, como se tem decidido: "A 'bonificação ou abono pontualidade' ostenta subliminarmente a natureza de evidente 'multa moratória', porquanto tem o desiderato de infligir pena à impontualidade. Perfeitamente legal a estipulação de abono de pontualidade em contrato de locação quando inexiste previsão de cumulação com multa moratória"[22].

Conclui-se, assim, que as partes têm liberdade para convencionar o abono de pontualidade. Nesse caso, porém, não devem estabelecer a cumulação do referido desconto com multa para a hipótese de atraso no cumprimento da prestação. Atende-se, com isso, à função social limitadora da autonomia privada, assegurada no parágrafo único do art. 2.035 do Código Civil.

A Segunda Seção do Superior Tribunal de Justiça fixou, em 22 de maio de 2019, duas teses sobre punições a construtoras que atrasam entrega da obra, quais sejam: a) A cláusula penal moratória tem a finalidade de indenizar pelo adimplemento tardio da obrigação e, em regra, estabelecida em valor equivalente ao locativo, afasta-se sua cumulação com lucros cessantes; b) No contrato de adesão firmado entre o comprador e a construtora/incorporadora, havendo previsão de cláusula penal apenas para o inadimplemento do adquirente, deverá ela ser considerada para a fixação da indenização pelo inadimplemento do vendedor. As obrigações heterogêneas (obrigações de fazer e de dar) serão convertidas em dinheiro por arbitramento judicial".

8. CLÁUSULA PENAL E PLURALIDADE DE DEVEDORES

Quando a obrigação é *indivisível* e há pluralidade de devedores, basta que um só a infrinja para que a cláusula penal se torne exigível. Do culpado, poderá ela ser reclamada por

---

mensalidades não pagas. Deverá ser considerado o valor líquido da prestação, descontado o abatimento por pontualidade. Multa contratual. Redução para 2%. Incidência do Código de Defesa do Consumidor. Recurso improvido" (TJSP, Ap. 987.905.004, 31ª Câm. Dir. Priv., rel. Des. Francisco Casconi, j. 11-8-2009).

20 Cláusula penal e abono de pontualidade ou cláusula penal e cláusula penal disfarçada. *Carta Forense*, nov./2009, p. A-5.

21 *Locação e Despejo*, São Paulo: Revista dos Tribunais, 2. ed., p. 60.

22 TJSP, Ap. 992.09.037291-2-Campinas, 31ª Câm. Dir. Priv., rel. Des. Adilson de Araújo, j. 23-2-2010.

inteiro. Mas dos demais codevedores só poderão ser cobradas as respectivas quotas. Com efeito, assim prescreve o art. 414 do Código Civil:

"*Sendo indivisível a obrigação, todos os devedores, caindo em falta um deles, incorrerão na pena; mas esta só se poderá demandar integralmente do culpado, respondendo cada um dos outros somente pela sua quota*".

Aduz o parágrafo único que "*aos não culpados fica reservada a ação regressiva contra aquele que deu causa à aplicação da pena*". Desse modo, quem sofre, a final, as consequências da infração contratual é o próprio culpado, que terá de reembolsar os codevedores inocentes.

Quando a obrigação for *divisível*, diz o art. 415 do Código Civil, "*só incorre na pena o devedor ou o herdeiro do devedor que a infringir, e proporcionalmente à sua parte na obrigação*". Infringida a obrigação principal por um único devedor, ou pelo seu herdeiro, só o culpado responderá pela multa, proporcionalmente à parte que tiver na obrigação principal, pois a cláusula penal, de natureza acessória, segue a condição jurídica da principal.

Capítulo VI

DAS ARRAS OU SINAL

Sumário: 1. Conceito. 2. Natureza jurídica. 3. Espécies. 4. Funções das arras.

1. CONCEITO

Sinal ou *arras* é quantia ou coisa entregue por um dos contraentes ao outro, como confirmação do acordo de vontades e princípio de pagamento.

Para Silvio Rodrigues, as arras "constituem a importância em dinheiro ou a coisa dada por um contratante ao outro, por ocasião da conclusão do contrato, com o escopo de firmar a presunção de acordo final e tornar obrigatório o ajuste; ou ainda, excepcionalmente, com o propósito de assegurar, para cada um dos contratantes, o direito de arrependimento"[1].

É instituto muito antigo, conhecido dos romanos, que costumavam entregar simbolicamente o anel, para demonstrar a conclusão do contrato. Existia nessa época uma espécie de noivado ou compromisso que duas pessoas de sexo diferente assumiam, reciprocamente, conhecido pelo nome de *sponsalia* (esponsais) que, além de solene, gerava efeitos. Consistia na entrega de um sinal ou arras esponsalícias, que o noivo perdia, ou até as pagava em triplo ou em quádruplo, se desmanchasse o noivado injustificadamente[2].

2. NATUREZA JURÍDICA

O sinal ou arras tem cabimento apenas nos *contratos bilaterais* translativos do domínio, dos quais constitui *pacto acessório*. Não existe por si: depende do contrato principal. As arras, além da natureza acessória, têm também *caráter real*, pois aperfeiçoam-se com a entrega do dinheiro ou de coisa fungível, por um dos contraentes ao outro.

Supõem elas a existência de um contrato principal, do qual dependem. Não existem por si, sendo inconcebível imaginá-las isoladamente, sem estarem atreladas a uma avença, considerada principal.

O caráter real decorre do fato de se aperfeiçoar pela entrega ou transferência da coisa (dinheiro ou bem fungível) de uma parte a outra. O simples acordo de vontades não é suficiente para caracterizar o instituto, que depende, para sua eficácia, da efetiva entrega do bem à outra parte.

---

1 *Direito civil*, v. 2, p. 279.

2 Roberto de Ruggiero, *Instituições de direito civil*, v. III, p. 62, § 48.

3. ESPÉCIES

As arras são *confirmatórias* ou *penitenciais*. Sua principal função é confirmar o contrato, que se torna obrigatório após a sua entrega. Prova o acordo de vontades, não mais sendo lícito a qualquer dos contratantes rescindi-lo unilateralmente. Quem o fizer, responderá por perdas e danos, nos termos dos arts. 418 e 419 do Código Civil.

Preceitua o primeiro dispositivo citado, com alteração conferida pela Lei n. 14.905/2024:

"*Art. 418. Na hipótese de inexecução do contrato, se esta se der:*

I – por parte de quem deu as arras, poderá a outra parte ter o contrato por desfeito, retendo-as;

II – por parte de quem recebeu as arras, poderá quem as deu haver o contrato por desfeito e exigir a sua devolução mais o equivalente, com atualização monetária, juros e honorários de advogado".

A parte inocente pode conformar-se apenas com ficar com o sinal dado pelo outro, ou com o equivalente, ou pode, ainda, "*pedir indenização suplementar, se provar maior prejuízo, valendo as arras como taxa mínima*". Pode, também, "*exigir a execução do contrato, com as perdas e danos, valendo as arras como o mínimo da indenização*" (art. 419). Observa-se que as arras representam o mínimo de indenização, e que pode ser pleiteada a reparação integral do prejuízo. Não havendo nenhuma estipulação em contrário, as arras consideram-se confirmatórias.

Podem, contudo, as partes convencionar o direito de arrependimento. Neste caso, as arras denominam-se *penitenciais*, porque atuam como pena convencional, como sanção à parte que se valer dessa faculdade. Prescreve, com efeito, o art. 420 do Código Civil:

"*Se no contrato for estipulado o direito de arrependimento para qualquer das partes, as arras ou sinal terão função unicamente indenizatória. Neste caso, quem as deu perdê-las-á em benefício da outra parte; e quem as recebeu devolvê-las-á, mais o equivalente. Em ambos os casos não haverá direito a indenização suplementar*".

Acordado o arrependimento, o contrato torna-se resolúvel, respondendo, porém, o que se arrepender, pelas perdas e danos prefixados modicamente pela lei: perda do sinal dado ou sua restituição em dobro. A duplicação é para que o inadimplente devolva o que recebeu e perca outro tanto.

Não se exige prova de prejuízo real. Por outro lado, não se admite a cobrança de outra verba, a título de perdas e danos, ainda que a parte inocente tenha sofrido prejuízo superior ao valor do sinal. Proclama a Súmula 412 do Supremo Tribunal Federal: "No compromisso de compra e venda com cláusula de arrependimento, a devolução do sinal, por quem o deu, ou a sua restituição em dobro, por quem o recebeu, exclui indenização maior, a título de perdas e danos, salvo os juros moratórios e os encargos do processo".

O sinal constitui, pois, predeterminação das perdas e danos em favor do contratante inocente. A jurisprudência estabeleceu algumas hipóteses em que a devolução do sinal deve ser *pura e simples*, e não em dobro: a) havendo acordo nesse sentido; b) havendo culpa de ambos os contratantes (inadimplência de ambos ou arrependimento recíproco); e c) se o cumprimento do contrato não se efetiva em razão do fortuito ou outro motivo estranho à vontade dos contratantes.

A propósito, dispõe o art. 421 do Código Civil, com a redação dada pela Lei n. 13.874, de 20 de setembro de 2019:

"*A liberdade de contratar será exercida nos limites da função social do contrato.*

Parágrafo único. Nas relações contratuais privadas, prevalecerão o princípio da intervenção e a excepcionalidade da revisão contratual".

Tal dispositivo vem reforçar o entendimento consagrado na jurisprudência sobre a restrição às revisões contratuais entre partes que desfrutam de situação simétrica – o que é reiterado no art. 421-A, também introduzido pela mencionada Lei n. 13.874/2019.

4. FUNÇÕES DAS ARRAS

Tríplice a função das arras. Além de confirmar o contrato, tornando-o obrigatório, e de servir de prefixação das perdas e danos quando convencionado o direito de arrependimento, como visto, as arras atuam, também, como começo de pagamento. É o que preceitua o art. 417 do Código Civil, *verbis*:

"Se, por ocasião da conclusão do contrato, uma parte der à outra, a título de arras, dinheiro ou outro bem móvel, deverão as arras, em caso de execução, ser restituídas ou computadas na prestação devida, se do mesmo gênero da principal".

O sinal constitui *princípio de pagamento* quando a coisa entregue é parte ou parcela do objeto do contrato, ou seja, é do mesmo gênero do restante a ser entregue. Assim, por exemplo, se o devedor de dez bicicletas entrega duas ao credor, como sinal, este constitui princípio de pagamento. Mas se a dívida é em dinheiro e o devedor entrega duas bicicletas a título de sinal, estas constituem apenas uma garantia e devem ser restituídas, quando o contrato for cumprido, isto é, quando o preço total for pago.

Pronunciou-se o Superior Tribunal de Justiça acerca da possibilidade ou não de cumulação da cláusula penal compensatória com a retenção das arras, afastando-a, nestes termos:

"De acordo com os arts. 417 a 420 do Código Civil de 2002, a função indenizatória das arras se faz presente não apenas quando há o lícito arrependimento do negócio (art. 420), mas principalmente quando ocorre a inexecução do contrato. Isso porque, de acordo com o disposto no art. 418, mesmo que as arras tenham sido entregues com vistas a reforçar o vínculo contratual, tornando-o irretratável, elas atuarão como indenização prefixada em favor da parte "inocente" pelo inadimplemento do contrato, a qual poderá reter a quantia ou bem, se os tiver recebido, ou, se for quem os deu, poderá exigir a respectiva devolução, mais o equivalente. Outrossim, de acordo com o que determina o art. 419 do CC/2002, a parte prejudicada pelo inadimplemento culposo pode exigir indenização suplementar, provando maior prejuízo, "valendo as arras como taxa mínima", ou, ainda, pode requerer a execução do acordado com perdas e danos, se isso for possível, "valendo as arras como o mínimo da indenização". Nesse contexto, evidenciado que, na hipótese de inadimplemento do contrato, as arras apresentam natureza indenizatória, desempenhando papel semelhante ao da cláusula penal compensatória, é imperiosa a conclusão no sentido da impossibilidade de cumulação de ambos os institutos, em face do princípio geral da proibição do *non bis in idem* (proibição da dupla condenação a mesmo título)"[3].

---

[3] STJ, REsp 1.617.652-DF, 3ª T., rel. Min. Nancy Andrighi, *DJe* 29-9-2017.

BIBLIOGRAFIA

AGUIAR DIAS, José de. *Da responsabilidade civil*. 10. ed. Rio de Janeiro: Forense, 1997.

AGUIAR JÚNIOR, Ruy Rosado de. *Extinção dos contratos por incumprimento do devedor*. 2. ed. Rio de Janeiro: AIDE, 2003.

AGUIAR JÚNIOR, Ruy Rosado de. Responsabilidade civil do médico. *RT*, 718/33.

ALMEIDA, Francisco de Paula Lacerda de. *Obrigações*. 2. ed. Rio de Janeiro: Typographia Revista dos Tribunais, 1916.

ALMEIDA COSTA, Mário Júlio. *Direito das obrigações*. 9. ed. Coimbra: Almedina, 2001.

ALVIM, Agostinho. *Da inexecução das obrigações e suas consequências*. 3. ed. São Paulo: Editora Jurídica e Universitária, 1965.

AMARAL, Francisco. *Direito civil*. 4. ed. Rio de Janeiro: Renovar, 2002, Introdução.

AZEVEDO, Álvaro Villaça. Consignação em pagamento. In: *Enciclopédia Saraiva do Direito*. São Paulo: Saraiva, 1977. v. 18.

AZEVEDO, Álvaro Villaça. *Teoria geral das obrigações*. 6. ed. São Paulo: Revista dos Tribunais, 1997; 10. ed. 2004.

AZEVEDO JÚNIOR, José Osório. *Compromisso de compra e venda*. 2. ed. São Paulo: Saraiva, 1983.

BARASSI, Lodovico. *La teoria generalle delle obbligazione*. Milano: Giuffrè. v. 1.

BESSONE, Darcy. *Direitos reais*. 2. ed. São Paulo: Saraiva, 1996.

BETTI, Emilio. *Teoria generale delle obbligazioni in diritto romano*. Milano, 1953. v. 1.

BEVILÁQUA, Clóvis. *Código Civil dos Estados Unidos do Brasil comentado*. 8. ed. Rio de Janeiro: Francisco Alves, 1950. v. IV.

BEVILÁQUA, Clóvis. *Direito das obrigações*. 9. ed. Rio de Janeiro, Ed. Paulo de Azevedo, 1957.

BIERWAGEN, Mônica. *Princípios e Regras de Interpretação dos Contratos no Novo Código Civil*. São Paulo: Saraiva, 2002.

BITTAR, Carlos Alberto. *Direito das obrigações*. Rio de Janeiro: Forense Universitária, 1990.

CABRAL, Antônio da Silva. *Cessão de contrato*. São Paulo: Saraiva, 1987.

CARVALHO SANTOS, J. M. *Código Civil brasileiro interpretado*. 9. ed. São Paulo-Rio de Janeiro: Freitas Bastos, 1974. v. 11 e 12.

CAVALIERI FILHO, Sérgio. *Programa de responsabilidade civil*. 2. ed. São Paulo: Malheiros Ed., 1998.

CÉSAR, Dimas de Oliveira. *Estudo sobre a cessão do contrato*. São Paulo: Revista dos Tribunais, 1954.

COELHO, Fábio Ulhoa. *Manual de direito comercial*. 4. ed. São Paulo: Saraiva, 1993.

COMPARATO, Fábio Konder. Obrigações de meio, de resultado e de garantia. In: *Enciclopédia Saraiva do Direito*. 1977. v. 55.

CORRÊA, Alexandre; SCIASCIA, Gaetano. *Manual de direito romano*. 5. ed. Rio de Janeiro, Sedegra.

COUTO E SILVA, Clóvis do. *Comentários ao Código de Processo Civil*. São Paulo: Revista dos Tribunais, 1977. v. XI, t. I.

COVELLO, Sergio Carlos. *A obrigação natural*. São Paulo: LEUD-Livraria e Editora Universitária de Direito, 1996.

CUNHA GONÇALVES, Luiz. *Tratado de direito civil*. 2. ed. São Paulo: Max Limonad. v. 4 e 8.

DINAMARCO, Cândido Rangel. *A reforma da reforma*. 3. ed. São Paulo: Malheiros Ed., 2002.

DINIZ, Maria Helena. *Curso de direito civil brasileiro* – Teoria geral das obrigações. 16. ed. São Paulo: Saraiva, 2002. v. 2.

DINIZ, Maria Helena. *Curso de direito civil brasileiro* – Teoria geral das obrigações. 35. ed. São Paulo: Saraiva, 2020. v. 2.

ENNECCERUS, Ludwig. Derecho de obligaciones. In: *Tratado de derecho civil*. Barcelona: Bosch, 1947. v. 1.

FABRÍCIO, Adroaldo Furtado. *Comentários ao Código de Processo Civil*. 3. ed. Rio de Janeiro: Forense, 1988. v. VIII, t. III.

FARIAS, Cristiano Chaves de. Miradas sobre a cláusula penal no direito contemporâneo (à luz do Direito civil-constitucional, no novo Código Civil e do Código de Defesa do Consumidor). *RT*, 797/43.

FARIAS, Cristiano Chaves de; ROSENVALD, Nelson. *Curso de direito civil*. 13. ed. Salvador: JusPodivm, 2019, v. 2.

FREITAS, Luiz Roldão Gomes de. *Da assunção de dívida e sua estrutura negocial*. Rio de Janeiro: Lumen Juris, 1982.

FULGÊNCIO, Tito. *Do direito das obrigações*. 2. ed. Atualização por Aguiar Dias. Rio de Janeiro: Forense, 1958.

GAGLIANO, Pablo Stolze; PAMPLONA FILHO, Rodolfo. *Novo curso de direito civil* – Obrigações. 21. ed. São Paulo: Saraiva, 2020. v. 2.

GIORGI, Giorgio. *Teoria delle obbligazioni nel diritto moderno italiano*. 7. ed. Firenze, 1907. v. I.

GIRARD, Frederic. *Testes de droit romain*. Apud Caio Mário da Silva Pereira. *Instituições de direito civil*. 19. ed. Rio de Janeiro: Forense, 2001. v. II.

GOMES, Orlando. *Obrigações*. 6. ed. Rio de Janeiro: Forense, 1981.

GONÇALVES, Carlos Roberto. *Direito civil brasileiro*. 17. ed. São Paulo: Saraiva, 2019. v. 1.

GONÇALVES, Carlos Roberto. *Direito civil*: parte geral. 25. ed. São Paulo: Saraiva, 2019 (Col. Sinopses Jurídicas, v. 1).

GONÇALVES, Carlos Roberto. *Direito das coisas*. 19. ed. São Paulo: Saraiva, 2019 (Col. Sinopses Jurídicas, v. 3).

GONÇALVES, Carlos Roberto. *Direito das obrigações*: parte geral. 18. ed., São Paulo: Saraiva, 2019 (Col. Sinopses Jurídicas, v. 5).

GONÇALVES, Carlos Roberto. *Responsabilidade civil*. 19. ed. São Paulo: Saraiva, 2020.

GONÇALVES, Marcus Vinicius Rios. *Processo de execução e cautelar*. 21. ed. São Paulo: Saraiva, 2019 (Col. Sinopses Jurídicas, v. 12).

GONÇALVES, Marcus Vinicius Rios. *Procedimentos especiais*. 16. ed. São Paulo: Saraiva, 2019 (Col. Sinopses Jurídicas, v. 13).

JOSSERAND, Louis. *Cours de droit civil positif français*. Paris, 1932. v. 2.

LARENZ, Karl. *Derecho de obligaciones*. Tradução espanhola de Jaime Santos Briz. Madrid: Revista de Derecho Privado, 1958. t. I.

LAURENT, F. *Principii di diritto civile*. Tradução italiana. Milano: Società Editrice Libraria, 1956. v. XVII.

LIMA, João Franzen de. *Curso de direito civil brasileiro*. Rio de Janeiro: Forense, 1958. v. II, t. I.

LIMONGI FRANÇA, Rubens. *Ato jurídico*. 3. ed. São Paulo: Revista dos Tribunais, 1994.

LIMONGI FRANÇA, Rubens. Cessão de débito. In: *Enciclopédia Saraiva do Direito*. São Paulo: Saraiva, v. 14.

LIMONGI FRANÇA, Rubens. *Manual de direito civil*: doutrina geral dos direitos obrigacionais. São Paulo: Revista dos Tribunais, 1969, v. 4, t. 1.

LIMONGI FRANÇA, Rubens. *Teoria e prática da cláusula penal*. São Paulo, Saraiva, 1988.

LÔBO, Paulo Luiz Netto. *Direito das obrigações*. Brasília: Brasília Jurídica, 1999.

LÔBO, Paulo Luiz Netto. *Teoria geral das obrigações*. São Paulo: Saraiva, 2005.

LOPES, Teresa Ancona. *O dano estético*. 2. ed. São Paulo: Revista dos Tribunais, 1999.

LOTUFO, Renan. *Código Civil comentado*. São Paulo: Saraiva, 2003. v. 2.

MALUF, Carlos Alberto Dabus. *As condições no direito brasileiro*. 2. ed. São Paulo: Saraiva, 1991.

MARCATO, Antonio Carlos. Da consignação em pagamento – Os procedimentos do Código de Processo Civil e da Lei n. 8.245, de 1991. *Revista do Advogado*, 63/57, junho/2001.

MARTINS-COSTA, Judith. *A boa-fé no direito privado*. 2. ed. São Paulo: Saraiva, 2018.

MARTINS-COSTA, Judith. *Comentários ao novo Código Civil*. Rio de Janeiro: Forense, 2003. v. V, t. I e II.

MAZEAUD, León. *Recueil critique Dalloz*. Paris, 1943.

MEDEIROS DA FONSECA, Arnoldo. *Caso fortuito e teoria da imprevisão*. 3. ed. Rio de Janeiro: Forense, 1958.

MENDONÇA, Manoel Ignácio Carvalho de. *Doutrina e prática das obrigações*. 4. ed. Rio de Janeiro: Forense, 1956. t. I.

MESSINEO, Francesco. *Direito civil*. 30 ed. São Paulo: Saraiva, 2002. v. 2; 32. ed. v. 1.

MESSINEO, Francesco. *Il contratto in generi*. Milano, 1973.

MESSINEO, Francesco. *Istituzioni di diritto privato*. Milano.

MIRAGEM, Bruno. *Direito civil: direito das obrigações*. 2. ed. São Paulo: Saraiva, 2018.

MONTEIRO, Washington de Barros. *Curso de direito civil*. 29. ed. São Paulo: Saraiva, 1997, v. 4; 32. ed., atualizada por Carlos Alberto Maluf, 2003, v. 4; e v. 3, 14. ed.

MOREIRA, José Carlos Barbosa. Assunção de dívida: a primazia do Código de Processo Civil. *Informativo INCIJUR*. Joinville, n. 44, março/2003.

NEGRÃO, Theotonio. *Código de Processo Civil e legislação processual em vigor*. 30. ed. São Paulo: Saraiva.

NERY JUNIOR, Nelson. Contratos no Código Civil: apontamentos gerais. In: *O Novo Código Civil: homenagem ao Prof. Miguel Reale*. 2. ed. São Paulo:

LTr, 2006.

NERY JUNIOR, Nelson. *Código de Processo Civil comentado*. 3. ed. São Paulo: Revista dos Tribunais, 1997.

NONATO, Orozimbo. *Curso de obrigações*. Rio de Janeiro: Forense, 1959. v. II.

PEREIRA, Caio Mário da Silva. *Instituições de direito civil*. 19. ed. Rio de Janeiro: Forense, 2001. v. I e II.

PEREIRA, Lafayette Rodrigues. *Direito das coisas*. São Paulo: Freitas Bastos, 1943, v. 1.

PERLINGIERI, Pietro. *Il fenômeno dell'estinzione nelle obbligazioni*. Napoli: Jovene, 1971.

PINTO, Carlos Alberto da Mota. *Cessão da posição contratual*. Coimbra: Atlântica Ed., 1980.

PONTES DE MIRANDA, Francisco. *Tratado de direito privado*. 3. ed., Rio de Janeiro: Borsoi, 1971, v. 25; 1971, v. 24.

PORTO, Mário Moacyr. Dano por ricochete. *RT*, 661/7.

POTHIER, Robert Joseph. *Oeuvres complètes:* traité des obligations. Paris, Eugène Crochard, 1830.

REALE, Miguel. *O Projeto do Novo Código Civil*. 2. ed. São Paulo: Saraiva, 1999.

RÉGIS, Mário Luiz Delgado. *Novo Código Civil comentado*. Coordenação de Ricardo Fiuza. São Paulo: Saraiva, 2002.

RIZZARDO, Arnaldo. *Direito das obrigações*. 2. ed. Rio de Janeiro: Forense, 2004.

RODRIGUES, Silvio. Cessão de débito. In: *Enciclopédia Saraiva do Direito*. São Paulo: Saraiva, 1977. v. 14.

ROSENVALD, Nelson. *Cláusula penal*: a pena privada nas relações negociais. Rio de Janeiro, Lumen Juris Editora, 2007).

ROTONDI, Mario. *Istituzioni di diritto privato*. 8. ed. Milano: Ambrosiana, 1965.

RUGGIERO, Roberto de. *Instituições de direito civil*. Tradução da 6. ed. italiana por Ary dos Santos. 3. ed. São Paulo: Saraiva, 1973. v. III.

RUGGIERO; MAROI. *Istituzioni di diritto privato*. 8. ed. Milano, 1955. v. II.

SANTOS, Gildo dos. *Locação e despejo*. São Paulo: Revista dos Tribunais, 2. ed.

SAVATIER, Rene. *Traité de la responsabilité civile en droit français*. Paris: LGDJ, 1951.

SAVIGNY, Friedrich Karl von. *Le obbligazioni*. Tradução de Pacchioni. Torino, 1912. v. 1.

SCAVONE JUNIOR, Luiz Antonio. *Juros no direito brasileiro*. São Paulo: Revista dos Tribunais, 2003.

SCUTO, Carmelo. *Istituzioni di diritto privato*. 4. ed. v. 1.

SERPA LOPES, Miguel Maria de. *Curso de direito civil*. 4. ed. Rio de Janeiro: Freitas Bastos, 1966. v. II; 1971, v. V.

SILVA, Regina Beatriz Tavares da. *Cláusula "rebus sic stantibus" ou teoria da imprevisão*. Belém: Cejup, 1989.

SIMÃO, José Fernando. Cláusula penal e abono de pontualidade ou cláusula penal e cláusula penal disfarçada. *Carta Forense*, nov./2009.

SIMÃO, José Fernando. *Código Civil comentado*: doutrina e jurisprudência. Obra coletiva. São Paulo: GEN/Forense, 2020; 2021.

TARTUCE, Flávio. *Direito civil*: direito das obrigações e responsabilidade civil. 16. ed. São Paulo: GEN/Forense, 2021. v. 2.

TELLES, Inocêncio Galvão. *Direito das obrigações*. 4. ed. Lisboa: Coimbra Ed., 1982.

TORRENTE, Andrea. *Manuale di diritto privato*. Milano: Giuffrè, 1965.

TRABUCCHI, Alberto. *Instituciones de derecho civil*. Tradução espanhola da 15. ed. italiana por Luís Martínez-Calcerrada. Madrid: Revista de Derecho Privado, 1967. v. II.

VARELA, J. M. Antunes. *Direito das obrigações*. Rio de Janeiro: Forense, 1977. v. I; 1978, v. II.

VENOSA, Sílvio de Salvo. *Direito civil*. 3. ed. São Paulo: Atlas, 2003. v. II.

VIANA, Rui Geraldo Camargo. *A novação*. São Paulo: Revista dos Tribunais, 1979.

VON TUHR, Andreas. *Tratado de las obligaciones*. Tradução de W. Roces. Madrid: Ed. Reus, 1934. t. I; 1999, t. II.

WALD, Arnoldo. *A cláusula de escala móvel*. 2. ed. Rio de Janeiro: Ed. Nacional de Direito, 1959.

WALD, Arnoldo. *Curso de direito civil brasileiro*: introdução e parte geral. 9. ed. São Paulo: Saraiva, 2002.

WALD, Arnoldo. *Curso de direito civil brasileiro*: obrigações e contratos. 14. ed. São Paulo: Revista dos Tribunais, 2000.